Gedankenfluß und Formfindung

Fokke Christian Peters

GEDANKENFLUSS UND FORMFINDUNG

Studien zu einer intellektuellen Biographie
Karl Friedrich Schinkels

Lukas Verlag

Abbildung auf dem Umschlag:
Karl Friedrich Schinkel: Charlottenhof. Vorderansicht,
Ausschnitt einer Federzeichnung, 1826

Die Deutsche Bibliothek – *CIP-Einheitsaufnahme*

Peters, Fokke Christian: Gedankenfluß und Formfindung :
Studien zu einer intellektuellen Biographie Karl Friedrich Schinkels /
Fokke Christian Peters. – Erstausg., 1. Aufl.. – Berlin : Lukas-Verl., 2001
  Zugl.: Hamburg, Univ. Diss., 1999
  ISBN 3-931836-52-5

© by Lukas Verlag
Erstausgabe, 1. Auflage 2001
Alle Rechte vorbehalten

Lukas Verlag für Kunst- und Geistesgeschichte
Kollwitzstr. 57
D-10405 Berlin
http://www.lukasverlag.com

Umschlag und Satz: Verlag
Druck und Bindung: Difo-Druck, Bamberg

Gedruckt auf alterungsbeständigem Papier
Printed in Germany
ISBN 3-931836-52-5

Inhalt

Forschungsmethodische Vorbemerkung . . . 11

Umriß des Forschungsvorhabens . . . 11
Ausgangspunkt . . . 11
Forschungsziel . . . 11

Methodischer Standpunkt . . . 13
Charakter der Arbeit . . . 13
Kunstgeschichtliche Methodenorientierung . . . 15
Textinterpretatorische Grundsätze . . . 17
Textinterpretatorische Kriterien . . . 19

Zur Forschungslage . . . 20
Arbeiten mit spezifisch theoretischer Ausrichtung . . . 21
Arbeiten über Schinkel mit theoretischen Bezügen . . . 24
Arbeiten mit Bezug zur Theoriebildung Schinkels . . . 33

Erster Teil. Die Frühphase . . . 36

Die architektonische und künstlerische Einstellung zur Zeit des ersten Lehrbuchprojekts . . . 36

Theoretische Positionen im Preußen des anbrechenden 19. Jahrhunderts . . . 44
Entwicklung einer theoretischen Ästhetik . . . 45
Architektur in Theorie und Praxis . . . 49
Weltanschauliche Positionen der Zeit . . . 53

Schinkels Stellung in der geistigen Landschaft seiner Zeit . . . 54
Der Begriff des Charakters . . . 55
Ideenbegriff und Naturvorstellung . . . 56
    Entsprechungen zu Vorstellungen Kants . . . 58
    Unvereinbarkeiten mit Kantischen Theorien . . . 60
    Weitere Einflüsse . . . 62
Johann Gottlieb Fichte . . . 64

Schinkels Bautätigkeit im Vorfeld der ersten italienischen Reise . . . 69

Schinkels Projekte nach der Rückkehr aus Italien . . . 74

Zweiter Teil. Ein romantisches Jahrzehnt — 86

Theoretische Aussagen Schinkels in der »romantischen« Phase — 88
Das Lehrbuchfragment 1810 — 88
Der Text zum Mausoleum für Königin Luise — 90
Das »Religiöse Gebäude« — 91
Weitere Fragmente — 94
Zur »romantischen« Position Schinkels — 96

Aspekte des romantischen Kunst- und Gesellschaftsverständnisses — 96

Grundlagen und Einflüsse der romantischen Texte Schinkels — 99
Johann Gottlieb Fichte — 100
Friedrich Wilhelm Joseph Schelling und Karl Wilhelm Ferdinand Solger — 108
Die Gebrüder Schlegel — 118
    August Wilhelm Schlegel — 118
    Friedrich Schlegel — 120
Die Patrioten: Joseph Goerres und Ernst Moritz Arndt — 121
Jean Paul — 123
Ethische und ästhetische Handlungen: Friedrich Schiller — 123
Schinkels selektive Vorgehensweise: Eklektizismus oder Synthese? — 124

Werke und ihre Unterströmungen — 126
Malerei: Architektonische Symbolik und ideale Landschaft — 127
Architektur: Symbolik und Synthese im konkreten Medium — 132
    Ausgangspunkt: Suche nach ausdrucksfähiger Formensprache.
    Die frühen Innenausstattungen für das Königshaus — 133
    Vorstufen eines Synthesemodells: Das Mausoleum für Königin Luise — 136
    Konkretion: Der erste Entwurf für die Petrikirche — 141
    Umsetzung: Der zweite Entwurf für die Petrikirche — 143
    Kulminationspunkt: Der Dom für die Freiheitskriege — 146
    Korrektheit der Stilreproduktion — 147
    Internationale Vorbilderwahl und Keimzellengedanke — 148
    Distanzierung der Natur — 149
    Symbolische und allegorische Kunstformen — 150
    Der Dom und Friedrich Wilhelm IV. — 152
    Infektion und Rekonvaleszenz: Das militaristische Zwischenspiel — 153

Schinkel: Ein »Lehrbuch der Romantik« — 158
Entwicklungstendenzen und Umschlagpunkte — 158
Ein Lehrbuch der Romantik — 161

Dritter Teil. Eine andere Klassik — 163

Eine pragmatischere Theorie — 166
Fokuspunkte der theoretischen Arbeiten für das Lehrbuch — 167
   Argumentative Strukturen — 167
   Begriffliche Bausteine — 168
   Zielpunkt des künstlerischen Schaffens: Die Kunstruhe — 172
Weitere Texte — 174

Theoretische Parallelen — 175
Der gesellschaftliche Umschwung — 175
Verlagerung der theoretischen Leitlinien — 177
   Geistesgeschichtliche Ausgangssituation — 177
   Architekturtheoretische Situation — 180
Indizierte theoretische Beeinflussungen — 180
   Literarische und philosophische Anregungen — 181
   Georg Wilhelm Friedrich Hegel — 181
   Karl Wilhelm Ferdinand Solger — 185
   Johann Wolfgang von Goethe — 190
   Wilhelm von Humboldt — 202
   Friedrich Wilhelm Joseph Schelling — 204
   Die Ärzteschule der Romantik — 205
   Spezifisch architekturtheoretische Quellen — 207

Ein königliches Museum für Berlin — 209
Vorgeschichte und Gründung des Königlichen Museums — 211
Zur Baugeschichte des Museums am Lustgarten — 217
Politische Topographie des Bauwerks — 221
   Historische Voraussetzungen — 221
   Verschiebung der städtebaulichen Orientierung — 223
   Der Bebauungsplan von 1817 — 225
   Die Lustgartenplanung von 1819 — 227
   Der städtebaulich-politische Ort des Museums — 230
   Die Neuordnung des Lustgartens — 230
   Planungsänderungen — 234
   Der Lustgarten auf dem Hintergrund Schinkelschen Städtebaus — 239
   Städtebauliche Leitbilder — 239
   Spezifisches Gewicht der Lustgartenplanung — 244
Baukörper und Innenraum — 248

Ein Ausstattungsprogramm als eklektischer Idealismus	253
Schinkels malerische Arbeiten für das Museum	253
Entstehungsgeschichte	254
Vorbilder	256
Die Fresken der Säulenhalle	258
Inhaltliche und formale Verknüpfung der Fresken	258
Gehalt und gedankliche Vorformulierungen: Das Problem Schelling	263
Die Fresken der oberen Halle	275
Das Ideal individueller Bildung und die Bindung des sozialen Imperativs: Ein neues Verständnis der Fresken	276
»Einfluß der moralischen Kraft auf die gesammten Lebensverhältnisse«: Eine neue Quelle für die Fresken	281
Das Skulpturenprogramm	284
Erstarrte Geschichte: Sammlung und Ordnung	290
Zur Sammlungsgeschichte	290
Konzept und Differenz: Die Hängungssystematik	291
Bilder der Geschichte	293
Ein Gartenschloß für einen Thronfolger	**296**
Entstehungsgeschichte der Anlage	297
Baukörper	302
Ausstattung der Innenräume	303
Außenbereich und Gartengestaltung	306
Singularisierung architektonischer Konzepte durch Interpretation	310
Theatralischer Gestus	311
Architektur als geschichtliches Modell	314
Zeitliche Differenzierung und Zuordnung der Konzepte	315
Schnittlinien zur Gedankenwelt Schinkels	315
Die Behandlung naturhafter Elemente	316
Architekturformen und Vorbilder	320
Der Mythos der »Zauberflöte«	327
Architektur als Sinnbild von Geschichte	331
Konzeptueller Horizont Friedrich Wilhelms IV.	335
Charlottenhof im Rückblick	342
Schlußwort. Der historische Blick auf Schinkels geistige Entwicklung und sein Ertrag	**344**

Anhang 348

Bibliographie 348
    Ausstellungskataloge in zeitlicher Abfolge 348
    Selbständige Publikationen nach Verfassern 349
    Unselbständige Publikationen nach Verfassern 364

Synchronoptische Übersicht ausgewählter Werke Schinkels 371
Synchronoptische Übersicht des kulturellen Umfelds Schinkels 378
Ausgewählte Transkripte handschriftlicher Aufzeichnungen Schinkels 387

Dank

Mein tiefempfundener Dank gilt meinem verehrten Lehrer Dr. Fritz Jacobs. Ohne seine ansteckende Begeisterung und unermüdliche Förderung wäre diese Arbeit weder je begonnen noch je zu Ende gebracht worden.

Dir, meine geliebte Frau Ute, danke ich von ganzem Herzen nicht nur für diese Zeit, in der Du mir immer Inspiration und Kraftquell gewesen bist, sondern für ein ganzes Leben voll Freude. Ohne Dich wäre nicht nur diese Arbeit nichts, sondern auch alles andere.

Zuletzt, doch nicht an letzter Stelle, gilt mein großer Dank meinen Eltern. Ihre ausdauernde Unterstützung und Anteilnahme legte den Grundstein und sicherte das Fundament für dieses Unternehmen.

Berlin im September 2001 *Fokke Christian Peters*

> Das Kunstwerk soll eigentlich dartun wie man dachte und empfand,
> und es kann dies besser als jeder Schriftzug es vermag.
>
> *Karl Friedrich Schinkel*[1]

Forschungsmethodische Vorbemerkung

Umriß des Forschungsvorhabens

Ausgangspunkt

Karl Friedrich Schinkel (1781–1841) wird nicht nur für seine außergewöhnliche künstlerische und gestalterische Leistung gewürdigt. Er ist darüber hinaus auch als der bedeutendste Architekturtheoretiker in der ersten Hälfte des 19. Jahrhunderts gesehen worden.[2] Diese Wertung verdankt der Architekt vor allem seinem nie vollendeten und nie veröffentlichten Projekt eines architektonischen Lehrbuchs. Nach der von PESCHKEN anfangs der 1980er Jahre geleisteten Systematisierung und Aufbereitung der Ansätze dazu liegt es nahe, die Veränderungen in den geistigen Orientierungslinien Schinkels in fünf recht klar voneinander abgegrenzte Phasen einzuteilen. Laut PESCHKEN steht am Beginn eine frühe Phase (bis ca. 1804), auf die eine hochromantische Planstufe (1810–15) folgt. Die anschließende klassizistische Stufe (etwa 1825) wird abgelöst von einer technizistischen Stufe der Planungen (ca. 1830). Die letzte Fassung des Vorhabens (ca. 1835) läßt sich nach PESCHKEN als legitimistisch verstehen.[3] Mit den Mitteln dieser übersichtlichen Einteilung lassen sich nicht nur die umfangreichen, oft disparaten Lehrbuchmaterialien systematisieren, sondern auch für einen großen Anteil anderer schriftlicher Äußerungen Schinkels ordnende Grundsätze gewinnen. Gleichzeitig läßt sich die Einteilung in fünf einander ablösende Phasen auch bei der Untersuchung einzelner Werke in vielen Fällen fruchtbar machen.

Forschungsziel

Angesichts der großen politischen, technischen und geistesgeschichtlichen Umbrüche, deren Zeuge Schinkel in seiner Lebenszeit war, liegt es nahe, nach

---

1 Schinkel H. II 36, abgedruckt bei Peschken, Schinkelwerk: Lehrbuch S. 50.
2 Kruft 1995 S. 339.
3 Vgl. Peschken »Das Architektonische Lehrbuch«. Band III.1. der Reihe »Karl Friedrich Schinkel Lebenswerk«, 1979.

Ablauf und Motivation der angesprochenen theoretischen Kursänderungen zu fragen. Aufschluß über derartige Fragen können zunächst die Projekte und realisierten Werke des Künstlers geben: Der hohe Stellenwert, den die theoretische Reflexion für Schinkel besaß, macht es mehr als unwahrscheinlich, daß so einscheidende Positionsänderungen sich nicht in seiner jeweils aktuellen künstlerischen Tätigkeit widerspiegeln sollten. Parallel zu diesen verwirklichten Konsequenzen theoretischer Entwicklungen können teilweise auch die schriftlichen Äußerungen des Architekten zu Aufschlüssen verhelfen. Gerade im Hinblick auf diese zum Teil in ausgearbeiteter Form, zum Teil als Fragmente vorliegenden Texte Schinkels ist nach wie vor nicht ausreichend der Zusammenhang von Entwicklung und Einflüssen geklärt.[4]

Die vorliegende Arbeit ist entsprechend diesen grundsätzlichen Überlegungen primär darauf abgezielt, die Beantwortung folgender Fragen voranzutreiben:

1. In welcher Weise und in welcher Intensität ist in Werken Schinkels seine theoretische Entwicklung, wie sie sich anhand des Lehrbuchprojekts darstellt, aufweisbar?
2. In welchem Umfang und an welchen Punkten haben sich konkrete Einflüsse der Quellen, die für Schinkels theoretische Positionen als entscheidend gelten müssen, auch in seinen Arbeiten niedergeschlagen?
3. Lassen sich Umschlagpunkte aufzeigen, in denen derartige Positionen entscheidend durch eigene Stellungnahmen modifiziert oder durch neue Übernahme bestimmter fremder Positionen ersetzt werden? Wenn ja, stimmen diese mit der Systematisierung des Lehrbuchprojekts überein oder lassen sich dessen Datierungen für das konkrete Schaffen noch präzisieren?
4. Werden anhand der künstlerischen Entwicklung – insbesondere im architektonischen Bereich – bestimmte Gründe für derartige Umschwünge in der geistigen Einstellung deutlich?

Der fast unübersehbare Umfang des Schinkelschen Schaffens macht es unvermeidbar, sich bei einer derartigen Untersuchung auf relativ wenige herausgehobene Werke zu beschränken. Ebenfalls wird eine zeitliche Auswahl getroffen: Untersuchungsgegenstand ist hier lediglich die Zeitspanne seit Schinkels Anfängen bis hin zu der Ausbildung einer technizistischen Phase um etwa 1830. Der überaus hohe Grad an Komplexität, den Schinkels Ansichten in dieser Phase gewinnen, ließe die Fortführung der Arbeit in dieser Richtung selbst den

---

4 Vgl. zu diesem Desiderat Koch, Zeitschrift für Kunstgeschichte 1966 S. 222, Fn. 114 sowie Peschken, Schinkelwerk: Lehrbuch S. 1.

Rahmen einer Dissertation sprengen. Die anschließende, relativ spärlich untersuchte Spätphase des Schinkelschen Werkganzen ist momentan Gegenstand einer vom Ansatz teilweise parallel gehenden Arbeit HARTMANNs.[5]

Entsprechend der Zielsetzung der vorliegenden Arbeit handelt es sich bei den untersuchten Werken des Künstlers im wesentlichen um architektonische Arbeiten, die für die jeweilige theoretische Orientierung charakteristisch sind bzw. Aussagen über die Veränderungen dieser Position zulassen. Um die Gefahr der Beliebigkeit rein theoretischer Aussagen über Kunstwerke zu vermeiden, werden zu einigen besonders beziehungsreichen Werken auch Aspekte ihrer Entstehungsgeschichte behandelt und auf Zusammenhänge mit der theoretischen Entwicklung untersucht.

Innerhalb des angesprochenen Zusammenhangs geistiger Positionen mit der Entstehungsgeschichte einzelner Bauwerke (vor allem des Alten Museums in Berlin und des Schlosses Charlottenhof in Potsdam – Sanssouci) soll auch ein Einfluß auf das Werk Schinkels zur Sprache kommen, der in hohem Maß in die praktische Sphäre hineinreicht: Nicht zuletzt aufgrund seiner theoretisch legitimierten hohen Ambitionen im architektonischen Bereich suchte und fand Schinkel den Kontakt zu dem architektonisch ambitioniertesten Vertreter des preußischen Königshauses. Dieser – der Kronprinz und spätere Herrscher Friedrich Wilhelm IV. – nutzte seine Stellung, um Schinkels Werke in vielfältiger Weise zu beeinflussen. Soweit derartige Einflüsse auf die hier behandelten Werke angenommen worden sind, soll ihre Tragweite ebenfalls überprüft werden.

Methodischer Standpunkt

Charakter der Arbeit

Bei der vorliegenden Arbeit handelt es sich nicht um eine Werkmonographie im klassischen Sinn. Ein derartiges Arbeitsziel wäre angesichts der Dokumentation von Schinkels Schaffen im »Schinkelwerk« weder notwendig noch nutzbringend. Sie ist vielmehr der Zielsetzung angenähert, die in den stärker textlich ausgerichteten Geisteswissenschaften als »intellektuelle Biographie« apostrophiert wird. Eine deutliche Differenz zu dieser Kategorie resultiert jedoch aus der schöpferischen Tätigkeit des Künstlers. Im Unterschied etwa zu einer rein theoretisch tätigen Persönlichkeit können im Fall eines Künstlers

---

5   Gleichzeitig erscheinende Dissertation (TU Berlin): »Von königlicher Weltflucht zu bürgerlicher Staatsutopie. K.F. Schinkels Entwurf einer königlichen Residenz von 1835«.

auch physisch festgelegte Artefakte auf Neigungen und Tendenzen, aber auch auf konkrete theoretische Entwicklungen hin untersucht werden. Trotzdem wird hier der in der Behandlung eines Künstlers und seines Schaffens eher unübliche Weg gewählt, von den theoretischen Aussagen auszugehen, um dann die ermittelten Hauptaussagen und Tendenzen an den einzelnen Bauwerken zu überprüfen, so weit diese Möglichkeit reicht.

Diese Vorgehensweise beruht auf der für das Forschungsinteresse dieser Arbeit grundlegenden Feststellung, daß die kunstgeschichtliche Forschung zu Schinkels Entwicklung relativ häufig von textkritisch nicht ausreichend abgesicherten Unterstellungen geprägt ist. Dabei werden nicht selten Parallelentwicklungen in den Gedanken Schinkels und zeitgenössischer Denker ohne nähere Absicherung in Zusammenhang gebracht. Dieses Verfahren kann jedoch nur dann als zulässig gelten, wenn eine implizit die Kulturentwicklung einer Epoche regierende geistige Grundströmung unterstellt wird. Nur unter dieser (nachhegelianischen) Prämisse macht es Sinn, ohne einen direkten Kontakt zwischen verschiedenen Individuen derartig über innere Struktur und Entfaltung eines »Geists der Zeiten« zu spekulieren. Zudem sind derartige Überlegungen primär nur für das Verständnis einer Epoche als ganzer förderlich, weniger für das einer künstlerischen Persönlichkeit als Individuum.

In vergleichbar unkritischer Weise unterstellen Teile der Schinkel-Forschung Beeinflussungen zwischen literarisch-philosophischen Quellen und auf den ersten Blick ähnlichen Überlegungen Schinkels. Derartige Verbindungen zu präzisieren ist auch das Anliegen dieser Arbeit. Sie geht allerdings davon aus, daß geistige Einflüsse dieser Art legitimerweise nur dann angenommen werden können, wenn sich ein noch auszuweisender Standard von Entsprechungen in Terminologie und Struktur der verglichenen Äußerungen tatsächlich nachweisen läßt. Grundvoraussetzung muß dabei sein, überhaupt erst die Möglichkeit einer Rezeptionsverbindung zwischen Schinkel und dem jeweils als Quelle vorgeschlagenen Autor überzeugend darzulegen. Überraschenderweise wird bereits diese Forderung in der Literatur nicht selten mißachtet.

Nicht immer wird sich bei der Verfolgung der gedanklichen Abhängigkeiten der Theorie Schinkels die Tendenz vermeiden lassen, das eigentliche künstlerische Schaffen in der Art einer Folgewirkung seiner theoretischen Reflexion darzustellen. Obgleich Schinkel in außerordentlich hohem Maß die für den Künstler so wichtige Fähigkeit besaß, »im sinnlichen Material denken zu können« (Hegel[6]), ist diese Tendenz durchaus auch in der Arbeitsweise

---

6   Hegel 1992 S. 367 (Ästhetik I. 1. Teil C.I.b. »Das Talent und Genie«).

Schinkels selbst angelegt: Das hohe Niveau seiner ästhetischen Reflexion und ihre entsprechende Durchschlagskraft auf seine künstlerische Praxis dürften unbestreitbar sein. Ungeachtet dessen versucht auch der Autor dieser Arbeit die diesem Abschnitt vorangestellte Mahnung Schinkels stets zu berücksichtigen.

Kunstgeschichtliche Methodenorientierung

Methodisch folgen wichtige Anteile der Arbeit stilgeschichtlichen Überlegungsmustern. Die historische Position Schinkels ist die eines Architekten in einer Übergangsphase in verschiedener Beziehung: Veränderungen während seiner Lebensspanne betreffen grundlegende Elemente der politischen Systeme, der Wirtschaftsordnungen, aber auch der Weltanschauungen. Genannt seien hier nur Entwicklungen wie die französische Revolution, die (kontinentale) industrielle »Revolution« und die Bewegung von der Philosophie der Aufklärung bis zur Geschichtsphilosophie Hegels. Die parallel ablaufenden stilgeschichtlichen Übergänge – im groben vom Barock über neogotische und neoklassizistische Strömungen zu einem eklektischen Historismus – sind schon in der Aus- und Fortbildung des Architekten Schinkel von großer Bedeutung gewesen, ebenso wie in seiner späteren Arbeitstätigkeit. Sie können daher in einer Arbeit über die Entwicklung dieser Praxis und ihrer theoretischen Basis nicht außer acht gelassen werden.

Ein einseitiges Primat stilgeschichtlicher Argumentationszusammenhänge ist jedoch keineswegs beabsichtigt; diese bilden vielmehr nur formale Hilfskonstruktionen zur Unterstützung substantieller Überlegungen. In diesen Überlegungen stehen schwerpunktmäßig Fragen nach dem Bedeutungshorizont von Kunst und insbesondere Architektur ganz im Vordergrund. Diese Orientierung erscheint angesichts einer Epoche, die noch nicht im Sinne LYOTARDS vom Ende der großen Erzählungen von Rationalität und Fortschrittsgeschichte ausging, und angesichts eines Künstlers, für den der poetische Charakter der Kunst entscheidend war, mehr als angebracht. Dabei stellt sich die Arbeit in die Tradition der ikonographischen bzw. ikonologischen Kunstbetrachtung, wie sie von WARBURG begründet und besonders von PANOFSKY[7], BANDMANN[8] und WARNKE[9] für architektonische Zusammenhänge fruchtbar gemacht wurde.

---

7 Panofsky 1989.
8 Bandmann 1994.
9 Warnke 1984; Warnke 1976.

Methodischer Standpunkt

Im Zusammenspiel mit diesen Untersuchungsstrukturen werden in Teilbereichen (insbesondere bei der Untersuchung der von Schinkel auf öffentliche Wirksamkeit ausgerichteten Darstellungen des Alten Museums und des Schlosses Charlottenhof) auch rezeptionsästhetische Gesichtspunkte herangezogen.[10] Eindeutig im Vordergrund des Forschungsinteresses dieser Arbeit stehen zwar die Abhängigkeitsbeziehungen zwischen Vorbedingungen, Persönlichkeit des Künstlers, Schaffensprozeß und Werk. Aufgrund der Eigenheit vieler Werke Schinkels, zentral auf Wirkung für den Rezipienten ausgerichtet zu sein, erhält nicht selten auch die Relation zwischen Betrachter und Werk Bedeutung. Bei besonderer Relevanz dieser Beziehungen werden dementsprechend auch Argumentationsformen der rezeptionsästhetischen Forschung verwandt, wenn auch nicht als vorrangiges Ziel.

Nicht selten berührt diese Arbeit den Bereich der »Geistesgeschichte«. Dieser in neuerer Zeit kritischer gesehene Terminus impliziert jedoch kein geschichtsphilosophisches Konzept in Hegelscher Tradition: Es wird dabei nicht unterstellt, die Diskussionsinhalte in Literatur, Kunsttheorie und Philosophie folgten unterschwellig einheitlichen Entwicklungsrichtungen. Ebensowenig wird im Sinne der Ideen Dvoráks unterstellt, zwischen derartigen Entwicklungen und Entwicklungen im eigentlich künstlerischen Medium könnten prima facie Verknüpfungen und Parallelen angenommen werden.[11] Sofern ein Ausdruck wie »Geistesgeschichte« verwendet wird, handelt es sich mangels einer besseren Begrifflichkeit lediglich um eine Sammelbezeichnung für Äußerungen einer bestimmten Zeitspanne auf literarischem, kunsttheoretischem oder philosophischem Gebiet. Die Verwendung von Ausdrücken wie »geistesgeschichtliche Entwicklung« oder »Tendenz« verweist dementsprechend nicht auf eine subjektähnliche Wirkungskraft geistiger Positionen, sondern lediglich auf ihre weite öffentliche Verbreitung, wie sie durch steigende Rezeption der Zeitgenossen oder die Berufung ihrer Vertreter in Schlüsselpositionen belegbar ist.

Eine andere methodische Richtung, deren Anwendung auf das Werk Schinkels bis heute nicht in befriedigender Form stattgefunden hat, wird dagegen in dieser Arbeit bewußt ausgeklammert, nämlich Überlegungen unter psychoanalytischem Blickwinkel.[12] Gerade psychoanalytische Nachforschungen über Schinkels teils fast exaltiert wirkenden Schaffensdrang wären möglicherweise

---

10 Grundlegend zu den Vorgehensweisen der Rezeptionsästhetik und insbesondere den Strukturen der Malerei des 19. Jahrhunderts vgl. Kemp 1983, insb. S. 115ff.
11 Vgl. zu diesem Themenbereich die Kritik von Wyss 1996 S. 85f.
12 Vgl. dazu Adams 1996; Brodbeck 1995.

nicht ohne Berechtigung, aber auch seine euphorische und nachhaltige Bewunderung Friedrich Gillys könnte in diesem Licht neue Facetten zeigen. Aus der im wesentlichen theoretischen Zielsetzung dieser Arbeit, die also dem reflexiven, bewußt nachvollziehbaren Gedankengang nachzuforschen versucht, ergibt sich im gewählten Rahmen jedoch keine entscheidende Bedeutung psychoanalytischer Argumentationskomplexe.

Die methodische Orientierung dieser Arbeit wird im übrigen zusätzlich dadurch beeinflußt, daß Anliegen dieser Untersuchung nicht primär die verbesserte Interpretation einzelner Werke Schinkels ist, sondern ein vertieftes Verständnis der Zusammenhänge zwischen Werkentwicklung und Theorieentwicklung. Aus diesem Grund wird es sowohl hinsichtlich stilistischer Aspekte als auch hinsichtlich der Fragen von Interpretation und Bedeutung entscheidend, Analysen und Interpretationen von Texten Schinkels heranzuziehen. Im Verhältnis zu einer hergebrachten Werkmonographie muß daher der Anteil von Untersuchungen zur Textinterpretation relativ hoch sein.

Textinterpretatorische Grundsätze

Dieser hohe Stellenwert textkritischer Gedanken macht einige Anmerkungen zur Behandlung der zugrundegelegten Quellen, insbesondere zu den unveröffentlichten, fragmentarischen Texten Schinkels erforderlich. Entsprechend dem hermeneutischen Grundsatz wohlwollender Interpretation[13] sollen in allen Fällen die Aussagen des Autors zunächst als wohlüberlegt, begründet, in sich vollständig und vor allem sinnvoll unterstellt werden. Diese Überlegung ist gerade angesichts des fragmentarischen Charakters einer Vielzahl Schinkelscher Äußerungen wichtig, die meist nicht zur Veröffentlichung bestimmt waren oder nicht zu einer Veröffentlichung gelangten. Unterdrückungen und Berichtigungen zur »Glättung« der Texte, wie sie in der Überlieferung Schinkelscher Fragmente z.B. bei v. WOLZOGEN die Regel sind, unterbleiben aus diesem Grund innerhalb der Argumentation.

Gleichzeitig ist jedoch offensichtlich, daß die hier zugrundegelegten Texte Schinkels auch Widersprüche und Unklarheiten beinhalten. Auf der Grundlage der Prinzipien wohlwollender Interpretation soll auch bezüglich dieser Passagen der Akzent nicht darauf gelegt werden, eventuelle Irrtümer und In-

---

13 Vgl. etwa Gadamer 1990 S. 299, der hierfür mit dem Begriff des »Vorgriffs der Vollkommenheit« als formaler und materialer Voraussetzung des Verstehens festhält, daß bis zum Offenbarwerden des Gegenteils die immanente und transzendente Sinnhaftigkeit des Textes unterstellt werden muß.

konsistenzen nachzuweisen. Vielmehr werden solche Brüche in den textlichen Grundlagen – gerade angesichts ihres Charakters als vorläufig, als nicht zur Veröffentlichung bestimmt – prima facie als Beleg für noch unfertige, in Entwicklung befindliche Positionen gelesen. Um derartige Entwicklungsansätze nicht zu unterdrücken, wurde entweder auf die handschriftlichen Nachlässe Schinkels zurückgegriffen oder aber auf die akribischen Nachschriften im Lehrbuchwerk PESCHKENs, soweit diese beiden Vorgehensweisen möglich waren.

Das Vorhaben, Vernetzungen zwischen theoretischen Entwicklungen und solchen des Schaffens im Werk Schinkel aufzuweisen, ist von einer nicht unerheblichen hermeneutischen Labilität betroffen. Bei dem Versuch, von der Analyse der Textquellen ausgehend ein vertieftes Verständnis der Werke zu erreichen, steht bereits die Untersuchung des umfangreichen schriftlichen Materials unter den Ausgangsbedingungen eines Vorwissens. Dieses Vorwissen über die wirkungskräftigen geistigen Faktoren in der Zeit von Schinkels Aufwachsen, Ausbildung und Schaffen beeinflußt die Wahrnehmung in erheblichem Maß. Um derartiges Vorwissen offenzulegen und gleichzeitig im Rückgriff nutzbar zu machen, werden den jeweiligen Abschnitten der theoretischen Analyse kurze Abrisse entscheidender theoretischer Faktoren im gesellschaftlichen und geistigen Umfeld Schinkels vorangestellt.

Davon abgesehen ist auch die inhärente Gefahr einer einseitig zur Bestätigung des Vorwissens arbeitenden Auslegungsweise nicht von der Hand zu weisen, sowohl hinsichtlich der textuellen als auch der physisch-konkreten Quellen. Die angestrebte Argumentationsweise kann daher nur dann Überzeugungskraft aufweisen, wenn die Relation zwischen Vorwissen, interpretatorischem Ziel, Quellenbefragung und Interpretationsergebnis ausreichend transparent wird. Dabei ist die Schwierigkeit nicht zu unterschätzen, innerhalb eines theoretischen Argumentationszusammenhangs in einer bestimmten gesellschaftlichen Gruppe Abhängigkeiten und Verknüpfungen mit hinreichender Gewißheit herzustellen. Nicht selten spielen in den Fällen künstlerischer Bewegungen synergetische Phänomene eine Rolle: Gewisse Gedanken »liegen in der Luft«; ein konkreter Autor läßt sich in diesen Fällen innerhalb der Gruppe oft nicht mehr benennen, lediglich ein historisch erstes Auftreten. Derartige Abläufe sind besonders bei den großen Künstlerbewegungen des zwanzigsten Jahrhundert aufweisbar, deren starke Betonung theoretischer Aspekte von intensiver Diskussion und Auseinandersetzung begleitet wurde. Aber auch bereits ein frühmodernes Phänomen wie das Aufkommen romantischen Gedankenguts ist begleitet von persönlicher Bekanntschaft, räumlicher Nähe und intensiver mündlicher Auseinandersetzung maßgeblicher Künstler und Theoretiker. Anders als die abstrakte Verfolgung eines Zeitgeistes[14], der sich in verschiedenen Parallelentwicklungen manifestiert, erlaubt eine streng textkritische Analyse auch in derartigen Konstellationen in vielen Fällen den Nachweis aufschlußreicher Abhängigkeiten.

Textinterpretatorische Kriterien

Die aus den angesprochenen biographischen Vernetzungen von Persönlichkeiten aus Kunst und Literatur entspringenden Schwierigkeiten können bei der Frage nach einem Einfluß theoretischer Quellen anderer Autoren nur dann überwunden werden, wenn feste Kriterien bestehen, unter denen ein solcher Einfluß legitimerweise bejaht werden soll.

In der vorliegenden Arbeit werden dementsprechend als Kriterien für theoretische Beeinflussungen die folgenden Bedingungen ausgewiesen:

1. Als notwendige Bedingung einer Einflußnahme muß zunächst die realistische *Möglichkeit einer Rezeption* bestanden haben. Diese Bedingung soll im ersten der folgenden drei Fälle als erfüllt und in den zwei weiteren Fällen als indiziert gelten:
   a) Bei gesicherter persönlicher Kenntnisnahme der jeweiligen Position durch Lektüre oder persönlichen Kontakt, z.B. die Anwesenheit bei Lehrveranstaltungen, wird die Rezeption als gegeben und eine Einflußnahme als wahrscheinlich angesehen.
   b) Sofern gesichert ist, daß in Schinkels persönlichen Umfeld Quellen der jeweiligen Position kursierten, die von Zeitgenossen für bedeutend gehalten wurden, wird die realistische Möglichkeit einer Rezeption angenommen.
   c) Die realistische Möglichkeit einer Rezeption wird ebenfalls angenommen, wenn die jeweilige Position in Schinkels kulturellem Umfeld (vor allem der künstlerischen, politischen und architekturtheoretischen Diskussion in Preußen) eindeutig überragenden Einfluß besaß (dies wird z.B. für die Wirkung der Grundgedanken Fichtes, aber auch Hegels vorausgesetzt).
2. Als hinreichende Bedingung einer *Beeinflussung* werden folgende Faktoren gefordert:
   a) Es sind Entsprechungen zwischen der argumentativen Struktur einer eigenständig durch Dritte vorformulierten Position und den Äußerungen Schinkels belegbar.

---

14 Dazu bereits zuvor S. 14.

b) Es bestehen Deckungsgleichheiten zwischen einem eigenständig durch Dritte definierten terminologischen Merkmal und den Formulierungen bei Schinkel.
c) Es sind Entsprechungen zwischen Zielsetzungen der jeweiligen Position und Zielsetzungen Schinkels belegbar.
d) Als Korrektiv bei Äußerung eines theoretischen Standpunktes durch mehrere Autoren wird grundsätzlich auf die eigenständige Erstformulierung der jeweiligen Position zurückgegriffen, sofern nicht zusätzliche deutliche Umstände für eine andere Bewertung sprechen.

Jedenfalls dann, wenn die Gesamtheit der notwendigen Bedingungen einer Kenntnisnahme unter 1. und die Gesamtheit der hinreichenden Bedingungen einer Beeinflussung unter 2. erfüllt sind, kann eine Abhängigkeitsrelation fundiert angenommen werden. Da es sich im interpretatorischen Zusammenhang notwendigerweise um wertungsabhängige Faktoren handelt, wird je nach Gewichtung der jeweiligen Argumente eine Beeinflussung auch bei nur schwächerer Erfüllung der Bedingungen angenommen. In den Fällen, in denen nur eine der schwächeren notwendigen Bedingungen unter 1. erfüllt ist, wird allerdings nur dann eine Beeinflussung angenommen, wenn mehr als eine der Bedingungen unter 2. mit besonders deutlichen Argumenten als erfüllt angesehen werden kann.

Zur Forschungslage

Sowohl die Literatur zum Schaffen als auch zur Person Schinkels füllt Regale. Genauso umfangreich ist die Auseinandersetzung mit spezielleren Themenstellungen. Die in dieser Arbeit zentralen Fragen, auf welchen Grundlagen die geistige Haltung Schinkels aufbaut und welche einzelnen Quellen für sein Schaffen relevant wurden, sind ebenfalls mehrfach behandelt worden. Diejenigen Arbeiten, die sich diesen besonderen Gebieten widmen, lassen jedoch bisher ein zu lückenhaftes Bild zurück, um ein einigermaßen befriedigendes Verständnis von Schinkels geistigem Hintergrund zu erreichen. Dabei sind es insbesondere die in dieser Arbeit untersuchten zwei Fragenkomplexe, deren Bearbeitung bislang nur eine ungenügende Dichte von Ergebnissen erzielt hat: Zum einen ist noch nicht ausreichend verdeutlicht worden, in welcher Weise sich weltanschauliche und insbesondere philosophische Standpunkte Schinkels weiterentwickeln, ablösen und neuen Quellen zuwenden. Verknüpft hiermit ist die zweite, ebensowenig zureichend ausgelotete Fragestellung danach, wie stark und in welchen Detailbereichen die Rezeption literarischer und insbesondere philosophischer Quellen Spuren in den Werken Schinkels hinterlassen hat. Im folgenden wird auf eine Auswahl vorwiegend neuerer Arbeiten hingewiesen, die für diese Anliegen Relevanz besitzen, ohne daß damit jedoch ein vollständiger Literaturüberblick gegeben werden soll.

Arbeiten mit spezifisch theoretischer Ausrichtung

Eine erste Hauptgruppe der bisher vorliegenden Arbeiten, die in dieser Richtung Berücksichtigung verlangen, befaßt sich spezifisch mit dem geistigen Hintergrund Schinkels[15]:

Adalbert BEHR

Der hier zu nennende Beitrag von BEHR[16] untersucht verschiedene Aspekte der theoretischen Konzeption von Architektur bei Schinkel, wobei insbesondere die Beziehung zu Gedanken Schillers behandelt wird. Die Anregungen BEHRs werden jedoch verschiedentlich durch die Eindimensionalität eines ideologischen Grundgerüstes entwertet, das zum Teil in fehlerhafte Festellungen leitet.[17] Trotzdem stellt die – allerdings überaus knappe – Historisierung der Schinkelschen Theoriebildung einen richtungsweisenden Ansatz dar.

Dieter DOLGNER

Ein Beitrag DOLGNERs[18] verfolgt die Versuche Schinkels, aus einer Synthese zwischen griechischen und gotischen Stilformen richtungsweisende architektonische Möglichkeiten zu gewinnen. Obgleich es DOLGNER dabei gelingt, Beobachtungen an Entwürfen Schinkels mit dessen theoretischen Äußerungen zu verbinden, verliert seine Darstellung etwas durch den zu betonten Versuch, die Ausgangsthese zu belegen; das Bestreben, den Syntheseansatz als durchgän-

---

15 Obwohl das Lehrbuchwerk PESCHKENs zu einem großen Teilbereich dieser Quellen, nämlich den Erörterungen des geistigen Standpunkts und der Quellen Schinkels, bereits eine umfassende und dennoch pointierte Übersicht liefert, werden der Vollständigkeit halber auch einige der dort erwähnten Werke (vgl. Peschken, Schinkelwerk: Lehrbuch S. 8ff.) kurz angeschnitten, soweit sie für die vorliegende Arbeit relevant wurden
16 Behr, »Griechenlands Blüte« und die »Fortsetzung der Geschichte«, in: Gärtner 1984 S. 14ff.; »Anschauung, Erkenntnis und Voraussicht. Äußerungen von Karl Friedrich Schinkel« in: Architektur der DDR 30 (1981) Nr. 2.
17 So wertet BEHR Schinkels Text zu seinem Konkurrenzentwurf für ein Mausoleum der Königin Luise als einen Verstoß gegen eine reaktionäre Zensur, die sich als solche erst ein Jahrzehnt später ausbreitet, vgl. Behr, in: Gärtner 1984 S. 14ff.
18 Dolgner, »Klassizismus und Romantik – eine produktive Synthese im Werk Karl Friedrich Schinkels«, in: Gärtner 1984 S. 66ff.; ähnlich May in: Kunze 1985 S. 72ff.

gigen Akzent in sämtlichen Epochen des Schinkelschen Schaffens zu verfolgen, verwischt teilweise die Änderungen der Schwerpunkte in Schinkels Theorie.[19] Im Verlauf dieser Arbeit werden derartige Schwerpunktverschiebungen in den Überlegungen Schinkels zur Synthese von Stilformen insbesondere bei der Behandlung seiner »romantischen Phase« vertieft.

Karl Gotthilf KACHLER
Besondere Erwähnung verdient die Dissertation KACHLERs aus dem Jahr 1940. Sie stellt nach wie vor die detaillierteste Aufschlüsselung der Ideen dar, durch die Schinkels Denken beeinflußt wurde. Sie geht allerdings von der fragwürdigen Prämisse aus, die kunstphilosophische Einstellung Schinkels habe sich nach einer gewissen anfänglichen Entwicklungsphase nicht mehr wesentlich verändert.[20] Sie formt damit das überaus veränderliche Denken Schinkels unangemessen zu einem monolithischen Block um und belastet sich so nicht selten mit Unschärfen.[21] Beispielsweise stellt KACHLER anhand der historischen Abfolge der Schinkelschen Bauten zutreffend ihre Abwendung von gotischen Vorbildern in den zwanziger Jahren dar; die parallel dazu stattfindende Verabschiedung nationaler und religiöser Gedanken in dieser Umbruchphase wird jedoch unterschlagen. Die statische Betrachtungsweise, wie sie KACHLER durchführt, blendet von vorn herein denjenigen Aspekt aus, der in der vorliegenden Arbeit im Vordergrund stehen soll: Die Frage nach der Verzahnung offensichtlicher Richtungsänderungen des künstlerischen Schaffens mit den Entwicklungen des geistigen Rüstzeuges. Ob die dabei durchgeführte Historisierung Schinkelschen Denkens gegenüber einer solchen statischen Betrachtungsweise vorzuziehen ist, läßt sich erst nach ihrer Ausformulierung entscheiden; allerdings kann die von PESCHKEN vorgezeichnete historische Betrachtung der Lehrbuchprojekte als vorläufiges Indiz für ihre Berechtigung gewertet werden.

---

19 Beispielsweise läßt die Darstellung DOLGNERs die kritische Phase nach der Rückkehr von der ersten Italienreise aus, die sich einer bruchlosen Fortschreibung der Synthesebemühungen gänzlich entzieht. Überdies leidet die Arbeit an der umfangreichen, teils unkritischen, teils etwas unsauberen Übernahme aus dem Lehrbuchwerk PESCHKENs (etwa ist dort ersichtlich, daß die klassizistische Lehrbuchplanung sich sehr wohl mit dem Spitzbogenbau auseinandersetzt; dies wird von DOLGNER nicht berücksichtigt, vgl. Dolgner in: Gärtner 1984 S. 73f.).
20 Vgl. Kachler, »Schinkels Kunstauffassung«, 1940 S. 7, der unter Verzicht auf weitere Begründung postuliert, diese Kunstauffassung habe sich nach etwa 1815 nicht mehr in wesentlichen Punkten geändert.
21 Ähnlich werden die Vordenker Schinkels behandelt, z.B. der Philosoph Fichte, dessen aus überaus unterschiedlichen Phasen stammende Werke in direkten Zusammenhang gesetzt werden, vgl. z.B. Kachler 1940 S. 13.

Die Arbeit KACHLERs leidet zudem unter dem Mangel, ihre Analysen der Zusammenhänge zwischen Schinkelschen Positionen und Aussagen zeitgenössischer Ästhetiker vorwiegend unter Rückgriff auf Sekundärliteratur zu gewinnen.[22] Auf der Grundlage dieser gefilterten Daten entstehen Aussagen wie:

> Wenn jetzt die Frage beantwortet werden soll, wie Schinkel zum subjektiven und objektiven Idealismus (sc. den Positionen Fichtes und Schellings; Zus. d. Verf.) stehe, so kann keine eindeutige Antwort gegeben werden.[23]

Auf der Grundlage eines Vergleichs zwischen konkreten Quellenaussagen der verschiedenen Autoren lassen sich gerade zu derartigen Fragestellugen deutlich trennschärfere Aussagen gewinnen.

Steven MOYANO

Eine neuere Arbeit von MOYANO[24] versucht, die politisch-administrative Einbindung des Museumsbaus in Berlin durch Schinkel näher zu bestimmen. Dabei leistet MOYANO insbesondere eine ausführliche Darstellung der von Schinkel genutzten Argumentationsstrategien, die eine Durchführung des Baus überhaupt sowie spätere Budgeterhöhungen möglich machten.[25] Allerdings greift die Auseinandersetzung mit den theoretischen Positionen Schinkels teils etwas kurz, beispielsweise in der Behandlung von Schinkels Betonung eines Eigenwertes der Versinnbildlichung statischer Gliederung.[26]

Alex POTTS

Der kurze Beitrag von POTTS zur Begleitpublikation der Schinkelausstellung 1991 in London[27] referiert im wesentlichen nur Thesen und Resultate, die PESCHKEN schon mehr als zehn Jahre zuvor zu den Lehrbuchprojekten Schinkels erarbeitet hatte. Er kann seinem ambitionierten Titel (»Schinkel's Architectural Theory«) damit nicht gerecht werden.

---

22 Vgl. Kachler 1940 S. 10ff., dort insbesondere Fußnote 4 S. 11.
23 Kachler 1940 S. 15.
24 Moyano, »Karl Friedrich Schinkel and the administration of architectural aesthetics in Prussia. 1810–1840.«, 1989.
25 Z.B. Moyano 1989 S. 130ff.
26 Vgl. dazu Moyano 1989 S. 142ff.; näher zu diesem Problembereich nachfolgend unter S. 117, 120f.
27 Potts, »Schinkel's Architectural Theory«, in: Snodin 1991 S. 47–56.

Hans REICHEL
Die ältere Arbeit REICHELs[28] besteht – obgleich der Titel mehr vermuten läßt – ausschließlich in einer Synopse derjenigen Aphorismen, die bereits zuvor durch v. Wolzogen veröffentlicht wurden. REICHEL selbst bezeichnet die Arbeit in einer rückblickenden Fußnote denn auch als bloße »Stoffzusammenstellung«.[29] Da in ihr jeder Versuch einer Einbindung in ideenhistorische Zusammenhänge fehlt, liegt ihr Verdienst lediglich in einer gewissen Systematisierung, die allerdings eine Entwicklung des Autors Schinkel vollständig ausblendet.

Scott C. WOLF
Die jüngst erschienene ausführliche Dissertation WOLFs[30] weist in der Analyse der theoretischen Äußerungen Schinkels Berührungspunkte zu dieser Arbeit auf, insbesondere bei der Auszeichnung der Bedeutung Fichtes für die Entwicklung von Schinkels Ideen. Allerdings setzt die Arbeit WOLFs deutlich andere thematische Schwerpunkte, da sie versucht, die durchgängige Bedeutung gedanklicher topoi im Werdegang von Schinkels tektonischen Vorstellungen zu isolieren. Dabei wird allerdings bewußt ausgeklammert, in welcher Relation diese Entwicklungen zu den Motivationen für die Werke Schinkels stehen, eine Untersuchungsrichtung, die hier verfolgt werden soll. Zudem steht in der vorliegenden Arbeit – im Gegensatz zum Ansatz von WOLF – die Frage nach Ablauf und Auswirkung von *Änderungen* in Schinkels theoretischer Einstellung im Vordergrund.

Arbeiten über Schinkel mit theoretischen Bezügen
Abschnittsweise werden theoretische Themenbereiche auch in Werken behandelt, deren Ziel ein allgemeinerer Überblick über die Werke Schinkels oder die Behandlung bestimmter Themenkomplexe innerhalb dieses Œuvres ist. Unter diesen Arbeiten werden hier vor allem diejenigen erwähnt, deren Äußerungen substantiell neue Aufschlüsse geliefert haben.

---

28 Reichel, »Schinkels Fragmente zur Ästhetik«, Zeitschrift für Ästhetik und allgemeine Kunstwissenschaft 6 (1911) S. 177–210.
29 Reichel a.a.O., Fn. 1 S. 177.
30 Wolf, »Karl Friedrich Schinkel: The Tectonic Unconsciuos and new Science of Subjectivity«, 1997.

Barry BERGDOLL

Die relativ neue Arbeit BERGDOLLs[31] beschäftigt sich mit verschiedenen Facetten der künstlerischen und kunsttheoretischen Einstellung Schinkels. Dabei werden zwar zur Weiterführung anregende Querverbindungen hergestellt, wie etwa zu den Ideen Solgers und v. Humboldts, doch werden derartige Thesen weder mit kritischer Analyse der zugrundegelegten Texte unterstützt, noch mit ausführlicher Interpretation der Schinkelschen Werke nachgewiesen. Aus diesem Grund bleiben die Überlegungen BERGDOLLs trotz vordergründiger Plausibilität zumeist im Bereich der Behauptung stecken. Zudem wirken sich verschiedene Ungenauigkeiten störend aus, zumal sie teils als bewußt eingesetzt erscheinen. Beispielsweise[32] schreibt BERGDOLL über das Verhältnis zwischen Schinkel und Solger:

> Schinkel und Solger trafen sich jeden Sonntag, um griechische Texte zu lesen, vor allem Dramen, von denen Schinkel viele als Grundlage für seine Bühnenentwürfe dienten.[33]

Da ein weiterführender Nachweis fehlt, ist anzunehmen, daß BERGDOLL seine Kenntnis allein aus einer bekannten, aber von ihm abgewandelten Aussage WAAGENs entnimmt:

> Mit Solger ... pflegte er (sc. Schinkel, Zus. d. Verf.) lange Jahre hindurch, meist an Sonntagen, die griechischen Tragiker zu lesen, und hat es selber oftmals ausgesprochen, daß er seine Kenntnis des griechischen Altertums und seine Begeisterung für dasselbe vorzugsweise dem genauen Umgang mit diesem feingebildeten Ästhetiker verdanke.[34]

Beide Aussagen gleichen sich darin, daß sie Solger als Quelle von Schinkels Kenntnissen der Antike verstehen. Allerdings nimmt BERGDOLL darüber hinaus unberechtigt eine ständige und intensive Lehrbeziehung an, die in dieser Art wohl nicht bestanden hat. Die Motivation für dieses verfälschende Vorgehen dürfte in der Absicht liegen, Solger als den bestimmenden Einfluß schon der Jahre ab 1811 zu isolieren.[35] Diese Absicht BERGDOLLs treibt Blüten in der Aussage, Solger habe Schinkel in der Diskussion um dessen Museumsentwurf »deutliche Unterstützung« geleistet.[36] Zeitpunkt dieser Diskussion

---

31 Bergdoll, »Karl Friedrich Schinkel. Preußens berühmtester Baumeister«, 1994.
32 Verschiedene weitere Unzulänglichkeiten trüben den ansonsten ansprechenden Gesamteindruck, dazu gehören fehlerhafte Schreibweisen wie auf S. 71 »Vivant Delon« statt »Denon«.
33 Bergdoll 1994 S. 47.
34 Waagen, zitiert nach Peschken, Schinkelwerk: Lehrbuch S. 38f.
35 Vgl. zu einzelnen Aspekten dieser These nachfolgend S. 105ff. sowie S. 185ff.
36 Bergdoll 1994 S. 80.

ist jedoch das Frühjahr 1823; Solgers Ableben datiert jedoch bereits in das Jahr 1819.

Helmut BÖRSCH-SUPAN

Verschiedene Arbeiten BÖRSCH-SUPANs, die sich zumeist auf den malerischen Teil von Schinkels Schaffen konzentrieren, sprechen auch die Beziehung zwischen Quellen – insbesondere aus philosophischer Richtung – und dem Schaffen Schinkels an.[37] Die überaus detailreiche und zum Teil sehr innovative Behandlung der malerischen Arbeiten Schinkels ist für ein angemessenes Verständnis dieses Werkbereichs ausgesprochen wichtig. Stellenweise werden auch in dieser Arbeit Thesen BÖRSCH-SUPANs zum Ausgangspunkt und gleichzeitig zur Grundlage kritischer Überprüfung. Bedauerlicherweise neigen die Aussagen BÖRSCH-SUPANs in theoretischer Beziehung teils zu Unvollständigkeit und zur unkritischen Übernahme vorformulierter Meinungen. Beispielsweise tradiert BÖRSCH-SUPAN die These, Schinkel sei schon vor 1803 durch das Studium der Werke Fichtes beeinflußt gewesen, ohne dies weiter zu belegen oder zu prüfen.[38] Sie sind daher in dieser Richtung nur eingeschränkt aussagekräftig.

Tilman BUDDENSIEG

Mehrere Studien BUDDENSIEGs thematisieren die Vernetzung zwischen Schinkels künstlerischer Tätigkeit und den von ihm ausgebildeten theoretischen und ästhetischen Ansätzen in meist vorbildlicher Weise.[39] Dies betrifft zunächst das hohe Maß an Detaillierung, indem schriftliche Zeugnisse des Architekten für ein vertieftes Verständnis der Werke fruchtbar gemacht werden. Daneben ist auch die tiefgehende Analyse städtebaulicher Konzepte durch BUDDENSIEG vorbildlich für den hier verfolgten Ansatz, Städtebau als eine Reaktion des künstlerisch Schaffenden auf politische und weltanschauliche Vorgaben zu untersuchen.

Wenn dennoch vereinzelt kritisch auf die Ansätze BUDDENSIEGs eingegangen wird, dann im wesentlichen deshalb, weil der Wirkungsmechanismus zwischen der theoretischen Einstellung Schinkels und ihren Quellen nicht immer

---

37 Genannt seien hier etwa: »Karl Friedrich Schinkel – Persönlichkeit und Werk«, in: AK Schinkel I S. 10–45; »Zur Entstehungsgeschichte von Schinkels Entwürfen für die Museumsfresken«, Zeitschrift des Deutschen Vereins für Kunstwissenschaft (35) 1981 H. 1/4 (Sonderheft zum Schinkel-Jahr) S. 36–46; »Karl Friedrich Schinkel: Bühnenentwürfe.« (1990).
38 Vgl. »Karl Friedrich Schinkel – Persönlichkeit und Werk«, in: AK Schinkel I, S. 16.
39 Z.B. Buddensieg, »Bauen wie man wolle. Schinkels Vorstellungen der Baufreiheit«, daidalos Nr. 7 (1983) S. 93–102; »Das hellenische Gegenbild. Schinkels Museum und Hegels Tempel am Lustgarten«, in: Buddensieg, »Berliner Labyrinth« (1994) S. 35–46.

vollständig aufgehellt erscheint.[40] Dennoch werden im Endeffekt nur selten andere Verbindungen gezogen; dementsprechend steht mehr die stellenweise Präzisierung und Untermauerung im Vordergrund als der Versuch einer Widerlegung einzelner Thesen. Davon abgesehen erschien es gewinnbringend, ein entsprechendes (stellenweise noch vertieftes) Vorgehen auch auf weitere von BUDDENSIEG nicht behandelte Werke (z.B. die Freskenentwürfe für das Alte Museum) und die bei ihrer Schöpfung wirksamen Zusammenhänge zu übertragen.

Douglas CRIMP
Aus dem Gesichtspunkt der heutigen Entwicklung der Institution »Museums« behandeln Arbeiten CRIMPs auch die Entstehungsgeschichte des Alten Museums.[41] Obgleich sie interessante Vernetzungen zwischen dem Baugeschehen und dem System zeitgenössischer theoretischer Strömungen herzustellen suchen, wird ihre Überzeugungskraft teilweise durch Fehleinschätzungen und mangelnde Vertiefung deutlich eingeschränkt.[42] Auf diesem Hintergrund erscheint der stark polemische Ton der Arbeiten nicht nachvollziehbar; angemerkt sei allerdings, daß die Zielrichtung CRIMPs vorwiegend in der Auseinandersetzung mit heutigen Gegenpositionen liegt.

Erik FORSSMAN
Eines der wichtigsten Vorbilder für die vorliegende Arbeit liegt in der ausgezeichneten Darstellung der »Bauwerke und Baugedanken« Schinkels von

---

40 Dies gilt etwa für die von BUDDENSIEG angenommene Beziehung zwischen Schinkels »freiheitlicher Baugesinnung« um 1830 und den Vorstellungen Fichtes. Obwohl die Annahme als solche wohl berechtigt sein dürfte, erscheinen die Überlegungen nicht ausreichend, durch die eine derart langfristige Wirkung der um 1810 einsetzenden intensiven Kontakte mit der Fichteschen Philosophie untermauert werden soll (vgl. Buddensieg, daidalos Nr. 7 (1983) S. 98ff.; Buddensieg, in: Buddensieg 1993 S. 38).
41 Crimp, »Über die Ruinen des Museums«, 1996; zuvor schon »The End of Art and the Origin of the Museum«, Art Journal 46 No. 4 (1987) S. 261ff.
42 So bezeichnet Crimp 1996 S. 294 den an der Konzeption des Alten Museums beteiligten Aloys Hirt vollkommen sachfremd als einen Amateurgelehrten, obgleich dieser zuvor Jahrzehnte an der Berliner Kunstakademie gelehrt und dabei überaus einflußreiche Publikationen erarbeitet hatte; darüber hinaus wurde Hirt sogar zum Lehrer des preußischen Kronprinzen berufen. Wichtiger ist demgegenüber, daß die Herstellung einer freundschaftlichen Beziehung zwischen Hegel und Schinkel durch CRIMP (a.a.O. S. 295) ohne jede Begründung bleibt. Wie die Lektüre des älteren Artikels von CRIMP zeigt, dürfte für diese Aussage eine weiter unten (Fn. 71 dieser Arbeit) angesprochene mißverständliche Aussage von WYSS ausschlaggebend gewesen sein, dessen Artikel im Ausstellungskatalog: Hegel in Berlin von Crimp zitiert wird, vgl. Crimp, Art Journal 46 No. 4 (1987) S. 266 (Fn. 17, 42ff.).

FORSSMAN (1981).⁴³ Gerade da grundsätzlich hervorgehoben werden muß, daß diese Arbeit in ihrer Gründlichkeit und ihrer Flexibilität der Verbindung von Theorie und Praxis schwer erreichbare Maßstäbe setzt, sei der Hinweis auf einige zu vertiefende Themenbereiche erlaubt. Ihnen widmet sich die vorliegende Arbeit:

Zunächst konzentriert sich die Darstellung FORSSMANs in hohem Maß auf die architektonische Seite im Schaffen Schinkels. Gerade in der Vernetzung von Theorie, dem flexibleren malerischen Medium *und* der Architektur läßt sich jedoch ein besonders gehaltreiches Gesamtbild zeichnen. Weiter leistet FORSSMAN zwar eine sehr ausführliche Analyse der Wirkung Palladios auf das Schaffen Schinkels. Wichtige Anstöße aus dem außerarchitektonischen Bereich, etwa die Wirkung von Denkern wie Fichte, Schelling, Solger und v. Humboldt treten dabei aber unangemessen weit in den Hintergrund.⁴⁴ Von diesen beiden Punkten abgesehen könnte, da FORSSMAN im wesentlichen einen Gesamtüberblick liefern will, an vielen Stellen die Verbindung zwischen Bauwerken und Baugedanken Schinkels noch vertieft werden. Eine solche Vertiefung wird hier an Einzelpunkten in Angriff genommen, z.B. anhand einer bestimmten Klasse von Denkmälern Schinkels für die Freiheitskriege, aber auch der städtebaulichen Einbindung und der malerischen Ausstattung des Alten Museums.

Kurt FORSTER

In Teilbereichen lassen sich aus den Arbeiten FORSTERs wichtige Anstöße zur Untersuchung der theoretischen Grundlagen für die Werke Schinkels entnehmen. Vor allem liefern diese Untersuchungen vertiefte Erkenntnisse für die Bedeutung des Theaters für Schinkel insgesamt, aber auch neuartige Querverbindungen zwischen seinen Arbeiten für das Theater und anderen Werkbereichen.⁴⁵ Gegenüber den auf der formalen Ebene der Beziehung zwischen Betrachter und Betrachtetem so aussagereichen Analysen bleiben die theoretischen Ableitungen FORSTER von der Substanz her stellenweise eher beliebig. So

---

43 Forssman, »Karl Friedrich Schinkel, Bauwerke und Baugedanken«, 1981.
44 Keiner dieser mit Schinkel zum Teil in enger Verbindung stehenden Denker wird auch nur angesprochen. Auf der anderen Seite behandelt FORSSMAN ausführlich mögliche Einflüsse von Ideen der Gebrüder Schlegel, vgl. Forssman 1981 S. 62ff.
45 Forster, »Only Things that Stir the Imagination«: Schinkel as a Scenographer, in: Zukowski 1995 S. 18–35; »Schinkel's Panoramic Planning of Central Berlin«, Modulus (Charlottesville: University of Virginia School of Architecture) 16 (1983) S. 63–77.

ist es zwar durchaus interessant, die Konzeption Schinkels für die Umgebung der Neuen Wache mit Vorstellungen Laugiers über die Gestaltung der Stadt in Anlehnung an das Innere eines Waldes zu vergleichen. Die bloße Vergleichbarkeit allein läßt jedoch *nicht* folgenden Schluß Forsters zu:

> ... this early proposal of Schinkel's does ... reflect generic Enlightenment views of the city ...[46]

Absicht dieser Arbeit ist es unter anderem, bei der Untersuchung vergleichbarer Beziehungen inhaltsreichere und (durch textuelle Analyse) argumentativ stärker abgesicherte Aussagen zu gewinnen.

Lucius Grisebach

Die Arbeiten Grisebachs[47] konzentrieren sich im wesentlichen auf die malerische Seite in Schinkels Werk. Trotz ihres großen Detailreichtums und ihrer häufig tiefgehenden Analysen bleiben sie in theoretischer, insbesondere philosophisch-ästhetischer Hinsicht relativ blaß. Trotz ausdrücklicher Betonung der Relevanz theoretischer Konzepte für die Malerei Schinkels gehen Artikel wie »Schinkel als Maler«[48] kaum über das Referat eigener Texte Schinkels hinaus.

Georg Friedrich Koch

Durch Koch wurden in zwei Aufsätzen[49] bedeutende Aufschlüsse über diejenigen (vorwiegend architektonischen) Arbeiten Schinkels gewonnen, die gotische Stilformen verwenden. Kochs Analyse verfolgt im wesentlichen stilvergleichende Zielsetzungen. Teilweise zieht sie aber auch ikonographische Überlegungen heran, in denen sich nicht selten Querverbindungen zur Beziehung Schinkels auf theoretische Quellen (etwa auf Werke August Wilhelm Schlegels) finden lassen, obwohl in derartigen Untersuchungen nicht der Schwerpunkt der Aufsätze liegt.

---

46 Forster, Modulus (Charlottesville: University of Virginia School of Architecture) 16 (1983) S. 67.
47 Grisebach, »Zu Schinkels Gemälden«, Jahrbuch Preußischer Kunstbesitz, 19 (1981) S. 59–75; ders., »Schinkel als Maler«, in: AK Schinkel I S. 46–62.
48 Grisebach, in: AK Schinkel I S. 46.
49 Koch, »Karl Friedrich Schinkel und die Architektur des Mittelalters«, Zeitschrift für Kunstgeschichte 29 (1966) S. 177–222; »Schinkels architektonische Entwürfe im gotischen Stil 1810–1815«; Zeitschrift für Kunstgeschichte 32 (1969) S. 262–316.

Goerd PESCHKEN

Für die in der vorliegenden Arbeit zugrundegelegte historische Betrachtungsweise der Einstellung Schinkels ist vor allem die Arbeit PESCHKENs zu den Lehrbuchprojekten Schinkels (1979) richtungsweisend. PESCHKENs überaus detail- und kenntnisreiche Arbeit lieferte erstmals einen systematischen, anschaulichen und dennoch ausreichend tiefblickenden Überblick über die Entwicklung von Schinkels künstlerischer Persönlichkeit. Ihre vorbildliche Systematisierung wird daher hier als heuristisches Modell zugrundegelegt, soll jedoch in den Zusammenhang des geistesgeschichtlichen Umfeldes eingestellt[50] und in einzelnen Punkten kritisch überprüft werden.

Gianpaolo SEMINO

In seiner 1993 herausgegebenen Monographie über Schinkel[51] deutet SEMINO verschiedentlich weitreichende Kenntnisse der Theoriebildung des Architekten an. Entsprechend der Konzeption der Arbeit als Überblick über das Schinkelsche Gesamtwerk gelangt die Darstellung aber bedauerlicherweise an keiner Stelle über Stichworte hinaus; allerdings wird bei der Behandlung der einzelnen Werke die Verzahnung herausragender theoretischer Tendenzen und des Œuvres griffig veranschaulicht.

Heinz SCHÖNEMANN

Bereits in den 1980er Jahren untersuchte SCHÖNEMANN mögliche Einflüsse der theoretischen Modelle Durands auf die Werke Schinkels.[52] Die Argumentation SCHÖNEMANNs bietet vielfältige Anregungen, etwa indem sie auf strukturelle Entsprechungen in Zeichnungen Schinkels und Durands hinweist, wenn sie auch in verschiedenen Bereichen durch kleinere Unsauberkeiten beeinträchtigt wird.[53] Im Zusammenhang damit stehen die überaus eingängigen Überlegun-

---

50 Dieses Desiderat wird auch von PESCHKEN selbst betont, vgl. Peschken, Schinkelwerk: »Architektonisches Lehrbuch« S. 1.
51 Semino, »Karl Friedrich Schinkel«, 1993.
52 Schönemann, »Die Lektionen des Jean-Nicholas-Louis Durand und ihr Einfluß auf Schinkel«, in: Gärtner 1984 S. 77ff.
53 So ist es nur schwer plausibel, Schinkel könne für seinen Museumsentwurf von 1800 bereits auf einen vergleichbaren Entwurf Durands zurückgegriffen haben, der erst 1804/05 in dessen »Precis« veröffentlicht wurde. Die Alternative einer Vermittlung dieses Entwurfs durch F. Gilly begründet SCHÖNEMANN nicht näher. Ebensowenig wird die Annahme zureichend begründet, Schinkel habe für eine 1804 zu datierende Zeichnung auf den zweiten Band von Durands »Precis« zurückgegriffen. Vgl. dazu Schönemann in: Gärtner 1984 S. 79f., 82, sowie nachfolgend S. 32f.

gen, die von SCHÖNEMANN zum Schloßbau Charlottenhof bei Sanssouci entwickelt wurden.[54] Sie werden in einem späteren Abschnitt der Arbeit ausführlich kritisiert, da gerade sie ein besonders anschauliches Beispiel dafür darstellen, wie starke Abweichungen von herkömmlichen Deutungsmodellen die in dieser Arbeit vorgenommene historisch differenzierende Analyse von Schinkels geistigem Rüstzeug nahelegen kann. Die von SCHÖNEMANN konstatierten komplexen Konzepte Schinkels für den Schloßbau können sich zwar auf eine Fülle von dargestellten Details im baulichen Befund und in der Ausstattung berufen, sie werden allerdings kaum in die Entwicklung von Schinkels theoretischem Denken eingebunden. Nicht nur dadurch verlieren sie an Überzeugungskraft, sondern auch durch die unhistorische Vorgehensweise: Um das angenommene theoretische Konzept plausibler zu machen, führt Schönemann stellenweise unreflektiert bauliche Glieder der Gesamtanlage an, die nicht Schinkels Originalentwurf entstammen.[55] Davon abgesehen erscheint auch die Annahme einer vollständig harmonischen Zusammenarbeit zwischen Schinkel und seinem Auftraggeber Friedrich Wilhelm IV. angesichts des von SCHÖNEMANN selbst festgestellten kritischen Impetus' der Gesamtanlage[56] zumindest überprüfenswert.

Christoph Martin VOGTHERR

Ausgesprochen vielschichtig und quellenreich ist die neuere Arbeit VOGTHERRs[57], die sich zur Aufgabe gemacht hat, die Errichtung des »königlichen« (Alten)

---

54 Schönemann, »Karl Friedrich Schinkel. Charlottenhof, Potsdam-Sanssouci.«, 1997; ders., »Charlottenhof. Schinkel, Lenné und der Kronprinz«, in: Ausstellungskatalog: Potsdamer Schlösser und Gärten, 1993, S. 172ff.; ders. »Potsdam. Architektur und Landschaft«, in: AK Schinkel II S. 231ff. Der Aufsatz von SCHÖNEMANN zu »Schloß Charlottenhof und die römischen Bäder – ein utopisches Gesellschaftsmodell«, in: Bauakademie der DDR (Hrsg.) 1981 S. 122ff. macht jedoch schon den unstimmigen Ausgangspunkt seiner Überlegungen deutlich: Um die Charlottenhofer Planungen im Sinn eines utopischen Gesellschaftsmodells interpretieren zu können, bringt SCHÖNEMANN sie unter den Fokus der Kapitalismuskritik. Um derartige Vorstellungen mit dem Denken Schinkels zusammenzubringen, stellt er die bekannten kritischen Aussagen Schinkels zum englischen Industriesystem voran – diese wurden allerdings erst auf der Reise nach England niedergelegt, können also für die bereits zuvor durchgeführte Ausführungsplanung in Charlottenhof keine Bedeutung haben.
55 So stützt sich die Interpretation der Schloßanlage nicht unwesentlich auf die Gedanken, die mit den im östlichen Garten des Schlosses angelegten Rosenpflanzungen verbunden sind, vgl. Schönemann 1997 S. 12f. Diese Pflanzungen wurden allerdings erst ein Jahrzehnt nach Schinkels Planung von 1826 durch Lenné erstellt (1835).
56 Vgl. Schönemann 1997 S. 10ff.
57 Vogtherr, »Das königliche Museum zu Berlin. Planungen und Konzeption des ersten

Museums in Berlin vor allem aus allen tatsächlichen Gesichtspunkten zu durchleuchten. Dabei weicht der Schwerpunkt dieses Werks von der vorliegenden Arbeit deutlich ab: VOGTHERR klammert die Bezüge des Baus zur zeitgenössischen Philosophie aus; insbesondere die Bezüge der Ausstattung (Fresken und Skulpturen) zur ihrer Basis in der theoretischen Entwicklung Schinkels und die Entwicklung der städtebaulichen Konzepte werden nur ganz ansatzweise behandelt.[58] Für die damit noch bestehende Lücke wird hier versucht, Ansätze zu formulieren. Lediglich der Bereich der Ausstellungskonzeption im Alten Museum wird teils parallel behandelt.[59] Allerdings wird in der vorliegenden Arbeit weniger im Sinne VOGTHERRs nach der Einbindung in die historische Gesamtentwicklung der Institution »Museum« gesucht, sondern gezielter nach der Einbindung in die zeitgenössische theoretische Position Schinkels: Die Behandlung des Alten Museums unterscheidet sich so grundlegend durch die Blickrichtung – VOGTHERR behandelt den Bau vom Standpunkt des Bauwerks bzw. der Institution; die vorliegende Arbeit dagegen aus der Perspektive des den Bau schaffenden Künstlers.

Mario ZADOW
Obgleich die detailreiche Arbeit ZADOWs[60] vorwiegend biographisch ausgerichtet ist, streift sie an vielen Stellen auch theoretische Aspekte im Schaffen Schinkels. Dabei bleibt zwar die Tiefenschärfe relativ gering, da ZADOW zu großen Teilen Archivalien aneinanderreiht, ohne sie systematisch zu Aussagen über Schinkels theoretische Entwicklung zu ordnen. So unterlaufen ZADOW vereinzelt etwas schematische Aussagen, die dem Werdegang Schinkels nicht eigentlich gerecht werden.[61] Auf der anderen Seite trägt gerade diese in der biographischen Ausrichtung begründete Vorgehensweise dazu bei, Schinkel als

---

Berliner Museumsbaus«, Jahrbuch der Berliner Museen 39 (1997) Beiheft S. 1–302; zu einem Teilaspekt (dem Einfluß Hirts als Anstoß der Planungen) auch: ders., »Schätze zum öffentlichen Gebrauch. Das erste Berliner Kunstmuseum und die Akademie der Künste«, Museums-Journal 10 (1996) Nr. 11 S. 36–38.

58 Zur zeitgenössischen Philosophie so ausdrücklich Vogtherr 1997 S. 9; zu den Fresken und zum Skulpturenschmuck wird ausführlich die Entstehungsgeschichte dargestellt, Hintergründe werden nicht aufgezeigt, vgl. a.a.O., S. 130–137; im städtebaulichen Bereich wird lediglich die Einordnung des städtebaulichen Gesamtkonzepts in der Literatur wiederholt, a.a.O., 123ff.
59 Vogtherr 1995 S. 149–215.
60 Zadow, »Karl Friedrich Schinkel«, 1980.
61 Vgl. etwa die von Waagen übernommene, plakative Gegenüberstellung bei Zadow 1980 S. 29: »Schinkel war Idealist, Beuth ein Tatsachenmensch«.

Individuum in seinen historischen Beziehungsgeflechten in besonderer Intensität konkret werden zu lassen.

Arbeiten mit Bezug zur Theoriebildung Schinkels.
Neben den beiden angesprochenen Hauptgruppen innerhalb der Veröffentlichungen lassen sich aus einer Vielzahl von Publikationen Detailinformationen zur Verknüpfung von geistigem Überbau und Werk Schinkels entnehmen. Hierbei handelt es sich aber zumeist nur um Nebenaspekte in Werken allgemeinen Charakters oder mit anderen Schwerpunkten. Aus der Vielfalt derartiger Arbeiten seien daher nur einige wenige angeführt, aus denen sich substantielle Aufschlüsse herleiten lassen.

Thomas GAETHGENS

Die von GAETHGENS veröffentlichte kurze Studie über den Konflikt verschiedener Konzepte zur Ordnung der Sammlungen des Alten Museums[62] behandelt zwar vorwiegend den Anteil Wilhelm v. Humboldts. Dennoch bildet sie – nicht zuletzt auch durch ihre ausgiebige Quellenauswertung – besonders durch die detaillierte Auswertung von möglichen Verbindungen zwischen philosophischer Konzeption und praktischer Umsetzung einen wertvollen Ansatz. GAETHGENS' Beitrag ist insbesondere auch geeignet, die von Schinkel in dieser Auseinandersetzung eingenommene Position kontrastierend zu beleuchten. Allerdings ist die Ermittlung der für die Arbeit zugrundegelegten Fakten in Nebenbereichen nicht immer verläßlich.[63]

Michael GRUS

Interessante Aspekte vor allem der historisch-persönlichen Ebene von Verknüpfungen zwischen den Standpunkten der romantisch orientierten Künstler und Literaten liefert die Abhandlung von GRUS über die Widmungsgedichte »An Görres« und »An Schinkel«. Die Tiefenschärfe dieser auf die romantische Phase beschränkten Darstellung ist allerdings recht gering.

---

62 Gaethgens, »Wilhelm v. Humboldts Konzept des Alten Museums in Berlin«, Aachener Kunstblätter Bd. 60 (1994) S. 423–430.
63 So kann keine Rede davon sein, »Nach dem Erwerb der Sammlungen Giustiniani und Solly wäre auch in dem von Schinkel ja sehr viel früher geplanten Bau [das Alte Museum, Zusatz d. Verf.] sonst kein Raum gewesen, die Bestände unterzubringen.«, vgl. Gaethgens, Aachener Kunstblätter Bd. 60 (1994) S. 424. Schließlich datieren die beiden Ankäufe bereits in 1815 bzw. 1821; die Planung Schinkels in 1822/23, vgl. Wegner, Jahrbuch der Berliner Museen 31 (1989) S. 270.

Christa LICHTENSTERN
Der von LICHTENSTERN[64] erarbeitete Überblick über die Wirkungsgeschichte der Goetheschen Metamorphosenlehre berührt auch die Beziehung Schinkels zu dem großen künstlerischen Vorbild der Epoche. LICHTENSTERN bezieht sich vorwiegend auf Verbindungen zwischen den Portalreliefs an Schinkels Bauakademie und den Vorstellungen Goethes über die Metamorphose der Pflanzen, merkt allerdings auch das Desiderat einer Untersuchung weiterer Schöpfungen Schinkels in diesem Licht an.[65] Die Darstellungen Lichtensterns decken nicht nur teils überraschende biographische Fakten auf, sondern bieten auch Ansätze zur vertieften Weiterführung; allerdings wird die Wirkung der Argumentation teils durch Unsauberkeiten hinsichtlich der von Schinkel selbst erarbeiteten Theoriebildung geschwächt.[66] Desgleichen zeigt die Arbeit LICHTENSTERNs teils die – allerdings auch bei anderen Autoren im behandelten Themenbereich auftretende – Tendenz, ohne näheren Nachweis einer Beeinflussung die bloße Anführung struktureller Ähnlichkeiten ausreichen zu lassen.[67]

Monika WAGNER
Eine der theoretisch fundiertesten und tiefgehendsten Analysen zu einem Einzelwerk Schinkels wurde von WAGNER als Facette einer Gesamtstudie zur Entwicklung des allegorischen Bildes im neunzehnten Jahrhundert vorgelegt.[68] Die ansonsten vorbildliche Analyse der Freskenentwürfe Schinkels für das Alte Museum in Berlin ist allenfalls aufgrund der Begrenzung durch den gewählten Rahmen zu kritisieren. Durch diese Einengung wurden verschiedene Aspekte nicht ausreichend vertieft, die erst ein wirklich adäquates Verständnis dieses Schinkelschen Werkes ermöglichen.[69]

---

64 Lichtenstern, »Die Wirkungsgeschichte der Metamorphosenlehre Goethes«, 1990.
65 Vgl. Lichtenstern 1990 S. 56ff.; sowie S. 68 (Fn. 56), wo eine derart geleitete Interpretation der Innenausstattung des Alten Museums vorgeschlagen wird.
66 So können die von Lichtenstern 1990 S. 64 angeführten Aussagen Schinkels keinen Beleg für die von der Autorin angenommene Rezeption der Goetheschen Gedanken aus Farben- und Metamorphosenlehre liefern. Nach der überzeugenden Analyse der Autorin setzt diese mit dem Jahr 1817 ein; die angeführten Aussagen Schinkels stammen dagegen aus seiner hochromantischen Phase und sind keinesfalls später als 1814 zu datieren.
67 Z.B. nimmt Lichtenstern 1990 S. 65 ohne wirklichen Beleg eine Verbindung zwischen Schinkel und Schelling an, nachdem zuvor (S. 64) lediglich ein »Konvergieren« der Betrachtungsweise beider festgestellt wurde.
68 Wagner, »Allegorie und Geschichte«, 1989 S.103ff.
69 Vgl. unten zur Analyse der Museumsfresken, S. 254ff.

Beat WYSS

Aus den kenntnisreichen und stilistisch ansprechenden Arbeiten WYSS'[70] lassen sich für das Verständnis des Schinkelschen Museums im Detail gewichtige Gesichtspunkte entnehmen, wenn sie auch vereinzelt auf problematischen Annahmen beruhen.[71] Nicht nur die inhaltsreichen Untersuchungen über den Zusammenhang zwischen der philosophischen Position Hegels und der Entwicklung eines musealen Kunstverständnisses während der Errichtung des Alten Museum haben für diese Arbeit wichtige Anstöße gegeben. Richtungsweisend war auch die grundsätzliche Vorgehensweise WYSS', die kritisch versucht, geistesgeschichtliche und gesellschaftliche Entwicklungen zusammen mit dem künstlerischen Schaffen auf parallele Abläufe zu befragen.

---

70 Wyss, »Klassizismus und Geschichtsphilosophie im Konflikt. Aloys Hirt und Hegel«, in: Kunsterfahrung und Kulturpolitik im Berlin Hegels. Hegel-Studien, Beiheft 22, 1983; ders., »Trauer der Vollendung. Von der Ästhetik des Deutschen Idealismus zur Kulturkritik der Moderne«, 1985; ders., »Der letzte Homer. Zum philosophischen Ursprung der Kunstgeschichte im Deutschen Idealismus«, in: Wolfenbütteler Symposion, Kunst und Kunsttheorie, 1400–1900, hg. v. Peter Ganz, 1981; ders., »Der Topos vom Anfang der Architektur«, in: Ausstellungskatalog: Hegel in Berlin S. 213.

71 So sieht Wyss in: Ausstellungskatalog: Hegel in Berlin S. 216 Schinkel als einen Architekten »... den Hegel persönlich kannte ...«. Zwar bleibt bei WYSS noch offen, ob damit eine Kenntnis der Werke aus direkter eigener Anschauung oder eine – nicht historisch belegte – persönliche Bekanntschaft beider gemeint ist. Doch in der Übernahme durch LICHTENSTERN zeigt sich der zumindest mißverständliche Gehalt derartiger Aussagen: Lichtenstern 1990 S. 56 nimmt unter Berufung auf WYSS' Arbeit an, das zweite sei der Fall.

> Wer ist von Anbeginn das was er seyn soll,
> und welche Zeit ists je gewesen?
>
> *Karl Friedrich Schinkel*[1]

Erster Teil.
Die Frühphase

Die architektonische und künstlerische Einstellung zur Zeit des ersten Lehrbuchprojekts

Schinkel gewinnt schon in einem sehr frühen Stadium seiner Architektenlaufbahn Interesse an der theoretischen Reflexion seines Schaffens und insbesondere an der Weitergabe der dabei gewonnenen Einsichten. Folgt man der Darstellung der verschiedenen Phasen des Lehrbuchprojekts bei PESCHKEN[2], plant der junge Architekt schon während seiner ersten Reise nach Italien[3] eine Veröffentlichung architektonischer Darstellungen zur Anleitung anderer. Allerdings ist zu diesem Zeitpunkt (1804–05) noch nicht konkret geplant, eine deduktiv angelegte Gesamtübersicht über architektonische Probleme und positiv bewertete Lösungen für sie zu entwickeln. Schinkel verfolgt vielmehr die Absicht, in einem topischen Verfahren Momente herauszustellen, die er in der italienischen Architektur als beispielhaft für die zeitgenössische Entwicklung erkennt. Diesem Ansatz entspricht die projektierte Form der Publikation[4], die jeweils in einzelnen Lieferungen erscheinen soll. Jedes dieser Hefte hätte sich einem einzelnen Bauwerk oder einer eng begrenzten Gruppe gewidmet, an denen eine besondere zukunftsweisende Idee deutlich werden sollte.[5] Unter den neuen Ideen, die in dieses Projekt Eingang gefunden haben

---

1 Schinkel-Nachlaß H. III Bl. 33, zitiert nach Peschken, Schinkelwerk: Lehrbuch S. 72.
2 Peschken, Schinkelwerk: Lehrbuch S. 11ff.
3 Die Tagebuchnotizen und große Teile der Korrespondenz beider italienischer Reisen sind bei Riemann 1979 (bzw. textgleich Riemann 1994) und v. Wolzogen 1981 Bd. I–III S. 1ff. aufgeführt.
4 Der überraschende Tod des vorgesehenen Verlegers Unger verhinderte die Ausführung des Vorhabens, vgl. Wolzogen 1981 Bd. I–III S. 132, Anm. 2.
5 Schinkel spricht zwar davon, daß die Gesamtheit der Hefte zur Einleitung einer allgemeineren Darstellung werden könnte, doch scheint dieses Vorhaben noch sehr unkonkret, vgl. Schinkels Brief an Unger, abgedruckt bei v. Wolzogen 1981 Bd. I–III S. 132.

und die direkt auf Schinkels Italienreise zurückgehen, sind vor allem zwei bemerkenswert: Zum einen reflektiert Schinkel erstmals sowohl theoretisch als auch im Entwurf die Möglichkeiten von nicht-symmetrischen Architekturformen, zum anderen erweitert die Italienreise das Spektrum seiner stilistischen Möglichkeiten erheblich.

Vor der Italienreise bestimmen streng symmetrische Formen die meisten architektonischen Entwürfe Schinkels. (Lediglich in den frühen Landschaftsdarstellungen tauchen ebenfalls asymmetrische Baukörper auf, doch nur insoweit die Bauwerke nicht als eigenständige Erfindung aufgefaßt werden, sondern als Staffage der Landschaftsdarstellung.[6]) Schinkel entspricht in dieser Vorliebe für die symmetrische Bauweise wie auch in der häufigen Verwendung reduzierter stereometrischer Idealformen seinem großen Vorbild Friedrich Gilly.[7] Ein Teil der frühen Entwürfe läßt weitergehend auch die Orientierung am einfachen klassizistischen Nutzbau erkennen, wie ihn sein Ausbilder David Gilly herausragend beherrschte.[8] Die Anregungen der Italienreise ließen jedoch teilweise Zweifel an den Grundlagen für diese gestalterische Haltung aufkeimen.[9] Genährt werden diese Zweifel vor allem durch den Kontakt mit ländlichen Architekturformen in einfachen und relativ ambitionslosen Wohn- und Nutzbauten[10], doch findet Schinkel auch im anspruchsvolleren Landhausbau vergleichbare Anregungen.[11] Schinkels Zeichnungen vor Ort in Italien belegen seine Faszination durch die Möglichkeiten der Verbindung von Bauwerk und Natur, die asymmetrische Bauformen zulassen.

Ein gutes Beispiel für die Betonung dieser Beziehung ist die beim Aufenthalt auf Anacapri entstandene Radierung eines in die Landschaft und besonders die Vegetation eingebundenen ländlichen Wohngebäudes (Abb. I.1).[12]

---

6   Vgl. AK Schinkel I S. 119ff.; dagegen aber a.a.O. S. 210ff.
7   Dies gilt für Grundelemente und Gestaltungsmittel der frühen Entwürfe sämtlich, während wichtige konzeptionelle Tendenzen sich bereits zu emanzipieren beginnen, vgl. dazu Oncken 1981 S. 108ff. Zur Ausbildung bei Gilly allgemein vgl. Adler 1906 S. 140ff.
8   Zu erwähnen etwa der 1798 entstandene Entwurf eines neunachsigen und dreigeschossigen Wohnhauses, abgebildet in AK Schinkel I S. 120. Zur Charakterisierung der Bauweise des älteren Gilly vgl. Lammert 1964 S. 9ff.
9   Vgl. das von Peschken aufgeführte Manuskript, Peschken, Schinkelwerk: Lehrbuch S. 19 v.a. Bl. 16.
10 Vgl. etwa die positive Wertung der ländlichen Bauweise auf Capri durch Schinkel, abgedruckt in Riemann 1979 S. 73.
11 Vgl. Schinkel bei Riemann 1979 S. 105.
12 Auch bei einer weiteren Studie eines »Ländlichen Wohngebäudes auf Sizilien« fällt diese Besonderheit ins Auge. (Wohl 1804; soweit in AK Schinkel I S. 231 zu Nr. 50 vorgebracht

I.1 Schinkel, Karl Friedrich: Gutshof auf Capri, bez. »Anacapri«
1804   26,2 x 36,6   Feder und Tusche, laviert
Aus: AK Schinkel II, Abb. B. 15 (S. 49)

Die Beziehung Bauwerk-Landschaft war zwar auch zuvor in Entwürfen Schinkels verschiedentlich mitbedacht worden, doch betonen die Entwürfe vor der italienischen Erfahrung stärker den Gegensatz der blockhaften Architekturform zur umgebenden, aufgelockerten Landschaft.[13] Angesichts von Arbeiten wie dem »Landhaus eines Engländers« (Abb. I.2)[14] liegt es deshalb nahe,

---

   wird, stilistisch wiche dieses Blatt von Werken dieser Zeit ab, überzeugt dies nicht. Besonders die vergleichbaren Vegetationsdarstellungen in der »Ansicht der Villa des Principe Valguarnera bei Palermo«, vgl. unten Abb. III. 16, sowie der linken Seite der Zeichnung »Reisende auf dem Weg zwischen Syrakus und Lentini«, abgebildet bei Riemann 1979 S. 83, belegen die Einbindung in den Kontext der Italienreise. Beide Werke sind auf 1804 zu datieren, vgl. v. Wolzogen 1981 Bd. IV S. 472 und S. 476. Bei der Vegetationsform handelt es sich um eine mehrfach dargestellte Aloestaude, deren Gestalt Schinkel auf der sizilianischen Reise so beeindruckte, daß er sie auch schriftlich kommentierte, vgl. Schinkel bei Riemann 1979 S. 90, 98. Auch diese Tatsache spricht für die Einordnung der Zeichnung in das erste Lehrbuchprojekt bei Peschken, Schinkelwerk: Lehrbuch S. 17.)
13 Entsprechendes gilt im übrigen auch für die ländlichen Entwürfe Friedrich Gillys, vgl. Oncken 1981 S. 86f.
14 Der Entwurf verweist mit hoher Wahrscheinlichkeit auf das Erlebnis eines in der Nähe von Syrakus am 30. 5. 1804 aufgenommenen Landhauses.

Die Frühphase

I.2 Schinkel, Karl Friedrich: Landhaus eines Engländers
1804/05   38,1 x 49,5   Feder, laviert
Aus: Peschken, Schinkelwerk: Lehrbuch, Abb. 2

während der Italienreise in dieser Hinsicht die Entstehung einer ganz neuen Stufe zu lokalisieren.[15]

Eine zweite neue Entwicklung in Schinkels architektonischer Einstellung besteht darin, daß der junge Architekt auf der Italienreise seine Orientierung an einem wesentlich größeren Spektrum architektonischer Stilformen zu suchen beginnt. Während der Berliner Lehrzeit hatte zwar die Auseinandersetzung mit den aufkommenden historischen Stichwerken, die vor allem einen wesentlichen Teil der Ausbildung bei Friedrich Gilly ausmachte, Schinkel stark

---

15 Es erscheint möglich, daß Schinkel die asymmetrische Konzeption auch als Alternative zur blockhaften Symmetrie bei Friedrich Gilly verstand. Dafür spricht, daß Gilly schon 1798 ebenfalls einen – streng symmetrischen – Idealentwurf für ein Landhaus »im englischen Geschmack« zeichnete (vgl. Ausstellungskatalog: Friedrich Gilly 1984 S. 129f.) Trotz der Entsprechungen beider Entwürfe in Funktion (Einbezug der Milchwirtschaft) und Darstellung (Wasserfläche als Desiderat des englischen Gartens) setzt sich Schinkel vor allem durch die asymmetrisch freie Konzeption ab.

beschäftigt. Die stilistische Vielseitigkeit, die sein späteres Schaffen durchzieht, zeigt sich zu dieser Zeit trotzdem noch nicht – bei den ersten Werken steht noch ein betont geometrisch orientierter, reduzierter Klassizismus mit starken Anleihen an französische Vorbilder aus dem Umkreis der sog. Revolutionsarchitektur[16] ganz im Vordergrund. Auch hierin prägt sich das Vorbild Friedrich Gillys aus, wohl aber auch der Einfluß Heinrich Gentz'. Soweit überhaupt ein Interesse an den Architekturformen der Gotik auftritt, scheint es eng mit Friedrich Gillys Arbeiten zur Marienburg verknüpft. Es beschränkt sich dementsprechend auf eine geringe Anzahl wenig durchgestalteter Ansichten aus gotischen Burganlagen.[17] Die ersten Ansätze der faszinierenden Wirkung, die die gotische Architektur und insbesondere die gotische Sakralarchitektur auf Schinkel ausübte, stammen von den Reisestationen in Prag und Wien zu Beginn der ersten italienischen Reise.[18] Hier finden sich denn auch die ersten Stellungnahmen zugunsten der gotischen Baukunst in Wort und Zeichnung. Der Kontakt mit der konkreten Baulandschaft Italiens läßt Schinkel zudem auf die Formensprache der italienischen Romanik aufmerksam werden und sie nicht nur zeichnerisch festhalten, sondern auch verschiedentlich positiv kommentieren.[19] Selbst der sonst – und auch im Verlauf der Italienreise meist – herabgesetzten barocken Architektur kann Schinkel im italienischen Kontext vereinzelt positive Aspekte abgewinnen.[20]

Abgesehen von den dargestellten zwei Entwicklungen, die einen wesentlichen Ertrag der Italienreise auf architektonischem Gebiet ausmachen, sind noch weitere Grundgedanken für die künstlerische Einstellung Schinkels dieser Zeit bestimmend. Ein erster, ebenfalls eng mit der Erfahrung Italiens verbundener Leitgedanke, der sowohl sein architektonisches Interesse als auch

---

16 Begriffsprägung von Emil Kaufmann, vgl. Kaufmann 1933. Angesichts der faßbaren formalen Kriterien, die die Werke der französischen Linie mit denen von Gentz und Gilly verbinden, wird er hier ungeachtet der im Anschluß an Kaufmanns Schriften aufgekommenen Diskussion über die Berechtigung der Begriffsbildung verwendet.

17 Vgl. z.B. »Gotischer Hof und zwei weitere Studien«, wohl 1798, abgebildet in AK Schinkel I S. 221, Nr. 130.

18 Vgl. Tagebuchnotizen Schinkels, abgedruckt bei Riemann 1979 S. 13ff., 18.

19 In Schinkels Aufzeichnungen der Italienreise unter dem auch für die Architektur gotischer Palazzi in Venedig gebrauchten Sammelbegriff »sarazenische Architektur« präsent, vgl. z.B. Schinkel zur Basilika von Aquileja, abgedruckt bei Riemann 1979 S. 31 oder zum Dom in Siena, a.a.O. S. 49; vgl. dazu auch Dolgner, in: Gärtner 1984 S. 69f.; zu Vermutungen über den theoretischen Hintergrund stilistischer Begriffe bei Schinkel in dieser Zeit vgl. Koch, Zeitschrift für Kunstgeschichte 29 (1966) S. 178ff.

20 Dies umfaßt allerdings nicht eine explizite Reflexion der Zuordnung zu dieser ungeliebten Stilrichtung, vgl. Peschken, Schinkelwerk: Lehrbuch S. 18f.

die darüber hinausgehenden Neigungen bündelt, ist die Kategorie des *Malerischen*. Nicht nur Schinkels Versuche im Genre der Landschaftsdarstellung vor und während der Italienreise belegen, daß die Suche nach dem pittoresken Motiv für ihn einen hohen Stellenwert besitzt. Gerade auch in der schriftlichen Kommentierung seiner italienischen Seh- und Gestaltungserfahrungen zeigt sich die große Bedeutung des Begriffes des Malerischen. Dabei ist jedoch ein Aspekt auffällig, der Schinkels Verwendungsweise von der inflationären Verbreitung absetzt, der dieser Begriff [21] seit dem ausgehenden 18. Jahrhundert, vor allem aber im 19. Jahrhunderts ausgesetzt war: Während der ersten Italienreise belegt Schinkel selten allein landschaftliche Situationen mit dem Etikett des Malerischen; für die Beschreibung der Landschaft als solcher scheinen ihm – neben schlicht beschreibenden Ausdrücken – Adjektive wie »schauerlich«, »groß«[22] und »majestätisch«[23] angemessener, die in der seit Burke[24] gebräuchlichen Rhetorik des Erhabenen fundiert sind. Schinkel gebraucht aber die zentrale Kategorie des Erhabenen nur einmal zur Charakterisierung seines ersten Blicks auf die Stadt Rom.[25] Zum Gebrauch des Ausdrucks »malerisch« neigt er dagegen vor allem dann, wenn landschaftliche Ensembles sein besonderes Gefallen finden, die harmonisch mit architektonischen Elementen verbunden sind.[26]

In der charakteristischen Färbung, die der Begriff des Malerischen bei Schinkel damit annimmt, prägt sich einer der schon angesprochenen entscheidenden Faktoren aus, von denen die erste Italienbegegnung bestimmt wurde, nämlich die Bemühung um eine Verschmelzung von Landschaft und Bauwerk. Obwohl der topos des Malerischen ursprünglich aus der Reflexion über die Landschaftsgestaltung stammt, zeigt Schinkels privates Verständnis, daß für

---

21 Die Begriffsprägung ist v.a. von William Gilpins Werken seit 1748 beeinflußt, besonders den »Three Essays: On Picturesque Beauty« von 1792; vgl. zu den früheren Wurzeln des Begriffs Pochat 1986 S. 390.
22 Für den Charakter des Murtals, Schinkel bei Riemann 1979 S. 25.
23 Für den Anblick des Ätna, Schinkel bei Riemann 1979 S. 91.
24 Seit der eingehenden Untersuchung des Erhabenen durch Burke 1757 (»A Philosophical Inquiry into the Oringin of our Ideas of the Sublime and Beautiful«) gelangte die auch schon zuvor benutzte Begrifflichkeit zu besonders weiter Verbreitung, vgl. Ritter 1971ff. Stichwort »Erhaben, das Erhabene«, Spalte 626.
25 Vgl. Schinkel, abgedruckt bei Riemann 1979 S. 51.
26 Schinkel verwendet den Begriff vorwiegend für Ruinenensembles wie das antike Theater in Taormina und den Tempel in Girgenti, vgl. Schinkel bei Riemann 1979 S. 95 und 101. Weiterführend zur Verwendung der von Schinkel häufig verwendeten Metaphern aus dem Theaterbereich Börsch-Supan 1990 Bd. 1 S. 20ff.

ihn auch in diesem Bereich vor allem architektonische Rücksichten bestimmend sind. Gerade in der Malerei seiner Frühzeit kommt sein Bestreben zum Ausdruck, Architektur und Landschaft in einer harmonischen Gesamtvision zu vereinen. Diese Vision, die durch Erlebnisse der italienischen Reise genährt wurde, bestimmt etwa die idealisierende Beschreibung des Lebens auf der Insel Capri.[27] Sie deutet auf die Beeinflussung durch die traditionelle Stilisierung Italiens zu einem realen Arkadien hin, wie sie eine Vielfalt der Reisebeschreibungen des 18. Jahrhunderts leitmotivisch durchzieht.

Während Schinkel in dieser Hinsicht weitgehend im Rahmen des aufklärerischen Kulturprojekts und dessen Begrifflichkeit arbeitet, verläßt er in einer anderen Beziehung die vorgegebenen Richtungen des zeitgenössischen Blickwinkels. Schon zu diesem frühen Zeitpunkt – nicht nur in einer späteren technizistischen Phase – betreibt Schinkel aktiv die Aneignung von Kenntnissen über die technische Entwicklung. Dieses Interesse reicht bis zu industriellen Arbeitsprozessen und verläßt damit die Beschäftigung mit bloßer Bautechnik.[28] Wie eine Studie Schinkels zu konstruktiven Besonderheiten der Bauweise im neapolitanischen Raum belegt, ist es in dieser Hinsicht allerdings besonders ausgeprägt.[29] So wird deutlich, daß Schinkel weit davon entfernt ist, die im Italienerlebnis präsente Erfahrung des Fremden allein in der Sphäre ästhetischer Rezeption oder utopischer Visionen zu verarbeiten. Die bautechnische Studie aus Neapel repräsentiert damit ein Moment, das für Schinkels weiteres Schaffen eine unersetzliche Quelle bleibt: Das lebenslange Bemühen um die möglichst weitgehende Ausformulierung und Beherrschung der beiden Pole Konkretion und Utopie sowie ihre harmonische Verbindung.

Auf der Italienreise formuliert Schinkel ausdrücklich verschiedene weitere Grundbausteine seines kunsttheoretischen Denkens.[30] Es handelt sich dabei um programmatische Forderungen zum Gehalt von Architektur, deren For-

---

27 Vgl. z.B. Schinkel, Brief an Valentin Rose: »Überrascht steht man oben auf einer schönen fruchtbaren Ebene, in denen die lieblichsten Häuschen, die von schöner Form und Reinlichkeit alles übertreffen, was ich von ländlichen Anwesen jemals sah.«, abgedruckt bei Riemann 1979 S. 70ff., S. 73.
28 Vgl. die Notiz zu der Seidenfabrik bei Gorizia, oder auch Schinkels Beschreibung des Bergwerks von Idria, abgedruckt bei Riemann 1979 S. 30; 36f. Die intensive Beschäftigung mit Höhle und Bergwerk, die Schinkels Reisestationen in Istrien, aber auch in Sizilien durchzieht, belegt seine Einbindung in den Kontext romantischen Gedankenguts, in dem das Untergrundmotiv weitverbreitet ist, vgl. dazu Ziolkowski 1994 S. 27ff.
29 Abgedruckt bei Riemann 1979 S. 74ff.
30 Aufschlußreich vor allem die Notizen im Skizzenbuch B, abgedruckt bei Peschken, Schinkelwerk: Lehrbuch S. 19f.

derungen auffällig in hergebrachte Begrifflichkeiten gekleidet werden.[31] Schinkels Überlegungen stehen unter dem Leitgedanken, nach dem das herausragende Desiderat für die Qualität eines Bauwerkes ein möglichst hohes Maß an »*Charakter*« ist. Wie viel »Charakter« ein Bauwerk – oder jedes Kunstwerk überhaupt – besitzt, soll davon abhängig sein, in welchem Maß durch die Gestaltung der Zweck des Werks »ausgesprochen« wird.[32] Schinkel verwendet gleichbedeutend für die Charakterhaftigkeit den Begriff »Phisionomie«, der auf einen Einfluß der unter den Zeitgenossen populären Lavaterschen Terminologie[33] deutet.

Verbunden mit dieser Konzeption ist allerdings gleichzeitig die Vorstellung, daß die Funktion der Kunst im wesentlichen in der Versinnbildlichung von Ideen besteht. Diese Funktion soll das zentrale Unterscheidungskriterium von anderen geistigen Bestrebungen des Menschen bilden, z.B. der Wissenschaft. In zeitnah erarbeiteten[34], wohl aber nicht von der Italienreise stammenden Fragmenten spricht Schinkel von der »Darstellung des Ideals«, nach der jede Kunstform zu streben habe. Das Ideal ist erreicht, wenn in der jeweiligen künstlerischen Gattung (z.B. in der Malerei Götterscene oder Bauernbacchanal) die verständlichste und vollkommenste Gestaltung verwirklicht wird. Entsprechend der klassischen Hierarchie der verschiedenen Gattungen besitzen Werke verschiedener Gattungen aber auch dann unterschiedlich großen Wert, wenn beide das jeweilige Ideal ihrer Gattung in gleichem Maß erreichen. Entsprechend konstruiert Schinkel eine Hierarchie zwischen Architektur und

---

31 PESCHKENs Schlußfolgerung, Schinkel versuche sich durch ein angelerntes, mangelhaft durchdrungenes Vokabular ästhetischer Begrifflichkeit über seine theoretische Stellung zur Symmetrie klarzuwerden, ist sicher nicht völlig von der Hand zu weisen (vgl. Peschken, Schinkelwerk: Lehrbuch S. 20). Wenn aber, wie im vorliegenden Ansatz, versucht wird, Schinkels Standort im Fluß der theoretischen Auseinandersetzung der Zeit zu konkretisieren, kann dabei nicht stehengeblieben werden.
32 Vgl. die Notizen im Skizzenbuch B, abgedruckt bei Peschken, Schinkelwerk: Lehrbuch S. 20. Zur Herkunft und Ausformung der Charakterlehre bei Schinkel vgl. im folgenden S. 36ff.
33 Die Schreibweise macht auch einen Einfluß der Enzyklopädie-Artikel von Diderot und d' Alembert möglich. Wahrscheinlicher ist die Kenntnis der Theorien Lavaters, besonders da dessen populäre »Physiognomische Fragmente zur Beförderung der Menschenkenntnis und der Menschenliebe« in der Erstausgabe 1775 durch den in Preußen so bekannten Stecher Chodowiecki illustriert wurden, so daß eine Verbreitung im direkten Umfeld Schinkels wahrscheinlich ist. Vgl. dazu Schmölders 1995 S. 28ff.; zur Bedeutung der Physiognomie-Lehre für die Romantiker vgl. Huch 1969 S. 404ff.
34 Abgedruckt bei Peschken, Schinkelwerk: Lehrbuch S. 21ff.; die eng verwandten logischen Strukturen (v.a. Fragment »Das Prinzip der Kunst in der Architektur«) rücken die Fragmente in zeitliche Nähe zum Skizzenbuch B, das von der Italienreise stammt.

Malerei. Er sieht in der Malerei die Konstruktion des Ideals aus vorgefundenen Naturgegenständen am Werk, während die Formen der Architektur eine eigenständige Schöpfung des Geistes sind.[35] Folgerichtig steht die Architektur als Kunstform über der auf idealisierende Nachahmung beschränkten Malerei. Zum Gesamtcharakter der Fragmente aus dem Umkreis der italienischen Reise bleibt allerdings hervorzuheben, daß in ihnen weder ein einigermaßen geschlossenes theoretisches System noch überhaupt eine bruchlose Argumentationskette gesehen werden darf. Es handelt sich vielmehr um Aufzeichnungen über eine noch im Fluß befindliche Suche nach eigenen Positionen, der begriffliche Unschärfen ebensowenig fremd sind wie Tautologien und Widersprüche. Trotzdem tragen ihre kunsttheoretischen Aussagen einigen Gehalt, der eine eingehendere Suche nach ihren Quellen und deren Modifikationen nahelegt.

Theoretische Positionen im Preußen des anbrechenden 19. Jahrhunderts

Die nach Eigenständigkeit strebenden Positionen Schinkels, die sich schon auf der Italienreise auszuprägen beginnen, verdanken sich nicht nur der Spannung seiner eigenen Persönlichkeit und ihres künstlerischen Fortentwicklungsbemühens, sondern in hohem Maß auch der Auseinandersetzung mit Gedankengut seiner Zeit. Schinkel hatte allerdings – jedenfalls in diesem frühen Stadium seines künstlerischen Lebenslaufs – noch nicht die Gelegenheit zum detaillierten Einzelstudium der relevanten Positionen besessen. Trotzdem wird in der Forschung seine Beeinflussung durch bestimmte dieser Stellungnahmen vorausgesetzt[36], ohne daß jedoch nähere Konkretisierungen vorgenommen wurden.[37]

Vor dem Versuch einer näheren Bestimmung der theoretischen Leitlinien dieser frühen Phase ist es erforderlich, den Horizont abzugrenzen, vor dem sich diese Reflexion ihren eigenen Standpunkt bestimmt. Das gilt um so mehr, da Besonderheiten des späteren Entwicklungsgangs Schinkels wie auch des Nach-

---

35 Weitere Aussagen der Fragmente betreffen v.a. das Verhältnis von Materialangebot und die davon abhängige Vorliebe eines Kulturkreises für Stein- oder Holzbau. Sie sind im gegebenen Kontext weniger von Interesse.
36 Z.B. der Einfluß Sulzers, vgl. Riemann 1979 S. 275; auch die Relevanz der Werke Fichtes, vgl. Kugler 1842 S. 17.
37 Lediglich für den Einfluß Fichtes liegen Stellungnahmen vor, vgl. dazu unten S. 64f.

denkens über Kunst zu seiner Zeit im Ganzen ohne eine solche Standortbestimmung zu verwischen drohen. Aus heutiger Sicht sind die Fragen, die Schinkel bewegten, teils der Architekturtheorie zugeordnet, im wesentlichen aber dem philosophischen Fachgebiet der Ästhetik. Diese Disziplin, für deren architektonischen Zweig Schinkel in einem späteren Stadium seiner Karriere selbst Sachverständiger wurde[38], weist jedoch vor der Wende zum 19. Jahrhundert keine Tradition im eigentlichen Sinn auf. Ihre Geschichte als Fach setzt vielmehr erst mit der Begriffsprägung durch Baumgarten gegen Mitte des 18. Jahrhunderts ein. Schon aus diesem Grund muß eine Konkretisierung des theoretischen Standortes noch weitere weltanschauliche Elemente mit berücksichtigen, die ebenfalls Wirkungen auf die Einstellung der Zeitgenossen zu künstlerischen Fragen besaßen. Erst mit diesem Zusatz läßt sich ein hinreichend gehaltvoller Hintergrund zeichnen, auf dem die eigene Position Schinkels charakterisiert werden kann.

Entwicklung einer theoretischen Ästhetik
Eine entscheidende Rolle in der kunsttheoretischen Diskussion besitzt der Beitrag von Alexander Gottlieb Baumgarten.[39] Seiner gedankliche Arbeit definiert Problemstellungen, die für die ästhetische Theorie des 19. Jahrhunderts richtungsweisend bleiben. Die Leistung Baumgartens besteht vor allem darin, die tradierte Sichtweise aufzulösen, nach der die Einstellung zum Phänomen der Kunst ein Problem des Geschmacks darstellt.[40] Die verschiedenen Theorien der Geschmackslehre[41] hatten die Reflexion über künstlerische Tätigkeit und Kunstgenuß noch vorwiegend in einer rein subjektive Sphäre angesiedelt. Aufgrund dieses Ansatzes ist es nicht überraschend, daß sie für Analyse und Diskussion der Funktionen des künstlerischen Schaffens recht unproduktiv blieben.

An die Stelle der verschiedenen Modelle der Geschmacksbildung[42] im deutschen Sprachraum tritt bei Baumgarten eine Sichtweise, die auch für ästhetische Fragen theoretische Erkenntnismöglichkeiten eröffnet. Erstmalig

---

38 Durch seine Berufung zum Assessor für das ästhetische Fach bei der Ober-Bau-Deputation, dazu Rave, Schinkelwerk: Berlin I S. 75.
39 Vor allem durch die »Aesthetica«, Bd.1. 1750, Bd. 2 1758 erschienen.
40 Vgl. Gethmann-Siefert 1995 S. 41.
41 Vgl. dazu Gethmann-Siefert 1995 S. 31ff.
42 Als herausragend können die Arbeiten von Johann Jakob Bodmer und Johann Jakob Breitinger gelten, aber auch der »Versuch einer kritischen Dichtkunst vor die Deutschen« von Johann Christoph Gottsched.

in der Philosophiegeschichte wird für den Bereich der Sinneswahrnehmung die Möglichkeit einer eigenen Erkenntnisform angenommen und nicht länger eine prinzipielle Differenz zu den Möglichkeiten des abstrakt-diskursiven Erkennens behauptet.

Diese bahnbrechende Wendung hin zu einer rationalistischen Theorie der Empfindungen des Schönen wird von Immanuel Kant als der beherrschenden Figur in der philosophischen Diskussion zu Ausgang des Jahrhunderts weiterentwickelt. Vor allem unter Auseinandersetzung mit den Theorien der englischen Empiristen (insb. David Hume) verfolgt Kant die Gedanken Baumgartens weiter. Entsprechend seiner kritischen Wendung seit 1781 (Kritik der reinen Vernunft) versucht Kant, in der »Kritik der Urteilskraft« zu bestimmen, in welchem Sinn Geschmacksurteile, wie sie in der Kunstdiskussion empirisch nachweisbar sind, Allgemeingültigkeit beanspruchen können.[43] Kants eigene Leistung verbleibt im wesentlichen in der kritischen Sphäre; sie versteht sich als Analyse der begrifflichen Zusammenhänge, die bei ästhetischen Aussagen beteiligt sind. Inhaltliche Aussagen über Ziele, Maximen und Qualität von Kunstwerken werden dabei nur in sehr geringem Umfang getroffen – zu derartigen Leistungen ist die kritische Analytik anders als die vorangegangene rationalistische Philosophie z.B. Wolffs zunächst noch nicht in der Lage.

Die Erkenntnisgewißheit dieser Vorgänger ist im wesentlichen durch metaphysische Prämissen ermöglicht, die letzten Endes durch einen konkreten Begriff des Göttlichen die Wahrheit des spekulativen Denkens verbürgen. Dagegen bündelt die Abwendung Kants von derartigen metaphysischen Prämissen das neuzeitliche Bild des autonomen Subjekts erstmals in treffender Weise. Anknüpfend an diese Standortbestimmung tritt allerdings bei den nachfolgenden Denkern die sachhaltige Aussage über ästhetische Fragen wieder in den Vordergrund. Von den zunächst als gesichert angesehenen Kantischen Grundlagen ausgehend versuchen sie, mehr in das künstlerische Tagesgeschäft einzugreifen. So schwanken bemerkenswert viele unter diesen Nachfolgern zwischen der Orientierung als Künstler (insbesondere als Dichter) und der eines ästhetisch orientierten Fachphilosophen. Vorreiter dieser Bewegung der Dichterphilosophen ist Friedrich Schiller, dessen Gedankengut noch weitgehend auf dem Boden Kantischer Philosophie verbleibt. Dabei erhält es einerseits wegen seiner mehr literarischen und leichter eingängigen Vortrags-

---

43 In diesem Vorhaben liegt eine deutliche Abkehr von Kants zuvor vertretener empiristischer Position, nach der Allgemeinheit bei Geschmacksurteilen nicht erreichbar sei, vgl. Gethmann-Siefert 1995 S. 80.

weise erhebliche Resonanz zu Ausgang des Jahrhunderts. (Besonders die in »Die Horen« 1794 veröffentlichten »Briefe über die ästhetische Erziehung des Menschen« stellen einen Markstein der literarischen Auseinandersetzung vor der Jahrhundertwende dar.[44]) Andererseits wird Schiller besonders dadurch einflußreich, daß er die praktischen Konsequenzen der Kantischen Gedanken zu verfolgen sucht. Angelpunkt ist dabei die Schwerpunktverschiebung der Kunst von einem Objekt des Wohlgefallens (in der Geschmackstheorie) oder einem Gegenstand der Erkenntnis (in den ästhetischen Theorien seit Baumgarten) zu einem Produkt der Handlungsfähigkeit[45]: An die Stelle der Betonung der Rezeptionsästhetik bei Kant setzt Schiller eine primär an produktionsästhetischen Gesichtspunkten orientierte Betrachtungsweise. Motivation dieses Verfahrens ist es (vor allem in den »Briefen über die ästhetische Erziehung des Menschen«), im Kontrast zum gewalttätigen Ablauf der französischen Revolution in der Kunst ein Modell für die friedliche Umformung der Gesellschaft zu entwickeln. Die Verknüpfung ästhetischer und politischer Kategorien in diesem Modell entwickelt Schiller in der Analyse der griechischen Kunst- und Staatsform, die so nicht nur in der ästhetischen, sondern auch der politischen Dimension als Vorbild durchscheint.

Drei weitere Persönlichkeiten mit teilweise erheblicher philosophiegeschichtlicher Wirkungsmacht sehen sich in einer ähnlich ambivalenten Position wie Schiller: Für Fichte, Solger und Schelling schlägt das Pendel jedoch von der Seite des Philosophen auf das Gebiet des Dichters hinüber, nicht in umgekehrter Richtung. Für alle drei gilt jedoch, daß Schinkel vor seiner ersten Italienreise nur sehr eingeschränkt auf ihre ästhetischen Aussagen zurückgreifen konnte.

Auf das Werk Johann Gottlieb Fichtes trifft dies besonders deswegen zu, weil ästhetische Aussagen in seinem Werkzusammenhang nur untergeordnete Stellung einnehmen. Die wesentliche Bedeutung seines Werks liegt in der Weiterentwicklung des Kantischen Gedankenguts in umfassender Systematisierung. Dabei setzt Fichte – ähnlich wie Schiller durch die Gewißheit der Kantischen Fundamente motiviert – an die Stelle der primär reflexiv kritischen Einstellung Kants eine Orientierung an den produktiven Tathandlungen des Individuums.[46] Dies gilt sowohl im Hinblick auf die philosophische Sphäre, in

---

44 Vgl. Wilkinson/Willoughby 1977 S. 143ff.
45 Das dabei problematische Verhältnis zu den Intentionen Kants (fehlerhafte Lektüre oder produktives Mißverständnis) kann an dieser Stelle nicht behandelt werden, vgl. dazu Ewers 1978.
46 Vgl. dazu Hartmann 1974 S. 48ff.

der Fichte statt der Reflexivität des Bewußtseins die Setzungen des Ichs zur Grundlage seiner Systematik macht, als auch im Hinblick auf die soziale Sphäre, in der er in teils vehementer Form zur Tätigkeit aufruft und auch die Konsequenz des persönlichen Einsatzes nicht scheut. Fichtes Werk wird, nicht zuletzt durch sein aufsehenerregendes Ausscheiden aus dem Lehrbetrieb in Jena nach dem Atheismusstreit von 1799, schon früh in herausragendem Maß öffentlichkeitswirksam.

Mit geringem Abstand dazu erzielt auch der bedeutendste Schüler Fichtes, Friedrich Wilhelm Joseph Schelling, erhebliche Aufmerksamkeit in der aktuellen philosophischen Diskussion. Dies gilt insbesondere für seine grundlegenden Aussagen zu ästhetischen Themen, deren Wirkungshöhepunkt jedoch erst nach der Jahrhundertwende einsetzt. Schellings 1802/03 in Jena gehaltene, aufsehenerregende Vorlesungen zu ästhetischen Themenstellungen werden zwar erst 1859 posthum als »Philosophie der Kunst« veröffentlicht. Dennoch begründen die schon lange vor diesem Datum weit verbreiteten Mitschriften vielfältige Rezeptionsmöglichkeiten.[47] Ein deutlich über universitäre Fachkreise hinausreichendes Interesse entsteht allerdings erst im Zusammenhang mit der Vorstellung einer weiter ausgearbeiteten Fassung der Ästhetik Schellings (Würzburger Vorlesungen v. 1805).[48] Entscheidende Gedanken dieser Frühfassung von Schellings Ästhetik, etwa die Parallelisierung der Erkenntnismöglichkeiten von Philosophie und Kunst, aber auch die Gleichsetzung ihres Gegenstandes im Absoluten, scheinen denn auch in Schinkels frühen theoretischen Äußerungen nicht durch. Auf der anderen Seite beinhalten Fragmente Schinkels vereinzelt auch Anklänge an Schellingsche Ideen, beispielsweise hinsichtlich der Verbindung der Begriffe der Idee und der Natur.

Zurückhaltend wird der Einfluß des Ästhetikers Karl Wilhelm Ferdinand Solger gesehen werden müssen.[49] Zwar liegt hinsichtlich der Person Solgers eine Beeinflussung deshalb nahe, weil dieser Philosoph zu Schinkels persönlichem Bekanntenkreis zählt. Diese Bekanntschaft hat jedoch die frühen

---

47 Vgl. dazu und insbesondere zur bekannten Mitschrift des Schelling-Schülers Henry Crabb Robinson Behler, Philosophisches Jahrbuch 83 (1976) S. 133ff.; Behler 1988 S. 143f.; Gethmann-Siefert 1995 S. 184ff. Von den angesprochenen Mitschriften abgesehen enthielten auch die von Schelling selbst herausgegebenen »Vorlesungen über die Methode des akademischen Studiums« einen knappen Abriß der frühen Gedanken Schellings zur Ästhetik.
48 Vgl. etwa Behler 1983 S. 188ff. zur Diskussion der Schellingschen Ästhetik im Kreis um Madame de Staël.
49 Vgl. zur Beziehung zu Solger eingehender S. 108ff.

Theoriebemühungen Schinkels kaum beeinflußt. Zum einen befindet sich Solger selbst in der Zeit um 1802/03 gegenüber den von Schelling vorgetragenen Positionen noch in einer vor allem rezeptiven Haltung, um in den folgenden Jahren bis 1808 den Kontakt zur Philosophie zeitweise fast aufzugeben.[50] Zum anderen lassen Schinkels frühe Überlegungen weder die für Solgers Werke charakteristische Ausdrucksweise romantischer Prägung wiederfinden, noch einen Einfluß seiner Gedanken wie der Historisierung der im Kunstwerk verkörperten Idee oder der Ironie als Kriterium künstlerischen Schaffens.

Architektur in Theorie und Praxis

Die Entwicklung des architekturtheoretischen Diskurses und die entsprechende Praxis korrelieren nicht immer der angesprochenen Entwicklung der Ästhetik als philosophisches Fach. Auf dem architektonischen Gebiet liegt es nahe, die Diskussionsvielfalt im Preußen des ausgehenden 18. Jahrhunderts ganz in der Vorherrschaft klassizistischer Orientierungen aufgehen zu lassen. Dabei würde jedoch die Bedeutung wesentlicher Elemente übergangen. Zunächst wäre ein erheblicher Teil der Architekten unberücksichtigt, der – wie etwa Heinrich Gentz – nicht einem akademischen Klassizismus nahestand, sondern einer von französischen Vorbildern abhängigen spezifischen Stilistik mit durchaus abweichenden ideellen Bedingungen. Nicht ausreichend gewürdigt wäre auch der weite Bereich der Bautätigkeit, der zum Teil noch spätbarocke Formen tradiert und dabei ohne große theoretische Auseinandersetzung auskommt, aber erhebliche praktische Ausstrahlungskraft behält.

Trotzdem besetzt der Klassizismus in seinen verschiedenen Schattierungen zentrale Positionen der zeitgenössischen Diskussion. Als eine der beiden Hauptlinien innerhalb der klassizistischen Strömung beeinflußt die französische Architekturdiskussion auch die Entwicklung in Preußen. Für den französischen Klassizismus steht zunächst das Vorbild Italiens an erster Stelle. Durch die engen politischen Verflechtungen beider Länder, die sich schon seit dem ausgehenden Mittelalter entwickelten, ergeben sich Rezeptionsmöglichkeiten, die dem deutschen Sprachraum nur in seltenen Einzelfällen zur Verfügung stehen.[51] Der damit im Verhältnis zum deutschen Raum weitere Bezugsrahmen stellt einzelnen Künstlern wie etwa Piranesi sogar Spielraum für Werke, die sich

---

50 Vgl. Henckmann 1972 S. 424ff.; die Gründe lagen in anderweitiger Berufsausbildung und langanhaltender Krankheit.
51 Zur Funktion des Prix de Rome und zur Académie de France à Rome vgl. Pérouse de Montclos 1981 isb. S. 10ff.

durch ihre individuelle Interpretation der Klassik dem klassischen Kanon bereits wieder entziehen. In der gebauten und vor allem der nur reines Konzept gebliebenen Architektur entsprechen diesen Entzugsmöglichkeiten die Werkprofile von Lequeu, Boullée und Ledoux.

Die Regel für die Rezeption der römischen Antike in Frankreich stellen derartige Individualismen allerdings nicht dar, vielmehr steht hier die Reproduktion im Vordergrund. Eine reproduktive Einstellung beherrscht ganz überwiegend auch die Arbeiten und Diskussionen an der einflußreichen École des Beaux Arts.[52] Entscheidend neue Impulse, die allerdings ebenfalls auf dieser Haltung basieren, erhält das französische Architekturgeschehen erst durch die Verknüpfung mit der spätrepublikanischen Machtentfaltung. Die mit ihr wachsende Vielfalt der Bauaufgaben begünstigt die Arbeit mit typisierten, auf vereinfachte Grundformen zurückgreifenden Bauelementen.[53] Die theoretische Anbindung an den Revolutionsklassizismus und eine umfangreiche beispielhafte Anwendung dieser Entwurfseinstellung liefert Jean-Nicolas-Louis Durand, dessen in den Jahren ab 1802 veröffentlichte Hauptwerke[54] für die gesamte erste Hälfte des Jahrhundert überaus wirkungskräftig werden.[55] Obwohl die architektonischen Wurzeln Durands in den revolutionären Klassizismus reichen, ist die Breitenwirkung seiner Rezeption erst durch sein später entwickeltes Architekturverständnis begründet. Die hierauf basierenden, weit verbreiteten Arbeiten Durands bieten rasterartige, standardmäßig einsetzbare Lösungen für verschiedenste Bauaufgaben, die ihren künstlerischen Wert aus der ornamentalen Übernahme vorgeprägter Bau- und Schmuckformen gewinnen. Vor allem die ausgeprägte Verwendung von Rundbogenformen in den Werken Durands könnte Schinkels Interesse an derartigen Konstruktionen in Italien begünstigt haben. Allerdings kann der von SCHÖNEMANN gemachte Versuch nicht überzeugen, für die Schinkelsche Frühphase einen direkten Einfluß von Entwurfsideen Durands nachzuweisen.[56] Insbe-

---

52 Vgl. Pérouse de Montclos 1984.
53 Vgl. Milde 1981 S. 51 ff., isb. S. 61ff.
54 »Recueil et parallèle des édifices de tout genre, anciens et modernes, remarquables par leur beauté, par leur grandeur, au par leur singularité, et dessinés, sur une même echelle« = »Le grand Durand«; »Précis des lecons d'architecture, données à l'École Polytechnique«.
55 Vgl. für einen allgemeinen Überblick Hitchcock 1994 S. 47ff.; zur Wirkung auf Schinkel vgl. Schönemann, in: Gärtner 1984 S. 77ff.
56 Der von SCHÖNEMANN unternommene Versuch eines solchen Nachweises (Schönemann, in: Gärtner 1984 S. 79f., 82) weist Schwächen auf: Die Anknüpfung eines Schinkelschen Museumsentwurfs (1800) an einen vergleichbaren Entwurf Durands ist unwahrscheinlich, da dessen Veröffentlichung erst 1804 stattfand (im »Precis des lecons«).

sondere verbietet sich die Annahme, Schinkel habe für die so wichtige Zeichnung »Landhaus eines Engländers« (vgl. zuvor Abb. I.2), die bereits 1804 entstand, auf eine Entwurfszeichnung in Durands »Precis« zurückgreifen können, da diese im zweiten Band des Werks enthalten ist, der erst 1805 erschien. Nicht nur diese zeitliche Versetzung, sondern besonders die grundlegende Differenz des Schinkelschen Architekturverständnisses zu den Vorschlägen Durands schließt hier einen Zusammenhang aus: Während der entscheidende Ertrag der italienischen Erfahrungen gerade in der Fähigkeit zur aufgelockerten, asymmetrischen Komposition besteht, die Natur und Architektur gleichberechtigt verschmilzt, bietet Durand streng symmetrische, stereotype Formen an, denen schmückende Naturelemente rein äußerlich zugeordnet werden.[57]

Für die generelle Entwicklung im preußischen Raum werden beide Varianten des französischen Architekturverständnisses wirkungskräftig. In der Zeit um die Jahrhundertwende hinterlassen jedoch die konzeptionell herausragenden, kraftvollen Entwürfe des revolutionären Klassizismus stärkere Spuren, etwa in den Werken von Architekten wie Gentz und Friedrich Gilly[58], deren Lehrtätigkeit und persönlicher Kontakt entsprechende Einflüsse auf Schinkel weitergibt. Zunächst parallel zu dieser Rezeption, doch dann unter dem Eindruck der revolutionären Entwicklung in offene Opposition umschlagend läuft die Rezeption der griechischen Klassik, deren Ertrag insgesamt für die architektonische Gestalt Preußens größer ist. Vor allem die bahnbrechende Herausgabe der großen Stichwerke über die griechische Klassik seit Mitte des 18. Jahrhunderts (vor allem le Roy 1758, mit größerem Einfluß dann Stuart und Revett seit 1762) prägt die Diskussion in Preußen.[59] In ihrer Folge entwickelt besonders der Umkreis der Akademie der Künste in Berlin eine ausgeprägte archäologische und stiltheoretische Tätigkeit, die in Alois Hirts umfangreicher »Baukunst nach den Grundsätzen der Alten« (1809) kulminiert. Verantwortlich für die Hegemonie der klassizistischen Richtung im preußischen Raum, die den Architekten weniger entwurfliche Freiheit als in

---

57 Es ist bezeichnend, daß SCHÖNEMANN nicht die Zeichnung Schinkels der reproduzierten Darstellung von Durand gegenüberstellt.
58 Riemer 1931 S. 5; vgl. auch Milde 1981 S. 39ff.
59 Die Bibliothek Friedrich Gillys, auf die auch Schinkel zugriff, enthielt u.a. die Stichwerke von Le Roy, Stuart und Revett, Major, Desgodets und Piranesi. Mitsamt den gängigen Ausgaben des Vitruv, der Werke Winckelmanns und anderen archäologischen Schriften war damit für die um ihn wachsende Architektengeneration das gesamte klassizistische Grundwissen fast vollständig präsent, vgl. Oncken 1981 S. 30.

Theoretische Positionen im Preußen des anbrechenden 18. Jahrhunderts

Frankreich beläßt, ist vor allem die beispielgebende Funktion der Werke Winckelmanns. Dessen primär auf die Plastik gezielte Forderung nach der Nachahmung griechischer Kunst gewinnt in der Zeit zwischen 1750 und 1800 erhebliche Ausbreitung über diesen Kontext hinaus.[60] Obgleich der theoretische Bezug der Winckelmannschen Thesen erheblich differenzierter ist[61], wird sie in der Rezeption schnell zur einseitigen Forderung nach Kopie der griechischen Originale vereinfacht. Sowohl für die Plastik als auch für Literatur und Architektur wird gerade diese Vereinfachung zu einem entscheidenden Faktor, der bis zum Erstarken einer neuen Mittelalter-Rezeption in der Romantik vorherrschend bleiben kann. Die Nachahmung des Griechentums bildet darüber hinaus noch bis in die Ausklänge des 19. Jahrhunderts einen festen Topos bildungsbürgerlicher Lebensweise. Doch auch dieses auf den ersten Blick festgefügte System bleibt schon im architektonischen Schaffen um die Wendemarke 1800 herum nicht ohne Brüche. So vermischt etwa Langhans in seinem Brandenburger Tor den Verweis auf die athenischen Propyläen teils mit römischen Baubezügen, ohne daß die zeitgenössische Bewertung als Bau im Sinne des klassischen Griechentums dadurch geschmälert würde.[62]

In deutlichem Kontrast zu den dargestellten Verzahnungen zwischen den verschiedenen Richtungen des Klassizismus steht die Entwicklung eines neuen Interesses an gotischen Bauformen. Dieser Prozeß wird durch eine Reihe von Faktoren bedingt, die sowohl aus der architektonischen Theorie im engeren Sinn als auch Randbereichen stammen. Besonders bedeutend ist hier die Wiederverwendung gotischer Bauelemente als exotisches Motiv im englischen Landschaftsgarten. Schon vor der Mitte des 18. Jahrhunderts einsetzend, werden vor allem durch sie gotische Stilformen auch auf dem Kontinent wieder gesellschaftsfähig, soweit es den kleinen Maßstab innerhalb des Landschaftsgartens betrifft. Die schon zuvor in England geführte Diskussion über die Wertigkeit gotischer Stilformen wird dabei allerdings kaum rezipiert. An ihre Stelle treten in Deutschland andere, vor allem literarische Rezeptionsformen gotischer Bauten, für die Goethes Reflexionen über das Straßburger Münster das bekannteste Beispiel darstellen.[63] Zwar sind auch hier schon die wesentlichen Elemente präsent, die später die Neugotik zu einer echten Stilalternative

---

60 Vgl. dazu Goethe 1805.
61 Vor allem soll nicht die griechische Kunst in ihrem konkreten Schaffen »nachgeahmt« werden, sondern die griechische Kunst – Natur (natura secunda als höchste Erscheinungsform der Idee), vgl. Beierwaltes in: Schelling 1991 S. 6.
62 Bothe, in: Ausstellungskatalog: Berlin und die Antike S. 298f.
63 »Von deutscher Baukunst«, 1772, vgl. hierzu Germann 1974 S. 57.

machen (Charakterisierung als einer mittelalterlichen, national deutsch geprägten Kunstform mit primär religiöser Ausrichtung). Dennoch bringt erst das Erstarken nationaler Strömungen nach den Freiheitskriegen[64] ein verbreitetes Bedürfnis nach einer Bautätigkeit in dieser Stilausrichtung mit sich. Vorerst bleibt die Sehnsucht nach der Gotik eine im Literarischen angesiedelte Kategorie, während für die Architekten und auch für Schinkel nach wie vor die Antike das Paradigma definiert.

Weltanschauliche Positionen der Zeit

Weder zum Bereich der eigentlichen philosophischen Ästhetik noch zur Theorie der Künste rechnen weitere Positionen, deren Einfluß auf das Kunstschaffen der Zeit dennoch ebenso unbestreitbar ist wie auf die Reflexion über Kunst. Unter dieser Vielzahl von Faktoren, die das Weltbild der Zeitgenossen prägten, sollen hier nur wenige Facetten angesprochen werden, die gerade auf die geistige Landschaft Preußens besonderen Einfluß nahmen.

Die vorrevolutionäre Phase ist wesentlich von den Gedanken der Aufklärung in ihren vielschichtigen Ausprägungen befruchtet. Die Hauptrolle spielen dabei die Vorbilder aus dem französischen Kulturkreis, dessen kulturelle Hegemonie ungebrochen ist; nachrangigen Einfluß besitzt aber auch aus England stammendes Gedankengut. Entsprechend den Grundsätzen dieser gesamteuropäischen Bewegung betonen auch die Aufklärer des deutschen Sprachraums die Erkenntnismöglichkeiten des autonomen Subjekts; allerdings findet im Gegensatz vor allem zu Frankreich allgemein noch keine direkte Anwendung auf die politische Sphäre statt. Statt dessen lenken die Hauptvertreter der deutschen Aufklärung (Leibniz, v.a. aber Wolff) entsprechend ihrer rationalistischen Einstellung die Aufmerksamkeit auf die Möglichkeiten des Subjekts, über abstrakt-begriffliche Spekulation zu individuellem Erkenntnisgewinn zu gelangen. So wird die geistige Landschaft weniger in Richtung einer politischen Umformung, sondern mehr in die einer inneren Entwicklung gelenkt. Damit gewinnen in Preußen geistige Richtungen großen Einfluß, die Systeme für Emanzipationsbewegungen vom hergebrachten System der Charakterbildung durch die christliche Kirche bereitstellen. Vor allem die Verbreitung der freimaurerischen Orden nimmt durch diese Tendenzen zu, aber auch

---

64 Mit der parallelen Verwendung der Termini »Freiheitskriege« und »Befreiungskriege« wird in dieser Arbeit lediglich auf eine begrenzte historische Phase verwiesen und keine Wertung verbunden. Zur Auseinandersetzung über ideologische Konnotationen der Begriffe vgl. Stammler, Zeitschrift für deutsche Philologie 59 (1935) S. 203ff.

Strömungen wie die Philanthropie, die sich der Verbesserung der konkreten menschlichen Lebenssituation abseits von den eschatologischen Hoffnungen des Kirchenglaubens zugewandt hatten.

In engem Zusammenhang mit dem aufklärerischen Diskurs steht das Werk Rousseaus, das sich in entscheidenden Punkten als Kontrast zu ihm versteht. Rousseau wendet sich insbesondere gegen die Vorstellung einer Fortschrittsgeschichte der Menschheit. Statt einer solchen Entwicklungsvorstellung faßt er die Gesellschaftsgeschichte – gerade auch die der Aufklärungszeit – als einen Abstieg von einem postulierten idealen Naturzustand auf.[65] Durch diese Bündelung des Kritikpotentials am aufklärerischen Projekt, vor allem aber durch die persönliche Ansprache seiner zum großen Teil in Romanform gefaßten Gedanken erzielt Rousseau in der zweiten Hälfte des 18. Jahrhunderts überaus große Wirkung. Obwohl sein Werk sich wegen des zumeist unsystematischen Charakters nicht schulbildend auswirken kann, prägen seine Tendenzen, die sich im Programmsatz »Zurück zu Natur« bündeln lassen, erhebliche Teile der geistigen Landschaft zu Ausgang des Jahrhunderts.[66] Besonders wirkungsmächtig werden seine Schriften für die Verbindung von Architektur und Natur im Umfeld der Landschaftsgarten-Bewegung. Die Beschreibungen des Landlebens in idealisierter Form regt zahllose Versuche an, Gartenanlagen mit Architekturtopoi zu besiedeln, die direkt in Abhängigkeit zu den Schriften und zum Leben Rousseaus stehen (neben der Rousseau-Insel und -Grotte besonders Anlagen für die Milchwirtschaft).

Schinkels Stellung in der geistigen Landschaft seiner Zeit

Diese Vielschichtigkeit in der Entwicklung der ästhetischen und architektonischen Theorie wie auch anderer weltanschaulicher Faktoren in der Zeit der Ausbildung Schinkels[67] erschwert es, Schinkels eigene Reaktionsweise zu charakterisieren. Trotzdem können einzelne Bezugslinien isoliert werden, die sich besonders in Schinkels theoretischen Fragmenten ausgeprägt haben. Wenig hilfreich ist es in diesem Zusammenhang, wie PESCHKEN die Bemühungen um eine theoretischen Position Schinkels in seiner Frühzeit als die Verwendung angelesener Begriffe abzuwerten.[68] Statt dessen erscheint es ange-

---

65 Vgl. Maier in: Maier / Rausch / Denzer S. 88ff.
66 Vgl. Link-Heer 1988 S. 127ff.
67 Für die Zeit der Schulausbildung Schinkels, insb. am Grauen Kloster zu Berlin vgl. Herrmann, in: Karl Friedrich Schinkel und die Antike 1985 S. 11ff.
68 Peschken, Schinkelwerk: Lehrbuch S. 20.

messener, das Denksystem Schinkels zu dieser Zeit, seine Begrifflichkeit und ihre Bezüge darauf zu untersuchen, woher sie stammen können und aus welchem Interesse der Architekt Modifikationen vornimmt.

Der Begriff des Charakters

Den Ansatzpunkt bilden dabei die Grundforderungen Schinkels an die Architektur, wie sie die theoretischen Konzeptionen zur Zeit der italienischen Reise ordnen. Schinkel legt den Angelpunkt seiner theoretischen Aussagen in einer Prämisse fest:

> Die Hauptforderung bei jedem Werke der Darstellung ist Character.[69]

Voraussetzung für die Erfüllung dieser Forderung ist die optimale Darstellung des Zwecks. Intention bei dieser Zweckorientierung ist dabei noch kein reduktiver Funktionalismus im Sinne des zwanzigsten Jahrhunderts. Vielmehr geht Schinkel von dem gleichen weitgefaßten Zweckbegriff aus, der schon die traditionelle Verwendung des Charakterbegriffs in der französischen Theorie der École des Beaux Arts prägte.[70] Der *Zweck* des Bauwerks und allgemein des künstlerisch hergestellten Gegenstandes liegt dementsprechend nicht eindimensional in der Wahrung einer Funktion, sondern beinhaltet gleichzeitig einen spezifisch künstlerischen Wert:

> So wie die Statue und das Bild nur einen vorgesetzten Zustand aussprechen soll so soll das Werk der Architectur einen in demselben vorgesetzten Zweck aussprechen, oder eine dem Zweck entsprechende Phisionomie tragen. Sein Kunstwerth wächst mit der Wahrheit dieser Phisionomie oder dieses Charakters.[71]

So hatten auch die französischen Architekturtheoretiker (zuerst wohl Boffrand, dann Laugier und Blondel bis hin zu Boullée und Ledoux) mit dem caractère-Begriff trotz deutlicher Unterschiede der Standpunkte im Detail gemeinsam die Forderung verbunden, das Bauwerk müsse die Eigenschaften der Funktion oder des Bewohners symbolisch versinnbildlichen.[72]

Den Boden dieser französisch geprägten caractère-Lehre verläßt Schinkel jedenfalls dadurch, daß er den künstlerischen Wert des Charakters mit weiteren Denkfiguren verknüpft:

---

69 Skizzenbuch B, Bl. 15, abgedruckt bei Peschken, Schinkelwerk: Lehrbuch S. 20.
70 Vgl. dazu Kruft 1995 S. 162.
71 Skizzenbuch B, Bl. 15, abgedruckt bei Peschken, Schinkelwerk: Lehrbuch S. 20.
72 Vgl. den Überblick bei Kruft 1995 S. 162ff.

> Die Beschäftigung der Kunst ist die Darstellung der Natur eines in die Idee versunkenen Naturgegenstandes...[73]

Vor allem durch den Einbezug des Begriffs der Idee, mit dem Schinkel hier ein entscheidendes Element der künstlerischen Tätigkeit zu verdeutlichen sucht, wird der hergebrachte Rahmen des französischen caractére-Diskurses zugunsten der Zentrierung um einen neuen Kernbegriff verlassen.

Schinkel formuliert die Ansicht, die Funktion der Kunst liege vor allem darin, die »Idee« sinnlich faßbar zu machen: Wenn Kunst (wie Schinkel es ausdrückt) darauf abzielt, die Natur eines in die Idee versunkenen Naturgegenstandes darzustellen, dann deshalb, weil nur durch diese Darstellungsweise die Idee als solche zur Anschauung gebracht werden kann. Wenn diese Verpflichtung der Kunst erfüllt und gleichzeitig die Funktion (im engeren Sinn der Nutzungsnotwendigkeiten) optimiert wird, dann kann auch das Endziel des künstlerischen Schöpfungsprozesses realisiert werden. Nur unter diesen Bedingungen ist das Maximum an caractére = Charakter zu erzielen, das für Gegenstände der jeweilgen Gattung erreichbar ist, mit anderen Worten also das Ideal der jeweilgen Gattung.

Gleichzeitig ist aber auch eine enge Verbindung zwischen Natur und Idee mitgedacht. Nach Schinkels Konzeption in diesem Kernfragment ist zwischen beiden Polen keine strenge Trennung hervorzuheben, wie sie die traditionelle Lehre des Ideenbegriffs vielfach betonte. Schinkel sieht vielmehr die Möglichkeit des Künstlers, den Bereich der Idee auf der einen Seite mit dem der Natur auf der anderen in bestimmter Weise in Übereinstimmung zu bringen. Zwar ist sinnliche Faßbarkeit der Idee letztlich das Ziel, aber eben mittels der Darstellung eines quasi in die Idee hinüberwachsenden Gegenstandes der Natur.

Ideenbegriff und Naturvorstellung

Für die Zuordnung dieser Begrifflichkeit zu einer bestimmten Denkrichtung bietet sich eine Vielzahl von Anknüpfungsmöglichkeiten.

Kaum wahrscheinlich ist zunächst ein gezielter Rückgriff auf die ursprüngliche Formulierung des Ideenbegriffs bei Platon im Sinn eines unvergänglichen Urbildes der materiellen Dinge wie auch der menschlichen Begriffe. Schinkels Textvorgaben scheinen eine solche Interpretation zwar nahezulegen, wenn er schreibt:

---

73 Skizzenbuch B, Bl. 19 verso, abgedruckt bei Peschken, Schinkelwerk: Lehrbuch S. 19.

> Sie (sc. die schöne Kunst; Zus. d. Verf.) ... ist das Werkzeug der Ewigkeit der Ideen.[74]

Hier scheint auf den ersten Blick eine Anlehnung an die platonische Vorstellung der eidos-Lehre intendiert, die ebenfalls die von Zeit und Raum unabhängige Stellung der Ideen betont. Nähere Lektüre zeigt allerdings, daß Schinkel diese Äußerung nur als Gemeinplatz in seine Überlegungen verknüpft, ohne weitere sachliche Konsequenzen aus ihr zu ziehen. Zudem ist in der Sache die scharfe platonische Trennung zwischen der sichtbaren Welt der Dinge und den Ideen als den konkreten, aber außerweltlichen Urbildern der empirischen Objekte mit der von Schinkel offensichtlich intendierten Verbindung beider in der Kunst unvereinbar.

Daher kommen jüngere Entwicklungen der Begriffsgeschichte in den Blick, wie etwa die der deutschen rationalistischen Philosophen, hier vor allem Leibniz und Wolff, in deren Werk der Begriff der Idee zu einer zentralen Kategorie avancierte.[75] Hier büßt der Terminus »Idee« den platonischen Sinn eines konkreten, außerweltlichen Urbildes endgültig ein. Der Begriff der Idee bezeichnet nur noch einen Bestandteil des Wahrnehmungsvorgangs, und zwar dessen Inhalt, der vom eigentlichen Wahrnehmungsakt als zweitem Bestandteil zu trennen sei. Auch diese Begriffsprägung kann jedoch die bei Schinkel formulierte Sichtweise beider Seiten – Idee und Natur – und insbesondere deren Verbindung in der Kunst nicht verständlicher werden lassen. Seine Position ist nur nachvollziehbar, wenn ein substantieller Begriff der Idee zugrundegelegt wird, nach dem sie mehr ist als ein beliebiger Wahrnehmungsinhalt. Die Philosophie des Rationalismus hatte jedoch gerade den Ideenbegriff von Sachgehalt entkleidet und als bloßen Terminus technicus der Wahrnehmungstheorie nutzbar gemacht. Auf dieser theoretischen Basis ist der Inhalt des Ideenbegriffs daher austauschbar; Schinkels Begriffsverwendung ist dementsprechend auf ihr nicht positionierbar.

Damit müssen auch begriffsgeschichtliche Entwicklungen aus dem unmittelbaren zeitlichen Umfeld Schinkels in Betracht gezogen werden: Zunächst könnten die Vorstellungen Schinkels auf das Gedankensystem Kants verweisen, in dem der Ideenbegriff große Bedeutung besitzt. Zur Rezeption der Kantischen Philosophie besaß Schinkel zudem leichte Gelegenheit, da sie in Gestalt der »Kritik der Urteilskraft« in der Bibliothek Friedrich Gillys zugänglich war.[76]

---

74 Skizzenbuch B, Bl. 19 verso, abgedruckt bei Peschken, Schinkelwerk: Lehrbuch S. 19.
75 Vgl. Ritter 1971 ff. Stichwort »Idee« Spalte 108f.
76 Vgl. Rietdorf 1940 S. 149.

Auf der anderen Seite scheinen Querverbindungen insbesondere zu Gedanken Schellings möglich. Bereits in dessen frühen Schriften finden sich vergleichbare Überlegungen, die traditionelle Sichtweise des Ideenbegriffs in einer Weise zu korrigieren, die stärkere Verbindungen zur Naturerfahrung zuläßt.

Entsprechungen zu Vorstellungen Kants
In Richtung auf die Theorien Kants lassen einige Besonderheiten der Begriffsbildung bei Schinkel eine Verbindung möglich erscheinen. Schinkels Leitlinie

> Die Beschäftigung der Kunst ist die Darstellung der Natur eines in die Idee versunkenen Naturgegenstandes ...[77]

verwendet den Begriff der Darstellung[78] als zentrale Charakteristik für das Schaffen des Künstlers. Dieser in späterer Zeit gebräuchliche Terminus verdankt seine Verbreitung im wesentlichen der Einführung in Kants »Kritik der reinen Vernunft« und anknüpfend in der »Kritik der Urteilskraft«. (Der Terminus »Darstellung« wird dort im engeren Sinn für die Versinnbildlichung [Hypotypose] von Begriffen gebraucht.[79]) An anderen Stellen der »Kritik der Urteilskraft« bereitet sich dagegen der spätere eher undifferenzierte Gebrauch für die Realisation eines beliebigen gedanklichen Inhalts durch ein Werk der Kunst vor.[80] Die Verbreitung dieser Verwendungsweise geht im wesentlichen auf Schillers anschauliche Formulierungen in den »Kallias-Briefen« zurück.[81] Schinkels eigene Benutzung weist allerdings keinen Bezug zu der technischen Verwendung des Darstellungsbegriffs auf, wie sie Kant im § 59 der »Kritik der Urteilskraft« einführt. Aus diesen Parallelen der Begriffsbildung lassen sich daher keine entscheidenden Argumente entnehmen, zumal andere mögliche Quellen, wie z.B. Schellings »Philosophie der Kunst«, den Begriff ebenfalls verwenden.

Aber auch inhaltlich bieten sich Anhaltspunkte für einen Vergleich. Inhaltliche Berührungspunkte finden sich insbesondere dort, wo sich die für den Künstler so wichtige Frage danach stellt, in welcher Weise gedankliche Inhalte in einem künstlerischen Werk transportiert werden können. Schinkels grundlegende Prämisse bildet hier folgende Überlegung:

---

77 Skizzenbuch B, Bl. 19 verso, abgedruckt bei Peschken, Schinkelwerk: Lehrbuch S. 19.
78 Zur Begriffsgeschichte: Ritter 1971ff. Stichwort »Darstellung« Spalte 12.
79 Vgl. die detaillierte Definition des Begriffs in Kant 1992 § 59.
80 Vgl. z.B. Kant 1992 S. 261 = B 209.
81 Vgl. »Das Schöne der Kunst«, Schiller 1992 S. 321ff.

> Die Beschäftigung der Kunst ist die Darstellung der Natur eines in die Idee versunkenen Naturgegenstandes, dadurch also daß dieselbe in die Idee versunken ist, unterscheidet sie sich von der empirischen Wissenschaft und ist von derselben gerade das entgegengesetzte. Daher auffällt in einem Bilde davor was an diese erinnert und den Geist aus der Kunst = Empfindung in die Arbeit des Verstandes, der Wissenschaft, hinein zieht.[82]

Schinkels als Feststellung formulierter Standpunkt offenbart erst auf den zweiten Blick seine Forderung an die künstlerische Gestaltung: Wenn die Kunst im eigentlichen Sinn sich von der empirischen Wissenschaft unterscheidet, dann muß es für die künstlerische Tätigkeit ein Fehler sein, wenn dem Betrachter des Werkes etwas auffällt, »was an diese erinnert«.

In dieser Richtung formuliert Kant vergleichbare Gedanken, wenn er in § 45 der Kritik der Urteilskraft schreibt:

> An einem Produkte der schönen Kunst muß man sich bewußt werden, daß es Kunst sei, und nicht Natur, aber doch muß die Zweckmäßigkeit in der Form desselben von allem Zwange willkürlicher Regeln so frei scheinen, als ob es ein Produkt der bloßen Natur sei.[83]

Für Kant wie auch für Schinkel stellt es demnach einen Hinweis auf mangelndes künstlerisches Vermögen dar, wenn die Werkgestaltung über die Wiedergabe einer als künstlich erkennbaren »Natur«-gestalt die Anwendung der Regeln durch den Künstler durchscheinen läßt. Ungeachtet dieser Vergleichbarkeit von Grundgedanken muß allerdings festgehalten werden, daß die Terminologie beider Standpunkte erhebliche Differenzen aufweist: Der Begriff der »Regeln« bei Kant verweist auf die Anwendung der erlernten künstlerischen Prinzipien und geht damit keineswegs dem Verweis Schinkels auf die »empirische Wissenschaft« parallel, der wesentlich weiter gespannt ist.

Ein weiterer Punkt, an dem sich eine gewisse Nähe der beiden Standpunkte verdeutlichen läßt, betrifft die Orientierung an allgemeinen ästhetischen Normen. Kant differenziert hinsichtlich des Ideals der Schönheit zwei wesentliche Elemente, die »Vernunftidee« und die ästhetische »Normalidee« hinsichtlich der Gattung des dargestellten Gegenstandes.[84] Letztere »Normalidee« sei

---

82 Skizzenbuch B, Bl. 19 verso, abgedruckt bei Peschken, Schinkelwerk: Lehrbuch S. 19 (Hervorhebungen vom Autor).
83 Kant 1992 S. 240 = B 179.
84 Vgl. Kant 1992 S. 150ff. = B 56ff.

> ... keineswegs das ganze Urbild der Schönheit in dieser Gattung, sondern nur die Form, welche die unnachlaßliche Bedingung aller Schönheit ausmacht, mithin die Richtigkeit der Darstellung der Gattung.[85]

In seinem Skizzenbuch B, also seinem ersten Ansatz eines Lehrbuchprojektes, trifft Schinkel die Aussage:

> Die höhere Herrschaft über die Natur wodurch der widerstrebenden das majestätische Gepräge der Menschheit als Gattung, das der Idee, aufgedrückt wird, diese Herrschaft ist das eigentliche Wesen der schönen Kunst.[86]

An diesen beiden Grundgedanken zeigen sich sowohl Vergleichbarkeiten als auch Differenzen. Wie der Standpunkt Kants läßt sich auch die Vorstellung Schinkels dahin verstehen, die Gattung der Menschheit solle als Idee aufgefaßt werden und diese Idee eine entscheidende Grundlage der schönen Kunst darstellen. Gleichzeitig sind die gravierenden Differenzen unverkennbar: Schinkels Konzept spricht von einer »Herrschaft« dieser Idee über die Natur, die das Wesen der Kunst sei. Bei Kant findet sich keine Parallele zu derartigen Ausdrucksweisen oder Vorstellungen. Dazu ist es für Kant entscheidend, die »Normalidee« als den einen – weniger bedeutenden – Aspekt der Schönheit zu verstehen. Wichtiger ihm gegenüber ist die »Vernunftidee«, durch die die nicht sinnlich vorstellbaren Zwecke der Menschheit zum Beurteilungsmaßstab würden.[87] Für diesen Teil des Kantischen Gedankengebäudes findet sich bei Schinkel keine Parallele.

Unvereinbarkeiten mit Kantischen Theorien
Im Zusammenhang damit zeigen sich weitere Unverträglichkeiten, die letzten Endes trotz naheliegender Rezeption durch Schinkel eine Beeinflussung unwahrscheinlich machen. Kant fordert beispielsweise die Möglichkeit zur Verwirklichung des Ideals vorwiegend in den Kunstformen, die ihre Aufgabe in der Darstellung der menschlichen Person sehen – der Versuch Schinkels, durch Architektur das Ideal zu erreichen, ist daher nicht ohne weiteres kompatibel zum Denksystem Kants. Dieser stellt fest:

---

85 Kant 1992 S. 153 = B 59.
86 Skizzenbuch B, Bl. 19 verso, abgedruckt bei Peschken, Schinkelwerk: Lehrbuch S. 19.
87 Kant 1992 S. 151 = B 56.

> Aber auch von einer bestimmten Zwecken anhängenden Schönheit, z.B. einem schönen Wohnhause, einem schönen Baume, schönen Garten usw. läßt sich kein Ideal vorstellen; ...[88]

und

> Von der Normalidee des Schönen ist doch noch das Ideal desselben unterschieden, welches man lediglich an der menschlichen Gestalt aus schon angeführten Gründen erwarten darf.[89]

Schinkel geht dagegen davon aus, daß gerade die Baukunst fähig sei, das Ideal zu erreichen, und zwar in der spezifischen Ausprägung des Ideals der Zweckmäßigkeit.[90] Damit steht er deutlich außerhalb des Kantischen Denkens, das als Kriterium des Ideals den Ausdruck des Sittlichen im Menschen normiert.[91]

Zudem steht das Architekturverständnis eines so engagierten Architekten naturgemäß im Widerspruch zu der in der Kritik der praktischen Vernunft angelegten Systematik und Hierarchie der künstlerischen Äußerungsformen. Schließlich wird die Baukunst in Kants Sichtweise gegenüber den Kunstformen der Dichtung und Redekunst stark zurückgesetzt[92] – Schinkel dagegen versucht sie gegenüber allen anderen Kunstformen in eine Vorrangstellung zu spielen:

> Auf welcher Stufe nun das Baukunstwerk übrigens unter den übrigen Künsten stehen möge so hat es vor jenen den Vorzug daß es mit der Darstellung verbindet, da hingegen in den übrigen Künsten nur absolute Darstellung statt findet, daß das Ideal derselben eigenthümliche Schöpfung des Geistes im Grundprincip ist da hingegen bei den übrigen das Ideal aus denen außer dem Geiste schon vorhandenen Gegenständen construirt werden kann.[93]

Auch eine weitere Kategorie der kunsttheoretischen Reflexion Schinkels stellt sich außerhalb der Formulierungen bei Kant. Die Analyse des Erhabenen, die Kant in der Kritik der Urteilskraft so wirkungskräftig formuliert hatte, bezieht sich im wesentlichen auf zwei Punkte: Von dem rein zahlenmäßigen, mathematischen Erhabenen unterscheidet Kant das Erhabene in der Natur[94]:

---

88 Kant 1992 S. 151; vgl. weiter auch ebd. S. 261.
89 Kant 1992 S. 154 = B 59; Hervorhebung im Original.
90 Fragment H IV Bl. 6 am Ende; abgedruckt bei Peschken, Schinkelwerk: Lehrbuch S. 22.
91 Vgl. Kant 1992 S. 154 = B 59.
92 Kant 1992 S. 260 = B 207f.; S.257ff. = B 204ff.; S. 265ff. = B 215ff.
93 Fragment H IV Bl. 6 am Ende; abgedruckt bei Peschken, Schinkelwerk: Lehrbuch S. 22.
94 Kant 1992 §§ 25ff.; 28ff.

> Die Natur, im ästhetischen Urteil als Macht, die über uns keine Gewalt hat, betrachtet, ist dynamisch-erhaben.[95]

Schinkel dagegen benutzt den Begriff des Erhabenen im wesentlichen nicht für den Eindruck der Natur, sondern nur für die Produkte des menschlichen Schaffensvermögens. Auch in dieser Hinsicht prägt sich eine Schwerpunktverschiebung im Verhältnis zum Kantischen System aus. Schinkels Sichtweise der Natur wendet sich ab von einem Verständnis, das einen wesentlichen Wert der Natur für die Kunst und vor allem für die Landschaftsdarstellung in ihrer Größe und Unbeherrschbarkeit sieht. Seine eigene Auffassung betont demgegenüber gerade die symbiotische Beziehung zwischen Natur und menschlichem Werk, worin sich vor allem seine Beeinflussung durch die Kategorie des Malerischen Bahn bricht.

Weitere Einflüsse
Eigentlicher Prüfstein für das Verhältnis der beiden gedanklichen Systeme ist aber die Konzeption des Ideenbegriffs, die sich insbesondere an dem jeweiligen Verständnis des Verhältnisses von Idee und Natur verdeutlichen läßt. In Kants Position sind die Ideen als Produkte der menschlichen Geistestätigkeit qualitativ grundsätzlich von der Sphäre der Natur getrennt. Das schon erwähnte Zitat Schinkels verdeutlicht eine ganz andere Sichtweise:

> Die Beschäftigung der Kunst ist die Darstellung der Natur eines in die Idee versunkenen Naturgegenstandes, dadurch also daß dieselbe in die Idee versunken ist, unterscheidet sie sich von der empirischen Wissenschaft ...[96]

Anhand der eigentümlichen Wendung eines »in die Idee versunkenen Naturgegenstandes« zeigt sich eine entscheidende Differenz zu Kant. In Schinkels Vorstellung existiert die grundsätzliche Trennung der beiden Bereiche Natur und Ideenwelt offensichtlich nicht. Im Gegenteil, dem Künstler ist es möglich, Naturgegenstände aufzufinden und darzustellen, die im Einklang mit der Idee stehen. Diese muß damit notwendigerweise auch in direkter Wirkungsbeziehung zum Bereich der Natur stehen.

Schinkel zeigt mit dieser Vorstellung sichtbare Nähe zu Vorstellungen der frühen Romantik, wie sie beispielsweise Schelling artikuliert. Bereits zuvor

---

95 Kant 1992 S. 184 = B 103.
96 Skizzenbuch B, Bl. 19 verso, abgedruckt bei Peschken, Schinkelwerk: Lehrbuch S. 19; (Hervorhebungen vom Autor).

wurde angesprochen, daß hinsichtlich der frühen Vorlesungen zur »Philosophie der Kunst« Schellings Rezeptionsmöglichkeiten bestanden. Die von Schelling in diesem Text geäußerten Vorstellungen laufen zum Teil den Gedanken Schinkels parallel:

> Wie Gott als Urbild im Gegenbild zur Schönheit wird, so werden die Ideen der Vernunft, im Gegenbild angeschaut, zur Schönheit; ... Durch die Kunst wird die göttliche Schöpfung objektiv dargestellt, denn diese beruht auf derselben Einbildung der unendlichen Realität ins Reale, auf welcher auch jene beruht.[97]

In beiden Sichtweisen stimmt die Vorstellung überein, es sei die Aufgabe der Kunst, solche Gegenstände abzubilden, die im Einklang mit den Ideen stehen. Vorausgesetzt wird von Schelling der Ausgangspunkt, eine strikte Trennung der zwei Sphären existiere gerade nicht, vielmehr fielen sie im Absoluten, Gott, zusammen:

> Nur in Gott sind ursprünglich die Ideen. Nun ist aber die Kunst Darstellung der Urbilder, als Gott selbst die unmittelbare Ursache, die letzte Möglichkeit aller Kunst, er selbst Quell aller Schönheit.[98]

Obgleich sich in den Texten Schinkels zeigen läßt, daß sie die Konsequenz der Ideen Schellings – die Verklammerung der beiden Reiche der Idee und der Natur – teilen, fehlen für diesen Ausgangspunkt vergleichbare Passagen bei Schinkel. Zudem nehmen seine Fragmente wichtige Kernbegriffe Schellings nicht auf, z.B. die Begriffe des Urbildes und des Abbildes, so daß sich trotz der Überschneidungen eine Beeinflussung nicht mit ausreichender Wahrscheinlichkeit erkennen läßt.

Im Zusammenhang mit dem angesprochenen Verhältnis zwischen Subjekt und Natur steht eine weitere, von dieser möglichen Verbindung unabhängige Entwicklungslinie der Geistesgeschichte: Schinkels frühes Schaffen zeigt teils auch den Einfluß der Gedankenwelt Rousseaus; diese Beeinflussung beschränkt sich allerdings auf die konkrete Entwurfstätigkeit. (So weist das anfangs angesprochene »Landhaus eines Engländers« Bauelemente auf, die durchaus als Aufnahme der von Rousseau beeinflußten Konzeptionen des Landschaftsgartens verstanden werden können.[99]) Auch die Betonung der

---

97 Schelling 1995 S. 214, § 22.
98 Schelling 1995 S. 214, § 23.
99 In diesem Sinn Peschken, Schinkelwerk: Lehrbuch S. 12ff., insb.15, der diese Beziehung aber vor allem als eine oberflächliche Beeinflussung durch den Zeitgeschmack ansieht.

harmonischen Beziehung zwischen menschlichem Bauwerk und Natur in den schriftlichen Reiseaufzeichnungen könnte auf die bei Rousseau präsente Vorstellung der Harmonie zwischen Mensch und Natur im Urzustand zurückverweisen. Die Anknüpfungspunkte sind in dieser Richtung allerdings zu unspezifisch, um direkte Einflüsse annehmen zu können. Immerhin ist darauf hinzuweisen, daß Friedrich Gilly noch 1797 die zu Ehren Rousseaus errichteten Anlagen in Ermenonville selbst besichtigte und schriftlich wie auch zeichnerisch ausführlich dokumentierte.[100] Schinkels Kenntnis dieser Darstellungen ist gesichert, so daß eine Kenntnis grundlegender Ideen Rousseaus vorauszusetzen ist, ohne daß dafür allerdings konkretere Hinweise bestehen.

Johann Gottlieb Fichte

Die Literatur zu Schinkels geistiger Entwicklung nimmt besonders für die Frühphase eine starke Beeinflussung durch Arbeiten Johann Gottlieb Fichtes an. Ohne nähere Belege[101] – etwa Äußerungen Schinkels selbst – wird dazu die Behauptung tradiert, Schinkel sei schon bei Antritt seiner Italienreise 1804 von der Lehre Fichtes so angezogen gewesen, daß er Werke des bereits 1799–1805 in Berlin lehrenden Philosophen im Reisegepäck mit sich führte. Zumeist wird in diesem Zusammenhang zutreffend, aber im Hinblick auf die frühe Entwicklungsphase unspezifisch auf die Bedeutung Fichtes für Kunstphilosophie und persönliches Ethos Schinkels hingewiesen.[102] Eines der nach wie vor bestehenden Ärgernisse der Schinkel-Forschung liegt deshalb darin, daß bis heute keine Klarheit darüber erreicht wurde, um welche Schriften des Philosophen es sich gehandelt haben könnte.[103] Der unter anderem von BERGDOLL[104] und schon

---

100 Ausstellungskatalog: Friedrich Gilly S. 98f.
101 Eine Teilnahme Schinkels an den frühen Vorlesungen Fichtes ist nicht überliefert; vgl. Lauth, Hegel-Studien 15 (1980) S. 9ff.
102 So behauptet PESCHKEN ohne weitere Begründung, Schinkel sei »... schon damals Fichteaner ...« gewesen, vgl. Peschken, Schinkelwerk: Lehrbuch. S. 17. Aufschlußreich auch der kurze Abschnitt von WIEDERANDERS, wo dies ohne weitere Fundierung als »wahrscheinlich« angenommen wird: »Dabei sind es nur einige wenige Gedanken Fichtes, die für Schinkel Bedeutung gewannen.«, vgl. Wiederanders 1981 S. 30. Bereits auf der folgenden Seite entgegengesetzt: »Schinkels künstlerische Auffassungen zeigen häufig Einflüsse dessen (d.h. Fichtes, Zus. v. Autor) Denkens, ...« An die Ausführungen von WIEDERANDERS schließt sich auch Schütz 1988 S. 69ff. an.
103 So beispielsweise Börsch-Supan 1981 S. 16, oder PESCHKEN, der allerdings zu Unrecht darauf verweist, daß 1803 erst wenige Werke Fichtes erschienen waren, vgl. Peschken, Schinkelwerk: Lehrbuch S. 24. Zu diesem Zeitpunkt lagen bereits so wichtige Schriften wie »Grundlage der gesammten Wissenschaftslehre« (1798), »Grundlage des Naturrechts nach den Prinzipien der Wissenschaftslehre« (1796), »Der geschlossene Handelsstaat« (1800)

von WIEDERANDERS[105] unterbreitete Vorschlag, Schinkel habe auf der Italienreise Fichtes »Die Bestimmung des Menschen« gelesen, erscheint nicht unplausibel, bleibt jedoch ohne jede Begründung. An dieser Stelle soll es nicht darum gehen, einen Einfluß dieses Denkers zurückzuweisen – für spätere Gedanken Schinkels ist diese Rezeptionsrichtung zu offensichtlich. Allerdings erscheint die Frage lohnend, ob sich theoretische Äußerungen oder Baugedanken gerade der Frühzeit unter Zuhilfenahme Fichtescher Gedanken substantiell angemessener interpretieren lassen.

Zunächst ist es in der Tat naheliegend, die kleine Schrift Fichtes »Die Bestimmung des Menschen« von 1800 zum Anknüpfungspunkt zu machen. Die vor diesem Zeitpunkt erschienenen Schriften besaßen bis auf wenige Werke mit politischer Zielsetzung[106] kaum populäre Verbreitung, sondern waren im wesentlichen nur den fachphilosophischen Kreisen zugänglich. Zum Zeitpunkt der Veröffentlichung von »Die Bestimmung des Menschen« hatte Fichte nach seiner aufsehenerregenden Demission in Jena gerade seine private Lehrtätigkeit in Berlin aufgenommen. Das Werk war zum einen als Rechtfertigung der Fichteschen Philosophie gegen den zuvor erhobenen Atheismusvorwurf gezielt, der ihn zur Übersiedlung nach Berlin gezwungen hatte. Zum anderen sollte die Schrift den schon länger gehegten Plan zur Ausführung bringen, den Standpunkt dieser Philosophie zum ersten Mal allgemein verständlich darzustellen.[107] Es liegt also nicht fern, ein Interesse Schinkels an dem umstrittenen, aber ungemein bekannten Denker anzunehmen, das sich besonders auf sein neues, bislang populärstes Werk richtete.[108]

Vergegenwärtigt man sich den Inhalt von Fichtes Abhandlung »Die Bestimmung des Menschen«, scheint es jedoch schwer vorstellbar, Schinkel habe sich während seiner ersten Italienreise mit ihr auseinandergesetzt. Jedenfalls kom-

---

und der »Grundriß des Eigenthümlichen der Wissenschaftslehre in Rücksicht auf das theoretische Vermögen« (1802) vor.
104 Bergdoll 1994 S. 19.
105 Vgl. Wiederanders 1981 S. 30; eine Bemühung um eine Begründung fehlt allerdings.
106 Die beiden kleineren Schriften »Zurückforderung der Denkfreiheit von den Fürsten Europas, die sie bisher unterdrückten« (1792) und »Beitrag zur Berichtigung der Urteile des Publikums über die französische Revolution« (1793) erreichten eine beachtliche Publikumswirkung, vgl. Buhr in: Fichte 1989.
107 Vgl. dazu Lauth S. Vf. (Einleitung zu Fichte 1979).
108 Zum Vergleich mit den Gedanken Schinkels eignet sich »Die Bestimmung des Menschen« besonders gut, da das Werk mit kleineren Abstrichen durchaus als repräsentativer Querschnitt der Arbeiten Fichtes bis zu diesem Zeitpunkt gelten kann, vgl. Lauth S. Xff. (Einleitung zu Fichte 1979).

men in den schriftlichen Äußerungen des Architekten keine der für die Aussagen Fichtes entscheidenden oder auch nur typischen Überlegungen zum Ausdruck. Dies dürfte nicht zuletzt auf die Tatsache zurückzuführen sein, daß »Die Bestimmung des Menschen« Fragen des Kunstschaffens nur an ganz untergeordneter Stelle behandelt, sondern vorwiegend erkenntnistheoretische Probleme. Fichte stellt dabei seine Sichtweise des Individuums dar, die es als Selbstbewußtsein in Kantischer Tradition auffaßt, allerdings mit der für Fichte typischen Schwerpunktsetzung auf den Tatcharakter der Bewußtseinsleistungen. Die Darstellung dieser systematisch der Fichteschen Wissenschaftslehre verwandten Konzeption im Mittelteil des Buches wird flankiert von einem kritisch gegenüber herkömmlicher Erkenntnistheorie operierenden Einleitungsteil und einem dritten Abschnitt, in dem Fichte einen neuen, bis dahin für ihn fremden Schwerpunkt setzt: Er zeichnet jetzt einen Raum des Glaubens als überlegen gegenüber dem des diskursiven Erkennens durch das Denken aus. In diesem Residualraum einer höheren Erkenntnisform bildet die aus dem Gewissen des Individuums entspringende Gewißheit der Handlungsziele den Angelpunkt. Die damit in Reichweite gerückte Pflichtenethik charakterisiert vor allem das Verhältnis des Menschen zur Natur, das bei Fichte den Charakter von krassem Antagonismus gewinnt:

> So soll uns die Natur immer durchschaubarer, und durchsichtiger werden bis in ihr geheimstes Innere, und die erleuchtete und durch ihre Erfindungen bewaffnete menschliche Kraft soll ohne Mühe dieselbe beherrschen, und die einmal gemachte Eroberung friedlich behaupten.[109]

Dieses im Ausdruck militante Konzept einer Beherrschung der unbelebten Natur um des Wohlergehens des Menschen willen hat nur wenig mit den harmonischen Visionen gemein, in denen Schinkel während der Italienreise Kunstprodukt und Menschenleben mit der Natur in Einklang bringt oder dies jedenfalls versucht. Doch auch die anderen Bestandteile der gedanklichen Systeme – des unausgereiften bei Schinkel und des komplexen, im Umbruch befindlichen bei Fichte – stehen unkompatibel zu einander. Auf der einen Seite sind wichtige gedankliche Bausteine der Aussagen bei Schinkel für Fichte uninteressant, wie etwa der Ideenbegriff, der korrespondierende Begriff des Ideals oder der Begriff der Darstellung. Auf der anderen Seite findet sich bei Schinkel nichts vom erkenntnistheoretischen Tiefgang Fichtes, nichts von dessen

---

109 Fichte 1979 S. 104f.

schwärmerischen Glaubensvisionen. Auch der Begriff des Ichs oder der einer Tathandlung des Bewußtseins, die so zentral für Fichte sind, spielen für Schinkel keine Rolle.

Ich möchte daher eine andere Schrift in die Diskussion bringen, die meines Erachtens eher als die Reiselektüre Schinkels in Betracht kommt. Es handelt sich um ein 1801 erschienenes Werk, das schon durch seinen fast reißerischen Titel das Interesse Schinkels angesprochen haben könnte: Es ist der »Sonnenklare Bericht an das größere Publikum über das eigentliche Wesen der neuesten Philosophie. Ein Versuch, die Leser zum Verstehen zu zwingen.«[110] Der »Sonnenklare Bericht« ist damit ebenso wie die »Bestimmung des Menschen« an die gebildete Öffentlichkeit gerichtet, zu der Schinkel sich inzwischen zählen durfte, anders als diese Schrift erregte der »Bericht« aber auch durch seinen ausgesprochen polemischen Tonfall Aufsehen.[111] Er enthält aber noch ein weiteres Spezifikum, das durchaus Schinkels Interesse geweckt haben könnte. Bei oberflächlicher Lektüre der frühen Passagen (Beginn der »Zweiten Lehrstunde«; besonders aber Beginn der »Dritten Lehrstunde«) kann leicht der Eindruck entstehen, hier würde Fichte auf theoretische Fragen des künstlerischen Schaffens und der Rezeption der Kunst eingehen:

> Der Begriff von der systematischen Verknüpfung des Mannigfaltigen im Kunstwerke zur Hervorbringung des beabsichtigten Resultats ist im Geiste des Künstlers vorhanden gewesen, ehe das Kunstwerk war: und dieses ist in Wirklichkeit erst durch diesen Begriff, und nach ihm, zu Stande gebracht. Wir andern thun nichts, als jenen Begriff des Künstlers nachbilden, dem Künstler das Kunstwerk *nacherfinden*.[112]

Wenn Schinkel den »Sonnenklaren Bericht« daraufhin für die Reise erworben haben sollte, wäre gleichzeitig erklärbar, warum sich in den Manuskripten dieser Zeit keine Spuren einer Fichte-Rezeption niedergeschlagen haben. Denn Fichtes Text behandelt bei näherem Hinsehen solche theoretischen Fragen, die

---

110 Fichte 1988 S. 165ff. Das Werk ist in sechs »Lehrstunden« gegliedert, in denen ein sehr lebendig geschriebener Dialog die kritischen Fragen eines fiktiven Lesers beantwortet.
111 Der rhetorisch äußerst gewandte Fichte fügt z.B. eine besondere Nachschrift an seine Fachkollegen an, die sie nach ihrer bisherigen Praxis »... zwar nicht verstehen, auch nicht eigentlich lesen, wohl aber rezensieren werden.« (Fichte 1988 S. 259). Konsequenterweise legt er ihnen nahe, ihre Profession aufzugeben und spielt auf Kollegen an, die sich statt dessen als Forstverwalter, Viehzüchter und Zuträger der Geheimpolizei betätigten, vgl. a.a.O. S. 267.
112 Fichte 1988 S. 215; zum »mechanischen Kunstwerk« schon S. 206. (Hervorhebung Fichtes)

für einen Künstler naheliegend von Interesse sein könnten, überhaupt nicht; seine Bezugnahme auf die Person des Künstlers und dessen Schaffensweise bleibt vollkommen allgemein. Sie dient lediglich dazu, mit der eigengesetzlichen Produktionsweise des Künstlers ein Kontrastbeispiel für die am Phänomen des Bewußtsein arbeitende und damit gebundene Wissenschaftslehre zu finden – an der Arbeit des Künstlers als solcher hat Fichte nicht das geringste Interesse.[113] So erscheint es gut vorstellbar, Schinkel habe sich während der Italienreise in seiner Hoffnung auf weiterführende Gesichtspunkte Fichtes getäuscht gesehen, so daß er weiter auf seinem bereits zuvor angeeigneten Fundament operieren mußte.

Es erscheint letzten Endes zwar nicht ausgeschlossen, Schinkel könnte einen der Texte Fichtes weniger als Hilfestellung bei künstlerischen Überlegungen, sondern mehr im Interesse individueller Bildung herangezogen haben. Doch wäre in diesem Fall eine wahrnehmbare Wirkung zumindest auf die Tagebuchaufzeichnungen während der Italienreise zu erwarten, die jedoch nicht nachweisbar ist. Als Fazit ist daher festzuhalten, daß eine Beeinflussung durch Fichte sich mit den Äußerungen Schinkels zu dieser Zeit nicht belegen läßt und daher nicht begründet angenommen werden kann.[114]

Abschließend läßt sich aus dem gewonnenen Überblick das Verhältnis von Schinkels Überlegungen im Verhältnis zu anderen, zur Zeit seiner Ausbildung diskutierten Stellungnahmen zur Kunst näher verdeutlichen. Trotz naheliegender Rezeptionsmöglichkeiten der Philosophie Kants, insbesondere der »Kritik der Urteilskraft«, lassen sich in dieser Richtung neben oberflächlichen Vergleichbarkeiten vor allem gravierende Unverträglichkeiten feststellen. Eine echte Rezeption Kants im Sinne einer Aufnahme oder tiefergehenden Auseinandersetzung bleibt aus. Dagegen scheinen die Fragmente Schinkels teils Vorstellungen romantischer Naturphilosophie angenommen zu haben, ohne

---

113 Fichte behandelt als Beispiel des »Kunstwerks« allein eine mechanische Uhr (Fichte 1988 S. 206ff.), so daß er über die Zwecke von Kunst und Wissenschaftslehre äußern kann: »Der Künstler denkt sich mit Freiheit diesen Zweck, ..., da die Existenz des Kunstwerks sowohl, als seine Beschaffenheit lediglich vom Künstler abhängt. Da der Wissenschaftlehrer keinesweges das Bewußtseyn erst hervorzubringen hat, sondern dasselbe unabhängig von ihm da ist, ..., so kann er diese Einheit nicht frei erdenken.«; a.a.O. S. 217 (Hervorhebung Fichtes).

114 Gerade das Vorgehen Bergdolls, die Tendenz Schinkels zu subjektiven, gefühlsbetonten Aussagen als Beleg des Fichteschen subjektiven Idealismus zu werten, erscheint vollständig abwegig, vgl. Bergdoll 1994 S. 22f. Die bereits in dieser frühen Zeit durch Schinkel erreichte theoretische Tiefenschärfe verbietet es, aus derart unspezifischen Tendenzen Folgerungen zu ziehen.

daß sich die möglich erscheinenden Verbindungen zu Schelling wirklich dingfest machen ließen.

Weitere Quellen aus dem Gebiet der Philosophie und speziell der Ästhetik dürfte Schinkel dagegen nicht direkt rezipiert haben. Eine Ausnahme besteht hier hinsichtlich Fichtes, dessen »Sonnenklarer Bericht« Schinkel während der ersten Italienreise begleitet haben könnte, allerdings ohne direkten Einfluß auf die Theoriebildung zu nehmen. Daneben stützt Schinkel sich vor allem auf Gesichtspunkte, die für den künstlerischen Diskurs seiner Zeit Allgemeingut sind; die Leitbegriffe des Malerischen und des Erhabenen, die in der Theorie des 18. Jahrhunderts eine so wichtige Rolle spielen, werden dabei von ihm ebenso aufgenommen wie eine Vielzahl von weltanschaulichen Allgemeinplätzen (z.B. die rousseauisch gefärbte Idealisierung der naturnahen Landschaft).

Schinkels Bautätigkeit im Vorfeld der ersten italienischen Reise

Schinkels Tätigkeit vor Antritt der italienischen Reise ist in hohem Maß von zeitgenössischem Gedankengut geprägt. Besondere Bedeutung besitzt dabei die Tatsache, daß Schinkel seinen entscheidenden Anstoß für eine Hinwendung zur Architektur Friedrich Gilly verdankt, der eine ausgesprochene Kennerschaft der zeitgenössischen Architekturentwicklung erworben hatte.

Gilly war zunächst von den französischen Entwicklungstendenzen ausgegangen, um sich dann direkt den griechischen und ägyptischen Vorbildern zuzuwenden.[115] Für sein architektonisches Werk wurde allerdings der Kontakt mit der Formensprache des französischen Revolutionsklassizismus noch prägender, wie sich in verschiedenen Elementen seines architektonischen Schaffens verdeutlichen läßt. Wiederfinden läßt er sich vor allem in Gillys Betonung der blockhaften stereometrischen Grundformen, die in der Vielzahl seiner Entwürfe die Basiselemente darstellen. In die gleiche Richtung weist die damit einhergehende Vereinzelung der Bauformen und die Abschottung des Baukörpers durch eine betont ebene, große Flächen ungegliedert lassende Wandgestaltung. Aber auch Details wie die Häufung besonders gedrungener Säulen dorischer Ordnung oder die an vielen Entwürfen auftauchenden Halbkreisbögen in der Symmetrieachse des Bauwerks lassen sich als Rezeption des Revolutionsklassizismus auffassen, ohne daß konkrete Parallelen benennbar wären.[116] Auffälligerweise gelten diese Charakteristika nicht für die wenigen

---

115 Vgl. Oncken 1981 S. 29ff.
116 Oncken 1981 S. 9f.; allerdings handelt es sich bei der häufig gewählten Ausarbeitung der

bis zur Ausführung gediehenen Werke Gillys nicht im gleichen Maß wie für seine Entwürfe. Hier entfaltet er zum Teil einen ausgesprochen akademisch korrekt angelegten Klassizismus, der sich auf eine detaillierte Materialästhetik stützt. Diese Seite seines Schaffens verwirklicht sich z.B. im Mausoleum in Dyhernfurth bei Breslau (Abb. I.3).[117] Trotzdem sind auch seine verwirklichten Werke im wesentlichen durch den sichtbaren Ausdruck einer persönlichen Umformung des revolutionären Klassizismus geprägt.[118]

Schinkels selbständige Entwürfe der frühesten Phase nehmen einige dieser Eigenheiten auf; vor allem läßt sich auch in seinen frühen Werken eine Zweiteilung ablesen, die der Werkgruppierung bei Gilly korrespondiert: Auch bei Schinkel findet sich die offenkundige Rezeption des Revolutionsklassizismus in verschiedenen Werken. Aufschlußreich sind hier die Entwürfe für das Mausoleum für die Familie Eben von 1798 (Abb. I.4) und für eine Kirche von 1802 (Abb. I.5), vor allem aber der ausgeführte Entwurf für das Steinmeyersche Haus von 1802 (Abb. I.6). In ihnen verwendet Schinkel die typischen blockhaften stereometrischen Grundformen, deren Baumassen bevorzugt die Horizontale betonen. Auch das Motiv des Halbkreisbogens in der Symmetrieachse besetzt in diesen Entwürfen zentrale Positionen. Andere Aspekte, die von französischen Vorbildern übertragen werden, sind etwa die spezielle Ausformung des dorischen Stils, wie er das Mausoleum für die Familie Eben prägt, oder die als Detail auffälligen Draperien des Kirchenentwurfs, die sich aus zeitgenössischen Versammlungsbauten der Revolutionsinstitutionen herleiten.

In Korrespondenz mit der zweiten Gruppe in den Entwürfen Gillys tritt vor allem Schinkels erstes nach eigenem Entwurf verwirklichtes Werk, der Pomonatempel bei Potsdam (1800, Abb. I.7).[119] Dieser kleine ionische Prostylos ist nicht nur in der Grundhaltung von demselben akademisch-korrekten Klassizismus geprägt, der entsprechende Bauten Gillys durchzieht, sondern er nutzt auch in den Details die Mittel, die dem klassizistisch orientierten Architekten zugänglich waren, wenn er sich auf der Höhe der Zeit befand.

Halbkreisbögen als fächerförmige Fenster wohl um die Übernahme eines Motives aus dem englischen Raum, der sogenannten »fan-lights« von Robert Adam, vgl. Oncken 1981 S. 34f.
117 Vgl. dazu Ausstellungskatalog: Friedrich Gilly S. 161ff.
118 Vgl. Oncken 1981 S. 32f. zum Haus Jägerstraße 14 von 1792–94; S. 60ff. zum Theater in Posen von 1802–04; zur Tradition des englischen Landschaftsgartens vgl. jedoch S. 87ff. (zum Lusthaus für Paretz von 1797).
119 AK Schinkel II S. 31; vgl. auch Giersberg / Nicht in Ausstellungskatalog: Karl Friedrich Schinkel in Potsdam S. 13ff.

I.3 Gilly Friedrich: Mausoleum bei Dyhernfurth
Foto, aus: Ausstellungskatalog Friedrich Gilly und die Privatgesellschaft junger Architekten, S. 162

I.4 Schinkel, Karl Friedrich: Fassade des Mausoleums für die Familie Eben
1798   20 x 31   Feder, Pinsel, Tusche
Foto, aus: AK Schinkel I, Abb. 15 (S. 119)

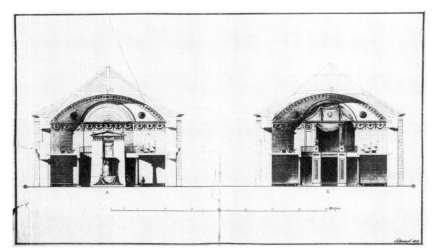

I.5 Schinkel, Karl Friedrich: Kirchenentwurf. Zwei Querschnitte mit Altar- bzw. Eingangsseite, bez. »Schinkel 1802«   1802   38,1 x 58,2   Feder
Aus: AK Schinkel II, Abb. 3.11 (S. 32)

I.6 Schinkel, Karl Friedrich: Steinmeyersches Haus
Foto 1935, aus: Oncken 1945, Tafel 94b

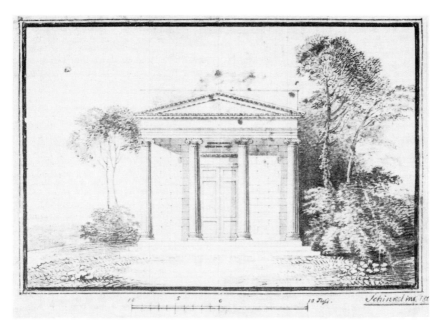

I.7 Schinkel, Karl Friedrich: Pomonatempel bei Potsdam, bez. »Schinkel inv 1800«
1800   13 x 18,4   Feder, aquarelliert
Aus: AK Schinkel II, Abb. 3.7 (S. 31)

Sichtbar werden diese Mittel vor allem an der Detaillierung der Säulen, die sich eng an die Bauaufnahme des athenischen Erechtheions anlehnt, wie sie 1787 von Stuart und Revett im zweiten Band der »Antiquities of Athens« veröffentlicht wurde. Die zurückhaltende Ornamentierung und die Proportionsverhältnisse der Cella verleihen dieser Schinkel-Version des Klassizismus besondere Leichtigkeit und Eleganz.

Von diesen Merkmalen und denen des Revolutionsklassizismus ist allerdings eine beträchtliche Gruppe unter den ersten realisierten Bauten Schinkels frei, ohne daß sich für sie bei Friedrich Gilly eine direkte Entsprechung finden ließe. In ihrer betont schlichten Anwendung klassizistischer Formen, aber auch solcher des ländlichen Spätbarock verweisen sie mehr auf das Schaffen David Gillys. Bemerkenswert sind dabei die von Schinkel in Neuhardenberg, vormals Quilitz, errichteten Bauten (z.B. das Wirtschaftsgebäude[120] oder das Garten-

---

120 Kania / Möller, Schinkelwerk: Brandenburg S. 13, Abb. 9.

haus in Buckow (1802/03).[121] Die Bautätigkeit Schinkels scheint vor allem in dieser dritten Richtung erfolgreich gewesen zu sein, wie sein äußerst enges Verhältnis zum Grafen Quilitz unterstreicht. Auch die Gefahr einer einseitigen Entwicklung in dieser Richtung – wie sie etwa im Werk David Gillys durchaus präsent ist – wird neben vielen anderen Motivationsfaktoren für Schinkel im Frühjahr 1803[122] eine Rolle gespielt haben, als er einen erfolgversprechenden Karrierebeginn durch die Abreise nach Italien unterbrach.

Schinkels Projekte nach der Rückkehr aus Italien

Die Rückkehr Schinkels von seinen ausgedehnten Studien in Italien fiel noch in das Jahr 1805.[123] Bevor Ende des folgenden Jahres die Bautätigkeit in Preußen mehr oder weniger zum Erliegen kam, boten sich für Schinkel zunächst noch attraktive Projekte an, aus denen sich zum Teil aufschlußreiche Daten über seine architektonische Position ableiten lassen. Zu nennen ist hier vor allem der Entwurf, den Schinkel 1806 für das Landhaus Tilebein in Stettin erarbeitete, der aber aufgrund des französischen Einmarsches in Preußen Projekt blieb.[124] Der Vorschlag Schinkels (Abb. I.8; I.9) zeigt ein zweistöckiges Gebäude über rechteckigem Grundriß, das von einem flachen Walmdach abgeschlossen wird. Die rustizierten Wandflächen sind lediglich durch ein durchlaufendes Geschoßgesims und eingerückte Eckpilaster gegliedert. Repräsentative Betonung erhält die durch sieben Fensterachsen strukturierte Eingangsseite; allerdings bleiben die Fenster schlichte unprofilierte Wandeinschnitte. Die drei mittleren Achsen sind im Erdgeschoß als Eingänge gestaltet; im Obergeschoß enthalten sie vergrößerte Rundbogenfenster. Der so hervorgehobene Portalbereich wird zusätzlich mit einer vierfachen Stellung schlanker korinthischer Säulen besetzt, die mit einem ebenfalls schlanken Architraven einen Portikus bilden. Vor dem Eingangsbereich ist in dessen voller Breite eine achtstufige Freitreppe vorgesehen, mit der die leichte Erhebung des Baukörpers über das Geländeniveau überwunden wird.

Der Entwurf läßt für den Betrachter einen zwiespältigen Eindruck zurück. Sicher liegt es nahe, in einigen Elementen Vorformulierungen späterer Schinkel-

---

121 Kania / Möller a.a.O. S. 21ff.
122 Reisebeginn war der 1. Mai 1803, vgl. Riemann 1979 S. 274; AK Schinkel II S. 324.
123 Als Datum der Rückkehr wird entweder ohne nähere Angaben der März 1805 angenommen, Riemann 1979 S. 281; AK Schinkel II S. 324, oder ein Zeitraum knapp vor Schinkels Geburtstag am 13. März, vgl. Zadow 1980 S. 15.
124 Vgl. zu diesem Bau Vogel, Schinkelwerk: Pommern S. 15ff.

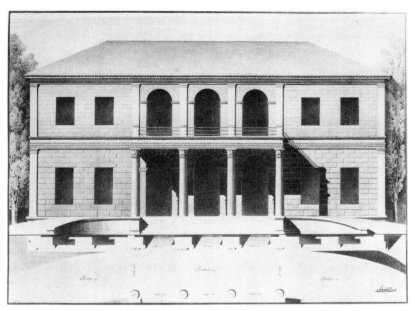

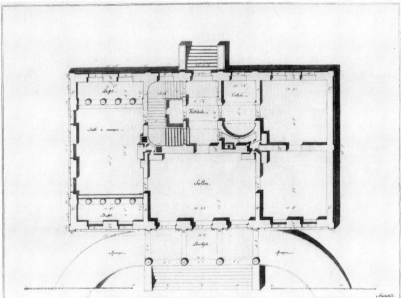

I.8 + I.9 Schinkel, Karl Friedrich: Landhaus Tilebein, Ansicht und Grundriß   1806
Aus: Vogel, Schinkelwerk: Pommern, Abb. 16 und 17

Schinkels Projekte nach der Rückkehr aus Italien

bauten zu sehen, wie es Vogel vorschlägt.[125] Die Ausarbeitung enthält in der Tat Bestandteile wie den Portikus, die für einige der wirkungskräftigsten der ab etwa 1815 entstehenden Bauwerke bestimmend werden sollen. Auch die betont schlanken, zurückhaltend ornamentierten korinthischen Säulen[126] sind nicht untypisch für das Schaffen der späteren Zeit. Auf der anderen Seite kann die These einer solchen Vorformulierung nur dann wirklich überzeugen, wenn sich zwischen diesen frühen Äußerungen und der späteren, hochklassizistischen Phase eine bruchlose Verbindung konstruieren läßt. Dagegen spricht aber die dazwischentretende, entschiedene und hochpersönliche Stellungnahme Schinkels für die national-romantische Bewegung und ihre bevorzugte Architektursprache, den Rückgriff auf die deutsche Gotik.[127]

Die bruchlose Einreihung in die klassizistischen Entwurfstendenzen[128] Schinkels läßt zudem wichtige Besonderheiten der Darstellungsweise und der Formensprache in diesem Werk außer Acht. Verschiedene dieser Momente deuten viel eher auf eine Nähe zu den vor der ersten Italienreise geschaffenen Werken hin. Diese waren in wesentlichen Teilen von Merkmalen geprägt, die auf einer Weitergabe der Rezeption französischer Revolutionsarchitektur durch Friedrich Gilly beruhten. Merkpunkte für derartige gleichlaufende Tendenzen in den Entwürfen Gillys wie auch in den frühen Werken Schinkels sind ein blockhafter Aufbau von betont lastenden stereometrischen Grundformen mit oft nur geringer Wandgliederung sowie der möglichst in Richtung einer reinen Symmetrie gehende Aufbau des Baukörpers. In der zeichnerischen Darstellung herrscht die Wahl eines engen Ausschnitts vor, der durch das Bauwerk fast gesprengt wird; zudem wird vorwiegend die strenge Ansicht direkt von vorn gewählt.[129] Grundtendenz der Ansichten ist häufig die Hervorhebung eines pathetischen Charakters durch dramatische Schattierungen in der Darstellung.

---

125 Das Motiv der Freitreppe vor einem Portikus soll auf die Anlage des Alten Museums verweisen, so Vogel, Schinkelwerk: Pommern S. 18.
126 Dabei dürfte es sich um eine Übernahme vom sog. »Turm der Winde« in Athen aus dem in Gillys Bibliothek befindlichen ersten Band von Stuart und Revetts »Antiquities of Athens« handeln (auch in den bei Stuart/Revett 1783 wiedergegebenen Tafeln IX und X sind an den vergleichbar schlanken kannelierten Säulen die Kapitelle mit Palmblättern über Akanthusblättern versehen).
127 Zu dieser Phase im Schinkelschen Œuvre vgl. nachfolgend S. 136ff.
128 In diese Richtung geht Vogel, Schinkelwerk: Pommern S. 16.
129 Auf den ersten Blick scheint der »Entwurf zu einer Basilika nach Philibert De Lorme« von 1798 durch die gewählte Schrägansicht eine Ausnahme darzustellen. Es handelt sich allerdings lediglich um die Kopie eines Werks von Friedrich Gilly, so daß sich wenig Aussagekraft für die von Schinkel selbst in der Frühzeit gewählt Darstellungsform ergibt; vgl. zur Zeichnung AK Schinkel I S. 119.

Diese Elemente finden sich auch im Entwurf für das Landhaus Tilebein wieder. Die sehr zurückhaltende Gliederung der Baumassen tritt ebenso wieder auf wie die extrem auf Symmetrie basierende Anordnung. Etwas zurückgedrängt, wenn auch noch vorhanden, ist demgegenüber der Versuch einer Dramatisierung der zeichnerischen Darstellung. In dieser Hinsicht muß aber berücksichtigt werden, daß die Zeichnung als Vorstufe der Ausführung, nicht als Idealentwurf gedacht war. Jedenfalls besitzt die blockhafte, den gesamten Bildausschnitt ausfüllende Erscheinung des Gebäudes nichts von der Virtuosität, die Schinkel inzwischen in der Visualisierung von Bauwerken in der Landschaft erreicht hat (vgl. Abb. I.1; I.2).

Verweist schon die Darstellungsweise indirekt auf die Zeit vor der Italienreise, so übernimmt der Entwurf selbst sogar ein konkretes Gestaltungselement direkt aus einem Entwurf dieser Phase. Das schon 1802 projektierte Schloß in Köstritz (Abb. I.10) gab offensichtlich in seinem Mittelflügel die

I.10 Schinkel, Karl Friedrich: Entwurf zu einem Schloß in Köstritz, Ansicht von der Hofseite, bez. »Schinkel inv 1802«
1802   41,3 x 54,3   Feder, Pinsel
Aus: AK Schinkel II, Abb. 3.14 (S. 33)

Elemente für die Anlage des Portikus mitsamt der geschwungenen Auffahrt für das Landhaus Tilebein vor.[130] Veränderungen betreffen dabei nicht die Figur des Portikusmotivs oder Details wie die Proportion der Säulen, sondern allein den durch die Funktionen definierten Baukörper. Im Bemühen, den veränderten Proportionen gerecht zu werden, wird ein Motiv wiederverwendet, das ebenfalls aus der Zeit vor Reiseantritt stammt. Für das dreibogig überwölbte Fenstermotiv über dem Portikus in Stettin läßt sich zwar kein direktes Vorbild fixieren, doch bieten die Kopfseiten der Querflügel des Köstritzer Schlosses eine deutliche Entsprechung. Verwirklicht wird das Bogenmotiv am Steinmeyerschen Haus (vgl. Abb. I.6) von 1802, dort sogar in der auch im Stettiner Entwurf besetzten Zentralachse; abweichend ist allerdings der dortige Abschluß der Fensteröffnungen durch Archivolten. Doch auch für die unprofilierte, nur durch Fugenschnitt betonte Bogenreihe des Landhauses Tilebein weist das früheste Schaffen Schinkels eine Vorformulierung auf: Schon in einem Landhausentwurf von 1801 besetzt ein derartiges Bogenfenster-Motiv das Obergeschoß – ebenfalls in der Symmetrieachse; dieser Entwurf verwendet allerdings eine fünfachsige Fensterkonstruktion. Letzten Endes muß für das Bogenmotiv deshalb festgehalten werden, daß es zwar keine direkte Wiederanwendung der zuvor praktizierten Gestaltung darstellt, aber doch ein Kondensat der Schinkelschen Formexperimente dieser Zeit. Wenn ONCKEN dagegen das Motiv mit den in Italien gesammelten Eindrücken der Palazzi des Trecento in Verbindung bringt[131], ist dies angesichts des Planbefundes zumindest irreführend. Auch wenn an gleicher Stelle angeführt wird, in der veränderten Massengliederung des Baus lasse sich die italienische Erfahrung wiederfinden, kann dem nicht ohne weiteres zugestimmt werden. Einerseits ist die Gliederung in der Horizontalen bereits vom Köstritzer Entwurf vorgeprägt, andererseits weist ein vor der Reise erarbeiteter Entwurf für ein Vorwerk im Oderbruch (wohl 1801) eine entsprechende Zusammenfassung der zwei Geschosse durch Lisenen auf (Abb. I.11). Auch in der Massengliederung verläßt sich Schinkel also auf schon zuvor von ihm durchgearbeitete Elemente.

Der Befund derartiger Übernahmen und Weiterverwendungen befremdet.[132] Zum einen ist ein Rückgriff auf Architekturformen deutlich, die vor der

---

130 Vgl. Oncken 1981 S. 110.
131 Vgl. Oncken 1981 S. 110.
132 Die naheliegende Möglichkeit einer – zu späten – Fehldatierung des Entwurfs fällt angesichts der eindeutigen Datierung der entsprechenden Korrespondenz zwischen den Tilebeins und Schinkel aus, vgl. Vogel, Schinkelwerk: Pommern S. 15ff.

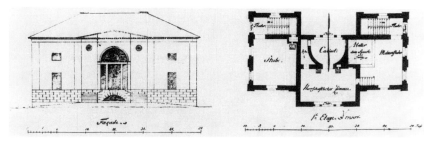

I.11   Schinkel, Karl Friedrich: Entwurf zu einem Vorwerk im Oderbruch, Fassade und Grundriß des Obergeschosses
vor 1800
Aus: Oncken 1935, Tafel 93 a, b

Reise für das Schaffen Schinkels maßgebend waren, zum anderen sind die zunächst so prägenden Erlebnisse der Italienreise im Entwurf für Stettin schlicht nicht präsent. Diese Auffälligkeit gewinnt dort an Gewicht, wo auf jeden Fall eine Auswirkung der ambitionierten Pläne unter dem Eindruck der italienischen Erfahrung zu vermuten wären: In der Grundanlage des Gebäudes. PESCHKEN leitet aus den schriftlichen Äußerungen und den zeichnerischen Werken, die dem ersten lehrbuchartigen Projekt zugrunde liegen sollten, überzeugend ab, daß einer der entscheidenden auf der Reise gewonnenen Anstöße in der Erfahrung der Möglichkeit einer Architektur ohne Symmetrie bestand.[133] Im Vordergrund stand dabei eine neue Qualität der Beziehung zwischen Architektur und Natur, die sich von dem im englischen Landschaftsgarten verwirklichten Ideengut deutlich absetzte. Dort hatte im Kontrast zu den geometrisch-regelhaften Anlagen französischen Geschmacks zum ersten Mal der Versuch stattgefunden, Natur in ihrer Naturhaftigkeit zum Gestaltungsinhalt zu machen. Obgleich – oder gerade weil – die Architektur in die Koordinaten dieses landschaftlichen Systems harmonisch eingebunden wurde, betonte sie um so mehr ihr Eigenrecht als artifizielle Schöpfung.

Diese Tendenz, die sich aus dem Naturverständnis der Aufklärung herleitet, prägt auch die Landschaft in den Entwürfen des jungen Gilly (Abb. I.12, Landhaus Mölter) und in den ersten eigenständigen Arbeiten Schinkels (vgl. beispielsweise dem Entwurf für zwei Villen am Wasser von 1800, Abb. I.13): Wie der Mensch im neuen Bewußtsein seiner befreiten intellektuellen Möglich-

---

133 Peschken, Schinkelwerk: Lehrbuch S. 14ff.

I.12 Gilly, Friedrich: Möltersches Landhaus, Grundriß und Rückfront
vor 1799
Aus: Oncken 1935, Tafel 92 c

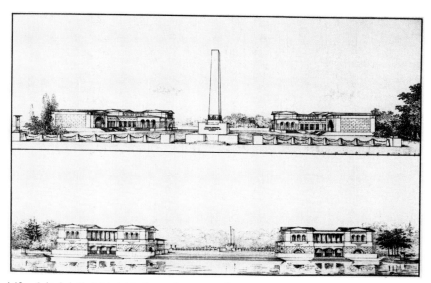

I.13 Schinkel, Karl Friedrich: Entwurf zu zwei Villen am Wasser (»Die Zelten« im Tiergarten)
1800   29,5 x 41,5   Feder, Bleistift
Aus: AK Schinkel II, Abb. 3.6 (S. 30)

keiten innerhalb der Natur steht, so setzt sich hier die Architektur von der sie umgebenden Landschaft ab. Auf dieser Grundlage entstehen Bauten, die durch ihre Blockhaftigkeit und ihre Symmetrie vom umgebenden naturhaften Ensemble getrennt sind. Sie werden zwar in der Regel harmonisch in die landschaftliche Gestaltung eingebunden und zentrieren diese, setzen sich aber dennoch von den sie umgebenden Naturgebilden deutlich ab.[134] Mittel dieser Trennung sind Freiflächen, die in der zweiten Dimension Gebäude und Vegetation separieren (z.B. bei einem Projekt für einen Tempel auf einer Waldlichtung, Abb. I.14) und ebenso die Elevation des Gebäudes, die im Raum für eine entsprechende Distanzierung sorgt. Doch Schinkel kennt – ebenso wie Gilly – eine weitere Variante der Einbindung in die Natur. Bei verschiedenen symbolisch ausgerichteten Kleingebäuden, wie sie die Konvention des

---

134 Treffend ist die Ausdrucksweise Onckens zu einem Landhausentwurf Gillys von 1796, für den »... die stille Landschaft mit ihren kaum angedeuteten Hügeln, ... den angemessenen Hintergrund ... bildet.«, vgl. Oncken 1981 S. 82: Mehr als eine Umrahmung ist die Natur in diesen Entwürfen eben nicht. Zum Verhältnis Architektur und Natur auch a.a.O. S. 100f.

Schinkels Projekte nach der Rückkehr aus Italien

I.14 Schinkel, Karl Friedrich: Ionischer Tempel in Waldlichtung
1800   32,9 x 40,4   Pinsel, Tusche
Aus: AK Schinkel I, Abb. 134 (S. 223)

Landschaftsgartens verlangt, rückt die Natur in engste Nähe zu den architektonischen Formen (etwa in der Studie für einen Grabbau, Abb. I.15). Auch die Motivation für dieses Verfahren speist sich aus konventionellen Gedanken des Landschaftsgartens. In dieser Gartenform verwirklicht sich auch das Bemühen, abgelegte, nicht länger aktuelle Architekturformen in ihrer zeitlichen Entrückung vorzuführen; ein Ziel, zu dem die Überwucherung der architektonischen Elemente durch unkontrollierte Vegetation das Mittel abgibt. Sowohl in der Verwendung dieser Mittel als auch in der Motivation dazu verläßt Schinkel also gängige Vorgehensweisen zunächst nicht.

Er gewinnt allerdings auf seiner Reise nach Italien die Gelegenheit, die Grundlagen für eine entscheidend andere Haltung zur Natur kennenzulernen. Dabei fasziniert ihn die Möglichkeit, die Natur nicht nur in der ihm bekannten Weise in ihrer eigenen ästhetischen Wirkung zu belassen und zu genießen, sondern das Bauwerk in direkter Verknüpfung mit ihr zu konzipieren. Dies

Die Frühphase

läßt sich sowohl aus Zeichnungen der Italienreise als auch aus zeitgleichen Entwürfen entnehmen, deren Akzent jeweils in der harmonischen Heranführung von Naturelementen an das Bauwerk liegt. Gleichzeitig wird der Höhenunterschied zum Teil aufgehoben, zum Teil durch Treppen überwunden, die als quasiorganische Ausläufer des Gebäudes erscheinen. Diese Aufgänge verlassen den Status eines reinen Architekturelementes, den die repräsentativ in der Symmetrieachse angelegten Erschließungstreppen früher Entwürfe besessen hatten. Das Gebäude wird so zu einem Kristallisationspunkt, dessen Entwicklung nach Außen hin sich in das vorgegebene Ganze der Natur hinein verwebt.

Diesen zwischenzeitlich entwickelten Modellen gegenüber kehrt der Stettiner Entwurf wieder ganz in die vor der Reiseerfahrung angelegten Koordinatensysteme zurück. Die symmetrische Anlage des Gebäudes, die Absetzung vom umgebenden Niveau durch Elevation, und die repräsentativ angelegte symmetrische Erschließung durch Auffahrt und Freitreppe nehmen vertraute Motive auf. Auffällig dabei auch, wie wenig die Natur überhaupt auf den Entwurfsblättern zur Sprache kommt – an den Rand gedrängt behauptet sie gerade noch das Dasein eines ornamentalen Beiwerks.

I.15   Schinkel, Karl Friedrich: Grabbau mit halbrunder Öffnung
vor 1803   18,1 x 26,3   Pinsel, Tusche
Aus: AK Schinkel I, Abb. 129 (S. 221)

Schinkels Projekte nach der Rückkehr aus Italien

Der Entwerfer des Landhauses Tilebein scheint nicht der Schinkel der Italienreise zu sein, eher schon der Schinkel der Vor-Reisephase. Dagegen spricht allerdings die Intensität der italienischen Erfahrung, wie sie aus den Tagebüchern spricht. Wie sollte diese intensive Auseinandersetzung ohne die geringste Konsequenz geblieben sein? Die entwurfliche Haltung Schinkels ist um so erstaunlicher, wenn berücksichtigt wird, daß es sich um seinen ersten auf die Ausführung gerichteten Entwurf nach fast zweijähriger Abwesenheit handelt. Die Erwartung liegt nahe, daß der junge Architekt darauf brennen sollte, die Gelegenheit zur Präsentation seiner neugewonnenen Erkenntnisse zu nutzen. Besonders bei der Ambitioniertheit, die seine Lehrbuchpläne in der Darstellung PESCHKENS schon gewonnen hatten, wäre ein Bau in Analogie zu der Idealvorstellung des »Landhauses eines Engländers« zu erwarten gewesen.

Erklärungsstrategien für die erstaunlich unveränderte Entwurfsweise führen hauptsächlich in drei Richtungen: Zum einen könnte Schinkel schlicht und einfach den Geschmack seines Auftraggebers bedient haben. Diese Variante ist allerdings nicht sehr wahrscheinlich. Schinkel setzt zwar nicht immer konfrontativ seine Konzeption durch, sondern ist in späterer Zeit durchaus zur Aufgabe des eigenen Standpunktes bereit. Doch in derartigen Fällen versucht er fast immer, die optimale Variante jedenfalls in einem Alternativentwurf festzuhalten und den Vergleich mit der gewünschten Version zu seinen Gunsten zu beeinflussen (z.B. durch Variation der graphischen Mittel).

Viel eher könnte der Gesichtspunkt eine Rolle spielen, daß Schinkels ideale Landhauskonzeption auf einer Natursituation beruhte, die im Klima und der Bevölkerung Preußens keine Entsprechung besaß. Das projektierte Ideal einer Landhausarchitektur in der Natur wäre dann auf die Italienreise beschränkt gewesen, eine Vorstellung, die Schinkel durchaus nahe lag.[135] Mit diesem Gesichtspunkt eng verbunden ist eine dritte Deutungsrichtung: Angesichts der tatsächlichen Bautätigkeit Schinkels in Stettin erscheint es so, als habe er in Italien kein Konzept für das Klima Preußens in geographischer und gesellschaftlicher Hinsicht gefunden. Das Landhaus Tilebein kann dementsprechend als ein Markstein des theoretischen Ungenügens angesehen werden. An dieser Stelle manifestieren sich die Probleme, die es Schinkel zu diesem frühen Zeitpunkt verwehrten, von einer topischen Darstellung hervorragender Momente der italienischen Architektur zu einem Lehrbuch dieser Kunstform überzugehen.

---

135 Deutliche Anklänge einer derartigen Einstellung in Schinkels Äußerungen bei Riemann 1979 S. 76ff. und 117f.; vgl. auch Peschken, Schinkelwerk: Lehrbuch S. 15.

Die Bautätigkeit des Praktikers Schinkel belegt damit anschaulich das Scheitern seiner theoretischen Bemühung in ihrer ersten Phase. Sie gediehen aus inneren Gründen nicht über Vorschläge für ausgewählte Bauaufgaben hinaus. Ein Lehrbuch im eigentlichen Sinne nahm Schinkel in dieser Phase nicht in Angriff und konnte es auf der Basis seiner Arbeitsdaten auch offensichtlich nicht. So war er gezwungen, seinen theoretischen Ansatz zunächst vollständig zu verlassen, um zu seinen Anfängen zurückzukehren. Wohin die Ausarbeitung der damit verbundenen Schaffensgrundsätze – deren theoretische Fundamente noch ganz in der Denkweise Friedrich Gillys ruhten – geführt hätte, wurde durch die gesellschaftliche und künstlerische Krise der napoleonischen Überfälle zu einer allein der Spekulation zugänglichen Frage.

> Als freie und schöne Kunst kann Architektur nur erscheinen, inwiefern
> sie Ausdruck von Ideen, Bild des Universums und des Absoluten wird.
> *Friedrich Wilhelm Joseph v. Schelling*[1]

Zweiter Teil
Ein romantisches Jahrzehnt

Die Zeit seit der Rückkehr Schinkels aus Italien bis etwa in das Jahr 1807 kann ohne Übertreibung als die unproduktivste seiner gesamten künstlerischen Laufbahn bezeichnet werden; diese Phase wirkt besonders angesichts der überfließenden Produktivität späterer Jahre wie ein Fremdkörper. Innerhalb Schinkels selbstgewähltem künstlerischen Schwerpunkt, der Architektur, ist sogar bis Ende des Jahrzehnts keinerlei Tätigkeit zu verzeichnen. Zwar wird davon ausgegangen werden müssen, daß die politisch-militärische Niederlage Preußens und die mit ihr einhergehende wirtschaftliche Schwächung ein Haupthindernis für seine Tätigkeit in dieser Schaffenspause darstellt: Nicht nur Schinkel, auch (zu dieser Zeit noch) namhaftere Architekten wie David Gilly oder Heinrich Gentz litten unter dem Mangel an Aufträgen, den diese äußeren Umständen verursachten. Trotzdem widerspricht die Untätigkeit grundlegend dem Eindruck eines begeisterten jungen Architekten, den besonders Schinkels Reaktionen auf die für ihn so eindrucksvolle Erfahrung seiner Italienreise hinterlassen hatten. Im Gegenteil wäre auf dieser Basis als Reaktion gegenüber einer Behinderung seiner Fähigkeiten in der Praxis eine um so eifrigere Tätigkeit auf anderen Gebieten zu erwarten gewesen. Schließlich boten sich genügend Gelegenheiten sowohl für die Weiterbildung durch die Ausarbeitung von Projekten und Vorschlägen als auch für die Vertiefung des theoretischen Fundamentes durch Lektüre und Rezension. Dennoch ist besonders für die zwei Jahre zwischen 1805 und 1807 nichts derartiges aus den Werkbeständen und Archiven Schinkels überliefert[2] oder durch Zeitgenossen bezeugt.

Erst 1807 betätigt sich Schinkel wieder öffentlich sichtbar und dazu mit schnell wachsendem Erfolg, wenn auch auf ungewohntem Terrain. Bis etwa

---

1 Philosophie der Kunst, § 107. (Schelling 1995 S. 405)
2 VERWIEBE hält bereits 1806 eine Tätigkeit für Gropius gegeben, ohne allerdings Nachweise zu bieten, vgl. Verwiebe in: Zukowsky 1995 S. 39.

1815 entstehen seine berühmten Dioramen[3], deren Berliner Ausstellungen – oder richtiger: Aufführungen – im Auftrag des Dekorateurs Gropius Furore machen. Über längere Zeit stellen sie Hauptbeschäftigung und Lebensgrundlage Schinkels dar. Das hohe Niveau, das diese Arbeiten hinsichtlich des Naturalismus' der Darstellung erreichen, legt die Annahme nahe, Schinkel habe sich seit 1805 vornehmlich um seine malerische Ausbildung bemüht. Gleichwohl liegen auch hierzu keine Dokumente vor, aus denen eine planmäßige Ausbildung unter Anleitung entnommen werden könnte. Immerhin wird die Tatsache, daß Schinkel sich in dieser Zeit von seinen eigentlichen architektonischen Interessen abwendet, auch als Indiz einer Unzufriedenheit mit dem bisher Erreichten gelesen werden können.

Für ein Gefühl des Ungenügens, wie es Schinkel in bezug auf sein bisheriges architektonisches Schaffen bewegt haben dürfte[4], bestand hinsichtlich seiner zeichnerischen und malerischen Begabung dagegen kein Anlaß. Im Gegenteil, die Aufnahme seiner Werke, besonders der landschaftlichen, durch die deutsche Künstlerkolonie in Rom konnten ihn nur darin bestärken, seine Tätigkeit mehr diesem Gebiet zuzuwenden. Im Zusammenhang damit erschließt sich Schinkel in der Zeit ab 1810 zunehmend ein weiteres Aufgabenfeld, das einen engen Zusammenhang mit seinen panoramischen Arbeiten aufweist, nämlich die Anfertigung von Bühnenbildern.[5]

Im zeitlichen Umfeld von Schinkels Arbeiten für die Ausstellung der Panoramen zeigen sich erneut Ansätze zu einer theoretischer Beschäftigung, die allerdings zunächst kaum über bloße Rezeption hinausgehen. Erst nach etwa 1809 setzt wiederum eine spezifisch theoretische Reflexion von Kunst und Architektur ein; dies im übrigen nahezu zeitgleich mit den ersten architektonischen Werken seit Beginn der 1805 begonnenen Schaffenspause. Die Auswahl verschiedener erhaltener Dokumente von der Hand Schinkels belegt, daß er genau in dieser Zeit erstmals relativ flächendeckend versucht, sich Kernpunkte und Charakter des ästhetisch-theoretischen Diskurses seiner Zeit zu vergegenwärtigen. Sein Interesse reicht von kunsttheoretischen Grundlagenwerken (Exzerpte aus Grubers Wörterbuch zur Ästhetik und schönen

---

3 Vgl. hierzu Forster in: Zukowsky 1995 S. 21; Börsch-Supan 1990 Bd. 1 S. 24ff.
4 Vgl. hierzu den Schluß des vorangegangenen Kapitels.
5 Vgl. hierzu Forster in: Zukowsky 1995 S. 26ff. Schinkel konnte dabei allerdings an frühere Tätigkeit anknüpfen (erste Versuche im Medium des Bühnenbildes schon 1802), dazu Verwiebe in: Zukowsky 1995 S. 36ff.
6 Exzerpt Schinkels: Schinkel-Nachlaß I. I. p. 5.

Ein romantisches Jahrzehnt

Kunst, 1810[6] und Schreibers »Lehrbuch der Ästhetik«, 1809[7]) bis hin zu mehr literarischen Quellen (»Titan«, 1803, Jean Paul[8]; »Die deutschen Volksbücher«, 1807, Joseph Goerres[9]). Gleichzeitig verwertet Schinkel auch Informationen aus dem Bereich der Ästhetik im engeren Sinn (Jean Pauls »Vorschule der Ästhetik«, 1805[10]) sowie aus der fortgeschrittensten zeitgenössischen Konzeption der theoretischen Philosophie (Fichtes Kolleg zu den »Tatsachen des Bewußtseins« von 1810, sowie dessen anschließende Vorlesung zur Wissenschaftslehre[11]).

Theoretische Aussagen Schinkels in der »romantischen« Phase

Aus dieser Zeit eines Neuerstarkens des theoretischen Interesses ist besonders ein theoretischer Text mit allgemeinerer Zielrichtung auffällig. Nach der von PESCHKEN vorgeschlagenen Terminologie bildet er einen zweiten Entwurf eines architektonischen Lehrbuches (im folgenden: »Lehrbuchfragment 1810«), dessen Grundtendenz dem romantischen Gedankenkreis zugehörig sei. Besonders dieses Textfragment liefert Anknüpfungspunkte für die Analyse der Abhängigkeit zwischen den Ideen Schinkels und zeitgenössischen Positionen; solche Anknüpfungen sind aber auch in verschiedenen weiteren Schriften[12] in reichem Umfang vorhanden. Diese Texte sind allerdings im Unterschied zum Lehrbuchfragment 1810 zum Teil nicht allgemein gehalten, sondern an konkrete Anlässe gebunden: Sie wurden von Schinkel teilweise als erweiterte Begründungen für einzelne Werke erarbeitet, teilweise als Reaktion auf besondere Einflüsse verfaßt.

Das Lehrbuchfragment 1810

Das Lehrbuchfragment 1810, das nur wenige Seiten umfassende, zeitlich erste Manuskript[13] aus dieser zweiten Hauptphase Schinkelscher Reflexion über Kunst und Baukunst steht im Zentrum der Darstellung bei PESCHKEN. Bereits

---

7 Exzerpt Schinkels: Schinkel-Nachlaß I. III. p.1ff.
8 Exzerpt Schinkels: Schinkel-Nachlaß I. V. p. 1ff.
9 Exzerpt Schinkels: Schinkel-Nachlaß I. VI. p. 1ff.
10 Exzerpt Schinkels: Schinkel-Nachlaß I. I. p. 15.
11 Exzerpte Schinkels: Schinkel-Nachlaß I. I. p. 6–12.
12 Vgl. zum Themenbereich der Kontakte zwischen Schinkel und der Welt des Theaters Börsch-Supan 1990 Bd. 1.
13 Schinkel-Nachlaß Heft II Blatt 20–22, 24, 25, abgedruckt bei Peschken, Schinkelwerk: Lehrbuch S. 26ff.; PESCHKENs Datierung auf das Jahr 1810 ist überzeugend.

ein kurzer Überblick über den Inhalt der Überlegungen Schinkels verdeutlicht aufschlußreiche und neuartige grundsätzliche Bestimmungen:

Als gedanklicher Ausgangspunkt fungiert ein scharfer Antagonismus zwischen Natur und »geistiger Kraft«, unter der die verstandesgeleitete Tätigkeit des Menschen überhaupt zu verstehen ist. Innerhalb dieser menschlichen Tätigkeit unterscheidet Schinkel Wissenschaft und Kunst – nicht anhand der Höhe des jeweiligen Erkenntnisniveaus, sondern aufgrund ihrer unterschiedlichen Operationsweise: Während Wissenschaft systematisch vorgehe und dabei induktiv Schritt für Schritt Erkenntnisgewinn erziele, sei Kunst in der Lage, Erkenntnisse schlagartig zu bündeln und entsprechend auch mit einem Schlag weiterzuvermitteln. Tiefe und Relevanz der vermittelten Erkenntnisse stünden dabei hinter der Wissenschaft allerdings nicht zurück.

In Schinkels Sichtweise, die sich auch in diesen Aussagen widerspiegelt, läuft die Kunst einerseits in ihrer Aufgabe bezüglich der Natur weitgehend der Wissenschaft parallel, indem auch sie darauf abzielt, ein differenzierteres Bild der Welt zu gewinnen. Andererseits wird ihr hinsichtlich der Gesellschaft eine zusätzliche Funktion eingeräumt, die über die Aufgaben der Wissenschaften hinausgeht, die vor allem die materiellen Bedürfnisse des Menschen sichern sollen. Im Unterschied dazu kann allein die Kunst dem Menschen die Befriedigung seiner höheren Bedürfnisse gewähren, ihm eine höhere Existenz sichern. Schinkel schlägt in diesen Passagen zusätzlich neue, staatskritische Töne an, wenn er darauf insistiert, eine, wenn nicht die entscheidende Aufgabe des Staates sei die Förderung künstlerischer Bemühungen. Der Staat dürfe die Kunst ebensowenig hemmen wie das Streben des Menschen nach dem Höheren auf ein Jenseits verweisen, in dem er erst eine höhere Existenz erreichen könne.

Anlaß der Überlegungen Schinkels ist die Suche nach Grundsätzen für die Errichtung von Denkmälern verdienter Persönlichkeiten. Diesem Thema widmet sich ein erheblicher Teil der Überlegungen direkt; sie betonen dabei die Funktion des Denkmals als Mahnung und Erinnerung[14], die eine weit-

---

14 Soweit PESCHKEN annimmt, die Aussage Schinkels »Die Nationen fallen denn alles Menschliche dauert seine Zeit, aber sie erheben sich an den Denkmälern der Kunst u Wissenschaft wieder. Diese bleiben ehrwürdig und bleiben Probiersteine.« (Schinkel-Nachlaß Heft II Blatt 23; abgedruckt bei Peschken, Schinkelwerk: Lehrbuch S. 26) spiele auf die Erhebung gegen die napoleonische Beherrschung an, kann dies nicht überzeugen. Die von Schinkel für den Text durchgespielten Varianten verdeutlichen ebenso wie der Zusammenhang, in dem die Aussage steht, daß allein die Funktion des Monuments für die jeweilige Nation als Erinnerung und Mahnung im langen Lauf *seiner* Geschichte für den Künstler relevant ist.

Theoretische Aussagen Schinkels in der »romantischen« Phase

reichende Idealisierung des Dargestellten verlange. Ein Nebenaspekt, der dabei erstmals in diesem Fragment anklingt, betrifft die Wertschätzung traditioneller Vorbilder in der Kunst. Schinkel kritisiert die Vorstellung, der Nachlaß der Blütezeit einer Nation könne höhere Bedeutung besitzen als die tätige Fortentwicklung dieser Nation.[15] Diese deutlich genug auf seine italienischen Erfahrungen gezielten Äußerungen führen die schon während der Reise selbst angelegte Neigung weiter, gegenüber dem als Katalog idealer Bautypen und Bauformen gedachten antiken Vorbild das Eigenrecht späterer Entwicklungen in der Baukunst zu herauszustellen. In schärferer Zuspitzung zeigt sich die gleiche Tendenz in den Anmerkungen zu Alois Hirts 1809 veröffentlichter »Baukunst nach den Grundsätzen der Alten«.[16] Schinkel kritisiert hier die lähmende Wirkung für die Entwicklung der Baukunst, die eine strikte Verpflichtung auf die Nachahmung der Antike verursacht. Gleichzeitig bemängelt er die Einseitigkeit dieses Vorgehens, die er besonders anhand der Mißachtung der eigenständigen Leistungen gotischer Architektur kritisiert.

Der Text zum Mausoleum für Königin Luise

Im Gegensatz zur allgemein-theoretischen Ausrichtung des zuvor behandelten Textes entstammt ein wichtiges Zeugnis für Schinkels Denken dieser Zeit aus der Reaktion auf einen konkreten Anlaß. Dieser Text, seine Begleitschrift zum Entwurf einer Begräbniskapelle für die Königin Luise[17], steht aber trotzdem in engem Zusammenhang mit allgemeineren Überlegungen. Dabei sprechen verschiedene Aspekte dafür, in den Überlegungen zum Mausoleum eine Vorstufe zum späteren (im Anschluß behandelten) Text zum religiösen Gebäude zu sehen.[18]

So verweist etwa eine der Grundvoraussetzungen des Textes zum Mausoleum noch auf die Zeit der Italienreise: Dort wie auch hier trifft Schinkel die

---

Dieser Aspekt zusammen mit dem zeitlichen Schwerpunkt der ersten Denkmalsbauten Schinkels in den Jahren ab 1810 spricht m.E. stark für eine Datierung in diese frühere Phase.

15 »Oft leben ganze Nationen nur noch dadurch fort, daß ihre Vorfahren schöne Kunst hatten.«; »Aber sobald ein Stillstand zum Princip geworden ist wird man dennoch bald das innere Absterben empfinden ...«, Schinkel-Nachlaß Heft II Blatt 23f., abgedruckt bei Peschken, Schinkelwerk: Lehrbuch S. 27f.

16 Schinkel-Nachlaß Heft IV A, Zur Griechischen und Römischen Baukunst, Blatt 13, 14; abgedruckt bei Peschken, Schinkelwerk: Lehrbuch S. 28f.

17 Schinkels Text ist jedenfalls nach dem Tod der Königin verfaßt worden; die schon durch v. Wolzogen vorgenommene Datierung in das Jahr 1810 dürfte zutreffen. Abgedruckt bei v. Wolzogen 1981 Bd. I–III S. 153ff.

18 Vgl. Peschken, Schinkelwerk: Lehrbuch S. 30.

Grundannahme, die Baukunst ginge vom Bedürfnis aus.[19] Eine spätere eigenhändige Randnotiz erklärt dies dagegen für falsch und bringt den Text damit auf einen neueren Stand seiner Überlegungen – der Anfangsgrund der Baukunst soll nun vielmehr in der *Idee* liegen.[20] Die Grundlage für diese Korrektur ergibt sich erst aus Schinkels Überlegungen zum »religiösen Gebäude«, bei deren Niederschrift der Architekt offensichtlich seine früheren Texte noch einmal überprüft hat. Entsprechungen, aus denen die auch zeitlich enge Nähe beider Texte deutlich wird, betreffen dagegen die inzwischen ausgeprägte christliche Grundeinstellung Schinkels, aber auch seine Forderung nach geistiger Vollendung des gesamten Volksganzen in einem architektonischen Heiligtum. Ebenso kehrt in beiden die Forderung wieder, der Künstler müsse einen inneren organischen Zusammenhang des Kunstwerks darstellen, der nur durch die innerliche Tätigkeit des Individuums nachvollzogen werden kann.[21] In diesem Sinn fordern beide Texte den Ausdruck einer hoch über dem bloß Zweckmäßigen stehenden idealen Bedeutung. Der Text zum Mausoleum birgt, von derartigen Bezügen abgesehen, einen besonders anschaulichen Beleg für Schinkels Architektursicht dieser Phase: Einen knappen Abriß der Architekturgeschichte seit den Ägyptern, in dem die Qualität künstlerischen Bemühens eindeutig in der mittelalterlichen Gotik kulminiert, während klassische Architekturformen in den Hintergrund treten.

Das »Religiöse Gebäude«

Wiederum dem Gebiet allgemeiner theoretischer Vorbereitung gehört der bereits angesprochene Erläuterungstext Schinkels zu seinem Projekt eines religiösen Gebäudes an, der durch PESCHKEN[22] zwischen die Jahre 1810 und 1813 datiert wird. Für eine Datierung vor 1814 spricht jedenfalls, daß der Architekt hier ausführlich eine Vorstufe zur späteren Konzeption eines Doms als Denkmal der Freiheitskriege (in den Jahren 1814/15) begründet, die stilistisch noch weit weniger stark der Gotik zugewandt ist.[23] Noch überzeugender ist jedoch die konkrete Datierung in den Umkreis des Jahres 1811 (so KOCH[24]) angesichts

---

19 Diese Konzeption verweist im übrigen noch auf die Zeit der Italienreise, wie die gleichlaufenden Überlegungen in Schinkel-Nachlaß Heft IV Blatt II, abgedruckt in Peschken, Schinkelwerk: Lehrbuch S. 22, belegen.
20 Schinkel in v. Wolzogen 1981 Bd. I–III S. 155.
21 Schinkel in v. Wolzogen 1981 Bd. I–III S. 158, 160; Schinkel-Nachlaß Heft IV Blatt 14 verso, abgedruckt bei Peschken, Schinkelwerk: Lehrbuch S. 33.
22 Vgl. Peschken, Schinkelwerk: Lehrbuch S. 24.
23 Vgl. zu diesem Bauwerk nachfolgend S. 146ff.
24 Vgl. Koch, Zeitschrift für Kunstgeschichte 32 (1969) S. 271.

der deutlichen Parallele zwischen dem von Schinkel beschriebenen Bauwerk und der auf einem Gemälde des Jahres 1811 festgehaltenen Architekturvision.[25] Das relativ lange Fragment zeigt im übrigen auch durch seinen ausgearbeiteten, recht pathetischen Sprachstil Parallelen zum schon erwähnten Begleittext des geplanten Mausoleums für Luise. Inhaltlich setzt es zwei Schwerpunkte:

Einerseits untersucht Schinkel in Weiterentwicklung der Ansätze aus dem Lehrbuchfragment 1810 auch hier den Zusammenhang, der das schöpferisch Neue in der Kunst mit der Kulturentwicklung im Allgemeinen und insbesondere mit Vollendung und Absterben einer Kultur verbindet. Auch hier steht, wie in anderen Äußerungen Schinkels derselben Epoche, die Forderung im Zentrum, über die bloße Nachahmung hinauszugehen und das Bauwerk genauso wie seine künstlerischen Mittel aus seiner Idee neu zu entwickeln. Auf der anderen Seite setzt sich Schinkel mit der Frage auseinander, wie auf Grundlage seiner spezifischen religiösen Einstellung dieses Neue in einer architektonischen Schöpfung – dem religiösen Gebäude – zu artikulieren sei.

Innerhalb dieses zweiten Schwerpunktes zeigt sich eine auffällige neue Entwicklung Schinkels. Bisher hatte zwar kein Anlaß bestanden, an einer christlichen Grundeinstellung des jungen Architekten zu zweifeln; jedoch konnte etwa während der Italienreise kaum eine Äußerung als ausgesprochener Beleg tief empfundener Gläubigkeit interpretiert werden. Jetzt dagegen läßt Schinkel keinen Zweifel, daß die Auseinandersetzung mit dem Göttlichen auch für seine Kunst der zentrale Ausgangspunkt ist. Dabei muß allerdings betont werden, daß trotz der teilweise recht schwärmerischen Ausdrucksweise die Suche nach einem rational verstehbaren, in ein logisch nachvollziehbares gedankliches Gerüst eingepaßten göttlichen Wesen sein Anliegen ist.

Schinkel differenziert im Lauf der in diesen Themenkreis gehörigen Überlegungen zwischen den Termini »Idee« und »Begriff«. Die Idee korrespondiert dabei dem wahrhaft Künstlerischen, dem Lebendigen und vor allen Dingen dem Göttlichen:

> Dies ist Gott und alles was un mittelbar aus ihm ausgeht das ganze Reich der Ideen.[26]

In Opposition zur »Idee« steht der »Begriff« – er korrespondiert der bloßen Nützlichkeit, der determinierten Kausalität der Wissenschaft. Schinkel präzi-

---

25 »Der Abend«, z.B. abgebildet bei Koch, Zeitschrift für Kunstgeschichte 32 (1969) S. 271.
26 Schinkel-Nachlaß Heft IV Blatt 11, abgedruckt bei Peschken, Schinkelwerk: Lehrbuch S. 32. (Hervorhebung im Original.)

siert die bereits zuvor getroffene Differenzierung zwischen Wissenschaft und Kunst, indem er zunächst beiden die Funktion zuweist, ein Mannigfaltiges nach Prinzipien a priori zu ordnen. Dabei zeichne sich die Kunst allerdings dadurch aus, daß sie in freier Wahl über ihr Material entscheide, die Wissenschaft dagegen ein autonom gegebenes Mannigfaltiges unter eine Einheit bringen müsse. Unabhängig von dieser formalen Differenzierung sieht Schinkel es für den Gehalt der Kunst als entscheidend an, daß sie sich nicht allein auf den Bereich des Begriffes beschränkt, also etwa als Architektur allein auf Nützlichkeitserwägungen basiert. Solange der Mensch seine Baukunst nur im Rahmen dieses »Begriffes« ausübe, bleibe die Kunst zwangsläufig ohne Leben und er selbst ohne das Entscheidende seines Schaffens, die Verbindung zum Göttlichen:

> ... die Sichtbarkeit des blos nützlichen für irdische Zwecke zweckmäßigen wird nie das dem Menschengeschlechte Würdige das Erhebende, beseligende erzeugen, welches ihm zuspricht, daß er mit der Gottheit in ewigem Zusammenhang stehe.[27]

Von dieser Voraussetzung her ergibt sich für Schinkel die Notwendigkeit, bei der Konzeption seines religiösen Gebäudes die Darstellung des Göttlichen als Ziel anzustreben. Nur so scheint es möglich, es zu einem Vorbild der Baukunst seiner Zeit zu entwickeln – als Mittel dazu soll die Veranschaulichung des zugrundeliegenden Lebensprinzips dienen, von dem das gesamte Universum durchzogen sei.

In diesem Zusammenhang wird für Schinkel auch der topos des Symbolischen zum Thema – ein Verknüpfungspunkt zwischen den Welten des Geistigen und des Sinnlichen. Symbolisch in seinem Sinn soll allein eine Kunstform sein, die sinnliche Gegenstände nicht direkt mit einer – konventionellen – geistigen Bedeutung befrachtet, sondern sie zu anderen Gegenständen der Sinnenwelt in Beziehung setzt und dadurch Bedeutsamkeit gewinnt. Das symbolische Kunstwerk führt den Rezipienten bei seiner Suche nach diesen Zusammenhängen auf entsprechende Verhältnisse in der geistigen Sphäre, verlangt aber seine Aktivität, ein tätiges Vorgehen.[28] Dabei erweise sich eine zutreffende Konzeption des Symbolischen als überlegen gegenüber der klassischen Bedeutungslehre der Architektur, die zwar ebenfalls einen Begriff des Symbolischen für sich beanspruche, aber nicht über die Konventionalität der Bedeutungen herausgelange.

---

27 Schinkel-Nachlaß Heft IV Blatt 11, abgedruckt bei Peschken, Schinkelwerk: Lehrbuch S. 32
28 Schinkel-Nachlaß IV Blatt 13 verso/14, abgedruckt bei Peschken, Schinkelwerk: Lehrbuch S. 33.

Schinkels religiöses Gebäude, ein in diesem Sinn symbolisches Werk, soll die innere Aktivität des ganzen Volkes auf die religiöse Grundlage seines Lebens lenken:

> Hier versammelte sich das Volk, empfinge aber keine Lehren der Moral sondern die Würdigkeit des Raumes stimmte jeden still in sich selbst zu vollenden.[29]

Obwohl dieses Gebäude in Kontemplation und Erziehung des gesamten Volkes eine herausragende Stellung einnehme, müsse auch in allen anderen Bauaufgaben die Verbindung des Begriffes (der reinen Nützlichkeit) mit der göttlichen Idee graduell realisiert werden, um echten künstlerischen Gehalt zu erzielen.

Unabhängig von den angesprochenen inhaltlichen Grundzügen weist der Text eine Besonderheit auf, die ihn auf der Oberfläche eng mit früheren Überlegungen Schinkels verknüpft. Im ersten Satz des Textes, den Schinkel fast in der Art eines Zitates voranstellt, fordert er:

> Die schöne Kunst drückt der widerstrebenden Natur das Gepräge der Menschheit als Gattung auf.[30]

Diese Passage wiederholt fast wörtlich eine der zentralen Aussagen, die bereits von der Italienreise bekannt sind.[31] Auffälligerweise behandelt der anschließende Text jedoch keines derjenigen Gedankenelemente, die diese Eingangssatz bestimmen, insbesondere nicht das Verhältnis zwischen Natur und der schönen Kunst als Menschenwerk. Insgesamt wirkt der Eingangssatz damit wie die Beschwörung früherer, nun verlassener Positionen.

Weitere Fragmente

Weitere, kleinere Texte Schinkels aus dieser Zeit arbeiten Nebenaspekte der bereits angesprochenen Gedanken aus, oder ergänzen sie mit zusätzlichen Überlegungen. In der Darstellung PESCHKENS teilen sie sich in zwei Gruppen, deren erste innerhalb der Schinkelschen Lehrbuchmaterialien überliefert wurde, die zweite in den übrigen Nachlaßkonvoluten.

Innerhalb der noch zum Lehrbuchmaterial gerechneten Texte behandelt ein längeres Fragment[32] die Frage, ob Kunst in ethischer Hinsicht darum abgewer-

---

29 Schinkel-Nachlaß IV Blatt 13/13 verso, abgedruckt bei Peschken, Schinkelwerk: Lehrbuch S. 33.
30 Schinkel-Nachlaß IV Blatt 10, abgedruckt bei Peschken, Schinkelwerk: Lehrbuch S. 31.
31 Vgl. dazu zuvor S. 60.
32 PESCHKENs ansonsten akribische Archivarbeit leidet hinsichtlich der ersten Gruppe an dem

tet werden kann, weil sie mit der Erzeugung von sinnlichen Reizen operiert. Unter Berufung auf den göttlichen Ursprung selbst der irdischen Gegenstände und die Fähigkeit des religiös orientierten Künstlers, diesen Ursprung in idealer Form wiederzugewinnen, legitimiert Schinkel dagegen sein Votum *für* die Kunst. Auch ein weiterer, kleinerer Text aus dem Lehrbuchzusammenhang widmet sich der Frage nach Schnittpunkten des Ethischen und Ästhetischen, allerdings aus dem Blickwinkel der praktischen, handlungsorientierten Philosophie. Schinkel verlangt hier die ästhetische Durchbildung jeder Handlung des Menschen,

> Mit anderen Worten: Jede Handlung sey ihm eine Kunst = Aufgabe ...[33]

Nur unter dieser ästhetisch-praktischen Prämisse lasse sich ein konkreter gesellschaftlicher, aber auch individueller Idealzustand realisieren.

Außerhalb des Zusammenhangs mit den Lehrbuchmappen beschäftigen sich in dieser Zeit nur kurze Bruchstücke[34] mit theoretischen Fragen, die meist Berührungspunkte mit Einzelaspekten in den Überlegungen zum religiösen Gebäude aufweisen. Vorwiegend behandeln diese Passagen die Frage nach der Bedeutung von Architekturelementen; dabei versucht Schinkel auch in ihnen diejenige Architektur (vorwiegend gotischen Stils) auszuzeichnen, in der sich ein geistig-organisches Prinzip manifestiere. Im Gegensatz zu den Überlegungen hinsichtlich des religiösen Gebäudes ist dieses Prinzip hier jedoch nicht mit dem Göttlichen in Beziehung gesetzt. Da auch die Antithese Idee – Begriff in weniger pointierter Form als im Gebäude-Fragment behandelt wird, dürften diese Texte als Vorüberlegungen anzusehen sein, die aus der Zeit vor der Niederschrift des Fragments zum Religiösen Gebäude (also ebenfalls gegen 1811) stammen. Es liegt nahe, sie im Umfeld des Begleittextes für das Luisen-Mausoleum anzusiedeln, in dem sich entsprechende Charakteristika wiederfinden.

---

gravierenden Mangel einer ungerechtfertigten Umstellung. Die eindeutig aufeinander aufbauenden Texte Schinkel-Nachlaß Heft II Blatt 30ff. (Schinkel untersucht hier den Vorwurf, Kunst errege Sinnenreize, so daß sie grundsätzlich verwerflich sei und entwickelt Gegengründe) werden von PESCHKEN ohne Not in umgekehrter Reihenfolge wiedergegeben. In ihrer ursprünglichen Reihenfolge fügen sie sich dagegen zu einer logisch stringenten und thematisch konzentrierten kurzen Abhandlung zusammen, vgl. bei Peschken, Schinkelwerk: Lehrbuch S. 35f.

33 Schinkel-Nachlaß Heft II Blatt 7, abgedruckt bei Peschken, Schinkelwerk: Lehrbuch S. 35.
34 Schinkel-Nachlaß Heft IV Blatt 18; 21; 23 (b), abgedruckt bei Peschken, Schinkelwerk: Lehrbuch S. 36.

Zur »romantischen« Position Schinkels

Der dargestellte Überblick über die schriftlich niedergelegten Überlegungen Schinkels aus der Zeit etwa zwischen 1809 und 1815 verdeutlicht, wie sich Schinkel nach einer Phase längerer Untätigkeit im schriftlichen Medium eine Vielzahl von Argumentationsformen und Standpunkten angeeignet hat. Er unterstreicht aber auch, daß es sich zum großen Teil um disparate Äußerungen handelt, die sich zwar zu Parallelen bündeln, aber nicht zu einem gemeinsamen Fokus finden. Festgehalten werden kann, daß die Häufung der theoretischen Tätigkeit gerade ab dem Jahr 1810 nur in engem Zusammenhang mit Schinkels Einstellung als Referent für Ästhetik im gleichen Jahr[35] verstanden werden kann. Es ist offensichtlich, daß der Architekt sich durch die neue Aufgabe genötigt sieht, sich erneut – und nun unter Einbezug eines intensiven, systematischen Quellenstudiums – mit den allgemeinen ästhetischen Fragen der Baukunst auseinanderzusetzen. Die Aufsplitterung der Aufzeichnungen in verschiedene Teile, die keinen eindeutigen Schwerpunkt der Tätigkeit und der theoretischen Durchdringung erkennen lassen, spricht auf den ersten Blick gegen die These Peschkens, der auch in dieser Phase ein Lehrbuchprojekt angelegt sieht. Sollte Schinkel ein solches Projekt verfolgt haben, müßte es in einem sehr frühen Stadium abgebrochen worden sein. Konkretere Aufschlüsse über diese These sowie über die Zusammenhänge der Theoriebildung Schinkels können aber erst durch die im folgenden darzustellende Kontrastierung mit den geistigen Entwicklungen seines Umfeldes einerseits und seines künstlerischen Schaffens andererseits gewonnen werden.

Aspekte des romantischen Kunst- und Gesellschaftsverständnisses

Die Zeit während der französischen Besatzung und der anschließenden Kriege gegen die Invasoren, der Freiheitskriege, brachte trotz oder gerade wegen der schwierigen äußeren Verhältnisse für Preußen einen bedeutenden Entwicklungsschub in Richtung größerer kultureller und insbesondere auch künstlerischer Vielfalt mit sich.[36] Im Bereich der Philosophie und der ihr benachbarten Literatur korrespondiert dieser Entwicklung das Erstarken einer jüngeren Strömung, die sich dem Bereich des »Romantischen« zuordnet. An dieser Stelle ist ein Abriß der Vielfalt des romantischen Projektes weder notwendig noch

---

35 »Geheimer Ober-Bau-Assesor« mit Zuständigkeit für den ästhetischen Teil der Baukunst; Ernennung am 15. Mai 1810, vgl. Zadow 1980 S. 42f.
36 Vgl. etwa Gärtner in: Gärtner 1984 S. 186ff.

möglich.³⁷ Statt dessen sollen hier nur einige wenige zeitgenössische Positionen aus dem literarischen und philosophischen Bereich charakterisiert werden, deren Einfluß auf Schinkel nahe liegt und dementsprechend noch zu untersuchen sein wird.

In der Schinkel-Literatur werden Schwerpunkte der geistigen Einflußnahme für die Zeit zwischen 1805 und den Freiheitskriegen in den Werken des Philosophen Fichte gesehen, neben denen aber auch die Schellings in Betracht kommen.³⁸ Dies ist schon deshalb naheliegend, weil die zeitgenössische Philosophie durch diese beiden Kräfte nahezu beherrscht wurde. Die gängige Literatur zu Schinkels geistigem Werdegang erwähnt weiter den Einfluß der Philosophen August Wilhelm Schlegel³⁹ und Karl Wilhelm Ferdinand Solger⁴⁰; daneben auch die Tatsache, daß Schriften Jean Pauls (Vorschule der Ästhetik; Titan) von Schinkel rezipiert wurden.⁴¹ Neben diesen Verknüpfungslinien werden Bindungen an das mehr literarisch und politisch ausgerichtete Werk Joseph Goerres', aber auch an Gedanken von Ernst Moritz Arndt vermutet, zwei der profiliertesten Wortführer national gefärbter romantischer Ideen.⁴² Zwar wurden einige wenige dieser Positionen bereits zuvor erwähnt, vor allem soweit sie zum philosophischen Gebiet zählen. Die präzise Verortung von Schinkels neuen theoretischen Ansätzen erfordert allerdings eine etwas eingehendere Behandlung dieser Denkweisen.

Eines der entscheidenden Elemente des romantischen Denkens verkörpert sich in Werk und Person des Philosophen Fichte. Da Fichte die Grundlagen für das Kantische System kritischen Denkens auf neue Weise in den Tathandlungen eines absoluten Subjekts bestimmt, kann die romantische Vorstellungswelt berechtigterweise in seiner Systematik Parallelen ihrer neuen Sichtweise des Individuellen aufsuchen. Diese Aufwertung des Subjektiven in der Romantik hatte zwar bereits Vorläufer in der Bewegung des Sturm und Drang in den sechziger und siebziger Jahre des vergangenen Jahrhunderts

---

37 Vgl. zu Übersichten über die vielfältigen Entwicklungslinien z.B. Pikulik 1992 S. 66ff.; Huch 1969, insb. S. 390ff.
38 Peschken, Schinkelwerk: Lehrbuch S. 24ff.; Wiederanders 1981 S. 15; Knopp in: Hager; Knopp u.a. S. 248f.
39 Koch, Zeitschrift für Kunstgeschichte 32 (1969) S. 275.
40 Kachler 1940 S. 16; Bergdoll 1994 S. 19, 47ff.
41 Schinkel-Nachlaß, Konv. Theoretisches I. II. p. 3ff.; Konv. Theoretisches I. I. p. 15; Konv. Theoretisches I. V. p. 1ff.
42 Abwegig erscheint die von Neumeyer suggerierte Verbindungslinie zu Ideen Novalis', vgl. Neumeyer, Repertorium für Kunstwissenschaft 49 (1928) S. 121, die unterschwellig von WIEDERANDERS aufgenommen wird, vgl. Wiederanders 1981 S. 13.

besessen, diese hatte allerdings die intellektuelle Vorherrschaft der rational-objektiven aufklärerischen Ideologie nicht brechen können. Der größere argumentative Erfolg, den die Aufwertung des Subjekts in der romantischen Gedankenwelt erzielen kann, ist nicht zuletzt darauf zurückzuführen, daß sie in Form des Fichteschen Systems die avancierteste zeitgenössische Umarbeitung der Kantischen Philosophie als Stütze heranziehen kann.

Auf der anderen Seite überrascht es kaum, daß noch innerhalb des »romantischen« Zeitabschnittes und seines Denkens Gegenreaktionen gegen diese Subjektivierung der Welt nicht ausblieben. Diese Forderungen nach einer stärkeren Orientierung an den Befunden, die das Bewußtsein als Gesamtheit einer Welt, einer Natur wahrnimmt, bündeln sich vor allem im Werk Schellings. Dessen objektiver Idealismus, der in den Jahren um 1800 konkrete Formen annimmt, lokalisiert anders als Fichtes Philosophie gerade auch in den Gegenständen der Natur die Verwirklichung des Geistes. Gerade umgekehrt wie Fichtes subjektiver Idealismus, der von der absoluten Geistigkeit des Bewußtseins ausgreift und den Geist in Welt und Natur zu transponieren sucht, versucht das Denken Schellings, aus der Natur und ihren Erscheinungen das Wesen des Geistes zu analysieren, um so tiefere Aufschlüsse über die Stellung des Subjekts zu gewinnen. Gleichzeitig kann damit die Reduktion der Natur auf eine bloße Operationsmasse vermieden werden, die in der Fichteschen Philosophie als Tendenz mitschwingt. Schellings Philosophie steht in dieser Ebene zwar teilweise im Widerspruch zur hohen Wertigkeit des Subjektes in der Romantik. Andererseits weist sein Denken vor allem im Verständnis der Kunst auch Parallelen zum romantischen Denken auf. Derartige Parallelen bestehen besonders in der Wertung der Kunst als Mittel einer »höheren« Erkenntnis wie auch in der Forderung nach der Ausformung einer neuartigen Mythologie durch die Kunst.[43]

Gegenüber den philosophischen Systemen Fichtes und Schellings gesamtgeschichtlich erfolgreicher ist die auf logisch-dialektische Operationalität reduzierte Welt- und Geschichtskonzeption Hegels. Diese artikuliert sich zwar schon in den Jahren nach 1807 (Erscheinen der »Phänomenologie des Geistes«). Eigentlich wirkungskräftig – insbesondere für das Umfeld Schinkels – wird sie aber erst durch die Verschmelzung mit dem politischen Klima der Reaktion, die nach 1816 vor allem die politischen Implikationen der romantischen Phase zurückzudrängen beginnt.

---

43 In diesem Zusammenhang bestehen allerdings gravierende Differenzen zur Forderung romantischer Denker nach einer spezifisch christlichen Mythologie, vgl. Gethmann-Siefert 1995 S. 196ff.

Innerhalb der angesprochenen politischen Sphäre des romantischen Begriffssystems kann der topos der Nation als zentraler Punkt isoliert werden. Die Artikulation dieses Begriffes als Bestandteil romantischer Weltsicht speist sich aus vielfachen Quellen: Wichtig ist hier die Betonung eines deutschen Volkscharakters und seiner Besonderheit in Abgrenzung gegen andere Nationen, wie sie Fichtes »Reden an die deutsche Nation« prägt. Gerade in der Zeit militärischer Auseinandersetzung mit den französischen Truppen tendieren viele Denker der Zeit, etwa Arndt und Goerres, in eine entsprechende Richtung. Bedeutend ist in diesem Zusammenhang auch die Artikulation eines idealisierenden Mittelalterbildes, aus dem eine rückwärts gerichtete Utopie für die Umformung des Staates der Gegenwart gewonnen wird[44]; eine Vorgehensweise, die besonders anhand der Werke Goerres'[45] anschaulich wird. Verschränkt mit dieser Rückwendung ist die sich in der Spätromantik verstärkende Hinwendung zur religiösen Innerlichkeit, die sich individuell in Werken Fichtes, genauso aber auch als allgemeinere Entwicklung nachweisen läßt.

Grundlagen und Einflüsse der romantischen Texte Schinkels

Innerhalb dieses hier nur angerissenen gedanklichen Beziehungsgeflechts stellt sich die Frage nach der Stellung Schinkels erneut. Die Forschung zur Entwicklung Schinkels geht dabei – genauso wie in bezug auf seine frühen Textfragmente – kaum darüber hinaus, global Tendenzen anzunehmen, die auf einen Einfluß der Philosophen Fichte, Schelling und Solger[46] hindeuten. Ausnahmen bestehen in der Feststellung Peschkens, ein Abschnitt innerhalb des Fragments H IV B 10ff stehe unmittelbar im Zusammenhang mit Fichtes kleiner Schrift »Die Anweisung zum seligen Leben«[47], den Spekulationen von Behr[48] und Harten[49] über Bezüge zu Ideen Schillers und der von Koch[50] nahegelegten Anknüpfung an Gedanken August Wilhelm Schlegels. Noch

---

44 Vgl. Klingenburg in: Gärtner 1984 S. 10.
45 Insbesondere die von Schinkel exzerpierten »Deutschen Volksbücher«, in Goerres 1926.
46 Beispielsweise schon v. Wolzogen 1864 S. 96ff.; in neuerer Zeit etwa Peschken, Schinkelwerk: Lehrbuch S. 26; Harten 1974 S. 64; Hoepfner, Bauwelt 72 (1981) S. 345f.; etwas eingehender Knopp in: Hager; Knopp 1977 S. 246ff.
47 Peschken, Schinkelwerk: Lehrbuch S. 31.
48 Behr in: Gärtner 1984 S. 15ff.
49 Harten 1974 S. 66ff. Die dort vorgebrachten Argumente gehen allerdings kaum über einen Bezug auf allgemein im Umkreis der deutschen »Klassiker« verbreitete Vorstellungen über die Funktion des Theaters hinaus.
50 Vgl. Koch, Zeitschrift für Kunstgeschichte 32 (1969) S. 275.

seltener wird auf die Tatsache hingewiesen, daß Schinkel mehrere um das Jahr 1810 erschienene Werke herangezogen hat, aus denen er sich offensichtlich Anhaltspunkte für seine zukünftige Tätigkeit als Referent für den ästhetischen Bereich der Baukunst versprach. In der Tat läßt sich ein regelrechter Einfluß dieser Quellen (z.B. Grubers »Wörterbuch zum Behuf der Ästhetik« von 1810 oder Schreibers »Lehrbuch der Ästhetik« von 1809) in Schinkels eigenen Formulierungen nicht nachweisen; es liegt nahe, daß diese Werke von ihm nur für eine erste Orientierung genutzt wurden.

Um die Beziehungen zu beleuchten, die Schinkel in dieser – auch persönlichen – Umbruchphase zur geistigen Landschaft seiner Umgebung unterhält, ist es vielversprechend, die Grundmomente seiner theoretischen Arbeit aus der Zeitspanne zwischen 1807 und 1814/15 mit Bestandteilen der jeweiligen fremden Positionen zu kontrastieren. Hierbei werden sowohl Verknüpfungslinien mit dem Denken seiner Zeit sichtbar, als auch bedeutsame Umschichtungen im Verhältnis zu früheren Ansichten.

Johann Gottlieb Fichte

Schon die herausragende Präsenz, die Fichte und seine Philosophie im ersten Jahrzehnt des neuen Jahrhunderts gewonnen hatten, legen es nahe, ihren Einfluß vorrangig zu untersuchen. Wie stark das Interesse des gebildeten Publikums an der Weiterentwicklung dieser Position auch nach Fichtes problematischer Demission in Jena geblieben war, belegen bereits seine 1804 privat in Berlin gehaltenen Vorlesungen zum Thema »Wissenschaftslehre«.[51] Trotz des hohen Abstraktionsgrades ihrer schwer nachvollziehbaren Gedankengänge werden sie zu einem herausragenden kulturgeschichtlichen und gleichzeitig gesellschaftlichen Ereignis.[52]

Die Lehren Fichtes wurden für Schinkel jedoch auch zum direkt persönlichen Erlebnis. Die erwähnten Reden hat der junge Künstler zwar noch nicht gehört; sofern er sie nach seinem Aufenthalt in Italien rezipiert haben sollte, haben sich dafür keine Belege in schriftlichen Äußerungen oder in den Werken enthalten. Allerdings konnte Fichte vor seinem überraschenden Tod im Jahre 1814 noch durch zwei weitere Vorlesungsreihen maßgeblich auf die Entwicklung des zeitgenössischen Denkens einwirken: Weniger durch die umstrittene, religiös ausgerichtete »Anweisung zum seligen Leben« von 1806, sondern mehr

---

51 In drei Zyklen (I.: 17. Januar bis 19. März; II.: 16. April bis 8. Juni; III.: 5. November bis 31. Dezember) gehalten, vgl. Lauth, Hegel-Studien 15 (1980) S. 36f.
52 Vgl. Widmann 1982 S. 17, 65ff.

durch die politisch gezielten »Reden an die deutsche Nation« von 1807.
Hinsichtlich beider Vortragszyklen steht eine Anwesenheit Schinkels nicht fest,
wenn sie auch zumindest im zweiten Fall sehr wahrscheinlich ist.[53] Gesichert
ist dagegen seine Teilnahme an Fichtes Veranstaltung über die Wissenschaftslehre
sowie am anschließenden Kolleg zu den »Tatsachen des Bewußtseins« – beides
wahrscheinlich über das Jahr 1810.[54] (Unabhängig davon kann allerdings eine
persönliche Bekanntschaft beider so gut wie ausgeschlossen werden.[55])

Angesichts dessen ist es nicht überraschend, daß verschiedene Teile dieser
Vortragszyklen in den Äußerungen Schinkels Spuren hinterlassen haben. Ein
erster Einfluß läßt sich in den zuvor angesprochenen Äußerungen Schinkels
vermuten, die erstmals eine tief religiöse, bisweilen sogar schwärmerische
Empfindung zum Ausdruck bringen.[56] Diese Passagen weisen sowohl hinsichtlich
ihrer Stimmung als auch ihrer Ausdrucksweise deutliche Parallelen zu
Werken Fichtes auf. Insbesondere gleichen die Manuskripte Schinkels nach
etwa 1810 in ihrer religiösen Euphorie dem Text Fichtes zur »Anweisung zum
seligen Leben«.[57] Diese Parallelität ist allerdings angesichts der unter Zeitgenossen
verbreiteten Zurückwendung zur religiösen Innerlichkeit im Umfeld
romantischer Denkweisen nicht trennscharf genug, um eine direkte Abhängigkeit
zu untermauern.

Ein zweites Charakteristikum, in dem sich ein Einfluß Fichtes verwirklichen
dürfte, betrifft das Verhältnis des Menschen zur Natur.[58] Die Konzep-

---

53 Die Aussage WAAGENS, Schinkel »... war überdies durch die Vorlesungen von Fichte, welche er eifrig besuchte, noch auf das stärkste angefacht worden.«, läßt sich durchaus in dieser Richtung verstehen, vgl. Waagen, 1980 S. 330. Ähnlich Harten 1974 S. 65. Bauer in: Hager; Bauer u.a. 1977 S. 248f. nimmt an, Schinkel habe besonders auf die 1806 von Fichte veröffentlichte Schrift »Die Grundzüge des gegenwärtigen Zeitalters« zurückgegriffen. Dies erscheint aber sowohl angesichts der eher geringen Resonanz der Schrift als auch besonders angesichts der geringen Überzeugungskraft der von BAUER selbst hergestellten Parallelen kaum wahrscheinlich.
54 Die schon von PESCHKEN geäußerte Annahme (vgl. Peschken, Schinkelwerk: Lehrbuch S. 24) Schinkel habe die Veranstaltung zur Wissenschaftslehre 1809/10 und die über »Tatsachen des Bewußtseins« in 1810/11 besucht, entspricht dem Zusammenhang und den Daten der Veröffentlichung beider Texte in Fichte 1946 Bd. 2.
55 Weder ist Briefwechsel Schinkels mit Fichte vorhanden (vgl. zu Fichte: Fuchs 1978ff.), noch sind Angaben von Zeitgenossen über eine Bekanntschaft überliefert.
56 Zuvor S. 91ff.
57 Wie PESCHKEN zutreffend konstatiert, ist eine Abschnittsüberschrift aus dem Text über das religiöse Gebäude wohl durch diese Vorträge Fichtes motiviert, vgl. Peschken, Schinkelwerk: Lehrbuch S. 31.
58 Zu den verschiedenen Facetten des Naturbegriffs vgl. Pochat 1986 S. 376ff. Im gegebenen Zusammenhang wird von dem vor allem in der Romantik entwickelten Begriff der Natur

tion dieser Beziehung, deren Bedeutung gerade für den jungen Schinkel der ersten Italienreise bereits verdeutlicht wurde, ändert sich zeitgleich mit der Beeinflussung durch Fichte in einem wichtigen Punkt: Während Schinkel zuvor auf dem Hintergrund traditioneller Vorgaben die harmonische Verschmelzung zwischen dem Menschen und seinen Kulturleistungen sowie dem natürlichen Umfeld suchte, tritt jetzt die Konfrontation zwischen beiden Bereichen in den Vordergrund. Schinkels Analyse isoliert

> Zwei Richtungen geistiger Kraft, um die Natur unter Herrschaft zu bringen: ...[59],

von denen die eine die Kraft der Kunst sein soll. Antagonismus und Hierarchie, nicht harmonische Verschmelzung deuten sich in dieser einleitenden Passage an. Entsprechende Äußerungen finden sich in Texten Fichtes, etwa in der »Bestimmung des Menschen«.[60] Trotzdem läßt sich auch hinsichtlich dieser Entwicklung Schinkels kein eindeutiger Beleg einer Abhängigkeit erbringen.

Abhängigkeitsbeziehungen in anderen Richtungen werden allerdings durch eine Vielzahl von Passagen der fragmentarischen Theorietexte Schinkels nahegelegt. Äußerungen des Architekten ermöglichen dabei an verschiedenen Stellen den Nachweis einer starken Beeinflussung durch Begrifflichkeiten und Argumentationsstrukturen aus der Philosophie Fichtes. Solche Beziehungen prägen sich besonders in den grundlegenden Strukturen der Texte aus. Als Anknüpfungspunkt für die Darstellung dieser Beziehung bietet sich die im vorangegangenen Abschnitt (insbesondere anhand des Textes zum »Religiösen Gebäude«) dargestellte Differenzierung Schinkels zwischen zwei Denkweisen an, die in den Jahren unmittelbar vor 1814 entscheidend für ihn ist: Auf der einen Seite steht das an der Naturnotwendigkeit orientierte, wissenschaftsnahe Denken – das des »Begriffes«. Demgegenüber soll das wahrhaft lebendige, im Licht der Erkenntnis Gottes stehende Denken der Idee angesiedelt sein, das allein echte Kunst möglich mache. Ausdrucksweise und Problemstellung dieses Ansatzes verweisen zunächst auf Fichtes »Anweisung zum seligen Leben« von 1806, wie bereits PESCHKEN vermutete.[61] Auf diesem Hintergrund orientiert sich Schinkels Konzeption der Architektur schon in seinem Text zum Mausoleum für die Königin Luise an der Vorstellung einer aktiven und vor allem aus

---

als des Anderen des Menschen, eines von ihm nicht gemachten, prinzipiell unabhängigen und nur bedingt beeinflußbaren Systems ausgegangen.
59 Schinkel-Nachlaß Heft II Blatt 21; abgedruckt bei Peschken, Schinkelwerk: Lehrbuch S. 26.
60 Vgl. dazu zuvor S. 65.
61 Peschken, Schinkelwerk: Lehrbuch S. 31.

Freiheit tätigen »Idee« als eines grundlegenden Substrats der Baukunst.[62] Die eigentümliche Differenzierung zwischen dem »toten« begrifflichen Denken und dem »allein lebendigen« Denken der Idee entwickelt Schinkel jedoch erst unter dem Eindruck der Fichteschen Vorlesungen zur Wissenschaftslehre. Der entscheidende Berührungspunkt hierfür dürfte in der Beeinflussung durch Fichtes mündlichen Vortrag gelegen haben. So heißt es in Fichtes Fassung der Wissenschaftslehre aus 1810:

> Nur eines ist schlechthin durch sich selbst: Gott, und Gott ist nicht der todte Begriff, den wir soeben aussprachen, sondern er ist in sich selbst lauter Leben.[63]

Die gleichen Gedankenstrukturen gibt Schinkel in gering abweichender Formulierung wieder:

> Nur eines *ist*, das Seyn schlechtweg, das Absolute, Gott. Dies Seyn ist nicht zu denken als ein starres, stehendes, todtes, sondern als lauter Leben.[64]

Wie Schinkel die damit zusammenhängenden weiteren Konzeptionen Fichtes beurteilt hat, läßt sich aus seinen Mitschriften[65] der Berliner Veranstaltungen Fichtes (ebenfalls aus 1810) ablesen. Beide zeugen von intensiver Teilnahme an den Darstellungen Fichtes; Schinkel ist dabei durchaus fähig, dessen komplexen Überlegungen zu folgen und sie zum Teil in eigene Begrifflichkeit zu übertragen. Weiterführende Reflexion oder gar Kritik des vorgetragenen Standpunktes enthalten die Mitschriften dagegen nicht. Im Gegenteil, Ton und Inhalt der Darstellung lassen keinen Zweifel daran, daß der Architekt Perspektive und Ziel des Philosophen zunächst weitgehend verinnerlicht hat.

Fichte selbst beabsichtigt in dieser Phase seines Denkens primär, die von der Aufklärungsideologie so hoch bewertete empirische Faktenkenntnis und mechanisch-gesetzmäßige Rationalität abzuwerten.[66] Die entscheidenden Themenbereiche menschlicher Erkenntnis sind nach seiner Auffassung durch

---

62 Schinkel in v. Wolzogen 1981 Bd. I–III S. 155.
63 Fichte 1976 S. 25f.; dabei muß jedoch angemerkt werden, daß diese Fassung der Wissenschaftslehre trotz weitreichender Parallelen selbst in Details nicht exakt das Vorlesungsmanuskript Fichtes gebildet haben kann, wie Schinkel es rezipierte.
64 Schinkel-Nachlaß I. I. p. 11, abgedruckt im Anhang (Hervorhebung im Original).
65 Schinkel-Nachlaß Heft IV A Allg. Blatt 11/12; Allg. Blatt 6–10; Heft IV B Blatt 24.
66 Zwar ist diese Spitze der Gegenüberstellung bei Fichte noch ausformulierter (vgl. etwa Fichte 1954 S. 34ff.), doch verwendet die »Anweisung« den Terminus »Idee« nicht in der pointierten Zuspitzung wie Schinkels Manuskripte. Im übrigen stellt diese Position Fichtes eine deutliche Abwendung von der noch in der »Bestimmung des Menschen« vertretenen Position dar; vgl. Fichte 1979 S. 101ff. mit Fichte 1954 S. 149.

Grundlagen und Einflüsse der romantischen Texte Schinkels

sie nicht zu gewinnen, sondern nur durch eine Konzeption des Glaubens, die auf der wissenschaftlichen Spekulation seines subjektiven Idealismus aufbaue. Aus dieser Absicht entspringt zwangsläufig eine weitgehende Außerkraftsetzung des Sinnlichen als Material für substantielle Erkenntnis überhaupt:

> Das wahre Leben nämlich glaubt gar nicht an die Realität dieses Mannigfaltigen und Wandelbaren, sondern es glaubt ganz allein, an ihre unwandelbare und ewige Grundlage, im göttlichen Wesen; ...[67]

Dieses Vorgehen stellt Fichte vor die Notwendigkeit, zumindest einzelne Aspekte der physischen Welt als Grundlage echter Erkenntnis zu retten. Sein Vorschlag zur Überbrückung dieses Hiatus operiert zunächst mit einer ausgefeilten Konzeption der Streuung und Brechung des göttlichen Seins im reflektierenden und sich dabei in sich selbst zurückspaltenden Bewußtsein.[68] Die dabei angestellten überaus komplexen Überlegungen bezeichnet Fichte selbst als »szientifisch«[69], also einen populären Rahmen bei weitem überfordernd. In der Zeit bis 1810 tritt an die Stelle dieser wohl auch Fichte selbst nicht vollständig überzeugenden Konzeption mehr und mehr die Sichtweise der Wahrheit der Ideen, ihres eigenen »Lebens«.[70] Diese Sichtweise überzeugte offenbar auch Schinkel, wie sich aus seinem Text zum »Religiösen Gebäude« entnehmen läßt.

Allerdings wird Schinkel durch seine Tätigkeit als Künstler zur neuerlichen Überprüfung der zunächst hingenommenen Abwertung der sinnlichen Sphäre gezwungen: Für ihn stellt sich die Frage, ob und wie das Material des bildenden Künstlers – das notwendigerweise sinnliches Material ist – geeignet sein kann, in sich geistige Inhalte aufzunehmen, also die Sphäre des Geistigen zu verkörperlichen. Dabei ist feststellbar, daß Schinkel dieses Problem der Ficht- eschen Philosophie auf eigenständige Weise behandelt. (Die in diesem Zusammenhang verwendete Terminologie ist allerdings immer noch den Arbeiten Fichtes entlehnt.[71]) Sein Ansatzpunkt besteht darin, ein unterliegendes organisches Grundprinzip zu identifizieren,

---

67 Fichte 1954 S. 56.
68 Vgl. Fichte 1954 S. 62ff., 66f.
69 Vgl. Fichte 1954 S. 71.
70 Widmann 1982 S. 209ff.
71 Z.B. verwendet Schinkel die von Fichte vorgenommene Trennung zwischen Sinnen- und Geisterwelt in Schinkel-Nachlaß Heft IV B Blatt 14, abgedruckt bei Peschken, Schinkelwerk: Lehrbuch S. 33.

> ... das Eine sichtbar gewordene Lebensprinzip in den aller unähnlichsten Gegenständen.[72]

Für Schinkel ist das Göttliche – die Idee – damit gerade *in der Natur angelegt*; während in Fichtes Sichtweise erst die Aktivität des in gewisser Hinsicht zum Teil selbst göttlichen Bewußtseins eine vom Göttlichen durchdrungene Welt *herstellt*.[73] Die Sichtweise Schinkels verläßt damit das Fichtesche System, in dem die Gegenstände, deren Inbegriff die Natur bildet, grundsätzlich dem Bewußtsein fremdartig gegenüberstehen.[74]

Die Denkrichtung Fichtes ist durch ihre prinzipielle Fokussierung auf die geistigen Leistungen des Subjekts von vornherein nur schwer in der Lage, die komplexen gegenseitigen Abhängigkeiten zu analysieren, die zwischen der ausgeformten Gestalt des Kunstwerks und seinen geistigen Gehalten bestehen.[75] Insbesondere fällt es dem systematischen Ansatz Fichtes schwer, die Abhängigkeit des künstlerischen Schaffenstriebs von einer Affinität zu bestimmten Materialien oder bestimmten Techniken überhaupt zu verstehen:

> Was nun insbesondere das Talent betrifft, ... , ist der eigentliche Sitz seines Genusses unmittelbar nur die Tätigkeit, mit der es jene Gestalt (sc. des Kunstwerks, Zus. d. Verf.) hervorbringt, und die Gestalt macht ihm nur mittelbar Freude, weil nur in ihr die Tätigkeit erscheint ...[76]

Die Fichtesche Theoriebildung ist nicht wirklich fähig, das spezifisch künstlerische Interesse an der Realisation einer bestimmten Gestalt in der Umformung natürlicher Gegenstände nachzuvollziehen; allein das, was der Künstler in den Gegenstand hineinlegt, interessiert sie.[77] Es ist verständlich, daß eine facettenreich und eigenständig künstlerisch tätige Persönlichkeit wie Schinkel diese

---

72 Schinkel-Nachlaß Heft IV B Blatt 12 verso, abgedruckt bei Peschken, Schinkelwerk: Lehrbuch S. 32.
73 Vgl. zu dieser Gegenüberstellung die scharfe Reaktion Fichtes auf die Rezension Scholz', Fichte 1954 S. 206, insb. Anm. 13; zur späteren Auflösung dieses problematischen Konzeptes vgl. Widmann 1982 S. 247.
74 Vgl. Fichte 1954 S. 106, wo sie als »... das gesetzlose, und unbegreifliche Ohngefähr ...« bezeichnet wird. Zu lokalen Abweichungen Fichtes von dieser Distanzierung der Natur vgl. Kroner 1961 S. 74f.
75 Ein anschauliches Beispiel für eine derartige Anwendung auf die bildende Kunst liefert Fichte 1954 S. 139f.
76 Fichte 1954 S. 142.
77 Vgl. zu einer derartigen Analyse der ästhetischen Aussagen in Fichtes »Über Geist und Buchstab in der Philosophie« von 1794/1798 Strack in: Brinkmann 1978 S. 381ff.

Anwendung des subjektiven Idealismus auf die Kunst für unbefriedigend halten mußte – seine eigenen Äußerungen zum göttlichen Prinzip in der Natur belegen dieses Ungenügen. Sie verweisen in ihrer Tendenz auf Einflüsse des großen geistigen Konkurrenten Fichtes, den stärker am Naturbegriff, aber auch dem Begriff der Kunst operierenden Schelling.[78]

Innerhalb dieser Überlegungen zur Verknüpfung zwischen dem materiell verwirklichten Kunstwerk und seinen geistigen Inhalten fällt insbesondere Schinkels Symbolbegriff ins Auge. Seine Überlegungen zu diesem Begriff erscheinen zwar keineswegs abgeschlossen, trotzdem ergeben sich bereits aus den knappen Äußerungen weitreichende Aufschlüsse für das Verhältnis zu Fichte. In dessen Werk nimmt der Symbolbegriff nur eine relativ marginale Stellung ein.[79] Ganz entsprechend der Konzentration Fichtes auf die Leistungen des Bewußtseins geht es aber auch hier nicht um die Formung eines individuellen materiellen Gegenstands zu einem symbolischen Bedeutungsträger. Im Gegenteil zielt Fichte auf die Entwicklung eines im Bewußtsein gegebenen Inhalts ab, der sich in einem sich parallel entwickelnden gegenständlichen Gebilde widerspiegeln kann. Die Forderung des Künstlers nach symbolischem Ausdruck geistiger Inhalte ist und bleibt Fichte damit fremd; Schinkels Überlegungen können sich in dessen System nicht einpassen. Um so erstaunlicher ist es, daß der Künstler auch für diesen Aspekt der Verknüpfung von Materie und Geist nach wie vor Ansatz und Terminologie Fichtes beibehält (z.B. die hohe Wertung der Tätigkeit des Bewußtseins sowie Ausdrücke wie »todter Begriff«[80]). Wie noch zu zeigen ist, setzen sich dagegen in der Sache bei der Formung des Symbolbegriffs Einflüsse Schellings durch.[81]

Von diesen – allerdings sehr zentralen – Problemstellungen abgesehen ist auch an verschiedenen anderen Spezifika der Texte Schinkels in dieser Zeit eine Orientierung an Vorstellungen Fichtes erkennbar. Beispielsweise kehrt der von Fichte häufig variierte Gedanke auch bei Schinkel wieder, der Mensch könne und dürfe nicht auf jenseitige Hoffnungen verwiesen werden, sondern sei in der Lage, seine Seligkeit schon in der richtigen Anschauungsweise dieser Welt zu finden. Es gelingt Schinkel allerdings, diese für Fichtes religiöse Fortbildung

---

78 Auch Fichte selbst sah diese Position im Grundsatz als Gedankengut Schellings an, vgl. Fichte 1954 S. 206, Anm. 13.
79 Aussagen Fichtes zu ästhetischen Fragen finden sich nahezu ausschließlich in »Über Geist und Buchstab in der Philosophie« sowie im § 31 des »Systems der Sittenlehre«.
80 Vgl. Schinkel-Nachlaß Heft IV B Blatt 14ff.; abgedruckt bei Peschken, Schinkelwerk: Lehrbuch S. 33f.
81 Dazu im folgenden unter S. 114ff.

der Wissenschaftslehre grundlegende Konsequenz auf sein Kunstverständnis zu übertragen: Demnach soll nicht die religiöse (bzw. in Fichtes *und* Schinkels Terminologie auch die »höhere wissenschaftliche«) Einstellung allein, sondern gerade auch die Kunst geeignet sein, den Menschen zur irdischen Seligkeit gelangen zu lassen[82]:

> Ohne schöne Kunst in jedem Lebensverhältniß bleibt er ein niederes Wesen u entbehrt einer höheren und glücklichen Existenz.[83]

Die Übertragung des Gedankengangs auf die Kunst ist allerdings den Vorstellungen Fichtes wiederum wesensfremd; auch sie verweist auf die Philosophie Schellings, die noch im Zusammenhang zu behandeln sein wird. Schinkel erwägt dabei allerdings – ebenso wie Fichte – inwiefern der Vorwurf des Mystizismus gegenüber dieser Art religiöser Kunst – bei Fichte entsprechend gegenüber der »religiösen Denkweise« – angebracht ist.[84]

Aus den dargestellten Verknüpfungen läßt sich zusammenfassen, daß Schinkel zwar in vielfältiger Weise grundlegende Gesichtspunkte der Fichteschen Philosophie aufnimmt, sie aber nicht selten mit systemfremdem Gedankengut anreichert. Die Beziehung zu Fichtes Philosophie ist damit insgesamt für den »romantischen« Schinkel überaus fruchtbar gewesen. Eine weitreichende Umwälzung seiner gesamten Einstellung, die auf die gesellschaftlichen und politischen Umbrüche der Zeit reagiert, greift zur Strukturierung und Formulierung auf Ideen des Philosophen zurück. Dabei kann nicht von bloß mechanischer Übernahme gesprochen werden: Schinkel bleibt sowohl zur Erweiterung und Umschöpfung des begrifflichen Apparates als auch zum Einbezug zusätzlicher Positionen fähig. Wenn etwa HOEPFNER ironisch anmerkt, Schinkel sei wohl kaum so weit gegangen, sich mit der »schwerverständlichen Lehre des Transzendentalidealismus« bei Fichte vertraut zu machen[85], dann muß dem widersprochen werden. Die Rezeption in Form der Mitschriften, vor allem aber ihre weitere Umsetzung zeigen, daß Schinkel willens und fähig war, sich einige der komplexesten Kernpunkte der Fichteschen Lehre zu eigen zu machen.

---

82 Vgl. Schinkel-Nachlaß Heft II Blatt 7 und Heft II Blatt 21 verso; abgedruckt bei Peschken, Schinkelwerk: Lehrbuch S. 35 und 27.
83 Vgl. Schinkel-Nachlaß Heft II Blatt 21 verso; abgedruckt bei Peschken, Schinkelwerk: Lehrbuch S. 27.
84 Strukturell und begrifflich entsprechende Äußerungen in Schinkel-Nachlaß Heft IV Blatt 14, abgedruckt bei Peschken, Schinkelwerk: Lehrbuch S. 33 und bei Fichte 1954 S. 37ff.
85 Vgl. Hoepfner, Bauwelt 72 (1981) S. 345.

Ergänzend muß allerdings darauf hingewiesen werden, daß Schinkel entscheidende Prämissen des Fichteschen Systems nicht anspricht (Reflexivität des Bewußtseins; Durchdringung des Bewußtseins durch das göttliche Sein). Damit stellt sich die Frage, ob diese Grundsätze als vorausgesetzt gelten oder bewußt ausgeklammert werden sollen. Eine Unkenntnis dieser Prämissen kann immerhin ausgeschlossen werden[86], so daß die erste Annahme näherliegt. Auf der anderen Seite läßt sich feststellen, daß auch einige Kernbegriffe der Fichteschen Spekulation (wie z.B. Sein und Dasein, Wille, Liebe) in den Gedanken Schinkels nicht oder nur am Rande auftauchen. Die Frage nach einer Übernahme auch dieser Grundlagen läßt sich daher nicht eindeutig entscheiden.

Friedrich Wilhelm Joseph Schelling und Karl Wilhelm Ferdinand Solger

Wie bereits mehrfach angesprochen wurde, bestehen deutliche Anhaltspunkte dafür, daß Schinkel auch Positionen aus der großen Alternativkonzeption zum Denken Fichtes eingebunden hat, der Philosophie Schellings. Möglichkeiten der Rezeption bestanden auch in dieser Richtung zur Genüge; schließlich kann Schelling besonders in der produktivsten Phase seiner naturphilosophischen Spekulation (ca. 1797–1807) neben Fichte als der einflußreichste Philosoph des deutschen Sprachraums angesehen werden. Allerdings lehrt Schelling zu dieser Zeit anders als Fichte vorwiegend im süddeutschen Raum (Jena, Würzburg); seine Berufung nach Berlin erfolgte erst im Jahr 1841, zu spät, um noch einen wirklichen Kontakt mit Schinkel möglich zu machen.

Eine direkte persönliche Bekanntschaft zwischen Schinkel und Schelling scheint zwar nicht bestanden zu haben.[87] Dennoch ist in dieser Rezeptionslinie die Möglichkeit persönlicher Beeinflussungen nicht zu unterschätzen: Während Schinkel nie in direkten Kontakt zu Schelling getreten ist, wird nicht selten eine persönliche Vermittlung von Gedanken Schellings über die Person Karl Wilhelm Ferdinand Solgers angenommen.[88] Auch eine Übernahme von eigenen Gedanken dieses hauptsächlich der Ästhetik zugewandten Philosophen und Philologen erscheint möglich. Jedenfalls kann eine persönliche Verbindung Schinkels zu Solger als sicher gelten, wenn auch Anfangspunkt und Charakter dieser Verbindung uneinheitlich gesehen werden: August GRISE-

---

86 Schinkels Mitschriften der Fichteschen Vorlesungen belegen dies nachdrücklich.
87 Weder der Briefwechsel Schellings (vgl. Schelling 1962, 1972 und 1975) noch der Schinkelsche Nachlaß, insbesondere nicht der Korrespondenzteil, bieten Belege einer Bekanntschaft.
88 Besonders Bergdoll 1994 S. 45ff.; Waagen 1844 S. 352.

BACH geht von einer zumindest lockeren Bekanntschaft Schinkels und Solgers seit einer gemeinsamen Schulzeit aus[89]; hierfür spricht im übrigen, daß auch Solger (seit 1784) wie Schinkel das Berliner Gymnasium zum grauen Kloster besuchte.[90] Dagegen nimmt BERGDOLL an, ein erstes Zusammentreffen Schinkels mit Solger habe im Zusammenhang mit dem Tod Friedrich Gillys 1800 stattgefunden und dazu geführt, Schinkels Aufmerksamkeit schon zu diesem Zeitpunkt auf die neueren Strömungen der Ästhetik zu richten.[91] Argumente für diese Auffassung werden allerdings nicht angeführt; weder aus Nachweisen der Biographie Schinkels noch aus Zusammenhängen zwischen Werken Schinkels und Auffassungen Solgers.

Diese Divergenzen sind um so erstaunlicher, da WAAGEN bereits 1844 unter Berufung auf eigene Aussagen Schinkels den Beginn von dessen Freundschaft mit Solger auf die gemeinsame Gymnasialzeit datiert.[92] Trotz einer entsprechenden Äußerung Schinkels, wie sie von WAAGEN tradiert wird, muß aber festgehalten werden, daß die persönliche Verbindung Schinkels und Solgers jedenfalls in den folgenden Jahren nicht übermäßig tiefgehend gewesen sein kann: Aus den schriftlichen Äußerungen Schinkels ergeben sich keine Anhaltspunkte; aus dem Briefwechsel Solgers lediglich eine Erwähnung (1815; Schinkel wird hier als wichtiger Freund benannt, wenn auch nur unter mehreren[93]). Obgleich die Stellung Solgers in der Gemeinschaft der Berliner Kulturschaffenden mittlerweile relativ gut dokumentiert ist[94], bieten zusätzliche Quellen keine Hinweise auf einen engeren Kontakt in dieser Zeit (auch für eine Bekanntschaft Solgers mit Friedrich Gilly fehlt im übrigen jeder

---

89 Vgl. Grisebach 1924 S. 17; auch Kachler 1940 S. 11.
90 Solger 1973 S. XII (Vorrede der Herausgeber)
91 Bergdoll 1994 S. 19; S. 47ff.; von der Bekanntschaft »am Grabe Gillys« geht auch aus AK Schinkel II S. 324 (Daten zu Leben, Werk und Zeit).
92 Vgl. Waagen in: Waagen 1875 S. 328; für die weitergehende Behauptung Henckmanns, in: Pöggeler; Gethmann-Siefert 1983 S. 213 Fn. 34, Schinkel habe das Tagebuch Solgers von 1803 exzerpiert (unter Berufung auf eine mündliche Mitteilung M. Kühn-Busses); ähnlich Forssman 1981 S. 62, habe ich nicht verifizieren können (die diesbezüglichen Tagebücher Solgers liegen vor in der Bibliothek Preußischer Kulturbesitz zu Berlin (dort Nachlaß 177, K. Solger, Kasten 1, M. 7).
93 Solger in einem Brief an seinen Bruder Friedrich v. 11. Juli 1815: »Es ist ein Glück, wenn man noch einige solche Freunde hat, und solche sind mir Krause, Tieck, der Professor Eichhorn, Schinkel und vielleicht noch wenige andere.« (Abgedruckt in: Solger 1826 Bd. 1 S. 358).
94 Vgl. dazu Henckmann, in: Pöggeler und Gethmann-Siefert 1983 S. 199ff. und insb. 206ff., der die nur sehr zurückhaltende Beteiligung Solgers innerhalb des Kulturschaffens mit Eigenheiten seines philosophischen Standpunkts verknüpft.

Grundlagen und Einflüsse der romantischen Texte Schinkels

Beleg).⁹⁵ Aus diesem Grund ist statt der rein biographischen Verknüpfungen die Frage aufschlußreicher, inwieweit die Gedanken Schinkels geistige Anknüpfungen nahelegen.

Solger, in seiner Philosophie zunächst stark von Schelling abhängig⁹⁶, lehrte erst von August 1811⁹⁷ bis 1819 in Berlin. Inwieweit er dabei eine sachlich vom Vorbild Schellings grundlegend unabhängige Position erarbeiten konnte, kann bis heute nicht als endgültig analysiert gelten.⁹⁸ Jedenfalls finden sich im Werk Solgers detaillierte Ausführungen zu Teilbereichen insbesondere der Ästhetik – wie etwa zum (romantischen) Ironiebegriff – die mit Sicherheit Eigenständigkeit beanspruchen können. Gleiches gilt für Solgers philosophische Auseinandersetzung mit Fragen der Religion, die sich nicht auf Gedanken Schellings zurückführen lassen.⁹⁹

Im Vergleich mit Überlegungen Schinkels fallen zunächst an verschiedenen Punkten Überschneidungen zu den Ausführungen Solgers zur Ästhetik – und insbesondere zur Architektur – ins Auge. Dennoch sprechen schwerwiegende Argumente dagegen, diese Entsprechungen als eine Folge direkter Rezeption zu verstehen: Solgers kunsttheoretisches Hauptwerk, der schwer verständliche Dialog »Erwin«, entstand erst 1815. Die im Gegensatz dazu deutlich systematischer gehaltenen Vorlesungen über Ästhetik stellen Solger sogar erst weit nach dieser Zeit zufrieden¹⁰⁰; ihre Veröffentlichung erfolgt aus einer Nachschrift 1829.¹⁰¹ Die Möglichkeit einer Rezeption der Solgerschen Gedanken in ihrer schriftlichen Fixierung erscheint so relativ fernliegend, wenn auch angesichts der möglichen persönlichen Beeinflussung ein direkter Austausch schon in

---

95 Vgl. Solger 1826 Bd. 1; auch die Durchsicht des Nachlasses in den Beständen der Bibliothek Preußischer Kulturbesitz zu Berlin (dort Nachlaß 177, K. Solger) ergab keine weiteren Anhaltspunkte.
96 Vgl. für den Bereich der Ästhetik Decher 1994 S. 94; obgleich Solger jedenfalls 1804 auch Vorlesungen Fichtes besuchte (vgl. Solger, abgedruckt in: Fuchs 1981 S. 282), ist dessen Relevanz für sein eigenes Werk deutlich geringer zu veranschlagen.
97 Vgl. Henckmann 1972 S. 412.
98 Auch die diesbezüglich äußerst engagierte Arbeit von Potz zu »Solgers Dialektik« läßt in dieser Richtung einen zwiespältigen Eindruck zurück. Die Probleme resultieren vor allem daraus, daß keine autorisierten Mitschriften der zeitgenössischen Vorlesungen Solgers existieren; gleichzeitig sperren sich seine Texte (wie z.B. der »Erwin«) stark gegen übersichtliche Einordnungen, vgl. Potz 1995 S. 4ff. und zuvor schon Heller 1928 S. 177ff. Speziell zum ästhetischen Gebiet vgl. auch Decher 1994 S. 93ff.
99 Vgl. zu dieser Position Dannenhauer 1988.
100 Vgl. den Brief Solgers an Tieck v. 14. Februar 1816 (abgedruckt in Solger 1826 Bd. 1 S. 385).
101 Solger 1829, herausgegeben v. Karl Wilhelm Ludwig Heyse.

einer relativ frühen Phase des Schinkelschen Werdegangs nicht ausgeschlossen ist. Von einer derartigen Einflußnahme geht z.B. FORSSMAN aus, der eine von Schinkel exzerpierte Tagebuchnotiz Solgers als einen Beleg für die gemeinsame religiöse Orientierung während der Jahre von 1810–15 ansieht.[102]

Die belegbare Wirkung derartiger Einflüsse – wenn sie bestanden haben sollten – ist allerdings gering. Als Ausgangspunkt belegt ein Vergleich der Werke Solgers und *Schellings* die recht weitgehende terminologische Anlehnung Solgers an die Arbeiten seines Lehrers Schelling. Während der Vergleich der Terminologien von Schinkel und Solger daher auf den ersten Blick wenig aussagekräftig ist, läßt sich durch eingehenden Vergleich der gedanklichen Strukturen nachvollziehen, daß Schinkel sich an die ursprünglichen Gedanken *Schellings* anschließt und nicht ihre Abwandlungen durch *Solger* rezipiert.

Die Philosophie Schellings knüpft zwar zunächst ähnlich wie Fichtes System an die Vorbildfigur Kants an, bewegt sich allerdings schon bald in deutlichem Kontrast zu beiden. Während Frühschriften um 1795 den subjektiven Idealismus Fichtes noch weitgehend unkritisch übernehmen[103], löst sich Schelling schon um etwa 1800 zugunsten eigener Systembildung in entscheidenden Punkten vom Denken Fichtes. Gegenüber dessen subjektivistischer Sichtweise wird von Schelling die Eigengesetzlichkeit der Natur als Gegenüber des Bewußtseins ausgespielt. Die Analyse der Erkenntnismöglichkeiten und -funktionen in Fichtes »Wissenschaftslehre« soll dabei nicht im eigentlichen Sinn als falsch erwiesen, sondern in einem größeren Rahmen aufgehoben werden.[104] Zu diesem Zweck entfaltet Schelling die Hypothese von der Verwirklichung des Göttlich-Geistigen in der Natur und faßt diese naturphilosophische Seite organisch-geistigen Lebens mit der Analyse des Bewußtseins zu einem System gleichartiger Elemente und Strukturen zusammen, seiner »Identitätsphilosophie«.[105] Als Konsequenz dieser Zusammenfassung ist nicht wie

---

102 Vgl. Forssman 1981 S. 62.
103 Deutlich ist diese Tendenz besonders in den 1794 und 1795 erschienenen Schriften »Über die Möglichkeit einer Philosophie überhaupt« und »Vom Ich als Prinzip der Philosophie oder über das Unbedingte im menschlichen Wissen«, vgl. Kirchhoff 1994 S. 22f. Für eine detailliertere Darstellung der Abfolge verschiedener Stufen in der Kunstphilosophie Schellings vgl. Bauer in: Bauer; Dittkamp u.a. 1963 S. 39ff.
104 Vgl. Paetzold in: Brinkmann 1978 S. 392f.
105 Dieser wohl produktivste Abschnitt der Schellingschen Philosophie prägt vor allem Schriften wie die »Darstellung meines Systems« von 1803 und die »Vorlesungen über die Methode des akademischen Studiums« von 1802, vgl. dazu Zeltner 1975 S. 76f. und das »System des transzendentalen Idealismus«, vgl. Dittmann in: Bauer, Dittmann u.a. 1963 S. 47f.

Grundlagen und Einflüsse der romantischen Texte Schinkels

bei Fichte das einseitig dem Bewußtsein zugeordnete abstrakte Denken das höchste Erkenntnismittel. Obwohl die Philosophie nach Schelling zur Gewinnung der höchstmöglichen Erkenntnis fähig ist, soll sie nach seiner Ansicht bei der Darstellung im abstrakten Medium notwendigerweise entscheidende Inhalte verlieren. Dieser Defekt des Denkens entspringe aus seiner Abstraktheit selbst; aufgehoben werden könne er nur in einer auf gleichem Erkenntnisniveau arbeitenden Symbolisierung im konkreten Medium der Kunst. Schelling schreibt beispielsweise im »System des transzendentalen Idealismus« von 1800:

> Die objektive Welt ist nur die ursprüngliche, noch bewußtlose Poesie des Geistes; das allgemeine Organon der Philosophie – und der Schlußstein ihres ganzen Gewölbes – die Philosophie der Kunst.[106]

Entsprechend dieser Schlüsselfunktion der Kunst im Grenzbereich von abstraktem Denken und Gegenstand, von Bewußtsein und Natur behandelt ein Großteil der Werke Schellings ausführlich Fragen der Kunst. Höhepunkt der diesem Thema zugewandten frühen Denkphase ist die Zeit zwischen 1797 und 1807, bevor Schellings Interesse sich auf Fragen des Mythos und der Religionsphilosophie zu verlagern beginnt. Diese Verlagerung, aber auch die vorherige Bewertung der Kunst als gehaltreichstes geistiges Mittel deuten auf parallele Entwicklungen im Denken der romantischen Künstler hin, denen Schelling teils eng verbunden war, teils aber auch außerordentlich kritisch gegenüberstand.[107]

Auch für das Denken Schinkels dürfte diese kritische Nähe zur romantischen Bewegung von Interesse gewesen sein, besonders aber beeinflußt ihn die Behandlung von kunsttheoretischen Fragestellungen durch Schelling. Zwar sind aufgrund der erst posthumen Veröffentlichung (1842) der schon 1802 bis 1805 entwickelten »Philosophie der Kunst« die Rezeptionsmöglichkeiten hinsichtlich dieses Schlüsseltextes Schellings zur Ästhetik auf den ersten Blick eingeschränkt.[108] Allerdings hatte die bis 1805 umfangreiche Bearbeitung ästhetischer Fragen durch Schelling auch neben dieser Schrift erhebliche Verbreitung erzielen können. Insgesamt erscheint es deshalb durchaus möglich, daß Schinkel auf Schriften Schellings zugreifen konnte, zu denen auch die »Philosophie der Kunst« zählte; Belege für eine Kenntnis Schinkels, z.B. durch Exzerpte, liefert der Nachlaß allerdings nicht.

---

106 Schelling 1965 S. 349; vgl. auch Dittmann in: Bauer, Dittmann u.a. 1963 S. 51. (Hervorhebung im Original.)
107 Vgl. Kirchhoff 1994 S. 28ff.
108 Vgl. dazu zuvor S. 48.

Näher liegt daher zunächst die Annahme, Schinkel könnte Schellings öffentlich wirksamste Äußerung dieser Zeit gekannt haben, die Veröffentlichung einer 1807 gehaltenen Rede über das Verhältnis zwischen bildender Kunst und Natur.[109] Obgleich das zeitliche Verhältnis zu den ab 1809 einsetzenden Überlegungen Schinkels eine Verbindung möglich erscheinen läßt, gilt dies für inhaltliche Aspekte nur sehr eingeschränkt. Zunächst orientiert Schelling sich in seiner Rede nicht nur an der Leitfigur Winckelmanns, sondern vor allem am Vorbild der antiken Kunst. Diese steht allerdings schon um 1810 in Schinkels Kritik, wenn auch sein gotisches Gegenmodell sich erst nach dieser Zeit voll entwickelt. In der Sache aufschlußreicher ist es, das Verhältnis Schinkels zu dem für die Rede Schellings zentralen Punkt zu betrachten, der Forderung nach Nachahmung der Natur.[110] Schellings spezifische Ausformung dieses althergebrachten Grundsatzes läuft darauf hinaus, nicht der individuelle Naturgegenstand als solcher sei nachzuahmen, sondern die Kunst müsse versuchen, sich dem unterliegenden organischen Prinzip der Natur[111] anzunähern. Deutlich faßbar prägen sich in dieser Forderung seine objektiv-idealistischen Grundüberzeugungen von der Realisation des Geistigen in belebter *und* unbelebter Natur aus. In den Äußerungen Schinkels kommt dagegen zunächst ein ausgesprochener Antagonismus zwischen geistigem Bemühen (und besonders der Kunst) und der unbeseelten Natur zur Sprache (so im Lehrbuchfragment 1810). Erst spätere Texte enthalten Ansätze zum Vergleich mit Vorstellungen Schellings, etwa das Fragment zum »religiösen Gebäude«. Die Nähe im Aufbau der Argumentation und in der Begrifflichkeit bleibt dabei allerdings gering.

Dagegen verweisen andere Bezüge deutlich darauf, ein anderer Text Schellings habe einen Anknüpfungspunkt für Schinkel dargestellt, und zwar mit der »Philosophie der Kunst« dessen bereits angesprochener Kerntext zur ästhetischen Theorie. Konkrete Bezugspunkte zu ihrem Inhalt finden sich erstmals in Schinkels Aufzeichnungen zum »Religiösen Gebäude«. Dabei lassen sich drei Themenkomplexe isolieren, deren Abhängigkeiten besonders aufschlußreich sind: Zunächst die Ausformulierung des Symbolbegriffs, dann das allgemeine Verständnis der Aufgaben der Baukunst und zuletzt – im Zusammenhang

---

109 Schelling 1995 S. 580. Gehalten zum Namensfest des bayrischen Königs am 12. Oktober 1807 vor der Münchener Akademie der Wissenschaften.
110 Schelling 1995 S. 589.
111 Zu Schellings sympathetischem Naturverständnis als Grundlage der Naturphilosophie vgl. Paetzold in: Brinkmann 1978 S. 401.

damit – die schon angesprochene Konzeption eines organischen Prinzips, das sich sowohl in der Natur als auch in der Kunst realisiert.

Zunächst konstruiert Schelling in der »Philosophie der Kunst« anders als Fichte ausführlich eine Konzeption des Symbols als des Ziels der künstlerischen Darstellung. Er sieht sich dabei gezwungen, eine Abgrenzung von den benachbarten Begriffen der Allegorie, des Schemas und des Bildes einzuführen (§§ 39ff. der Philosophie der Kunst). Die dabei ausgearbeitete Begrifflichkeit und Differenzierung kehrt in Schinkels Text zum »Religiösen Gebäude« fast spiegelbildlich wieder. Die Überlegungen Schinkels stellen allerdings kein Exzerpt dar; sie verkürzen die Überlegungen Schellings und weichen in der einzelnen Formulierung teilweise von ihnen ab. Dennoch sind die strukturellen und begrifflichen Übereinstimmungen so stark, daß eine zufällige Parallelität ausgeschlossen werden kann: So gleicht sich nicht nur die Vorgabe, wahre Kunst dürfe nicht im Bereich des Allegorischen verharren, sondern das Gebiet des Symbolischen betreten.[112] Wie auch Schelling sieht sich Schinkel genötigt, diese Zielvorgabe gegen den Vorwurf des Mystizismus abzusichern.[113] Bei beiden wird ein solcher Vorwurf besonders beim Vergleich des erstrebten religiösen Symbolismus mit der Kunst des Altertums akut.[114]

Diese bis ins Detail reichenden Deckungsgleichheiten erlauben eine Stellungnahme zu zwei offenen Punkten. Einerseits klärt die beiderseitige Bevorzugung des Symbols als höchster Kunsterscheinung die Beziehung zu Solger: Zwar wird auch in dessen späteren »Vorlesungen zur Ästhetik« die Differenzierung Symbol – Allegorie – Schema – Bild ausführlich behandelt. Doch anders als bei Schinkel und Schelling steht für Solger die Allegorie nicht unterhalb des Symbols, sondern als gleichberechtigte Form mit anderem Schwerpunkt neben diesem.[115] Es ist demnach nicht *Solgers* Konzept, das Schinkel aufnimmt, sondern das *Schellings*. Andererseits beleuchtet die Konzeption des Symbolbegriffs eine entscheidende Differenz Schinkels und Schellings. Zentrale Charak-

---

112 Schinkel-Nachlaß Heft IV Blatt 10 verso und 14f., abgedruckt bei Peschken, Schinkelwerk: Lehrbuch S. 31 und 33; Schelling 1995 S. 406ff.; zum genau entgegengesetzten Akzent der klassizistischen Kunsttheorie vgl. Moritz 1986 S. 42ff.
113 Schinkel-Nachlaß Heft IV Blatt 14, abgedruckt bei Peschken, Schinkelwerk: Lehrbuch S. 31 und 33; Schelling 1995 S. 433f., 443f.
114 Schinkel-Nachlaß Heft IV Blatt 14ff., abgedruckt bei Peschken, Schinkelwerk: Lehrbuch S. 33f.; Schelling 1995 S. 422ff.
115 Solger 1829 S. 123ff.; vgl. zu den dabei implizierten Verschiebungen der Bewertung ästhetischer Grundbegriffe Henckmann in: Brinkmann 1978 S. 642; sowie für einen Überblick Huch 1969 S. 297f.

teristik des Symbols ist bei Schelling, daß im Symbol Allgemeines und Besonderes, geistiger Inhalt und Ausdrucksmittel untrennbar zusammenfallen:

> Darstellung des Absoluten mit absoluter Indifferenz des Allgemeinen und Besonderen im Besonderen ist nur symbolisch möglich.[116]

Schinkels Sichtweise impliziert eine derartige coincidentia oppositorum dagegen keineswegs, vielmehr können in seiner Sicht geistiger Gehalt und materialer Träger durchaus voneinander geschieden werden:

> Das Symbolische überhaupt ist ein in einem sinnlichen Gegenstand niedergelegtes Zeichen das auf etwas Geistiges auf eine Idee deutet und dieselbe bei der Betrachtung desselben vor die Seele führt.[117]

Obwohl Schinkel für die Grundlagen des Symbolbegriffs die Überlegungen Schellings nahezu vollständig übernimmt, blendet er hiermit Kernpunkt und Ziel der Kunstphilosophie Schellings aus.[118] Schellings Konzept der Kunst als höchster Form des Manifestation von Erkenntnis stellt die entscheidende Forderung, daß im Kunstwerk das in der Natur geistig wirkende Absolute und die Erkenntnisfunktionen des Bewußtseins *ohne Einschränkung* deckungsgleich werden sollen. Dieses Konzept beruht auf den Vorgaben der Identitätsphilosophie, nach der geistige Prozesse genauso wie im Bewußtsein auch in der Natur am Werk sind. Schinkels Ablehnung dieser These deutet darauf hin, daß er nach wie vor auf dem Boden des Fichteschen Systems denkt.[119] Offenbar ist er nicht gewillt, seine auf dieser Grundlage gewonnenen Überzeugungen aufzugeben, sondern verwendet Schellings Modell nur insoweit, wie es ihm sachnähere und detailliertere Überlegungen zu speziell kunsttheoretischen Fragen liefern kann.

Eine ganz entsprechende Übernahme von Detailkenntnissen geben auch die Passagen wieder, in denen Schinkel sein Verständnis von den Aufgaben der Baukunst im allgemeinen erläutert. Entscheidend ist hierbei, daß in der Architektur die Zweckmäßigkeit zwar eine Grundvoraussetzung des Schaffens darstellt, für ihre Einstufung als Kunstform aber nicht maßgebend ist:

---

116 Schelling 1995 S. 407, § 39 der »Philosophie der Kunst«.
117 Schinkel-Nachlaß Heft IV Blatt 14, abgedruckt bei Peschken, Schinkelwerk: Lehrbuch S. 33.
118 Vgl. zur zentralen Bedeutung dieser Beziehung für den Symbolbegriff Schellings und die Abhängigkeit zu Karl Philipp Moritz: Jähnig 1969 S. 183ff. sowie Behler 1993 S. 254ff.
119 In diese Richtung deutet auch die oben angemerkte Weiterverwendung der Terminologie Fichtes in weiten Teilen, vgl. zuvor S. 101ff.

> ... die Sichtbarkeit des blos nützlichen für irdische Zwecke zweckmäßigen wird nie das dem Menschengeschlechte Würdige das Erhebende, beseligende erzeugen welches ihm zuspricht, daß er mit der Gottheit in ewigem Zusammenhange stehe.[120]

Auch bei Schelling kommt die Zweckmäßigkeit als allein notwendige, nicht aber hinreichende Bedingung der Kunst zur Sprache:

> Allein für die Architektur als schöne Kunst ist die Nützlichkeit und die Beziehung auf das Bedürfnis selbst nur die Bedingung, nicht Princip.[121]

Beide Autoren erläutern die Forderung nach Inhalten, die über Zweck und Nützlichkeit hinausgehen, auffallend parallel an Beispielen aus der »Baukunst« des Tierreiches (die von Schinkel angeführten Beispiele finden sich sämtlich in § 107 der Philosophie der Kunst).[122] Auch die geforderten Inhalte werden übereinstimmend lokalisiert – innerhalb seiner ausführlichen Analyse zur Architektur verknüpft Schelling mit Schinkel weitgehend deckungsgleiche Begriffe in fast deckungsgleicher Struktur:

> Als freie und schöne Kunst kann Architektur nur erscheinen, inwiefern sie Ausdruck von Ideen, Bild des Universums und des Absoluten wird. Aber reales Bild des Absoluten und demnach unmittelbarer Ausdruck der Ideen ist ... die organische Gestalt in ihrer Vollkommenheit.[123]

Auch für Schinkel besteht in dieser Zeit die zentrale Aufgabe in der Versinnbildlichung der Idee, wobei als letztes Ziel die Darstellung Gottes zugrundeliegt. Für ihn eignet sich dazu nur die Darstellung des vereinheitlichenden sichtbaren Lebensprinzips, von dem das Universum durchzogen wird.[124] Auch an dieser Stelle laufen Begrifflichkeit und gedankliche Struktur in den Kernpunkten so ausgeprägt parallel, daß eine Übernahme als sicher angenommen werden kann.[125]

---

120 Schinkel-Nachlaß Heft IV Blatt 11, abgedruckt bei Peschken, Schinkelwerk: Lehrbuch S. 32. (Hervorhebung im Original).
121 Schelling 1995 S. 575.
122 Vergleichbare Beispiele beinhalten zwar auch die Vorlesungen über »Die Kunstlehre« A.W. Schlegels (1801–1802), vgl. Schlegel 1989 S. 308. Sie stehen jedoch nicht in dem für Schelling und Schinkel typischen Zusammenhang einer Differenzierung zwischen bloßer Zweckmäßigkeit und bewußter Realisation der Idee, sondern beleuchten den Unterschied zwischen geometrisch und organisch angelegten Schaffensprozessen.
123 Schelling 1995 S. 577.
124 Vgl. dazu zuvor S. 61; sowie im einzelnen Schinkel-Nachlaß Heft IV Blatt 12 verso; bei Peschken, Schinkelwerk: Lehrbuch S. 32f.
125 Es sei im übrigen darauf hingewiesen, daß die Beispiele von Verbindungslinien sämtlich

Allerdings sind auch Differenzen anzumerken. Zunächst ist es für Schinkel gerade die gotische Architektur, die zur künstlerischen Verwirklichung des universellen Lebensprinzips besonders geeignet erscheint – Schelling dagegen wertet diese architektonische Ausdrucksform gegenüber der Klassik ab.[126] Eine zweite Differenz betrifft eine deutliche terminologische Abweichung beider Standpunkte: Während Schinkel die tiefere Ebene des Lebensprinzips der göttlich-lebendigen *Idee* zuordnet, stellt das Reich des *Begriffs* für ihn ein Negativum dar, eine dem Leben fremde Sphäre. Bei Schelling ist dagegen der *Begriff* dem organischen Prinzip zugeordnet, dem die Nachahmung des Künstlers gelten soll:

> In allen Naturwesen zeigt sich der lebendige Begriff ...[127]

Eine vergleichbare Differenzierung zwischen Idee und Begriff wie bei Schinkel findet sich bei Schelling jedoch nicht. An diesen terminologischen Differenzen läßt sich abermals ablesen, daß Schinkel zwar in wesentlichen Zügen auf Schellings Vorstellungen eingeht, aber nicht geneigt ist, allzu starken Abweichungen von der Terminologie Fichtes[128] Folge zu leisten.

Davon abgesehen erlaubt es die Beziehung von Architektur und Zweckmäßigkeit in den entsprechenden Textpassagen, die Alternativen eines philosophischen Einflusses durch Schelling oder aber Solger weiter aufzuklären. Schinkel stellt noch 1810 in einer Passage des Begleittextes zum Luisen-Mausoleum fest:

> In ihrem Entstehen ging die Baukunst aus vom physischen Bedürfnis.[129]

Doch seine später in veränderter Schrift angemerkte Korrektur, die Baukunst gehe im Gegenteil ursprünglich von der Idee aus, ähnelt einer Passage aus Solgers »Vorlesungen über Ästhetik«. Hier faßt Solger 1819 zusammen:

> Von der alten Baukunst besonders hegte man die irrige Meinung, sie sei aus dem Bedürfnis entstanden[130]

---

diejenige längere zusammenhängende Passage der »Philosophie der Kunst« betreffen, in der Schellings Behandlung ausdrücklich auf die Architektur gezielt ist. Es liegt nicht fern, daß ein vorwiegend architektonisch denkender Künstler wie Schinkel in erster Linie auf derartige Passagen zugreift.

126 Schelling 1995 S. 583ff.
127 Schelling 1995 S. 591.
128 Vgl. dazu bereits S. 106ff.
129 Schinkel in v. Wolzogen 1981 Bd. I–III S. 155.
130 Solger 1829 S. 269; ähnlich schon 1815 im »Erwin«; vgl. Solger 1971 S. 270.

Aber auch Schellings Philosophie der Kunst versucht, dieser als irrig verstandenen Herleitung der Architektur entgegenzutreten. Entsprechend wie Schinkel betont er, daß bereits im Altertum Bauwerke realisiert wurden, die nicht dem Bedürfnis, sondern der Idee ihre Entstehung verdanken. Deutlich erkennbar ist damit, daß Schinkels Änderung in den Jahren nach 1810 jedenfalls durch die Darstellungen Schellings beeinflußt wurde. Trotz der weitgehenden Entsprechungen der Standpunkte Solgers zu diesen sind es jedoch insbesondere die von Schinkel verwendeten Beispiele für »nützliches Bauen« aus dem Tierreich, die eine Anleitung seiner Gedanken durch entsprechende Passagen Schellings und nicht durch Solger belegen.

Auch ein letztes Argument, das zunächst eine Beeinflussung Schinkels aus dem Denken Solgers zu untermauern scheint, greift bei genauer Betrachtung nicht: Einer der Kernbegriffe des ästhetischen Diskurses bei Solger, der Begriff der (künstlerischen) Phantasie[131], spielt auch bei Schinkel eine hervorgehobene Rolle.[132] Schinkels Verwendung dieses Begriffs als der zentralen Komponente im künstlerischen Schaffensprozeß geht allerdings lange der Ausarbeitung der Konzepte Solgers voraus. Sie datiert bereits in die Zeit, in der Schinkel seine ersten theoretischen Fragmente erarbeitet (ca. 1805)[133], darf also nicht als Ausdruck eines Austausches mit Solger mißverstanden werden.

Die Gebrüder Schlegel

Neben den angesprochenen Gesichtspunkten, die zum Teil grundlegend mit der Ausbildung romantischen Gedankenguts verknüpft sind, erscheint auch die Aufnahme von Ideen zweier herausragender Persönlichkeiten der romantischen (und insbesondere der frühromantischen) Bewegung[134] möglich, der Brüder August Wilhelm Schlegel und Friedrich Schlegel. Dabei betreffen mögliche Überschneidungen ganz unterschiedliche Themenbereiche.

August Wilhelm Schlegel

Die Wirksamkeit August Wilhelm Schlegels im Umfeld der preußischen Kulturlandschaft resultiert vor allem aus seinen bereits 1798/99 in Jena ab-

---

131 Vgl. Solger 1829 S. 191ff.; dazu auch Henckmann in: Brinkmann 1978 S. 640.
132 Ausführlich Kachler 1941 S. 37; vgl. auch Schinkel in v. Wolzogen 1981 Bd. I–III S. 364, 367.
133 Vgl. Schinkel-Nachlaß Heft IV Blatt 5, abgedruckt bei Peschken, Schinkelwerk: Lehrbuch S. 23.
134 Vgl. zu diesen Themenbereichen Pikulik 1992 S. 87ff.; Lohner in: v. Wiese 1983 S. 147f.; Huch 1969 S. 48ff.

gehaltenen theoretischen »Vorlesungen über philosophische Kunstlehre«. Im engeren Umfeld Berlins sind jedoch die dort im Herbst 1801 begonnenen und bis in das Jahr 1804 fortgeführten »Vorlesungen über schöne Literatur und Kunst« wirkungskräftiger gewesen[135] (insbesondere der 1801–02 abgehaltene Abschnitt mit dem Titel »Die Kunstlehre«), die allerdings noch nicht zur Veröffentlichung gelangten. Eine Teilnahme Schinkels an diesen frühen Vorlesungen (bereits vor seiner Italienreise) ist nicht überliefert. Die Annahme einer Wirkung der bereits 1798 in Jena gehaltenen Vorlesungen A.W. Schlegels auf seine romantischen Schriften begegnet gleichfalls Bedenken, da eine schriftliche Herausgabe dieser Vorlesungen erst deutlich später erfolgt.[136] Dagegen sind zu dieser Zeit Schlegels Wiener »Vorlesungen über dramatische Kunst und Literatur«[137] bereits erschienen (1809), so daß eine Verwendung dieser Texte durch Schinkel im Zusammenhang mit seiner wiedereinsetzenden theoretischen Tätigkeit in den Jahren ab 1810 zunächst möglich wäre. Allerdings liegt der Schwerpunkt dieser Vorlesungen so stark auf dem Bereich des Theaters und der Literatur, daß sich keine echten Anregungen für Schinkels architektonische Theoriebildung ergeben.[138]

Trotz der damit nur sehr eingeschränkten Möglichkeiten einer Rezeption geht etwa KOCH davon aus, daß eine Aufnahme der Schlegelschen »Kunstlehre« von 1801–02 erfolgt sei und sich in Texten Schinkels wie dem zum »Religiösen Gebäude« widerspiegele.[139] Diese Ansicht überzeugt jedoch nicht, da der Text für das »Religiöse Gebäude« von vollständig anderen Gesichtspunkten bestimmt ist als die Ausführungen A.W. Schlegels. Bereits an wenigen zentralen Punkten wird diese Differenz deutlich: A.W. Schlegels Kunstlehre steht auf dem Boden traditioneller vitruvianischer Lehren über die Entstehung der Architektur, über die Proportion und die Säulenordnungen.[140] Diese Faktoren sind dagegen für Schinkels Meditation über das »religiöse Gebäude« unerheblich. Darüber hinaus weicht die von A.W. Schlegel ausgeführte Differenzierung

---

135 Vgl. Lohner in: v. Wiese 1983 S. 147f.
136 Vgl. Krause in: Schlegel 1911 (S. 2), Vorwort. Diese Vorlesungen trafen unter Zeitgenossen auf eher geringes Echo, vgl. Lohner, in: v. Wiese 1983 S. 146.
137 Für ihre Ausarbeitung in Wien hatte August Wilhelm Schlegel weite Teile der Berliner Vorlesungen wiederverwendet, vgl. Amoretti in: A.W. Schlegel 1923 S. XLVII.
138 Zwar spricht Kachler 1941 S. 16 davon, im Nachlaß Schinkels lägen Zitate von A.W. Schlegel vor, doch konnte ich dies – im Gegensatz zu den anderen dort angegebenen Quellen – nicht verifizieren.
139 Vgl. Koch 1969 S. 275, Fn. 36.
140 Vgl. Schlegel 1989 S. 314ff.

zwischen geometrischen Grundlagen der Baukunst und der nur im Bereich der Dekoration zugelassenen organizistischen Verzierung[141] fundamental von den Ideen Schinkels über eine symbolisch-ideell aufgeladene, als ein Ganzes organisch wirkende Architektur ab.[142]

Auch vom Ansatz her stehen die Standpunkte A.W. Schlegels und die Schinkels auf deutlich unterschiedenem Fundament. Wie zuvor dargestellt wurde, sind es für den Architekten der Jahre um 1810 die ausgearbeiteten Ergebnisse einer Beschäftigung mit Standpunkten insbesondere Fichtes und Schellings, die ihn zu einer ideell orientierten Kunstform führen. Für Schlegel dagegen bilden trotz vielfältiger frühromantischer Entwicklungen im Grunde noch die alten Kantischen Kategorien die Grundlage:

> Die Künste treiben ihr Wesen im Reich der Erscheinungen, sie stellen sinnlich dar. Nun giebt es aber zwey Formen der sinnlichen Anschauung, Raum und Zeit. Darnach lassen sich zwey Gattungen von Künsten denken, solche die simultan und die successiv darstellen.[143]

Angesichts eines Vergleichs der verschiedenen Textmaterien kann daher die von KOCH geäußerte These nicht aufrecht gehalten werden. Insgesamt scheint damit August Wilhelm Schlegel in dieser Zeit kaum Wirkung auf Schinkel ausgeübt zu haben.[144]

Friedrich Schlegel

Wenig konkret erscheinen auch die Möglichkeiten einer Beeinflussung durch Friedrich Schlegel. In dieser Richtung ist aus dem weiten Umkreis theoretischer Interessen und Tätigkeiten Friedrich Schlegels vor allem eine Schrift von Interesse, die sich gezielt einem konkreten Kreis von Werken der Kunst widmet: Wie BADSTÜBNER nahelegt, soll sich ein Einfluß aus F. Schlegels bekannten Äußerungen zur gotischen Baukunst herleiten lassen[145], die vor allem in dessen »Briefen auf eine Reise durch die Niederlande, Rheingegenden, die

---

141 Vgl. Schlegel 1989 S. 311f.
142 Vgl. Schinkel-Nachlaß Heft IV Blatt 11f., abgedruckt bei Peschken, Schinkelwerk: Lehrbuch S. 32.
143 Schlegel 1989 S. 266; vgl. dazu auch Amoretti in: Schlegel 1923 S. XX.
144 Der bei Apel 1992 S. 192f. aufgeführte Bezug Schinkels auf eine Aussage von »Schlegel« könnte sich auf Schriften August Wilhelms beziehen. Der eher allgemeine Charakter der Notiz legt aber keinen besonderen Einfluß nahe; zudem belegt die thematische Beziehung auf die griechische Kunst, daß sie zu einer deutlich späteren Zeit angefertigt wurde (etwa gegen 1820–25).
145 Vgl. Badstübner in: Gärtner 1984 S. 103; v.a. in der zugehörigen Fn. 17 auf S. 230.

Schweiz, und einen Teil von Frankreich«[146] niedergelegt sind. Diese 1805 als »Poetisches Taschenbuch« und 1806 in der Zeitschrift »Europa« publizierten Aufsätze stellen eines der einflußreichsten Dokumente der einsetzenden Neubewertung gotischer Architektur im deutschen Sprachraum dar.[147]

Obgleich eine direkte Kenntnis Schinkels der enthaltenen Aussagen weder durch Exzerpte belegt ist noch biographisch nachgewiesen wurde, verdeutlicht die Grundhaltung seiner theoretischen Neubesinnung nach 1810 und insbesondere der Schriften um etwa 1813 bis 1815 eine vergleichbare Einschätzung mittelalterlicher und speziell gotischer Formen wie bei Friedrich Schlegel.[148] Trotzdem kann nicht ohne weiteres eine direkte Verbindung dieser beiden Haltungen vorausgesetzt werden. Im Gegensatz zur Zeit direkt nach der Jahrhundertwende stellt um 1810 die positive Wertung gotischer Architekturformen keine aufsehenerregende Stellungnahme mehr dar, sondern beginnt bereits allgemeinere Verbreitung zu finden. Da sich keine konkreten Verknüpfungen in Ausdrucksweise und Darstellung zwischen Schinkel und Friedrich Schlegels Schriften aufweisen lassen, wird hier ein erheblicher Einfluß nicht angenommen werden können. Die von FORSSMAN angeführte Verbindung zwischen dem Text zum Luisen-Mausoleum und dem Text F. Schlegels über die gotische Baukunst ist zwar zunächst recht eingängig[149], sie betrifft aber gerade einen der Grundsätze, die zum »Standard« der Rezeption gotischer Sakralbaukunst gehörten. Aus diesem Grund scheint auch hier keine direkte Rezeptionslinie herstellbar.

Die Patrioten: Joseph Goerres und Ernst Moritz Arndt

Neben den angesprochenen Verbindungen bieten Schinkels Texte auch Anhaltspunkte für eine Umsetzung von Gedanken Joseph Goerres'; in Teilbereichen erscheint auch eine Rezeption von Äußerungen Ernst Moritz Arndts möglich.[150] Belegt ist zunächst eine persönliche Bekanntschaft zwischen Schinkel und dem besonders in der Zeit der Freiheitskriege überaus einflußreichen Publizisten Goerres; nachweisbar ist z.B. ein mehrtägiger Besuch

---

146 Zur irreführenden Bezeichnung »Grundzüge der gotischen Baukunst« vgl. Eichner in: F. Schlegel 1959 S. XXXII.
147 Zum Fragenkreis der Wiederanknüpfung an gotischen Formen in Deutschland auch Gollwitzer, Zeitschrift für Kunstgeschichte 42 (1979) S. 1ff.
148 Vgl. dazu und besonders zum malerischen Bereich Schuster, Zeitschrift des Deutschen Vereins für Kunstwissenschaft 35 (1981) Heft 1/4 (Sonderheft zum Schinkel-Jahr) S. 21ff.
149 Vgl. Forssman 1981 S. 63.
150 Vgl. in dieser Richtung Klingenburg in: Gärtner 1984 S. 105ff.; sowie Gärtner in: Gärtner 1984 S. 185.

Schinkels im Jahr 1816.[151] Gesichert ist ebenfalls die Kenntnis Schinkels zweier besonders einflußreicher Schriften Goerres', der »Teutschen Volksbücher« und des »Deutschen Reichstages«, von denen der Architekt teilweise Exzerpte anfertigte.[152] Gerade letzterer Text zählt zu den einflußreichsten und rhetorisch wirksamsten Forderungen nach einer Rückwendung zu Strukturen des mittelalterlichen deutschen Lebens im Schrifttum der deutschen Romantik. (Auffälligerweise entfernt sich Schinkels Handschrift im Verlauf dieses Exzerptes von seinem üblichen Standard an Schriftsorgfalt schnell und geht dann zu einer stark emotional wirkenden Kursiva über, die eine überdurchschnittliche Anteilnahme deutlich macht.)

Verbindungen zu Gedanken Goerres' legen auch Schinkels eigene Texte aus dem unmittelbaren zeitlichen Umfeld der Freiheitskriege nahe. Sie entsprechen zunächst der Stilistik Goerres' auffällig in ihrer rhetorischen Emphase, wie sie bereits bei Schinkels Text zum religiösen Gebäude angesprochen wurde, aber auch bei den Texten zum Domprojekt für die Freiheitskriege merkbar ist. Davon abgesehen sprechen auch einzelne Gesichtspunkte für eine Verarbeitung von Ideen Goerres' durch Schinkel. So könnte z.B. Schinkels Aussage zum Denkmalsdom, nach der

> ... mit diesem Momente im Zusammenhange die ganze frühere vaterländische Geschichte in ihren Hauptzügen daran lebte, in Kunstwerken und dem Volk anschaulich würde; so würde z.B. um den Dom herum nach Art des Münsters zu Straßburg, wo die fränkischen Könige und die deutschen Kaiser unter Baldachinen zu Roß umhersitzen, unser ganzer erlauchter Fürstenstamm in der Reihe von frühester Zeit angebracht werden.[153]

als Umsetzung eines Gedankens gelesen werden, der von Schinkel aus Goerres' »Reichstag« exzerpiert wurde:

> Die uralten Formen müssen in verjüngter Gestalt wieder aufstehen und, gleich den ehrwürdigen Bildern großer Ahnen, uns ernsthaft anschauend und gern vor jede Entwürdigung des deutschen Adels bewahren.[154]

Trotzdem können im Vergleich mit den wesentlich eindeutigeren Verknüpfungen zu anderen Autoren keine so weitreichenden Anhaltspunkte isoliert

---

151 Vgl. eine diesbezügliche Notiz in einem Brief Schinkels an Sulpiz Boisserée vom 3. 9. 1816, abgedruckt bei Sulpiz Boisserée 1862 S. 317, sowie Grus 1993 S. 60.
152 Schinkel-Nachlaß I. VI. p. 1–3, abgedruckt im Anhang.
153 Schinkel in den Erläuterungen zum Entwurf von 1815; abgedruckt bei Rave 1981 S. 192.
154 Schinkel-Nachlaß I. VI. p. 3, abgedruckt im Anhang, nahezu wortgetreue Umsetzung von Goerres, Rheinischer Merkur 116 (11. September 1814), S. 2, rechte Spalte oben.

werden, daß von einer direkten Nachwirkung Goerres' zu sprechen wäre. Es liegt damit nahe, daß Schinkel dessen Äußerungen weniger als konkreten theoretischen Gedankenanstoß und mehr in der Art besonders pointierter Bündelungen allgemein verbreiteter weltanschaulicher Stimmungen schätzte und daher exzerpierte.

Auch in Bezug auf mögliche Einflüsse des Publizisten Erst Moritz Arndt ist eine relativ zurückhaltende Beurteilung angebracht. Zwar hielt sich Arndt in der Phase der Freiheitskriege mehrfach in Berlin auf[155], wo seine Schriften in der Schicht des gebildeten Bürgertums und auch bei unmittelbar dem Umfeld Schinkels zugehörigen Persönlichkeiten wie etwa Wilhelm v. Humboldt erhebliche Resonanz erzielten.[156] Dennoch sind in den Aussagen Schinkels keine direkten Bezüge aufweisbar, die etwa einen derart radikalen völkisch geprägten Nationalismus wie bei Arndt[157] belegen könnten.

Jean Paul
Während sich in den Schriften Schinkels vielfältige Anknüpfungen an die oben dargestellten philosophischen Richtungen isolieren lassen, läßt sich das Verhältnis zu den Werken Jean Pauls nicht entscheidend aufklären. Trotz der ausführlichen Beschäftigung mit dessen Werken (insbesondere der »Vorschule der Ästhetik« und dem »Titan«), die auf eine erhebliche Bedeutung für Schinkel hindeuten, läßt sich an keiner Stelle belegen, daß die theoretischen Ansichten Schinkels überhaupt durch diese beeinflußt worden wären.

Ethische und ästhetische Handlungen: Friedrich Schiller
Zuordnungslinien machen sich allerdings hinsichtlich eines weiteren, von Schinkel mehrfach behandelten Punktes bemerkbar. Hier geht es jedoch weniger um Übernahmen und Reformulierungen, sondern mehr um eine Verknüpfung verschiedener Positionen. Auffällig sind Schinkels Bewertungskriterien für das menschliche Handeln, das nach seiner Sichtweise zwar auch den Forderungen der moralischen Pflicht an den Menschen entsprechen soll, vor allem aber ästhetischen Maßstäben genügen muß:

> Der Mensch bilde sich in allem schön, damit jede von ihm ausgeführte Handlung durch und durch in Motiven und Ausführung schön werde. Dann fällt für ihn der

---

155 Vgl. Müsebeck 1914 S. 243 und 306ff.
156 Vgl. Schäfer 1974 S. 208ff.; insb. Fn. 25 auf Seite 210.
157 Vgl. Schäfer 1974 S. 185ff.

> Begriff der Pflicht in dem gröberen Sinn welches von schwerer Pflicht pp spricht, ganz fort, und er handelt überall im seligen Genuß, der die nothwendige Folge des Hervorbringens des Schönen ist.[158]

Die dabei zugrundegelegte eigenartige Vermengung von ethischer und ästhetischer Begrifflichkeit ist weder auf Einflüsse Fichtes noch Schellings rückführbar. Die entscheidenden Einflüsse verweisen vielmehr auf die ästhetizistische Handlungstheorie, wie sie vor allem in Schillers »Briefen über die ästhetische Erziehung des Menschen« propagiert wurde.[159] Ihr Kennzeichen ist ein Aufbauen auf Pflichtethik-Konzeptionen im Sinne Kants, gegenüber deren Anforderungen aber die ästhetische Bewertung der Handlung in den Vordergrund gestellt wird.[160] Die an anderer Stelle von Schinkel getroffene Differenzierung in

> Schönes (edles) Wohlthun. Unschönes (unedles) Wohlthun.[161]

entspricht ebenfalls Terminologie und Absichten Schillers. Damit liegt die Annahme einer Rezeption durch Schinkel nahe, trotzdem können die Entsprechungen nicht als so klar bezeichnet werden, daß ein direkter Einfluß Schillers als gesichert behauptet werden dürfte.[162] (Die Annahme derartiger Bezüge bei BEHR[163] gelangt nicht über den hypothetischen Status hinaus.)

Schinkels selektive Vorgehensweise: Eklektizismus oder Synthese?

Anhand der vorangegangenen Analysen der Abhängigkeiten zwischen Schinkels theoretischer Position und ihrer Weiterentwicklung läßt sich ein plastisches Gesamtbild seiner Stellung zum zeitgenössischen ästhetischen Diskurs gewinnen. Auffällig ist dabei zunächst, daß Schinkel eine Vielzahl zeitgenössischer Stellungnahmen zur Kenntnis nimmt und aufbereitet. Weiter fällt ins Auge, daß seine Bearbeitungsweise nicht selten selektiv ist, indem sie auf Passagen zugreift, die schon anhand der Textstruktur (z.B. durch das Inhaltsverzeichnis) als zentral erkennbar sind. Eine derartiger Zugriff ist etwa bei der Beschäftigung mit Jean Paul erkennbar, aus dessen »Vorschule« Schinkel gerade

---

158 Schinkel-Nachlaß Heft II Blatt 7, abgedruckt bei Peschken, Schinkelwerk: Lehrbuch S. 35.
159 Schiller 1967 S. 161, Fußnote; die Aufnahme in einer Fußnote stellte nicht ein Mittel Schillers zur Abwertung, sondern gerade zur Betonung der Bedeutung dar, vgl. Wilkinson/Willoughby 1977 S. 66.
160 Vgl. Wilkinson/Willoughby 1977 S. 63ff.
161 Schinkel-Nachlaß Heft II Blatt 22, abgedruckt bei Peschken, Schinkelwerk: Lehrbuch S. 27.
162 Dies gilt um so mehr angesichts der Ausformulierung ähnlicher Differenzierungen bei anderen Autoren, z.B. in Moritz 1888 S . 7ff.; dazu auch Oehrens 1935 S. 20ff.
163 Vgl. Behr in: Gärtner 1984 S. 16.

Abschnitte aus dem Bereich übernimmt, der den Zentralbegriff des »Genies« bzw. des »genialen Ideals« behandelt.[164] Noch auffälliger betrifft die gleiche Vorgehensweise die Beschäftigung mit Schreibers »Ästhetik«. Schinkel nutzt das durch den Autor vorangestellte Stichwortverzeichnis, um direkt auf die – recht dürftigen – Äußerungen Schreibers über Baukunst zuzugreifen. Sein Exzerpt zeigt, daß Schinkel direkt im Anschluß daran die Eingangspassagen des Werks durcharbeitete.[165] (Eine ähnliche Weise der Texterschließung charakterisiert aber u.a. auch die Beschäftigung mit Schelling.) Trotzdem geht Schinkels Beschäftigung mit der Ästhetik weit über das bloße Zusammenstellen von Exzerpten hinaus:

Es hat sich gezeigt, wie Schinkel in weiten Bereichen von der Systematik Fichtes ausgehend denkt. Die Erarbeitung dieser Basis erfolgt nicht nur punktuell, sondern durch intensive aktive Teilnahme an der Verdeutlichung der grundlegenden Systematik durch Fichte selbst. Beachtlich ist dabei, wie Schinkel an den Stellen, die ihm aus seiner eigenen Erfahrung als Künstler defizitär erscheinen, zusätzliche Positionen des Schellingschen Konkurrenzsystems einbinden kann. Auch bei derartigen Erweiterungen verliert er jedoch nicht mögliche Widersprüche zu seinen Grundlagen aus den Augen. Schinkels Fähigkeiten innerhalb des rein gedanklichen Mediums übersteigen ganz offenbar einen bloß unkreativen Eklektizismus bei weitem. Ganz im Gegenteil ist er sowohl zur Übertragung aktiv erarbeiteter fremder gedanklicher Modelle fähig als auch zur Überprüfung dieser Modelle anhand praktisch gewonnener eigener Grundüberzeugungen. In den Bereich kreativer eigener Leistungen auch auf philosophischem Gebiet stoßen seine Überlegungen dagegen nur selten vor; Schinkels Fähigkeit zur fruchtbaren Synthese des Fichteschen Systems mit verschiedenen zusätzlichen Faktoren muß aber zumindest als eine – für einen nicht fachphilosophisch ausgebildeten Autor erstaunlich weit gehende – Vorstufe derartiger Kreativität angesehen werden.

Auffällig ist letztlich, daß der erstmalige Beginn einer derartig vertieften Beschäftigung mit der geistigen Dimension der Kunst aus eben der Zeitspanne datiert, in der Schinkel seine öffentliche Anstellung als Referent für ästhetische Fragen erhält. Es liegt nahe, in diesem eher zufälligen äußeren Umstand das entscheidende Moment zu isolieren, durch das Schinkels Weiterentwicklung zu einem auch theoretisch komplexen künstlerisch Schaffenden erst in Gang gesetzt wird. Für eine derartige Annahme spricht besonders die dargestellte

---

164 Vgl. Schinkel-Nachlaß I.I. p. 15; Jean Paul Richter 1967 S. 64, 67.
165 Schinkel-Nachlaß I. III. p. 1ff.

Vorgehensweise, durch die Schinkel eine Vielzahl von Quellen in der Art von Nachschlagewerken heranzieht.

Aufbauend auf diesen theoretischen Vorüberlegungen liegt es nahe, auch die Auswirkung derartiger Anstöße auf die künstlerische Schaffenspraxis zu untersuchen. Erst die eingehende Auseinandersetzung mit der Frage einer Verzahnung zwischen Theorie und Praxis in dieser Phase kann zu dieser Fragestellung nähere Aufschlüsse liefern.

Werke und ihre Unterströmungen

Das Schaffen Schinkels in der Phase nach der Besetzung Preußens durch die Napoleonischen Truppen wendet sich zunächst von der Architektur ab. Vor allem die schlechte Auftragslage wird entscheidend dafür gewesen sein, die Verwirklichung des nächsten Schinkelschen Bauprojektes bis zum Jahr 1809 aufzuschieben. Trotzdem scheint die erzwungene Pause auch Vorteile für Schinkel bereit gehalten zu haben, indem sie zur Weiterentwicklung seiner Begabung auf dem Gebiet der Malerei in hohem Maß beiträgt. Vor allem in der Zeit ab 1807 kann Schinkel die Eindrücke seiner Reise nach Italien, aber auch andere Anregungen[166] durch die Anfertigung großformatiger Dioramen verarbeiten.

Während die Herstellung der Dioramen den Großteil der künstlerischen Energien Schinkels in den Jahren 1806–07 absorbiert, liegt ein zweiter Schwerpunkt in der Zeit von 1809 bis zum Wiedererstarken der Monarchie in den Jahren nach 1815 auf architektonischem Gebiet. Schinkel behandelt hier aus verschiedensten Perspektiven das Thema des Monuments sowohl in ausgeführten Entwürfen als auch in lediglich Projekt gebliebenen Arbeiten. Dieser Schwerpunkt besitzt einige wichtige Berührungspunkte mit dem vorangegangenen Schaffensschwerpunkt, den Dioramen. Ähnlich wie Schinkel dort darauf abzielt, unter Einsatz perspektivischer Mittel dem Betrachter die Illusion der Realität zu verschaffen, soll durch die Denkmalsentwürfe eine Vision vergangener geschichtlicher Ereignisse vergegenwärtigt werden. Wie auch bei den Dioramen handelt es sich um eine idealisierte Version des tatsächlichen Vorbildes: In der zeichnerischen Darstellung z.B. des Panoramas von Palermo sind es stilistisch nicht stimmige Einzelheiten, die Schinkel kor-

---

[166] Nach Bergdoll 1994 S. 23 hat Schinkel bei der Rückkehr von der ersten Italienreise in Paris erstmalig Panoramen gesehen; die Reisenotizen Schinkels bei Riemann 1979 geben darauf keine Hinweise.

rigiert, um eine charakteristischere Gesamtwirkung zu erzielen – in den Überlegungen zur Gestaltung von Denkmälern wird explizit eine idealisierte, wenn auch auf jeden Fall erkennbare Wiedergabe der Person gefordert, wie sie auch die ausgeführten Arbeiten Schinkels kennzeichnet.

Komplexe Verknüpfungen zwischen Theorie und Praxis kennzeichnen jedoch nicht nur diesen relativ eng abgegrenzten Werkbereich, sondern insgesamt die in dieser Zeitspanne stattfindenden Entwicklungen im architektonischen Bereich sowie den malerischen Medien des Tafelbildes und der Zeichnung.

Malerei: Architektonische Symbolik und ideale Landschaft

In dieser Arbeit stehen zwar Fragen der architekturtheoretischen und architektonischen Entwicklung im Vordergrund, doch verlagert sich der Schwerpunkt der Tätigkeit Schinkels in der Zeitspanne zwischen 1805 und 1815 so stark auf malerische Ausdrucksformen, daß schon aus diesem Grund die Tendenzen in den Arbeiten dieses Sektors nicht vollständig unberücksichtigt bleiben dürfen. Die Beachtung auch dieser Entwicklungen wird außerdem dadurch nahegelegt, daß Schinkel in seine malerischen Arbeiten in erheblichem Umfang Architekturformen als Bedeutungsträger mit einbezieht. Dennoch ist die Aufschlußkraft der Malerei für die hier verfolgten Untersuchungszwecke insofern eingeschränkt, als sich das malerische Werk im Gegensatz zum architektonischen Werk zumeist nicht noch während des Schaffensprozesses mit den kritischen Einwänden der Auftraggeber oder anderer Beteiligter auseinandersetzen muß. Die malerische Aussage deutet dementsprechend zwar teilweise reiner auf die künstlerische Absicht hin, blendet aber auf der anderen Seite einen Teil der Fähigkeiten aus, die für Schinkels künstlerische Persönlichkeit berechtigterweise oft hervorgehoben werden: Zähigkeit, Kompromißbereitschaft und Anpassungsfähigkeit unter Vermeidung der Selbstaufgabe. Aus diesen Gründen wird das malerische Werk an dieser Stelle nur als Indiz von Entwicklungsrichtungen berücksichtigt, die anhand des architektonischen Schaffens zu konkretisieren bleiben.

Den Anknüpfungspunkt bildet hier eine der ersten malerischen Arbeiten Schinkels, in denen sich landschaftliche Idealvisionen mit architektonischen Werken und Personendarstellungen zu einer bedeutungsgeladenen Komposition verbinden. In diesem Werk, der bereits 1805 entstandenen »Antiken Stadt an einem Berg« (Abb. II.1 auf S. 193]) summiert Schinkel noch einmal die Erfahrungen der Italienreise in einer idealen Vereinigung menschlichen Schaffens und der Natur, in einer harmonisch-lockeren Zusammenfügung asymmetrischer, antiken Stilen zugehöriger Architekturelemente und malerischer Landschaftsformen.

Die nächsten sicher datierbaren Arbeiten Schinkels wenden sich dagegen nicht nur einer neuen Technik zu, der Lithographie, sondern verlagern sich deutlich auf Themenbereiche, wie sie aus dem Schaffen romantischer Künstler geläufig sind. Dazu gehört besonders der Versuch, religiöse Gefühlstiefe unter Verwendung von symbolischen Formen aus Natur (die »deutsche« Buche oder auch Eiche) und Architektur (bevorzugt gotischer Stilistik) zu vermitteln. Bekanntestes Beispiel für diese Schaffensperiode ist die Lithographie »Gotische Kirche hinter einem Eichenhain« von 1810 (Abb. II.2) die in einem Untertitel[167] auf spezifisch romantische Vorstellungen von Synästhesie verweist.[168]

In diesem Werk schlagen sich grundlegende Änderungen in Schinkels Vorstellungen nieder: Bereits der angesprochene Versuch, religiöse Empfindungen ästhetisch umzusetzen und zu symbolisieren[169], ist für Schinkel neu, wenn er auch in Werken anderer romantischer Künstler, etwa Caspar David Friedrich[170] oder Philipp Otto Runge[171], bereits realisiert worden war. Er tritt an die Stelle harmonisierender Landschaftsvisionen wie der »Antiken Stadt an einem Berg«, die auf die französische Malerei des 18. Jahrhundert, insbesondere die Claude Lorrains zurückverweisen.[172] Schinkel verfolgt jedoch nur relativ kurze Zeit den von anderen romantischen Künstlern vorgezeichneten Weg, gefühlsmäßig besetzte Landschaften – oft in Verbindung mit einfachen Figurenkompositionen – so anzureichern[173], daß sie ins »Übersinnliche« umschlagen. Umgesetzt werden derartige Vorstellungen im »Morgen« von 1813[174], oder

---

167 »Versuch die liebliche sehnsuchtsvolle Wehmuth auszudrücken welche das Herz beim Klange des Gottesdienstes aus der Kirche herschallend erfüllt.«
168 Vgl. AK Schinkel I S. 233f. (Nr. 157).
169 Für eine Untersuchung der Bezüge zwischen symbolischer Malerei und entsprechenden Architekturformen Gustafsson, Tidskrift för Konstvetenskap 23, Symbolister 3, 1957 S. 11ff.
170 Zur späteren Rezeption einzelner Formfindungen Schinkels durch C.D. Friedrich vgl. Kunst in: Hinz u.a. 1976 S. 28ff.
171 Zur Rezeption der Werke Runges und Friedrichs durch Schinkel vgl. Gärtner in: Gärtner 1984 S. 186ff.; Traeger in: Gärtner 1984 S. 120; Börsch-Supan, Revue de l'art No. 45 (1979) S. 12ff.; Börsch-Supan, Zeitschrift für Kunstgeschichte 32 (1969) S. 323, Fn. 28. Es kann insbesondere nicht ausgeschlossen werden, daß die vereinzelten Architekturvisionen Runges zum Orientierungspunkt für Schinkels Hinwendung zu gotischen Formen wurden, vgl. Schuster in Ausstellungskatalog: Runge in seiner Zeit S. 122 (zu Nr. 72).
172 Vgl. Börsch-Supan, Zeitschrift für Kunstgeschichte 32 (1969) S. 323.
173 Vgl. Koch, Zeitschrift für Kunstgeschichte 32 (1969) S. 272ff.; dazu auch Gärtner in: Gärtner 1984 S. 188, 191; Börsch-Supan in Ausstellungskatalog: Ernste Spiele S. 462; Busch a.a.O. S. 463ff.
174 Vgl. AK Schinkel I S. 245f. (Nr. 177).

II.2 Schinkel, Karl Friedrich: Gotische Kirche hinter einem Eichenhain
1810   48,7 x 34,3   Lithographie
Aus: AK Ernste Spiele, Kat. 444

auch in der Darstellung einer »Landschaft im Charakter des Montblanc«[175] aus dem gleichen Jahr. Im ersten Fall basiert die Symbolfunktion auf einem Verweis in deutsche Geschichte durch die Tracht der Staffagefiguren, aber auch auf der Lichtführung und durch sie erzielten utopischen Beiklängen. Im zweiten Fall wird sie allein durch das gewählte Sujet und das Pathos seiner Darstellung erzielt. Bereits um die Jahre 1816/17 beginnen Schinkels malerische Werke jedoch diese Ebene einer Symbolisierung zu verlassen und sich der Allegorie zuzuwenden. Allegorische Gestaltungen, also z.B. die Verwendung von Figuren als Äquivalent einer relativ fest definierten, personalisierten Bedeutung, bestimmen besonders die deutlich späteren Fresken für das Museum[176], aber auch bereits den 1817 geschaffenen »Triumphbogen« (das etwa gleichzeitige »Spreeufer bei Stralau« operiert dagegen noch mit symbolischen Bezügen in der Art romantischer Kunst).

Eine zweite grundlegende Veränderung der malerischen Werks in dieser Phase, die mit diesem Thema direkt verknüpft ist, betrifft eine Umwälzung der Naturvorstellung: Die von Schinkel auf der Italienreise entwickelte Vision harmonischer Koexistenz von Natur und menschlicher Tätigkeit beruhte auf tradierten Vorstellungen, wie sie in der üblichen Bewertung z.B. der italienischen Bildungsreise zum Ausdruck kamen. Dieses nicht weiter theoretisch fundierte Naturverständnis wird nunmehr zurückgelassen. Zwar herrscht auch in der romantischen Malerei Schinkels noch Harmonie; allerdings nicht mehr die der Koexistenz, sondern die eines Primats: Die Natur ist nicht mehr einfach das Vorgefundene, das in idealisierter Weise überformt dargestellt wird, sondern sie existiert nur um ihrer symbolischen Formung willen – mit anderen Worten, sie ist das Abgeleitete, das Untergeordnete des Geistigen. Diese umgekehrte Distanzierung der Natur entspricht theoretischen Aussagen Schinkels, die mit hoher Wahrscheinlichkeit – allerdings ohne daß diese Verbindung als endgültig gesichert gelten kann – auf entsprechende Gedanken Fichtes verweisen.[177]

Mit der dargestellten Verschiebung verknüpft ist als dritter Gesichtspunkt die Darstellung von Architektur in der Malerei: Schinkel behandelt in seinen malerischen Werken seit etwa 1809 vorwiegend gotische Architekturformen, so etwa im schon erwähnten Werk »Gotische Kirche hinter Bäumen«, in dem sie in Titel und bildlicher Darstellung eine prominente Stellung einnehmen.

---

175 Zur positiven Besetzung der schweizerischen Landschaft für Schinkel vgl. die Äußerung von Beuth, abgedruckt in AK Schinkel I S. 240 (Nr. 168).
176 Zu diesen Werken im folgenden S. 253ff.
177 Vgl. dazu zuvor S. 67.

Allerdings ist dabei hervorzuheben, daß in der Zeit um 1810 die gotische Architektur keine vollständige Abwendung Schinkels von hergebrachten antiken Bauformen transportiert. Schon bei der »Gotischen Kirche hinter Bäumen« findet sich im Vordergrund eine Darstellung sowohl gotischer als auch antiker Grabmale, die gleichberechtigt religiöse Innerlichkeit angesichts der Endlichkeit menschlichen Lebens visualisieren. Noch auffälliger in die gleiche Richtung weisen zwei Architekturdarstellungen, die aus der Zeit kurz vor 1813 stammen: Sowohl in einer »Architekturphantasie mit gotischem Dom« als auch in einem Architekturcapriccio[178] ordnet Schinkel gotische Formen gleichberechtigt neben klar gegliederte kubische Baukörper an, deren Arkadenreihen in die Richtung der italienischen Renaissance verweisen.

Nur in einer relativ kurzen Zeitspanne zwischen etwa 1813 und 1815 entstehen Werke, die direkt eine Überlegenheit der gotischen Architekturform gegenüber anderen architektonischen Stilen implizieren.[179] Besonders ausgeprägt ist dieses Charakteristikum im 1813 entstandenen »Dom am Wasser«[180] (Abb. II.3 auf S. 194). Im Gegensatz zu vorangehenden Werken verklärt Schinkel hier ausschließlich die allesbeherrschende Darstellung einer gotischen Kathedrale durch Bildaufbau[181] und Lichtführung[182] als das Zentrum, von dessen großartiger Innerlichkeit nur ein schwacher Abglanz auf die umgebenden Bauformen anderer Stilzugehörigkeit fällt.

Gleichzeitig sind in dieser späteren Phase auch politische Konnotationen im Werk Schinkels deutlich wahrnehmbar; mehrfach ist die Hoffnung und später der Triumph in der Auseinandersetzung mit dem militärischen Gegner in den Befreiungskriegen symbolisch verarbeitet.[183] Parallel dazu erarbeitet Schinkel sich die gotischen Vorbilder erst in dieser Zeitspanne durch persönliche Anschauung; eine Vorgehensweise, die auch in der steigenden Durcharbeitung der architektonischen Details in den malerischen Werken unmittelbar

---

178 Vgl. zu beiden AK Schinkel S. 236 (Nr. 162 und 163). Entsprechungen zwischen beiden Versuchen und dem »Dom am Wasser« von 1813 lassen eine Datierung ungefähr auf 1812/13 plausibel erscheinen.
179 Angesichts dieser klaren Struktur innerhalb des Werkganzen Schinkels zu vereinfachend die Darstellung Gärtners in: Gärtner 1984 S. 189.
180 Der Versuch Schinkels, eine eindeutige Aussage zugunsten der gotischen Architektur zu formulieren, wurde bereits von zeitgenössischen Kritikern moniert, vgl. AK Schinkel I S. 243 (Nr. 176).
181 Vgl. hierzu Eberle, in: Ausstellungskatalog Berlin zwischen 1789 und 1848 S. 95.
182 Zu diesem Aspekt vgl. Gärtner in: Gärtner 1984 S. 197; auch Börsch-Supan, Revue de l'art No. 45 (1979) S. 13.
183 Z.B. im »Erntefestzug« von 1815, vgl. dazu AK Schinkel I S. 248 (Nr. 182).

anschaulich wird.[184] Auffälligerweise kehren allerdings schon in einem Werk aus der direkten Nachkriegszeit antike Bauformen als gleichberechtigte Gestaltungsweise neben gotischen Formen wieder: In dem Bilderpaar »Griechische Stadt am Meer« und »Mittelalterliche Stadt an einem Fluß« verdeutlicht Schinkel Eigenwert und Gegensatz beider Formwelten, ohne jedoch eine Synthese herbeizuführen.[185]

Insgesamt deuten mehrere Faktoren in der Entwicklung von Schinkels malerischem Oeuvre auf gedankliche Elemente hin, die bereits in der vorangegangenen Untersuchung seiner theoretischen Fragmente zu Tage traten: Zunächst steigt nach etwa 1810 der Bedarf des Architekten nach dem Ausdruck religiöser Empfindungen auffällig. Dieser Entwicklung parallel läuft die Ablösung einer relativ unreflektierten Naturvorstellung, die auf Harmonie zwischen Natur und Mensch gerichtet war, durch ein neues symbolisches Verständnis der Natur. Im Zusammenhang damit steht die Ausbildung einer ausgeprägten Fähigkeit zur symbolischen künstlerischen Gestaltung, die sich mit Höhepunkten in den Jahren 1813–15 für nationale und damit politische Ziele engagiert. Auch die in verschiedenen theoretischen Äußerungen geforderte Berücksichtigung von Stilformen außerhalb des Kanons antiker Baukunst prägt die Sujets. Genauere Aufschlüsse über die dabei beteiligten Vorgänge sind allerdings nur aus der Betrachtung von Schinkels architektonischem Schaffen zu gewinnen.

Architektur: Symbolik und Synthese im konkreten Medium

Gegen Ende des Jahres 1809 beginnt sich die Tätigkeit Schinkels wiederum verstärkt dem architektonischen Gebiet zuzuwenden. Anknüpfungspunkt für diese Wiederaufnahme ist die Übertragung verschiedener Aufgaben im innenarchitektonischen Bereich durch das Königshaus.[186] Allerdings bleiben die

---

184 Vgl. Koch, Zeitschrift für Kunstgeschichte 32 (1969) S. 272f.
185 Nur das Werk zum Mittelalter ist aus diesem Bilderpaar erhalten; vgl. AK Schinkel I S. 246f. (Nr. 179 und 180); sowie zur »Mittelalterlichen Stadt« Klingenburg in: Gärtner 1984 S. 103.
186 Noch immer offen ist die biographische Frage, ob der Auftrag des Königshauses an Schinkel auf den Eindruck zurückzuführen ist, den er bei der persönlichen Erläuterung der Panoramen hinterlassen hat. Zwar dürfte diese Begegnung stattgefunden haben, doch läßt eine Aussage Waagens darauf schließen, Schinkel sei bereits vor der Rückkehr des Königshauses beauftragt worden, vgl. Waagen 1842 S. 146ff.; möglich auch eine Beauftragung auf Empfehlung Wilhelm v. Humboldts, vgl. etwa Bergdoll 1994 S. 31. Sie ist im hier gegebenen Kontext jedoch nicht erheblich; ebenfalls nicht die Frage, welche Bestandteile für das Kgl. Palais unter den Linden und welche für das Charlottenburger Schloß vorgesehen waren; vgl. dazu Sievers, Schinkelwerk: Möbel S. 12.

nach dieser Reaktivierung einsetzenden eigenen Bauprojekte zunächst ohne Realisierung. Sowohl Schinkels erster in Richtung gotischer Formen tendierender Entwurf (Luisen-Mausoleum, 1810) als auch anschließende Entwürfe größerer und größter öffentlicher Bauten (Petrikirche, 1811 und 1814; Saal der Singakademie 1811; Dom zum Gedenken der Freiheitskriege, 1814/15) bleiben Projekte. Immerhin kann Schinkel seinen dorischen Alternativentwurf für das Mausoleum der Königin Luise teilweise realisieren. Vor der Verwirklichung des nächsten Projektes, der Neuen Wache von 1816, gelingt ihm aber lediglich die Durchführung kleinerer Bauaufgaben im Zwischenbereich zwischen Architektur und Skulptur (z.B. im Luisendenkmal von 1811). Obgleich neben Schinkels Tätigkeit für die Baudeputation vielfältige Arbeiten im malerischen und gestalterischen Bereich Aufmerksamkeit fordern (z.B. die Gestaltung des Eisernen Kreuzes 1813), verlagert sich in dieser Zeit der Schwerpunkt der künstlerischen Absichten wieder eindeutig auf die Architektur. Aus diesem Grund lassen sich auch die theoretischen Entwicklungen in vielen Hinsichten besonders gut anhand der Veränderungen der architektonischen Haltung verdeutlichen.

Ausgangspunkt: Suche nach ausdrucksfähiger Formensprache –
die frühen Innenausstattungen für das Königshaus
Die ersten (innen)architektonischen Werke, die Schinkel seit seinem Aufbruch nach Italien realisieren kann, werden trotz ihrer Bedeutung für eine grundlegende Wiederbesinnung Schinkels auf seine alte Schaffensform in der Literatur zu seinem Werk relativ wenig beachtet. Einerseits ist dieser Mangel an Aufmerksamkeit für die kleineren Innenraumgestaltungs- und Innenausstattungsarbeiten verständlich angesichts der Vielzahl anderer, repräsentativerer Projekte, die Schinkel in seinem Leben in Angriff nahm oder realisierte. Andererseits macht gerade die erneute Anknüpfung an das architektonische Medium nach langer Untätigkeit diese kleineren Arbeiten überaus aufschlußreich. Sie sind deswegen um so interessanter, weil sie für das Königshaus, den in Preußen denkbar prominentesten Bauherren erfolgen. Schinkel selbst wird sicherlich nicht übersehen haben, welche Perspektiven, aber auch Risiken mit diesen Bauvorhaben in der nach wie vor um den Hof zentrierten Berliner Kulturlandschaft verbunden sein mußten.

Unter diesen ersten Aufträgen ist besonders der für ein Schlafgemach der Königin im Charlottenburger Schloß interessant.[187] Die zwei Entwürfe, die

---

187 Bereits kurz zuvor wurde Schinkel mit Entwürfen für Umbauten des Kgl. Palais Unter den

II.4 Schinkel, Karl Friedrich: Schloß Charlottenburg. Ansicht des Schlafzimmers der Königin Luise, 1. Entwurf, bez. »Schinkel«
1810   36 x 51   Feder und Aquarell
Aus: AK Schinkel I, Abb. 20a (S. 14)

Schinkel für diese Aufgabe erarbeitete, weisen erstaunliche Unterschiede auf. Die erste Fassung[188] (1810) wird von zwei Gestaltungselementen beherrscht: Zum einen ist dies die organisch wirkende Ornamentik (vegetabile Formen, Vogelfiguren, Putti), die herausragende Positionen des Raumes besetzt (z.B. das Konsolgesims und die Bettpfosten), zum anderen die Überformung der Wandflächen mit Drapierungsstoffen, die sie den Charakter einer Wand zugunsten der Wirkung eines räumlichen Gebildes einbüßen läßt (Abb. II.4). Mit diesen effektvollen Draperien und dem frontalsymmetrischen Aufbau der Einrichtung vereinigt sich die ebenfalls symmetrisch angeordnete, unkonventionelle Beleuchtung (zwei zurückgezogene indirekte Lichtquellen neben dem Bett) zu einem Gesamteindruck, der einem Bühnenbild mehr als nur von weitem entspricht.

Linden beauftragt, von denen Teile (Bibliothek) in Zusammenarbeit mit Friedrich Gentz realisiert wurden. Vgl. dazu Snodin 1991, S. 115, Nr. 37 (Göres). Dieser Bauauftrag geht vermutlich auf Vermittlung Wilhelm v. Humboldts zurück, vgl. Zadow 1980 S. 41.
188 Vgl. dazu Kühn 1970 S. 114; Hampel 1989 S. 77.

II.5 Schinkel, Karl Friedrich: Schloß Charlottenburg. Schlafzimmer der Königin Luise
1935   36 x 51   Feder und Aquarell
Foto, aus: Kühn 1970, Tafelband 1, Abb. 612

Der später ausgeführte Entwurf dagegen (Abb. II.5) bewahrt nichts von der Vorstellung eines Bühnenbildes. Die weit ausschwingenden Draperien haben konventionellen Wandbespannungen Platz gemacht; klare Linien sind an die Stelle des ornamentalen Überflusses, ein zentraler Kronleuchter anstelle des vieldeutigen indirekten Lichtes getreten. Diese Verschiebung betrifft insbesondere das Bett als das zentrale Element des Raumes. Nicht mehr ein schweres, durch gewundene Säulen und darauf stehende Figuren die Vertikale betonendes Möbel mit Anklängen an die Renaissance, sondern ein schlichtes, wenn auch modisches lit-bateau nach französischen Vorbildern wird vorgeschlagen und realisiert.[189] Davon abgesehen gleicht die spätere Variante dem ersten Entwurf jedoch hinsichtlich einer formell wirkenden, statuarischen Tendenz. In der ausgeführten Version wird der Betrachter zusätzlich durch eine Sockelzone distanziert, auf der sich das Bett erhebt, gleichzeitig verstärkt die immer noch eingehaltene strenge Symmetrie des Raums diesen Distanzierungseffekt.

---

189 Vgl. Sievers 1950 S. 12 sowie Hampel 1989 S. 77ff., der diesen Entwurf auf Vorbilder aus Percier & Fontaines Werken zurückführt.

Werke und ihre Unterströmungen

Zwar sind keine Unterlagen über die Konzeption erhalten[190], die Schinkel mit seiner ersten Version verfolgte, trotzdem lassen sich aus dem Vergleich zwischen erstem Vorschlag und ausgeführter Version aufschlußreiche Folgerungen ziehen. Schinkels Präsentation des ersten Entwurfs rechnet vor allem mit der dramatischen, fast theatralischen Wirkungskraft der bildlichen Darstellung. Demgegenüber tritt die Nutzbarkeit des Raumes in den Hintergrund; materiale Pracht und ornamentaler Überfluß bilden statt dessen die beherrschenden Merkmale. Die Zurückhaltung und relative Sparsamkeit des veränderten Entwurfs besaß nicht nur Kostenvorteile, sondern konnte auch angesichts der für das Königshaus problematischen Lage angebracht erscheinen. Zudem besaß der neue Entwurf des Bettmöbels die Vorzüge, auf ein Vorbild unter den Möbeln der Königin zu verweisen und eine zeitgemäße, den preußischen Verhältnissen angepaßte Variante des Empirestils zu liefern.[191] Damit liegt es nahe, die im ausgeführten Entwurf verwirklichten neuen Tendenzen als eine Anpassung an die Wünsche der Auftraggeber und ihres Umfeldes zu verstehen. Der dabei vorgenommene deutliche Richtungswechsel bietet einen ersten Anhaltspunkt für eine Fähigkeit Schinkels, auch aus zunächst fernliegenden gestalterischen Vorgaben des Bauherrn noch anspruchsvolle Arbeiten zu schaffen. Dabei wird allerdings das aus dem anfänglichen, unbeeinflußten Entwurf deutlich gewordene Verlangen nach bühnenbildartiger Wirkungskraft der Architektur nicht verwirklicht.

Vorstufen eines Synthesemodells: Das Mausoleum für Königin Luise

Eine in mehreren Zügen ähnliche Entwicklungsgeschichte weist das ebenfalls in Charlottenburg errichteten Mausoleums für die Königin Luise auf. Auf den kurz nach dem Tode der Königin (19.7.1810) erhaltenen Auftrag, eine Planung für ein Mausoleum zu erstellen, reagiert Schinkel mit einer parallelen Strategie. Einerseits legt er dem Königshaus eine Planung für einen viersäuligen dorischen Prostylos vor, von der später lediglich der Portikus verwirklicht wurde[192], andererseits erarbeitet er eine in gotischen Formen[193] gehaltene Planung (Abb.

---

190 Vgl. Sievers, Schinkelwerk: Möbel S. 12ff.
191 In diesem Sinn auch AK Schinkel I Nr. 230 (S. 293).
192 Vgl. Kühn 1971 S. 167.
193 Wie Koch zutreffend feststellt, ist dabei die Nähe zu historisch überlieferten gotischen Formen relativ gering; die an gleicher Stelle angenommene Nähe zur »Palmblatt-Gotik«, wie sie insbesondere von Laugier und Milizia vorgeschlagen und von Johann Friedrich Dauthe im Umbau der Leipziger Nikolaikirche (1784) realisiert wurde, wirkt demgegenüber wahrscheinlich, vgl. Koch, Zeitschrift für Kunstgeschichte 32 (1969) Fn. 14 (S. 305), und Gaus,

II.6 und II.7).¹⁹⁴ Die Tatsache, daß Schinkel nur wenig später die nicht realisierte gotische Variante für eine Ausstellung vorsieht und mit einem ausführlichen, manifestartigen Erläuterungstext verbindet, belegt nachdrücklich die Bedeutung, die er seinem architektonischen Anliegen beimißt.¹⁹⁵ Dennoch ist er auch hier offenbar willens und fähig, die weltanschaulich fundierte Entscheidung für gotische Stilformen zugunsten des Geschmacks eines (prominenten) Bauherren zurückzustellen.

Weist die Baugeschichte insoweit bereits eine Parallele zur Realisierung des Schlafzimmers der Königin auf, deutet der bühnenbildartige Charakter auch der hier nicht realisierten Planungen auf eine weitere Gemeinsamkeit hin: Auch die Ansichtszeichnungen für den nicht ausgeführten Entwurf des Mausoleums spielen mit einer ähnlich zurückgesetzten, indirekten Beleuchtung hinter vorgezogenen kulissenartigen Elementen, die bereits beim Entwurf des Schlafgemachs auffällig wurde. Nicht nur diese Charakteristik, sondern besonders auch die strenge Zentralperspektive der Darstellung beider Entwürfe ließe sie auch ohne weiteres als Entwürfe einer Theaterdekoration verständlich werden.¹⁹⁶ Gemeinsam ist ihnen ferner die streng symmetrische Anordnung, die sich im Aufbau der Präsentationsansichten widerspiegelt; weiterhin kehrt auch die Auflösung von Wandflächen im Inneren, an deren Stelle eine räumliche Struktur tritt, im Mausoleums-Entwurf wieder (vgl. Abb. II.4 und II.7).

Aus diesen Entsprechungen lassen sich grundlegende Überzeugungen Schinkels in dieser Phase architektonischen Neubeginns ablesen. Seine Entwurfshaltung setzt zu diesem Zeitpunkt noch nicht die gotische Stilrichtung als oberste Leitlinie fest, sondern bringt vielmehr vorherrschend ein Bemühen um starke emotionale Wirkungen der Architektur¹⁹⁷ zum Ausdruck, das als

---

Aachener Kunstblätter XLI (1971) S. 257ff., der jedoch berechtigterweise auch betont, daß zumindest in der Proportionierung Vergleiche mit dem Mailänder Dom nicht fernliegen.
194 Zu der Verwirklichung des Bauvorhabens und insbesondere zur Rolle von Friedrich Gentz vgl. Kühn 1970 S. 167ff. sowie Peschken, Zeitschrift des deutschen Vereins für Kunstwissenschaft (Bd. 22) 1968 S. 50ff.
195 Vgl. Gaus, Aachener Kunstblätter XLI (1971) S. 255ff.; zum theoretischen Gehalt dieses Textes zuvor unter S. 91ff.
196 Die Begleitschrift zum Entwurf für das Mausoleum weist weiterführend auf die Bedeutung der Beleuchtungseffekte hin, die eine entsprechende Vorstellung von Synästhesie wie in den Gemälden erkennen läßt, vgl. Koch, Zeitschrift für Kunstgeschichte 32 (1969) S. 266.
197 Nach Traeger soll in dieser Hinsicht die Malerei Runges Vorbildfunktion besessen haben, ohne daß allerdings eine überzeugende argumentative Grundlage geliefert wird. Vgl. Traeger in: Gärtner 1984 S. 120. Vgl. dazu, aber auch zu den Stimmungswerten, die mit der Assoziation des Palmenhains verknüpft werden sollen Gaus, Aachener Kunstblätter XLI (1971) S. 259ff.

II.6　Schinkel, Karl Friedrich: Entwurf einer Begräbniskapelle für Königin Luise. Außenansicht
1810　71,5 x 51,4　Pinsel, laviert und aquarelliert
Aus: AK Schinkel I, Abb. 4.4 (S. 43)

II.7 Schinkel, Karl Friedrich: Entwurf einer Begräbniskapelle für Königin Luise. Innenansicht
1810   72,0 x 52,0   Pinsel, laviert und aquarelliert
Aus: AK Ernste Spiele, Kat. 443

Werke und ihre Unterströmungen

solches zunächst noch stilunabhängig ist. Zeitgleich mit der Ausformulierung des Mausoleums-Entwurfs und des begleitenden Textes rückt jedoch die spezifische Orientierung an der Gotik in den Vordergrund. In Schinkels Erläuterungsbericht stützt sich diese Wahl besonders auf ein Argument, das die gotische Bauweise aus der geschichtlichen Entwicklung der Architektur als überlegen gegenüber der griechischen Antike auszeichnen soll: Unerfahrenheit in statischer Hinsicht habe den Architekten der Antike dazu gezwungen, seine Aufmerksamkeit ganz auf die tektonischen Notwendigkeiten zu richten. Im Gegensatz dazu habe es sich die gotische Architektur aufgrund ihrer virtuosen Beherrschung von Material und Form bereits erlauben können, die Konstruktion nicht mehr in den Vordergrund zu stellen und nicht sie, sondern die Idee zu veranschaulichen.[198]

Eine national begründete Vorliebe für die vermeintlich »deutsche« Bauweise[199] prägt Schinkels Darstellung mit; sie wird jedoch hier nicht als starkes Argument formuliert und bleibt im Ton relativ zurückhaltend. Die zunehmenden nationalen Strömungen in Preußen scheinen demnach für diese Entwicklungsphase Schinkels nicht entscheidend, was ebenfalls durch die Aufnahme französischer Vorformulierungen für seine Möbelentwürfe belegt wird. Wie wenig die verbreiteten nationalen Konnotationen des gotischen Stils für Schinkel relevant sind, verdeutlicht aber vor allem die Auffassung gotischer Stilistik in den um 1810 entstandenen Werken. Weder der gotische Entwurf für das Grabmal noch das im folgenden Jahr entstandene Denkmal der Königin Luise in Gransee[200] versuchen auch nur, historisch korrekte Vergegenwärtigungen einer weltanschaulich positiv besetzten Vergangenheit zu sein. Vielmehr verwendet Schinkel Andeutungen gotischer Stilistik, um Gefühlsgehalte einzufangen, die mit religiösen Vorstellungen verbunden sind[201]. Der Erläuterungsbericht zum Mausoleum verdeutlicht, daß Schinkel in dieser Phase *architektonisch* argumentiert, nicht politisch oder weltanschaulich. Das gleiche Argumentationsmuster prägt auch die Auseinandersetzung mit Hirts »Baukunst« von 1809, in der Schinkel gegen eine einseitige Orientierung an der Antike das »neue Princip« gotischer Architektur ausspielt.[202]

---

198 Schinkel in v. Wolzogen 1981 Bd. I–III S. 155ff.
199 Vgl. für diesem Themenkreis Germann 1974 S. 85ff.
200 Vgl. zu diesem Bau Kania, Möller, Schinkelwerk: Brandenburg S. 75ff.
201 Vgl. Koch, Zeitschrift für Kunstgeschichte 32 (1969) S. 266; Neumeyer, Repertorium für Kunstwissenschaft 49 (1928) S. 120f.
202 Schinkel-Nachlaß Heft IV A Blatt 13, 14, abgedruckt bei Peschken, Schinkelwerk: Lehrbuch S. 28.

Das oben angesprochene Argument Schinkels aus der bautechnischen Überlegenheit gotischer Architektur beansprucht zunächst für jede Architektur Geltung, soweit sie nur in irgend einem Umfang mit Bedeutungen operiert. Schinkels Absicht liegt allerdings nicht darin, die überlieferten Lehren zur Schönheit der klassischen Architektur gänzlich zu verabschieden; vielmehr soll eine Synthese an ihre Stelle treten:

> Damals, als die christliche Religion in der Allgemeinheit noch kräftiger lebte, sprach sich dies auch in der Kunst aus, und dies müssen wir aus jener Zeit aufnehmen und unter den Einflüssen der Schönheitsprinzipien, welche das heidnische Altertum lehrt, weiter fortbilden und zu vollenden suchen.[203]

Konkretion: Der erste Entwurf für die Petrikirche
Die Suche nach Synthesemöglichkeiten prägt in Fortschreibung dieser Absicht auch das nächste Projekt Schinkels aus dem Jahr 1810/11. Dieser Entwurf für die Wiederherstellung der ausgebrannten Petrikirche in Neukölln, dessen Veröffentlichung durch Schinkel starke Beachtung findet, ist gleichzeitig sein erster Versuch, über das Amt als Assessor der Oberbaubehörde für das ästhetische Fach Einfluß zu nehmen.[204] Schinkel verwendet in seinem Gegenvorschlag zu einem von Dritten eingereichten Entwurf überraschenderweise hauptsächlich Bauformen der italienischen Renaissance[205], aber auch der von ihm unter dem Etikett »sarazenisch« kennengelernten Romanik. Besonders auffällig sind die drei weiten Arkaden der Vorhalle, hinter denen kleinere Rundbogenportale mit gestaffelten Gewänden in den Innenraum führen, aber auch der umlaufende Rundbogenfries und die mit Rundbögen überwölbten Fensterlaibungen im Tambour der Zentralkuppel (Abb. II.8).[206] Wie Schinkels Erläuterungsbericht von 1810 selbst betont, sind für die Gliederung des Fensterbandes im Tambour auch antike Vorbilder relevant.[207] Im Inneren des Gebäudes wirken dagegen die in Richtung gotischer Formen weisenden

---

203 Schinkel in v. Wolzogen 1981 Bd. I–III S. 161.
204 Erarbeitet als Gegenvorschlag zur von Colberg eingereichte Planung zwischen dem 6.11.1810 und dem 12.12.1810, vgl. Rave 1981 S. 167.
205 Vgl. Koch, Zeitschrift für Kunstgeschichte 32 (1969) S. 270. Schinkels eigene Ausführungen legen die St. Peterskirche in Rom als Vorbild der Kuppellösung nahe; vgl. zu diesem Komplex auch Dolgner in: Gärtner 1984 S. 70ff.
206 Schinkel selbst weist darauf hin, daß für die Trennung der Arkaden durch Pilaster auch antike Vorbilder maßgeblich sind, vgl. Schinkel, abgedruckt bei Rave 1981 S. 176.
207 Schinkel, abgedruckt bei Rave 1981 S. 167ff.

Gewölbekonstruktionen beherrschend, in deren Bemalung die Palmblattformen des Mausoleumsentwurfs aufgenommen werden. Gleichzeitig sind auch die eckständigen Lisenen des Baus mit angedeuteten gotischen Fialen besetzt. (Für die Besetzung der Kranzgesimse von Gebäudekörper und Kuppel durch Blattkämme kann eine Anknüpfung an gotische Vorbilder angenommen werden.[208]) Insgesamt macht die stilistische Haltung damit einen uneinheitlichen, aber auch tastenden und experimentierenden Eindruck, der merklich auf den Versuch einer Stilsynthese verweist.[209]

II.8　Schinkel, Karl Friedrich: Aufriß für den Neubau der Petrikirche
1811　52 x 74　Bleistift und Feder
Aus: Rave, Schinkelwerk: Berlin I, Abb. 79

Der noch vorhandene Bestand der Ruine (Pfeilerfundamente und Säulenstücke) legt Schinkel den Grundriß eines Zentralbaus nahe, der sich harmonisch mit einem repräsentativen Kuppelbau verbinden läßt. Im Verhältnis zu dieser aus der Renaissance geläufigen Grundkonzeption wirkt der Einsatz gotischer Stilelemente als Dekoration des Bauwerks allerdings gezwungen. Schinkel versucht gegen Ende 1811 in einem Erläuterungstext zur Veröffentlichung des gering abgewandelten Entwurfes, diese Kombination zu rechtfertigen. Noch deutlicher als im Text zum Mausoleum lenkt er dabei die Aufmerksamkeit auf seine Forderung nach einer Verbindung der antiken Tradition mit der wiederentdeckten Kunst späterer Zeit:

> Vielmehr scheint es, daß die beiden Pole der Kunst schon entwickelt vor uns liegen, und daß die Verschmelzung beider entgegengesetzter Prinzipien zu einer Synthese der Kunst – das der Antike welches unmittelbar vom praktischen Leben ausgeht und zum Leben treibt, und das der christlichen Zeit, welches von einem Höheren ausgeht und aus dem irdischen Leben in eine höheres, im tiefen Innern sich findendes Leben zurückzieht – Aufgabe werde für die gesamte Folgezeit ...[210]

208　Vgl. Koch, Zeitschrift für Kunstgeschichte 32 (1969) S. 270.
209　Vgl. dazu auch Koch 1969 S. 270; Dolgner in: Gärtner 1984 S. 68ff.
210　Schinkel, abgedruckt bei Rave 1981 S. 176.

Schinkel engt seine Forderung nicht auf eine Rehabilitierung der Gotik ein, wie der Entwurf für das Mausoleum nahelegen könnte, sondern seine Ausdrucksweise richtet sich allgemein auf die Kunst der »christlichen Zeit«. Damit spricht einiges dafür, daß für ihn – insbesondere angesichts seiner Erfahrungen in Italien – eine Neubewertung und Nutzbarmachung der Architektursprache der Romanik zunächst nahezu ebenso bedeutend ist.[211]

Umsetzung: Der zweite Entwurf für die Petrikirche
Die weitere Entwicklung der Vorschläge Schinkels belegt gegenüber der »Proteus-Natur«[212] des ersten Projektes für die Petrikirche einen Umschlag in seiner Entwurfshaltung. Gegen Jahreswechsel 1814/15 trifft Schinkel die Verpflichtung, abermals auf einen privat eingereichten Entwurf zur Erneuerung der Ruine zu reagieren.[213] Obwohl die ausführliche Diskussion um seine Planungen von 1810/11 ganz überwiegend positive Resonanz erbrachte und die Realisation wohl nur an mangelnden Geldmitteln scheitert, liefert Schinkel nunmehr eine neue, vollständig veränderte Planung. Auch sie entwickelt den Gebäudekörper aus dem noch vorhandenen Bestand, verläßt aber sowohl die zuvor grundlegende Zielsetzung als auch die vorherige stilistische Orientierung. Die 1810/11 so wichtige repräsentative Kuppel-Lösung wird vollständig aufgegeben; anstelle der komplexen stilistischen Synthese tritt eine eindeutige Festlegung auf gotische Stilelemente (Abb. II.9).[214] Obgleich einzelne Bestandteile dieser Stilistik relativ schematisch gehandhabt werden (so z.B. die Behandlung der Wände als rein flächiger Elemente, ein für gotische Bauten untypisches Vorgehen[215], vor allem aber die Grundrißlösung), verdeutlicht der Vergleich mit dem Luisen-Mausoleum, daß Schinkel nun wesentlich stärker das konkrete Beispiel historischer Vorbilder sucht.[216] Im Entwurf der Petrikirche

---

211 Vgl. Koch, Zeitschrift für Kunstgeschichte 32 (1969) S. 270.
212 Koch a.a.O.
213 Vgl. zur Entwurfsgeschichte insb. Rave, Schinkelwerk: Berlin I S. 177ff. und Koch, Zeitschrift für Kunstgeschichte 32 (1969) S. 276ff.
214 Zu »Restbeständen« klassizistischer Entwurfsauffassung vgl. Koch, Zeitschrift für Kunstgeschichte 32 (1969) S. 280ff.
215 Insofern bestehen Parallelen zur Entwicklung der zeichnerischen Fähigkeiten Schinkels auf der Italienreise, die gleichfalls zu Anfang die gotische Formenvielfalt aufgrund der klassizistischen Ausbildung nur mühevoll bewältigen, vgl. dazu Koch, Zeitschrift für Kunstgeschichte 29 (1966) S. 189ff.
216 Relativ wahrscheinlich ist eine Anknüpfung an Lösungen der Katharinenkirche in Brandenburg; möglich ebenfalls Rückgriffe auf Vorbilder in Stettin und Bad Doberan, vgl. Koch, Zeitschrift für Kunstgeschichte 32 (1969) Fn. 47 und S. 282.

II.9 Schinkel, Karl Friedrich: Entwurf zur Petrikirche. Außenansicht
1814   44,2 x 29,6   Feder, aquarelliert, weiß gehöht
Aus: AK Schinkel II, Abb. 4.7 (S. 61)

II.10 Schinkel, Karl Friedrich:
Steinfugung der Petrikirche
1814   33 x 19   Feder
Aus: Rave, Schinkelwerk I, Abb. 90

II.11   v. Quast, Ferdinand (nach Schinkel): Querschnitt durch die Klosterkirche mit dem Wiederherstellungsplan Schinkels
1813   52 x 36   Bleistift
Aus: Rave, Schinkelwerk I, Abb. 224

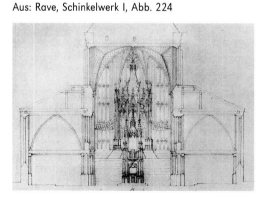

Ein romantisches Jahrzehnt

sind hier die Lösungen für die Gewölbe aufschlußreich, besonders aber die Detaillierung der Maßwerke, in die Schinkel erheblichen gedanklichen und zeichnerischen Aufwand investiert (Abb. II.10).

Die Neuplanung der Petrikirche steht aufgrund dieser Entwicklungsrichtung eng mit einem Projekt aus dem vorangegangenen Jahr in Verbindung. Bereits am 17.7.1813 hatte Schinkel auf behördlichen Auftrag hin eine Wiederherstellungsplanung für die teilweise baufällige Berliner Klosterkirche (Abb. II.11) vorgelegt.[217] Mit dieser Planung[218] wird zum ersten Mal eine ausführliche, einzelne Bauformen vollständig in gotischen Details fassende Bauaufgabe durch Schinkel ausgearbeitet. Der Erneuerungsplan der Klosterkirche baut – ebenso wie die Erneuerung der Petrikirche – auf altem Bestand auf. Im Fall der Klosterkirche ist allerdings diese vorhandene Bausubstanz gotischen Ursprungs, so daß Schinkel sich erstmals praktisch mit der Forderung nach einer zeitgemäßen Veränderung eines nicht unbedeutenden gotischen Bauwerks auseinandersetzen muß. In seinem Vorschlag zur Bewältigung dieser Aufgabe verwendet Schinkel erstmalig in großem Umfang historisch stimmige gotische Detaillösungen. Es ist dementsprechend auch aus der – zufälligen – persönlichen Geschichte der Schinkel übertragenen Bauaufgaben naheliegend, daß sich Schinkel in der Phase des Klosterkirchenentwurfs erstmalig aktiv mit der Forderung nach Neuschöpfungen beschäftigte, die direkt an gotische Vorbilder anknüpfen sollten. Jedenfalls ist auffällig, daß er in den anschließenden Jahren bis 1816 in einer Vielfalt von größeren und kleineren[219] Bauaufgaben mit geringen Abwandlungen auf die im Entwurf für die Klosterkirche entwickelten gotischen Details zurückgreift.

Parallel zu dieser Entdeckung gotischer Detailistik entwickelt Schinkel weitergehende Ideen für den Einsatz der neuen Formen. Die noch 1810 erhobene Forderung nach Verschmelzung gotischer und antiker Bauweise wird nun modifiziert; Schinkel beginnt nach einer grundsätzlicheren Lösung zu suchen, die vom Geist der »altdeutschen Baukunst« beherrscht sein soll. In den Bauaufgaben, die ihm zuvor in seiner behördlichen Tätigkeit übergeben werden, machen es die Begrenzungen vorhandenen Baubestandes noch nicht

---

217 Vgl. dazu Rave, Schinkelwerk: Berlin I: S. 346; AK Schinkel I S. 131ff. (Nr. 29) .
218 Vgl. hierzu auch Eva Börsch-Supan, Zeitschrift des Deutschen Vereins für Kunstwissenschaft 35 (1981) Heft 1/4 (Sonderheft zum Schinkel-Jahr), S. 6ff.
219 Z.B. in den Denkmalsentwürfen wie dem für Toussaint (zwischen 1813 und 1819 realisiert; aufgrund des Ablebens Toussaints im Jahr 1813 wohl näher zu diesem Datum), vgl. dazu AK Schinkel I S. 145 (Nr. 39).

möglich, mehr als kostengünstige Behelfslösungen zu erstellen, die gotische Bauformen nur in Grenzen übernehmen können. In einem erläuternden Text, der zwischen Dezember 1814 und März 1815 entstanden sein muß, weist Schinkel selbst auf diese Tatsache hin. Gleichzeitig deutet er aber ein anderes Projekt an, das nicht durch Vorgaben eingeschränkt und daher als Monument der Zeit besser geeignet sei:

> Indem wir im Ganzen glauben, daß die von uns für dies Gebäude angegebenen Formen dem Zwecke nicht unwürdig gewählt sind, so erkühnen wir uns doch keineswegs, dies Bauwerk als ein eigentliches Denkmal für die großen Momente der Zeit aufstellen zu wollen, sondern wir glauben, daß hierzu mehr getan und ein Werk von Grund aus neu und dem Zweck entsprechend aufgeführt werden müsse.[220]

Die Vermutung kann kaum von der Hand gewiesen werden, daß unter diesem »Werk« das von Schinkel seit Sommer 1814 im Auftrag des Königshauses[221] bearbeitete Projekt eines Doms als Denkmal für die Freiheitskriege zu verstehen ist.

Kulminationspunkt: Der Dom für die Freiheitskriege

Das Projekt eines Doms zum Gedenken der Freiheitskriege[222], obwohl zeitlich teils vor den Entwürfen für die Petrikirche gelegen (teils auch parallel zu diesen), stellt dieses durch seine Komplexität und die Intensität der Bearbeitung durch Schinkel weit in den Schatten (Abb. II.12). Aufgrund seiner inzwischen sehr vollständig vorliegenden Dokumentation[223] soll es hier jedoch nur insofern herangezogen werden, wie es den Kulminationspunkt von Entwicklungen verdeutlicht, die sich in den vorangegangenen Projekten abzuzeichnen beginnen.

---

220 Schinkel, abgedruckt bei Rave, Schinkelwerk: Berlin I S. 180.
221 Die durch v. WOLZOGEN auf 1819 vorgenommene Datierung der Arbeiten Schinkels zu diesem Projekt kann mittlerweile als überwunden gelten, vgl. z.B. Koch, Zeitschrift für Kunstgeschichte 32 (1969) S. 284ff.; Rave, Schinkelwerk: Berlin I S. 187.
222 Im hier behandelten Zusammenhang wird vorrangig das ausgereifte Projekt von 1815 herangezogen. Hinsichtlich der eventuellen Vorstufen von 1814 (dazu Rave, Schinkelwerk: Berlin I S. 187ff.) kann nicht als endgültig gesichert gelten, ob dieses Projekt nicht in den Zusammenhang des von Sieveking initiierten vergleichbaren Vorhabens für Leipzig zu rechnen ist, vgl. Klingenburg in: Gärtner 1984 S. 105f.
223 Z.B. Koch, Zeitschrift für Kunstgeschichte 32 (1969) S. 282ff.; Rave, Schinkelwerk: Berlin I S 187ff.; vgl. auch Klingenburg in: Gärtner 1984 S. 100ff.; Badstübner in: Gärtner 1984 S. 92ff.

II.12 Schinkel, Karl Friedrich: Dom als Denkmal für die Befreiungskriege. Seitenansicht 1814/15 Lichtdruck, Original Feder, aquarelliert
Aus: AK Schinkel II, Abb. 4.12 (S. 63)

Korrektheit der Stilreproduktion

Eine dieser Entwicklungen ist die verstärkte Bemühung um eine historisch richtige Erfassung gotischer Stilformen. Im Domprojekt ist sie auf eine Stufe vorangetrieben, die es erlaubt, direkte Verweise auf andere historische Bauten zu isolieren. Insbesondere die Forschungen von KOCH ermöglichen es, die Beziehungen zu so prominenten Bauten wie dem Straßburger Münster, dem Mailänder Dom, der Kathedrale von Chartres und der Klosterkirche im portugiesischen Batalha zu isolieren[224], aber auch zum Dom zu Köln.[225] Dabei fällt zunächst ins Auge, daß Schinkel diese Vorbilder zum Teil aus intensiver eigener Anschauung kannte[226], sie zu einem anderen Teil aus verbreiteten und

---

224 Vgl. Koch, Zeitschrift für Kunstgeschichte 32 (1969) S. 294ff.; Klingenburg in: Gärtner 1984 S. 101 geht unzutreffend von einer nur allgemeinen stilistischen Nähe zu Vorbildern aus.
225 Vgl. Koch, Zeitschrift für Kunstgeschichte 32 (1969) S. 294, Fn. 76.
226 So etwa das Straßburger Münster und den Dom von Mailand; die Datierung der von Schinkel zu diesen Bauwerken angefertigten Rekonstruktionszeichnungen auf das Jahr 1812 bei Koch überzeugt gegenüber der bei Waagen angegebenen in das Jahr 1820 (für die Straßburger Zeichnung). Vgl. Koch, Zeitschrift für Kunstgeschichte 29 (1966) S. 203.

Werke und ihre Unterströmungen

von ihm verwendeten Publikationen[227] mit hoher Wahrscheinlichkeit gekannt hat. Damit geht er zu einer Vorgehensweise über, die der historisch getreuen Kopie einzelner Details des Vorbildes wesentlich höhere Bedeutung beimißt als es etwa im Mausoleum für Königin Luise der Fall war. Auffällig ist dabei, daß diese Entwicklung einen Zeitraum betrifft, in dem ganz entsprechende Tendenzen auch das malerische Schaffen prägen. Ein entscheidender Ansatzpunkt wird dabei in der Auszeichnung des gotischen Stils als eines nationalen Sinnbildes gefunden werden können, wie er etwa in der Bezeichnung als

... ergreifender Stil altdeutscher Bauart ...[228]

mitschwingt. Daneben liegt ein zweiter Gesichtspunkt im steigenden Kenntnisreichtum der architektonischen Detailistik, wie ihn Schinkel sich durch seine intensive Beschäftigung mit gotischer Baukunst seit 1812 erarbeitete.[229]

Internationale Vorbilderwahl und Keimzellengedanke

Auffällig ist zudem die Auswahl der stilistischen Vorbilder. Schinkels bezieht sich auf verschiedene Bauwerke Kontinentaleuropas, die herausragende Beispiele der gotischen Stilentwicklung darstellen. Ihre Synthese unter dem Signet eines »altdeutschen Stils« ist selbst auf der Grundlage der anfangs des 19. Jahrhunderts beherrschenden Vorstellung einer Priorität gotischer Stilentwicklungen auf deutschem Boden[230] erstaunlich. Ihr Verständnis erfordert eine Einbindung in die Zielsetzung des Doms insgesamt: Wie die programmatische Begründungsschrift Schinkels zeigt, steht im Zentrum des Projektes die

... Wiedergeburt des Edelsten überall ...[231]

Demgemäß versteht sich der Bau als Grundstein einer neuen Entwicklung gotischer Architektur, die auf den als vorbildlich anerkannten Bauformen der

---

227 Die Kirche in Batalha mit ihrem auffälligen Zentralbau wurde schon in der Darstellung von Stuart und Revett überaus präzise wiedergegeben, Schinkel kann seine endgültige Lösung aus dieser Quelle geschöpft haben, oder auch aus der ihm bekannten Publikation dieses Baus in den »Bußlerschen Heften« (Bußler 1806–1808), vgl. Koch, Zeitschrift für Kunstgeschichte 32 (1969) Fn. 77.
228 Schinkel, abgedruckt bei Rave, Schinkelwerk: Berlin I S. 196; vgl. zum Aspekt der Vermischung religiöser und nationaler Symbolismen Nipperdey 1968 S. 548.
229 Verwiesen sei auf die bereits angesprochenen Zeichnungen des Straßburger Münsters und des Mailänder Doms von 1812 sowie auf die Arbeit an der Klosterkirche ab 1813.
230 Die These einer Entstehung der gotischen Stilrichtung auf deutschem Boden wurde erst 1840 durch Franz Mertens erschüttert, vgl. Germann 1974 S.139ff.
231 Schinkel, abgedruckt bei Rave, Schinkelwerk: Berlin I S. 196.

geschichtlichen Gotik aufbauen soll.[232] Unter der Voraussetzung, daß in der zeitgenössischen Theorie für diese Entwicklung ein Ausgangspunkt auf deutschem Boden als Keimzelle postuliert wurde, erscheint auch die Rückführung der stilistischen Varianten in ein Zentralmonument im preußisch-deutschen Gebiet legitim.

<ins>Distanzierung der Natur</ins>
Auf den Zusammenhang mit den Wurzeln von Schinkels Architekturverständnis verweist im übrigen ein wichtiges Detail, das nahezu sämtliche von ihm angefertigten Darstellungen gotischer Sakralbauten in dieser Zeit kennzeichnet: Sowohl die Entwürfe für das Mausoleum, die Petrikirche und den Freiheitsdom als auch die Mehrheit der Gemälde zeigen das religiöse Bauwerk jeweils über das Niveau der Umgebung emporgehoben und so aus dessen Bezugsrahmen losgelöst. Soweit KOCH geltend macht, im Fall des Domprojekts sei hier ein Rückgriff auf den berühmten, für Schinkel so prägenden Entwurf Friedrich Gillys für das Denkmal Friedrichs des Großen merklich[233], greift dies zu kurz. Angesichts der Vergleichbarkeit der Grundrisse beider Planungen durchaus naheliegend, verdeutlicht diese Herleitung doch nicht die vergleichbare Elevation in früheren Projekten.

In dieser Besonderheit prägt sich eine doppelte Bewegung aus, die auf vergleichbare Entwicklungen in Schinkels malerischem Werk verweist. Einerseits greift die Ausformulierung der Sockelzone auf eine gewisse Distanzierung der natürlichen Umgebung zurück, wie sie bereits einige Werke vor der Italienreise charakterisierte, dann aber unter dem Eindruck der Reiseerfahrung aufgegeben wurde.[234] Andererseits wird dieses Distanzierungsmodell nun von Schinkel selbst als symbolischer Einbezug der Beziehung Kunstwerk – Natur gedeutet:

> Durch den Unterbau soll das Erdreich in seiner Crystallisation vorgestellt werden, über welche hinaus die Pflanze zum Himmel anstrebt, durch deren verwebte Zweige man die himmlischen Bilder erblickt.[235]

---

232 Vgl. dazu Klingenburg in: Gärtner 1984 S. 101.
233 Vgl. Koch, Zeitschrift für Kunstgeschichte 32 (1969) S. 27ff. Soweit Steckner in: Büsch 1987 S. 246 den Gedanken betont, daß die im Sockel befindliche Krypta zum nationalen Monument der Hohenzollern werden sollte, trifft dies zwar zu, erschöpft die Motive Schinkels aber nicht.
234 Vgl. zuvor S. 82f.
235 Zitiert nach Mackowsky 1922 S. 196f.

In entsprechender Weise wie in den malerischen Werken der hochromantischen Phase Schinkels wird Natur dadurch zwar in die künstlerische Gesamtgestaltung einbezogen, allerdings nicht als Verweis auf einen ihr innewohnenden Eigenwert, sondern aufgrund ihrer Funktion in einem System symbolischer Bezüge. Auch in diesem wichtigen Detail prägt sich damit eine Tendenz aus, die in theoretischer Suche, malerischem Werk und architektonischer Umsetzung nahezu zeitgleich abläuft.

Symbolische und allegorische Kunstformen
Die Konzeption des Domprojektes und insbesondere seiner skulpturalen Ausstattung verdeutlicht allerdings an einem zentralen Punkt auch eine deutliche Abkehr von zuvor vertretenen Positionen: Wurde in der theoretischen Schrift zum religiösen Gebäude (1811) noch vehement die symbolische Kunstform gegenüber allegorisch-konventionellen Bedeutungsträgern ausgezeichnet[236], werden nunmehr ausdrücklich auch allegorische Figuren in die Gesamtkonzeption aufgenommen:

> Die sämtlichen Frontispize über den Portalen und Fenstern sind mit allegorischen, stark hervortretenden und zum Teil ganz frei gearbeiteten Skulpturen ausgefüllt.[237]

Eine herausragende Stellung in diesem allegorischen Programm besitzt die monumentale Portalfigur des Erzengels Michael, dessen christliche Ikonographie als Bezwinger des Bösen mit der hergebrachten Funktion als Sinnbild des siegreichen deutschen Heeres vermengt wird (Abb. II.13).[238] Durch diese Kombination vorgeprägter Bedeutungen wird das Gesamtgebäude unter das Zeichen militärisch siegreichen Kampfes gegen die Bedrohung Frankreich gestellt und dem Gegner zugleich die Ikonographie des »bösen Prinzips« zugeordnet. Auch an anderer Stelle werden Zeichensysteme religiösen und politischen Ursprungs verknüpft, so etwa im Frontispiz über dem Hauptportal, das statt des zu erwartenden Rosettenfensters ein monumentales Eisernes Kreuz aufnimmt.

Zwar wird in den Entwürfen neben dem bereits angesprochenen symbolischen Einbezug von Naturformen auch der symbolische Bezug der gotischen Architekturform insgesamt berücksichtigt, wie Schinkel ihn schon in seinen vorangegangenen malerischen Werken häufig zur Grundlage gemacht hatte.

---

236 Vgl. zuvor S. 93ff.
237 Schinkel, abgedruckt bei Rave 1981 S. 200.
238 Vgl. Bischoff 1977 S. 57; Koch, Zeitschrift für Kunstgeschichte 32 (1969) S. 299.

II.13 Schinkel, Karl Friedrich: Dom als Denkmal für die Befreiungskriege.
Skizze einer Portalansicht
1814   19 x 23   Bleistift
Aus: Rave, Schinkelwerk: Berlin I, Abb. 94

Dennoch ist die neue Tendenz einer Hinwendung zum Gebrauch der Allegorie vorherrschend; theoretische Äußerungen Schinkels, in denen diese Kehrtwendung vorbereitet oder aus denen sie verständlich wird, fehlen jedoch genauso wie Vorformulierungen im Medium der Malerei. Statt einer Hypothese zum Verständnis dieser Wendung scheint nur ein Verweis auf die Widersprüchlichkeit des gesamten Projektes möglich: Einerseits macht die Formulierung eines symbolischen Bezugs auf die religiöse Dimension des Projektes es erforderlich, dem Rezipienten einen weiten Freiraum an Deutungsmöglichkeiten zu gewähren, an denen er seine religiösen Vorstellungen und Gefühle im eigenständigen Nachleben entwickeln kann. Andererseits legte das Verlangen nach einer Keimzelle einer neuen gotischen Architektur für Schinkel den Bezug auf Vorbilder aus konkret realisierten Werken gleicher Stilzugehörigkeit nahe. Zwar wird durch diesen zweiten Aspekt ein symbolisches Erlebnis des Domes im Sinne romantischer Innerlichkeit nicht unmöglich gemacht, doch erschweren es Konkretion und Detailreichtum dem Bewußtsein des Betrachters, sich in der gewünschten Weise entrücken zu lassen. Es erscheint naheliegend, daß Schinkel angesichts dieses Verlustes an Erlebnismöglichkeiten das Ausweichmittel der allegorischen Anreicherung wählte.

Werke und ihre Unterströmungen

Der Dom und Friedrich Wilhelm IV.
Die Entstehungsgeschichte der unterschiedlichen Entwürfe für das Domprojekt ist nicht nur mit dem politischen Tagesgeschehen eng vernetzt. Daneben weist diese Planung als erstes Werk Schinkels auf einen Zusammenhang mit der später für den Architekten so bedeutenden Person des Kronprinzen hin, auf Friedrich Wilhelm IV. Teils wird der Einfluß des gerade erst Zwanzigjährigen für recht erheblich gehalten.[239] Nicht selten wird dabei die Gedankenwelt des Prinzen als der eigentliche Motor des enormen Projektes verstanden, so etwa in RAVES Feststellung über die Einstellung Friedrich Wilhelms III. zum Projekt des Dombaus:

> ... sicherlich konnte auch er sich in jenen Tagen der Hochspannung hoffnungsfrohen Gedanken hingeben und wurde in dem, was Baupläne anging, vielleicht mitgerissen von seinem damals neunzehnjährigen Sohn, dem Kronprinzen, ...[240]

Als Anknüpfungspunkt dieser Bewertung dient dabei eine undatierte, mit hoher Wahrscheinlichkeit dem Prinzen zuzuschreibende Zeichnung einer vergleichbaren sakralen Baulandschaft wie in den Domprojekten Schinkels (Abb. II.14).

Diese These läßt sich jedoch nicht überzeugend aufrechterhalten, wenn die verdeutlichte Abfolge der Entwürfe Schinkels in der Vorphase des Domprojekts, aber besonders die Entwicklung ihrer geistigen Grundlagen ernst genommen wird. In diesen Entwicklungen sind die Elemente, die für das Domprojekt entscheidend werden, bereits im Detail vorformuliert: So weist die dargestellte Folge der Entwürfe zwischen 1810 und 1814 ebenso auf die steigende Bedeutung konkreter Vorbilder aus dem gotischen Formenkreis hin wie die Schwerpunktverschiebungen des malerischen Schaffens. Gleichzeitig ist in der Grundlagenbildung die gezeigte Erarbeitung des Konzeptes für ein religiös besetztes und gleichzeitig national orientiertes symbolisches Kunstwerk einer der zentralen eigenständig erarbeiteten Faktoren. Auf der Seite des erst zwanzigjährigen Prinzen dagegen ist eine Phase von Vorüberlegungen zu einem derartigen Projekt nicht überliefert[241]; soweit gestalterische Vorarbeiten betroffen sind, können Folgerungen nur aus dem einen vorhandenen Blatt abgeleitet werden. Es fällt dementsprechend sehr schwer, in der Arbeit des gestalterisch jedenfalls unfertigen Friedrich Wilhelm, der Überlegungen für

---

239 Vgl. Rave, Schinkelwerk: Berlin I S. 187ff.; Dehio 1961 S. 18.
240 Rave, Schinkelwerk: Berlin I S. 187ff.
241 Vgl. Steckner in: Büsch 1987 S. 244ff.

II.14 Schinkel, Karl Friedrich: Dom als Denkmal für die Befreiungskriege. Skizze ca. 1815   Bleistift
Aus: Koch, Zeitschrift für Kunstgeschichte 32(1969), Abb. 14

Projekte eines zeitgenössischen Sakralbaus zu dieser Zeit noch fernstand, eine Vorformulierung für den seit Jahren intensiv an entsprechenden Fragenkomplexen arbeitenden Architekten zu sehen.[242] Obgleich Belege für einen direkten Kontakt zwischen Schinkel und Friedrich Wilhelm in dieser Zeit fehlen, ist es plausibler, die Zeichnung zwar dem Umkreis der von Schinkel vorgelegten Entwürfe zuzuordnen, aber ausschließlich rezeptiv zu deuten.[243]

Infektion und Rekonvaleszenz: Das militaristische Zwischenspiel
Das Projekt für den Dom als Denkmal für die Freiheitskriege ist nur innerhalb eines weltanschaulichen Rahmens verständlich, der den Gedanken nationaler Befreiung mit reformerischen Absichten und gleichzeitig mit der schwärmerischen Besetzung vergangener Größe verknüpfte. Wie stark auch Schinkel in diesen für viele Stellungnahmen seiner Zeitgenossen selbstverständlichen Rahmen eingebunden[244] war, belegt ein Ausschnitt seines Schaffens, der oft nur unzureichend behandelt wird: Aus der Zeit unmittelbar nach Ende der

---

242 In dieser Weise deutet auch KOCH die Zeichnung des Prinzen als ein in der Diskussion mit dem schon zuvor in gleicher Richtung tätigen Schinkel erarbeitetes rezeptives Dokument, vgl. Koch, Zeitschrift für Kunstgeschichte 32 (1969) S. 294.
243 Dieser Deutung entspricht auch die eigene Ausdrucksweise des Prinzen, der in einem Brief an seinen Vater in Wien am 29. Dezember 1814 schreibt: »... Schinkel hat wieder eine Menge schöner Sachen gezeichnet, ... und vor allem eine große Kirche, die wirklich überschwenglich ist.« (Zitiert nach Schmitz, Hohenzollernjahrbuch 20 (1916) S. 15.) Die Annahme einer wirklich engen Teilnahme an der gedanklichen Vorarbeit für das Projekt verbietet sich angesichts dieser eigenen Darstellung Friedrich Wilhelms.
244 Erwähnenswert ist in diesem Zusammenhang die Tatsache, daß Schinkel sich im Jahr 1813 selbst für den Landsturm meldete, vgl. Gärtner in: Gärtner 1984 S. 195.

Werke und ihre Unterströmungen

Freiheitskriege – zeitgleich mit der Ausarbeitung der verschiedenen Entwurfsversionen für das Domprojekt – stammen mehrere öffentlich ausgerichtete Arbeiten, die in dieser Richtung einen Extremwert seines Oeuvres darstellen. Zu erwähnen ist hier zunächst das Denkmal für den preußischen Generalfeldmarschall Courbiere von 1814 (Abb. II.15).[245] Hier sind auf einem dreistufigen Scheibensockel zwölf Mörser im Wechsel mit Adlern, die ihre Schwingen ausbreiten, in Rundform angeordnet; sie tragen einen Inschriftenfries. Dieser dient als Auflage für zwanzig in Brand gesetzte Granaten und ein Gitterwerk aus sechzehn aufgestellten, nach innen hängenden Kriegsbannern. In ihrer Mitte ragt eine Feldstandarte auf, die von einem Reichsadler besetzt wird. Einem ähnlichen gestalterischen Prinzip folgt das Denkmal für die Gefallenen von 1812/15 in Spandau (errichtet 1816, Abb. II.16)[246], dessen knappe Beschreibung im v. Wolzogenschen Werkverzeichnis aussagekräftig genug ist:

> Militärisches Denkmal mit Lanzen, Helmen, Schilden und einer Granate dekoriert.[247]

Der mäßig hohe, gitterartige Korpus des Denkmals, eine Zusammenstellung aus zwölf Speeren, an denen vier mittelalterlich wirkende Schilde und Helme angebracht sind, erhebt sich auf einem dreistufigen Scheibensockel. Aus dem Lanzengitter ragt ein abgetreppter Aufsatz, der wiederum eine Kugel trägt, die eine aufsitzende Flamme als Granate verdeutlicht. Vergleichbare Mittel, allerdings in noch stärkerer Massierung, verwendeten auch die von Schinkel vorgeschlagenen Dekorationen für die Berliner Siegesfeiern im August 1814 (Abb. II.17), deren Ausführung erst auf Anweisung des Königs abgeändert wurde.[248]

Dieser gesamte Werkbereich ist auffällig dadurch geprägt, daß Schinkel hier die künstlerische Wirkung vorwiegend durch das Vorweisen kriegerischen »Handwerkszeuges« zu erreichen sucht; eine Gestaltungsweise, die in seinem

---

245 Vgl. AK Schinkel I S. 126 (Nr. 26); die im gleichen Werk in der Werkliste abweichende Datierung auf 1811 ist fehlerhaft, sie trifft nur für die ersten Zeichnungen Schinkels zu diesem Vorhaben zu, vgl. Zimmermann 1916 S. 13ff.
246 Vgl. Kania/Möller, Schinkelwerk: Brandenburg S. 84f.
247 V. Wolzogen 1981 Bd IV Nr. I. A. b. 118.
248 Vgl. Rave, Schinkelwerk: Berlin III S. 263; Zadow 1980 S. 87; die direkte Rückführung auf das Vorbild der Pariser Siegesfeiern von 1805, wie sie PESCHKEN (vgl. Peschken 1993 S. 50) vornimmt, greift angesichts der massiven Umformulierung von Architekturformen zu Waffenkonglomeraten zu kurz. Dagegen trifft es zu, wenn Forssman 1981 S. 57 *einen Teil* der dekorativen Elemente auf die Pariser Inszenierungen von Percier und Fontaine zurückführt.

II.15 Schinkel, Karl Friedrich:
Denkmal Courbiere in Graudenz
1814   Feder
Aus: AK Schinkel I, Abb. 26 (S. 126)

II.16 Schinkel, Karl Friedrich:
Denkmal in Spandau (Photo)
Aus: Kania/Möller, Schinkelwerk: Mark Brandenburg, S. 84

II.17 Schinkel, Karl Friedrich:
Siegessäule an der Opernbrücke
1814   81 x 51   Bleistift, Feder
Aus: Rave, Schinkelwerk: Berlin III, Abb. 276

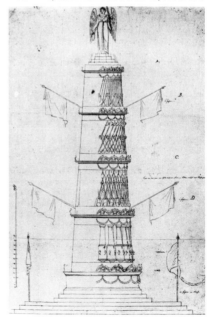

Werke und ihre Unterströmungen

Schaffen bisher aus gewichtigen Gründen nicht auftauchte[249]: Zunächst ist, wie zuvor dargestellt wurde, die Differenzierung zwischen symbolischen und allegorischen Ausdrucksformen für sein Schaffen in der hier behandelten Zeitspanne entscheidend. Eigener Maßstab Schinkels ist dabei die Forderung nach einer symbolischen Kunst, die in vorgegebenen, in der Art eines Chiffrensystems entzifferbaren allegorischen Bezügen ein inferiores Ausdrucksmittel sieht. Dieser Forderung wird jedoch die plakative Verwendung militärischer Symbole nur zum Teil gerecht. Es dürfte zwar richtig sein, daß Schinkel bei diesen Gestaltungen auf das antike Vorbild des Tropaions zurückgreifen konnte; gleichzeitig mögen auch bestimmte ikonographische Mittel von den Auftraggebern vorformuliert gewesen sein.[250] Dennoch ist hervorzuheben, daß die von Schinkel in dieser Zeitspanne ansonsten häufig als poetische Überhöhung verwendeten Mittel (vor allem gotische Architekturformen, aber auch allegorische Figuren) vollständig in den Hintergrund gedrängt werden. Offensichtlich erscheint ihm kurzzeitig eine vollständig distanzlose Bejahung des militärischen Vorgehens ausreichend; die dafür verwendeten Mittel wirken im Rahmen des übrigen Schaffens befremdlich.[251]

Dies gilt allerdings nur in einem äußerst kleinen Zeitabschnitt, der zwar auch Übergangsphasen kennt, aber ansonsten recht klar begrenzt ist. So wird etwa von Schinkel noch kurz zuvor eine Ausdrucksform für das Gedenken an die Freiheitskriege entwickelt, die sich ganz im Rahmen seiner Überlegungen über allegorische und symbolischen Kunstformen hält: Der schon 1813 auf dem Berliner Schloßplatz geplante Brunnen zum Gedenken an die Freiheitskriege[252] wird durch seine figurative Skulpturausstattung zu einem traditionell wirkenden allegorischen Aussagenbündel. In der unmittelbaren Nachkriegs-

---

249 Parallelen lassen sich allerdings in Werken C.D. Friedrichs aufweisen. Zu nennen sind hier zwei Ölgemälde mit Abbildungen des Grabes des Cheruskerfürsten Arminius, die als Denkmäler der Freiheitskriege interpretierbar sind, vgl. Bischoff 1977 S. 58ff., und insbesondere einige Denkmalsentwürfe, die formale Vergleiche zu den hier behandelten Arbeiten Schinkels zulassen, vgl. dazu Hartlaub, Zeitschrift für Bildende Kunst 51 (N.F. 27 Jg.) (1916), S. 204ff.
250 In diesem Sinn AK Schinkel I S. 126f (Nr. 26).
251 Die von Bischoff vorgeschlagene Interpretation als wegweisende abstraktive Tendenz verkennt die Einbindung in die antiken Vorbildzusammenhänge und unterdrückt die offen aggressive Tendenz der Denkmäler, vgl. Bischoff 1977 S. 143.
252 Vgl. dazu Bischoff 1977 S. 56ff. Auch die weniger bekannte Denkmalskonzeption für ein Hermannsdenkmal von 1818 ist neben einer deutlich geringeren positiven Stilisierung militärischer Handlungsweisen von der Verwendung allegorischer Figuration geprägt, vgl. zu diesem Werk Nipperdey 1968 S. 568ff., sowie Zimmermann 1916 S. 35.

zeit beginnen dagegen schnell Gestaltungen zu überwiegen, die das symbolische Potential der gotischen Architekturformen auszuschöpfen suchen, so etwa das bekannteste Denkmal Schinkels, das zwischen 1817 und 1822 realisierte Kreuzbergdenkmal.[253] Dagegen ist es unangemessen, wenn BERGDOLL das bereits 1810 geplante und 1811 realisierte Denkmal für die Königin Luise in Gransee mit nationalistisch-militaristischen Ideen verknüpft[254]: Zu diesem Zeitpunkt liegt die Durchführung kriegerischer Operationen zur Wiedergewinnung der nationalen Freiheit noch vollständig außerhalb jeder realistischen Perspektive. Derartige Vorstellungen bilden auch für Schinkel keinen Gedankenanstoß; vielmehr geht er zu dieser Zeit noch von der Vision einer vor allem emotional wirksamen Architektur aus, die gotische Formen nur als Anhaltspunkt verwerten soll.

Die gleiche Bewegung wie die Denkmalsentwürfe verdeutlichen auch die Entwürfe für Schinkels nächstes größeres Projekt, die Neue Wache Unter den Linden (hier jedoch bereits unter variablem Einsatz verschiedener Stilformen). Besonders PESCHKEN hat sich für die These stark gemacht, an diesem Punkt im Schaffen Schinkels kurz nach dem siegreichen Ende der Freiheitskriege träten latent militaristische Tendenzen zu Tage.[255] Wie die vorstehende Darstellung zeigt, ist diese Diagnose jedoch äußerst unvollständig, da sie den vor Entstehung der Wache angesiedelten Schwerpunkt derartiger Tendenzen außer acht läßt. Zudem orientiert sie sich mit der Neuen Wache an einem Symptom, das den bereits in Gang gesetzten Prozeß einer Rückwendung zu symbolischen Kunstformen verdeutlicht.

Festhalten läßt sich damit, daß Schinkel in einer kurzen Phase zwischen 1814 und 1816[256] Ausdrucksformen verwendet, die darauf hindeuten, daß der

---

253 Vgl. dazu Bischoff 1977 S. 76ff. und Scharf 1984 S. 168. Wie die von Bloch, Jahrbuch Preußischer Kulturbesitz 11 (1973) S. 142ff. durchgeführten Analysen des skulpturalen Schmucks, aber auch der anfänglichen Entwurfsvorstellungen Schinkels von 1817 zeigen, steht die Intention für diesen Entwurf nicht im engen Zusammenhang mit den streng gotischen Vorhaben der Zeit um 1815.
254 Vgl. Bergdoll 1994 S. 33f.; aufschlußreich ist es, wenn BERGDOLL auf die Konnotation des Materials (Gußeisen) mit der heimischen Eisenindustrie hinweist, »... die während des Krieges eine entscheidende Rolle gespielt hatte.«
255 Diese Diagnose bezieht sich vor allem auf die dem traditionellen Entwurfskanon widersprechenden Maßstabssprünge des zweiten Entwurfs, vgl. Peschken 1993, S. 53ff.
256 Das geringfügig später erarbeitete Denkmal für Spandau schwächt diese Tendenz bereits wieder ab, indem nicht nur konkret zeitgenössisch verwendete Kriegswaffen vorgewiesen werden, sondern auch mit historischer Symbolik aufgeladene Waffen des Mittelalters, vgl. Bischoff 1977 S. 143.

Künstler den militärisch geprägten Bereich der Gesellschaft als keiner allegorischen Vermittlung fähig, aber auch außerhalb seiner utopischen Visionen im Licht gotischer Architektur stehend empfand. Diese Vorgehensweise ist besonders angesichts der vollständig an hergebrachten Architekturformen ausgerichteten Denkmalsentwürfe auffällig, wie sie im gleichen Zeitraum von anderen Architekten erarbeitet wurden, z.B. durch v. Klenze, Weinbrenner und Dannecker.[257] Insgesamt erscheint sie als ein Fremdkörper im theoretischen und praktischen Schaffen Schinkels, der nur angesichts der überschwenglichen nationalen Begeisterung verständlich ist, die durch die Kriegsereignisse ausgelöst wurde.

Schinkel: Ein »Lehrbuch der Romantik«

Die überaus große, komplexen Strömungen folgende Produktivität, in die Schinkel während der zweiten Hälfte seines »romantischen Jahrzehnts« verfällt, macht es schwer, ein Fazit dieser zum Teil in sich widersprüchlichen Periode zu ziehen. Ebenso erschwert es die fragmentarische, zum Teil tastende und vielfältige Einflüsse vernetzende theoretische Reflexion Schinkels, sie einem einheitlichen Fokus zuzuordnen.

Entwicklungstendenzen und Umschlagpunkte

Trotzdem schälen sich in der Übersicht zumindest zwei Eckpunkte dieser Zeitspanne heraus, die im gesamten Schaffen Schinkels außergewöhnliche Bedeutung annehmen: Einerseits ist es die Anstellung als Oberbauassessor für das ästhetische Fach, die ihm wesentlich neue Perspektiven auf das künstlerische Schaffen erlaubt und neue Anstöße liefert. Andererseits ist es das Erlebnis des siegreichen, in der Bevölkerung euphorische Zustimmung auslösenden Vorgehens in den Freiheitskriegen, das – wenn auch nur vorübergehend – in seinem Werk neue, fremdartig wirkende Qualitäten zum Vorschein bringt. Die angesprochene Sonderstellung der Zeitspanne direkt vor und nach der Einstellung Schinkels in den Staatsdienst prägt sich in sämtlichen Werkbereichen aus: Schinkel bleibt nicht bei der rezeptiven und produktiven Aufarbeitung der theoretischen Stellungnahmen seiner Zeitgenossen zu Fragen der Kunst stehen, sondern setzt die gewonnenen Erkenntnisse vielfältig in malerischer und architektonischer Arbeit um.

---

257 Vgl. dazu Scharf 1984 S. 165ff. sowie Bischoff 1977 S. 47ff.

Dabei fällt einerseits ins Auge, wie in Schinkels Arbeit theoretische Reflexionen (z.B. das »Lehrbuchfragment 1810« und das »Religiöse Gebäude«) mit Werkbereichen wie denjenigen Gemälden verzahnt sind, die zum ersten Mal gotische Architekturformen thematisieren. Andererseits zeigt die Betrachtung der malerischen Arbeiten, daß die malerische Formulierung von Visionen religiöser Innerlichkeit durch emotional besetzte Ausdrucksformen nicht grundsätzlich *vor* der architektonischen Umsetzung stattfindet. Vielmehr besteht teilweise eine umgekehrte Relation, in der die architektonische Beschäftigung mit einem bestimmten Aspekt der malerischen Ausarbeitung vorangeht. (Z.B. liegt die Erarbeitung gotischer Architekturdetails im Zusammenhang mit den Wiederherstellungsarbeiten der Klosterkirche noch vor der malerischen Erarbeitung weiterer paralleler Kenntnisse z.B. durch die Studien des Mailänder Doms und des Straßburger Münsters.) Entgegen der naheliegenden Erwartung nutzt Schinkel also nicht vorwiegend die Malerei als experimentelles Medium, sondern erarbeitet neue Visionen direkt in der Sphäre der Architektur, obgleich diese doch zumeist den einschränkenden Forderungen praktischer Umsetzung unterliegt.

Die Dynamik der ästhetischen Theoriebildung führt Schinkel schnell von einer experimentellen Phase gegen Ende 1810 fort, in der seine Arbeiten erstmals gotisierende Formen annehmen. In diesem Zeitraum besitzt Schinkel allerdings weder ausreichende Kenntnis gotischer Vorbilder, die ihm die Reproduktion eines historisch reinen Stilvorbilds erlauben würde, noch liegt ein derartiges Vorgehen in seinem Interesse. Sowohl die theoretische Reflexion in diesem Teilabschnitt des »romantischen« Jahrzehnts als auch die praktische Umsetzung widmet sich einer Synthese antiker und christlich geprägter Kunstformen. Doch schon gegen 1813 werden derartige Experimente von einer eindeutigen, national geprägten Stellungnahme für die Bauformen der Gotik abgelöst. Auf dem Boden dieser Stellungnahme korrigiert Schinkel sein Verlangen nach einer stilistischen Synthese zugunsten einer Praxis, die zunächst gotische Vorbilder nachahmt, allerdings neben direkten Übernahmen wesentlich auf Weiterentwicklung und Verschmelzung innerhalb des gewählten stilistischen Rahmens zielt.

Zeitgleich zum Höhepunkt der nationalistisch gefärbten Kriegsbegeisterung, die weite Teile der preußischen Bevölkerung erfaßt hatte, lassen sich auch im Werk Schinkels starke Strömungen entsprechender Richtung feststellen. Sie manifestieren sich vor allem in der Konzeption zeitgleicher Kriegerdenkmale, verlieren ihre anfängliche Intensität jedoch bald wieder. Auch zu den so positiv aufgeladenen Visionen eines erneuerten »altdeutschen Stils« kehrt Schinkel in späterer Zeit nicht zurück. Die Gründe für diese Nicht – Wiederaufnahme können zu einem großen Teil in Zusammenhang mit der ausgebliebenen Realisation des so emphatisch verfochtenen Domprojektes gesehen werden. Daneben tritt jedoch auch für Schinkel ein Gefühl der Ernüchterung, das schon relativ bald nach der Zeit der Freiheitskriege die politische Phase der Restauration im öffentlichen Bewußtsein begleitete.[258] Für den Architekten ist daneben jedoch auch das Gefühl einer gewissen Abgeschlossenheit des gotischen Stils wirkungskräftig, wie seine 1816 geäußerten Worte zum Projekt des Wiederaufbaus des Kölner Doms belegen:

> Was man übrigens über den Beruf unserer Zeit, zum Fortbau des Domes in Köln und über die Zweckmäßigkeit eines solchen Unternehmens, abgesehen von der Notwendigkeit desselben in Beziehung auf die Erhaltung des Vorhandenen, in Betracht ziehen mag, so bleibt es doch gewiß, daß es der neuen Zeit an großen Kunstaufgaben dieser Art, wodurch doch allein die große Kunst entstehen kann, gänzlich mangelt ... Wenn aber die Aufgaben der Kunst zufällig sich fänden, so würden wir in dem Zustand, wie wir noch sind, höchstens uns als gute und verständige Nachahmer der Vorzeit zeigen können, und noch keineswegs gewürdigt sein, von einem Genius begünstigt zu werden, der uns wahrhaft schöpferisch machte, wie es die Griechen waren und die Vorfahren in unserem Vaterlande.[259]

(Auf die Umrisse dieses Übergangs sowie an die an ihre Stelle tretenden neu entwickelten Konzepte, ihre Verankerungen und Konsequenzen wird im anschließenden Teil noch vertiefend eingegangen werden.)

Der Rückblick auf die so überaus bewegte Phase insbesondere zwischen 1810 und 1815 läßt es im Grunde nicht zu, sie bruchlos unter dem Pauschalbegriff einer »romantischen« Schaffensperiode zu vereinheitlichen. Auch die differenziertere Beurteilung durch KOCH reicht nicht aus, nach der Schinkels Motivation dieser Phase in der »Verschmelzung antiker und mittelalterlicher Wesensformen« zu isolieren sei. Eine derartige Analyse wird weder der zuvor dargestellten Abfolge wichtiger Werke Schinkels gerecht noch berücksichtigt sie die schriftlichen Äußerungen hinreichend genau.[260]

---

258 Vgl. allgemein Held/Schneider 1993 S. 348ff.; BADSTÜBNER sieht bereits in einzelnen Formulierungen der Erläuterungen zum Domprojekt von 1815 eine resignative Komponente durchscheinen, vgl. dazu Badstübner in: Gärtner 1984 S: 109. Dies überzeugt allerdings angesichts des Gesamttextes im Zusammenhang mit der noch stark euphorischen allgemeinen Stimmung im Jahr 1815 nicht.
259 Schinkel, »Bericht über den Zustand des Domes zu Köln«, v. 3. September 1816; abgedruckt in: Brües, Schinkelwerk: Rheinlande S. 317.
260 KOCHs Vorstellung einer durchgängigen Konzeption von Verschmelzung beruht auf einem

Ein Lehrbuch der Romantik

Aufbauend auf diesen Basisdaten wird eine konkretere Stellungnahme zu der Frage möglich, in welchem Sinne Schinkel ein »romantisches« Lehrbuch plante, wie es von PESCHKEN suggeriert wurde. Zunächst muß angesichts des »Lehrbuchfragments 1810« auf die geringe systematische Ausarbeitung hingewiesen werden, die dieses Manuskript aufweist, vor allem aber auf die nur wenig ausgeprägte Übertragung auf konkrete Aufgaben der Architektur. Nur im Zusammenhang mit gehaltreicheren Aussagen, wie sie etwa das »Religiöse Gebäude« beinhaltet, vernetzen sich Schinkels Standpunkte zu einem Gesamtbild von ausreichender Komplexität, um die Rede von dem Projekt eines Lehrbuches zuzulassen. Allerdings muß hierbei betont werden, wie stark sich der Fokus seiner Aufmerksamkeit zwischen gerade diesen beiden Texten verschiebt.[261] Bereits der Text zum »Religiösen Gebäude«, der nach der hier vertretenen Auffassung auf 1811 zu datieren ist, kann nicht mehr im engeren Sinn als Ausprägung eines Lehrbuchprojektes verstanden werden. Vielmehr stellt er eine ästhetisch tiefgehend fundierte Meditation über architektonische Ausdrucksformen dar, die in ein bestimmtes Gebäudeprojekt umgesetzt werden soll. Überzeugender ist daher eine Interpretation des Manuskriptes aus 1810 als eine allgemeinen Reflexion auf den eigenen ästhetischen Standpunkt, nicht als eine auf systematische Weiterführung gerichtete Quelle. Die Tatsache der Zuordnung des Textes zu den Lehrbuchskripten in Schinkels Nachlaß läßt als solche noch keinen Schluß auf das Vorliegen einer derartigen Zielsetzung zu.[262] So erlaubt die Analyse von Schinkels persönlicher Entwicklung und Werk in der Zeit von 1806 bis 1816 insgesamt nicht die Aussage, er habe das Projekt eines romantisch geprägten Lehrbuchs betrieben.

Angesichts der Bandbreite romantisch besetzter Positionen, die das Schaffen Schinkels in dieser Zeitspanne abdeckt, vom Individualismus Fichtes bis hin zur Ästhetik Schellings, von religiöser Innerlichkeit bis hin zu vaterländi-

---

Fehler und einer Ungenauigkeit: Schinkels Grundaussage zur Stilsynthese datiert nicht aus 1814 (Begleitschrift zum 2. Entwurf der Petrikirche) wie KOCH annimmt, sondern bereits aus 1811 (Veröffentlichung zum 1. Entwurf). Zudem liest KOCH den Text zum Mausoleum einseitig im Hinblick auf die Überlegenheit der Gotik, während dort bei aufmerksamer Lektüre ersichtlich ist, daß gerade die Synthese eingeleitet werden soll, vgl. insofern Koch, Zeitschrift für Kunstgeschichte 29 (1966) S. 177 und 212.

261 Auch PESCHKEN selbst muß trotz der recht suggestiven Zusammenstellung der theoretischen Texte Schinkels in dieser Phase abschließend feststellen, daß schon zur Zeit des »Religiösen Gebäudes« die Lehrbuchpläne abgeschlossen waren.
262 In dieser Richtung allerdings Peschken, Schinkelwerk: Lehrbuch S. 35.

scher Begeisterung und anschließender Resignation, ist eine Umwendung dieser Aussage auf eine persönliche Formulierung angemessener: Nicht verfaßt wurde ein Lehrbuch der Romantik von Schinkel, sondern durch ihn gelebt.

> Freiheit! rief ich, vorwärts, vorwärts!
> Was ein Tor nicht alles glaubt!
> *Adalbert v. Chamisso* [1]

Dritter Teil
Eine andere Klassik

Schinkels Entwicklung in den Jahren ab 1816 bis zum Beginn der zwanziger Jahre trägt den Charakter grundlegender Wandlungen. Diese Wandlungen betreffen vor allem sein konkretes Schaffen, aber auch seine theoretischen Überlegungen: Beide verlagern sich nach den romantisch motivierten Höhenflügen, die seine Werke im zweiten Jahrzehnt des neuen Jahrhunderts prägen, nun stärker auf pragmatischere Zugangsweisen zur Kunst. Verlagerungen dieses Charakters hängen nicht zuletzt auch mit der Veränderung der persönlichen Situation Schinkels zusammen: Mit seiner Einstellung in den Staatsdienst 1810 hatte er sich einem Gemeinwesen verbunden, das nach außergewöhnlichen Erschütterungen bald – wenn auch nur vorübergehend – von großen Hoffnungen auf eine fortschrittliche und freiheitliche Reformpolitik bewegt wird. Gleichlaufend mit der Übergangsphase, in der diese Hoffnungen der Ernüchterung der Restaurationsjahre (einsetzend mit dem Wiener Kongreß 1814/15) Platz zu machen beginnen, zeichnen sich Umstellungen in Schinkels inzwischen gefestigter künstlerischer und beruflicher Situation ab: 1815 wird Schinkel zum Geheimen Oberbaurat befördert (12.3.1815); parallel dazu und im Gegensatz zur Kriegs- und Vorkriegszeit häufen sich nun die Aufträge.

Einerseits wird Schinkel damit in die Lage versetzt, über seine Gutachtertätigkeit hinaus auch durch eigene Entwürfe erheblichen Einfluß auf das gesamte zeitgenössische Baugeschehen in Preußen zu nehmen. Andererseits tritt gegenüber der theoretischen Tätigkeit nun die Auseinandersetzung um die praktische Verwirklichung von Bauwerken stärker in den Vordergrund. Der resultierende Umfang der Arbeitstätigkeit ist für Schinkel erheblich, nicht zuletzt durch die erfolgreiche, aber aufwendige und nicht immer spannungsfreie Tätigkeit für das Königshaus. Die Belastung wird verstärkt durch die

---

1 Beschreibung der Leipziger Völkerschlacht in »Der Invalid im Irrenhaus«, 1827.

regelmäßige Anfertigung von Dekorationsmalereien für die Aufführungen der Berliner Oper, die Schinkel bis in die zwanziger Jahre hinein zusätzlich in Anspruch nimmt. Davon abgesehen tritt allerdings das malerische Schaffen etwas in den Hintergrund, wenn auch vereinzelte Höhepunkte dieser Gattung in die gleiche Zeitspanne rechnen (vor allem »Blick in Griechenlands Blüte«, 1825; aber auch die Freskenentwürfe für die Vorhalle des Alten Museums, beginnend ab 1828).

Im eigentlich architektonischen Bereich verändert sich die stilistische Orientierung in den an die Freiheitskriege anschließenden Jahren deutlich. Das energische Votum für das Vorbild der Gotik, das noch das Domprojekt beherrschte, wird in dieser Zeit zugunsten von Vorbildern zurückgelassen, die sich – stark vereinfachend – zum klassizistischen Formenkreis rechnen lassen. In Schinkels Schaffen nehmen die Werke dieses Formenkreises in der Zeit von etwa 1816 bis zum Ende der zwanziger Jahre eine zentrale Stellung ein. Neben einigen herausragenden Arbeiten aus späterer Zeit sind es vor allem sie, die das heutige Bild des Architekten prägen[2] (z.B. Bauwerke wie die Neue Wache, das Schauspielhaus, die Schloßbrücke, und das Alte Museum; jeweils begonnen in den Jahren 1817, 1818, 1819 und 1824). Erst in den Jahren, die auf Schinkels Reise nach Frankreich und England (1826) folgen, beginnt an die Stelle des klassizistischen Akzents das Interesse an den sich erweiternden technischen Möglichkeiten des Bauens zu treten.

Auch die theoretischen Bemühungen Schinkels tragen diesen Veränderungen Rechnung. Ihr Schwerpunkt verlagert sich deutlich von einzelnen visionären Projekten auf eine Gesamtschau, die aus konstruktiven Gesichtspunkten aufbauend eine systematische Grundlegung der Architektur beabsichtigt. Erst diese breit angelegte, pragmatisch argumentierende Darstellung, deren überaus enge Verzahnung von zeichnerischen Beispielen und erläuterndem Text ihren Ausbildungsbezug betont, kann als Projekt eines Lehrbuchs im eigentlichen Sinn verstanden werden. Auch die Auswahl des verwendeten Beispielmaterials gibt Schinkels neue stilistische Ausrichtung wieder: Im wesentlichen werden abstrakt typisierte Visualisierungen für Grundprinzipien der klassischen Baukunst griechischer Prägung herangezogen. Soweit am Rande auch typische Elemente gotischer Architektur wie etwa die Spitzbogenkonstruktion aufgeführt werden, geschieht dies nicht aufgrund einer deutlich befürwortenden

---

2 Die einseitige Betonung dieser Phase verleitet ein seinerzeit bahnbrechendes Werk wie das HITCHCOCKs noch 1958 zur übertriebenen Aussage, Schinkel habe erst jetzt »ernsthaft« architektonisch gearbeitet, vgl. Hitchcock 1994 S. 57.

Einstellung, sondern eher der Vollständigkeit halber. In verschiedenen Fragmenten dieser Zeit nimmt Schinkel sogar ausgesprochen pointiert gegen den von ihm zuvor so hochgeschätzten Baustil Stellung.

Parallel dazu steigt die Bedeutung neuer Quellen, die mit dem Gedankengut der Romantik nur schwer vereinbar sind. Einerseits nehmen, wie Szambien[3] betont, nun in höherem Maß auch die klassischen und zeitgenössischen Autoren der Architekturtheorie Einfluß auf die Lehrbuchbearbeitung Schinkels. Nicht zu unterschätzen ist hier neben französischen und deutschen Autoren die von Forssman herausgearbeitete Orientierung an Palladio.[4] Daneben nimmt Schinkel jedoch nach wie vor literarische Quellen auf, die zum Teil deutlich eine Verschiebung seiner Einstellung belegen. Unter anderem gewinnt in diesem Bereich die Orientierung an Gedanken Goethes einen bleibenden Einfluß, der von Schinkel in verschiedenen Richtungen fruchtbar gemacht werden kann. Dem Werk Goethes sind die Gedanken Schinkels insofern vergleichbar, als auch sie zunehmend zur Verabschiedung romantischer Gedanken tendieren. Diese Wendung Schinkels ist nicht ohne Parallelen im Bereich der zeitgenössischen Philosophie, beispielsweise in den Werken Solgers.

Schinkel selbst bezieht zwar in seinen schriftlichen Fragmenten nicht in einer Solger vergleichbaren Deutlichkeit Position, doch sprechen seine architektonischen Arbeiten eine deutliche Sprache gegen die romantische Tradition. Trotzdem läßt sich nicht in allen Bereichen davon sprechen, Schinkel habe einen endgültigen Bruch[5] mit seiner romantisch gefärbten, stilistisch an der Gotik orientierten Einstellung aus den Freiheitskriegen vollzogen. Zum einen greifen einzelne Werke wie etwa das Alte Museum, die von ausgesprochen komplexen theoretischen Überlegungen durchzogen sind, in einzelnen Bereichen auf Gedankengut der romantischen Zeit zurück. Zum anderen nehmen einige Bauwerke der späteren und spätesten Zeit wiederum Elemente gotischer Baukunst auf, so etwa die Friedrichswerdersche Kirche (1825 begonnen) oder der Umbau des Schlosses in Babelsberg (begonnen 1834). Zusätzlich muß in diesem Zusammenhang berücksichtigt werden, daß auch in den Jahren vor 1815 Schinkels Ablehnung der antiken Baukunst nur in einer recht kurzen Ausnahmephase Ausschließlichkeit beanspruchte.

---

3 Vgl. Szambien 1991 S. 97ff.
4 Vgl. Forssman 1981 S. 34ff., 89ff.
5 In dieser Richtung Peschken 1979, Schinkelwerk: Lehrbuch S. 38, dessen Betonung eines derartigen Bruches nur dann zugestimmt werden könnte, wenn sie allein auf die Lehrbuchmaterialien zugeschnitten wäre.

Diese Gesichtspunkte lassen die auf den ersten Blick relativ eindeutige Stellungnahme Schinkels zugunsten klassizistischer Ausdrucksformen komplexer erscheinen. Auf der Gegenseite scheitert auch die schlichte Etikettierung als eklektizistische Architektur angesichts der deutlichen stilistischen Schwerpunktsetzung in Theorie und Praxis, die Schinkel wählt und weitestgehend durchhält. Im übrigen scheint auch die Bezeichnung »romantischer Klassizismus«[6] nicht uneingeschränkt plausibel. Sie legt ein polares Modell zugrunde, das der Komplexität der Entwicklung Schinkels kaum gerecht werden kann. Gerade für die »klassizistische« Phase Schinkels bietet sich deshalb an, die in der Theorie relativ bruchlos vorgetragenen Überzeugungen des Architekten mit einigen besonders aussagekräftigen Werken zu konfrontieren. Auf diese Weise lassen sich ebenso Hinweise auf mögliche innere Brüche der Theorie gewinnen, die Schinkel zu Fortentwicklungen drängen, und ferner Indizien für den Einfluß äußerer Faktoren des Baugeschehens und der Auftragsstruktur.

Eine pragmatischere Theorie

Die Theoriebildung Schinkels in der Zeit ab dem Ende der Befreiungskriege greift nicht nur auf neue Quellen zurück, sondern erarbeitet auch andere Ergebnisse. Die Texte der romantischen Jahre bezogen sich vorwiegend auf individuelle Projekte oder einzelne Problemstellungen, deren Lösungen in häufig schwärmerischer Ausdrucksweise präsentiert wurden. Demgegenüber werden nun zunehmend sachlichere Sprachmittel verwendet; gleichzeitig nimmt die Vorarbeit für einen umfassenden, systematischen Überblick über die Baukunst wachsenden Raum ein. Zu diesem Projekt lassen sich verschiedene Gliederungsentwürfe rechnen, aber auch umfangreich detaillierte, mit Text versehene Skizzenblätter.

Diese Materialien nehmen zusammen mit weiteren, nicht zum engeren Bereich des Lehrbuchprojektes zu rechnenden Texten einen erheblich größeren Umfang ein als der Ertrag früherer Entwicklungsphasen. Angesichts der ausführlichen Zusammenstellung der Lehrbuchtexte bei PESCHKEN wird daher hier auf eine Darstellung einzelner Textfragmente verzichtet. Ein vertieftes Verständnis der theoretischen Entwicklung in ihrer Vernetzung mit der künstlerischen Tätigkeit erfordert es allerdings, eine Übersicht über die entscheidenden Argumentationsmuster und ihren Zusammenhang zu geben, wie sie

---

6 Vgl. Giedion 1922 S. 34; Hitchcock 1994 S. 59ff.

sowohl in den Bemühungen um das Lehrbuch als auch in den weiteren Überlegungen Schinkels auftauchen.

Fokuspunkte der theoretischen Arbeiten für das Lehrbuch

Innerhalb der Überlegungen, die Schinkels Lehrbuchpläne strukturieren, lassen sich die grundsätzlichen Gesichtspunkte nicht auf den ersten Blick ablesen. Diese Tatsache resultiert zunächst daraus, daß sich die Texte vielfältigen praktischen Anwendungsformen zuwenden, in denen theoretische Elemente zum Teil nur mitschwingen. Zusätzlich wird die Übersicht über die theoretischen Unterströmungen dieser praktischen Anwendungen durch ihre Verlagerung im Lauf der Zeit erschwert.

Argumentative Strukturen

Die Unübersichtlichkeit des begrifflichen Systems wird jedoch in erster Linie durch einen entscheidenden Umschwung der Argumentationsstrukturen im Vergleich mit den zuvor behandelten Texten herbeigeführt. Während Schinkel dort häufig deduktiv operiert, also ausdrücklich aus höheren Prinzipien (insbesondere der romantischen Ideenlehre) eine bestimmte Sichtweise seines künstlerischen Schaffens herleitet und legitimiert, verzichten die Lehrbuchskripten der hier behandelten Zeitspanne weitgehend auf derartigen Überbau: An die Stelle argumentativer Zusammenhänge tritt damit über weite Strecken eine dogmatisch bewertende Darstellung der Architekturformen.

In diesen Passagen unterstellt Schinkel ohne weiteres die Allgemeinverbindlichkeit der Wirkung auf den Rezipienten, die von der jeweiligen Architekturform ausgelöst werde.[7] Dieses Modell nimmt keine theoretische Zusatzkonstruktion in Anspruch wie noch die Vorstellungen von der Darstellung des »Ideals der Schönheit«, sondern beruft sich direkt auf die Empfindung des Betrachters:

> ... statt weitläufiger philosophischer Begründung soll hier das reine Gefühl bei unmittelbarer Anschauung in Anspruch genommen werden, um Resultate zu erhalten.[8]

Dieser Appell an unmittelbare Evidenzen im Stile eines argumentum ad hominem setzt zu Beginn der zwanziger Jahre ein; er erstreckt sich bis zur

---

7 Besonders anschaulich in Schinkel-Nachlaß Heft IV Blatt 40; Peschken, Schinkelwerk: Lehrbuch S. 45.
8 Schinkel-Nachlaß Heft IV Blatt 40; abgedruckt bei Peschken, Schinkelwerk: Lehrbuch S. 45. Die Entstehungszeit liegt, wie PESCHKEN zutreffend betont, aufgrund der noch sehr positiven Bewertung gotischer Architektur vermutlich bereits um das Jahr 1820.

Behandlung von Details wie etwa der Ausführung des Bogenmauerwerks, wie sie in den Jahren um 1826 gefordert wird:

> Giebt man dem Schlußstein einen besonderen sehr bedeutenden Zierath so dürfte er manigmal in ästhetischer Hinsicht dienen können. Sonst zeigt er nur die Schwierigkeit der Arbeit an, die Aufmerksamkeit wird auf das schwierige Einpassen des letzten Steins gerichtet, u dies hindert die reine ästhetische Wirkung.[9]

Auf diese Weise stellt die Konzeption des Lehrbuchs nicht nur eine baukonstruktive Übersicht über tektonische Möglichkeiten dar, sondern parallel dazu eine Tabelle architekturpsychologischer Variationen.

Begriffliche Bausteine
Obgleich weite Passagen des klassizistischen Lehrbuchwerks ausschließlich in dieser architekturpsychologischen Ausrichtung arbeiten, sind die Überlegungen Schinkels deshalb doch nicht ohne unterliegende Struktur. Insbesondere verweist die gehäufte Verwendung mehrerer Leitbegriffe auf deren zentrale Bedeutung und ihre Verknüpfung zu einer derartigen Struktur: Es sind dies »Konstruktion«, »Verhältnis« und »Verzierung« sowie »Charakter«. Bei der Darstellung der internen Abhängigkeiten dieser Begriffe muß allerdings betont werden, daß ihre Vernetzung auf relativ gleicher logischer Ebene im Verlauf der zwanziger Jahre durch eine recht eindeutige Präferenz für den Begriff der Konstruktion ersetzt wird.

Zu Beginn der zwanziger Jahre fordert die Position Schinkels für die Baukunst, sich an den genannten vier Begriffen zu orientieren; sie ihrerseits müssen auf dem – nur am Rande thematisierten – Faktor der Funktionalität aufbauen, setzen ihn ihrerseits schon voraus:

> Ein Gebrauchsfähiges Nützliches Zweckmäßiges schön zu machen ist Aufgabe der Architektur, dieses Wort soll diese Bedeutung haben im Gegensatz von Bauwerk schlechtweg, welches eben nur das Zweckmäßige, Tüchtige, Solide, Nützliche aber vom Schönheitselemente noch nicht durchdrungene bezeichnen soll.[10]

Ausgangspunkt der dabei geforderten architektonisch-kunstgemäßen Überformung des Zweckmäßigen ist die »Konstruktion«:

---

9 Schinkel-Nachlaß Heft IV Blatt 33; abgedruckt bei Peschken, Schinkelwerk: Lehrbuch S. 70.
10 Schinkel-Nachlaß Heft III Blatt 17; abgedruckt bei Peschken, Schinkelwerk: Lehrbuch S. 58; die Datierung ist aufgrund der noch gleichberechtigten Stellung der »Konstruktion« um das Jahr 1820 anzusetzen.

> Bei jedem Bauwerk wird demnach zunächst die zweckmäßige Konstruction jedes Theils zu bedenken sein, demnächst, wie diese Konstruction in schöne Verhältnisse gebracht, verziert und durch bildende Kunst von hoher Bedeutung erhöht werden kann.[11]

Der von Schinkel nicht definierte Begriff der »Konstruktion« tritt erstmalig in einem Fragment auf, das von PESCHKEN auf das Jahr 1822 datiert wird.[12] Aus den unterschiedlichen Kontexten der anschließenden Verwendungsweisen läßt sich die »Konstruktion« annäherungsweise bestimmen als die rein bautechnisch bedingte Weise, in der die unterschiedlichen Materialien eines Bauwerks zu einem körperlichen Gebilde zusammengefügt werden; und zwar zunächst ohne Rücksicht auf ästhetische und dekorative Wirkungen. Die architekturtheoretische Auffassung Schinkels erklärt das Merkmal »Konstruktion« zunächst zu einer Vorbedingung des eigentlich architektonischen Schaffens, gleichzeitig wird es aber auch als Korrektiv im weiterführenden Entwurfsprozeß eingesetzt:

> Um das Bauwerk schön zu machen ist die Annahme folgenden Grundsatzes unerläßlich: Von der Konstruktion des Bauwerkes muß alles Wesentliche sichtbar bleiben.[13]

In dieser frühen Phase des klassizistischen Lehrbuchplans ist die Wahrung der Konstruktion allerdings nur eine conditio sine qua non des architektonischen Gelingens; ein Schwerpunkt, der sich in den Jahren nach 1825 so stark zugunsten konstruktiver Überlegungen verschiebt[14], daß Schinkel nun schreiben kann:

> ... spreche ich folgenden Hauptsatz aus: Architektur ist Construction. In der Architektur muß alles wahr sein, jedes Maskiren, Verstecken der Construction ist ein Fehler.[15]

---

11 Schinkel-Nachlaß Heft III Blatt 17; abgedruckt bei Peschken, Schinkelwerk: Lehrbuch S. 58.
12 Schinkel-Nachlaß Heft IV Blatt 31; abgedruckt bei Peschken, Schinkelwerk: Lehrbuch S. 47. Die Datierung erscheint angesichts der recht dogmatisch an den Bauwerken der »Alten« orientierten Argumentation, die für diese Zeitspanne typisch ist, zutreffend.
13 Schinkel-Nachlaß Heft III Blatt 17; abgedruckt bei Peschken, Schinkelwerk: Lehrbuch S. 58.
14 Nach einer bei Lorenz 1995 S. 82 zitierten Äußerung des Architekten Victor von Unruh hat Schinkel seine Prüfungsarbeiten 1828 wie folgt kommentiert: »... es sei durchaus falsch, die Konstruktion (das Zusammenfügen der einzelnen Teile) zu verbergen; das Auge müsse erkennen, woher die Stabilität rühre; ....«
15 Schinkel-Nachlaß Heft III Blatt 23; abgedruckt bei Peschken, Schinkelwerk: Lehrbuch S. 115; zur Datierung auf etwa 1830 a.a.O. S. 114. Noch im Jahr 1823 räumt Schinkel dagegen die Möglichkeit ein, auch eine nicht nach konstruktiven Gesichtspunkten reine Architektur könne in Ausnahmefällen Schönheit in Anspruch nehmen, vgl. Schinkel-Nachlaß Heft III Blatt 36; abgedruckt bei Peschken, Schinkelwerk: Lehrbuch S. 49.

Eine pragmatischere Theorie

Damit ist die Konstruktion zum *allein* maßgeblichen Faktor geworden; alle weitere Tätigkeit des Architekten nur noch subjektiv-gefühlsmäßige Zutat. Dieser Umschwung resultiert vor allem daraus, daß es Schinkel in dieser Zeit gelingt, auf der Grundlage idealtypisch entwickelter Konstruktionsformen eine umfassende Systematisierung klassizistischer Bauten zu gewinnen, die sowohl positive Bewertungen beispielhafter Bauformen als auch entsprechende Beispiele für fehlerhafte Formen erlaubt und ordnen kann.[16]

Die Gedankengänge Schinkels nähern sich dieser Konsequenz seiner konstruktiven Überlegungen jedoch nur schrittweise. In der hier vorrangig behandelten Zeitspanne zu Beginn der zwanziger Jahre steht die Gewinnung einer Architekturform, die den Anspruch eines Kunstwerkes stellen kann, noch unter der zusätzlichen Forderung einer schönen Anordnung der »Verhältnisse«; sie betrifft insbesondere auch die konstruktiven Elemente. Der von Schinkel wiederum undefiniert vorausgesetzte Begriff des »Verhältnisses« kennzeichnet einerseits die rein stereometrisch betrachtete Anordnung der verschiedenen Teile des Gebäudes als Ganzes bzw. einer Konstruktion im einzelnen:

> Ein Beispiel würde sein: die einfache Stütze, giebt man derselben die Verhältnisse einer Säule, so ist ein großer Theil Schönheit gewonnen, verziert man sie durch Kapitäl, Schaftgesims u Cannelüren so ist eine vollständige Architektur erzeugt, giebt man ihm die Gestalt eines Menschen mit dem Kapitäl der Säule so ist ein Gegenstand der Kunst hervorgebracht.[17]

Auf der anderen Seite steht das »Verhältnis« auch für einen ästhetischen Wert. Der Architekt ist in Schinkels Konzeption gehalten, die von ihm aus der Zweckmäßigkeit entwickelte Konstruktion des Gebäudes und seiner Teile durch Umformungen in schöne »Verhältnisse« zu bringen. Hier ist seine Phantasie gefragt, durch die erst aus dem konstruktiven Gerüst ein künstlerisch durchgeformtes Gebilde entstehen kann. Als Mittel dazu steht vor allem die Veränderung der Proportion zur Verfügung. »Verhältnisse« in diesem Sinn verweisen auf die über Palladio tradierten antiken Proportionslehren, die für die Dimensionierung, Anordnung und Proportionsbeziehung der Bestandteile und Außenformen des Gebäudes entwickelt wurden.[18]

---

16 Diese Herleitung der Architekturformen läßt sich als tektonisches Modell begreifen, wie Peschken zutreffend betont.
17 Schinkel-Nachlaß Heft III Blatt 17; abgedruckt bei Peschken, Schinkelwerk: Lehrbuch S. 58.
18 In diesem Sinn spricht Schinkel von den Verhältnissen des Grundrisses, der verschiedenen Räume im Aufriß, der Öffnungen in den Mauern usw.; vgl. Schinkel-Nachlaß Heft IV Blatt 9; abgedruckt bei Peschken, Schinkelwerk: Lehrbuch S. 48.

Als nächstliegendes Mittel seiner Tätigkeit steht dem Baukünstler die »Verzierung« zur Verfügung. Wie z.B. das voranstehende Zitat verdeutlicht, ist hierunter die Verwendung ornamentaler Details auf der Grundlage traditioneller Architekturlehren zu verstehen. Der Bezug auf die hergebrachten Säulenlehren ist dabei nicht zufällig; auch der Begriff der Verzierung (»decorum«) selbst ist eine durch Vitruv und Palladio verwandte konventionelle Formel der klassischen Architekturlehren. Als nächste Stufe dieser Ornamentierung sieht Schinkel die Ausarbeitung einzelner Gebäudeteile zu skulpturalen Formen und malerischen Formen vor.

Damit ist die architektonische Arbeit jedoch noch nicht abgeschlossen; aus Schinkels eigenen Überlegungen läßt sich an vielen Stellen ablesen, daß gerade die geringe Bestimmtheit des »Verhältnis«-begriffs für ihn unterschwellig unbefriedigend ist. Ebenso ist für ihn der Einsatz eines Korrektivs gegen überbordende Formen der Verzierung notwendig. Zu diesem Zweck setzt er in den beginnenden zwanziger Jahren einen zusätzlichen Begriff ein, der bereits in der frühesten Phase seiner Theoriebildung eine gewisse Rolle spielte. Es ist dies der Begriff des »Charakters«, der ebenso wie die beiden zuvor behandelten Elemente nicht explizit definiert wird. Allerdings wird aus beiläufigen Äußerungen deutlich, daß zunächst der gleiche aus der französischen Architekturtheorie übernommene Begriff zugrundeliegt, der auch für die frühere Verwendung maßgeblich war.[19] So sollen in Bauwerken die Charaktere der Erhabenheit, der Leichtigkeit, der Wohnlichkeit umgesetzt werden, also abstrakt-allgemein gehaltene Eigenschaftsbündel. Sofern die zuvor ausgeführten Entwurfschritte des Architekten in den Bereichen Verhältnis und Verzierung der Charakterisierung widersprechen oder sie verunklaren, müssen sie am Maßstab des Charakters korrigiert werden. Während dieser Teil der Verwendung noch traditionsgebunden[20] und unkreativ ist, weisen andere Facetten bereits auf den (innovativen) Primat der Konstruktion voraus, der die anschließenden Jahre prägt.

Nicht-konventionelle Aspekte scheinen dagegen dort durch, wo Schinkel einen Architekten, der im Zweifel über die Richtigkeit der verwendeten Verhältnisse und Verzierungen ist, über das Korrektiv des Charakters auf die Konstruktion zurückverweist:

> Der producierende hat also an der Konstruction das nächste und sicherste Criterium für eine angemessene Haltung, Characteristik seiner Architectur.[21]

---
19 Schinkel-Nachlaß Heft IV Blatt 50; Peschken, Schinkelwerk: Lehrbuch S. 47.
20 Vgl. dazu den Überblick bei Kruft 1995 S. 162ff.
21 Schinkel-Nachlaß Heft III Blatt 17; abgedruckt bei Peschken, Schinkelwerk: Lehrbuch S. 58.

Die an sich naheliegende Konsequenz, daß damit die konstruktiven Notwendigkeiten im Grunde *allein* den für die architektonische Gestaltung maßgebenden Faktor darstellen, zieht Schinkel zu diesem Zeitpunkt noch nicht. Dennoch ist es wichtig, darauf hinzuweisen, daß auch Schinkels spätere Konzentration auf konstruktive Grundstrukturen genau dieses Fundament voraussetzt, wenngleich ohne es noch ausdrücklich zu thematisieren. Wichtig ist dies vor allem deshalb, weil der Begriff des Charakters auf einen weiteren Begriff verweist, der das eigentliche und bleibende Ziel sämtlicher künstlerischer Bemühungen Schinkels in dieser Zeit darstellt.

Zielpunkt des künstlerischen Schaffens: Die Kunstruhe
Die Annäherung an diesen Zielpunkt ergibt sich aus der Frage, warum die Wahrung des Charakters für Schinkel den übergeordneten Leitbegriff des architektonischen Entwerfens darstellt. Die gesuchte Begründung ergibt sich aus einer Verschmelzung ästhetischer und ethischer Vorstellungen: Auf der Seite der Ästhetik geht Schinkel davon aus, daß die Empfindung im Betrachter eines Bauwerkes entscheidend mit der konsequenten Durchführung statisch optimaler Konstruktion verknüpft ist:

> Das allgemeinste aufs statische anzuwendende Gesetz auf der Erde, die Schwere in ihrer einfachsten Wirkung befriedigend wirkend und sich in Ruhe gesetzt haltend, gibt die höchste Sicherheit und behagliche Empfindung der Ruhe.[22]

Aus der dabei als Optimum ausgezeichneten »Empfindung der Ruhe« wird die Konzentration auf idealisierte statische Konstruktionen in späterer Zeit einsichtig – sie stellt nichts anderes dar als die Differenzierung von Typen für diese Idealvorstellung statisch motivierter Ruheempfindung im Betrachter. Allerdings wird diese Konzeption in der Zeit um 1820 nicht zu diesem Zweck entwickelt; vorwiegend dient sie einer theoretisch untermauerten scharfen Kritik an gotischen Stilformen:

> In Beziehung auf das Statische im Spitzbogenbau: ... Der Widerstreit in leblosen Massen hat etwas chaotisches u beunruhigendes, wenn auch ein statisches Gleichgewicht da ist so wirkt schon das heimliche Streitprincip was im Innern steckt u gleich hervorzubrechen scheint so bald ein bloßer Zufall an einer Seite die Kräfte mehr oder weniger aufhebt.[23]

---

22 Schinkel-Nachlaß Heft III Blatt 25; abgedruckt bei Peschken, Schinkelwerk: Lehrbuch S. 71.
23 Ebd.

Diese Kritik geht so weit, die in früheren Jahren so emphatisch behauptete Eignung des »Spitzbogenbaus« für kirchliche Gebäude nicht nur einzuschränken, sondern rundweg abzustreiten.[24] Zusammenfassend kann Schinkel schreiben:

> Die Baukunst erfordert vor allem Ruhe.[25]

Der Kernpunkt der Vorstellungen von »Ruhe-Empfindung« in dieser Phase weist allerdings über den eigentlich *ästhetischen* Bereich hinaus auf *ethische* Einstellungen:

> Dies ist die eigentliche Kunstruhe, die Bewegung des Gemüthes und des Physischen zuläßt, aber derselben das Ideale, das Leidenschaftlose (Leidenschaft im unedlen Sinne gedacht) das Kunstgerechte giebt.[26]

Es geht dem Architekten nicht nur darum, die Konstruktion zu veranschaulichen; auch nicht darum, dem Gebäude Schönheit durch Maß und Ornamentierung und einen bestimmten Charakter entsprechend seiner Verwendung zu verleihen. Letzten Endes geht es ihm nicht einmal darum, das konstruktive System als solches zu veranschaulichen. Obgleich alle diese Faktoren zu erfüllen sind, dienen sie einem weiteren Ziel: Den Betrachter durch das Vorbild der in Ruhe überführten Spannung des tektonischen Aufbaus selbst in den Status der »Ruhe des Gemüthes« zu versetzen. Die nicht näher begründete Intuition MOYANOS[27] trifft zu, damit sei über die Anschaulichkeit der statischen Gliederung ein Moment der Bildung des Betrachters impliziert. Doch die theoretischen Fragmente Schinkels verdeutlichen, daß er selbst eine solche Verknüpfung nur über die als Angelpunkt fungierende Vorstellung der »Kunstruhe« als logisch stringent anzusehen bereit war. Die in dieser Vorstellung

---

24 »Hiernach wäre also das Wiedersinnigste in dem Spitzbogen-Bau, daß er zu den Gebäuden mit den höchsten Bestimmungen angewendet wurde«, Schinkel-Nachlaß Heft III Blatt 28, abgedruckt bei Peschken, Schinkelwerk: Lehrbuch S. 71. Allerdings muß die Vorstellung zurückgewiesen werden, daß Schinkels Überlegungen dieser Zeit besonders großes Gewicht auf die Diskussion der Gotik legten (so etwa Zadow 1980 S. 159). Ganz im Vordergrund steht eindeutig die Suche nach einer stringenten Ausarbeitung einer klassizistischen Architekturlehre, die gotische Formen nur ganz am Rande berührt.
25 Schinkel-Nachlaß Heft III Blatt 27; abgedruckt bei Peschken, Schinkelwerk: Lehrbuch S. 50. Unmittelbar anschließend schreibt Schinkel: »Kindlichkeit. Das Kunstwerk sondert seinen Gegenstand ganz von der übrigen Welt ab, u schließt alles übrige von ihm aus, er ist vollendet seiner Natur gemäß.«
26 Schinkel-Nachlaß Heft II Blatt 36; abgedruckt bei Peschken, Schinkelwerk: Lehrbuch S. 50.
27 Vgl. Moyano 1989 S. 149ff.

Eine pragmatischere Theorie

implizierte ataraxie-Vorstellung antiker Prägung[28] bildet den Zielpunkt, der sämtliche kunsttheoretischen Bemühungen Schinkels bis zum einschneidenden Erlebnis seiner Reise nach Frankreich und England im Jahr 1826 prägt. In diese Systematik eingefaßt, wird die Ausarbeitung des tektonischen Einführungskursus und der entsprechenden Beispiele für Vorbilder bzw. Fehler der Architektur in der Zeit um 1823/24 verstehbar als ein tableau, das aus einer einzigen Leitvorstellung her die Gesamtheit der Schinkel bekannten architektonischen Elemente bündeln kann.

Weitere Texte

Im Gegensatz zu den von PESCHKEN in seinem Lehrbuchwerk erschlossenen Fragmenten fällt es hinsichtlich der vielfältigen weiteren Texte Schinkels häufig schwer, sie mit Sicherheit einer bestimmten Schaffensperiode zuzuordnen. Gleichzeitig lassen sich bereits aus den Tendenzen der Lehrbuchfragmente aussagekräftige Aufschlüsse über die Position Schinkels gewinnen. Dementsprechend ist hinsichtlich der Verwertung der kunsttheoretischen Aussagen und Aphorismen Schinkels, wie sie etwa bei v. Wolzogen zitiert werden, Zurückhaltung angebracht; ihre Zuordnung zur klassizistischen Phase Schinkels ist nur dann plausibel, wenn ihre Aussagen nicht unvereinbar mit denen der Lehrbuchpläne sind. Unabhängig von diesem Vorbehalt läßt sich zumindest die Einschätzung der griechischen Kultur als wichtiges wirkungskräftiges Moment isolieren: Eine der wesentlichen Neuorientierungen Schinkels in der Zeitspanne nach den napoleonischen Kriegen liegt in der jetzt ausgeprägten Wertschätzung dieses kulturellen Erbes. Sich in eine seit Winckelmann ungebrochen weitergeführte Tradition einstellend, kann Schinkel nun konstatieren:

> Auch können wir bei allem Fortschritt der Wissenschaft, was den Punct der Freiheit betrifft, und zwar daß die Freiheit das ganze menschliche Bestreben umschließt und ihre Spuren für uns zurückläßt, es ihnen (den Griechen, Zus. d. Verf.) nie wieder gleich thun, müssen sie immer als Meister erkennen.[29]

Hiermit tritt eine neue ästhetische Norm an die Stelle der früheren Vorstellungen, die von anfänglicher stilpluralistischer Einstellung über das Modell einer Synthese bis hin zu einseitiger Gotik-Begeisterung reichten. Gleichlaufend mit

---

28 Vgl. zu diesem Begriff und seiner Verwurzelung in der klassizistischen Kunsttheorie Wyss 1997 S. 46ff.
29 Schinkel-Nachlaß Heft 3 Blatt 16, abgedruckt bei Kachler 1940 S. 66.

dieser Bewegung reichert Schinkel seinen geistigen Horizont durch ausgedehnte Studien zur griechischen, aber auch ägyptischen Mythologie an, deren Ergebnisse sich im Nachlaß befinden.

Theoretische Parallelen

Schinkels theoretische Entwicklung findet auf dem Hintergrund der Nachphase der Befreiungskriege statt. Die politische und die geistesgeschichtliche Entwicklung Preußens in dieser Zeitspanne wird im Einzelnen durch vielfältig verschränkte, zum Teil in sich widersprüchliche Tendenzen geprägt. Dennoch läßt sich als übergeordneter Fokus dieser Zeit, der speziell auch die Entwicklung in Berlin beherrscht, die Durchsetzung der politischen Restauration erkennen.

Der gesellschaftliche Umschwung

Noch während der Befreiungskriege läßt der Tenor öffentlicher Äußerungen durch seine gleichzeitig aggressiv-nationalistischen und idealisiert-demokratischen Töne erhebliche Verbesserungen der gesellschaftlichen Bedingungen für die Nachkriegszeit erwarten. In unterschiedlichen Ausprägungen wird dabei – wie es auch im Domprojekt Schinkels anklingt – das Modell eines solidarischen, religiös untermauerten Gemeinwesens propagiert, das in einer rückwärtsgerichteten Projektion in mittelalterlichen Vorbildern gefunden wurde. Die schon zuvor in Gang gesetzten grundlegenden Reformen[30], Entwicklungen wie die faktische Gewährung der Pressefreiheit in der Kriegszeit, aber auch die Erweiterung der Möglichkeiten, an der Kriegsführung teilzunehmen[31], ließen in Zukunft eine Zunahme an gesellschaftlichen Handlungsmöglichkeiten für das Bürgertum erwarten. Sinnbildlicher Ausdruck dieser Hoffnungen wurde das Eiserne Kreuz, das Friedrich Wilhelm III. zu Kriegsbeginn als ersten Orden stiftete, der ohne Standesrücksichten allein auf Grundlage der individuellen Verdienste verliehen wurde. Die Fortsetzung dieser Entwicklung schien zunächst durch die Vorbereitung eines dauernd tagenden Repräsentativorgans im Jahr 1815 verbürgt.[32]

---

30 Beispielgebend die Stein-Hardenbergschen Reformen zur Bauernbefreiung (1807), zur Herstellung der Gewerbefreiheit (1810), die Emanzipation der Juden (1812); die entsprechenden Edikte sind abgedruckt bei Huber 1978 S. 40ff.
31 Einführung der allgemeinen Wehrpflicht (1813), abgedruckt bei Huber 1978 S. 52f.
32 Verordnung über die zu bildende Repräsentation des Volkes, abgedruckt bei Huber 1978 S. 61f.

Die Nachkriegsphase enttäuscht derartige Hoffnungen jedoch. Weniger die Festschreibung der bestehenden politischen Machtsphären durch den Wiener Kongreß 1814/15, sondern vor allem die Verfestigung der gesellschaftlichen Strukturen der Vorkriegszeit desillusionieren Intellektuelle und Vertreter des Bürgertums.[33] Besonders negativ wirkt sich dabei die Verweigerung politischer Betätigungsmöglichkeiten in Staat und Kommunen aus, die das Bürgertum zu dieser Zeit noch intensiver trifft als die erst in der Entstehung begriffene Arbeiterklasse. Zwar fördert die Monarchie aktiv die wirtschaftliche Betätigung; unter anderem durch die Installation einer preußischen Gewerbeförderung, deren Wirkung auf künstlerischem und kunsthandwerklichem Gebiet Peter Wilhelm Beuth und nicht zuletzt auch Schinkel zu verdanken ist.[34] Auf der anderen Seite sucht der preußische Staat schon bald nach dem Krieg, die politische Willensbildung möglichst flächendeckend zu unterdrücken. Diese Tendenz setzt bereits mit dem Verbot der politischen Vereinsbildung im Jahr 1816[35] ein, wird allerdings anfangs noch durch das Gegengewicht der Reformbemühungen während der Kanzlerschaft Hardenbergs[36] gemildert. Zu ihrem offenen Durchbruch gelangt sie mit den massiven Zensurmaßnahmen der Karlsbader Beschlüsse von 1819, deren Durchsetzung durch die staatliche Autorität jeden Zweifel an ihrer bedingungslosen Entschlossenheit zur Repression beseitigt.[37]

Es wirkt auf den ersten Blick erstaunlich, daß sich nur eingeschränkt offene Proteste gegen diese politische Wendung richten. Schinkel ist in dieser Hinsicht keineswegs ein Einzelfall; ganz im Gegenteil ist der Typus des spätromantischen Künstlers geradezu durch seine harmonische Einbindung in staatliche Institutionen charakterisiert.[38] Tätige Integration in das staatlich sanktionierte gesellschaftliche System, verbunden mit einer kulturell überhöhten Form innerer Emigration[39] wird zum Leitmotiv der anbrechenden »bieder-

---

33 Vgl. Nipperdey 1983 S. 275ff.
34 Vgl. Koselleck 1989 S. 587ff.; besonders auch 443ff. (Beuth) und 623f. (Schinkel).
35 Verordnung wegen der angeblichen geheimen Gesellschaften v. 6.1.1816, abgedruckt bei Huber 1978 S. 62f.
36 So bleiben die auf das Wartburgfest von 1817 reagierenden Versuche Metternichs zur Beschränkung der universitären Freiheit v.a. durch den Widerstand W. v. Humboldts und Hardenbergs ohne Erfolg, vgl. Nipperdey 1983 S. 280ff.
37 Die Beschlüsse zum Universitäts-, dem Presse (»Preß«)- und dem Untersuchungsgesetz (20.9.1819) sind zusammen mit der darauf basierenden preußischen Zensurverordnung (18.10.1819) abgedruckt bei Huber 1978 S. 100ff.
38 Vgl. Ziolkowski 1994 S. 10ff.
39 Wie verbunden sich Schinkel mit dieser Form des Rückzugs aus der Öffentlichkeit fühlte,

meierlichen«[40] Epoche. Dabei werden zum Teil bereits vorgeprägte Topoi wie etwa der schon im 18. Jahrhundert formulierte Bildungsgedanke[41] assimiliert, zum Teil dienen neuere Strömungen wie die Philosophie Hegels als Instrument zur Versöhnung des machtlosen Individuums mit der Realität. Erst in den kaum noch tragbaren sozialen Spannungen der 1830er Jahre[42] und unter dem Eindruck einer Alternative, wie sie die französischen Julirevolution darzustellen scheint, beginnt dieses gesellschaftliche Konsens-System seine Leitfähigkeit einzubüßen.

Verlagerung der theoretischen Leitlinien

Geistesgeschichtliche Ausgangssituation
Die philosophische Diskussion im Preußen der Restaurationszeit, aber auch das Sondergebiet der Ästhetik ist von diesen allgemeinen gesellschaftlichen Entwicklungen nicht unbeeinflußt geblieben. Die charismatische Figur Fichtes, die bis in die Freiheitskriege hinein den geistesgeschichtlichen Orientierungspunkt schlechthin für Berlin und Preußen dargestellt hatte, hätte nicht in diese veränderte Landschaft gepaßt (eine Auseinandersetzung Fichtes mit der politischen Tendenz zur Restauration wurde durch seinen überraschenden Tod 1814 verhindert). Nahezu unmittelbar im Anschluß an die Freiheitskriege setzt dagegen die Wirkung derjenigen philosophischen Strömung ein, die bis weit in die dreißiger Jahre hinein das geistige Leben Preußens beherrscht[43], der Philosophie Hegels.

    Hegel versteht sein philosophisches System, das in weiter Bandbreite Gegenstände der Erkenntnistheorie, der Logik, Ethik, aber auch der Ästhetik umfaßt, als krönenden Abschluß und Aufnahme aller Überlegungen des deutschen Idealismus seit Kant und damit als fortschrittlichste Position des philosophischen Denkens überhaupt. Ohne vergleichbare Brüche wie in den Lebenswerken Schellings oder Fichtes entwickelt Hegel aus dem Anfangsgrund

---

    belegt sein kongenialer Entwurf für das Landhaus v. Humboldts in Tegel (1820). Humboldts Entfernung aus der Regierung im Jahr zuvor war im wesentlichen durch die Karlsbader Beschlüsse ausgelöst worden; vgl. hierzu Bergdoll 1994 S. 65.
40 Zur Kritik an dieser Epochenbezeichnung wegen der Ausblendung von Strömungen wie dem »Jungen Deutschland« vgl. Greiffenhagen in Ausstellungskatalog: Berlin zwischen 1789 und 1848 S. 8.
41 Vgl. dazu Nipperdey 1983 S. 59ff.
42 Vgl. insb. zur sozialen Lage und Wohnsituation in Berlin Kieß 1991 S. 65ff.
43 Vgl. Coreth u.a. 1989 S. 99ff.; Hartmann 1974 S. 293ff.

einer Analyse des Bewußtseins durch eine ausgefeilte dialektische Methode einen Denkansatz, der grundsätzlich alle Inhalte aufnehmen kann, die ihm die Welt des Tatsächlichen bietet. Bei der dialektischen Ausarbeitung der systematischen Darstellung konzentriert sich Hegel insbesondere auf die Bereiche der Religionslehre, der Geschichte und der Rechts- und Staatslehre, kann auf der Grundlage seines Ansatzes aber auch vielfältige weitere Themenstellungen einbeziehen.

Die im Kern zutreffende Feststellung, daß dieses umfassende Gedankensystem die eigentliche Ideologie der Restaurationsjahre bildet, legt gleichzeitig auch Mißverständnisse nahe. Die durch Aussagen Hegels teils unterstützte Bewertung seiner Philosophie als einer extrem konservativen, reaktionär-staatstragend und teils auch militaristisch auftretenden Ideologie[44] trifft nur einen Teilaspekt eines in Wirklichkeit komplexer angelegten Zusammenhangs. Zunächst ist es richtig, daß sich insbesondere die Hegelsche Rechtsphilosophie zur Legitimation militärischen Vorgehens eignet, indem sie den Krieg ausdrücklich als Mittel zur Erneuerung der Nationen begrüßt.[45] Hegel zielt damit jedoch nicht darauf, die ganz wesentlich auf der Hegemonie des Militärs aufgebaute Struktur des preußischen Staates in der Phase nach den Freiheitskriegen zu untermauern.[46] Vielmehr ist sein Thema allein die militärische Auseinandersetzung zwischen den Staaten, nicht die Innenwirkung militärischer Strukturen. Dementsprechend dürfte es allein das bewegende Erlebnis dieser Kriege und des damit verknüpften Wiederaufstiegs Preußens gewesen sein, das die Wertschätzung des Krieges für Hegel begründete.

Nicht eindeutig zu beantworten ist gleichfalls die Frage, ob die Aussagen des Philosophen als die Legitimation des preußischen Staatswesens aus dem Blickwinkel des Weltgeistes[47] anzusehen sind, als die sie häufig verstanden wurden.[48] Aufmerksame Lektüre der Hegelschen Texte läßt zwar keinen Zweifel daran, daß sie in dieser Staatsform eine *momentane* Realisation des »vernünftigen Absoluten« lokalisieren. Als übergeordnete und damit nächste

---

44 Vgl. dazu Wyss 1997 S. 225ff.
45 Hegel 1986 S. 491ff. (§ 324), z.B.: »Im Frieden dehnt sich das bürgerliche Leben mehr aus, alle Sphären hausen sich ein, und es ist auf die Länge ein Versumpfen der Menschen; ihre Partikularitäten werde immer fester und verknöchern.«
46 Vgl. zur Hegelschen Diskussion des Krieges Seeberger 1961 S. 66ff.
47 Vgl. etwa Hegel 1986 S. 399 (§ 258): »Der Staat ist als die Wirklichkeit des substantiellen Willens, die er in dem zu seiner Allgemeinheit erhobenen besonderen Selbstbewußtsein hat, das an und für sich Vernünftige.«
48 Vgl. dazu Seeberger 1961 S. 44.

Stufe dieses Verwirklichungsprozesses wird jedoch die bürgerliche Gesellschaft in einer konstitutionellen Monarchie mit Gewaltenteilung ausgezeichnet[49]; ein Standpunkt, dessen Formulierung als Forderung im Preußen der Restaurationszeit als revolutionärer Umtrieb geahndet worden wäre.

Diese Beispiele verdeutlichen, daß Hegels Verknüpfung mit der Restaurationszeit nicht lediglich im Sinn eines Legitimationszusammenhangs verstanden werden darf. Sie steht zwar durchaus im Dienst dieser Zeit, jedoch nicht im Auftrag eines Unterdrückers, sondern im Interesse des zurückgehaltenen Bürgertums, das seine Selbstversöhnung in den ungünstigen politischen Verhältnissen entscheidend dieser Ideologie mitverdankt: Hegel artikuliert differenzierte dialektische Vermittlungsebenen, die mit Notwendigkeit im Gesamtzusammenhang des geschichtlichen Prozesses aufeinander folgen. Damit stellt sein System eine Möglichkeit für das gebildete Bürgertum bereit, trotz des – gegen seine Interessen – stockenden gesellschaftlichen Fortschritts der Epoche seine Stellung innerhalb des Staatswesens zu definieren und zu akzeptieren.

Diese Funktion der Philosophie Hegels ist nicht zuletzt deshalb so wichtig, weil ihr eigener systematischer Anspruch und seine Umsetzung für lange Zeit derart überzeugende Wirkung besaßen, daß geistige Alternativen kaum zum Durchbruch gelangen. Diese Vorherrschaft hindert insbesondere die parallel zum Wirken Hegels einsetzenden Versuche Schopenhauers, seine Kritik an dessen Philosophie öffentlich wirksam zu machen.[50] Andere geisteswissenschaftliche Strömungen im Schatten Hegels betreffen entweder wissenschaftliche Teilbereiche wie die für den Historismus richtungsweisende Ausbildung der vergleichenden Sprachwissenschaft durch Bopp; oder sie stellen individuelle Entwicklungen mit unter Zeitgenossen relativ geringer Außenwirkung dar, wie die sprachtheoretischen Forschungen Wilhelm v. Humboldts. (Unter diesen philosophischen Entwicklungen sind etwa die Arbeiten naturwissenschaftlich geschulter Ärzte wie etwa Karl Gustav Carus und Johann Christoph August Heinroth von nicht unerheblicher Bedeutung.)

---

49 Vgl. Hegel 1986 S. 435ff. (§§ 273ff.); zur Zwischenstellung der Hegelschule zwischen Restauration und liberalem Bürgertum vgl. auch Jaeschke/Meist, in Ausstellungskatalog: Hegel in Berlin S. 37ff.
50 Eine breitere Wirkung Schopenhauers setzte erst in der Zeit nach Hegels Tod ein, vgl. Kroner 1961 S. 29; Coreth u.a. 1989 S. 119ff.

Architekturtheoretische Situation
Die Theorie der Architektur in der Nachphase der napoleonischen Kriege zeigt eine Hinwendung zu Architekturlehren, die auf der Grundlage historisch erfaßter Stilformen (zunächst sind Vorbilder der Antike, später auch der italienischen Renaissance bedeutend) pragmatische Orientierungshilfen für die Bautätigkeit liefern. Beispielhaft für diese Entwicklung ist in Frankreich das Lehrbuchwerk Durands, das besonders in seiner überarbeiteten und erweiterten Fassung (1817–21) überaus wirkungskräftig wird.[51] Im deutschen Sprachraum geht die Entwicklung von einem recht dogmatischen Klassizismus aus, wie er etwa von Hirt und Stieglitz[52] vertreten wird. Angesichts der Notwendigkeit, für einen sich erweiternden Umkreis von Bauaufgaben adäquate Lösungen zu finden, treten aber auch hier in der Zeit ab etwa 1830 mehr und mehr stilistische Vielheit und Neuentwicklungen in den Vordergrund. Beispielhaft für diese Entwicklung ist neben den Werken Stieglitz' besonders die von Heinrich Hübsch 1828 herausgebrachte Schrift »In welchem Style sollen wir bauen?«, die das Ausmaß der Stildiskussion veranschaulicht. Auch im preußischen Raum drängt sich dabei ähnlich wie in Frankreich die Tendenz zur Loslösung der konstruktiven Möglichkeiten von den Forderungen der klassischen Proportionslehre und verbindlicher Dekorationskanones in den Vordergrund.

Indizierte theoretische Beeinflussungen
Nicht nur die Entwicklung der Architekturtheorie, sondern auch das komplexe, in sich labile System der Restaurationsphase als Ganzes spiegelt sich in der Theoriebildung Schinkels wieder. Die allgemeinen Bewegungen der Epoche gehen allerdings nicht selten individuellen Faktoren parallel, die nur für Schinkels Person Wirkung besitzen. Beispielsweise steht die steigende Hinwendung Schinkels zur Umsetzung konkreter Projekte zunächst innerhalb eines allgemeinen Entwicklungszusammenhangs: Sie entspricht der Wiederherstellung eines wirtschaftlichen und gesellschaftlichen Normalitätszustandes, der an die Stelle des weiten Freiraums für politische und ästhetische Visionen getreten war, den die außergewöhnlichen Krisen und Chancen der Jahre ab 1806 mit sich brachten. Zwar wird in dieser Zeitspanne zumeist das Negativum einer Verweigerung stärkerer politischer Mitbestimmung als der beherrschende

---

51 Vgl. Kruft 1995 S. 311.
52 Vgl. zur prototypischen Entwicklung der Werke von Christian Ludwig Stieglitz: Kruft 1995 S. 332ff.

Gesichtspunkt wahrgenommen; parallel dazu besteht allerdings ein starkes Interesse bürgerlicher Kreise an der pragmatischen Nutzung der erneuerten und erweiterten wirtschaftlichen Möglichkeiten. Dieser allgemeinen Konstellation entspricht auch die persönliche Situation Schinkels in weiten Zügen. Die Tätigkeit für den Staat Preußen gewährt ihm weitreichende Handlungsmöglichkeiten, die zur praktischen Nutzung aufrufen, gleichzeitig aber die theoretisch-visionäre Arbeit der romantischen Periode zurückzudrängen beginnen.

Es ist auffällig, daß die Rezeptionsarbeit des Architekten in dieser Zeit, wie sie aus den theoretischen Fragmenten ablesbar ist, ihren gedrängten Charakter etwas zu verlieren beginnt, der das unmittelbare zeitliche Umfeld seiner Einstellung in den Staatsdienst 1810 prägte. Zu jener Zeit entstand noch der Eindruck, Schinkel habe sich durch das äußere Ereignis seiner Amtseinsetzung gedrängt gesehen, in kurzer Zeit eine solide Basis seiner philosophisch-ästhetischen Anschauungen zu erarbeiten – eine Aufgabe, bei der er unter Rückgriff auf die Leitfigur Fichtes und die Philosophie Schellings erhebliche Synthesefähigkeit zeigt. Im Vergleich dazu wird die Arbeit nun gefächerter. Sie nimmt ebenso philosophische Randströmungen auf (etwa Carus und Heinroth), wie auch ästhetische Überlegungen (beispielsweise verstärkt sich die Rezeption Goethes), daneben aber auch praktische Quellen zur Archäologie, Bautechnologie und Architekturtheorie.

Literarische und philosophische Anregungen
Die damit breitere Anlage der Rezeption literarischer und philosophischer Anregungen durch Schinkel in dieser Zeit erschwert es im Verhältnis zur romantisch geprägten Frühphase zunehmend, isolierte Beeinflussungen zu erkennen. Dennoch lassen sich zum Teil aus dem sozialen Umfeld Schinkels, zum Teil aus persönlichen Bekanntschaften und zum Teil aus dem schriftlichen Nachlaß Aufschlüsse auf mögliche Berührungspunkte gewinnen.

Georg Wilhelm Friedrich Hegel
Die zuvor angesprochene, nahezu unangefochtene Hegemonie des Hegelschen Denkens legt zunächst die Einschätzung KACHLERs[53] nahe, daß aus dieser Richtung Einflüsse (vor allem der ab 1820 in Berlin als Vorlesung gehalten »Ästhetik«) auf theoretische Positionen Schinkels resultieren. In der heutigen

---

53 Vgl. Kachler 1940 S. 10.

Literatur zum Werk Schinkels tauchen derartige Annahmen äußerst selten auf; lediglich die Untersuchungen von WYSS versuchen eine Relation zwischen den Texten Hegels und den Gedanken Schinkels zu konstruieren. Dementsprechend soll auch das Alte Museum Schinkels als eine steingewordene Konkretion der Hegelschen Geschichtsphilosophie verstanden werden können.[54] Dagegen ist allerdings zu berücksichtigen, daß weder die schriftlichen Äußerungen Schinkels noch die Hegels[55] eine Bekanntschaft nahelegen.[56] Entscheidend ist jedoch, daß Schinkel um etwa 1820 sein klassizistisch gefärbtes Architektursystem schon weitgehend ausgebildet hat, also in dem Zeitpunkt, in dem Hegel seine ästhetische Theorielehre erstmalig öffentlich darstellt.[57] Die von hier fortschreitenden Entwicklungen in den Überlegungen Schinkels sind vor allem durch die Betonung der Konstruktion gekennzeichnet. Auch diese Tendenz geht den Gedanken Hegels zur Architektur nicht konform, in denen der Aspekt einer konstruktiven Tektonik ausgeblendet ist.[58] Während die von Hegel geleistete Einbindung der Kunstformen in einen gesamtgeschichtlichen Kontext eine innovative Position darstellt, gehen seine Forderungen an zeitgenössische Architektur nicht über die eines dogmatischen Klassizismus in der Nachfolge Hirts hinaus[59], den Schinkel längst hinter sich gelassen hat.

Daneben lassen sich auch in wichtigen Einzelheiten Differenzen zwischen den Denkmodellen des Philosophen und des Künstlers nachweisen. Unterschiede dieser Art betreffen etwa das eigentliche Anliegen der Kunst. Für Hegel

---

54 Vgl. Wyss 1997 S. 147ff.; Crimp 1996 S. 298ff.; sowie unten S. 257.
55 Allerdings war Hegel 1816 mit der Tätigkeit Schinkels zumindest teilweise vertraut, wie eine Äußerung bezüglich der Verhandlungen über die Boisserée'sche Sammlung belegt (vgl. Hegel, Brief an Boisserée v. 8.8.1816, abgedruckt bei Hoffmeister 1969 S. 109). Weitere Äußerungen zu Schinkel weist der detailliert erfaßte Nachlaß dagegen nicht auf.
56 Für die von WYSS (vgl. Wyss, in Ausstellungskatalog: Hegel in Berlin S. 216) und CRIMP (vgl. Crimp 1996 S. 295) geäußerte Annahme einer direkten Bekanntschaft bzw. Freundschaftsbeziehung beider fehlt jeder Beleg.
57 Hegels (zunächst unveröffentlichte) Vorlesungen zur Ästhetik stammen aus dem Wintersemester 1820/21 bzw. dem Sommersemester 1823. Eine Teilnahme Schinkels ist nicht überliefert; die Veröffentlichung der Vorlesungen zur Ästhetik stammt aus den Jahren ab 1832.
58 Hegel bleibt bei der seit Vitruv geläufigen und bei Hirt wiederaufgenommenen Diskussion von Thesen über den Ursprung der Baukunst (Steinbau versus Holzbau) stehen; vgl. Hegel 1995 S. 267f; 306ff. Folgerungen für eine normative Architekturästhetik zieht Hegel im Gegensatz zu Schinkel nicht.
59 Vgl. etwa die Verweise auf die »Geschichte der Baukunst bei den Alten« von Hirt in Hegel 1995 S. 282, 307, 315, 321ff., der von dem Philosophen als »... einer der größten wahrhaften Kunstkenner unserer Zeit ...« gerühmt wurde, vgl. Hegel 1992 S. 33.

liegt der zentrale Auftrag in dieser Selbsterkenntnisform des Geistes in einer Darstellung des Absoluten, die der religiösen Vorstellungswelt weitgehend parallel läuft:

> Wenn nämlich die Kunst die Wahrheit, den Geist als Objekt in sinnlicher Weise hinstellt und diese Form des Absoluten als die gemäße ergreift, so bringt die Religion die Andacht des zu dem absoluten Gegenstande sich verhaltenden Inneren hinzu.[60]

Für Schinkel waren, wie schon dargestellt wurde, in seiner romantischen Phase entsprechende Vorstellungen überaus wichtig, die im Kern auf den zu diesem Zeitpunkt bereits voll entwickelten Gedanken Schellings basierten. In der hier behandelten klassizistischen Phase dagegen tritt statt dessen die Idee einer Formung des Menschen durch künstlerische Mittel in das Zentrum seiner künstlerischen Absichten. Schinkel steht hier – was Werke wie das Alte Museum nachdrücklich belegen – Denkern wie etwa Schelling und besonders Heinroth näher als Hegel, der an derartigen Ideen von außerkünstlerischen Zwecken der Kunst deutlich genug Kritik übt:

> Das Schiefe liegt hier darin, daß sich das Kunstwerk sodann auf ein anderes beziehen soll, das als das Wesentliche, Seinsollende für das Bewußtsein hingestellt ist, so daß nun das Kunstwerk nur als ein nützliches Werkzeug zur Realisation dieses außerhalb des Kunstbereichs selbständig für sich geltenden Zwecks Gültigkeit haben würde.[61]

Auch hinsichtlich der Einschätzung der griechischen Kultur verbergen sich unter einer oberflächlich vergleichbaren Wertschätzung starke Gegensätze. Zwar gehen sowohl Hegel als auch Schinkel davon aus, die Kunst insbesondere der griechischen Klassik habe in gewisser Hinsicht ein Maximum dessen erreicht, was mit dem Mittel der künstlerischen Darstellung angestrebt werden könne. Bei Hegel ist hierfür ein ideales Gleichgewicht zwischen den künstlerischen Möglichkeiten und der geistigen Fassungskraft der historischen Epoche verantwortlich:

> Wo die Kunst jedoch in ihrer höchsten Vollendung vorhanden ist, da enthält sie gerade in ihrer bildlichen Weise die dem Gehalt der Wahrheit entsprechendste und wesentlichste Art der Exposition. So war bei den Griechen z.B. die Kunst die höchste Form, in welcher das Volk die Götter sich vorstellte und sich ein Bewußtsein von der Wahrheit gab. ... Auf anderen Stufen des religiösen Bewußtseins, auf welchen der

---

60 Hegel 1992 S. 143.
61 Hegel 1992 S. 82.

III.1 Schinkel, Karl Friedrich: Steinkonstruktion des Gesims- und Deckenwerks der Großen Propyläen in Eleusis, Abth. 1, B. 2a
1820   Lithographie
Aus: AK Schinkel I, Abb. 313 (S. 337)

religiöse Gehalt sich der künstlerischen Gestaltung weniger zugänglich zeigt, behält die Kunst in dieser Beziehung einen beschränkteren Spielraum.[62]

Diese Wertschätzung eines harmonischen Einklangs zwischen Denkmöglichem und Handlungsmöglichem in der Kunst ist für Schinkel dagegen nicht entscheidend. Vielmehr ist in seiner Sichtweise das aus der Philosophie Fichtes stammende Element der Freiheit maßgeblich. Diese Freiheit ist als das Vermögen eines schön gebildeten Geistes zu verstehen, im unbewußten Schaffen Perfektion zu erreichen[63]; anders als die komplexe gesamtgeschichtliche Perspektive Hegels zeichnet sie relativ eindimensional das Griechentum als rückwärtsgewandte Utopie aus. Der Verschiedenheit der Sichtweisen entspricht es auch, wenn Schinkel im Gegensatz zu Hegel die griechische Antike als ein bestimmendes, nach wie vor lebendiges Vorbild versteht – besonders anschaulich wird dieses Verständnis in der rein malerischen Arbeit, wie etwa in der schon angesprochenen Landschaftskomposition »Blick in Griechenlands

---

62 Hegel 1992 S. 141 (Hervorhebung im Original); vgl. dazu auch weiter Hegel 1995 S. 25ff.
63 So auch Kachler 1940 S. 67.

Blüte«. Es durchzieht aber auch Arbeiten, die deutlicher die architektonischen Überzeugungen widerspiegeln, wie etwa den didaktisch aufgebauten Perspektivschnitt einer Tempelkonstruktion von 1820 (Abb. III.1). Angesichts dieser gravierenden Unverträglichkeiten zwischen den Ansätzen beider Persönlichkeiten erscheinen die von KACHLER und WYSS festgestellten Übereinstimmungen letztlich zweitrangig.[64] Sie beziehen sich ausnahmslos auf in der geistigen Atmosphäre des deutschen Idealismus verbreitete, nicht spezifische topoi, deren Übereinstimmung nicht als Anhaltspunkt für eine Rezeption Hegelschen Gedankenguts durch Schinkel überinterpretiert werden darf.[65] Belegt wird dies auch durch die Tatsache, daß in der Gegenrichtung zwanglos eine Interpretation Hegelscher Gedanken als Beschreibung des von Schinkel gebauten Vorbildes möglich ist, wie sie BUDDENSIEG liefert.[66]

Karl Wilhelm Ferdinand Solger
Unter den mit Schinkel persönlich verbundenen Denkern wird dem bereits im Zusammenhang mit der romantischen Phase Schinkels behandelten Karl Wilhelm Ferdinand Solger ein besonders bedeutender Einfluß zugeschrieben: Verschiedentlich wird angenommen, die Ausbildung einer klassizistischen Orientierung bei Schinkel sei entscheidend mit Anschauungen dieses Philosophen verknüpft.[67] Der frühe Tod Solgers (1819) schließt eine solche Wirkung des 1811 an die Berliner Universität gewechselten Ästhetikers auf Schinkel auch in den Jahren um 1820 nicht aus: Schließlich erreicht die Ausarbeitung der Ideen Solgers mit dem Abschluß des dialogischen Hauptwerks »Erwin« gerade in den letzten Jahren seines Lebens ihren Höhepunkt (1815; anschließend daran gelingen ihm nach eigener Ansicht noch stel-

---

64 Vgl. Kachler 1940 S. 10. Die Feststellungen Kachlers leidet zudem an Unschärfen: Wenn Schinkel eine Musealisierung der Kunst feststellt, ergibt sich aus dem Zusammenhang des Zitates, daß keineswegs die Hegelsche Verabschiedung der Kunst gedacht wird, sondern lediglich die Erweiterung des kulturellen Archivs, auf das der Architekt bei seine Arbeit zurückgreifen kann.
65 Auf diesem Hintergrund ist es auch zu verstehen, wenn Hegel in der letzten Vorlesung zur Ästhetik (17.2.1829) das Museum schon vor Eröffnung positiv würdigt: Der Philosoph sieht lediglich in der chronologischen Ordnung der Hängungssystematik eine Umsetzung seiner Geschichtsphilosophie, aber nicht in der Außengestalt des Museums eine Umsetzung seiner Gedanken zur Architektur. Vgl. Gethmann-Siefert, in Ausstellungskatalog: Hegel in Berlin S. 97.
66 Vgl. Buddensieg, in: Buddensieg 1994 S. 41ff.
67 Ausführlich etwa Bergdoll 1994 S. 47ff.; ebenso Kruft 1995 S. 341; im Zusammenhang mit der Errichtung des Alten Museums so schon Kauffmann 1963 S. 142.

Der gesellschaftliche Umschwung

lenweise Präzisierungen in den systematisch angelegten Vorlesungen zur Ästhetik[68]).

Allerdings zeigt sich bei der Untersuchung der Schinkelschen Äußerungen zu kunsttheoretischen Fragen, daß von einer direkten Beeinflussung in diesem Bereich kaum die Rede sein kann. Dies belegt zunächst die Betrachtung des Gegenstands, der im Kernbereiches von Schinkels Interessen gelegen haben dürfte, nämlich der Bemerkungen Solgers zu architektonischen Fragen. In dieser von der Forschung bislang unzureichend betrachteten Richtung ist eine terminologische und auch sachliche Einflußnahme zumindest auf den ersten Blick nicht auszuschließen. So könnte der von Schinkel in der klassizistischen Phase zu einem Kernbegriff erhobene Terminus der »Verhältnisse« durchaus über Solger tradiert sein; dieser selbst rückt ihn besonders in den »Vorlesungen über Ästhetik«[69] in das Zentrum der Überlegungen über architektonische Fragen:

> Das Hauptziel der Architektur ist, ein in sich vollendetes harmonisches Ganze durch das Verhältnis zu bilden.[70]

Obgleich damit eine theoretische Verbindung zu Solger zunächst möglich erscheint, kommen für die Begrifflichkeit auch andere Quellen in Betracht, z.B. die »Philosophie der Kunst« Schellings. Auch dieser Text analysiert die »Verhältnisse«, die eine als Kunstform verstandene Architektur zu beachten hat. Allerdings sind die »Verhältnisse« bei Schelling starr, sie entsprechen mathematischen Vorbildern:

> Die Architektur bildet nothwendig nach arithmetischen oder, weil sie die Musik im Raume ist, nach geometrischen Verhältnissen.[71]

Schinkels Verständnis ist ein anderes: Für ihn sind die Verhältnisse schlicht »Massen-Verhältnisse«[72] in einem terminologisch wesentlich weicheren Sinn; sie beschreiben lediglich eine Empfindung des betrachtenden Subjekts von der Verteilung der Baumassen. Schelling kommt so für diese Linie Schinkelscher Theoriebildung nicht als Quelle in Betracht. Allerdings ist der Begriff der Verhältnisse in der deutschen Architekturtheorie keine Seltenheit. Er wird

---

68 Brief an Tieck v. 14. Februar 1816; abgedruckt in Solger 1826 S. 385.
69 Vgl. Solger 1829 S. 263 f.; 334f.
70 Vgl. Solger 1829 S. 335.
71 Schelling 1995 S. 404.
72 Schinkel-Nachlaß Heft IV Blatt 40; abgedruckt bei Peschken, Schinkelwerk: Lehrbuch S. 45.

zumeist in Analogie zu dem von Perrault bereits Ende des 17. Jahrhunderts neudefinierten Begriff der »proportion« verstanden. (Dieser entsprang aus einer Aufspaltung des schon von Vitruv her bekannten Symmetriebegriffs in den Anteil der »Symmetrie« im noch heute gebräuchlichen Sinn der Axialität und in den Anteil der Massenverteilung, der wiederum der künstlerischen Entscheidung unterliegen soll.[73]) Es läßt sich daher nicht trennscharf belegen, ob die weitgehende Entsprechung von Schinkels Terminologie zu dieser Tradition auf eine direkte Rezeption hindeutet[74], oder auf die Vermittlung durch ein Werk wie Sulzers »Allgemeine Theorie der Schönen Künste« (auch dort werden die »guten Verhältnisse« zu einem der Kriterien einer schönen Architektur gemacht[75]).

Jedenfalls könnte bei Berücksichtigung dieser verwickelten Traditionslinien nur eine besonders starke Nähe zu Solger im Detail eine Verbindung nahelegen. Doch ist im Gegenteil der Begriff der »Verhältnisse« bei Solger durch eine individuelle, sich bewußt von traditionellen Terminologien abkehrende Verwendung geprägt:

> In der Architektur reißt sich der Gedanke von dem denkenden Vermögen los und wird einheimisch im Raume durch das Mittelglied, welches den Gedanken und sein Gesetz mit dem unorganischen Stoffe verbindet. Dieses ist das Verhältnis, das Schema der Einbildungskraft, welches den bloßen Stoff auf den Begriff des Raumes zurückführt. Darin liegt das große Geheimnis der Architektur, ...[76]

Solger analysiert damit das »Verhältnis« in wesentlich tieferzielender Weise als die vor ihm operierende französische Architekturtheorie. Im Gegensatz zu deren phänomenalistisch-beschreibender Orientierung versucht sein idealistischer Ansatz, das »Verhältnis« als die eigentliche Ausprägung des bildenden Vermögens des menschlichen Geistes zu isolieren. Weitere Kriterien für das Architekturschöne sind damit hinfällig, Solger verlangt sie nicht. Auf der Seite Schinkels entspricht dieser Sach- und Begriffsstruktur nichts – der Kern der Solgerschen Architekturtheorie hat für ihn offensichtlich keine Bedeutung erlangt.

Ähnliches betrifft die für die Kunsttheorie Solgers zentrale Forderung nach Ironie, die in der postulierten Form durch die Werke Schinkels nicht verwirk-

---

73 Vgl. dazu Kruft 1995 S. 150ff.
74 So wohl die Intention Peschkens, Schinkelwerk: Lehrbuch S. 48.
75 Vgl. Sulzer 1792ff. S. 171.
76 Solger 1829 S. 334; Hervorhebung im Original.

licht wird. Die ironische Haltung im Sinn Solgers betont noch deutlicher als andere Ironiekonzepte des romantischen Umkreises ein im Betrachter des Kunstwerks präsentes Bewußtsein von Nichtigkeit, das sowohl die gestaltete *Realität* als auch noch die sie gestaltende *Idee* selbst umfaßt[77]:

> ... denn ohne Ironie giebt es überhaupt keine Kunst. Soll sich die Idee in die Wirklichkeit verwandeln, so muß das Bewußtsein in uns wohnen, daß sie dadurch zugleich in die Nichtigkeit eingeht. Verlöre sich der Künstler ganz in die Gegenwart der Idee in der Wirklichkeit, so würde die Kunst aufhören, und eine Art Schwärmerei, ein Aberglaube an die Stelle treten, ...[78]

Zwar beinhalten Schinkels Arbeiten vereinzelt ironische Momente[79], doch ist dabei der Charakter als ganz persönliche Mitteilung offensichtlich. In den von Schinkel als Kunstwerk im eigentlichen Sinn begriffenen öffentlichen Arbeiten fehlt dagegen jeder Ansatzpunkt für eine ironische Relativierung im Sinne Solgers.[80]

Dennoch wird vereinzelt der Versuch unternommen, in den Konzepten Schinkels für seine Bautätigkeit insbesondere in der »klassizistischen« Phase Einflüsse Solgers wiederzufinden. Die in diese Richtung gehenden Überlegungen BERGDOLLs bleiben allerdings zum Teil unspezifisch, zum Teil ignorieren sie historische Tatsachen.[81] Zunächst ist es auf der Seite Solgers richtig, daß dieser der szenischen Wirkung des Dramas eine ganz besondere Rolle in der Herbeiführung der angemessenen Einstellung zu Kunst und Welt beimißt:

---

77 Vgl. auch die Diskussion des Solgerschen Ironie-Begriffs bei Hegel 1986 S. 277ff. (§ 140 Abschnitt f), Hegel 1992 S. 98f. und Hegel, in: Hegel 1970 S. 254ff.
78 Solger 1829 S. 199.
79 Vor allem die an Beuth gerichteten Gelegenheitszeichnungen, die mit Motiven aus gemeinsamen Bildungsvorstellungen spielen.
80 Auch die Verwendung des Ausdrucks »... der höchsten Ironie ...« durch Schinkel in einem späteren Lehrbuchfragment spricht nicht für eine Beeinflussung. Schinkel sieht den Baukünstler dann in diesem Zustand, wenn es ihm gelungen ist, gegen das Unverständnis seines hochstehenden Bauherren subversiv eigene Ideen zu verwirklichen (»Nur mit Aufopferung seines ganzen irdischen Glücks und seiner Stellung kann er durch Wagstücke seine Gedanken, mit Gefahr der Entdeckung und der Ungnade einschwärzen.«); beides aus Schinkel-Nachlaß Heft III Blatt 23; abgedruckt bei Peschken, Schinkelwerk: Lehrbuch S. 115. Der verbitterte Gestus verdeutlicht, daß keineswegs die theoretische Ironie Solgers gemeint ist, die nach dessen Vorstellung in jedem wahren Kunstwerk spürbar sein muß.
81 Vgl. zum einen die pauschale Inanspruchnahme Fichtes, v. Humboldts und Solgers für das Schauspielhaus, Bergdoll 1994 S. 60. Zum anderen versucht BERGDOLL sogar, für das Alte Museum eine Beteiligung Solgers an der 1823 geführten Diskussion mit Hirt zu konstruieren, ohne anzumerken, daß dieser bereits 1819 verstarb, vgl. Bergdoll 1994 S. 80.
82 Solger 1971 S. 91f.

Alle reizt sie an durch die großen, aber keineswegs idealischen, sondern ganz menschlichen Begebenheiten, welche sie in der Mitte des Volks, nicht dem bloßen Schein nach, sondern in ihrer inneren Wahrheit vorgehn läßt, und jeden, auch den stumpfesten, auch den, welcher zuerst nur begierig war, irgend etwas Buntes und Lebendiges und ihm Gleichartiges zu sehn, treibt eine, wenn auch noch so dunkele Unruhe über sein eigenes Dasein zu einer Ahnung, daß ihm mit dem Vorhange der Bühne wohl noch ein anderer Vorhang, der undurchdringlich über der inneren Welt lag, aufgehn möchte.[82]

Ähnlich wie im Drama tritt nach Solger auch in der Architektur die Idee ganz ins Konkrete über, wenngleich vergleichbar deutliche Aussagen über die Wirkung der architektonisch konkretisierten Idee fehlen. Damit erscheint es zumindest nicht ausgeschlossen, Schinkel habe eine derart begründete »Wirkungslehre« für Werke wie das Schauspielhaus und das Alte Museum zugrundegelegt. Zutreffend ist auf Schinkels Seite auch die Beobachtung, der Architekt operiere nicht selten mit optischen Bezügen in der Art eines Bühnenbildes, um den Bedeutungsgehalt seiner Bauformen anzureichern.[83]

Damit ist allerdings noch nicht hinreichend plausibel, daß Schinkels Entwürfe sich mit dieser Besonderheit tatsächlich an Vorgaben Solgers orientieren. BERGDOLL selbst konstatiert diese Besonderheit schon bei so frühen Entwürfen wie dem Idealentwurf für das Luisen-Mausoleum. Zur Entstehungszeit dieses Entwurfes (1810) lehrt Solger jedoch (ohne nachweisbare persönliche Kontakte zu Schinkel) in Frankfurt an der Oder; er beginnt zu diesem Zeitpunkt gerade erst, eigenständige ästhetische Überlegungen zu formulieren.

Auf dem Hintergrund dieser Einengung der Rezeptionsmöglichkeiten wird die bühnenbildartige Anlage verschiedener Schinkel-Bauten wohl besser als eine Auswirkung seiner ausgeprägten Tätigkeit im Bereich der dekorativen Malerei zu verstehen sein, die mit der Präsentation der Panoramen beginnt und ihre Fortsetzung in den Bühnenentwürfen findet. Wie die Auswertung der Lehrbuchskripten zeigt, ist im übrigen die Forderung nach einer bühnenbildartigen Wirkung für Schinkel auf theoretischer Ebene kein Thema (angesichts der Komplexität und Neuartigkeit der Überlegungen Solgers zur Wirkungsweise des Dramas wäre eine Reflexion derartiger Gedanken wahrscheinlich, wenn Schinkel sie denn tatsächlich für die Konzeption architektonischer Entwürfe zugrundegelegt hätte).

Obgleich Schinkel damit die Kernbegriffe des Solgerschen Kunstdenkens ignoriert, und auch die unterschwelligen Leitlinien seines Schaffens kaum auf

---

83 Vgl. Bergdoll 1994 S. 50.

Solger verweisen, kann eine Beeinflussung des Hintergrunds seiner Einstellungen zur Kunst insgesamt nicht gänzlich ausgeschlossen werden: Die profunde Kenntnis der klassischen Autoren, die sich in Solgers Person mit einer außerordentlichen Begeisterung an der Wissensvermittlung traf, wird ganz entsprechend der zeitgenössischen Beschreibung[84] der gemeinsamen Klassikerlektüre kaum ohne eine Perspektivverschiebung Schinkels hin zur Antike geblieben sein.

Johann Wolfgang von Goethe
Neben den angesprochenen Philosophen gewinnt für Schinkel mit Johann Wolfgang von Goethe auch eine Persönlichkeit Einfluß, die wie der Architekt selbst die Verknüpfung von theoretischer Reflexion und künstlerischem Schaffen sucht. Ein Einfluß des sich in mancher Beziehung parallel entwickelnden Goethe[85] auf Schinkel resultiert zunächst aus der persönlichen Bekanntschaft beider, die seit 1816 nachzuweisen ist. Allerdings erlangt diese Beziehung trotz eines beiderseitig intensiven Eindrucks keinen herausragenden Umfang, wenn auch Goethe vereinzelt versucht, auf Schinkels Projekte Einfluß zu nehmen.[86] Mit der persönlichen Bekanntschaft verknüpft ist allerdings eine relativ umfangreiche Rezeption theoretischer Schriften Goethes durch Schinkel, die durch Exzerpte im Schinkelschen Nachlaß belegt ist. Zu nennen sind hier besonders Überlegungen aus der »Farbenlehre« Goethes, die in den Jahren 1808 bis 1810 veröffentlicht wurde.[87] Nach einem Vorschlag von LICHTENSTERN[88] soll die Rezeption dieser Passagen durch Schinkel in die Zeit um 1817 datieren. Diese Annahme ist nicht nur deshalb plausibel, weil die Persönlichkeit Goethes erst ab 1816 überhaupt eine Bedeutung für Schinkels gewonnen zu haben scheint. Auch der Inhalt der exzerpierten Passagen, in denen Goethe sich mit dem Charakter der griechischen Kunst auseinandersetzt und Folgerungen für ein erneuertes Kunstverständnis zieht, geht den Interessen Schinkels aus der Übergangsphase zwischen Romantik und Restaurationszeit parallel.

---

84 Vgl. Waagen 1875 S. 328.
85 Vgl. Dolgner, in: Gärtner 1984 S. 68f.
86 Überliefert sind nur vier persönliche Begegnungen beider in Weimar in den Jahren 1817, 1820, 1824 und 1826, vgl. Zadow 1980 S. 27f., 118f., 158, 187; der Nachlaß Schinkels enthält keine Anhaltspunkte für brieflichen Kontakt. Goethe versuchte unter anderem, die Projekte für Neue Wache und Schauspielhaus in seinem Sinn zu beeinflussen, vgl. dazu Erxleben, in: Schinkel und die Antike 1985 S. 26ff.
87 Nachlaß Schinkel-Nachlaß Heft I. II. (Goethe) p. 3ff. Von Schinkels Hand überschrieben: »Aus Göthes Farbenlehre«.
88 Vgl. Lichtenstern 1990 S. 64.

Auch die Auseinandersetzung Schinkels mit weiteren wissenschaftlichen Arbeiten Goethes ist belegt, die gleichfalls in die Jahre ab 1817 zu datieren ist. So soll Schinkel bereits 1817 gemeinsam mit Zelter ein nicht näher bezeichnetes und bislang unidentifiziertes »morphologisches Heft« Goethes durchgearbeitet haben.[89] Daneben schätzte Schinkel auch das dichterische Werk Goethes, wie die Abschriften aus den »Maximen und Reflexionen« sowie des Gedichts »Eins und Alles« verdeutlichen.[90] Insbesondere die Rezeption dieses Gedichts ist deswegen aufschlußreich, weil seine Veröffentlichung im zweiten Band von Goethes Zeitschrift »Zur Naturwissenschaft überhaupt, insbesondere zur Morphologie« erfolgte, also 1823.[91] Dieser Umstand macht sehr wahrscheinlich, daß Schinkels Abschrift von Aphorismen aus den »Maximen und Reflexionen«, die sich auf demselben Blatt anschließt, ebenso wie die Abschrift des Gedichtes aus dem Erscheinungsjahr 1823 stammt.[92]

Schinkels häufige Lektüre von »Zur Naturwissenschaft überhaupt« in den Jahren um 1820 wird davon abgesehen auch durch die Kommentierung der dort abgedruckten Selbstanzeige von Carus' Werk »Grundzüge allgemeiner Naturbetrachtung« belegt.[93] Sie legt im übrigen auch nahe, das bereits für 1817 genannte »morphologische Heft« Goethes mit dem in diesem Jahr erschienenen ersten Band der Schrift »Zur Naturwissenschaft überhaupt« zu identifizieren (ihre Einzelbände setzen sich aus je einem Heft »Zur Morphologie« und einem Heft »Zur Naturwissenschaft überhaupt« zusammen). Diese Annahme stimmt zwanglos mit der schon erläuterten These zusammen, Schinkel habe Goethes »Farbenlehre« kurz nach 1817 studiert: Im 1817 erschienenen Band seiner Zeitschrift erläutert Goethe noch einmal ausführlich die Grundsätze dieses schon seit mehreren Jahren im Ganzen vorliegenden Werkes. Es ist nicht unwahrscheinlich, daß Schinkel sich unter diesem Eindruck in das wissenschaftliche Hauptwerk Goethes einarbeitete.

---

89 Vgl. Zadow 1980 S. 28, der einen Brief Zelters v. 26. August 1817 zitiert.
In diese Zeitspanne fällt auch die Abschrift eines Briefes von Goethe an Zelter, Schinkel-Nachlaß I.II. (Goethe) p. 9 f. vgl. dazu auch Peschken 1979, Schinkelwerk: Lehrbuch S. 39 (dort H. IV. A Goethe p. 9).
90 Schinkel-Nachlaß Heft I. I. S. 16ff.; Heft I. I. 2. (Goethe) p. 1ff.; 8ff.
91 Hagen 1971 S. 227 Nr. 112.
92 PESCHKEN geht bei seinen Datierungen der Abschriften von einer falschen Voraussetzung aus, denn die Entstehung von »Eins und Alles«, datiert nicht erst 1827, sondern bereits 1823; vgl. Peschken 1979, Schinkelwerk: Lehrbuch S. 39; Hagen 1971 S. 214 Nr. 202; S. 227 Nr. 112. Die bei dieser fehlerhaften Annahme resultierende Unstimmigkeit in der Datierung der Exzerpte aus »Maximen und Reflexionen« wird dabei übergangen; auch PESCHKEN nimmt letzten Endes an, die Anfertigung des Exzerptes habe 1823 stattgefunden.
93 Vgl. Lichtenstern 1990 S. 62.

Auswirkungen der ausgeprägten Rezeption Goethes lassen sich mit einiger Plausibilität in verschiedenen Bereichen von Schinkels Schaffen wiederfinden.[94] Zu nennen sind hier etwa die wohl an der Goetheschen Theorie einer Metamorphose der Pflanzen orientierten Entwürfe für den bildnerischen Schmuck der Bauakademie, möglich erscheint eine solche Umsetzung aber auch in der farblichen Gestaltung für das Innere des Alten Museums.

Auf der anderen Seite hat die Rezeption in Schinkels theoretischem Schaffen nur wenige, wenn auch grundsätzliche Spuren hinterlassen. Besonders wichtig ist dabei die von Schinkel geäußerte Wunschvorstellung:

> Es müßte eine Phisionomik der Architectur geben, diese nur durch Zusammenstellung (Farbenlehre).[95]

Der knappe Klammerzusatz von Schinkels Hand deutet an, daß die Konzeption aus einer Zeit stammen dürfte, in der die Beschäftigung mit der Farbenlehre noch unmittelbar präsent war, also nach der hier vertretenen Auffassung etwa um das Jahr 1817. Obgleich der Verweis auf die Methodik Goethes nur beiläufig erscheint, ist er als gewichtige Entscheidung zu bewerten, da er Schinkels grundsätzliche Absicht seiner Lehrbucharbeiten in dieser Zeit treffend charakterisiert: Sie liegt weder in einer normativen Umsetzung der Ästhetik für die Baukunst noch in einer rein deskriptiven Untersuchung der Architekturgeschichte, sondern in der Herstellung einer morphologischen Übersicht in subjektiv unmittelbar einsichtiger Form:

> Es ist unter diesen verschiedenartigen Entwicklungs Perioden u Verhältnissen, eine solche Masse von Stoff sowohl poetischer als technischer an den Tag getreten, daß es an der zu seyn scheint darein Ordnung zu bringen ...[96]

Für diese im Grunde den nicht mehr aktuellen Idealen der Aufklärungsphase anhängende Form der Wissensakkumulation ist von FOUCAULT[97] der sehr

---

[94] Schinkel exzerpierte umfangreiche zentrale Passagen aus den wissenschaftstheoretischen Überlegungen der Farbenlehre, deren starke Hervorhebung in Schinkels Manuskript erhebliche Anteilnahme verdeutlicht, vgl. Schinkel-Nachlaß I.II. p.3ff., insb. p. 4, abgedruckt im Anhang. Vgl. zur Umsetzung in die künstlerische Praxis Lichtenstern 1990 S. 60ff.; für die Bauakademie auch Rave 1941.

[95] Schinkel-Nachlaß Heft III. S. 12; vgl. auch Peschken, in Schinkelwerk: Lehrbuch S. 45. Schinkel bezieht sich offensichtlich auf die Eingangspassagen des Vorwortes zur Farbenlehre, in denen Goethe die wissenschaftliche Darstellung durch quasi-morphologische Zusammenstellung befürwortet.

[96] Schinkel-Nachlaß Heft III. S. 16; vgl. auch Peschken, in Schinkelwerk: Lehrbuch S. 57.

[97] Vgl. Foucault 1988 S. 107ff. Nach seiner Konzeption strukturiert sich das Wissen der

II.1 Schinkel, Karl Friedrich: Antike Stadt an einem Berg
1805   64 x 98   Deckfarben
Aus: AK Schinkel I, Abb. 138 (S. 25)

II.3 Schinkel, Karl Friedrich: Gotischer Dom am Wasser
1813   80 x 106,5   Ölfarben
Aus: Ausstellungskatalog Ernste Spiele, Kat. 188

III.20 Schinkel, Karl Friedrich: Trauer am Tumulus. Entwurf zu einem Wandgemälde im Treppenhaus des Museums
1832   58,6 x 67,8   Deckfarben
Aus: AK Schinkel II, Abb. 6.17 (S. 42)

IV.6 Charlottenhof, Gartensaal. Südliche Skulpturennische mit Statue des David
Aus: Schönemann 1997, S. 47

IV.12 Schinkel, Karl Friedrich: Sternenhalle im Palast der Königin der Nacht
1815   46,4 x 61,5   Deckfarben
Aus: AK Schinkel II, Abb. 10.3 (S. 44)

IV.19   Charlottenhof. Westportal. Detail des Fensters
Aus: Schönemann 1997, S. 41

IV.20 Schinkel, Karl Friedrich: Entwurf zur Decke des Teesalons im Berliner Schloß
1826   ca. 20 x 40   Feder, aquarelliert
Aus: AK Schinkel II, Abb. 8.11 (S. 119)

IV.22 Charlottenhof. Untersicht der Portikusdecke mit restaurierter Sternenbemalung
Photo des Autors

treffende Ausdruck des »tableau« gebildet worden. Ein solches tableau zu erstellen, also eine vollständige und sinnfällige, in sich selbst ein übergeschichtliches Wissen darstellende, übersichtliche Anordnung von Elementen des Wissens, begründet auch Goethes lebenslangen Stolz auf die Leistung seiner Farbenlehre. Doch Schinkel ist ebenso wie Goethe zu sehr von der romantischen Betonung der Subjektivität berührt worden, um eine solche Darstellung in dem allein objektiven Rahmen durchzuführen, den die Aufklärung für derartige tableaux vorhielt.

So polemisiert Goethes Farbenlehre vehement gegen Newtons Weltbild der Berechenbarkeit und spielt gegen diese vermeintliche Objektivität die aktiven Vermögen der Sinnesorgane und der Erkenntnisfähigkeit aus. Nicht ein reiner Kausalvorgang ist demnach das Farbensehen, sondern es beruht wesentlich auf der produktiven Tätigkeit des menschlichen Auges. Parallel dazu beabsichtigt auch Schinkel nicht, lediglich ein morphologisches tableau zu liefern, das ohne den Anteil des Betrachters lediglich die Eigenstruktur der Rationalität reproduziert. Ebensowenig ist jedoch intendiert, einen Wirkungsmechanismus zwischen emotional wirksamen Elementen einer Architektursprache und dem Gemüt des Betrachters aufzufinden, wie ihn die französischen Theoretiker bereits vor der Jahrhundertwende für die »architecture parlante« in Anspruch genommen hatten.[98] Indem es Schinkel vielmehr um die »Phisionomik« geht, reproduziert er genau das Ideal der Goetheschen Wissenschaftlichkeit, die die Vermittlungsebene zwischen Subjekt und Objekt abzustecken trachtet. (In moderneren Termini wäre Schinkels Anliegen als eine »Gestaltlehre« der Architektur zu begreifen.)

Die Nähe zur Sonderstruktur des Wissenschaftsbegriffs bei Goethe macht auch die zuvor lediglich konstatierte Besonderheit in der Argumentationsweise[99] der Texte Schinkels in dieser Phase verständlich. Schinkel verfolgt nicht mehr ein deduktives Darstellungsmodell, wie es in der romantischen Zeit mehrfach anklang. Indem er statt dessen die physiognomische Gestalt der jeweiligen Architekturelemente in den Vordergrund rückt, wird eine deduktive

---

Aufklärungszeit (17.–18. Jahrhundert) durch die gegliederte Anordnung von Zeichen in geordneten Tableaus von Identitäten und Unterschieden. Erst gegen Beginn des 19. Jahrhunderts beginnt sich (verbunden mit der Vorrangstellung der Geschichtswissenschaft im Historismus) eine neue, auf der Basis von Folgenzusammenhängen und Analogien basierende Strukturierungsweise durchzusetzen, vgl. a.a.O. S. 270f.

98 Insbesondere Nicolas le Camus de Mezieres in seinem »Le génie de l'architecture ou l'analogie de cet art avec nos sensations« (1780), vgl. dazu Kruft 1995 S. 174.
99 Vgl. oben S. 166f.

Eine andere Klassik

Ableitung entbehrlich. Entsprechend dem Verweis Goethes auf ein für den Betrachter im Regelfall einfach nachzuvollziehendes Experiment zum Farbensehen kann auch Schinkel den Leser auf die einfache Evidenz des Betrachteten verweisen. Alleinige Voraussetzung ist lediglich die Lieferung des hinreichenden Anschauungsmaterials, also genau des Materials, das Schinkel im Lauf der zwanziger Jahre im Überfluß und in meisterhafter Darstellung zusammenzustellen beginnt.

Bei aller Nähe des Schinkelschen Lehrbuchprojektes zum Ansatz der »Farbenlehre« sei allerdings auch hervorgehoben, daß die Fortentwicklung der Arbeiten Schinkel in der Zeit nach 1820 zum Verlassen des gesteckten Rahmens zwingt. Mit der steigenden Durcharbeitung des Materials geht ein größeres Bewußtsein für die konstruktiven Gesichtspunkte parallel, die im Gegensatz zu den in der Farbenlehre behandelten Abläufen des Sehvorgangs auch geeignet sind, normative Gesichtspunkte darzustellen: Sie motivieren Schinkel, nicht lediglich eine deskriptive physiognomische Übersicht der Baugestalten zu erstellen, sondern eine Handlungsanleitung für Baukünstler zu liefern. Wie zuvor angesprochen[100] nimmt diese Anleitung bald die Form einer relativ dogmatischen, am humanistischen Klassizismus geschulten tektonischen Formenlehre an, um schließlich in einen ethisch besetzten konstruktiven Imperativ (Kunstruhe) zu münden.

Die Goethe-Rezeption Schinkels hat sich so in zwei bedeutenden Richtungen ausgewirkt: Einerseits gewährt sie eine Bestätigung des eigenen Wegs durch ein paralleles Beispiel in der Sphäre der realen Schaffenstätigkeit.[101] Auf der anderen Seite, der theoretischen Entwicklung, stellt sie dem Schinkel der Zeit kurz vor 1820 ein grundlegend neues Modell bereit, das die Entwicklung einer eigenen Perspektive in der Form einer alternativen Wissenschaftlichkeit erlaubt.

Wilhelm von Humboldt
Nicht nur wegen der langjährigen persönlichen Verbindung, die Wilhelm v. Humboldt als Förderer, Auftraggeber und zum Teil auch als Mitarbeiter zu Schinkel unterhält, ist eine Verbindung der beiderseitigen theoretischen Ein-

---

100 Vgl. oben S. 167ff.
101 Auch die von ZADOW 1980 S. 68 festgestellte Übereinstimmung in den Überlegungen Schinkels und Goethes zur Gewerbeförderung, wie sie in den Rezensionen Goethes der »Vorbilder für Fabrikanten und Handwerker« zum Ausdruck kommt, belegt die Nähe in diesem Bereich.

stellung denkbar. Auch die Tatsache, daß beide Persönlichkeiten in der konfliktträchtigen Zeit der Restauration herausgehobene Stellungen in der Beamtenhierarchie einnehmen, macht einen nahen Austausch über die damit verbundenen Probleme denkbar. Nicht zuletzt der kongeniale Umbau des Schlosses Tegel für v. Humboldt, den Schinkel nach dessen krisenhafter Demission 1820 durchführte[102], läßt an Übereinstimmungen in derartigen Fragen denken.

Allerdings sind Anhaltspunkte für die in dieser Arbeit vorwiegend untersuchten konkreten Zusammenhänge im theoretischen Bereich von Architektur oder Ästhetik kaum gegeben: Der Nachlaß Schinkels gewährt keinen Aufschluß über eine Rezeption der Gedanken v. Humboldts; gleichzeitig fällt der Hauptanteil der theoretischen Arbeiten v. Humboldts in die Zeit nach seinem endgültigen Ausscheiden aus dem Regierungsdienst. Schinkels theoretische Fundierung seiner klassizistischen Ideen findet dagegen vor dieser Zeit statt. Unter den wenigen Versuchen, dennoch eine Verknüpfung zu isolieren, ist vor allem eine Überlegung BERGDOLLs zu nennen. Danach soll in der eigentümlichen, weitgehend nicht-argumentativen Vorgehensweise Schinkels in seiner klassizistischen Lehrbuchfassung eine versteckte Beeinflussung durch die Ideen Wilhelm v. Humboldts zu erkennen sein.[103] Schinkel sei – entsprechend wie v. Humboldt in der Sprachphilosophie – auf der Suche nach einem elementaren Vokabular architektonischer Elemente gewesen, die unmittelbar als Bedeutungsträger zur Verfügung stehen und damit auch ohne weitergehende Argumentation einleuchten können.

BERGDOLLs Versuch bezieht sich jedoch auf sprachtheoretische Überlegungen des späten v. Humboldt, von denen Schinkel nicht ohne weiteres vor 1830 Kenntnis haben konnte. Dabei unterläßt er es, den angenommenen Einfluß zu untermauern und unterschlägt gleichzeitig entscheidende Unterschiede: Die durch v. Humboldt später angenommene Grundstruktur der Sprache unterscheidet sich fundamental von einem Gemachten (ergon); sie stellt vielmehr eine Entität dar, die sich schöpferisch aus sich selbst heraus entwickelt (energeia).[104] Schinkels architektonische Elemente sind dagegen relativ statisch mit ihrem emotionalen Korrelat verknüpft:

> Diese Schönheit beruht in der Natur, nicht in menschlicher Erfindung gegründete Symbolik der Formen, durch welche diese in bestimmte Verbindungen zu Merkmalen

---

102 Vgl. dazu Reelfs, Zeitschrift des Deutschen Vereins für Kunstwissenschaft 35 (1981) H. 1/4 (Sonderheft zum Schinkel-Jahr), S. 47ff.
103 Bergdoll 1994 S. 68; 47.
104 Vgl. W. v. Humboldt, Einführung in das Kawi-Werk S. 43; postum ab 1836 herausgegeben.

und Zeichen gedeihen, bei deren Anblick wir uns nothwendig bestimmter Vorstellungen und Begriffe erinnern und schlummernde Gefühle geweckt werden.[105]

Diese deutliche Differenz beruht darauf, daß die Argumentationsweise Schinkels in der Zeit seines klassizistischen Lehrbuchentwurfs von Vorstellungen Goethes über wissenschaftliche Darstellungsweisen geprägt ist.[106] So kann lediglich festgehalten werden, daß die Ansichten Schinkels und v. Humboldts über Fragen von Kunst und kultureller Bildung vielfältige Berührungspunkte aufweisen, ohne daß hier eine direkte Wirkungsrelation konstruiert werden kann. Die Berührungen betreffen vor allem Fragen nach der historischen Bewertung von Kunst und nach deren Funktion in der Bildung der Persönlichkeit. Wie die Auseinandersetzungen um die Entwicklung eines Ausstellungskonzeptes für das Alte Museum zeigen, in die v. Humboldt in den späten zwanziger Jahren Schinkel teilweise entgegengesetzte Positionen einbrachte, liegen allerdings auch in diesem Bereich keine glatten Übereinstimmungen vor.[107]

Friedrich Wilhelm Joseph Schelling
Im Gegensatz zu den nachweisbar von der Kunstphilosophie Schellings beeinflußten Fragmenten der romantischen Phase sind in Schinkels Äußerungen der Zeit ab 1816 keine Anzeichen für eine vergleichbare Rezeption anzutreffen. Diese Tatsache ist nicht überraschend angesichts des langjährigen Rückzugs Schellings von jeder Lehrtätigkeit, die im Zusammenhang mit inneren Schwierigkeiten seiner philosophischen Systembildung steht. Erst ab 1820 tritt Schelling erneut als Hochschullehrer in Erscheinung (zunächst in Erlangen und ab 1827 in München) wenn er auch keine größeren Schriften mehr veröffentlicht.

Trotzdem ist verschiedentlich angenommen worden, Schinkel habe sich insbesondere bei der Arbeit an den bildlichen Darstellungen für das Alte Museum an Überlegungen Schellings aus der »Philosophie der Mythologie und Offenbarung« orientiert.[108] Diese Hypothese scheint angesichts der Rezeptionsmöglichkeiten Schinkels überaus problematisch. Zunächst spricht die Tatsache, daß die Vorlesungen Schellings über »Philosophie der Mythologie« und

---

105 Schinkel-Nachlaß Heft III S. 18; Peschken 1979, Schinkelwerk: Lehrbuch S. 59.
106 Vgl. dazu zuvor S. 190f.
107 Vgl. Gaehtgens, Aachener Kunstblätter (60) 1994 S. 427ff.
108 Vgl. dazu Wagner 1989 S. 110.

»Philosophie der Offenbarung« erstmals 1843 (als Raubdruck) veröffentlicht werden[109], gegen eine Verbindung zu den 1828 bis 1833 gestalteten Fresken Schinkels. Es kann zwar nicht gänzlich ausgeschlossen werden, daß Schinkel von den ab 1821 in Erlangen als »Philosophie der Mythologie« gehaltenen Vorlesungen Schellings Kenntnis besaß. Eine derartige Kenntnis ist aber zumindest unwahrscheinlich, da im Gegensatz zu den zuvor behandelten Vorlesungen zur »Philosophie der Kunst«[110] im Fall der »Philosophie der Mythologie« ein verbreitetes Kursieren von Mitschriften nicht überliefert ist. Obwohl die schriftlichen Aufzeichnungen Schinkels sein ausgeprägtes Interesse an den Gestalten der antiken Mythenwelt belegen[111], finden sich hier keine Hinweise auf eine Abhängigkeit dieses Interesses von den Überlegungen Schellings. Auch in der Sache erlaubt die Interpretation der Freskenentwürfe, die den einzigen konkreten Anhaltspunkt für eine Rezeption der Spätphilosophie Schellings durch Schinkel liefert, nur auf den ersten Blick die Herstellung von Bezügen.[112] Damit wird eine Anknüpfung Schinkels an die späten Gedanken Schellings äußerst unwahrscheinlich, wenn auch nicht auszuschließen ist, daß die frühe »Philosophie der Kunst« (1802/03) ihre Bedeutung für Schinkel behält.

Die Ärzteschule der Romantik

Neben den Ansichten der genannten Persönlichkeiten, die sämtlich in der deutschen Geistesgeschichte herausragende Stellungen einnehmen, wirkt sich in der Theoriebildung bei Schinkel noch ein weiterer wichtiger Einfluß aus. Dessen Urheber haben zwar als Einzelpersönlichkeiten weniger starke Spuren hinterlassen, doch gehören sie sämtlich einer Gruppe an, deren Bedeutung für die wissenschaftliche Entwicklung des neunzehnten Jahrhunderts erheblich gewesen ist.[113] Verbunden sind diese Persönlichkeiten, unter denen Johann Christian August Heinroth, Johann Gottfried Langermann und Karl Gustav Carus direkten Einfluß auf Schinkel nehmen, durch ihre Ausbildung in einer Medizin, deren wissenschaftliches Weltbild sich unter dem prägenden Einfluß der romantischen Bewegung entwickelt hatte.

---

109 Vgl. dazu Coreth u.a. 1989 S. 34.
110 Vgl. zuvor S. 48f.
111 Schinkel-Nachlaß Heft I.III. S. 2ff.; die entsprechenden Passagen beziehen sich auf ein Werk von Ludwig Schorn: Über die griechischen Kunstschulen und Künstler (Möglicherweise: Ludwig Schorns »Über die Studien der griechischen Künstler«, 1818).
112 Vgl. dazu ausführlich in der Diskussion der Freskenentwürfe auf den Seiten 179ff.
113 Vgl. dazu Huch 1969 S. 184ff.

Die Arztpersönlichkeiten, die unter diesem Einfluß heranreifen, besitzen eine ausgesprochen starke Tendenz zur organischen Gesamtbetrachtung der Vorgänge im kranken wie im gesunden menschlichen Körper. Diese Tendenz führt sie, wie etwa Langermann in seiner Ausarbeitung wissenschaftlich legitimierter Behandlungsformen für psychisch Kranke[114], zur Erweiterung von Ansätzen der hergebrachten medizinischen Lehre. Nicht selten können derartige Erweiterungen der unzureichenden Kausalmodelle traditioneller Medizin auch außerhalb ihres eigentlichen Fachs Interesse gewinnen, beispielsweise die Behandlung der Abhängigkeiten zwischen den Forderungen des Glaubens und der psychischen Verfassung bzw. Gesundheit bei Heinroth. Auf der anderen Seite überschreiten ihre Bemühungen tendenziell den wissenschaftlichen Rahmen und wenden sich nicht selten – wie bei Heinroth – mehr literarischen Formen zu. Diese Tendenz zeigt sich am deutlichsten in den Arbeiten Carus', dessen auf naturphilosophischen Grundüberzeugungen basierende Untersuchungen in vergleichender Anatomie darstellungstechnisch insbesondere ab etwa 1830 den Forderungen Goethes Rechnung tragen, die wissenschaftliche Darstellung auch ästhetisch ansprechend zu machen.[115] (Carus selbst tritt darüber hinaus auch durch anspruchsvolle malerische Werke in romantischer Haltung hervor.)

Für die Gedankenwelt Schinkels wird zunächst die Rezeption der Ideen Carus' weniger im Sinn eines gezielten Rückgriffs, sondern mehr als eine Bestätigung bereits geteilter goetheanischer Positionen gesehen werden müssen.[116] Auch die recht dauerhafte Verbindung zu Langermann ist wohl vor allem im Sinn einer persönlichen wie auch wissenschaftlichen Legitimation ethischer Ansprüche zu verstehen. Beide Einflüsse zeigen jedoch bereits das Interesse an, das dieser medizinische Blickwinkel für eine zu so hohen Rezeptionsleistungen fähige Persönlichkeit wie Schinkel erregen konnte. Auch die Rezeption der Schriften Heinroths steht zunächst im Zeichen eines solchen mehr allgemeinen Interesses; sie geht allerdings deutlich darüber hinaus.

Dies gilt weniger für die bereits bekannte Anknüpfung im Bereich der schriftlich-theoretischen Rezeption. (Bekannt ist ein Exzerpt aus Heinroths »Lehrbuch der Anthropologie« von 1822, das im wesentlichen auf geteilte Ansätze verweist, die übereinstimmend dem Vorbild Goethes entsprechen.[117])

---

114 Vgl. Allgemeine Deutsche Biographie, 17. Band, Krabbe-Lassota, S. 682.
115 Vgl. Allgemeine Deutsche Biographie, 4. Band, Carmer-Deck, S. 37.
116 Vgl. Peschken 1979, Schinkelwerk: Lehrbuch S. 40.
117 Vgl. Lichtenstern 1990 S. 63; Peschken, in Schinkelwerk: Lehrbuch S. 39.

Wesentlich bedeutender ist demgegenüber die Existenz eines Fragments, das von KACHLER[118] zutreffend als Bezug auf die abschließenden Passagen von Heinroths Werk »Der Schlüssel zu Himmel und Hölle« gesehen wird. Wenn Schinkel schreibt

> Die Menschenliebe ganz allgemein ist das Höchste, wozu es der Mensch bringen kann, selbst den Feind zu lieben, weil er noch etwas Menschliches hat, überall das rein Menschliche in den Individuen selbst zu lieben, weil es das Gehäuse ist, in welchem jenes von uns wohnt, und auf das Individuum einzuwirken, damit es überall ein würdiges Haus für die in ihm wohnenden rein menschlichen (Tugenden) Zeichen werde. Dies ist die Aufgabe des Lebens in der menschlichen Gesellschaft.[119],

dann spiegeln sich hier deutlich die emphatischen Forderungen Heinroths wieder, die menschliche Gesellschaft in einer an die Zeit der Romantik gemahnenden Weise umzuschaffen.[120] Zwar läßt sich ein wirklich dauerhafter Eindruck dieser bei Heinroth aus dem christlichen Glauben wie auch aus dem Vorbild der Antike gespeisten Visionen in Schinkels schriftlichen Äußerungen nicht nachweisen. Jedoch läßt sich an seinem künstlerischen Schaffen belegen, zu welch starkem Einfluß auf seine Gedankenwelt die – im Gegensatz zu den Arbeiten Carus' und Langermanns – emphatisch auf die Veränderung der gesellschaftlichen Praxis gezielten Ansichten Heinroths fähig waren. Dies gilt besonders für den in der Diskussion der Werke Schinkels bislang nicht berücksichtigten direkten Anstoß, den Heinroths 1829 in »Der Schlüssel zu Himmel und Hölle« formulierten Gedanken für die Schöpfung der Fresken für das Alte Museum lieferten.[121]

Spezifisch architekturtheoretische Quellen

Wie die vorangegangenen Überlegungen verdeutlichen, kann nicht die Rede davon sein, Schinkels Interesse an theoretischen Quellen außerhalb des eigentlich architektonischen Bereichs sei in den Jahren seit 1815 zurückgegangen. Dennoch ist es zutreffend, wenn etwa SZAMBIEN[122] feststellt, daß in dieser Zeit die Rezeption im engeren Sinn architektonischer Vorbilder an Bedeutung zunimmt. Besonders ein Einfluß der in theoretischer und praktischer Hinsicht

---

118 Vgl. Kachler 1940 S. 24; anschließend daran Peschken, in Schinkelwerk: Lehrbuch S. 40.
119 Schinkel-Nachlaß Heft I Blatt 2.
120 Vgl. Heinroth 1829 S. 398ff.
121 Vgl. dazu unten S. 281ff.
122 Szambien 1991 S. 93.

so produktiven französischen Architekten (z.B. Durand, Percier und Fontaine) ist für diese Zeitspanne verschiedentlich als bedeutend angesehen worden. Allerdings muß festgehalten werden, daß Schinkel nur selten ausdrücklich auf Vorbilder aus diesem Bereich verweist (so nennt er als Ausgangspunkt seiner Überlegungen an einer untergeordneten Stelle d'Agincourt[123]). Auch die innere Struktur seines Denkens in dieser Zeit belegt keine Verbindung in dieser Richtung.

Gerade die international so überaus einflußreichen Werke Durands hinterlassen in Schinkels Theoriebildung kaum Wirkung.[124] Dies überrascht kaum, da die Wirkungskraft der Arbeiten Durands mit ihrer architekturhistorischen und konstruktiven Ausrichtung vorwiegend aus ihrer praktischen Vorbildhaftigkeit resultiert. Diesem Befund entsprechend ist auch für Schinkel eine Anknüpfung an Durand vor allem in der praktischen Ausführung der Bauten lokalisiert worden. Auf der einen Seite betont schon HITCHCOCK[125], später auch SZAMBIEN[126] und LIESS[127], derartige Beziehungen zu Durand, die vor allem im Bau des Alten Museums erkennbar seien; auf der anderen Seite kommt die Studie FORSSMANs[128] zum gegenteiligen Ergebnis. Es kann kaum angenommen werden, daß Schinkel die überaus weit verbreiteten Werke Durands nicht kannte; insbesondere nach seiner Frankreichreise im Jahr 1826 dürfte dies ausgeschlossen sein. Trotzdem kann nicht sicher angenommen werden, insbesondere Schinkels steigendes Interesse an Wölb- und Bogenkonstruktionen in den folgenden Jahren spiegele Vorschläge Durands wider. Es erscheint ebenso möglich, Schinkel könne sich bei seinem zunehmenden Interesse an konstruktiven Möglichkeiten, das Ende der zwanziger Jahre kulminiert, seiner schon auf der frühen Italienreise gesammelten Eindrücke der konstruktiven Vielfalt dieser Architekturlandschaft erinnert haben.

Von dieser Beeinflussung abgesehen scheint es richtig, daß Schinkel sich stärker als zuvor mit den großen Klassikern der architektonischen Theorie auseinandersetzt. FORSSMAN[129] etwa betont insbesondere die Orientierung an Palladio. Sie läßt sich allerdings weder in den Lehrbucharbeiten noch in den

---

123 Schinkel-Nachlaß Heft IV Blatt 30; bei Peschken, Schinkelwerk: Lehrbuch S. 69 und 97.
124 Lediglich die Übernahme von Abbildungen läßt sich belegen; vgl. Peschken, Schinkelwerk: Lehrbuch S. 97f.
125 Vgl. Hitchcock 1994 S. 60.
126 Vgl. Szambien 1990 S. 111.
127 Vgl. Liess, in: Gärtner 1984 S. 60.
128 Vgl. Forssman 1981 S. 117.
129 Forsmann 1981 S. 34ff.

weiteren Skripten – etwa im Wege eines Exzerptes[130] – dieser Zeit direkt nachweisen. Im Bereich der mehr praktischen Wirkung, die hier nicht im einzelnen analysiert werden kann, haben auch die Stichwerke unterschiedlicher Autoren aus Frankreich (Percier und Fontaine; Denons »Voyage dans l' Egypte«[131]) und England (va. Stuart und Revett[132]) ihren Schwerpunkt, die Schinkel sämtlich in Händen gehabt hat.

Ein königliches Museum für Berlin

Wie bereits angesprochen wurde, entsteht in der Zeitspanne, die Schinkels klassizistischer Theoriebildung parallel läuft, ein Großteil seiner wirkungskräftigsten Bauwerke. Unbedingt muß unter diesen Gebäude das Museum am Berliner Lustgarten genannt werden, dem seinerzeitigen Zentrum des preußischen Reiches (anfangs Königliches Museum oder Neues Museum; nach der Errichtung des Neuen Museums durch Stüler 1843 »Altes Museum«). Kaum ein anderes seiner Werke hat derartig große Resonanz gefunden; kaum eines bringt in derart komplexer Weise den Antagonismus zwischen künstlerisch-theoretischer Planung und den Zwängen einer öffentlichen Realisation zum Ausdruck.

Wie es dieser Bedeutung entspricht, war die Rezeption des Gebäudes umfangreich: Von zahlreichen Äußerungen schon während der Erbauung angefangen, über die detaillierte Darstellung im Schinkelwerk durch RAVE, ist das Museum bis in die jüngste Zeit durchgehend Gegenstand des Interesses geblieben. Geliefert wurden dabei sowohl eine Dokumentation und Beschreibung des Gebäudes (RAVE[133]), als auch eingehende Untersuchungen seiner Konzeption als Museum (PLAGEMANN[134]), sowie Darstellungen der Entstehung im Beziehungsfeld zwischen Schinkel und dem Königshaus (DEHIO[135]). Hin-

---

130 Eine der wenigen Anhaltspunkte ist die Berufung auf die »Autoritäten« für das »Verhältnis überhaupt und der Teile« in Schinkel-Nachlaß Heft IV Blatt 50 verso; bei Peschken, Schinkelwerk: Lehrbuch S. 46; obschon hier auch ein Autor wie Perrault gemeint sein könnte, deutet die Wendung doch eher auf eine der beiden Leitgrößen der Tradition: Vitruv oder Palladio.
131 Wie Peschken, Schinkelwerk: Lehrbuch S. 61 ermittelt hat, ist aus diesem Werk zumindest eine Abbildung übernommen, ohne daß aber theoretische Folgerungen ableitbar wären.
132 Auch hier konnte Peschken die Übernahme einer Abbildung belegen; vgl. Peschken, Schinkelwerk: Lehrbuch S. 88.
133 Rave, Schinkelwerk: Berlin I S. 25ff.
134 In Plagemann 1967.
135 Dehio 1961.

zugekommen ist neuerdings die umfangreiche Untersuchung von VOGTHERR zur Geschichte der verschiedenen Museumskonzeptionen und der Stellung von Schinkels Entwürfen in der Auseinandersetzung um die Entwicklung der Institution des Kunstmuseums im Ganzen.[136] Dagegen ist die Stellung des Architekten in der geistigen Entwicklung seiner Zeit, aus der erst die Grundlagen für Zielsetzung und Entwicklung des Gebäudes verständlich werden, nicht vertiefend untersucht worden. Arbeiten, die in diese Richtung weisen, richten sich entweder auf einzelne Aspekte wie etwa die städtebauliche Konzeption (PUNDT[137]) oder die Bedeutung der von Schinkel für die Vorhalle des Museums gestalteten Malereien (WAGNER[138]).

Eine Ausnahme stellt der – leider jedoch nicht sehr tiefgehende – Überblick bei KAUFFMANN[139] dar. Auch eine neuere Untersuchung PESCHKENs[140] bezieht nur einen Teil der Elemente des Baus ein (nicht etwa die malerische Ausgestaltung). Seine Untersuchung leidet zusätzlich darunter, daß sie Schinkel recht einseitig in das Schema eines angepaßten Staatsbeamten einzuordnen sucht. Zu nennen wären auch die Arbeiten MOYANOs[141], die Schinkels gesellschaftliche Anpassung zur Durchsetzung seiner Entwürfe untersuchen. Ebenfalls in jüngerer Zeit – etwa durch BUDDENSIEG[142] – werden dagegen auch die Kritikfähigkeit Schinkels und seine Stellung als spezifisch politischer Architekt hervorgehoben. Für beide Argumentationsrichtungen fehlen allerdings bisher wirklich präzise Anknüpfungspunkte. Dabei ließe sich gerade am Beispiel des Museums eine besonders aufschlußreiche Gesamtanalyse durchführen – nicht zuletzt da der Architekt selbst durch seine schriftlichen Äußerungen zum Vorgehen der Museumskommission, vor allem aber durch die nachträgliche Ausarbeitung der Freskenmalereien Interpretationsansätze für das Gebäude mitgeliefert hat.

Um das Verständnis für diesen herausragenden Bau Schinkels zu vertiefen, wird an dieser Stelle ein Überblick über den Bau des Museums insgesamt gegeben, also über seine Entstehung und seine Eigenheiten. Vorrangig soll jedoch untersucht werden, inwieweit der Kontext des restaurativen Klassizismus' Schinkels die grundlegenden Konzepte und die Details des Museumsbaus

---

136 Vogtherr 1997.
137 Pundt 1972.
138 Wagner 1989 S. 104ff.
139 Kauffmann 1963.
140 Peschken in: Peschken 1993 S. 24ff.
141 Moyano 1989; Moyano, The Art Bulletin 72 (1990) S. 585ff.
142 Buddensieg, daidalos 7 März 1983 S. 93ff.

prägt. Dabei werden die städtebauliche Struktur und die malerische Ausstattung in den Vordergrund gestellt, da diese im Unterschied zur eigentlich architektonischen Konzeption des Museums bislang kaum zureichend behandelt worden sind. Angesprochen wird gleichfalls die Verbindung der späteren Ausstellungskonzeption mit Schinkels Grundidee des Museums.

Vorgeschichte und Gründung des Königlichen Museums

Der Bau des Berliner Museums am Lustgarten betritt in mehrerer Hinsicht Neuland: Er realisiert nicht nur das erste deutsche Gemäldemuseum im eigentlichen Sinn, indem er eine fürstliche Sammlung unbeschränkt der Öffentlichkeit zugänglich macht, sondern vereinigt diese Gemäldesammlung auch mit Ausstellungen von Antiken und weiteren Kunstbereichen zum ersten Museum, das öffentlich das Gesamtspektrum der bildenden Künste präsentiert.[143] Zwar besitzen im deutschen Sprachraum – ebenso wie im gesamteuropäischen Bereich – Kunstsammlungen in fürstlichem Eigentum eine lange Tradition. (Daneben besteht auch eine bürgerliche Sammlungstradition, die sogar in einigen Fällen bereits früh eine gewisse Öffentlichkeit anspricht.[144]) Auch setzt bereits im 18. Jahrhundert die Systematisierung fürstlicher Sammlungen ein, so daß sie sich von den hergebrachten Kunst- und Wunderkammern zu Museen im eigentlichen Sinn zu wandeln beginnen.[145] Insgesamt sind diese Sammlungen aber nur in seltenen Fällen größeren Kreisen geöffnet. Dies gilt gerade auch für die in Berlin und Potsdam bereits bestehenden königlichen Kunstsammlungen, die vorwiegend für die Akademiemitglieder zeitweise zugänglich sind.[146] Ein unbegrenzter[147] öffentlicher Zugang zu einer Sammlung aus aristokratischem Besitz, wie er in Berlin verwirklicht wurde, stellt dagegen ein sehr junges Konzept dar, das erhebliches emanzipatorisches, ja revolutionäres Potential in sich verkörpert: Erstmalig war dieses Programm 1793 durchgesetzt worden, indem die Sammlungen Ludwigs XVI. nach seiner Entmachtung den Bürgern im Louvre zugänglich gemacht wurden.[148]

---

143 Plagemann 1967 S. 80.
144 Calov 1969 S. 29ff.
145 Z.B. in Wien im oberen Belvedere, wo v. Mechel für Kaiser Joseph II. ein aufklärerisch gezieltes Idealmuseum erstellte, vgl. Vogtherr 1997 S. 44f.; Calov 1969 S. 5.
146 Vgl. die bei Seidel, Jahrbuch der Preußischen Kunstsammlungen 44 (1923) Beiheft 55 S. 56 zitierten Passagen in dem »Reglement für die Akademie der Künste und der mechanischen Wissenschaften«.
147 Wurde in Berlin doch sogar auf die im British Museum und noch in der Glyptothek in München vorgeschriebenen Führungen verzichtet, vgl. Scherer 1913 S. 168.
148 Musée national des arts; vgl. Harten 1989 S. 180ff.

Unter den preußischen Sonderbedingungen zeigt es sich allerdings, daß die Museumsidee auch in die monarchische Staatsform eingliederungsfähig ist.[149] So werden in Berlin bereits kurz nach der Pariser Museumsgründung die ersten Vorschläge für eine Veröffentlichung der königlichen Sammlungen ausgearbeitet – hier jedoch in enger Anbindung an das Königshaus. Der erste Vorstoß in diese Richtung stammt von dem Archäologen und Architekturtheoretiker Alois Hirt[150], der bereits 1797 in einer Akademierede zu Ehren des königlichen Geburtstags die Einrichtung eines derartigen Museums vorschlägt.[151] Dieser Vorschlag stellt gleichzeitig die erste Forderung nach einem der bürgerlichen Öffentlichkeit zugeordneten Kunstmuseum in Deutschland dar.[152] Hirt selbst liefert nach Aufforderung von Seiten des Herrscherhauses[153] eine konkret ausgearbeitete Planung, die ein Museum auf dem Gelände des Kastanienwäldchens zwischen dem Zeughaus und dem Palais des Prinzen Heinrich vorsieht, also am späteren Standort der Neuen Wache Schinkels.[154]

---

149 Diese Beobachtung läßt sich auch in anderen Herrschaftsgebieten im deutschen Bereich machen, vgl. Hardtwig 1983 S. 83–87.
150 27.6.1759–29.6.1837; Studium der Archäologie; Akademiemitglied in Berlin; Professor für Altertumskunde an der Berliner Universität seit 1796; zu seinem erheblichen Einfluß vgl. Forssman 1981 S. 114. Eingehender zu den Vorschlägen Hirts Vogtherr 1997 S. 13ff.
151 »Über den Kunstschatz des Königlich-Preuszischen Hauses. Eine Vorlesung, gehalten bei der öffentlichen Sitzung der Akademie der schönen Künste und der mechanischen Wissenschaften, den 25.9.1797«, abgedruckt bei Stock, Jahrbuch der Preußischen Kunstsammlungen 49 (1928) Beih. 5 S. 72ff. Es ist wahrscheinlich, daß Hirt bereits kurz zuvor Friedrich Wilhelm II. einen Aufsatz über seine Idee eines Museums übergeben hat, vgl. Stock, a.a.O., Endnote 44. Am 22.9.1798 überreichte Hirt auf Aufforderung des Ministers v. Heynitz eine detaillierte Denkschrift zum Thema. Die Zeichnungen dazu sollen möglicherweise durch Gentz ausgeführt worden sein, vgl. Kühn-Busse, Jahrbuch der Preußischen Kunstsammlungen 59 (1938) S. 118f. Dies wird teilweise bestritten (vgl. Vogtherr 1997 S. 37, Fn. 196; Streckebach 1983 S. 15); immerhin zeigen sich im Vergleich der Planzeichnungen zu gesichert von Hirts eigener Hand stammenden Zeichnungen (vgl. Stock, Jahrbuch der Preußischen Kunstsammlungen 49 (1928) Beih. 5 S. 91, 167) erhebliche Unterschiede in der Ausführung.
152 Plagemann 1967 S. 41, für eine ausführliche Übersicht der Sammlungen und ihre Zugänglichkeit für weitere Kreise vgl. Calov 1969 S. 34f.
153 Diese allerdings aufschiebend gehaltene Order Friedrich Wilhelms III. wurde durch v. Heinitz am 18.1.1798 an Hirt weitergegeben; beide abgedruckt bei Stock, Jahrbuch der Preußischen Kunstsammlungen 49 (1928) Beih. 5 S. 82f.
154 Verworfene Alternativen waren das Akademiegebäude selbst; der Standort der Nationalbühne auf dem Gendarmenmarkt, der Opernplatz und der Lustgarten. Hirt war allerdings – anders als später Schinkel – durch den noch bestehenden Spreearm auf einen ungünstigen Grundstückszuschnitt festgelegt. Vgl. Hirt, »Ueber die Einrichtung eines Königlichen Museum der Antiken, und einer Königl: Gemäldegallerie«, abgedruckt bei Seidel, Jahrbuch der Preußischen Kunstsammlungen 44 (1923) Beiheft 55 S. 57–64.

Auch Schinkel selbst liefert schon 1800 eine erste Idealplanung für ein Museum; es handelt sich hier um eine durch mehrere Architekten im Umkreis Friedrich Gillys zeitgleich bearbeitete Entwurfsaufgabe[155], die wohl mehr im Ausbildungskontext gesehen werden muß.

Die auf den ersten Vorschlag Hirts zum Beginn des 19. Jahrhunderts folgenden Museumsgründungen in den deutschen Fürstentümern unterscheiden sich von ihren französischen Vorbildern vor allem dadurch, daß sie die Kunstsammlungen nicht in öffentliches Eigentum umwandeln. Dieses Charakteristikum, das in Berlin sowohl auf die Vorschläge Hirts als auch auf das spätere Museum Schinkels zutrifft, verändert die Ausrichtung der Museumsprojekte gegenüber dem französischen Vorbild entscheidend. Dem revolutionären Regime in Paris war vorrangig an einer historischen Systematisierung der Kunstwerke aus aufklärerisch-wissenschaftlichem Interesse gelegen. Die französischen Museumsgründungen stellen gleichzeitig aber auch ein Propagandamittel dar: Die historisch anschaulich gemachte Höherentwicklung der Kunst erschien geeignet, die Entwicklung der Gesellschaft insgesamt als Fortschrittsgeschichte auszuzeichnen, deren Zielpunkt mit der revolutionären Errichtung der Republik zusammenfiel.[156]

In den deutschen Fürstentümern dagegen ging der Impetus der Museumsgründungen in eine ganz andere Richtung. Entsprechend ihrem Charakter als Initiativen von fürstlicher Seite nimmt GRASSKAMP als ihr zentrales Motiv die Absicht an, die Rolle des Adelsstandes als Kulturträger zu betonen. Für solche Propaganda sei Bedarf entstanden, da der Adel in der Aufklärungsepoche mangels ökonomischer oder politischer Legitimation seiner Vorherrschaft auf seine soziale und vor allem kulturelle Unentbehrlichkeit auszuweichen beginne.[157] Parallel dazu könne das Angebot kultureller Einrichtungen als ein Versuch gelesen werden, das kritische Potential der bürgerlichen Intellektuellen einzubinden und zu kanalisieren.[158] Diese eingängige These wirkt im besonderen Fall der Berliner Gründung jedoch problematisch, speziell wenn man berücksichtigt, daß Hirts erster Anstoß[159] für das Museum ebenso aus bürger-

---

155 Ausführlich dazu Vogtherr 1997 S. 46ff.
156 Grasskamp 1981 S. 26.
157 Grasskamp 1981 S. 37.
158 Grasskamp 1981 S. 38ff., spricht von einem »Bestechungsgeschenk«.
159 Der im übrigen auch deutliche Kritik am königlichen Kunstmonopol übte: »Solche Werke dürfen nicht als eitle Zierde dienen; als Monumente des menschlichen Geistes sind sie das Erbe, was der ganzen Menschheit angehört; jede Vereinzelung derselben ist ein Eingriff, nur durch Allgemeinmachung und vereinigte gute Ausstellung werden sie wahres Studium,...«, vgl. Hirt, bei Stock, Jahrbuch der Preußischen Kunstsammlungen 49 (1928) Beih. 5 S. 78f.

lichen Kreisen stammte wie zahlreiche nachfolgende Anfragen an das Königshaus: Sowohl bürgerlichen Intellektuellen lag das Projekt am Herzen (Denkschrift des Vorstehers des Kunst-Historischen und Antiken-Museums Henry, 1805[160]; Anregung des Akademiemitglieds v. Mechel, 1810[161]) als auch Vertretern des Beamtentums (Kammerherr v. Zschokke, 1808[162]; v. Hardenberg[163]). Dagegen steht das preußische Königshaus der Verwirklichung zögernd gegenüber.[164] Unabhängig von der allgemeinen Berechtigung der Überlegung GRASSKAMPs greift die Erklärung jedenfalls der Berliner Museumsgründung aus einem Legitimationsbedürfnis monarchisch-aristokratischer Kreise damit zu kurz.

Der Plan, einen öffentlichen Zugang zu den Kunstsammlungen des preußischen Herrscherhauses zu ermöglichen, gerät in der Folgezeit trotz des Zögerns seitens Friedrich Wilhelms III. nicht vollständig in Vergessenheit. Die politische Wirklichkeit ist dem finanziell anspruchsvollen Projekt allerdings nicht günstig. Schon die wirtschaftliche Schwächung Preußens durch den ersten Koalitionskrieg (1792–97) läßt die Finanzierbarkeit des Projektes erst in weiter Ferne möglich erscheinen. Erst recht wird das Vorhaben im Zuge der französischen Besetzung Preußens in die utopische Sphäre verbannt; für die Tagesordnung der im Königsberger Exil so gut wie handlungsunfähigen preußischen Regierung ist es kein Thema. Die französischen Machthaber sind ihrerseits nicht daran interessiert, dem besiegten Gegner kulturelle Einrichtungen zukommen zu lassen.[165] Vielmehr betreiben sie gewissenhaft die Auswahl der wertvollsten Bestandteile der königlichen (privaten) Sammlungen und verbringen diese als Kriegsbeute in den Louvre.[166] Eben diese Sammlungs-

---

160 Vgl. Henry, Plan einer neuen Organisierung der Königlichen Kabinette; Ideen über den besten Plan zur Errichtung eines allgemeinen Museums, abgedruckt bei Stock, Jahrbuch der Preußischen Kunstsammlungen 49 (1928) Beih. 5 S.128ff., S. 140f. Henry, Vorsteher der Königlichen Kabinette in Sanssouci, wollte alle Sammlungen in einem Bau vereinigen. Dabei lehnte er ein unbeschränkt öffentliches Museum noch ab; historisch orientierte Systematik findet sich in seinen Plänen nicht. Allerdings gehen schon seine Überlegungen vom Bild des Museums als »...Tempel der Kunst und der Natur...« aus, vgl. Stock a.a.O. S. 141.
161 Vgl. Spiero, Jahrbuch der Preußischen Kunstsammlungen 55 (1934) S. 44.
162 Seidel, Jahrbuch der Preußischen Kunstsammlungen 44 (1923) Beiheft 55 S. 56.
163 Abgedruckt bei Stock, Jahrbuch der Preußischen Kunstsammlungen 49 (1928) Beih. 5 S. 118f.
164 Ablehnender Bescheid Friedrich Wilhelms III., abgedruckt bei Stock a.a.O. S. 118f.; dabei Verweis auf einen bisher nicht zugeordneten anderen Standort.
165 Obgleich diese Feststellung für die besetzten Territorien außerhalb Preußens nicht ohne weiteres gilt, vgl. Calov 1969 S. 63ff.
166 Ein erheblicher Teil der königlichen Sammlungen wurde vom Direktor des Louvre, Denon, als Beutekunst abtransportiert, vgl. Eckardt, in: Klingenburg 1986 S. 122ff.

teile stellen später einen entscheidenden Faktor für die Erneuerung der Museumspläne dar: Anschließend an die Eroberung von Paris und den zweiten Pariser Frieden[167] werden im Zuge der Siegesfeiern auch die zurückgewonnenen Sammlungsteile in der Berliner Akademie ausgestellt. Der große Erfolg dieser Ausstellung, die zum Fokus nationaler Begeisterung wird, setzt erneut ein Projekt in Gang, die gezeigten Bestände dauerhaft auszustellen.[168] Die Planung für diesen Bau sieht vor, das bestehende Gebäude der Kunstakademie auszubauen, wobei die Ausstellungsräume hauptsächlich in einem den Innenhof teilenden Querriegel untergebracht werden sollen.[169] Zur Ausarbeitung wird das Projekt Hofbauinspektor Martin Friedrich Rabe[170] übertragen, der bis Anfang 1816 ausführungsfähige Planungen vorlegt.

Obwohl im Jahr 1818 bereits ein Seitenflügel des Akademiegebäudes vollendet ist, wird 1819 der weitere, schon in Angriff genommene Umbau durch den König gestoppt. Mit dieser Maßnahme, vor allem aber mit der Übertragung der Bauüberwachung auf das Schatzministerium reagiert Friedrich Wilhelm II. auf die schon seit Baubeginn laut gewordene Kritik an der Planungs- und Bautätigkeit Rabes. Die Überprüfung des Baus durch die Oberbaudeputation bestätigt zwar verschiedene Kritikpunkte, läßt jedoch keine endgültige Wertung erkennen. So muß es den Monarchen überraschen, daß sich seine 1820 erteilte Weisung, die Sammlungen nun endlich zu installieren, als undurchführbar erweist. Zur Aufklärung dieser Mißstände beruft der König im April 1822 eine Kontrollkommission unter Mitwirkung Schinkels und Hirts ein.[171] In dieser Funktion abgegebene Äußerungen Schinkels deuten auf erhebliche Standsicherheitsgefährdungen des Gebäudes hin.[172] Gleichzeitig beginnen Veränderungen der Sammlungsbestände den geplanten Umbau als zu beengt erscheinen zu lassen.[173]

---

167 Der Abtransport selbst wurde schon vor dem Friedensschluß, also ohne völkerrechtliche Grundlage durchgeführt, vgl. Eckardt, in: Klingenburg 1986 S. 139f.
168 Vgl. Vogtherr, Museums-Journal 10 (1996) Nr. 11 S. 37; einen zweiten wichtigen Anstoß lieferte der im November 1815 getätigte Ankauf der Sammlung Giustiniani, deren Gemälde noch ohne Unterbringungsort waren, vgl. Wegner, Jahrbuch der Berliner Museen 31 (1989) S. 270.
169 Vgl. Vogtherr 1997 S. 95ff.; ders., Museums-Journal 10 (1996) Nr. 11 S. 38.
170 1775–1856; seit 1806 Hofbauinspektor, seit 1810 Professor an der Bauakademie und Akademiemitglied, von 1829–42 Schloßbaumeister; für eine kurze Biographie vgl. Ausstellungskatalog: Friedrich Gilly 1772–1800 S. 250f.
171 Diesbezüglicher königlicher Befehl teils abgedruckt bei Spiero, Jahrbuch der Preußischen Kunstsammlungen 55 (1934) (G.St.A. Rep 89 B, XV2, Bd. 1, S. 66).
172 Bericht Schinkels an v. Bülow am 16. April 1822, vgl. Rave, Schinkelwerk: Berlin I S. 16.
173 Obgleich 1816 die Verkaufsverhandlungen über die Sammlung der Gebrüder Boisserée

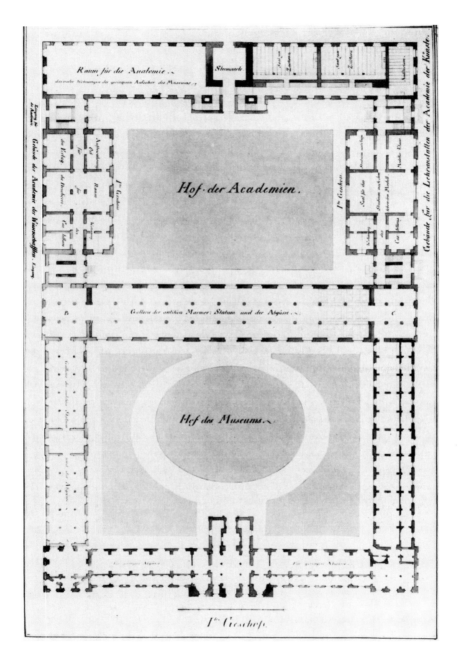

III.2 Schinkel, Karl Friedrich: Grundriß für das Museum im Akademiegebäude, 1. Geschoß
1822   93 x 48   Feder und Tusche
Aus: Rave, Schinkelwerk: Berlin III, Abb. 8 links

Als Konsequenz der Untersuchungen beginnt Schinkel noch im Frühjahr 1822 (möglicherweise auf Betreiben des Staatskanzlers v. Hardenberg[174]) eine eigene Planung für die Erweiterung der Akademie mit einem Museumsgebäude (Abb. III.2). Dieses Projekt Schinkels weist in den Innenräumen eine Abfolge großer und kleinerer Säle auf, die sich von den Planungen Hirts und Rabes vor allem hinsichtlich ihrer großen Einheitlichkeit unterscheiden. In der Fassadengestalt sind die Differenzen dagegen gering; Schinkels Entwurf zeigt wie die Planungen seiner Vorgänger die recht nüchterne, wenig gegliederte Fassade eines Nutzbaus. In der Außengestalt, teils aber auch in den Innenräumen lassen sich bei allen Unterschieden teils auch Vorgriffe auf das spätere Museum am Lustgarten erkennen.[175] Trotz eingehender Vorbereitung und Diskussion[176] des Vorhabens gelangt diese Planung Schinkels nicht zur Ausführung. Zunächst erfordert eine niedrig angesetzte Kostenbewilligung durch den König eine erneute Überarbeitung der Pläne, die im Dezember 1823 abgeschlossen wird. Als daraufhin abermals die Genehmigung der Pläne beantragt wird, schiebt der seit 20. September in Abwesenheit des Königs als Regent des Staates agierende Kronprinz die Angelegenheit bis zu dessen Rückkehr im neuen Jahr auf.

Zur Baugeschichte des Museums am Lustgarten

Nach der bis zu diesem Zeitpunkt weit gediehenen Vorbereitung des Bauvorhabens im Akademiegebäude überrascht es, daß dem zurückkehrenden Friedrich Wilhelm III. nicht der letzte Planungsstand für den Ausbau der Akademie unterbreitet wird, sondern ein neuer Entwurf für einen geänderten Standort. Dieser Entwurf, den Schinkel zusammen mit einer Denkschrift[177] am 8. Januar 1823 dem König vorlegt, ist bis auf Details mit dem später am Lustgarten ausgeführten Bau identisch. Daß Schinkel trotz der äußerst kurzen Vorlaufzeit von drei Wochen (Aufschub der Entscheidung über die Akademieerweiterung am 18.12.1822; Vorlage der Denkschrift bereits am

---

fehlschlugen, wurden die Bestände durch den Ankauf der Sammlungen Solly und Giustiniani erheblich erweitert, vgl. Spiero, Jahrbuch der Preußischen Kunstsammlungen 55 (1934) S. 46.
174 Rave, Schinkelwerk: Berlin I S. 16.
175 Vgl. dazu unten S. 248ff.
176 Dazu Rave, Schinkelwerk: Berlin I S. 18ff. Schinkel fertigt im Verlauf der Auseinandersetzungen noch einen zweiten, ähnlichen Entwurf mit erweiterter Raumfolge, vgl. Vogtherr 1997 S. 113.
177 Abgedruckt bei Rave, Schinkelwerk: Berlin I S. 26ff. Planzeichnungen an gleicher Stelle.

Ein königliches Museum

8.1.1823[178]) so detaillierte Planzeichnungen erarbeiten konnte, bietet Raum für Spekulationen. Teilweise wird deshalb angenommen, der eigentliche Anstoß für die Planung müsse vom Kronprinzen Friedrich Wilhelm IV. entscheidend geprägt gewesen sein; dieser sei ihr eigentlicher Autor. Schon RAVE und DEHIO sind dieser Ansicht, sie stützen sich dabei primär auf eine Zeichnung von der Hand des Kronprinzen, die sie als Vorstudie für die Museumsfront interpretieren.[179]

Diese Interpretationen leiden unter der Schwäche, daß auch ein energischer Eingriff seitens des Kronprinzen kaum erklären kann, wie Schinkel in konzeptioneller, architektonischer und vor allem argumentativ-rhetorischer Hinsicht derart ausführliche Planungen in so kurzer Zeit erstellen konnte. Es liegt damit nahe, der Frage nachzugehen, ob Schinkel nicht schon vor dem allgemein als Planungsbeginn angesehenen Winter 1822 Überlegungen über einen Museumsbau im Lustgarten angestellt haben könnte. Nachforschungen in dieser Richtung sind schon 1934 von SPIERO angestellt worden, die zu dem Schluß kommt, Schinkel habe bereits seit dem Sommer 1822 eine entsprechende Überplanung des Lustgartens beabsichtigt.[180] Diese Annahme wird plausibel, wenn man Schinkels Argumente in der Denkschrift vom 8.1.1823 nicht im Bereich der Rhetorik[181] ansiedelt, sondern ernstnimmt: Die schiffahrts- und straßenverkehrstechnischen Überlegungen, denen Schinkel so breiten Raum schenkt, gewinnen erhöhte Überzeugungskraft, wenn man die Freigabe des Flußschiffergewerbes ab 1822 (durch Elbschiffahrtsakte und Weserschiffahrtsakte) sowie den dadurch verursachten Anstieg des Verkehrsaufkommens auf den Berliner Wasserwegen berücksichtigt.[182]

Angesichts seiner langjährigen Beschäftigung mit dem Areal kann als sicher angenommen werden, daß Schinkel diese neueren Veränderungen der Verkehrssituation in der Nachbarschaft des Schlosses bekannt waren. Schon 1816 hatte er im Zuge der Gestaltung für den Vorplatz der Neuen Wache, vor allem aber der Errichtung der Schloßbrücke, Skizzen für eine neue Gestaltung der

---

178 Schinkel selbst hat seine neue Planung bereits am 29.12.1822 in einem Brief an Sulpiz Boisserée als fertiggestellt bezeichnet; teilweise abgedruckt bei Rave, Schinkelwerk: Berlin I S. 25.
179 Insbesondere Rave, Schinkelwerk: Berlin I S. 23f. und Dehio 1961 S. 25f.; vgl. zu dieser oft wiederholten, dennoch kaum als »Forschungsstand« zu bezeichnenden Tradierung Vogtherr 1997 S. 117 Fn 766.
180 Vgl. Spiero, Jahrbuch der Preußischen Kunstsammlungen 55 (1934) S. 41ff.
181 In diese Richtung geht Griesebach 1924 S. 80.
182 Vgl. schon Spiero, Jahrbuch der Preußischen Kunstsammlungen 55 (1934) S. 51.

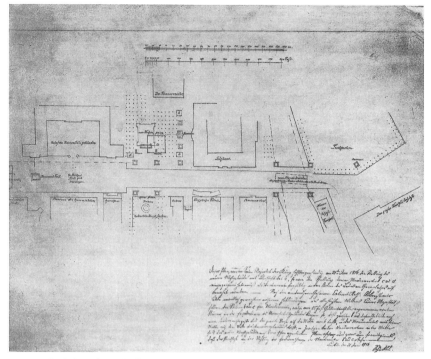

III.3 Schinkel, Karl Friedrich: Zweiter Lageplan zur Neuen Wache
1816   49 x 69   Feder und Tusche
Aus: Pundt 1971, Abb. 58

Umgebung erarbeitet (Abb. III.3). In einem großangelegten Plan für die Innenstadt von 1817 sieht Schinkel bereits eine Verbesserung der Schiffahrtswege vor, wenn auch nur als Nebenaspekt.[183] In einer weiteren Planung für die Neugestaltung des Lustgartens hatte er diesen 1819 als weitläufiges freies Feld ohne weitere Bebauung definieren wollen, und damit ausschließlich als Vorplatz des Schlosses.[184] Noch 1822 wird Schinkel mit einer Umgestaltung des Lustgartens beauftragt. Es kann damit als gesichert gelten, daß Schinkel die Erweiterung des Kupfergrabens schon deutlich vor dem Jahreswechsel 1822/23 bedacht hat. Die Verfüllung des Pomeranzengrabens, die erst den Baugrund des

---

183 Vgl. Schinkels Darstellung, abgedruckt bei Rave, Schinkelwerk: Berlin II S. 12; weiter S. 108.
184 Vgl. Spiero, in: Jahrbuch der Preußischen Kunstsammlungen 55 (1934) S. 48f.

Ein königliches Museum

Museums bereitstellte, sowie die entsprechende Umgestaltung des gesamten Areals wurden erst durch diese Maßnahme wirklich begründbar.[185] Das auf den ersten Blick überraschend plötzliche Auftauchen einer vollständig veränderten Konzeption am Anfang des Jahres 1823 wird angesichts der vielfältigen Beschäftigung Schinkel mit diesem Areal und den aktuellen Anstößen besser verständlich. Es wird daher wohl in den Bereich der Ideologie verwiesen werden müssen, wenn dennoch ein entscheidender Einfluß des Prinzen konstruiert werden soll.[186]

Schinkels Denkschrift von 1823 verweist jedoch nicht nur auf die positiven Effekte für die Verkehrslenkung, die die neue Gestalt des Schloßareals erwarten ließ. Weitere Argumente liefert der herausgehobene Charakter des Gebäudes und besonders die merklich geringeren Baukosten im Vergleich mit dem Ausbau der Akademie.[187] Die Gesamtheit der Schinkelschen Argumente besitzt durchschlagende Wirkung; das neue Vorhaben wird bereits im April 1823 nach kurzer Beratung genehmigt. Der Erwerb der Grundstücke für den Bau erfolgt sofort darauf; unmittelbar anschließend werden die ersten Erdarbeiten für den Bau in Angriff genommen.[188] Im folgenden Jahr wird die aufwendige Gründung auf mehr als 3000 über 10 Meter tiefen Rammpfählen gelegt; 1825 schließt sich die Grundsteinlegung und 1826 das Richtfest an.[189] Die aufwendige Innengestaltung nimmt zwei Jahre in Anspruch, doch schon 1829 werden erste Räume für Besichtigungen geöffnet. Am 3.8.1830 kann die förmliche Eröffnung (allerdings erst einer beschränkten Raumfolge) durch Friedrich Wilhelm III. vorgenommen werden, verbunden mit der Feier seines 60. Geburtstages. Doch auch zur vollständigen Öffnung des Hauses am 3.11.1830 sind nicht alle durch den Architekten geplanten Ausstattungsteile realisiert. Vor allem die Anbringung des Skulpturenschmuckes und die Ausführung der Freskenmalereien (teilweise 1841/42 vollendet; teils erst 1861) stehen noch aus. Doch schon vor der Schließung dieser Lücken des ursprüng-

---

185 Der 1817 vorgelegte Plan hatte die Verfüllung zwar bereits vorgesehen, aber ohne das erhaltene Gelände plausibel zu nutzen.

186 Ich schließe mich hier der Feststellung von Forssman an, es habe der »improvisierte Einfall eines Amateurs ernsthaft nicht eingreifen können«, vgl. Forssman 1981 S. 110. Ein entsprechender Ideologieverdacht wird auch bei Vogtherr 1997 S. 117f. geäußert.

187 Gegenüber der vollständig ausgebauten Akademieerweiterung 547000 Taler; gegenüber einer provisorischen Version noch 227000 Taler.

188 Noch im Jahr 1823 erfolgt die Verfüllung des Kupfergrabens, vgl. Spiero, Jahrbuch der Preußischen Kunstsammlungen 55 (1934) S. 70ff.

189 Zu den Einzelheiten des Bauablaufs vgl. Spiero a.a.O. S. 70ff.

lichen Programms entsteht die Notwendigkeit erster Umgestaltungen und Erweiterungen. So muß ein Übergang zum Neuen Museum Stülers (1843–55) geschaffen werden, der weitreichende Umgestaltungen im Inneren nach sich zieht.[190] Während der nationalsozialistischen Herrschaft wird vor allem der Lustgarten umgestaltet, um die geplanten Aufmärsche und Kundgebungen besser aufnehmen zu können. Im zweiten Weltkrieg wird das Museum besonders hart getroffen. Erst in den sechziger Jahren gelingt ein Wiederaufbau, der erst 1980 zu Ende gebracht wird. Dabei unterbleibt allerdings die Wiederherstellung der großflächigen Wandmalereien.

Politische Topographie des Bauwerks
Schinkels »Meisterwerk«[191], das Königliche Museum, besetzt einen Ort im Kernbereich des preußischen Staates. Diese Feststellung kann in topographischer Hinsicht ebensogut Gültigkeit beanspruchen wie in geistesgeschichtlicher Sicht und in der Perspektive politischer Geschichte. Zwar sind in der Literatur die verschiedenen Varianten, die Schinkel für die Überplanung dieses so wichtigen Gebietes im Zentrum Berlins ausarbeitete, durchaus gewürdigt worden.[192] Trotzdem zeigt die Bewertung der von Schinkel vorgelegten verschiedenen Varianten als »Unentschlossenheit«[193], daß bislang nicht ausreichend detailliert untersucht worden ist, auf welche Motivationen die teils einschneidenden Veränderungen der Planung zurückweisen.

Historische Voraussetzungen
Die Tragweite dieser Modifikationen wird erst auf dem Hintergrund der zentralen Eigenheiten des Areals und seiner politisch angereicherten Geschichte deutlich. Wie die meisten innerstädtischen Freiflächen war auch der Berliner Lustgarten im Lauf der Zeit erheblichen Umgestaltungen unterworfen. Nach einer ersten Erwähnung der Bezeichnung »Lustgarten« im 15. Jahrhundert[194] als eines Gartens in Nachahmung antiker Muster prägen vor allem barocke Umformungen den Platz; so verdankt das Areal etwa seinen nördlichen Abschluß der Errichtung der Festungsbauten ab 1658. Schlüters Schloßumbau

---

190 1861 Anbringung eines Oberlichtes im Nordsaal; weitreichende Umbauten der Säle 1876 bis 1884, vgl. Rave, Schinkelwerk: Berlin I S. 75.
191 Hitchcock 1994 S. 60.
192 Vgl. etwa die Arbeiten von Pundt 1972 S. 140ff.; Rave, Schinkelwerk: Berlin I S. 32ff; Ott 1966 S. 36ff.
193 So Mehlhorn 1979 S. 228.
194 Peschken, in: Peschken, Klünner u.a. 1982 S. 41.

bleibt es vorbehalten, Schloßgarten und -gebäude zu einem einheitlichen Ganzen zu verbinden. Diese barocke Konzeption erhält ab 1713 mit der Umnutzung des Gartens als Exerzierplatz[195] durch Friedrich Wilhelm I. einen für den preußischen Staat bezeichnenden Akzent: Die Funktion des Platzes geht durch diese Maßnahme in der Unterordnung unter eine militaristische Staatsform auf; das Verständnis des aus Schloß und Platz bestehenden Ensembles wird damit neu definiert. Die spätere Regierung Friedrich Wilhelms III. ändert wiederum noch im 18. Jahrhundert[196] Nutzung und Verständnis des Geländes weitreichend: Indem nun der Lustgarten nach Norden mit einer doppelten Pappelreihe längs des Spreegrabens abgegrenzt wird, entsteht erneut eine in sich geschlossene Fläche. In den letzten Jahren des alten Jahrhunderts erfolgt die Fortführung der Baumreihen rund um den Platz durch David Gilly[197], der gleichzeitig den Platz zu einer Rasenfläche umgestaltet und so die strenge militärische Atmosphäre wieder verblassen läßt. Schon in diesen wenigen Punkten aus der Stadtgeschichte des Berliner Zentrums wird die unterschwellige Funktion des Platzensembles als politikgeschichtlicher Seismograph[198] deutlich.

Diese Parafunktion durchzieht auch seine Entwicklung in der ersten Hälfte des 19. Jahrhunderts. Sie besteht zunächst vor allem in einer zögernden Veränderung der Fläche zu einer bürgerlichen Parkanlage in den ersten Jahren des neuen Jahrhunderts. (Ansätze zu dieser Nutzung zeigt die Aufstellung des Denkmals für den Fürsten von Anhalt-Dessau und die Einfassung der Vorfläche des Schlosses durch Steinpfosten.[199]) Dieser Entwicklungsschub hängt zusammen mit dem räumlichen Schwerpunktwechsel, den Friedrich Wilhelm III. dadurch einleitet, daß er nicht das Schloß als Wohnung nutzt, sondern das ehemalige Kronprinzenpalais Unter den Linden.[200] Der Rückzug

---

195 Reuther 1978 S. 18; Springer 1981 S. 21.
196 Die Regierungszeit Friedrichs II hatte zwischenzeitlich die Aufmerksamkeit vom Schloß nach Potsdam verlagert; auch das nicht ausgeführte Projekt eines »Forum Fridericianum« hatte Schwerpunkte abseits des Schloßbereichs gesetzt; vgl. dazu Springer 1981 S. 22; Goralczyk in: Klingenburg 1986 S. 93ff.
197 Vgl. Rave, Schinkelwerk: Berlin II S. 106; Pundt 1972 S. 40.
198 Allgemein zu dieser bei zentralen Hauptplätzen häufigen unterschwelligen Funktion Kostof 1993 S. 124f.
199 Vgl. Rave, Schinkelwerk: Berlin II S. 106.
200 Das Schloß wurde allerdings durch Napoleon nach seinem Einzug in Berlin als Logis genutzt, Friedrich Wilhelm III. hatte dagegen bereits seit seiner Thronbesteigung die Wohnung im Kronprinzenpalais beibehalten, vgl. Springer 1981 S. 25f.; Peschken, in: Peschken, Klünner u.a. 1982, S. 100.

des Monarchen aus dem symbolträchtigen Schloßgebäude läßt sich als teilweise Annäherung dieser Regierung an bürgerliche Lebensformen interpretieren.[201] Mit dieser Verlagerung des spätabsolutistischen Herrschaftszentrums vom Schloß auf die Straße Unter den Linden (genauer deren Verlängerung über den Opernplatz) wird eine Entwicklung zu ihrem vorläufigen Endpunkt gebracht, die ihre Anfänge in der Errichtung des Charlottenburger Schlosses ab 1695 besaß. Seit dieser Baumaßnahme hatte sich die Erschließung des Schlosses für repräsentative Anlässe in den Westen, auf die Straße Unter den Linden und damit gleichzeitig auf die Nordseite des Schlosses verlagert, die ursprünglich privatere Gartenseite.[202] Weiteren Bedeutungszuwachs für die Westachse hatte die Errichtung des ersten staatlichen Repräsentationsgebäudes auf diesem Areal bewirkt, des Zeughauses (u.a. durch Schlüter und de Bodt von 1685 bis 1706).

Die damit vollzogene Schwerpunktverlagerung wirkt sich auch auf den Bereich des Lustgartens aus. Für weitere Neugestaltungen sind allerdings während der Schwächung Preußens in den Auseinandersetzungen mit dem napoleonischen Frankreich weder Interesse noch Kräfte groß genug. Erst nach dem erfolgreichen Abschluß der Freihseitskriege wächst das Bedürfnis für Veränderungen des Lustgartenareals erneut.

Verschiebung der städtebaulichen Orientierung
Vor allem die Errichtung der Neuen Wache durch Schinkel ab 1816 führt eine ästhetische Aufwertung des Gebiets um das nun königliche Palais herbei, also das zu dieser Zeit maßgebende Machtzentrum. Schon bald im Anschluß an diese Maßnahmen werden Forderungen nach einer dem neuen ästhetischen Niveau angepaßten Umgestaltung der »Hundebrücke« (der späteren Schloß- brücke) laut.[203] Bereits im Zusammenhang mit diesen Wünschen befaßt sich Schinkel auch mit dem angrenzenden Bereich des Lustgartens; allerdings basieren seine Ideen noch auf einem ganz anderen Verständnis des Platzes als die spätere Planung des Museums: Weder Schinkels städtebauliche Entwürfe für die Wache von 1816 noch sein visionärer Bauplan für die Innenstadt von 1817 sehen den in sich zentrierten Platz vor, den später die Fläche zwischen

---

201 Vgl. die Wertung Heines, abgedruckt bei Springer 1981 S. 48.
202 Vgl. Springer 1981 S. 18.
203 Wichtig hier vor allem der Wegfall der vorherigen Opernbrücke, die in westlicher Richtung einen ähnliches verkehrstechnisches und ästhetisches Ärgernis dargestellt hatte, vgl. Schinkels Ausführungen bei Rave, Schinkelwerk: Berlin II S. 63.

Ein königliches Museum

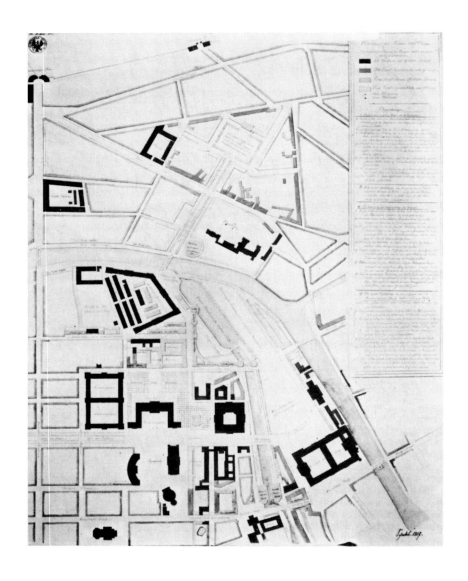

III.4 Schinkel, Karl Friedrich: Bauplan für die Innenstadt von Berlin
1817 77 x 59 Feder, aquarelliert
Aus: AK Schinkel II, Abb. 5.2 (S. 75)

Schloß und Museum bilden wird (Abb. III.4; vgl. Abb. III.3). Im Plan von Anfang[204] 1817 läßt sich sein Konzept genauer isolieren: Wie Schinkel selbst betont[205], ist gerade die Erhaltung des nach Norden gerichteten freien Ausblicks bis hin zum Schloß Monbijou eine wichtige Komponente des Konzepts. (Der Blick soll auf der Nordseite der Spree durch einen Sichtpunkt in Form eines Rundbaus zentriert werden, den Schinkel als »Panthéon« bezeichnet.)

Der Bebauungsplan von 1817

Die Planung von 1817 verwendet damit ein Element, das für die Tradition barocker Inszenierung des monarchischen Eigenrechtes entscheidende Bedeutung besitzt[206]: Sie betont durch die Sichtachsenlegung den prinzipiell unbegrenzt erweiterbaren, ausschließlichen territorialen Anspruch des Fürsten. Diese Vorgehensweise ist deshalb besonders auffällig, weil sie sich von der Behandlung der anderen Bereiche des überplanten Gebietes deutlich abhebt, in denen der Gedanke einer lockeren Abfolge einzelner, jeweils um herausragende Gebäude gruppierter Stadträume beherrschend ist.

Allerdings ist eine Interpretation im Sinne der Fortschreibung des barocken Städtebaus nicht ohne weiteres zwingend. Als Alternative kann die von BERGDOLL und vor allem von FORSTER ausgearbeitete Deutung herangezogen werden, die Architektur und Städtebau Schinkels in dieser Zeit nach einem von Solger vorgeprägten Analogon einer Bühnenanordnung[207] verstehen will. Auf der Grundlage dieser These müßte sich auch die Beziehung des Lustgartens auf das Schloß im Sinn einer bewußt gestalteten Szenerie verstehen lassen, auf der einem Betrachter durch mehr oder weniger zufällige Akteure eine Handlung verdeutlicht wird. Die nähere Betrachtung von Schinkels ambitioniertem Plan von 1817 erweist diese Deutung allerdings aus drei Überlegungen als unhaltbar.

Zunächst spielt bei der Beurteilung des Planes von 1817 eine große Rolle, unter welchen Begleitumständen Schinkel seine stadtplanerische Vision vorlegt: Zu dieser Zeit ist gerade der Bau der Neuen Wache nach umfassenden Vorarbeiten in Angriff genommen worden. Es liegt für Schinkel jetzt nahe, die

---

204 Der Plan wird bereits in einem Brief Schinkels an Rauch v. 10.3.1817 als fertiggestellt erwähnt, vgl. Rave, Schinkelwerk: Berlin II S. 11. Er steht auch im Zusammenhang von Schinkels Überlegungen zum Bau der Pepinière 1816.
205 Vgl. die Zitate bei Rave, Schinkelwerk: Berlin II S. 11f.
206 Vgl. Mehlhorn 1979 S. 177ff.
207 Dazu zuvor S. 189f.

wegen seines Entwurfs positive Stimmung auszunutzen, um die erarbeitete Kompetenz für weitere Planungen im Kerngebiet der Stadt zu unterstreichen.[208] Der Plan von 1817 ist damit einerseits als idealisierte Summe seines künstlerischen Programms in dieser Zeit zu verstehen. Andererseits erschließt sich seine Struktur nur in unmittelbarer Beziehung zu den städtebaulichen Aspekten der Planung für das Gebiet um die Neue Wache. Hier entzieht sich zwar die anfangs geplante zurückversetzte Bauweise noch teilweise dem System der barocken Axialplanung. Die endgültigen, 1816 angefertigten Pläne stehen dagegen fest auf dieser Grundlage: Zunächst wird das Bauwerk streng orthogonal zur repräsentativen Hauptachse ausgerichtet; gleichzeitig wird der Platz um die Wache eindeutig dieser Achse eingeordnet, indem der Straßenverlauf durch eine Reihe von Sockeln für Monumente betont wird. Vor allem aber ist der Versuch Schinkels aufschlußreich, ein Pendant in Form einer Fontäne bzw. eines Pavillons auf der anderen Seite des Lindenkorsos[209] zu realisieren. Die dem Bebauungsplan von 1817 unmittelbar vorangehende Planung für die Umgebung der Wache läßt damit die Anhaltspunkte für eine nach dem Muster eines Bühnenbildes angelegte Planung gegenüber axialen Motiven in den Hintergrund treten.

Als zweite Überlegung belegt Schinkels Plan des Lustgartens selbst eine Axialplanung[210] und spricht gegen eine szenographische Anordnung: Für das Verständnis dieser Planung ist zentral, daß sie die Nutzung des Lustgartens ausschließlich dem Schloß zuordnet. Allein auf dieses bezogen wird die monumentale Achse hin zum Lustschloß Monbijou aufgebaut. Die nächste Station des Auges, das auf dem gegenüberliegenden Flußufer gelegene Pantheon, das Schinkel dem Schloß Monbijou zuordnet, ist kein Hintergrund eines Bühnenbildes, sondern ein point de vue in barocker Tradition.[211] Die Artiku-

---

208 Im Zusammenhang hiermit ist auch die Alternativplanung zu sehen, die Schinkel im Frühsommer 1817 für das Gebäude der Pepinière vorlegte, vgl. dazu Rave, Schinkelwerk: Berlin III S. 84f.
209 Vgl. Peschken, Archäologischer Anzeiger 1962 S. 862; Rave, Schinkelwerk: Berlin III S. 152ff., insb. S. 153.
210 Die Betonung axialer Planungsweisen an dieser Stelle ist nicht als grundsätzlicher Widerspruch gegen eine Analyse des Plans von 1817 als einer aufgelockerten, landschaftsartigen Komposition zu verstehen. Sie hebt lediglich hervor, daß in dem behandelten Areal des Lustgartens axiale Momente entscheidende Bedeutung besitzen (dies verkennt etwa Goralczyk, in: Klingenburg 1986 S. 108).
211 Vgl. dazu Mehlhorn 1979 S. 177ff. Die Schwierigkeiten, die Ott 1966 S. 42 bei der Einordnung dieser barockisierenden Lösung Schinkels hat, belegen die Ausnahmestellung seiner Konzeption.

lation dieser Achsbeziehung ist für Schinkel immerhin so wichtig, daß sie ihm den Abriß sämtlicher Packhofbauten wert ist. Mehr noch, sie verleitet ihn sogar zu einer sichtbaren Verfälschung der tatsächlichen Situation: Um die Nordrichtung mit einer östlich des Lustgartens geplanten Baumreihe noch überzeugender betonen zu können, verschleiert Schinkel die Tatsache, daß der Dom keineswegs rechtwinklig zur Schloßfassade und parallel zur Spree ausgerichtet ist. Seine Planzeichnung dreht ihn schlicht in die passende Stellung.[212]

Drittens spricht gegen die These eines szenographischen Städtebaus an dieser Stelle, daß dieser einen Betrachter voraussetzen würde. Angesichts des königlichen Umzugs in das Kronprinzenpalais weist das Schloß selbst jedoch auf absehbare Zeit keinen derartigen Betrachter mehr auf. Anders als eine szenographische Anordnung kann eine Axialplanung durchaus auch in der Vernetzung architektonischer Symbole bestehen, die den Stadtgrundriß lediglich abstrakt prägen. Als derartige Planung ist Schinkels Plan von 1817 zumindest in entscheidenden Teilen zu verstehen. Seine ungebrochene, auf traditionelle Elemente zurückgreifende Bestätigung der monarchischer Symbole verdeutlicht außerdem, in welchem außergewöhnlich hohen Maß sich der Architekt in den Jahren um 1817 der preußischen Monarchie verbunden sieht.

Die Lustgartenplanung von 1819

Als Schinkel 1819 (wohl in der zweiten Jahreshälfte) einen offiziellen Auftrag zur Überplanung des Areals erhält, läßt sein Ergebnis (Abb. III.5) nichts mehr von derartigen Konzepten spüren. Die nun vorgelegte, ganz pragmatisch gehaltene Variante orientiert sich stark an der bisherigen Platzgestaltung. Dieser Vorschlag weicht nicht wesentlich von der Jahrzehnte zurückliegenden Umgrenzung durch Gilly ab[213]; er verfestigt damit einen Mangel, der schon in der Umgestaltung Gillys störend wirkte: Beide Planungen definieren den Lustgarten nicht als eigene Platzgestalt, sondern artikulieren bloß eine unbefriedigende Lösung für eine Restfläche, die anderer Nutzung entzogen wurde. Insgesamt erscheint diese Planung als eine der unbefriedigendsten des Architekten überhaupt.

Der Unterschied zur ambitionierten und ausgefeilten Planung von 1817 läßt sich zunächst so erklären, als habe Schinkel für seine Axialplanung keine

---

212 Auf dem Planblatt von 1817 wird ein zusätzliches aufschlußreiches Mittel verwendet: Ein Schriftzug über die Fläche des Packhofgeländes verdeutlicht für Betrachter die Achsenbeziehung zwischen dem Mittelrisaliten des Schlosses und dem point de vue noch stärker.
213 Vgl. die Beschreibung dieser Planung bei Rave, Schinkelwerk: Berlin II S. 106.

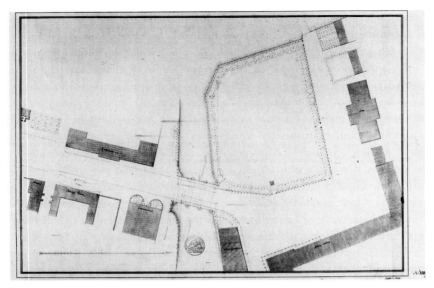

III.5 Schinkel, Karl Friedrich: Lustgarten und Umgebung. Bez. »Schinkel 1819 Original welches Sr. Majestät dem Könige vorgelegen hat«; abgezeichnet von Eytelwein
1819   42 x 63   Feder und Tusche
Aus: Rave, Schinkelwerk: Berlin, Abb. 78

Befürworter gefunden und daher eine Notlösung gesucht. Eine derartige Deutung kann allerdings nicht erklären, warum Schinkel trotz seines vorangehenden ausgeprägten Interesses an der Gestaltung der nordwestlichen Schloßumgebung ausschließlich die Gegebenheiten wiederholt und keine wie auch immer geartete Innovation vorschlägt. Bei vielfältigen anderen ähnlichen Gelegenheiten arbeitet Schinkel zumindest die von ihm als optimal verstandene Alternative vollständig aus, um die Diskussion in die von ihm gewünschte Richtung zu beeinflussen. Daher erscheint es hier plausibler, daß Schinkel inzwischen das Interesse an der Verwirklichung des bedeutungsgeladenen Plans von 1817 für dieses Areal verloren hatte, gleichzeitig aber noch keine neue Alternative ausarbeiten konnte. Auffällig ist an dieser Stelle, daß Schinkel trotz seiner vielfältigen Arbeiten für das Königshaus nie wieder eine Städteplanung liefert, bei der die hergebrachten städteplanerischen Mittel derart in den Dienst der Legitimation zentralistischer Monarchie gestellt werden.[214]

---

214 Dem einzigen hier denkbaren Gegenbeispiel, der »Fürstlichen Residenz« aus der Spätfassung des Lehrbuchprojektes fehlt eine entscheidende Qualität des Plans von 1817: Sie

Eine mögliche Erklärung für diese Zusammenhänge glaube ich in der besonderen Beziehung Schinkels zum preußischen Staatswesen annehmen zu können, mit dem er sich seit 1815 zunehmend[215] eng verbunden hatte. Bis in das Jahr 1819 hinein hatten sich die Reformbemühungen in der Regierung Preußens gegenüber restaurativen Tendenzen mehr oder weniger die Waage gehalten. Ein deutlicher Umschwung fällt allerdings in die zweite Hälfte des Jahres: Zunächst läßt sich ein entscheidender Wechsel der politischen Zielsetzung in Richtung Restauration nicht übersehen, der vor allem in der harten Linie Preußens bei der Umsetzung der Karlsbader Beschlüsse seinen Ausdruck findet. Schon der Sommer hatte Verhaftungen mit sich gebracht, die Männer wie Arndt und Jahn betrafen, die zuvor für die volkstümliche Förderung der Freiheitskriege überragende Bedeutung besaßen. Wenn es auch keine Anhaltspunkte für persönliche Beziehungen zwischen Schinkel und Arndt bzw. Jahn gibt[216], so kann doch als sicher angenommen werden, daß er von den Maßnahmen gegen sie, deren Begeisterung er nur wenige Jahre zuvor geteilt hatte, Kenntnis hatte. Doch die restaurative Kehrtwende betraf auch sein direktes persönliches Umfeld. Im Zusammenhang mit den Karlsbader Beschlüssen wurde der liberale Wilhelm v. Humboldt, inzwischen über ein Jahrzehnt Freund und Förderer Schinkels, zum Ausscheiden aus der Regierung genötigt. Gerade in der folgenden Zeit festigt sich das Verhältnis beider Männer noch, wie die Baugeschichte des Landhauses Tegel belegt.

Angesichts dieser entscheidenden politischen Veränderung, die Schinkel als einen staatlich angestellten und in hohem Maß für die Monarchie tätigen Architekten doppelt traf, erscheint es unabweisbar, die Veränderung der Planungen für das Schloßareal zwischen 1817 und 1819 in direktem Zusammenhang mit der politischen Entwicklung zu bringen. Die Feststellung H. BÖRSCH-SUPANS, der Sieg der Reaktion 1819 habe Schinkel wenig betroffen, die Abwendungen von allzu hochfliegenden Projekten sei lediglich Ausdruck der

---

ist ohne jeden Kontakt mit realer Stadtlandschaft von vorn herein als Idealvision des Fürstentums als solchen angelegt, thematisiert also gerade *nicht* die Beziehung zwischen Herrschaft und beherrschtem Territorium bzw. Untertanen; vgl. dazu auch Ott 1966 S. 53f.

215 Schinkel selbst schreibt beispielsweise am 18.1.1813 in einem Brief an seinen Schwiegervater Berger: »... der Himmel scheint für die gute Sache mitwirken zu wollen, es sei seit langem beinah das erste Mal, wo sich die Stimme des Fürsten mit der des Volks ganz begegnet, und die Wirkung auf die Stimmung des Volks läßt uns das beste hoffen.« (Abgedruckt bei Mackowsky 1922 S. 89f.).

216 Weder enthält der Nachlaß Tagebuchaufzeichnungen oder ähnliches, noch lassen sich aus dem Briefwechsel Schinkel Anhaltspunkte für eine Reaktion Schinkels gewinnen.

üblichen Ernüchterung des Romantikers[217], greift hier zu kurz. Wie sich auch aus dem weiteren Schaffen belegen läßt, ergibt sich für den Architekten angesichts dieser Entwicklungen die Notwendigkeit fundamentaler Neuorientierungen, durch die er sich selbst die Legitimation weiterer Arbeit ermöglichen kann. Dieser Prozeß, der die folgenden Jahre begleitet, läßt sich gerade auch anhand der Projekte für den Lustgarten belegen. Hier schließt sich in der Folge eine Phase der Umorientierung an, in der Schinkel sich zeitweise von jedem Versuch städtebaulicher Planung für das Umfeld des Schlosses zurückzieht (1819–23).[218] Erst gleichzeitig mit der Planung des Museumsentwurfs von 1822/23 gelingt Schinkel ein überzeugenderer Neuansatz.

Der städtebaulich-politische Ort des Museums

Schinkels Städtebau thematisiert in dieser Neuorientierung nicht mehr die weitläufige, sich frei nach Norden erstreckende Fläche, auch nicht die Anlegung einer monumentalen Achse monarchischer Symbolik; ebensowenig handelt es sich um die »Entsorgung« einer schlecht eingebundenen Restfläche. Die Museumsplanung (Abb. III.6) mit ihren Begleitmaßnahmen ändert vielmehr die gesamte Platzgestalt als solche radikal; ja sie formuliert zum ersten Mal überhaupt die Fläche des Lustgartens als Platz.

Die Neuordnung des Lustgartens

Wie sich aus dem Platzgrundriß ablesen läßt, ist das entscheidende Mittel zur Realisierung dieses Grundkonzeptes die Einführung eines neuen Raumabschlusses in Gestalt des Museumsbaus, der dem Schloß direkt entgegengesetzt wird. Besonders seine zum Schloß gerichtete raumgreifende Säulenhalle stellt ein so auffälliges architektonisches Motiv dar, daß sich das deutlich kleinere Museum nicht durch den massigen Block des Schlosses in den Hintergrund drängen läßt. Auf diese Weise wird nicht nur ein formales und funktionelles Gegengewicht eingeführt, sondern gleichzeitig über die Errichtung einer dritten Fassade neben Schloß und Dom die Kontur eines geschlossenen Platzes definiert. Aber auch abgesehen von dieser durchgreifenden Änderung zeigt der Vergleich mit der Flächengestaltung von 1817 Abwandlungen in der Grund-

---

217 H. Börsch-Supan, Zeitschrift des Deutschen Vereins für Kunstwissenschaft 35 (1981) H. 1/4 (Sonderheft zum Schinkel-Jahr) S. 31 bzw. 27.

218 Selbst in der für offizielle Augen abgefaßten Autobiographie von 1824 (abgedruckt bei Mackowsky 1922 S. 25ff.) finden sich in den Weglassungen Anhaltspunkte für diese Aussage: Von den Hoffnungen, die noch 1813 mit dem Sieg über die Franzosen verbunden wurden, ist hier nichts erhalten.

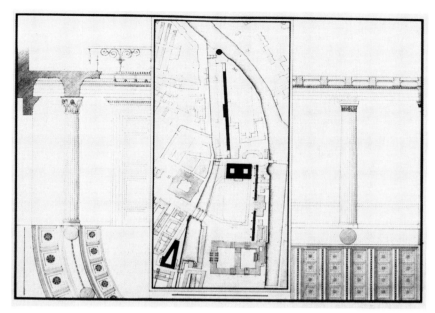

III.6 Schinkel, Karl Friedrich: Lageplan des Museums, mit Details der Säulenordnungen
1823   38,7 x 57,4   Feder und Pinsel
Aus: AK Schinkel II, Abb. 6.1 (S. 92)

struktur des Ensembles: Zunächst wird die Ausrichtung nach Norden grundsätzlich beibehalten, allerdings jetzt nicht mehr als Achse ausgeformt, sondern durch die linearen Gebäude des Packhofs als Parallele zur Verkehrsader des Kupfergrabens. Aufgenommen wird auch die Freistellung der direkt nördlich an das Schloß grenzenden Fläche, wenn auch die Einmündung des Lindenboulevards in weniger geschwungenen Formen gehalten ist. Auch das 1817 vorgesehene »Panthéon« kehrt wieder; jedoch nicht mehr in der Distanz eines point de vue, sondern in Gestalt der Kuppelrotunde des Museums. Das Museumsumfeld wird so im wesentlichen von bekannten Elementen besetzt, die aber in ganz neuer Perspektive erscheinen. Ebenso deutlich zeigt sich diese neue Perspektive im Vergleich mit der Planung von 1819. Nicht nur ist die alte, wenig durchgearbeitete und unregelmäßige Platzform nun verschwunden, sondern auch die kleinteiligen Lösungen, die diese Planung charakterisierten, sind verabschiedet (beispielsweise ist die abgerundete Einmündung auf den Lustgarten an der Südseite der Schloßbrücke ebenso überwunden wie die kleinteiligen Gartengestaltungen vor den Gebäuden nördlich des Doms).

Ein königliches Museum

An die Stelle dieser pragmatisch auf die vorgegebene Gestalt reagierenden Planung ist nun eine durchgearbeitete Gesamtkonzeption getreten. Die auffälligste Veränderung besteht allerdings in der Herstellung eines komplexen Netzes optischer und räumlicher Beziehungen, die an die Stelle der im Plan von 1817 maßgebenden monofokalen Ausrichtung treten. Diese Beziehungen sind bereits im noch recht schematisch angelegten Plan von 1823 deutlich erkennbar (zur vollen Ausarbeitung kommt dieses Verfahren jedoch erst im weiteren Verlauf der Museumsplanung). Besonders deutlich werden sie an der Behandlung des von Schinkel selbst kurz zuvor umgebauten Doms. Schon 1817 hatte der Architekt vor den ungeliebten Baukörper[219] eine kaschierende Baumreihe angeordnet, die sich vor dem Portal öffnete.[220] Die vorgestellte Baumreihe trat dabei so dicht an den Gebäudekörper heran, daß das Domportal in Flucht mit der Baumlinie geriet. Durch diese Variante wurde gleichzeitig die linear nördliche Ausrichtung stark betont und der Blick auf das Portal von allen Richtungen erlaubt. Der Plan von 1823 rückt dagegen die Baumreihe bei ansonsten fast identischer Stellung deutlich weiter vom Gebäude ab. Dadurch ergeben sich zwei verbundene Effekte: Zum einen wirkt die Baumreihe aufgrund der nun deutlicheren Unterbrechung weniger stark gerichtet. Zum anderen ist der Blick hin zum Domportal nun nur noch aus einem eingeschränkten Winkelbereich gestattet; die volle Breite des Portals ist nur noch direkt von vorn sichtbar. Beide Effekte bewirken, daß Schinkel trotz fast identischer Anordnung der Elemente eine deutlich stärkere Zentrierung des Platzes erreichen kann.

Vergleichbare optische Bezüge prägen auch die Stellung des Museumsbaus selbst zu seiner Umgebung. Durch die vorgerückte Eingeschossigkeit der ionischen Kolossalordnung stellt sich – nach der ausdrücklichen Absicht des Architekten[221] – für den Betrachter spontan die Verbindung zum eingeschossigen ionischen Portikus des Doms her (Abb. III.7). Die Front bezieht sich gleichzeitig auf die Schloßfassade, die nicht nur in den Proportionen ähnlich wirkt, sondern wie das Museum einen seriellen Charakter trägt und ohne Betonung eines Zentrums auskommt.[222] Vergleichbare Anknüpfungen bieten

---

219 Der 1816–20 durchgeführte Umbau des v. Boumann errichteten Gebäudes war anhaltender Grund von Auseinandersetzungen zwischen Schinkel und dem Monarchen. Die von Schinkel schließlich verwirklichte Lösung wurde von ihm nur als Notbehelf angesehen, wie die Planungsgeschichte deutlich belegt, vgl. dazu Rave, Schinkelwerk: Berlin I S. 208ff.
220 Die Umgestaltung von 1819 sah dagegen keine derartige Baumreihe vor dem Dom vor.
221 Vgl. Pundt 1972 S. 146.
222 Vgl. Forssmann 1981 S. 118.

III.7   Schinkel, Karl Friedrich: Perspektivische Ansicht des Museums
1823   40,7 x 63,5   Feder und Pinsel, laviert
Aus: AK Schinkel II, Abb. 6.2 (S. 92)

III.8   Schinkel, Karl Friedrich: Ansicht der Schloßbrücke von den Linden, mit Blick auf Museum, Dom und Schloß
1823   11 x 55   Bleistift
Aus: AK Schinkel II, Abb. 5.10 (S. 83)

Ein königliches Museum

auch die Flanken des Museumsbaus. Hier betont Schinkel die visuelle Verbindung zur westlichen Seite des Kupfergrabens, indem er die zweigeschossige Westwand des Museums in Maßstab und Proportion dem lagernden Quader des Zeughauses angleicht. Diese Sichtbeziehung stellt sich vor allem für den Betrachter her, der das Areal gerade von der Hauptserschließungsachse her betritt, der Straße Unter den Linden: Aus dieser Perspektive erscheinen die beiden Bauten als direkt benachbart, eine Beziehung, deren Bedeutung Schinkel selbst in einer Perspektivzeichnung von 1823 hervorhebt (Abb. III.8). Die Aufnahme der Südostecke des Zeughauses in die Darstellung belegt, daß gerade der Punkt vor dem Betreten der Schloßbrücke noch einmal die Beziehung der beiden zweigeschossigen Bauten fühlbar machen soll.

Im ganzen läßt sich feststellen, daß Schinkel die fast resigniert wirkende Haltung von 1819 überwunden hat und ihm eine großzügige und durchdachte Überplanung des Bereichs gelingt. Diese Planung stellt sich nicht mehr in den Dienst einer in die Ferne ausgreifenden Herrschaftssymbolik, sondern setzt ganz neue, wesentlich komplexere Beziehungen an ihre Stelle.[223] Schinkels an dieser Stelle geplanter Städtebau versucht, durch die gezielte Zusammenstellung architektonischer und natürlicher Elemente Blickbeziehungen zu kontrollieren, um so den Charakter eines städtebaulichen Ganzen zu definieren. Diese Vorgehensweise ist durch eine Verbindung von Natur- und Architekturelementen gekennzeichnet, die malerische Wirkungen in der Art einer durchkomponierten Landschaftsdarstellung betont. Es liegt nahe, diese Herangehensweise mit Schinkels langjähriger intensiver Beschäftigung mit Veduten, Panoramen und anderen Arten der malerischen Darstellung von Architektur und Stadt in Verbindung zu bringen.[224]

Planungsänderungen
Obwohl sich auch im weiteren Verlauf der Realisierung des Museums Anhaltspunkte für diese Einstellung wiederfinden, verändern sich die Planungen für die Freiflächen nicht unerheblich. Eine 1824 von Schinkel vorgelegte Ausarbeitung (Abb. III.9) zeigt zwar noch keine erheblichen Umstellungen. Dies ändert sich jedoch mit einer 1828 für die endgültige Durchführung vorgese-

---

223 Es sei nicht unerwähnt, daß diese vollständige Loslösung von den Traditionen barocker Achsenplanung so offensichtlich ist, daß sie noch ein Jahrhundert später als einer der Hauptmängel Schinkelschen Städtebaus kritisiert werden konnte, vgl. Delius, Stadtbaukunst 12 (1931/32) S. 83.
224 Eingehender zu den Grundlagen der städtebaulichen Einstellung Schinkels nachfolgend unter S. 239ff.

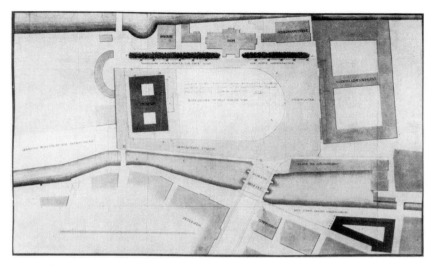

III.9   Schinkel, Karl Friedrich: Lageplan des Museums
1824   33 x 61   Kupferstich
Aus: Rave, Schinkelwerk: Berlin I, Abb. 19

henen Variante, die schließlich erst nach deutlicher Einflußnahme des Königshauses in einer nachgearbeiteten Fassung verwirklicht wird.

Diese 1828 von Schinkel eingereichte Planung (Abb. III.10) enthält mehrere deutliche Verschiebungen optischer Beziehungen. Zunächst betrifft ein grundsätzlicher Umschlag das Verständnis der Haupterschließungsrichtung. Diese, die Straßenachse »Unter den Linden«, war entsprechend ihrer Anlegung als Ausfallstraße in den Tiergarten und nach Charlottenburg herkömmlich als eine Sichtachse vom Schloß nach Westen hin verstanden worden. Auch die Errichtung des Brandenburger Tores betonte diese optische Ausrichtung vom Schloß nach Westen. Schinkels Planungen von 1817, 1823 und 1824 halten an diesem Richtungsverständnis fest. (Beispielsweise hält der Plan von 1824 den Schloßvorplatz und damit die Sicht nach Westen vollständig frei.) Erst der Plan von 1828 geht einen anderen Weg, indem er in Flucht der Lindenachse eine Fontäne als point de vue anlegt, die sich direkt vor der Schloßfassade befinden soll. Während der Blick aus dem Westen so auf den Platz gelenkt wird[225],

---

225 Dieser Augenpunkt verschleiert gleichzeitig das schräge Eintreffen der Straße Unter den Linden auf den Lustgarten, wo sie nicht auf ein definiertes Zentrum zielt wie etwa die Mitte des Schlosses, sondern etwas unmotiviert in die Ecke zum Apothekenflügel.

Ein königliches Museum

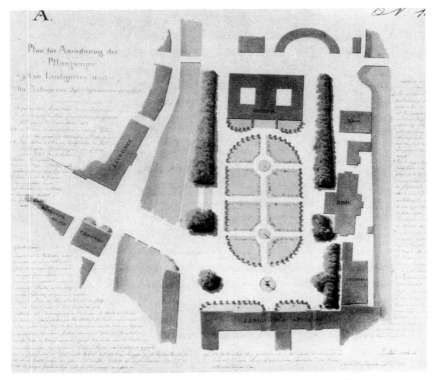

III.10 Schinkel, Karl Friedrich: Plan des Lustgartens. Bez. »A. Schinkel 1828«
1828 35 x 50 Feder, laviert
Aus: Rave, Schinkelwerk: Berlin II, Abb. 80

tritt in der Gegenrichtung vom Schloß aus eine Sichtbehinderung ein. Schinkel geht es hier ersichtlich um die Personen, die den Platz betreten sollen, also unterschiedslos alle Besucher – die noch 1817 deutlich spürbare Zuordnung zur Symbolik der Monarchie tritt damit weiter in den Hintergrund.[226] Ähnlich wird die Nordrichtung auf das Museum hin behandelt, wo die Fontäne zwei weitere Gegenstücke erhält, so daß eine Achse ohne Schwerpunktsetzung entsteht. Auch hierdurch wird der Schwerpunkt weiter vom Schloßbau wegverlagert.

---

226 Wie Mehlhorn 1979 S. 228 richtig betont, fehlt es außerdem an der in barocker Tradition notwendigen Steigerung auf das Schloß hin.

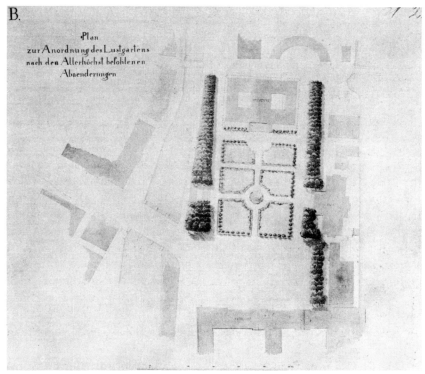

III.11 Schinkel, Karl Friedrich: Plan des Lustgartens. Bez. »B - Plan zur Anordnung des Lustgartens nach den Allerhöchst befohlenen Abänderungen Schinkel 1828. Im Oktober« 1828   59,7 x 66,1   Feder, aquarelliert
Aus: Rave, Schinkelwerk: Berlin II, Abb. 82

Gerade diese schwerpunktlose Gestaltung vor dem Schloß stößt auf den Unwillen des Auftraggebers, der eigenhändig den Plan verändert. Das königliche Eingreifen besteht im wesentlichen aus einem rigorosen Abschneiden der Gartengestaltung im Süden, um den Schloßvorplatz frei zu halten. Schinkels Absicht, die Platzgestalt zu einem in sich geschlossenen Ganzen zu verknüpfen, ist damit vereitelt. Es ist wenig erstaunlich, daß er sich von dieser Modifikation implizit distanziert, indem er sie in seiner umgearbeiteten Variante als die »Allerhöchst befohlenen Abänderungen«[227] ausweist (Abb. III.11).

---

227 Es bestehen keine Zweifel daran, daß die Änderungen von Friedrich Wilhelm III eingezeichnet wurden, vgl. Rave, Schinkelwerk: Berlin II S. 113.

Ein königliches Museum

Diese Spannungen besitzen auch Aussagekraft für eine mögliche Einflußnahme des Kronprinzen Friedrich Wilhelm IV. auf das Museum Schinkels. Wenn angenommen wird, der Kronprinz habe wesentliche Anregungen, wenn nicht sogar die Konzeption des Museumsbaus vorgeben, dann wäre zu klären, wie er zu den für das Konzept des Museums wichtigen Änderungen von 1828 stand. Dabei besteht zwar die Möglichkeit, daß der Prinz an der Veränderung der Gartenanlage überhaupt nicht beteiligt war, wie etwa PUNDT es nahelegt.[228] Das hohe Interesse des Prinzen an Fragen der Baukunst im allgemeinen und dem Museumsbau im besonderen läßt diese Annahme aber nicht überzeugen. Wahrscheinlicher ist dagegen, daß er nicht für Schinkels Planung Stellung nahm, da auch ihm die Zurückdrängung der monarchischen Sphäre zu weitgehend erschien.

Davon abgesehen ist es bemerkenswert, daß es Schinkel gelingt, auch in die so überarbeitete Version von 1828 eine durchgreifende Veränderung zu retten. Diese Abweichung gegenüber den Plänen von 1823 liegt in der vollständigen Durchbrechung jeder direkten Beziehung zwischen Zeughaus und Museum. Durch eine dichte Wand aus Kastanienbäumen wird die von Schinkel noch 1823 für so wichtig gehaltene Korrelation der Seitenfassade mit dem Militärbau abgebrochen. Eine Motivation dieser Maßnahme läßt sich in Problemen des Bauplatzes finden, dessen schlechte Gründung eine Versetzung des Museums nach Osten notwendig machte (die anfängliche Perspektivzeichnung von Januar 1823 rückt das Bauwerk noch direkt an das Ufer des Kupfergrabens heran). Die königliche Zustimmung zu dieser Maßnahme beinhaltete die Anweisung, das Museum leicht zu drehen, so daß es zwar nicht mehr parallel zum Schloß ausgerichtet war, aber die Öffnungsbewegung des Platzes nach Westen verstärkte.[229] Schinkels Baumreihe von 1828 dient zunächst dazu, den Blick von Westen auf den Platz als Ganzes zu verhindern, so daß die Verdrehung der Parallele nicht in den Blick gerät.

Diese Veränderung verschiebt aber auch das Gesamtkonzept: Der Platz wird nun nicht mehr durch vier Gebäude dominiert (Schloß, Dom, Museum und Zeughaus), sondern nur noch durch deren erste drei. Dieser Befund schränkt die in der Literatur perpetuierte Aussage, das Platzensemble könne als Symbolik der Grundelemente preußischer Staatlichkeit gelesen werden[230], an einer wichtigen Stelle ein. Schinkels Lustgartenkonzept versammelt zwar im

---

228 Vgl. Pundt 1972 S. 153.
229 Vgl. Rave, Schinkelwerk: Berlin I S. 46.
230 Z.B. H. Börsch-Supan, in: AK Schinkel I S. 33; Bergdoll 1994 S. 86; Ott 1966 S. 52.

machtgeographischen Zentrums des Staates die nach seinem Verständnis wesentlichen Funktionsträger, aber diese sind *nicht* Herrscherhaus, Kirche, das Museum als Symbol der bürgerlichen Bildung *und* das Militär, sondern eben nur deren erste drei. Die Einbeziehung des Militärs läßt sich dagegen nur in Bezug auf die ursprüngliche Planung von 1823/24 behaupten. Auch in dieser Besonderheit prägt sich eine Verschiebung in Schinkels Sichtweise des Staates und seiner konstituierenden Bestandteile aus.

Der Lustgarten auf dem Hintergrund Schinkelschen Städtebaus
Die voranstehenden Bemerkungen zur Gestaltung des Lustgartens verdeutlichen, daß diese Freifläche ihren ganz besonderen Charakter dadurch erhält, daß sie nicht vollständig in Begriffen eines fest definierten, durch klare Wände abgegrenzten Platzes im eigentlichen Sinn verstehbar ist. Vielmehr stellt sie eine eigengesetzliche Verknüpfung von schwerpunktsetzenden Baukörpern, architektonisch behandelten Naturelementen, von vielfältigen Sichtbeziehungen und weiteren formalen und inhaltlichen Verknüpfungen dar. Allerdings läßt sich ein schärferes Bild dieses Beziehungsgeflechts erst gewinnen, wenn die Vorbilder Schinkels auf dem Gebiet des Städtebaus mit in Betracht gezogen werden.

Städtebauliche Leitbilder
Schinkels städtebauliche Ausbildung datiert in eine Zeitspanne, in der die Grundsätze der barocken Baukunst – anders als in der Architektur – im Städtebau noch nicht als grundsätzlich überholt angesehen werden. So weist die Bautätigkeit um die Jahrhundertwende ausreichend Beispiele auf, in denen klassizistische Bauformen ohne weiteres mit barocken städtebaulichen Elementen kombiniert werden (besonders anschaulich etwa in den Arbeiten Weinbrenners in Karlsruhe[231]). Obwohl sich einzelne Merkmale wie die individualisierende Behandlung des einzelnen Baukörpers und der Einsatz von landschaftlichen Elementen (Vegetation) isolieren lassen, fällt es in theoretischer Sichtweise daher schwer, einen klassizistischen Städtebau in Abgrenzung zu Herangehensweise der Barockzeit wirklich trennscharf zu definieren.[232]

Die traditionellen Handlungsweisen des barocken Städtebaus, also etwa Axialplanung oder die Behandlung von Plätzen als Oktogon und Stern (Kreisform), prägen auch die Ausbildung Schinkels. Zwar ist zu dieser Zeit eine

---
231 Vgl. Ott 1966 S. 18ff.
232 Vgl. Mehlhorn 1979 S. 206ff., 224ff.; Ott 1966 S. 18ff.

wissenschaftliche Disziplin »Städtebau« als solche noch nicht formiert, doch ist bereits der erste Kontakt Schinkels mit seiner Profession besonders durch ihre späteren Inhalte geprägt[233]: Im Jahr 1798, als Schinkel seine Schulausbildung am Gymnasium zum Grauen Kloster in Berlin abbricht, um in das Architekturbüro der Gillys einzutreten, ist David Gilly gerade mit der Überplanung des Lustgartenareals beauftragt worden.[234] Im folgenden Jahr arbeitet Friedrich Gilly eine Neugestaltung für die Hundebrücke aus, am späteren Standort der Schinkelschen Schloßbrücke.[235] Der ständige Kontakt mit seinen beiden Vorbildern wird die Wirkung ihrer Ideen auf den jungen Architekturstudenten noch verstärkt haben: Hier ist nicht nur die enge persönliche Freundschaft mit Friedrich Gilly zu erwähnen[236], sondern auch die Teilnahme Schinkels in der von diesem gegründeten »Privatgesellschaft junger Architekten«.[237] In dieser Umgebung wird nicht nur Schinkels architektonische Einstellung geprägt, sondern auch seine Reaktionsweise auf städtebauliche Bezüge.

Wie auch in der Architektur selbst weichen die Haltungen der beiden Gillys auch im Städtebau deutlich voneinander ab.[238] David Gilly ist zu dieser Zeit aufgrund seiner Erfahrung als langjährig praktizierender Architekt zu einer differenzierten Verbindung seiner Bauten mit ihrer Umwelt fähig. Auf dieser Grundlage gelingen ihm zurückhaltende und einfühlsame Umgestaltungen bereits bestehender Ensembles, wie z.B. bei der Einpassung des Vieweghauses in Braunschweig in den Jahren 1800 bis 1805.[239] Dagegen kann Friedrich Gilly

---

233 Zwar ist zu diesem Zeitpunkt das heutige Verständnis des Städtebaus als einer vorwiegend ingenieursmäßig-wissenschaftlich handelnden Disziplin noch nicht ausgeprägt; dieses Verständnis beginnt sich erst im Lauf des 19. Jahrhunderts zu bilden, vor allem durch die Arbeiten Joseph Stübbens. Doch auch schon zuvor fand rege Auseinandersetzung mit Fragen der Stadtgestaltung statt, wenn auch vorwiegend unter gestalterischen Gesichtspunkten. So war etwa Friedrich Gentz an der »Allgemeinen Bau-Unterrichtsanstalt« Lehrer für Stadtbaukunst im Gründungsjahr 1799, in dem auch Schinkel eintrat, vgl. Schönemann, in: Gärtner 1984 S. 78.
234 Pundt 1972 S. 39f.
235 Vgl. dazu Reelfs, in Ausstellungskatalog: Friedrich Gilly 1772–1800 und die Privatgesellschaft junger Architekten S. 186f. (Nr. 108).
236 Daneben wohl auch die Tatsache, daß Schinkel in den Jahren von 1798 bis 1800 auch als Logisgast im Hause der Gillys wohnt, vgl. Monika Peschken, in Ausstellungskatalog: Friedrich Gilly 1772–1800 und die Privatgesellschaft junger Architekten, S. 251.
237 Von 1798–1800; Mitglieder neben Haller v. Hallerstein, Rabe, Zitelmann, Gentz und wohl Carl Ferdinand Langhans, vgl. Reelfs, in: Ausstellungskatalog: Friedrich Gilly 1772–1800 und die Privatgesellschaft junger Architekten, S. 174.
238 Vgl. Pundt 1972 S. 40ff.; der allerdings die städtebaulichen Aspekte der Arbeiten David Gillys lediglich streift.
239 Vgl. dazu Lammert 1964 S. 134ff.

vor seinem frühen Tod nur wenige kleinere Arbeiten realisieren.[240] Seine teils spektakulären Projektentwürfe werden häufig von der monumentalen Wirkung des Baukörpers beherrscht. Diese Vorgehensweise tendiert gleichzeitig dazu, die Umgebung in den Hintergrund zu rücken, ihre Bedeutung in der optischen Ausrichtung auf den Solitär aufgehen zu lassen.[241] Vergleichbar sind die Arbeiten beider Gillys jedoch darin, daß sie häufig eine schwerpunktmäßige Ausrichtung an einer zentral gerichteten Achse wählen, ein Verfahren, das auf das städtebauliche Verständnis des 18. Jahrhundert zurückgreift. Daneben besitzen beide die Fähigkeit, auf die besonderen Erfordernisse städtebaulicher Vorgaben einzugehen; beide zeigen eine ähnlich hohe Sensibilität dabei, die vorwiegend blockhaften Baukörper in Platzraum- und Straßengestaltung einzubinden[242] (der erste Gesichtspunkt überwiegt im Entwurf F. Gillys für ein Denkmal Friedrichs des Großen, Abb. III.12; der zweite in D. Gillys Bau für das Vieweghaus in Braunschweig, Abb. III.13).

Verschiedene dieser Aspekte sind auch für Arbeiten Schinkels bestimmend. So findet sich in frühen Planungen, aber auch noch in der ausgeprägten Bautätigkeit ab 1816 häufig die Verwendung einer betonten Zentralachse als ordnungsbildendes Motiv. Etwa in der anfänglichen Planung für das Potsdamer Tor[243] von 1823 prägt sich diese Konzeption besonders stark aus (Abb. III.14). Gleichzeit belegt diese Anlage, daß auch die im barocken Städtebau so wichtige Betonung der symmetrischen Gesamtanlage in den Vorstellungen Schinkels über städtebauliche Ensembles eine große Rolle spielt.[244] Typischer für seine Planungen ist allerdings die zuvor für den Lustgarten dargestellte multifokale Schwerpunktsetzung, die über ein Netz von Blickbeziehungen einen bestehenden Stadtraum neu ordnet.[245] Diese Vorgehensweise entspricht zwar Einstellungen, die schon die Planungen der Gillys durchziehen, etwa hin-

---

240 Vgl. den Katalog von Reelfs, in Ausstellungskatalog: Friedrich Gilly 1772–1800 und die Privatgesellschaft junger Architekten, S. 119ff.
241 Deutlich wird diese Einstellung etwa in der Perspektive zum Entwurf der Nikolaikirche, in Ausstellungskatalog: Friedrich Gilly 1772–1800 und die Privatgesellschaft junger Architekten, S. 149.
242 Bei David Gilly besonders deutlich in der zuvor erwähnten Gestaltung des Vieweghauses; bei Friedrich Gilly zentral im Entwurf für die Hundebrücke von 1800, vgl. Reelfs in: Ausstellungskatalog: Friedrich Gilly 1772–1800 und die Privatgesellschaft junger Architekten, S. 187.
243 Vgl. Rave, Schinkelwerk: Berlin I S. 89.
244 Vgl. z.B. auch die kritische Aussage Schinkels zur Anlage des Markusplatzes, der durch den Kampanile in seiner Symmetrie gestört werde, vgl. Riemann 1979 S. 45.
245 Vgl. Peschken, Archäologischer Anzeiger 1962 S. 863ff.

III.12 Gilly, Friedrich: Entwurf zu einem Denkmal für Friedrich II.
1797   59,6 x 135,2   Deckfarben, Feder
Aus: AK Schinkel II, Abb. 2.6 (S. 24)

III.13 Gilly, Friedrich: Haus Vieweg, Braunschweig
Aus: Oncken 1935, Tf. 11b

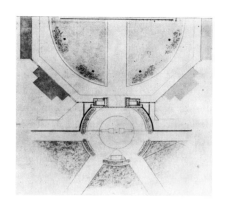

III.14 Schinkel, Karl Friedrich:
Lageplan des Potsdamer Tores
1823   36,5 x 62,3   Feder
Aus: Rave, Schinkelwerk: Berlin II, Abb. 59

sichtlich der sensiblen Einfügung in bestehende Strukturen bei David Gilly und der geplanten Installation ordnender optischer Beziehungen bei Friedrich Gilly.

Die Tatsache, daß Schinkel für den Lustgarten ein Achsenkreuz betont (die Sichtachsen vom Schloß zum Museum und vom Zeughaus zum Dom werden durch Wegachsen hervorgehoben) kann aber auch als Hinweis auf einen Einfluß von Friedrich Gentz gelesen werden, wie es nach den Überlegungen von PUNDT zur Ausbildung Schinkels naheliegt.[246] Zunächst ist die Ausformung eines solchen Achsenkreuzes für barocke Planung untypisch, sie ist allerdings ein wichtiges Gestaltungsmerkmal im Werk Gentz'. Friedrich Gentz, mit dem Schinkel nicht nur in der Privatgesellschaft junger Architekten verkehrte, sondern mit dem er in frühen Jahren auch zusammenarbeitete[247], löste die 1796 gestellte Aufgabe, ein Denkmal für Friedrich den Großen zu schaffen, deutlich anders als es die Vorschläge von Gilly oder Langhans[248] taten: Zwar stellt auch sein Konzept eine monumentale Anlage auf die Mitte eines Platzes, doch liefert Gentz weder einen in sich abgeschlossenen Rundtempel wie Langhans, noch einen vorwiegend einer Achse zugeordneten Bau wie Gilly. Bei Gentz erhebt sich der Bau über einem Kreuz von zwei Bewegungsachsen, deren Kreuzungspunkt genau in der Mitte des Standorts liegt (bei Gentz der Platz vor der Oper). Die Grundidee dieses Vorgehens, für einen Platz durch ein orthogonales Achsenkreuz ein Zentrum zu definieren, entspricht dem Vorgehen in Schinkels Lustgartenplanung von 1828.

---

246 Vgl. Pundt 1972 S. 83ff.
247 Vgl. Pundt 1971 S. 90f.
248 Vgl. zu den verschiedenen Entwürfen und zur Bedeutung des Projekts insgesamt Ausstellungskatalog: Friedrich Gilly – 1800 S. 23ff.

Ein königliches Museum

Schinkels beruflicher Werdegang wurde entscheidend durch die Rezeption der Entwürfe zum Friedrichsdenkmal beeinflußt. Es muß davon ausgegangen werden, daß er auch den Entwurf seines Lehrers[249] und späteren Kollegen Gentz gut kannte. Zwar weisen die Konzepte von Gentz und Schinkel auch deutliche Differenzen auf (Ausformung der Achsen durch Architekturelemente bei Gentz, durch Gartenbau bei Schinkel; architektonischer Schwerpunkt im Kreuzungspunkt bei Gentz, dagegen »leeres« Zentrum bei Schinkel). Trotzdem ist die sonst im Kreis der Berliner Vorbilder nicht auftauchende Betonung einer Platzmitte durch ein vom Platz unabhängiges Achsenkreuz derart auffällig, daß ein Einfluß der Gentz'schen Planungen nicht ausgeschlossen werden kann.

Die wenigen Äußerungen Schinkels, die direkt für städtebauliche Konzeptionen Bedeutung besitzen, deuten im übrigen darauf hin, daß er die von Friedrich Gilly vorgeprägte Vorstellung weiterverfolgt, nach der einzelne architektonische Werke ihren Schwerpunkt zunächst in sich selbst finden müssen.[250] Obwohl nach dieser Vorstellung städtebauliche Beziehungen den architektonischen eindeutig nachrangig sind, geht Schinkels tatsächliche Planungstätigkeit in der Komplexität der Beziehungen weit über solche Konzeptionen hinaus. Zudem setzt sie ein ganz neues Element ein, indem sie die entscheidenden Blickbeziehungen (z.B. den Blick vom Eintrittspunkt auf den Platz hin zum Domportal) nicht allein im optischen Bereich beläßt, sondern sie zusätzlich durch gartenarchitektonische Maßnahmen hervorhebt.

Spezifisches Gewicht der Lustgartenplanung

Mit dieser Besonderheit verlassen Schinkels Planungen von 1823 und 1828 die bloße Fortführung der städtebaulichen Einstellung seiner Vorbilder. Sie sind auch darin wegweisend, daß die geplante Einbeziehung von öffentlichen Grünanlagen in Stadträume zu diesem Zeitpunkt eine noch junge Neuerung des 18. Jahrhunderts darstellt.[251] Schinkel macht sich nicht nur diese neue Idee für seine eigene Planung zunutze, sondern ist in der Lage, das natürliche Material als neue städtebauliche Komponente vielfältig einzusetzen: Die seitlichen

---

249 Vgl. Pundt 1972 S. 89ff.
250 »Die eigenthümliche Wirkung der Werke der Baukunst, daß der Mensch sich in ihnen und um sie herum bewegen kann, daß also die Standpunkte für die Betrachtung unendlich sind, – drängt auf die möglichste Vereinfachung aller Formen, ... «; Schinkel-Nachlaß Heft IV Blatt 41; bei Peschken, Schinkelwerk: Lehrbuch S. 87.
251 Vgl. etwa Kostof 1993 S. 163ff.; Ott 1966 S. 36ff.

Baumwände werden quasi architektonisch behandelt – sie dienen lediglich als Sichtschutzwände. Dagegen greift die Anlage des Gartenplatzes von 1828 selbst das regelmäßige barocke Muster geometrischer Gartengestaltung auf. Die Festlegung der Sichtbeziehungen wiederum folgt einer ausgefeilten Umsetzung landschaftskompositorischer Prinzipien. Daneben wird besonders auf den perspektivischen Darstellungen Schinkels deutlich, daß er auch einzelne Bäume und Baumgruppen zur Betonung malerischer Werte einsetzt (vgl. Abb. III.8). Gerade diese letzten beiden Gesichtspunkte belegen, in wie hohem Maß Schinkels Tätigkeit als Landschaftsmaler Einfluß auch auf seine städtebauliche Tätigkeit genommen hat.[252] Aus den theoretischen Überlegungen Schinkels läßt sich nicht direkt ablesen, auf welche Vorstellungen sich seine städtebaulichen Einstellung stützt. Scheinbar ist es so, daß Schinkel hier auf außertheoretische Grundlagen zurückgreift, insbesondere auf aus der malerischen Arbeit erworbene Überzeugungen.

Eine detaillierte Betrachtung der Verschiebungen in der städtebaulichen Orientierung Schinkels, soweit sie die Überplanung des Lustgartens betreffen, ergibt damit im Überblick folgende Entwicklungsschritte: Zunächst kann die im Plan von 1817 so auffällige axiale Betonung des Schloßbereichs nicht als Fremdkörper in seinem städtebaulichen Werk verstanden werden – derartige Planungsideen waren dem Architekten seit seiner Ausbildung vertraut. Schinkels spätere Vorgehensweise, locker gruppierte Solitäre durch ausgefeilte Sichtbeziehungen aneinander zu knüpfen, kann zwar auch auf Vorbilder in seiner planerischen Grundausbildung zurückgreifen, ist aber letztlich eine eigenständige Entwicklung. Ihre Eigenständigkeit macht die Umschläge innerhalb dieses Ansatzes besonders aussagekräftig: Während die Planung von 1823 noch ein ästhetisch überhöhtes, synergetisches Gesamtbild herstellt, bringt seine Planung von 1828 das gesamte Areal unter die Vorherrschaft einer bürgerlichen Modellvorstellung. Die Bewertung RAVEs erfaßt den Sachverhalt ganz richtig, wenn auch in negativer Parteinahme:

> Der König hat ganz richtig empfunden. Es ging wohl nicht an, den ganzen Platz vor dem Schloß in biedermeierlicher Nettigkeit aufzuteilen.[253]

Genau hierin aber bestand die Absicht Schinkels: die übermächtige und im Kern überholte monarchische Symbolik durch seine Gesamtkonzeption unter

---

252 Vgl. dazu auch Ott 1966 S. 40.
253 Rave, Schinkelwerk: Berlin II S. 113.

Vorherrschaft bürgerlich-bildungsorientierter Vorstellungen einzubinden und dadurch in der Bedeutung herabzustufen. Sein eigenes Werk hatte entsprechende Gestaltungsweise zwar schon erprobt, z.B. setzen die Entwürfe für die Kirche in Habelschwerdt[254] (1822) und das Theater in Hamburg[255] (1825) auf die Wirkung malerisch angeordneter Solitäre. Ihre Anwendung im Zentrum des preußischen Reiches setzte allerdings eine Einstellung voraus, die nicht mehr von einem bruchlosen Zusammenwirken der Hauptelemente des Preußentums ausging, sondern die Vorherrschaft einer bürgerlichen Gesellschaftsform forderte. Die 1828 von Schinkel für den Lustgarten ausgearbeitete Planung birgt so das Negativ einer revolutionären Strategie: Indem der Anspruch »biedermeierlicher Nettigkeit« unbeschränkt ausgeweitet wird, holt er auch die preußische Monarchie ein – wenn auch das Bürgertum real keinen zusätzlichen Einfluß gewinnt, definiert es zumindest dadurch die Kultur der Gesamtgesellschaft.

Ein gut vergleichbare Gestaltungsform weisen die Gärten der Tuilerien in Paris (Abb. III.15) auf, die mit hoher Wahrscheinlichkeit als Vorbild der Gartenanlage in Berlin dienten. Sie entsprechen, was schon Zeitgenossen[256] auffiel, der regelmäßigen Anlage des Schinkelschen Lustgartens weitreichend. Beide Gartenanlagen gehören dem Umkreis eines königlichen Residenzschlosses an; gemeinsam ist ihnen außerdem die Gestattung der öffentlichen Nutzung. Trotzdem unterscheidet sich ihr Umfeld, ihre Konzeption und Anlage in wichtigen Punkten. Die Schloßgärten der Tuilerien sind allein dem Schloß untergeordnet, sie sind jedenfalls in ihrer Ursprungsgestalt nach Osten hin unabgeschlossen, so daß kein Pendant gegenüber dem Schloß die Hierarchiebildung begrenzt. Ihre achsenbetonte Anlage dient so allein dazu, die Bedeutung der Residenz hervorzuheben. Die Berliner Anlage dagegen stellt trotz ähnlicher Grundform einen Platz dar – hier wird ein Raumgebilde im Inneren einer Stadt errichtet und strukturiert, Hierarchien werden dabei zugunsten einer gleichgewichtigen Polarität abgebaut. Die entscheidende Differenz liegt aber darin, daß die Tuilerien, so wie Schinkel sie 1826 kennenlernte, nicht mehr nur ein monarchisches Repräsentationssymbol darstellten. Aufgrund der inzwischen abgelaufenen geschichtlichen Ereignisse (Einrichtung des Louvremuseums) sind sie in einer ebenso starken Bedeutungsschicht

---

254 Vgl. Grundmann, Schinkelwerk: Schlesien S.173ff.; Peschken, Archäologischer Anzeiger 1962, S. 874.
255 Dazu Peschken, Archäologischer Anzeiger 1962, S. 874.
256 Rave, Schinkelwerk: Berlin II S. 116 führt eine Bewertung Spikers an.

III.15 Geoffroy, L.: Ansicht der Tuilerien
Aus: Riemann 1986, Nr. 16

der Geschichte der bürgerlichen Revolution und ihrer Auswirkung auf das Kulturverständnis zugeordnet. Die Wahl dieses Vorbilds besaß für Schinkel deshalb den Vorzug ausreichender Ambivalenz. Sie besaß genug kritisches Potential, damit er seine erstarkte Unzufriedenheit an der militaristischen und royalistischen Politik nicht verleugnen mußte, gleichzeitig konnte sie seitens des Königshauses als Unterordnung unter ihre restaurativen Interessen (im Jahr 1828 war der Tuilerienflügel inzwischen wieder durch den Bürgerkönig Louis Philippe bewohnt) verstanden werden, war also aus dieser Perspektive unproblematisch.

Auf diesem Hintergrund lassen sich die richtungsweisenden Analysen des Schinkelschen Städtebaus durch BUDDENSIEG in Einzelpunkten präzisieren. Es ist zwar grundsätzlich richtig, daß die Behandlung des Stadtraums bei Schinkel nur unter dem Blickwinkel einer Vorstellung des individuellen Wertes der Einzelperson verständlich wird, die sich aus den Idealen der bürgerlichen Gesellschaft speist. Dabei müssen allerdings die zuvor beschriebenen Veränderungen mitgedacht werden, die im Verlauf der zwanziger Jahre erst zur vollen Ausbildung dieser Einstellung führen. In diesem Zusammenhang überzeugt die These BUDDENSIEGs, der Einfluß der Fichteschen Philosophie sei eine der wesentlichen Grundlagen für diesen »individualistischen« Städtebau gewesen[257], nicht ohne Einschränkung. Auch hier sollte mitbedacht werden, daß die Fichtesche Idee des tätigen, in sich erst eine Welt erzeugenden Subjektes vorwiegend in Schinkels frühen Ensembles durchschlägt, also in so weltfern-isolierten Bauwerken wie dem Luisen-Mausoleum. Eine Konstellation wie die Anlage des Museums von 1828 stellt das Individuum dagegen in ein gesellschaftliches Beziehungsnetz, das nicht vollständig als Nachklang der Ideen Fichtes zu verstehen ist. In dieser Reaktionsstrategie Schinkels überlagert sich das Denken Fichtes mit der komplexen pragmatischen Reaktionsweise, in der sich auch Persönlichkeiten wie Wilhelm v. Humboldt in Einklang mit der restaurativen preußischen Gesellschaft bringen.

Baukörper und Innenraum

Im Unterschied zu den städtebaulichen Konnotationen des Museumsbaus ist der Beziehungsreichtum des Baukörpers selbst bereits verschiedentlich ausführlich behandelt worden.[258] Auch die Orientierung Schinkels an verschiedenen Vorbildern bei der Ausarbeitung ist weitreichend aufgehellt worden; sie reichen von antiken Details[259] bis hin zu zeitnäheren Parallelen des Baukörpers (Bauten wie dem Museum Fridericianum in Kassel[260]). Schinkels eigener Entwurf eines Museums von 1800 formuliert bereits den blockhaften Gebäudekörper und die Einpassung von Kuppelräumen; seine Planung für ein Museum im Gebäude der Akademie weist vergleichbare Züge in den Raumfolgen und ihrer Belichtung auf. Auf diese Bezüge wird hier nur eingegangen, soweit Nachträge zu den bekannten Analysen angebracht erscheinen; gleichfalls soll nur auf einige wenige Auffälligkeiten des Baukörpers hingewiesen werden.

Der breit gelagerte Quader des Museumsbaus wirkt vor allem durch die zum Lustgarten gerichtete Säulenfront, die mit ihrer Kolossalordnung achtzehn ionischer Säulen das äußere Erscheinungsbild des Gebäudes prägt. Obgleich das Motiv als Ganzes für ein Profangebäude eine Neuschöpfung

---

257 Vgl. Buddensieg, daidalos Nr. 7 (1983) S. 98ff; ders. in: Buddensieg 1994 S. 38
258 Verwiesen sei vor allem auf die Darstellungen von Rave, Schinkelwerk: Berlin I S.25ff.; die von Forssman 1981 S. 110, besonders zur Kontroverse um den Baukörper auch die neuere Darstellung von Vogtherr 1997 S. 119ff.; zu einem Vergleich mit einem von Schinkel in Posen ausgeführten Galerieflügel a.a.O. S. 128ff.; vgl. dort auch zu einem umfangreichen Nachweis weiterer Quellen.
259 Dazu Hoepfner, Bauwelt 72 (1981) S. 338ff.; dort auch zu den Proportionsverhältnissen des Baukörpers, a.a.O. S. 341f.
260 Erbaut ab 1769 durch S.L. du Ry, vgl. Forssman 1981 S. 111. Notizen Schinkels vom 4. Juli 1826 (vgl. Riemann 1979 S. 134), in denen er die Beleuchtung der Säle kritisiert, belegen zwar keine Kenntnis vor 1826, von dieser wird allerdings ausgegangen werden können.

darstellt, nehmen seine Formen klassische Vorbilder auf: So greifen die Säulen selbst auf die des Apollo-Tempels in Didyma zurück.[261] Die Konzeption eines öffentlichen Säulengangs, dessen Rückwand mit Malereien ausgeschmückt ist, ist mit Sicherheit als Rückgriff auf die antike Stoà poikile zu verstehen.[262] Zeitgenössische Parallelen bilden besonders die Säulenstellungen zweier in Paris errichteter Gebäude, der 1808–15 von Brogniart realisierten Börse und der Madeleine-Kirche Vignons (1806–24).[263] Während der Rückgriff auf das funktionelle Leitbild der Stoà das Verständnis der Säulenfront stark beeinflußt hat, ist ein entscheidender Einfluß dieser zeitgenössischer Vorbilder nicht wahrscheinlich.[264]

Die Verwendung des Säulenmotivs mit seiner – angesichts der üblichen Ausrichtung antiker Tempelbauten ungewohnten – Serialität kontrastiert der relativ ungegliederten Fassade des Schloßbaus, so daß der Museumsbau trotz seines kleineren Maßstabes nicht durch dessen Masse in den Hintergrund gedrängt wird. Diese Fassade spiegelt das für Schinkel in dieser Zeit maßgebende theoretische Bezugssystem[265] in Perfektion wieder: Die wesentlichen Elemente der Last-Stütze-Konstruktion bleiben sichtbar; die Ausformung als Säulenreihe mit abschließendem Gebälk bringt die Konstruktion in »schöne Verhältnisse« und stellt eine angemessene Möglichkeit der »Verzierung« bereit. Vor allem aber gewährleistet die vorgezogene Säulenfront den Transport des Gebäudecharakters optimal – das Museum ist nach Schinkelscher Vorstellung charakterisiert durch seine Emporhebung aus dem Alltag; es ist ein öffentlicher und offener Bau, der aber gleichzeitig in der Art eines Heiligtums nach Außen abgeschirmt ist.[266] (Auf der Grundlage dieser theoretischen Faktoren sind auch

---

261 Vgl. Forssman 1981 S. 122, der die Verwendung gerade der ionischen Säule in die über Gentz vermittelten traditionellen Vorstellungen über die Angemessenheit des Charakters der verschiedenen Ordnungen einreiht.
262 Dazu eingehend Vogtherr 1997 S. 130f.
263 Vgl. dazu Forssman 1981 S. 120ff.
264 Die Art, in der Schinkels Tagebuchnotizen v. 4. und 8. Mai 1826 (abgedruckt bei Riemann 1986 S. 74, 89) insbesondere die Börse behandeln (»Herrliche Ausführung überall…«) deuten darauf hin, daß er an ihnen weniger die Wirkung der großen Architekturform als die handwerkliche Durchführung schätzte, so daß eine Orientierung an diesen Vorbildern eher unplausibel ist.
265 Vgl. dazu zuvor S. 168ff.
266 Schinkel, Bericht zum Museum, abgedruckt bei Rave, Schinkelwerk: Berlin I S. 56; insofern ist auch der Bezug auf das von Schinkel selbst 1800 entworfene Museum wichtig, das ausschließlich diesen Aspekt des geschlossenen Heiligtums thematisiert. Die Analyse von BERGDOLL (Bergdoll 1994 S. 73) mißachtet die unterschwellige Weiterführung der Geschlossenheit des frühen Entwurfs.

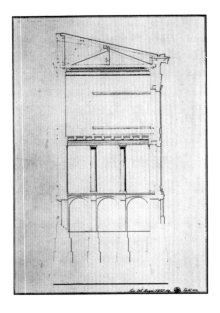

III.16 Schinkel, Karl Friedrich: Altes Museum. Querschnitt durch einen Flügel der Schmalseite
1823   67 x 53   Feder
Aus: Rave, Schinkelwerk: Berlin I, Abb. 12 (Nachtrag)

weitere Elemente des Gebäudes zu verstehen, etwa die rückseitigen Fassaden und der seitliche Abschluß der Säulenreihe durch Anten.[267] Entscheidend ist allerdings, daß durch die Komposition ein ausreichendes Maß an spannungsvollen, in eine übergreifende Harmonie aufgelöste Teilen verbunden ist, daß dem Rezipienten eine entsprechende dynamische Ruhe-Empfindung vermittelt. Damit ist Schinkels zentrale Forderung der Anfangszeit der ersten Jahre des zweiten Jahrzehnts eingelöst, das Verlangen nach der »Kunstruhe«.[268]

Die hohe Bedeutung, die Schinkel der Forderung nach der Deutlichkeit tektonischer Strukturen einräumt, verdeutlichen daneben noch weitere Elemente des Bauwerks, wie sich etwa an der Deckenkonstruktion für die Skulpturensäle des Erdgeschosses[269] (Abb. III.16) veranschaulichen läßt. Eingestellte Säulenreihen gliedern diese längsrechteckigen Räume in drei gleich breite Schiffe; gleichzeitig dienen sie als Auflager für Querbalken, auf denen wiederum in Längsrichtung die deutlich kleineren Deckenbalken aufliegen.

---

267 Hier verdeutlicht insbesondere die oft hervorgehobene Akzentuierung der Eckpilaster durch feine vertikale Mauereinschnitte das konstruktive System; gleichzeitig betont die Fassade den Charakter der Geschlossenheit.
268 Vgl. dazu zuvor S. 172ff.
269 Zur Gestaltung der Innenräume vgl. weiterführend Vogtherr 1997 S. 137ff.

Eine andere Klassik

Erst oberhalb dieser – sämtlich voll tragenden – Elemente schließt die flache geputzte Decke den Raum ab. Noch die in Raumauffassung und Konstruktion nahezu identischen Skulpturensäle für die Erweiterung des Akademiegebäudes von 1822 (vgl. Abb. III.2) schlagen in diesem Detail einen anderen Weg ein: Dort wird die Deckenkonstruktion ebenfalls durch eine Doppelreihe von Säulen gestützt, so daß dreischiffige Säle entstehen. Allerdings liegen auf den Säulen hier Architrave gleichen Querschnitts, die in Quer- und Längsrichtung auf gleicher Höhe angeordnet sind, so daß in der Unteransicht eine Kassettendecke ohne Höhenversprünge entsteht. Der Preis für diesen dekorativen Gewinn zahlt eine konstruktive Verschleierung: In einer derartigen Decke kann nur eine Richtung der Balkenlage durchgehend sein und damit tragen; die Querrichtung muß dagegen als abgehängte Konstruktion ausgeführt werden. Sie ist also trotz identischem Erscheinungsbild kein statisch wirksames Glied, eine Unklarheit, die Schinkels Deckenkonstruktion im Museum vermeidet.

Die überkuppelte Rotunde, die beherrschende Form im Innenraum des Museums steht ebenso wie die vorgelagerte Säulenfront mit vorangegangenen und zeitgenössischen Bauideen in Verbindung. Obgleich ihre Gesamtgestalt von Schinkel als freie Paraphrase des römischen Panthéons[270] aufgefaßt wird, kann davon ausgegangen werden, daß die Integration einer derartigen Form in ein Museum zur Zeit des Entwurfs schon in den Bereich der Konvention aufzurücken beginnt. Beispiele wie das Museo Pio-Clementino in Rom[271], aber auch die Rotunde der Potsdamer Gemäldegalerie[272] waren Schinkel bekannt; gleichfalls wird die Kenntnis des 1805 von Durand veröffentlichten Museumsentwurfs angenommen werden müssen. Dieser Entwurf entspricht dem Schinkelschen Museum zwar in der flachen quadrischen Grundform und der zentralen Stellung der Rotunde im Innenraum, diese ist jedoch bei Durand funktionell und in den Bezügen des Gebäudekörpers deutlich anders definiert. Während Durand hier lediglich einen Versammlungsraum (Beschriftung als »Salle de réunion«) vorsieht[273], zentriert Schinkel das Konzept seines Gebäudes als Ganzes um diesen Bauteil:

---

270 Schinkel selbst verwendet diesen Ausdruck in seiner Denkschrift zum Museum v. 8.1.1823; abgedruckt bei: Rave, Schinkelwerk: Berlin I S. 26ff, 31.
271 Dies geht aus Schinkels Bemerkungen vom 28. und 29. August 1824 hervor (in Riemann 1979 S. 178f.).
272 J.G. Büring, 1755–63, vgl. Forssman 1981 S. 111.
273 Der bereits 1805 im »Precis des Leçons« veröffentlichte Entwurf (Precis, Second Volume, Planche 11) gliedert die Rotunde nicht in den Baukörper ein, sondern verbindet ein umlaufendes, schmales Gebäude auf quadratischem Grundriß durch vier zentripetale Zu-

> Endlich auch kann die Anlage eines so mächtigen Gebäudes, wie das Museum unter allen Umständen werden wird, eines würdigen Mittelpunktes nicht entbehren, der das Heiligtum sein muß, in dem das Kostbarste bewahrt wird. Diesen Ort betritt man zuerst, wenn man aus der äußeren Halle hineingeht, und hier muß der Anblick eines schönen und erhabenen Raumes empfänglich machen und eine Stimmung geben für den Genuß und die Erkenntnis dessen, was das Gebäude überhaupt bewahrt.[274]

Die Verwendung gerade des Kuppelmotivs als Zentralraum ergibt sich aus Schinkels Text nicht zwingend.[275] Diese Wahl, insbesondere aber die Ausstattung der Kuppel verweist darauf, welche spezifische Stimmungslage Schinkel als die für den Betrachter angemessene herbeiführen will. Schinkel war die Bewertung des Pantheons im römischen Weltverständnis bewußt, das in der Anlage ein Symbol der Harmonie kosmischer Proportionen sah.[276] Erst auf dieser Grundlage erschließt sich beispielsweise, warum Schinkel die kosmische Symbolik des Zodiacus verwendet, die auf der zweituntersten Ebene den Kassettenfeldern einbeschrieben ist.

Der Aufbau des Zentralraums transportiert gleichzeitig eine Entwicklung in Vertikalrichtung: Die im Erdgeschoß zwischen Säulen plazierten Standbilder als Meisterwerke der Kunst geben Achsen vor, die im Obergeschoß mit rechteckigen Wandnischen fortgesetzt werden, die Büsten herausragender Persönlichkeiten bergen. Die so gebildeten Achsen werden durch die Kassettierungen der Kuppel fortgesetzt; den untersten Kassettenring nehmen geflügelte Genien ein, den zweiten Ring die erwähnten Figuren aus dem Kreis der Sternbilder. Darüber schließt sich eine Reihe kreisförmiger Pflanzenornamente an; den Abschluß bilden jeweils Sonnendarstellungen. Die zwei letzten Ebenen besetzen vegetabile Formen, die abgestuft auf das Zentrum des Oculus zielen.

---

gangssäle mit der in die Mitte des Innenhofes abgerückten Rotunde. Forssman 1981 S. 111 verneint zutreffend eine Beeinflussung des Museumsbaus durch Durand, da dessen typische Rasterbauweise bei Schinkel nicht aufgenommen werde. SCHÖNEMANN nimmt eine solche Beziehung wegen der Zweigeschossigkeit an, unterläßt allerdings einen Hinweis darauf, daß gerade die Rotunde in Durands Museum dieses Merkmal nicht aufweist; vgl. Schönemann, in: Gärtner 1984 S. 79ff.

274 Schinkel, Votum zum Gutachten des Herrn Hofrat Hirt, abgedruckt bei Rave, Schinkelwerk: Berlin I S. 32ff., insb. S. 35.

275 Die Schinkel gut bekannte Anlage des Louvre, also des wegweisenden Museums der Epoche, kommt ohne eine solche Form aus.

276 Vgl. zur Versinnbildlichung der pythagoräischen Zahlenmystik in diesem Gebäude Wyss 1997 S. 65ff. Schinkel selbst hat verschiedene Entwürfe für religiöse Gebäude (Dom der Freiheitskriege; Werdersche Kirche) durch überkuppelte Zentralräume hervorgehoben.

Ob es sich in dieser Entwicklungskonzeption um eine Umsetzung von Metamorphosengedanken Goethes handelt, wie Lichtenstern besonders aus den Farbwerten der unterschiedlichen Kassettenebenen herleiten möchte[277], scheint nicht zweifelsfrei feststellbar.

Für Schinkel wird vor allem die Beziehung zum ursprünglichen Vorbild entscheidende Bedeutung besessen haben, zum römischen Pantheon. Zwar sind Motive für die dort ausgeführten Kassettendekorationen nicht sicher überliefert, doch wurde schon früh davon ausgegangen, daß die römischen Motive die Symbolisierung des Weltganzen durch die Kuppel unterstützten.[278] Da dieses Konzept der Berliner Nachschöpfung nicht eben fern liegt, scheint mir eine Beeinflussung auch der Dekorationsmalereien aus dieser Richtung näher liegend als die These Lichtensterns.

Ein Ausstattungsprogramm als eklektischer Idealismus

Für ein vertieftes Verständnis des Gesamtensembles »Altes Museum« bieten der von Schinkel selbst vorgesehene skulpturale Schmuck, besonders aber die Wandmalereien der Vorhalle und des Treppenbereiches zusätzliche Aspekte. Gerade die im Nachhinein geschaffenen Vorstudien für die Wandmalereien können dabei durch ihre vielfältigen Aussagen aufschlußreich werden.

Schinkels malerische Arbeiten für das Museum

Die großformatigen Wandmalereien für das Alte Museum fanden unter Zeitgenossen eine so starke Resonanz[279], daß sie bereits aus dieser Perspektive als repräsentatives Dokument ihrer Entstehungszeit gesehen werden können. Trotzdem blieb eine eingehende kunstgeschichtliche Beschäftigung mit diesen Werken Schinkels bis in die achtziger Jahre unseres Jahrhunderts aus.[280] Zwar bemühen sich mehrere Arbeiten jüngeren Datums um einen Ausgleich dieses Defizits, doch wird auch in ihnen das Thema der Verortung in Schinkels geistiger Entwicklung der Zeitspanne nicht erschöpfend untersucht. Innerhalb dieses Themenbereichs verdienen mehrere sachliche Stränge Aufmerksamkeit:

---

277 Vgl. Lichtenstern 1990 S. 68 (Fn. 56).
278 Vgl. de Fine Licht 1966 S. 38. Es soll sich teils um Sternmotive gehandelt haben, teils auch um vegetative Motivik.
279 Vgl. etwa v. Arnim 1905; Förster, Kunstblatt 18 (1837) S. 97ff.; Kugler 1842 S. 110ff.; Waagen 1844 S. 384.
280 Z.B. Bösch-Supan, Zeitschrift des Deutschen Vereins für Kunstwissenschaft 35 (1981) H. 1/4 (Sonderheft zum Schinkel-Jahr) S. 36 und Schulze 1984 S. 45–54; 197–202.

Besonders naheliegend ist es, die Beziehungen auszuweisen, die zwischen den Aussagen der Fresken und zeitgenössischen philosophischen Strömungen bestehen. In ähnlichem Maß ist es von Interesse, Veränderungen von politischen Haltungen zu isolieren, die in die Konzepte eingegangen sein könnten. Zum ersten Bereich bietet besonders eine Arbeit WAGNERs Ansätze[281]; zum zweiten Bereich ist eine These BÖRSCH-SUPANS[282] von Interesse, nach der Schinkels Freskenentwürfe auf den Eindruck der französischen Julirevolution (1830) reagieren sollen.

Entstehungsgeschichte

Die malerischen Arbeiten Schinkels für das Museum müssen unter dem Blickwinkel ihrer Entstehungsgeschichte gesehen werden, die von der Entstehung des Museums selbst abgekoppelt ist. Schinkels anfängliche Planung von 1823 sah zwar bereits die Ausmalung der Säulenhalle vor, die durch eine

> ... Reihe von Mauergemälden ..., welches eine Aufgabe wird, an der sich bedeutende Talente, die Seine Majestät für würdig dafür erachten, in ihrem ganzen Umfange zeigen könnten.[283]

erfolgen sollte. So zeigen seine ersten Ansichtszeichnungen bereits Darstellungen aus der griechischen Mythologie, die in relativ kleinteiligen Feldern angeordnet wurden. Allerdings wird erst 1828 eine Übertragung der Entwurfsarbeit auf Schinkel selbst absehbar. Schon im Oktober des gleichen Jahres erarbeitet er die Vorlage für die linke[284] Stirnwand des Gebäudes (»Jupiter und die neue Götterwelt«), im Januar 1831 das Pendant für die rechte Seite (»Entwicklung des Lebens auf der Erde vom Morgen zum Abend«). Im November 1831 und Januar 1832 fertigt Schinkel die Arbeiten für die inneren Wände der Anten (betitelt: »Uranus und der Tanz der Gestirne«; »Trauer am Tumulus, Ahnung eines neuen Tages«). In der Zeit von 1833 bis 1834 folgen die Vorlagen für die oberhalb des Treppenhauses gelegene Halle (betitelt: »Aufopferung für andere bei gefahrvollem Naturereignis«, Juni 1833, und »Aufopferung für andere in Abwehr menschlicher Roheit«, April 1834).[285] Diese zeitliche Ver-

---

281 Wagner 1989 S. 106ff.
282 Vgl. Börsch-Supan, in: AK Schinkel I S. 41.
283 Vgl. Schinkels Denkschrift v. 8.1.1823, abgedruckt bei Rave, Schinkelwerk: Berlin I S. 31.
284 Die Richtungsangaben beziehen sich auf die Sichtrichtung hin zur Hauptfassade des Gebäudes.
285 Vgl. dazu AK Schinkel I, S. 265ff.; vgl. Waagen 1981 S. 359.

setzung der Entstehungsdaten läßt es zu, aus der Abfolge der Fresken und ihrem Zusammenhang Rückschlüsse auf Veränderungen in Schinkels Einstellung während der Entwicklung des Museumsprojektes zu ziehen. Neben den zuvor erwähnten Entwürfen plante Schinkel noch weitere Kompositionen mit Versinnbildlichungen von Kunst, Wissenschaft und weiteren kulturellen Leistungen des Menschen, für die jedoch keine Vorstudien erhalten sind.[286]

Die Ausführung der vollendeten Entwürfe verzögert sich erheblich; im Bereich der Säulenhalle fällt sie in die Jahre 1841 bis 1847, die Ausstattung der oberen Halle zieht sich bis in das Jahr 1861 hin. Wie auch in weiteren Ausstattungsbereichen des Museums sind diese Verzögerungen vorwiegend auf die nicht unerheblichen Überschreitungen des Budgets durch Schinkel zurückzuführen.[287] Der erneute Anstoß zur Realisation der Fresken geht auf Friedrich Wilhelm IV. zurück, der den durch seine monumentalen Arbeiten in München hervorgetretenen Peter v. Cornelius mit der Durchführung beauftragt.[288] Die schließliche Verwirklichung der Gouache-Entwürfe hinterläßt bei Zeitgenossen einen uneinheitlichen Eindruck: Einerseits zeigt sich der Untergrund als nicht vollständig für die von Cornelius revitalisierte Freskotechnik geeignet, so daß bald Erneuerungen notwendig werden.[289] Andererseits wird auch die künstlerische Ausführung teils kritisch gesehen, allerdings überwiegt in dieser Hinsicht die positive Bewertung der Leitung durch Cornelius.[290]

Unterschiedliche Beurteilungen zielen jedoch vor allem auf die Thematik und die Darstellungsweise, die durch die Entwürfe Schinkels vorgegeben ist: Zwar heben WAAGEN und KUGLER kurz nach der Fertigstellung ihre Verständlichkeit für ein gebildetes Publikum hervor[291], doch äußert sich bereits vor der Beginn der Ausführung am Museum Kritik an der monumentalen, nicht

---

286 Vgl. Börsch-Supan, Zeitschrift des Deutschen Vereins für Kunstwissenschaft 35 (1981) H. 1/4 (Sonderheft zum Schinkel-Jahr) S. 46.
287 Schinkels wiederholte Vorstöße zur Verwirklichung der Fresken belegen sein großes Interesse, blieben allerdings ohne Erfolg. Zur möglicherweise grundsätzlichen Ablehnung der Freskomalerei im Königshaus vgl. Wagner 1989 S. 121.
288 Innerhalb der von Cornelius geführten Werkstatt war zunächst Carl Heinrich Hermann leitend tätig, der allerdings aus Bedenken gegenüber der Konzeption bald zurücktrat. An seine Stelle traten Karl Eggers, Karl Stürmer, Felix Schadow und Hermann Schultz, vgl. dazu Koch 1905 S. 142; Wagner 1989 S. 105.
289 Vgl. Förster 1874 S. 176.
290 Vgl. die euphorische Darstellung bei Riegel 1870 S. 238, nach dem die Schinkelschen Entwürfe, die in der Farbgebung über das dem Fresko Mögliche hinausgingen, durch Cornelius »gerettet« worden seien.
291 Vgl. Kugler 1842 S. 112; Waagen 1844 S. 384ff.

immer leicht zu entziffernden Allegorik der Malereien.[292] Letztere Ansicht erscheint aus heutiger Sicht naheliegender; die Vielzahl der Figuren, die Komplexität ihrer Beziehungen, die Unübersichtlichkeit und der Flächenumfang der verwirklichten Fresken sperren sich gegen Interpretationen ohne vertiefte Kenntnisse aus dem Hintergrund des klassisch-humanistischen Bildungsgutes. Diese Schwierigkeit wird durch Symbolismen verstärkt, die nicht selten auf schwer zu entschlüsselnde private Konzepte Schinkels verweisen.

<u>Vorbilder</u>
Angesichts des angesprochenen Rückgriffs auf historische Vorbilder in den Architekturformen des Museums ist es nicht erstaunlich, daß sich auch in den Freskenentwürfen Schinkels Vorbilder für einzelne Szenen, für Figuren, ja selbst für einzelne Gesten ermitteln lassen. Wie WAGNER überzeugend belegt, nimmt Schinkel die italienische Malerei der Spätrenaissance[293] genauso auf wie jüngere Vorbilder mit klassizistischen[294] und romantischen[295] Tendenzen. Ganz ähnlich hat bereits H. BÖRSCH-SUPAN auf Anregungen z.B. durch Werke Guido Renis und die Malerei der Romantik, insbesondere die Philipp Otto Runges hingewiesen.[296]

Allerdings muß dabei betont werden, daß Schinkels Anknüpfung an Vorbilder ebensowenig wie im architektonischen Bereich eine schlichte Übernahme darstellt, sondern eine weitreichende Umformulierung in einem neuen Kontext. Anknüpfungen dieser Art sind zunächst dadurch bedeutsam, daß sie die eklektizistische Vorgehensweise Schinkels weiter konkretisieren. Außerdem verdeutlichen sie eine direkte Auswirkung der künstlerischen Konzepte Schinkels, der die besten Teile der künstlerischen Überlieferung zusammenfassen, auf ihnen aufbauen und durch umformende Verschmelzung zu einem höheren Standpunkt zusammenfassen will.[297]

---

292 Derartige Bedenken äußert bereits Förster, Kunstblatt 18 (1837) S. 99, wenn er auch die Realisierung insgesamt äußerst positiv bewertet.
293 Als mögliches Vorbild der Gesamtanlage erscheint ein Rückgriff auf Peruzzis Salle delle Prospettiva in der römischen Villa Farnesina weniger überzeugend, obgleich Schinkel 1824 eine Besichtigung vor Ort durchführen konnte. Vgl. zu dieser Annahme Wagner 1989 S. 113.
294 Vorrangig der Rückgriff auf Poussin, vgl. Wagner 1989 S. 117.
295 Wagner 1989 S. 114.
296 H. Börsch-Supan in: AK Schinkel I S. 23.
297 »Nachdem im Verlauf der Zeiten für das Wesen der Architectur durch das Bestreben der würdigsten Männer, auf dem Wege geschichtlicher Forschung, auf dem Wege genauester Messung architectonischer Monumente aller Zeiten, endlich durch vielfältige Bearbeitung der einzelnen Constructionen u ganzer Werke der Baukunst auf empirische Weise, und

Gleichzeitig wirft diese Vorgehensweise des Architekten ein Seitenlicht auf die Vorstellung Schinkels von der Grundstruktur des Museums, in der zwei Faktoren tragende Elemente bilden: Auf der einen – inneren – Seite wird durch den Gesamtbestand der Sammlung ein historisches tableau der vorbildlichen Kunstformen zusammengetragen. Auf der anderen – äußeren – Seite versucht Schinkel, in beispielhafter Weise die durch diese Sammlung zusammengestellten Vorbildformen zu neuer Wirksamkeit zu bringen, indem er sie in seinen Fresken auf einer höheren logischen Ebene mit neuen Bedeutungsträgern kombiniert. (Ebenso wie die Anlage der Fresken verweist auch die äußere Gestalt des Museumsbaus auf die vorbildhafte Funktion der gesammelten Kunstwerke und der ihnen zugeordneten Epochen, insbesondere der Antike.)

Insofern geht es an den Absichten des Architekten vorbei, wenn Wyss[298] und Crimp[299] Schinkels Altes Museum als das praktische Seitenstück von geschichtlichen Befunden der Kunstphilosophie Hegels verstehen. Zwar wird dabei die Intention des Philosophen richtig erfaßt, nur dasjenige in sein museales Weltbild aufzunehmen, was sich in der Vergangenheit am Urteil der gebildeten Gesellschaft bewährt hat. Doch stellt das Museum, wie es Schinkel besonders durch die malerische Ausstattung als Gesamtkunstwerk definiert, keineswegs nur eine solche Hegelsche Konservationsanstalt für die – vergangene – Kunst dar. Im Gegenteil: Schinkel ist in der Zeit der malerischen Arbeiten für das Museum nach wie vor der Ansicht, daß die künstlerische Persönlichkeit genügend Fassungskraft besitzen kann, um auf der Grundlage vergangener Kunstformen neuen programmatischen Gehalt für das zeitgenössische Schaffen zu entwickeln. Dies mag eine künstlerische Vision von Ganzheit sein, die auf vorromantische Epochen zurückweist und damit vermessene Ansprüche stellt – die Vision Hegels ist sie jedoch nicht.

---

durch veranstaltete Sammlungen von Darstellungen solcher Gegenstände der ganze Umfang der Baukunst wie sie sich bis auf unsere Tage herab gestaltet hat, zur übersichtlichen Anschauung vor uns ausgebreitet und dargelegt worden ist, dürfte es vielleicht kein ganz vergebliches Bemühen seyn, den Versuch zu machen, in der Mannigfaltigkeit der Erscheinungen dieser vielfältig und verschiedenartig behandelten Kunst, besonders was den Styl betrifft die Gesetze festzustellen, nach welchen die Formen u die Verhältnisse die sich im Verlaufe der Entwicklung dieser Kunst gestalteten, und außerdem jedes Neue in dieser Beziehung, bei den vorkommenden Aufgaben der Zeit eine vernunftgemäße Anwendung finden könne.« Schinkel-Nachlaß Heft IV 25; bei Peschken, in Schinkelwerk: Lehrbuch S. 54.
298 Wyss 1997 S. 147ff.
299 Crimp 1996 S. 298ff.

Ein königliches Museum

Die Fresken der Säulenhalle
Trotz der verwirrenden Fülle der Gestalten in den Entwürfen für die Säulenhalle läßt sich relativ schnell immerhin ein Vorverständnis der Abhängigkeiten zwischen den einzelnen Teilfresken gewinnen. Schon die Titel verdeutlichen, daß hier ein Panorama ausgebreitet wird, das von einem idealisierten Urzustand (»Uranos«, linke Antenwand) über eine ideale (»Götterleben«, linke Hauptwand) und eine reale Sphäre (»Menschenleben«, rechte Hauptwand) bis hin zu einem Zielpunkt reicht (»Trauer am Tumulus«, rechte Antenwand).

Als Ausgangspunkt des vielgestaltigen Panoramas ist damit die linke Antenwand zu verstehen, die im Zentrum der quadratischen Bildfläche Uranos als bärtige Halbfigur mit ausgebreiteten Armen zeigt. Vor dunklem Hintergrund umringen den Gott Personifikationen des Tierkreises auf einem Regenbogen; vor ihm zieht ein Reigen der als Paare personifizierten Gestirne von links nach rechts.

Inhaltliche und formale Verknüpfung der Fresken
Die schon hier erkennbare Orientierung Schinkels an antiker Mythologie und ihrer Darstellung durch allegorische Personifikationen verweist zunächst auf die Entwicklung zurück, die sich schon bald nach Ende der Freiheitskriege angedeutet hatte.[300] Allerdings blieb diese Entwicklung nicht ohne Brüche – in den wenigen Tafelbildern, die Schinkel seit Beginn der zwanziger Jahre erarbeitet, zeichnet sich zeitweise eine vollständige Abkehr von jeder gedanklichen Überhöhung der Darstellung ab.[301] Angesichts dieser Zäsur erstaunt es kaum, daß Schinkel nicht allein an die schon zuvor verwendete allegorische Kunstform anknüpft, sondern in den Museumsfresken auch neue Wege beschreitet: Zwar steht die allegorische Figuration der klassischen Mythen jetzt im Vordergrund, doch werden auch die symbolischen Bezüge wieder aufgenommen, die auf die Konzeption der romantischen Werke zurückverweisen. Allerdings fehlen jetzt die typischen Motivgruppen der romantischen Malerei, wie etwa die Überhöhung des Erlebnisses der Natur, der altdeutschen- oder Ruinenarchitektur und der Empfindung der Vereinzelung des Menschen. Präsent sind dagegen andere Faktoren, die ebenfalls schon für die romantische Phase Schinkels große Bedeutung besaßen. Hier ist insbesondere der symbolisch wirksame Einsatz von Farbwerten und Lichtführung zu nennen, aber auch die Hervorhebung einer kosmischen, die Gesamtheit aller Wesen verknüpfen-

---

300 Vgl. zuvor S. 127f.
301 Hier sind insbesondere die realistischen Landschaftsdarstellungen aus Mecklenburg zu erwähnen, die aus 1821 datieren, vgl. AK Schinkel I S. 259.

III.17 Schinkel, Karl Friedrich: Uranos und der Tanz der Gestirne. Entwurf zu einem Wandgemälde für das Museum
1831   58,8 x 66,4   Deckfarben
Aus: AK Schinkel II, Abb. 6.16 (S. 100)

den Gemeinschaft.[302] Erste Andeutungen dieser komplexen Verbindung allegorischer und symbolischer Mittel läßt das Uranos-Fresko erschließen (Abb. III.17): Die Dunkelheit des Hintergrundes, die geschlossene Kreisform der Regenbogensphäre und das harmonische Zusammenspiel der Figuren verdeutlichen, daß hier ein idealisierter Einheitszustand das Bildmotiv prägt.

Wie WAGNER richtig hervorgehoben hat[303], beruht die Darstellungsweise der Figuren Schinkels auf einer klassizistischen Grundauffassung, die sich in

---

302 Vgl. auch Waagen 1875 S. 351.
303 Wagner 1989 S. 114f. Auch in der Theogonie Hesiods versinnbildlicht diese frühe Phase der griechischen Götterentwicklung einen idealen, nur äußerst gering individualisierten Ausgangszustand.

Ein königliches Museum

III.18 Schinkel, Karl Friedrich: Jupiter und die neue Götterwelt
1830   Gouache
Aus: AK Schinkel I, Abb. 207 (S. 30)

der Betonung der festen Umrißlinie und ihrer nur reliefhaften Körperlichkeit äußert. Auf der anderen Seite zeigt die unklassische Körperhaltung und Farbigkeit den Einfluß der romantischen Malweise. Diese zunächst nur rein formale Feststellung gilt für alle in der Gesamtkomposition der Fresken in der Säulenhalle auftretenden Gestalten und verweist damit bereits auf die Intention Schinkels: Der Maler zeigt einen durchgängigen Zusammenhang; ihm geht es um die Darstellung einer inneren Zusammengehörigkeit sämtlicher Gestalten. Derartige Verbindungen betonen die Fresken zusätzlich durch unterschiedliche Verknüpfungspunkte und »Lesehilfen«, wie sich beispielsweise am Übergang von der linken Seitenwand zur linken Hauptwand verdeutlichen läßt: Unterschwellig verweist hier die Körperhaltung der Uranos-Figur nach rechts, deutlicher noch die Bewegung der den Gott umringenden Figuren. Ihr Zug, ein Reigen sternenbekrönter Gestalten, setzt sich im Bereich der linken Hauptwand fort, dem »Götterleben«, wobei auch der nächtliche Hintergrund zunächst fortgeführt wird.

Das mythologische Leitmotiv, eine von der Theogonie Hesiods beeinflußte Visualisierung der Entwicklung des griechischen Götterlebens, geht dabei

III.19 Schinkel, Karl Friedrich: Entwicklung des Lebens auf der Erde vom Morgen zum Abend
1831 Gouache
Aus: AK Schinkel I, Abb. 207 (S. 31)

verschiedenen weiteren Vermittlungsebenen parallel. Zunächst wird der Hintergrund vom dunklen Nachthimmel der linken Seitenwand zusehends zur Helligkeit des Tages geführt; der erste Tag des Götterlebens hebt an. Gleichzeitig steigert sich nicht nur die Dichte der nach rechts drängenden Figuren immer weiter, sondern auch die Konkretion der Materie im unteren Bereich des Frieses; sie entwickelt sich von der Dunkelheit über nebelhafte Wolkenbildung hin zur dunklen Kontur einer Bergkette, den Abschluß dieser Entwicklung bildet die klare Silhouette einer fernen felsigen Insel. Das »Götterleben« (Abb. III.18) thematisiert so eine Entwicklung, die von einem vollständig unräumlichen und immateriellen Anfangspunkt aus eine Welt entstehen läßt, die ihrerseits erst den Raum und das Licht für das individuelle Leben bieten kann.

Auf dem Boden, den dieser Schöpfungsmythos bereitstellt, kann dieses individuelle »Menschenleben« (Abb. III.19) seinen Platz finden: Die Figuren der rechten Tafel des Frieses besiedeln nun eine felsige Insel, wie sie bereits den Abschluß der linken Friesseite bildete. Auch in diesem Teil des Frieses, der Kulturschöpfungen aus der mythischen Frühzeit (z.B. Erfindung von Malerei und Skulptur) des Menschen versinnbildlicht, verschneiden sich zahlreiche

Ein königliches Museum

Bezüge, etwa durch Lichtführung und Konkretion der Gestalten. Anders als im »Götterleben« bezieht sich der Einsatz verschiedener Lichtwerte in diesem Freskenteil jedoch nicht auf eine lineare Entwicklung vom Dunkel in die Helligkeit, sondern auf die Abfolge vom Morgen (linke Seite) bis hin zum Abend. Dieser zyklische Ablauf ist verbunden mit dem zyklischen Werden der Natur vom Frühling bis zum Winter; parallel dazu nimmt der lineare Alterungsprozeß des Menschen bis hin zum Greisentum auf der rechten Seite seinen Lauf. Die Ausarbeitung der Gestalten auf dieser Seite des Frieses unterscheidet sich zwar hinsichtlich der formalen Darstellungsmittel kaum von denen des linken Friesbereiches, dennoch bestehen große Unterschiede hinsichtlich des Individualisierungsgrades einzelner menschlicher Figuren. Diese menschlichen Figuren besetzen den Raum der rechten Freskentafel im Einklang mit Gestalten, die noch der Götterwelt der linken Seite angehören; von diesen Genien und Musen wird die menschliche Phantasie, verkörpert durch den Pegasus, geleitet.

Die Verschränkung dieser bereits individualisierten Wesen mit den gänzlich unindividuell gehaltenen, idealisierten mythischen Gestalten, die das Personal des linken Friesteils bereitstellten, bestimmt noch deutlicher den vierten Bereich der Freskenfolge (»Trauer am Tumulus«, Abb. III.20 auf S. 195). Ähnlich wie bei den bereits angesprochenen Übergängen verbindet Schinkel auch hier die aneinanderstoßenden Tafeln durch Handlungszusammenhänge genauso wie durch übereinstimmende Farbwerte. (An dieser Stelle ist es die auf einem Nachen in See stechende Figurengruppe, die auf die Fortführung verweist. Die Abenddämmerung, in der ihr Abschied stattfindet, deutet voraus auf die Morgendämmerung, in der die flache felsige Küste ihres Zieles liegt.) Eine weitere Verbindung liefern die auf der vierten Fläche dargestellten Gestalten selbst: Während es im unteren Bereich wiederum die stärker individualisierten, auf festem Boden wurzelnden Figuren der vorangegangen Fläche sind, die um den Grabhügel lagern, ziehen über den Himmel die aus dem zweiten Fresko (»Götterleben«) vertrauten ätherischen Wesen. Diese – jetzt wiederum sternenbekrönten – Gestalten setzen ihre Bewegung nicht nur in der schon dort vorherrschenden Richtung fort, sondern auch über den gleichen wolkenverhangenen Himmel und vor dem gleichen fernen Meereshorizont.

Das Tumulus-Fresko, der vermeintliche Endpunkt, verweist mit diesen Gestalten aber nicht nur auf das »Götterleben« zurück. Weitere Bezüge werden in Richtung auf den allerersten Beginn geknüpft, das Uranos-Fresko: Zunächst stimmen Körperneigung und Gestik der zentralen weiblichen Halbfigur nahezu vollständig mit der des Uranos überein; gleichzeitig entsprechen auch ihre zentrale Anordnung und ihr Größenverhältnis zu den kleineren sternenbekrönten Figuren der Anlage des Uranos-Freskos. Im übrigen gleicht auch ihre Stellung im Brennpunkt eines kreisförmigen Fächers goldenen Lichts, die sie zur Personifikation der aufgehenden Sonne werden läßt, der Weise, in der die Figur des Uranos im Mittelpunkt eines umschließenden Regenbogens stand.

Damit verweist besonders die über dem Tumulus schwebende Figurengruppe auf das Uranos-Fresko zurück. Sie gibt damit den entscheidenden Anstoß, die auf den ersten Blick lineare Abfolge der vier Fresken als eine Kreisbewegung zu sehen, die zu ihrem Ursprung zurückkehrt. In diese makrokosmische Kreisbewegung ist auch das Schicksal des Menschen eingestellt: Die Figurenkomposition auf seinem Grabhügel fügt sich zu einem pyramidenförmigen Aufbau[304] zusammen, dessen aufstrebende Tendenz durch die männliche Figur an ihrem linken Rand verstärkt wird: Während die erloschene Fackel ihre Verbindung zur tragenden Erde herstellt, reicht ihr hoffnungsbringender Palmzweig bis hoch hinauf zur Morgenröte. Das individuelle Ende wird so zum Ausgangspunkt eines neuen Anbeginnes im Zeichen des Uranos.[305]

Gehalt und gedankliche Vorformulierungen: Das Problem Schelling
Die voranstehenden konkreten Beobachtungen zum Aufbau und zur Ausführung der Freskenentwürfe selbst bieten teilweise Ansatzpunkte, um die Analysen WAGNERS zu präzisieren. Zunächst erscheint es nicht ausreichend, wenn WAGNER die Anlage der Fresken als »zwei antithetisch aufeinander bezogene Abteilungen« bezeichnet.[306] Schinkels kompositorischer Aufbau verknüpft vielmehr den Ursprung des Götterlebens und das Ende des Menschenlebens einerseits wie Spiegelbilder – eher denn als »antithetisch« – andererseits aber auch in der Art eines zusammenhängenden Kreislaufes: Die zwei zentrierten Kompositionen (»Uranos« und »Tumulus«) verdeutlichen die Eckpunkte; auf den oblongen Zwischenflächen (»Götterleben« und »Men-

---

304 Vgl. zur kompositorischen Verknüpfung Wagner 1989 S. 117, die allerdings keine weiteren Konsequenzen aus dieser Beobachtung zieht.
305 Ich halte es nicht für ausgeschlossen, daß sich in dieser Sichtweise ein Gedanke aus Fichtes »Bestimmung des Menschen« wiederspiegelt, wo Fichte schreibt: »Aller Tod in der Natur ist Geburt, und gerade im Sterben erscheint sichtbar die Erhöhung des Lebens.« (Fichte 1979 S. 153). Zu den Bedenken, eine Rezeption dieser Schrift anzunehmen, vgl. allerdings zuvor S. 64ff.
306 Wagner 1989 S. 108.

schenleben«) findet sich zunächst die Entwicklung vom Dunkel zum Licht; dann die vom Tag zum Abend. Damit wird auf der linken Seite die makroskopische Entwicklung der Welt verkörpert, auf der Rechten die Welt der für den Menschen erfahrbaren Dimension. Hierbei schwingen gegensätzliche, antithetische Gedanken kaum mit, vielmehr erscheint die mythische Götterwelt wie ein Bildhintergrund, durch den erst die Entwicklung der Kulturleistungen des Menschen getragen wird. (Noch weniger kann mit WAGNER bezüglich der Fresken für die obere Halle von einer antithetischen Beziehung gesprochen werden; hier wird vielmehr in beiden Entwürfen eine parallel verlaufende, gleichgerichtete Abwehr der menschlichen Gesellschaft gegen Gefährdungen geschildert.)

Neben der voranstehenden Präzisierung ist es angebracht, die von WAGNER so plausibel gemachte Verknüpfung der Schinkelschen Fresken mit den philosophischen Arbeiten Schellings zu Mythologie und Religion zu überprüfen. WAGNER knüpft diese Verbindung an die Annahme, daß der Gehalt des Uranos-Freskos auf der linken Außenwand und der des »Götterlebens« auf der linken Hauptwand ebenso wie der Zusammenhang beider auf der Grundlage der von Schelling entwickelten Konzeption einer »Potenzenlehre« zu verstehen sei.[307]

Die Überlegungen Schellings zu dem mit diesem Begriff verbundenen Themenbereich greifen teilweise auf Ansätze aus seiner eigenen Naturphilosophie der Jahre vor 1810[308] zurück. Ihre Ausarbeitung fällt dagegen erst in eine deutlich spätere Phase; Schelling führt sie in den Vorlesungen zur »Philosophie der Mythologie« durch. In dieser späteren Phase hat Schelling nach eigener Auffassung die noch von Kant her primär kritische Ausrichtung des Deutschen Idealismus überwinden können, die auch die erste Phase seiner eigenen Philosophie geprägt hatte (die von ihm selbst daher nun als »negative Philosophie« verstanden wird).[309] Von der Höhe des gewonnen Standpunktes meint Schelling nun, eine »positive Philosophie« entwickeln zu können, die in der Lage sein soll, die Inhalte des für die abendländische Kultur entscheidenden Faktums rational fassen zu können: des christlichen Glaubens.

Kernpunkt für die Durchführung dieses Ansatzes ist die differenzierte Konstruktion einer »Potenzenlehre«. Die mit diesem Ausdruck benannte gedank-

---

307 Vgl. bei Wagner 1989 S. 110ff.
308 Vgl. Buchheim 1992 S. 70ff.; Kirchhoff 1994 S. 122.
309 Einprägsam die Abgrenzung BUCHHEIMS von negativer und positiver Philosophie: »Die eine lotet aus, was Vernunft für Möglichkeiten des Denkens zuläßt, die andere trifft Behauptungen, wie es sich mit etwas Wirklichem verhält.«; Buchheim 1992 S. 67.

liche Struktur, die von Schelling zum Teil zur besseren Veranschaulichung in algebraische Notation[310] gefaßt wird, soll das Modell für die Vorgänge liefern, die unter anderem bei der Entwicklung der christlichen Glaubensinhalte beteiligt sind. Die in diesem Prozeß wirksamen Momente, die »Potenzen«, sind zunächst nur *mögliche* Strukturelemente.[311] In die reale Existenz gelangen diese possibilia auf zwei unterschiedliche, wenn auch verknüpfte Weisen: Auf der einen – im menschlichen Bewußtsein angesiedelten – Seite bilden sie die grundlegenden Momente, die sich bei der Entwicklung von Gottesvorstellungen in der Geschichte der Mythenbildung ausprägen. (Schelling isoliert hier beispielsweise die Seele des Menschen mit der Bezeichnung »a^o«[312]). Nach der Überzeugung Schellings sind die vielfältigen Wendungen dieses mythologischen Prozesses jedoch keineswegs zufällig oder willkürlich, sondern folgen einander mit Notwendigkeit.[313] Denn obwohl die Potenzen zunächst nur als Momente des individuellen Bewußtseins erscheinen, sind sie in größerer Perspektive gleichzeitig auch als reale Momente bei einem zweiten Entwicklungsprozeß wirksam: Parallel zur Entwicklung des menschlichen Bewußtseins vom Göttlichen verläuft eine Entwicklung des Göttlichen selbst, bei der eben dieselben Potenzen die treibenden Kräfte bilden[314] (auf dieser realen Seite entspricht der menschlichen Seele – »a^o« – die Einheit des Göttlichen in sich mit der Bezeichnung: »A^o«). Da diese Entwicklung nach Schelling nur als Entwicklung des einen und wahren Göttlichen zu verstehen ist[315], versucht er auf der gewonnenen Basis, sämtliche Momente der mythologischen Entwicklungsgeschichte als Präfigurationen christlicher Offenbarung zu veranschaulichen.

Die zentrale Schwierigkeit bei der Frage nach möglichen Abhängigkeiten der Fresken Schinkels von diesem ambitionierten philosophischen Modell Schellings resultiert daraus, daß auch der Philosoph als Anschauungsmaterial für einen Hauptteil seiner Überlegungen die Theogonie Hesiods wählt. Die Schinkelschen Fresken ihrerseits lassen zwar keinen Zweifel daran, daß sie diesen (nicht selten für künstlerische Darstellungen gewählten) Subtext zugrunde-

---

310 Dabei ist keine Formelsprache im Sinn eines logischen Kalküls intendiert, sondern lediglich der Versuch einer besseren Visualisierung, wie auch Buchheim 1992 S. 57f. zu Recht betont.
311 Vgl. die Begriffsklärung bei Schelling 1986 Bd. 1 (12. Vorlesung) S. 289.
312 Schelling 1986 Bd. 1 (18. Vorlesung) S. 415.
313 Schelling 1986 Bd. 1 (8. Vorlesung) S. 192ff.
314 Vgl. hierzu Schelling 1986 Bd. 1 (17. Vorlesung) S. 390ff. und Bd. 2 (6. Vorlesung) S. 119ff., sowie die übersichtliche Darstellung bei Hennigfeld 1973 S. 107ff.
315 Schelling 1986 Bd. 1 (8. Vorlesung) S. 198.

legen. Dabei ist aber nicht ohne weiteres entscheidbar, ob sie auf einer Variante[316] des ursprünglichen Hesiodschen Textes oder aber der vom späten Schelling gefärbten Lesart aufbauen. Immerhin finden sich überraschende Parallelen zu entsprechenden Texten Schellings. Dieser beschreibt beispielsweise für die früheste, dem mythischen Uranos zugeordnete Phase des menschlichen Religionsbewußtseins die Beziehung der beteiligten Potenzen (im gegebenen Zusammenhang Elemente des Bewußtseins) als in sich gekehrte Kreisbewegung:

> Da sie aber an die Stelle, nach der sie streben, nicht gelangen, und dagegen an den Ort, den sie nicht wollen und zu verlassen suchen, immer wieder gesetzt werden, so wird ihre Bewegung im Resultat = Nichtbewegung seyn, Bewegung, die = Ruhe ist: eine solche Bewegung ist aber nur die nicht fortschreitende, immer in sich selbst zurückkehrende, kreisartige.[317]

Wenn Schelling weiter die Götter dieser Phase als »... Sterngötter...«[318] identifiziert und ihre Welt mit der »... tiefen, feierlichen Stille des Himmels...«[319] vergleicht, dann liegt es in der Tat nahe, hierin eine Vorformulierung des Schinkelschen Uranos-Freskos zu sehen.[320]

Trotzdem müssen die auf den ersten Blick so suggestiven Vergleichbarkeiten zurückhaltend bewertet werden; insbesondere angesichts einer Besonderheit der Rezeptionsgeschichte Schellings: Die historisch früheste Annahme einer Abhängigkeit der Fresken Schinkels von der Spätphilosophie Schellings stammt aus dem Jahr 1844.[321] Zu diesem Zeitpunkt liegt die aufsehenerregende Berufung Schellings an die Berliner Universität gerade drei Jahre zurück. Zudem war im Vorjahr ein Raubdruck der Schellingschen »Philosophie der Mythologie und der Offenbarung« mit großer öffentlicher Wirkung erschienen. Schelling selbst setzte alle Maßnahmen zur Unterdrückung dieser Veröffentlichung in Gang, unterlag jedoch in einem vielbeachteten Prozeß.[322]

---

316 WAGNER schlägt vor, die Variation Hesiods in der von Karl Philipp Moritz herausgebrachten Götterlehre könne einen der Subtexte für Schinkel dargestellt haben, vgl. Wagner 1989 S. 110. Diese Möglichkeit scheint aus dem dort angegebenen Grund naheliegend, daß Schinkel wie auch Moritz nicht die Figur der Gaia als Uranfang wählt.
317 Schelling 1986 Bd. 2 (9. Vorlesung) S. 174.
318 Schelling 1986 Bd. 2 (9. Vorlesung) S. 174.
319 Schelling 1986 Bd. 2 (9. Vorlesung) S. 185.
320 In diesem Sinn auch Wagner 1989 S. 110ff.
321 Vgl. den Artikel in: Allgemeine Zeitung 1844, Nr. 319, S. 2551, der auch von Wagner 1989 S. 111 zugrundegelegt wird.
322 Vgl. Gulyga 1989 S. 364ff. und Tilliette 1974 Nr. 526, 538, 540. Noch heute bildet diese Auseinandersetzung einen der historischen Leitfälle des Urheberrechts, vgl. Hubmann/Rehbinder 1995 S. 25.

Nach der nicht nur aus diesen Gründen intensiven Diskussion der Schellingschen Spätphilosophie in der kulturellen Öffentlichkeit konnte es 1844 in Berlin nur naheliegen, jede künstlerische Darstellung der Hesiodschen Mythen im System dieser Philosophie zu interpretieren.

Eine kritische Überprüfung entsprechender Interpretationen muß allerdings berücksichtigen, daß die Fresken zwar ihrerseits ab 1841 – also parallel zu Schellings Vortrag der »Philosophie der Mythologie und Offenbarung« in Berlin ab Wintersemester 1841[323] – realisiert wurden, Schinkel seine Entwürfe aber zum Teil schon über ein Jahrzehnt zuvor angefertigt hatte. Zu dieser Zeit befindet sich die »Philosophie der Mythologie und Offenbarung« noch in der Entstehungsphase. Angesichts dessen ist es wenig überraschend, daß frühe Interpretationen wie die Bettina v. Arnims (1834[324]) und Försters (1837[325]) lediglich die offensichtlichen Bezüge zu den mythologischen Quellen erwähnen, aber keine Verbindung zu der erst später kontrovers werdenden Philosophie Schellings herstellen. In der Sichtweise v. Arnims, die ihre Beschreibung in engem Kontakt mit Schinkel verfaßt, fehlt darüber hinaus sogar die Verknüpfung des ersten Freskos mit der Figur des Uranos. Statt dessen versteht v. Arnim die schon angesprochene Parallele zwischen diesem Eingangsmotiv und dem letzten der vier Bilder (»Tumulus«) ganz ohne Bezug auf die Theogonie:

> ... harmonisches Behagen aller unter den Himmelszeichen stehenden Naturkräfte darstellend, um einen einzigen Geist in der Schwebe zu erhalten. – Der Ausgang ist die Verklärung dieses Geistes; die Verbündeten seiner Zeit, die Genossen seines Lebens, ihm das Opfer ihrer Lebensfreuden nacheifernd in tiefer Trauer, in Trost, Versöhnung und kindlicher Unschuld den Denkstein umgebend, der Ernst der Erinnerung über der Thränenurne ruhend, zieht der Verklärte leichten Schwungs durch die unendlichen Kreise und verschwebt und verschwimmt ungehemmt im Anschaun ewiger Liebe.[326]

Indem v. Arnim die beiden äußeren Fresken so als Feier des schöpferischen Individuums versteht, zeigt sie zugleich, daß eine Deutung im Rahmen der Mythentheorie Schellings durchaus nicht zwingend ist.[327] (Im übrigen zieht

---

323 Vgl. Borlinghaus 1995 S. 91.
324 Vgl. v. Arnim 1905 (Neuabdruck des 1834 anonym veröffentlichten Aufsatzes).
325 Förster, Kunstblatt 18 (1837) S. 97ff.
326 V. Arnim 1905 S. 9.
327 Die Analyse v. Arnims wird allerdings nicht immer einsichtig: Einerseits betont die Autorin die Anhaltspunkte, die für eine »Kunstreligion« in ihrem Sinn sprechen, übermäßig stark. Andererseits geht sie weder auf die Freskenentwürfe der oberen Halle noch auf die Relevanz der Malereien für das Gebäude und seine Funktion ein.

auch die ausführliche Bildbeschreibung WAAGENs aus dem Jahr 1844 derartige Parallelen nicht[328], ebensowenig wie die Darstellungen von KUGLER 1842[329] und FÖRSTER 1837[330]).

Allerdings hält Schelling schon vor seiner Berufung nach Berlin in München Vorlesungen, die inhaltlich mit seiner späteren Lehre weitgehend identisch sind: Sie datieren in die Zeit ab Sommersemester 1828[331] (»Mythologie«) bzw. ab Wintersemester 1831/32 (»Offenbarung«)[332], werden jedoch erst posthum veröffentlicht. Mitschriften von Vorlesungen aus dieser Phase Schellings zählen zwar als ausgesprochene Rariora [333] – diese Feststellung allein schließt aber noch nicht aus, daß Schinkel zumindest auf den Text der »Philosophie der Mythologie« zurückgreifen konnte. Im Gegensatz zur »Philosophie der Offenbarung« hatte Schelling für sie bereits eine Druckfassung erarbeitet. Zwar zieht der Philosoph den Text kurz vor seiner Veröffentlichung zurück, verhindert sein Kursieren in einzelnen Exemplaren aber nicht.[334]

Damit muß festgehalten werden, daß eine echte Beziehung der Freskenentwürfe zu diesen zeitgleich entstandenen Arbeiten Schellings voraussetzt, daß Schinkel ständig aktiv die Entwicklungen im Denken Schellings verfolgte. Eine derartige Annahme trifft aber auf Vorbehalte: Zunächst bietet der schriftliche Nachlaß des Architekten ebensowenig Anhaltspunkte für eine solche These wie die Korrespondenz beider Persönlichkeiten. Zudem hatte Schinkel schon 1823 eine Ausgestaltung der Museumsvorhalle durch Szenen der antiken Mythologie geplant, also unabhängig von den späteren Arbeiten Schellings. Nicht nur diese Vorplanungen, sondern auch der eigentliche Anstoß für die Erarbeitung der Entwürfe ab 1828 war von der Arbeit Schellings unabhängig; er lag in der Beauftragung Schinkels durch das Königshaus aufgrund der positiven Resonanz des Museumsbaus. Letztlich ist auch die Orientierung Schinkels an den Werken Hesiods nicht aussagekräftig, da diese Tatsache auch auf der Grundlage von Schellings deutlich früher entstandener »Philosophie

---

328 Vgl. Waagen 1981 S. 384ff.
329 Vgl. Kugler 1842 S. 110ff.
330 Vgl. Förster, Kunstblatt 18 (1837) S. 97ff.
331 Vgl. die ausführliche Analyse der Zeitabläufe bei Borlinghaus 1995 S. 84ff.
332 Vgl. Ehrhardt, in: Schelling 1992 (Band 2, Anmerkungen des Herausgebers Nr. 3. 3) S. 742).
333 Vgl. Ehrhardt in: Schelling 1992 S. 729ff.; Roser/Schulten, in: Schelling 1996 S. 7ff.
334 Vgl. K.F.A. Schelling in: Schelling 1986 S. V (Vorwort des Herausgebers). Das Hilfsargument WAGNERs (Wagner 1989 S. 110 Fn. 41), Schinkel habe auch aus dem persönlichen Kontakt mit Schelling weitere Informationen schöpfen können, überzeugt dagegen nicht, da Schelling zumindest in der Zeit vor 1828 Berlin nur sporadisch besuchte.

der Kunst« erklärbar wäre, deren Einfluß auf den Architekten schon dargestellt wurde.[335] Besonders für den schon im Oktober 1828 entstandenen Entwurf für die linke Hauptwand (»Jupiter und die neue Götterwelt«) ist damit der Einfluß der Spätphilosophie Schellings kaum wahrscheinlich. Für den 1832 entstandenen Entwurf der linken Seitenwand (»Uranos und der Tanz der Gestirne«) kann eine derartige These etwas größere Plausibilität beanspruchen, erscheint aber immer noch gewagt.

Von den angesprochenen rezeptionsgeschichtlichen Problemen abgesehen stößt die Annahme einer Verknüpfung zwischen den Museumsfresken und der »Philosophie der Mythologie« auch auf sachliche Schwierigkeiten. Diese Schwierigkeiten berühren beide Postulate, die für die Argumentation WAGNERs grundlegend sind: Einerseits die Abhängigkeit der Uranos-Darstellung von Vorstellungen Schellings, andererseits eine entsprechende Abhängigkeit einer von Schinkel visualisierten Entwicklungsgeschichte der Zeit. Hinsichtlich des zweiten Aspekts, der Entwicklung von Zeitvorstellungen in den Fresken Schinkels, betont WAGNER die Nähe zu Schelling besonders: Mit dem Übergang vom In-Sich-Kreisen des Uranos-Freskos über die Dynamik des »Götterlebens« zu dem Ablauf der Tageszeiten im »Menschenleben« soll der Schinkelsche Entwicklungsmythos der von Schelling angenommenen Entwicklung des Zeitbegriffs korrespondieren. Bei beiden Autoren setze die menschliche Bewußtseinsgeschichte mit einer ersten Phase der In-Sich-Ruhenden Zeit ein, um über eine lineare Zeitphase zur zyklischen Zeit des Tagesablaufs und des Jahres zu gelangen.[336]

Diese These WAGNERs, die sich auf den von Schelling benutzten Entwicklungsbegriff eines »mythologischen Prozesses« bezieht, hält einer genauen Überprüfung anhand des Schellingschen Textes jedoch nicht stand. Der zentrale Punkt innerhalb des »mythologischen Prozesses« bei Schelling besteht in einer stufenweisen Entwicklung antithetischer Gottesbegriffe, für die mir die Bezeichnung »dialektische Theogonie« angemessen erscheint. Obwohl diese dialektische Theogonie auch das intuitive Verständnis des frühen Menschen von seiner Lebenswelt thematisiert, gilt dies für seine Zeitvorstellung *gerade nicht*[337]: Der Wandel des menschlichen Zeitbegriffs ist kein

---

335 Vgl S. 112ff.
336 Vgl. Wagner 1989 S. 111f., 115.
337 Eine Ausnahme stellen auch nicht die äußerst knappen Bemerkungen in Schelling 1986 Bd. 2 (18. Vorlesung) S. 429 dar, die lediglich einen intellegiblen von einem realen Zeitbegriff unterscheiden; ebensowenig die Ausführungen bei Schelling 1986 Bd. 2 (21. Vorlesung) S. 499, in denen Schelling die geologische Hypothese der Erdzeitalter angreift.

Gegenstand der Schellingschen »Philosophie der Mythologie«; seine Behandlung durch Schinkel kann demnach nicht von Schelling beeinflußt sein. Hinsichtlich des dialektischen mythologischen Prozesses stehen für Schelling vielmehr ganz andere Themen im Vordergrund: Insbesondere wird die Frage behandelt, welche Wahrheit der griechische Mythos bewahren will, wenn er verschiedene sich feindlich gegenüberstehende Göttergenerationen aufeinander folgen läßt. Daneben wird besonders die Frage nach einer möglichen Präfiguration der christlichen Offenbarungslehre durch bestimmte Momente der antiken Mythologie behandelt.[338] Die entscheidenden Elemente für diese Grundfragen der Schellingschen dialektischen Theogonie thematisiert das Werk Schinkels nicht. Doch auch im Detail zeigen sich vergleichbare Unterschiede: Für Schellings dialektische Konzeption ist es z.B. wichtig, daß auf die mythische Herrschaft des Uranos nicht sogleich die aus Hesiod bekannte Phase des Kronos folgt, sondern in der Gestalt der Urania[339] eine Zwischenfigur eingeschoben wird. Wie auch die antiken Vorbilder kennt Schinkels Freskenwerk diese Figur nicht; ebensowenig die für Schelling so bedeutenden mythischen Präfigurationen Christi in den verschiedenen Personifikationen des Dionysos (z.B. Mithras, Herakles).

Demnach bleiben für die Gesamtanlage der Fresken nur zwei Hypothesen plausibel: Entweder Schinkel verfehlt die Vorgabe Schellings grob – oder er verwendet sie nicht. Angesicht der zuvor angesprochenen Hindernisse einer Rezeption erscheint jedoch nur die zweite Möglichkeit plausibel. Damit müssen Schinkels Freskenarbeiten als eine kreative Eigenleistung verstanden werden. Wenn dementsprechend hier angenommen wird, der Subtext der Museumsfresken insgesamt sei nicht in der Spätphilosophie Schellings zu sehen, sondern in den allgemeinen, vor allem über Schellings »Philosophie der Kunst« von 1804 (evtl. auch über Karl Philipp Moritz' »Götterlehre«[340]) tradierten Formen der antiken Mythen, dann lassen sich zudem einige Beson-

---

338 Vgl. die – allerdings erst nach der Analyse Wagners veröffentlichten – Darstellung von Wilson 1993 sowie die Textausgabe der Schellingschen Vorlesungen von Roser und Schulten 1996, aus denen die zentrale Stellung der Dionysos-Mythen als Präfiguration erkennbarer wird.

339 Schelling bezieht sich nicht auf die gleichnamige Muse, die nach ihm einer sehr viel späteren mythologischen Phase zuzuordnen ist, sondern erweitert die griechische Mythologie aus systematischen Gründen um eine aus fremden Kulturkreisen entlehnte Figur, vgl. Schelling 1986 Bd. 2 (10. Vorlesung) S. 194ff.

340 So bereits Kauffmann 1963 S. 151f. Daneben scheint auch die »Symbolik und Mythologie der alten Völker« Friedrich Creuzers von 1810ff. als Quelle möglich, insbesondere die Darstellung der »Nyx« oder »Nacht« auf Tab. VII, Bd. 1.

derheiten der Entwürfe besser verstehen. Verständlich ist dann, daß Schinkels eigene Beschreibungen im Gegensatz zu den philologisch überaus peniblen Untersuchungen Schellings in der »Philosophie der Mythologie« die lateinischen Fassungen der Götternamen mit den griechischen Formen verquickt, eine Eigenheit, die sich in der »Götterlehre« ebenso wie in der »Philosophie der Kunst« findet. Gleichfalls wird dann verständlich, daß Schinkels erster Entwurf die komplexe Komposition des »Götterlebens« (1828) ist und nicht etwa die bei Schelling so eindeutig an den Beginn gestellte Struktur der Uranos-Zeit (das Uranos-Fresko entwirft Schinkel erst 1831), die sich in ihrer Übersichtlichkeit als erste Arbeit angeboten hätte.

Die hier angenommene Orientierung Schinkels an der früheren »Philosophie der Kunst« Schellings wird im übrigen erhärtet durch eine von Helmut BÖRSCH-SUPAN gemachte Detailbeobachtung[341], die allerdings bei diesem ohne weiterführende Einordnung bleibt: Offensichtlich hat Schinkel im Jahr 1827 eine kleinformatige Vorstudie angefertigt, deren Verwendung für die Fresken dann allerdings unterblieb. In dieser Studie versucht der Künstler eine Allegorie für den Ursprung der menschlichen Architektur im Motiv des Nestbaus der Vögel zu finden. Damit verweist noch diese im Schaffen Schinkels relativ späte Zeichnung direkt auf eine Besonderheit seiner Theoriebildung in der romantischen Phase: Wie schon zu dieser Zeit ist es auch jetzt ein Gedanke aus Schellings »Philosophie der Kunst« (§ 107), der Schinkels Auffassung zugrundeliegt.[342]

Nicht nur aufgrund dieser Details kann angenommen werden, daß Schinkel angesichts der neuen und ungewohnten Aufgabe von 1828, die monumentalen Fresken selbst zu erarbeiten, auf die für seine romantische Schaffensphase so wichtige theoretische Grundlage der Frühphilosophie Schellings zurückgriff. Auch die Wahl mythologischer Themen als Sujet entspricht einer eindringlichen Forderung des Philosophen:

§ 38. Mythologie ist die notwendige Bedingung und der erste Stoff aller Kunst.[343]

---

341 Vgl. Helmut Börsch-Supan, Zeitschrift des Deutschen Vereins für Kunstwissenschaft 35 (1981) H. 1/4 (Sonderheft zum Schinkel-Jahr) S. 38.
342 Vgl. dazu zuvor S. 118.
343 Schelling 1995 S. 233, § 38 der »Philosophie der Kunst«. Zwar erhebt Schelling auch noch in der »Philosophie der Mythologie« die Forderung nach einer mythologisch orientierten Kunstform, macht aber gleichzeitig eindringlich zwei Vorbehalte geltend: Einerseits sei die psychische Verfassung der Gegenwart nicht mit der der Antike vergleichbar, so daß eine schlichte Wiederholung ihrer mythischen Formen unstatthaft sei. Andererseits habe auch die romantische Periode zu Anfang des Jahrhunderts keine überzeugende christlich-

Von diesen Zusammenhängen abgesehen zeigt die weitere Analyse der möglichen Einflüsse, daß auch der zweite von WAGNER betonte Gesichtspunkt – die Verbindung zwischen Schinkels Uranos-Fresko und der Interpretation des zugrundeliegenden Mythos bei Schelling – auf deutliche Vorbehalte trifft. Als Ausgangspunkt wird festgehalten werden können, daß die eigenständige Formulierung einer – zumal so symbolwirksamen – Ikonographie für das mythische Zeitalter des Uranos eine durchaus kreative Eigenleistung Schinkels darstellt. Der Maler konnte dabei weder auf eine aus der Antike legitimierte motivische Tradition zurückgreifen[344] noch auf Vorbilder aus späteren Epochen, insbesondere nicht aus der Malerei der Renaissance.[345] Die schließlich gewählte Form, in der das Motiv des thronenden Gottes mit dem des Tierzeichenkreises auf dem Hintergrund des Regenbogens sowie dem umschließenden Reigen der Gestirne vereint wird, läßt sich dennoch auf der Grundlage von Vorbildern aus benachbarten ikonographischen Zusammenhängen besser verstehen als auf der Grundlage der Schellingschen Mythosdeutung.

Zunächst ist bereits die Wahl der Uranos-Figur als Auftakt des Freskenzyklus' ungeachtet ihrer auf den ersten Blick großen Nähe zu Schelling keineswegs ein eindeutiger Anhaltspunkt. Denn im Gegensatz zu den verschiedenen Überlieferungen der Theogonie Hesiods ist bei Schelling die Figur des Uranos *gerade nicht* die entwicklungsgeschichtlich erste Personifikation der für die mythische Entwicklung entscheidenden Faktoren. Diese Stelle nimmt für Schelling vielmehr der aus der altitalischen Mythologie stammende Gott Janus ein, der – wenngleich den griechischen Mythen unbekannt – den anfänglichen Chaoszustand personifiziert, der dem Werden der Welt vorausliegt.[346] Damit kann zumindest ausgeschlossen werden, daß Schinkel einen eindeutigen Bezug zu dem Schöpfungsmythos Schellings suchte, denn diese Absicht wäre durch eine Darstellung des Janus im Eingangsfresko wesentlich besser transportiert worden. Die von WAGNER zur Unterstützung eins Bezuges angeführte Schelling-Passage

---

mythologische Kunst schaffen können; vgl. Schelling 1986 Bd. 1 (10. Vorlesung) S. 242 und weiterführend Hennigfeld 1973 S. 126ff.

344 Vgl. etwa die Aussage Hirts als eines in Preußen unumstrittenen Kenners der antiken Bildwerke: »Von seinem (des Saturn, Zus. d. Verf.) Vater Uranus ist keine bildliche Darstellung bekannt ...«, vgl. Hirt 1805 S. 12.

345 Darstellungen des Uranos sind in der Neuzeit zwar aufzuweisen. Sie sind jedoch überaus selten und weisen zudem nicht die von Schinkel gewählte Ikonographie auf, vgl. dazu Reid 1993 S. 1054; Reinach, Revue Archéologique (Serie V, Bd. 1) 1915 S. 96f.

346 Schelling 1986 Bd. 2 (26. Vorlesung) S. 598.

> Ganz richtig würden wir aber sagen: der Punkt sei der Kreis in seinem Chaos, oder er sei der chaotisch angesehene Kreis.[347]

ist deshalb nicht geeignet, die geometrische Anlage des Uranos-Fresko als Kreisform auf Schelling zurückzuführen: Schließlich ist in der Vorstellungswelt Schellings diese geometrische Analogie des Chaos eben nicht der Person des Uranos zugeordnet, sondern eindeutig dem Janus.[348]

Trotzdem bleibt es noch denkbar, daß Schinkels Komposition einen jedenfalls unterschwelligen Bezug auf die von Schelling für die mythologische Frühphase so zentral verstandene Uranos-Zeit besitzt. Allerdings würde eine solche Verbindung zu Schelling nur in einem sehr geringen Grad mit den verschiedenen, ineinander verschränkten Symbolebenen des Schinkelschen Freskos konform gehen: Weder das Motiv des Regenbogens noch die Motivik des Tierzeichenkreises finden Entsprechungen in den entsprechenden Passagen der »Philosophie der Mythologie«. Diese Motive zeigen vielmehr deutliche Ähnlichkeiten mit konventionelleren Darstellungen aus dem Umkreis der antiken Mythen, von denen angenommen werden muß, daß sie Schinkel zumindest teilweise bekannt waren. Ähnlichkeiten dieser Art richten sich zwar nicht auf Darstellungen des Uranos, doch auf die anschließenden Göttergenerationen: So umringt den thronenden Jupiter, dessen antikes Relief Alois Hirt 1805 in seinem »Bilderbuch für Mythologie, Archäologie und Kunst« (Tafel II.3) veröffentlicht, der Kranz der Tierzeichen; der auf Wolken thronende Jupiter aus Hirts »Götter und Heroen« von 1826 (Tafel III.27) wird von einem tondo umgeben, der strukturell und maßstäblich dem Regenbogen Schinkels entspricht.[349]

Selbst der eingangs angesprochene »Reigen der Sternkinder«[350] verweist nur auf den ersten Blick zu Schelling hinüber, doch sind es bei genauerer Betrachtung nicht die bei diesem auftretenden »Sterngötter«, die in »tiefer, feierlicher Stille« den Uranos umkreisen. Schinkels Schöpfungen – »Sternkinder« – führen vielmehr den Ausdruck heiterer Lebendigkeit mit sich, die nicht dem im Grunde lebensfeindlichen Gesamtcharakter der Schellingschen Uranoszeit[351]

---

347 Schelling 1986 Bd. 2 (26. Vorlesung) S. 600; vgl. Wagner 1989 S. 115.
348 Schelling 1986 Bd. 2 (26. Vorlesung) S. 598.
349 Auch Creuzer 1810 Tafel VI. 12 zeigt die Abbildung einer antiken Münze, auf der der ägyptische Serapis (entspricht weitgehend dem römischen Iuppiter) von den Planetengöttern umringt und überdies von den Tierzeichen eingerahmt wird.
350 Vgl. oben S. 266f.
351 Schelling 1986 Bd. 2 (9. Vorlesung) S. 185f.: »... ganz eingenommen ... von einer Gewalt,

entspricht. Im übrigen ist auch der Bezug auf die Gestirne ohne die Zuhilfenahme der Schellingschen Aussagen auf der Basis der antiken Theogonie verständlich und plausibel: Wenn Hesiod schreibt,

> Gaia gebar zuerst an Größe gleich wie sie selber
> Uranos sternenbedeckt, damit er sie völlig umhülle...[352]

und Uranos damit zur Personifikation des gestirnten Himmels macht, dann geht Schinkels Visualisierung kaum darüber hinaus.

Wie die vorangegangenen Überlegungen zeigen, kann die Interpretation WAGNERs nicht durchschlagend plausibel machen, daß Schinkel neben der hohen Belastung seiner vielfältigen Verpflichtungen der Zeit ab 1820 auch die philosophischen Entwicklungsansätze Schellings auf der Höhe der Zeit mitverfolgt und als Ansatzpunkt seines großangelegten Freskenwerkes nutzt. Auch ohne diese Zusatzhypothese, die ihre Eingängigkeit im wesentlichen einer zufälligen zeitlichen Verschiebung der jeweiligen Werk- und Rezeptionsgeschichten verdankt, wirkt die Ambition Schinkels noch komplex genug: In ihrer Einheit breiten die Fresken der Säulenhalle eine Idealvorstellung aus, in der die Entwicklung der Welt mit der des individuellen und gesamtkulturellen menschlichen Lebens im Gesamtsystem eines gütigen Kosmos aufgenommen sind. Anfang und Ende dieser Entwicklungsbahn erscheinen verknüpft – jenseits der berechtigten Trauer um das menschliche Leben mündet die Substanz des Individuums nach dem eigenen Ende wieder in eine übergeordnete Wirklichkeit ein.

Diese Idealvision ist auf den ersten Blick eine bloße Wunschvorstellung ohne Bezugspunkt – sie verweigert sich einer Deutung als konkret anzustrebende Utopie des menschlichen Daseins, die im täglichen Leben zu verwirklichen wäre: Schon die idealisierte, kaum körperhafte Darstellungsweise entzieht sich dieser Deutung; mehr noch die bewußte Ausklammerung jedes Konfliktes, dessen Bewältigung das alltägliche Leben fordert.[353] Ein zweiter, architektonischer Blick verdeutlicht allerdings den entscheidenden Bezug, der die Relevanz

---

die ihn in das ausschließlich Seyende selbst versetzt und seinen Blick für die freie, lebensvolle Natur verschließt.«
352 Hesiodus 1991 S. 15 (Theogonie Zeile 126f.).
353 So ist das Motiv des Krieges in der bildlichen Darstellung zwar präsent, jedoch eben nur als Abwesendes: Im »Götterleben« verhüllen hilfreiche Hände die Gestalt des Mars; im »Menschenleben« erscheinen nur die siegreich heimkehrenden Krieger, nicht aber die Handlung des Kampfes selbst.

dieser Freskenlandschaft erschließen kann. Erst im Zusammenspiel mit den Fresken der oberen Halle wird deutlicher, unter welchem Aspekt Schinkel selbst die Darstellungen der Säulenhalle versteht.

Die Fresken der oberen Halle
Ein unübersehbarer Akzentwechsel der Thematik trennt die im Obergeschoß realisierten Arbeiten von den idealisierenden Bildern der unteren Säulenhalle. Diese verlieren in ihrer Schilderung des menschlichen Lebens selbst bei Motiven des Abschieds und der Trauer nie die Einordnung des Individuums in eine übergreifende harmonische Gemeinschaft aus den Augen. Die Entwürfe, die Schinkel für die eigentliche, im Obergeschoß angelegte Vorhalle des Museumseingangs fertigt, führen dagegen vor allem ein neues Motiv ein: das des Konflikts.

III.21   Schinkel, Karl Friedrich: Aufopferung für andere bei gefahrvollem Naturereignis
1834   25,5 x 72,7   Farbdruck
Aus: AK Schinkel I, Abb. 207d (S. 266)

III.22   Schinkel, Karl Friedrich: Aufopferung für andere in Abwehr menschlicher Rohheit
1833   25,5 x 72,7   Farbdruck
Aus: AK Schinkel I, Abb. 207e (S. 267)

Ein königliches Museum

Zum ersten Mal tritt hier die konkrete, individuelle Gefährdung des Menschen durch Naturgeschehen und Krieg auf. Schinkel verdeutlicht hier nicht mehr nur die in der Natur der Dinge liegende Endlichkeit des Menschenlebens, sondern den sehr irdischen, vermeidbaren Konflikt mit der Natur und besonders den Mitmenschen, der in der physischen Vernichtung der Person gipfeln kann. Parallel dazu legt Schinkel sowohl eine veränderte Raumauffassung zugrunde als auch eine neue Auffassung der dargestellten Personen: Im Gegensatz zur reliefhaften Malerei der Säulenhalle spielt sich hier das dramatische Geschehen in einem voll entwickelten Perspektivraum ab. Damit werden die oberen Fresken zum Abschluß einer Entwicklung, die mit der Entstehung des Raumes überhaupt einsetzt (im »Götterleben«) und über die steigende Konkretion und Ausweitung des Raumes führt (im »Menschenleben«; hierbei sind besonders die Ansätze zu einer Tiefenwirkung zu beachten, die Schinkel in den Figurengruppen am oberen Bildrand anlegt). Neben der Raumvorstellung erreicht nun auch die Lichtführung eine neue Qualität – das Licht wird nicht mehr bloß als symbolisches Mittel eingesetzt, sondern als sehr realistisches Werkzeug zur Wiedergabe der Dramatik einer ebenso realistisch angelegten Szenerie; es wird damit zu einem Träger individueller Gefühlswerte. Besonders deutlich ist dieses Mittel im rechten Fresko (Abb. III.21) eingesetzt, in dem nicht nur der stürmische Himmel, sondern auch die scharfen Hell-Dunkel-Kontraste die Schärfe der Gefahr vermitteln, in der die Opfer der Flutkatastrophe und ihre Retter stehen. Im übrigen entsprechen der Hinwendung vom Allgemeinen zum Konkreten selbst die personae dramatis, die zu voller Körperlichkeit und Charakterisierung ausgebildet sind: So etwa die kriegerischen Angreifer der linken Seite, deren rohe Waffen, Haar- und Barttracht sie als kulturell niedrigstehend, als Barbaren kennzeichnen (Abb. III.22).

<u>Das Ideal individueller Bildung und die Bindung des sozialen Imperativs:</u>
<u>Ein neues Verständnis der Fresken</u>
Die Fresken der oberen Halle, also die »Aufopferung für andere bei gefahrvollem Naturereignis« und die »Aufopferung für andere in Abwehr menschlicher Roheit«, bieten damit – ähnlich wie der rechte Teil der Bilder für die Säulenhalle – zunächst Anhaltspunkte für die von H. BÖRSCH-SUPAN gegebene Deutung. Nach BÖRSCH-SUPANS Auffassung gehen die Darstellungen von Abschied, Tod und Gewaltsamkeiten auf Schinkels gleichzeitige gesundheitliche Schwächung, besonders aber die traumatische Erfahrung der französischen Revolution von 1830 zurück.[354] BÖRSCH-SUPAN zieht zusätzlich schriftliche Notizen

Schinkels aus der Zeit der malerischen Entwürfe für die oberen Fresken heran, nach denen anfangs eine friedvolle Version geplant gewesen sei. Die Aufnahme der Krisenmotive deute somit auf einen Bruch in der künstlerischen Einstellung Schinkels hin.[355]

Die grundsätzlich richtige Entgegnung WAGNERs[356], einerseits ließen sich aus diesen Notizen keine derart starken Konzeptionsbrüche herleiten, andererseits seien alle Fresken nach einem bruchlosen Gesamtsystem geplant, läßt sich allerdings in einigen Zügen noch präzisieren. Vor allem muß hierbei berücksichtigt werden, daß Schinkels Interessen in der Entstehungszeit ganz überwiegend dem architektonischen Bereich gelten. Entsprechend stark muß die Einbindung der malerischen Ausstattung in die *architektonische* Anlage des Gebäudes berücksichtigt werden: Schinkels Fresken zielen darauf ab, den Besucher in diejenige Stimmung zu versetzen, die für das wahre Verständnis seiner Funktion, die Kunstgegenstände im Inneren zu präsentieren, die richtige ist. Hier ist angebracht, über die bislang vorliegenden Interpretationen hinaus den Zusammenhang zwischen der Erschließung des Gebäudes, für die der Architekt den Weg über seine außergewöhnliche Treppenanlage vorgibt, und dem geistigen Weg zu verdeutlichen, den die begleitenden Fresken abzeichnen.[357]

Schinkel inszeniert innerhalb dieses Purgatoriumsweges eine deutliche Zäsur: Die quergerichtete Anlage der Säulenhalle lädt als Stoà zur längeren Wanderung ein; diesem Zweck entspricht auch die komplexe, nicht auf den ersten Blick entschlüsselbare Vielfalt von Figuren und Bezügen in den Malereien vollständig. Der Betrachter soll hier – dem griechischen Vorbild entsprechend – im Kontakt mit Gleichgesinnten ein Idealbild der Welt, des Lebens, der Kunst lernend erfahren und sich aneignen. Der weiterführende Bezug aus dem geschlossenen Kreislauf der vier unteren Motivgruppen auf die darüberliegenden Fresken der Treppenhalle wird jedoch nicht mehr durch malerische Mittel hergestellt. Hier gibt Schinkel einen architektonischen Weg vor, einen Weg, den der Besucher selbst hinanschreiten und so erst in die Realität bringen muß.

---

354 H. Börsch-Supan, in: AK Schinkel I S. 32f, 41.
355 Vgl. Börsch-Supan, Zeitschrift des Deutschen Vereins für Kunstwissenschaft 35 (1981) H. 1/4 (Sonderheft zum Schinkel-Jahr) S. 41, 44f.
356 Vgl. Wagner 1989 S. 115ff.
357 Möglicherweise ist hierfür die suggestive Feststellung Kuglers wirkungskräftig geworden, nach der die Fresken im Gegensatz zu anderen malerischen Werken, die Schinkel zur architektonischen Ausstattung anfertigt, als »... selbständige Werke bildender Kunst ...« zu betrachten sind; vgl. Kugler 1842 S. 110.

III.23 Schinkel, Karl Friedrich: Innere Perspektive des Treppenhauses im Museum
1829   39,1 x 53,0   Feder, Bleistift
Aus: Rave, Schinkelwerk: Berlin I, Abb. 21

Nicht nur architektonisch, sondern auch in Darstellungsweise und Thema verändert sich dabei der Schwerpunkt. Der (im wandelnden Austausch mit anderen gemäß dem griechischen Vorbild) an den Idealvisionen der Säulenhalle gebildete Besucher erhält nun die Gelegenheit zu einem Rück- und Rundblick auf die ihn umgebende gesellschaftliche Realität. Wie FORSTER festgestellt hat, hebt Schinkel selbst in seiner bekannten Perspektivzeichnung des Treppenhauses diese Absicht hervor[358] (Abb. III.23), indem er Schloß und Kirche malerisch präzise integriert. FORSTERs Überlegungen richten sich allerdings vorwiegend auf die formale Analogie des Darstellungsmodus' zu den malerischen Arbeiten für die Panoramen und Bühnenbilder. Obgleich die so erzielten Beobachtungen überzeugend sind, erscheint die inhaltliche Seite

---

358 Vgl. Forster, Modulus (Charlottesville: University of Virginia School of Architecture) Bd. 16 (1983) S. 64, 72; obgleich auch BÖRSCH-SUPAN eine grundsätzlich entsprechende Feststellung trifft, wird sie von diesem nicht in Beziehung zu den malerischen Arbeiten gesetzt, vgl. Börsch-Supan, Zeitschrift des Deutschen Vereins für Kunstwissenschaft 35 (1981) H. 1/4 (Sonderheft zum Schinkel-Jahr) S. 41.

dabei etwas vernachlässigt. Schließlich ist es äußerst auffällig, daß Schinkel bereits hier, also schon im Jahr 1825, die Funktionsweise für die Fresken der Treppenhalle festlegt: Der Betrachter soll auf dem Treppenabsatz nicht mehr erlernend wandeln, sondern direkt individuell angesprochen und zum Handeln aufgerufen werden.[359] (Diese abgezielte Empfindung antizipiert Schinkel bereits in den Betroffenheitsgesten der Figuren links im Bild.)

Die spätere Festlegung der Motive (1833) füllt genau die damit schon 1825 eröffnete Leerstelle im Programm: Nach dem Erlebnis einer idealen Bildung in der Säulenhalle wird das gebildete Individuum nun selbst von konkreten Forderungen nach der Umsetzung des Geschauten betroffen. Im Dienst einer Konkretion dieser Forderungen steht auch der zunehmende Naturalismus der Personendarstellung, der die Zäsur zur idealen Sphäre der Säulenhalle vertieft. Die Forderung Schinkels, sein malerischer Imperativ zur Gestaltung der Realität, kommt deutlich in den von ihm selbst noch ausgeführten Entwürfen zum Ausdruck, die das Individuum zur Verteidigung seiner sozialen Gemeinschaft gegen Naturkatastrophen, aber auch zur Verteidigung seiner kulturellen Gemeinschaft gegen menschliche Angriffe aufrufen: Gegen die Deutung, die BÖRSCH-SUPANs dem »Angriffsfresko« als Aufruf zur Verteidigung der Kultur gegen den in der Revolution drohenden inneren Feind gibt[360], spricht schon die von Schinkel selbst durch seinen Titel vorgegebene Interpretation. Schinkels Wortwahl betont, daß nicht ein »Feindlicher Angriff« bzw. die Verteidigung gegen ihn das zentrale Anliegen ist, sondern gerade die »*Aufopferung* für andere« bei einem solchen Ereignis. Durch diese Wendung wird der ethische Imperativ überdeutlich, den die Fresken der Treppenhalle als Akzent im Zusammenhang der gesamten Konzeption setzen. Er richtet sich an das einzelne Individuum, nicht im Sinne eines Waffenrufs an das Volk als ganzes wie BÖRSCH-SUPAN glaubt.

Dabei ist noch darauf hinzuweisen, daß die krisenhaften Motive von Schinkel in eine bis ins Detail stimmige Gesamtkonzeption eingebunden werden, in der ihre zunehmende Thematisierung der bereits angesprochenen Konkretisierung von Raum und Licht parallel geht. So führt der Maler selbst krisenhafte Motive bereits im 1828 entstandenen »Götterleben« ein, wie seine Erläuterungen belegen:

---

359 Anhaltspunkte für eine derartige Zweiteilung finden sich bereits bei Kugler 1842 S. 118. Da Kugler jedoch – gemäß seinem Ausgangspunkt – die Fresken als eigenständige Kunstwerke betrachten will, verfehlt er die erst aus dem Zusammenwirken mit der architektonischen Form verständliche Konzeption im Sinne eines echten Imperativs.
360 H. Börsch-Supan, in: AK Schinkel I S. 41.

> Noch schlummernd wird der Krieg vorsorglich verhüllt, weil die Zeit seines Wirkens
> noch nicht gekommen ... Ein Hahn verkündet den Tag, mit welchem zugleich die Sorge
> beginnt.[361]

Es ist nur folgerichtig, wenn Schinkel im »Menschenleben« die Archetypen des von der Schlacht heimkehrenden Helden (oberer Bildrand, rechtes Viertel) und des Abschieds vom Leben (rechter Bildrand) als allgemeinmenschliches Faktum anschließen läßt. Zu ihrer individuellen Konkretisierung gelangen diese Archetypen aber erst in den Fresken der oberen Treppenhalle.

Mit den zu konkreten Handlungsforderungen leitenden Archetypen in den ausgeführten Arbeiten Schinkels ist die Intention des Künstlers aber noch nicht voll erfaßt. Nicht nur sie spielen in der beabsichtigten Ansprache an das gebildete Individuum eine Rolle, sondern auch die Konzeption für zwei weitere noch geplante Wandbilder. Sie sollten

> ... die Überlieferung der ... im gesellschaftlichen Verbande gewonnenen Resultate an
> die nachfolgenden Geschlechter - in der Wissenschaft auf der einen Seite, in der Kunst
> (Architektur) auf der anderen ...[362]

behandeln, und damit den aus der Leistung des Gebildeten fließenden positiven Ertrag. Während der untere Abschnitt der Fresken also das Fundament für das Bildungserlebnis legt, fordert der obere Teil den Einsatz des Einzelnen zu ihrer Erhaltung (ausgearbeitete Entwürfe) und führt den positiven Gewinn für die reale Gesellschaft vor Augen (unausgearbeitete Entwürfe). Die Interpretation WAGNERs verschleiert die dargestellten Zusammenhänge der Fresken zum Teil; sie trägt nicht ausreichend der Tatsache Rechnung, daß Schinkel wie kaum ein Architekt seiner Zeit die Fähigkeit zur architektonischen *und* malerischen Inszenierung und Beeinflussung von Stimmungen besaß.

Von den voranstehenden Interpretationskorrekturen abgesehen läßt sich eine weitere Besonderheit aus der Erzählstruktur der oberen Fresken gewinnen – sie hängt mit Schinkels Formulierung der »... *im gesellschaftlichen Verbande gewonnenen Resultate...*« zusammen. Die Ausdrucksweise belegt, daß Schinkel Wissenschaft und Kunst als Errungenschaften eines gesellschaftlichen Zusammenschlusses Gleichberechtigter ansieht; er charakterisiert das Wesen einer bürgerlichen Gemeinschaft. Eine entsprechende Sichtweise liegt auch den

---

361 Vgl. Schinkels Erläuterungen, zitiert nach Förster, Kunstblatt 18 (1837) S. 98.
362 Eigene Überlegung Schinkels; zitiert nach v. Arnim 1905 S. 118; (fast wortgleich Kugler 1842 S. 119).

beiden »Aufopferungsfresken« zugrunde: Wie naheliegend wäre für ein Museum, gestiftet vom siegreichen königlichen Anführer des nationalen Freiheitskampfes, die Darstellung einer Anführerfigur bei der Abwehr von Katastrophe und Krieg. Schinkels Aufopferungsbereite kommen jedoch ohne diese Führerfigur aus – in seinen Freskenentwürfen der frühen dreißiger Jahre verwirklicht sich damit eine Tendenz zu Staatsvorstellungen jenseits der restaurativen preußischen Ideologie. Sie nehmen damit ohne Bruch die Vorstellungen auf, die bereits Schinkels städtebauliche Behandlung des Museumsumfeldes in den späten zwanziger Jahren geprägt hatte.[363]

»Einfluß der moralischen Kraft auf die gesamten Lebensverhältnisse«:
Eine neue Quelle für die Fresken

Die dargestellten Beziehungen ergeben sich vorwiegend aus der phänomenorientierten Analyse der Schinkelschen Entwürfe in ihrer Beziehung zur architektonischen Planung. Die Stimmigkeit der hier gegebenen Interpretation läßt sich allerdings dadurch zusätzlich erhöhen, daß die Konzeption der Freskenentwürfe für die Treppenhalle auf eine bislang nicht berücksichtigte schriftliche Quelle zurückgeführt werden kann: Schinkel greift bei der Ausarbeitung auf das siebente Kapitel des von Johann Christoph August Heinroth 1829 verfaßten Werks »Schlüssel zu Himmel und Hölle oder über moralische Kraft und Passivität« zurück. Der angesprochene Abschnitt behandelt unter dem Titel »Einfluß der moralischen Kraft auf die gesamten Lebensverhältnisse« die Folgerungen, die sich für das gesellschaftliche Leben ergeben, wenn das einzelne Individuum die von Heinroth emphatisch erhobenen Forderungen für die Ausbildung der »moralischen Kraft« befolgt. Diese Folgerungen bieten (mitsamt ihren Grundlagen) frappierende Entsprechungen zu den Entwürfen Schinkels für die Treppenhalle, die ohne die Annahme einer direkten Beeinflussung nicht erklärbar sind.

Zunächst ist gesichert, daß Schinkel die Werke Heinroths ausführlich rezipiert hat. Mit sehr hoher Wahrscheinlichkeit gilt dies auch für den »Schlüssel zu Himmel und Hölle«.[364] Wenn auch ein genauer Zeitpunkt nicht feststeht, wird doch davon ausgegangen werden können, daß Schinkel das Buch relativ bald nach seinem Erscheinen, also etwa um das Jahr 1830 in den Händen hatte. Bestand damit die realistische Möglichkeit eines Einflusses auf

---

363 Vgl. dazu zuvor S. 241ff.
364 Vgl. dazu oben S. 207.

die Ausarbeitung der Fresken für die Treppenhalle (1833), so wird diese Möglichkeit durch den Vergleich der Strukturen von Text und Bild zur Gewißheit: Beide sind nicht nur von den gleichen Vorstellungen über die Wurzel der moralischen Dimension getragen; sie gelangen auch zu denselben Ergebnissen. Wie bei Schinkel ist es auch bei Heinroth das Vorbild der antiken Kultur, das den heutigen Menschen zur vollen Ausbildung seiner Moralität befähigen soll. Schinkel hat allerdings diese Grundlage seiner privaten Mythologie in Gestalt der Entwürfe für die Säulenhalle bereits gelegt, als Heinroth 1829 schreibt:

> Was demnach Bürgertugend sey, haben wir zwar in der neuesten Zeit namentlich erfahren, wo allgemeines Elend und große Unterdrückung auch große Opfer erheischte und erhielt: allein in ihrem vollsten Glanze strahlte die Bürgertugend wohl in jenen kräftigen Zeiten der classischen Griechen und Römer, wo die Republik das war, was bei uns die Kirche ist: ein Heiligtum: und wo die Religion keine kirchliche sondern eine politische war ...[365]

Doch Schinkels spätere Konzeption der Fresken für die Treppenhalle folgt ganz der Vorgabe Heinroths. Sie versinnbildlicht zunächst die eine Seite des gesellschaftlichen Gewinns, den nach Heinroth ein an der Antike geschultes Individuum darstellt:

> Es war religiöses Gefühl, ja es war Gluth der Liebe, ein reiner Ausbruch hoher moralische Kraft, was diese Helden zu Wegwerfung ihres Lebens begeisterte. Freilich, wie gesagt, ein Gefühl, eine Liebe mit einem religiösen Schwunge für ein endliches, irdisches Ideal: aber doch immer noch der glänzendste Beweis daß die moralische Kraft auch das bürgerliche Verhältnis des Menschen dergestalt zu durchdringen vermag, daß es gleichsam aus seinem beschränkten Kreise heraus in eine höhere freie Sphäre verklärt wird.[366]

Eine präzisere Wiedergabe des Schwungs, der sowohl die Freiheitskriege beflügelte als auch in Schinkels »Angriffsfresko« bewahrt ist, erscheint kaum möglich. Gleichzeitig macht die Nähe zu Heinroths republikanischen Idealen einsichtig, warum in Schinkels Fresken keine Heroisierung des monarchischen Anführers wiederkehrt, wie sie in früheren Arbeiten zum gleichen Thema durchaus präsent waren.

Der Heroismus des Opfertodes für die bürgerliche Gemeinschaft allein – obwohl wichtig genug – umfaßt jedoch weder bei Heinroth noch bei Schinkel das Ganze der Bürgertugend. Auch schon

---

365 Heinroth 1829 S. 167.
366 Heinroth 1829 S. 168.

> ... das bürgerliche Tagewerk reicht hin, die unverdrossene Mühe in den Werkstätten vom frühesten Morgen bis zum Abend, überhaupt die unermüdliche Geschäftigkeit in allen Zweigen des bürgerlichen Thuns und Treibens...[367]

Schinkels geplante, aber nicht realisierte Visualisierung der »im gesellschaftlichen Verbande gewonnenen Resultate« der bürgerlichen Bemühungen in Kunst und Wissenschaft hätte diese Stelle mehr als angemessen ausgefüllt.

Um sich dem beschriebenen Ideal eines durch Bildung an der Antike heroisierten Bürgertums zu nähern, kommt es Heinroth entscheidend darauf an, einen gesellschaftlichen Kristallisationspunkt für den unbehinderten Kontakt freier Bürger zu schaffen, der wie die griechische agora höheres Vergnügen, Unterhaltung und ernsthaften Austausch zusammenfassen kann. Heinroth sieht sich bei aller sonstigen Selbstgewißheit seiner Vision bedauernd gezwungen, hier eine vermeintlich unüberwindliche Hürde zu konstatieren, denn schließlich

> ... ist unser nordischer Himmel nicht zu einem öffentlichen Leben, gleich dem der Alten, geeignet ...[368]

Schinkels Stoà mit ihrem malerischen Programm greift hier ein; sie wirkt wie die direkte Lösung dieses Problems.

Die voranstehenden Überlegungen, die sich noch durch manche detailliertere Analyse der Vorbilder für einzelne Motive ergänzen ließen, belegen nachdrücklich, daß PLAGEMANN und GRISEBACH fehlgehen, wenn sie die Fresken als ein untergeordnetes Werk Schinkels bezeichnen.[369] Zwar kann mit guten Gründen darüber gestritten werden, ob sich die Ambitionen des Künstlers mit den gewählten Ausdrucksformen erreichen ließen; festgehalten werden muß dennoch, daß jedenfalls der Höhenflug dieser Ambitionen in kaum einem Werk Schinkels vergleichbare Sphären erreichte.[370] Und anders gewendet: Die malerische Gesamtkonzeption, die selbst in Schinkels Œuvre an Komplexität keine Parallele kennt, steht nicht nur in einem stringenten inneren Zusammenhang, sondern sie ist gleichzeitig mit Faktoren aus Schinkels theoretischer, architektonischer und städtebaulicher Entwicklung auf das engste verbunden. Diese Entwicklung artikuliert im Kern einen ästhetizistischen Bildungsmythos

---

367 Heinroth 1829 S. 168.
368 Heinroth 1829 S. 170.
369 Grisebach, in: AK Schinkel I, S. 51f.; Plagemann 1967 S. 47.
370 Bezeichnend ist hier, daß Schinkel 1828 die Absicht äußerte, für die Ausarbeitung der Entwürfe den Abschied aus dem Staatsdienst zu nehmen; vgl. Schinkel, Brief an Bettina v. Arnim vom 7. Mai 1828, auszugsweise abgedruckt bei Zadow 1980 S. 26.

– nicht ohne Aggressivität – als Gegenmodell der übermächtigen Staatlichkeit Preußens. Sie findet bereits in den Jahren um 1828 einen ersten – städtebaulichen – Höhepunkt in der Gestaltung des Museumsumfeldes, einen Höhepunkt, an den die programmatischen Fresken für das Museum *ohne* den von BÖRSCH-SUPAN postulierten Bruch anknüpfen.

Das Skulpturenprogramm
Schinkel selbst entwirft neben den so aussagekräftigen Fresken zahlreiche Skulpturen und Ausstattungselemente für das Museum. Ihre Anlage, Konzeption und Geschichte ist zwar weniger komplex als die der Fresken, dennoch besitzen auch sie Beziehungen zur Konzeption der Gesamtanlage des Museums und ihrer Entwicklung. Schon im räumlichen Verhältnis zum Museumsbau nehmen verschiedene Skulpturen herausragende, für die Außenwahrnehmung entscheidende Positionen ein. Hervorgehoben stehen sich auf dem höchsten Punkt des Museums, der quadrischen Kuppelüberdachung, vorn zwei Darstellungen sternenbekrönter und rossebändigender Dioskuren gegenüber[371]; auf den hinteren Ecken zwei Figuren der Musen in Begleitung des Pegasus[372] – auf den äußeren Ecken des Museumsbaus korrespondieren ihnen kniende Frauenfiguren. Eine herausgehobene Stellung nehmen auch die auf den Treppenwangen des Eingangsbereichs angeordneten Figuren ein, zwei Reiterfiguren im Kampf gegen Raubtiere. Etwas weniger auffällig wirken die über den achtzehn Säulen der Front als Akroterien angeordneten, kleineren Adlerfiguren. Idee und Entstehungsgeschichte sämtlicher Figuren sind mit dem Werden des Museums eng verknüpft.

Dabei stellen die Adlerfiguren der Front den einzigen Teil des skulpturalen Schmucks dar, der unverändert entsprechend Schinkels erster eingereichter Planzeichnung realisiert wurde. Diese paarweise einander zugewandten Vogelfiguren verweisen auf das emblematische Bild des preußischen Adlers; indem sie das Gebälk der Fassade bekrönen, stellen sie das Gebäude symbolisch unter die Hoheit des preußischen Königshauses. Im gleichen Sinn wie dieses Hoheitszeichen ist auch die im Friesbereich des Gebälks über nahezu die gesamte Gebäudebreite gezogene Inschrift zu verstehen, durch die Friedrich Wilhelm III. als der Gründer des Museums ausgewiesen wird.[373]

---

371 Ausgeführt wurden die beiden Gruppen 1826–28 von C.F. Tieck, vgl. Bloch/Grzimek 1978 S. 58ff.
372 Gebändigter Pegasus bzw. gelabter Pegasus; ausgeführt von H. Haagen und H. Schievelbein 1861, vgl. Vogtherr 1997 S. 135; Bloch/Grzimek 1978 S. 295.
373 »Fridericus Guilemus III studio antiquitatis omnigenae et artium liberalium museum

Gleichfalls mit der Ausrichtung auf den königlichen Stifter verknüpft, wenn auch nur in der Entstehung, sind die auf den Treppenwangen realisierten Standbilder. Hier sieht Schinkels Planung 1823 noch herrschaftliche Reiterfiguren des Königs und des Kronprinzen vor.[374] An ihre Stelle treten im Verlauf der Ausarbeitung die Reiterfiguren eines Löwenkämpfers[375] und einer mit einem Panther kämpfenden Amazone.[376] Obwohl die ausgeführten Gruppen sich schließlich harmonisch in die Konzeption des Museums einfügen, ist ihre Entstehung vorwiegend auf Entwicklungen in der preußischen Kulturszene zurückzuführen, in denen sich neue Kräfte zu profilieren suchten (v.a. A. Kiß als Vertreter der Rauch-Schule).[377] Sie können damit nicht ohne weiteres herangezogen werden, um das Verständnis des Museumsbaus und seiner konzeptuellen Weiterführung zu vertiefen. Aufschlußreich ist dagegen Schinkels ursprüngliche Absicht, an dieser Stelle Friedrich Wilhelm III. und seinen Nachfolger zu Pferde zu verewigen. Sie hätte in dieser Form Neuland betreten, da die wenigen, aber bestimmenden Vorbilder im Berliner Raum (v.a. das Reiterstandbild des großen Kurfürsten von Schlüter) nicht Architekturelementen zugeordnet waren, sondern eine autonome Aufstellung auf der Mitte eines öffentlichen Platzes nahelegten.[378] Schinkels innovative Idee belegt ebenso wie die serielle Bekrönung mit dem Zeichen des preußischen Adlers, daß der Architekt im Jahr 1823 noch von der Möglichkeit einer harmonischen Integration des Bauwerks als eines kulturellen Symbols mit den Symbolen der Monarchie ausgeht. Auch in diesen angesichts des Umfangs des gesamten Unternehmens nur gering bedeutenden Details findet sich damit eine Bewegung wieder, die sich schon

---

constituit MDCCCXXVIII«. Über die teilweise heftigen Auseinandersetzungen um die Inschrift vgl. etwa Bergdoll 1994 S. 83f.; zur damit verbundenen Auseinandersetzung um die Sammlungspräsentation vgl. unten S. 290ff.

374 Rave, Schinkelwerk: Berlin I S. 57.
375 Entwurf Rauch 1824/32, Ausführung A. Wolff, 1854–1861, vgl. Bloch/Grzimek 1978 S. 153.
376 A. Kiss, 1837–1842, vgl. Bloch/Grzimek 1978, 133.
377 Schinkel selbst hatte Kiss den Entwurf einer Vorläufergruppe geliefert, der »Stürzenden Amazone« von 1834. Angeregt u.a. von Beuth wurde Kiss veranlaßt, einen ähnlichen Entwurf für die Museumstreppe zu liefern, vgl. Bloch/Grzimek 1978 S.133, 432. Zur Förderung der fortschrittlichen Skulpturauffassung Kiss' bildete sich ein Verein, dem u.a. Schinkel, Beuth und Olfers angehörten, vgl. Rave 1981 S. 57f.
378 Selbst die zuvor geschaffenen Feldherrendenkmäler (Generalfeldmarschall Schwerin von Adam und Michel; Generalleutnant Winterfeld von Räntz; Schadows Standbilder Zietens und des »Alten Dessauers«) können wie die der gleichen Zeitspanne (Rauchs Blücher, Scharnhorst und Bülow) isolierte Sockel für sich beanspruchen, abgebildet bei Bloch/Grzimek 1978 S. 33ff.; Nr.131ff.

III.24 Schinkel, Karl Friedrich: Ansicht des Museums. Blatt aus einem Stammbuch, bez. »Schinkel, 4. Septr. 1829«
1829 Feder
Aus: Rave, Schinkelwerk: Berlin I, Abb. 8

in den theoretischen Überlegungen und den städtebaulichen Veränderungen aufzeigen ließ: Zu Beginn der Museumsplanung geht es Schinkel um eine harmonisierende Versöhnung von Kulturinstitution und politischer Macht auf gleichberechtigter Ebene, wenn auch unter Primat des Königshauses. In dem Maß, in dem Schinkel im Verlauf der Planung das Vertrauen in die Tragfähigkeit dieser Herangehensweise einbüßt, tritt auch die anfangs vielfältig wirksame herrschaftliche Symbolik in den Hintergrund.

In der gleichen Richtung sind auch die auf den Ecken der Kuppelüberdachung angebrachten Figuren aufschlußreich. Die ersten Zeichnungen Schinkels von 1823 sehen an diesen Punkten jeweils Gruppen vor, in denen die Figur eines sich aufbäumenden Pegasus' von einem Jüngling gezähmt wird (Abb. III.24).[379] Diese wenig beziehungsreichen Gruppen können lediglich allgemein als Hinweise auf die notwendige geistige Formung durch den Menschen verstanden werden, derer das poetische Element in der Kunst bedarf. Bereits

---

379 Nach Rave, Schinkelwerk: Berlin I S. 56 sah Schinkel zu diesem Zeitpunkt die gleichen Gruppen auch für die hinteren Gebäudeecken vor.

Schinkels erste Veröffentlichung seiner Pläne von 1825 schlägt ein differenzierteres Skulpturengruppen für die Rückseite der Überdachung vor[380], das den damit bereits angelegten antithetischen Aufbau verfeinert: Die Neuplanung sieht auf den rückwärtigen Ecken kämpfende Amazonen vor; die Rossebändiger auf den Ecken der Stirnseite werden bei geringer Abwandlung der Figuren (Sternenbekrönung) als die Dioskuren uminterpretiert:

> ... Dioscuren mit ihren Pferden, goldne Sterne über den Häuptern, schienen, an der Vorderseite aufgestellt, als Schutz und Heil bringende Wesen aus der Mythe bekannt, von erfreulichem Eindruck und in Uebereinstimmung mit dem Styl des Ganzen, und so konnte dann im Gegensatz eine andere Seite des menschlichen Geschickes: Kampf und Vernichtung, in zwei ähnlichen Gruppen, über die Hinterfronte des Aufbaues dargestellt werden.[381]

Damit verläßt Schinkel eine lediglich ornamentale Übernahme antiker Schmuckfiguren[382]: Die Dioskuren Castor und Pollux (Polydeukes), denen in den griechischen und römischen Mythen vor allem eine allgemein glückbringende Funktion bei gefahrvollen Unternehmungen[383] zugeschrieben wird, stehen nun einer Personifikation der gewaltbetonten Auseinandersetzung gegenüber. Die neue Dioskurengruppe Schinkels greift auf ein klassisches Vorbild zurück, die auf dem römischen Monte Cavallo aufgestellten Standbilder, deren große Wirkung Schinkel noch 1824 betonte.[384] Für die Konzeption der Figurengruppe des Museumsdachs ist es aussagekräftig, daß Schinkel sich gerade von dieser Vorprägung beeinflussen läßt, und nicht von einem eng benachbarten römischen Vorbild, das er bereits zuvor benutzt hatte: Diese zweite, am Kapitolsplatz lokalisierte römische Dioskurengruppe, hatte Schinkel bereits bei seinem frühen Entwurf für das Schloß Köstritz von 1802 zitiert (vgl. Abb. I.10). Diese Skulpturen betonen besonders das Moment einer überlegenen, heroischen Kraft im Gleichgewicht; die von Schinkel später für das Museum

---

380 Vgl. die Auflistung Schinkels für Erweiterungen der Ausstattung v. 24.10.1926, abgedruckt bei Rave, Schinkelwerk: Berlin I S. 49, unter F, II. und III. Rubrik.
381 Schinkel, Begleittext zur ersten Veröffentlichung 1825, abgedruckt in: Lemmer 1991 S. 25f.
382 Der allgemeine Verweis auf die Symbolisierung der »... weltbürgerlichen Ideale des Neuhumanismus« bei Bloch/Grzimek 1978 S. 295 ist zu unscharf, um dieser Änderung gerecht zu werden.
383 So weisen die typischerweise über ihren Häuptern dargestellten Sterne auf Hilfe in Seenot hin, vgl. Andresen u.a. 1965, Sp. 758f.
384 Schinkel, in Riemann 1979 S. 179 (Tagebucheintrag v. 29. August 1824); Wagner 1989 S. 114 sieht in den Figuren dementsprechend ein direktes Zitat.

III.25 Schinkel, Karl Friedrich: Genius auf der Dachdecke des Alten Museums. Vorder- und Seitenansicht ca. 1824 64 x 42 Bleistift, aquarelliert Aus: Rave, Schinkelwerk: Berlin I, Abb. 24

geschaffene Gruppe hebt dagegen hervor, daß zwischen ungebändigten, außermenschlichen Kräften und dem menschlichen Willen eine dynamische Auseinandersetzung ebenbürtiger Antagonisten stattfindet. In dieser spannungsreichen Symbolisierung wird ein Nachhall der vorangegangenen Ereignisse lokalisiert werden können, die auch für den Museumsbau einflußreich waren, nämlich des glücklichen Siegs Preußens über den übermächtig erscheinenden französischen Gegner. Im Gegensatz zur anfangs geplanten Anordnung findet sich damit in dieser (später nicht vollständig realisierten) Umplanung nun auch eine Reflexion auf den historischen Ort der Entstehung des Museums selbst.[385]

Gegenüber den zuvor angesprochenen Skulpturen stellen die Figuren auf den äußeren Ecken des Baukörpers ein eher untergeordnetes Motiv dar. Die ursprüngliche Planung Schinkels sieht hier metallene Dreifüße vor[386], die

---

[385] Geschichtliche Ironie ist es, daß letztlich nicht die differenziertere Variante (Amazonen auf den hinteren Ecken), sondern eine jede Spannung überdeckende Planung 1861 realisiert wurde (auf den hinteren Ecken jeweils eine Muse mit einem Pegasus). Die Änderung wurde durch den zuständigen Minister Eichhorn angeordnet, vgl. Rave, Schinkelwerk: Berlin I S. 56f. Sie geht zurück auf einen schon 1841 gemachten Vorschlag von Peter v. Cornelius, der aufgrund der Erkrankung Schinkels von Friedrich Wilhelm IV. als künstlerischer Sachverständiger bemüht wurde, vgl. Förster 1874 S. 175.

[386] Vgl. Rave, Schinkelwerk: Berlin I S. 55.

jedoch ebensowenig realisiert werden wie die zwischenzeitlich geplanten Genien mit Akanthusblättern auf kleinen Podesten (Abb. III.25). Diese beiden frühen Varianten erscheinen angesichts der Masse des Museums, besonders aber der charakteristischen Fassadenlösung mit ihrer Säulenhalle zu feingliedrig.[387] Es kann aber darüber hinaus angenommen werden, daß Schinkel auch vom Aussagegehalt beider Lösungen nicht befriedigt war. Beide verwenden zwar Schmuckformen, die einem Gebäude mit dem feierlichem Charakter des Museums angemessen erscheinen konnten[388]; einen darüber hinausgehenden Gehalt transportieren sie jedoch nicht. Anders ist dies bei den schließlich realisierten Vorschlägen Schinkels, vier knieenden Frauenfiguren, die Flammen gegen heftigen Wind vor dem Erlöschen schützen. Ähnlich wie die Figuren der Kuppelüberdachung sind auch diese Skulpturen mit Vorstellungen einer krisenartigen Auseinandersetzung befrachtet; sie deuten auf die Schwierigkeiten hin, unter denen die Flamme der Tugend oder das Licht der Weisheit bewahrt werden muß.

So macht gerade der Zusammenhang der neueren Figuren (Dioskuren mit Amazonen; Frauenfiguren an den Ecken) deutlich, daß Schinkel seinen anfangs vorherrschenden Versuch, das kulturelle Ensemble des Museums harmonisch in die preußisch-monarchische Staatsform einzugliedern, mehr und mehr aus den Augen verliert. Statt dessen tritt der Aspekt grundlegender Auseinandersetzungen, in denen kulturelle Leistungen errungen und bewahrt werden müssen, ganz deutlich in den Vordergrund. Die gewählten Symbolfiguren sind dabei im Hinblick auf die zerstörerischen Gegenkräfte ambivalent (die Abwehr der Amazonen und der eckständigen Frauenfiguren gilt Naturkräften; die der Dioskuren kann auch als Beistand gegen menschlichen Angriff verstanden werden.[389]) Ihre Planung in der Mitte der zwanziger Jahre verweist damit voraus auf die später in Angriff genommenen Fresken des oberen Hallenbereiches, die gleichfalls die Abwehr einer Kulturgemeinschaft gegen Gefahren der Natur und menschlicher Angriffe thematisieren. Aus dieser Perspektive wird die bereits angesprochene Deutung H. BÖRSCH-SUPANs für die Fresken zusätzlich geschwächt: Das Motiv der Verteidigung der Kultur in kämpferi-

---

387 So Rave, Schinkelwerk: Berlin I S. 55f.; auch Zadow begrüßt die Nichtausführung der »dürren Dreifüße«, vgl. Zadow 1980, Bildunterschrift zu Abb. 51.
388 Dreifüße fanden Verwendung als Weihegefäße am delphischen Orakel; Geniendarstellungen verwiesen vor allem in römischer Zeit nicht mehr auf individuelle, sondern auf allgemeine Schutzkräfte, vgl. Andresen u.a. 1965 Sp. 775f.; 1041f.
389 In der römischen Mythologie verkörpern die Dioskuren insbesondere auch den Beistand in der Schlacht, vgl. Buddensieg, Zeitschrift für Kunstgeschichte (32) 1969, S. 192.

scher Auseinandersetzung spiegelt sich schon in den Planungen Schinkels für die skulpturale Ausstattung um 1825. Es kann auch aus diesem Gesichtspunkt nicht überzeugen, derartige Motive auf die schockierende Erfahrung der Revolution von 1830 zurückzuführen.

Erstarrte Geschichte: Sammlung und Ordnung
Wie die Entstehung der malerischen und skulpturalen Ausstattung des Museums eignen sich auch die Konzepte zur Präsentation der Sammlungen in seinem Inneren dazu, indirekt Rückschlüsse auf Schinkels theoretische Basis zu gewinnen. Anders als bei den Bestandteilen der Ausstattung überdeckt hier jedoch der Einfluß weiterer Persönlichkeiten wie Hirts, Waagens, v. Rumohrs und v. Humboldts die direkte Wirkung des Architekten.[390]

Zur Sammlungsgeschichte
Die Exponate, über deren Anordnung im Museum schon seit 1823 in einer Einrichtungskommission beraten wurde, stammen zum großen Teil aus bereits vor der Jahrhundertwende bestehendem Besitz des preußischen Königshauses. Daneben wird ein bedeutender Teil jedoch erst später aus Privatsammlungen größeren (Sammlung Solly, 1821) und mittleren Umfangs (Sammlung Giustiniani, 1815) erworben.[391] Der Erwerb kleinerer Teile der Bestände schließt sich an; sie werden in den Jahren vor der Eröffnung des Museums gezielt für das neue Haus angekauft, um die Sammlung abzurunden. Die damit verfügbaren Sammlungen umfassen neben der umfangreichen Gemäldesammlung eine zweite Hauptgruppe im skulpturalen Bereich.[392] Sowohl die Skulpturen- als auch die Gemäldesammlung heben in der Präsentation eingegrenzte Epochen heraus: Der Skulpturenbereich beinhaltet primär antike Bildwerke; dabei vorwiegend als klassisch angesehene griechische Artefakte.[393] In den Gemäldesammlungen dagegen stellt die italienische Malerei ab etwa 1450 den eigentlichen Ausgangspunkt dar. Daneben bilden die niederländischen und deutsche Meister eine zweite große Gruppe. Die zeitlich letzte

---

390 Vgl. die Untersuchung v. Gaethgens, Aachener Kunstblätter (60) 1994 S. 423ff.
391 Vgl. zu den Provenienzen mit erschöpfender Ausführlichkeit Vogtherr 1997, besonders S. 55ff.; Wegner, Jahrbuch der Berliner Museen 31 (1989) S. 270.
392 Aus Abgüssen antiker Skulpturen nebst wenigen Originalen. Neben diesen Hauptgruppen standen die weniger bedeutenden Sammlungsteile im Hintergrund, z.B. die Münz- und Gemmensammlungen, vgl. zu ihnen Vogtherr 1997 S. 171ff.
393 Vgl. Vogtherr 1997 S. 160ff.; dort auch zum Anteil römischer Plastiken und zu der Diskussion über die Aufstellung von Nachbildungen.

Gruppe bilden der französischen Akademietradition zugerechnete Maler wie Poussin oder Watteau.[394]

Konzept und Differenz: Die Hängungssystematik
Für die Person Schinkels ist insbesondere die Systematik von Bedeutung, in der die Gemäldesammlungen präsentiert werden sollen. Sein eigener Beitrag zu der ausgedehnten Diskussion um diese Frage läßt sich nur auf dem Hintergrund ihrer zwei deutlich abgegrenzten Phasen erkennen: In der Zeitspanne bis 1828 waren Alois Hirt und Schinkel selbst alleinige Mitglieder der Einrichtungskommission für das Museum, allerdings seit 1823 unterstützt durch Gustav Friedrich Waagen. Mit dem Rückzug Hirts[395] und der Einrichtung einer erweiterten Kommission unter Vorsitz Wilhelm v. Humboldts und Einbeziehung Carl Friedrich v. Rumohrs im Jahr 1829 geht eine deutliche Verschiebung der bis zu diesem Zeitpunkt bestehenden Argumentationsfronten parallel: Obgleich sich für alle Beteiligte ein gemeinsamer Ausgangspunkt durch die gesamte Diskussion zieht – das Horaz'sche »prodesse et delectare« – sind doch die Differenzen über die Gewichtung der beiden Bestandteile dieser Formel unübersehbar. Während nach der Absicht Hirts der Besucher vorrangig belehrt und nur als Reflex auch erfreut werden soll, steht der Kunstgenuß für v. Humboldt im Vordergrund; für ihn ergibt sich eine Belehrung nur als Nebeneffekt.[396] Die Äußerungen[397] Schinkels und Waagens verdeutlichen ihre mittlere Position, mit der sie im Konflikt zu beiden Alternativpositionen stehen:

... erst erfreuen, dann belehren.[398]

Hirts Sichtweise der Sammlungen ist demgegenüber deutlich rigider; in seinen Augen steht die Veranschaulichung der genetischen Abhängigkeiten zwischen den einzelnen Künstlern bzw. Schulen ganz im Vordergrund. Als Konsequenz dieser Vorstellungen stellt Hirt den Anspruch, durch zusätzliche Erwerbungen

---

394 Vgl. Vogtherr 1997 S. 180.
395 Aloys Hirt schied nach Antrag v. 13. April 1829 durch kgl. Erlaß v. 13. Mai 1929 »aus gesundheitlichen Gründen« aus.
396 Vgl. Gaethgens, Aachener Kunstblätter 60 (1994) S. 425ff.; auch bereits Vogtherr, Jahrbuch der Berliner Museen 34 (1992) S. 57; Lübbe, Jahrbuch Preußischer Kulturbesitz 17 (1980) S. 91ff.
397 Waagen und Schinkel erarbeiteten ein in das Jahr 1828 datierendes Konzept für die Gemäldeauswahl und zwei in das Jahr 1829 datierende Denkschriften über die Hängungssystematik; vgl. Vogtherr, Jahrbuch der Berliner Museen 34 (1992) S. 56.
398 Schinkel und Waagen, zitiert nach Wegener, Jahrbuch der Berliner Museen 31 (1989) S. 284.

die Vollständigkeit der präsentierten Entwicklungslinien zu gewährleisten, selbst wenn diese Neuerwerbungen nicht höchsten ästhetischen Standards entsprachen.[399] Doch trotz dieser grundsätzlichen Differenzen entsprechen sich die beiden letzteren Verständnisweisen dahingehend, eine Nutzfunktion in den Fokus des Konzepts zu stellen: Hier die Ausbildung des Künstlers, dort die des (Kunst)historikers, selbst wenn dieser nur sachkundiger Laie bleibt.[400]

Die nach dem Ausscheiden Hirts aus der Diskussion ab 1829 (zusammen mit Rumohr) erarbeiteten Vorschläge v. Humboldts versuchen, dieses den älteren Überlegungen gemeinsame Prinzip zurückzudrängen. Statt dessen fordern sie,

> ... 1. daß jedes Hauptbild, da es für alle kaum erreichbar seyn dürfte, die ganze Wirkung hervorbringe, dazu es fähig ist, und daß 2. die Anordnung jeder Wand, so wie der ganzen Abteilung, ein dem Auge auf den ersten Anblick leicht übersehbares, gefälliges Ganzes bilde, da von diesem Erforderniß ganz hauptsächlich die Erreichung des ersten abhängt.[401]

Das Museum soll damit dem Betrachter in allererster Linie die *Höhepunkte* des Kunstschaffens nahebringen. Dieser nachträgliche Versuch, die zuvor schon weit gediehenen Organisationsplanungen zu modifizieren, wirft ein Streiflicht auch auf deren Intentionen: Während v. Humboldts Ansatz im Sinne der neuhumanistischen Ideale auf die Wirkung des geschauten Schönen vertraut, bereits durch die Betrachtung den Betrachter bildend umzuformen, stehen Waagen und Schinkel einer – etwas trocken wirkenden – klassifizierenden Wissenschaftlichkeit nahe. Im Kern stehen damit so unterschiedliche Forderungen im Raum wie die nach dem Erwerb verfügbarer geschichtlicher Kenntnisse (Schinkel und Waagen) und nach dem persönlichkeitsformenden Bildungserlebnis (v. Humboldt).[402]

---

399 Vgl. Vogtherr 1997 S. 182 auch zur Kritik dieser Forderungen va. durch Waagen.
400 Schinkel und Waagen sprechen in ihrem Memorandum von 1829 von den »... drei Hauptzwecken eines Museums, Veranlassung und Beförderung gründlicher Forschungen über den ästhetischen und historischen Teil bildender Künste, höhere Ausbildung der jederzeit lebenden Künstler, Verbreitung eines richtigen Sinns und Kenntnisse der Kunst im Publicum ...«; zitiert nach Gaethgens, Aachener Kunstblätter 60 (1994) S. 425.
401 V. Humboldt, zitiert nach Gaethgens, Aachener Kunstblätter 60 (1994) S. 423. Zur Einordnung der Museumsarbeit in den Lebensweg v. Humboldts vgl. auch Kessel, Jahrbuch Preußischer Kulturbesitz 5 (1967) S. 49ff.
402 Vgl. die überaus anschaulichen Bemerkungen von Lübbe, Jahrbuch preußischer Kulturbesitz 17 (1980) S. 93ff.

Bilder der Geschichte

Auf dem Hintergrund dieser Entwicklungen als Kontrastfolie läßt sich die von Schinkel im Einklang mit Waagen zugrundegelegte Auffassung von Geschichte und Wissen trennschärfer benennen. Anschaulich wird sie besonders durch den Umstand, daß beide in die Konzeption der Sammlung auch solche Werke integrieren wollen, die im Grunde aus dem verbindlichen ästhetischen Rahmen herausfielen, z.B. manieristische Gemälde und andere ästhetisch nicht als vollgültig angesehene Werke.[403] Die Einbeziehung dieser mit klassizistischen Vorstellungen kaum zu vereinbarenden Kunstformen entspricht weder dem Bild eines in dieser Zeit relativ strengen Klassizisten (wie es etwa Peschken von Schinkel zeichnet), noch einem großen Teil von Schinkels theoretischen Äußerungen und Absichten. Genausowenig stimmen diese Ansätze wissenschaftlicher Nüchternheit mit der euphorischen Beschreibung als Tempel der Kunst zusammen, die Schinkel für die zentrale Architekturform des Museums in seiner eigenen Beschreibung von 1823 fand. Diese Unverträglichkeiten begründen Klärungsbedarf.

Bei ihrer Überprüfung ist damit zu rechnen, daß sich die verschiedentlich schon angesprochene Fortentwicklung der Schinkelschen Ideen über Kunst und ihre Funktionen auch im Bereich der Konzepte für die Kunstpräsentation auswirken wird. Auf dem damit angesprochenen Hintergrund läßt sich ersehen, daß die 1829 mit Waagen zusammen geäußerten Ideen in engem Einklang mit den zeitnahen Vorarbeiten für die Lehrbuchpräsentation stehen. Dies gilt zunächst für den Ausgangspunkt: Der von Schinkel befürwortete Vorschlag, unter Verzicht auf die Hervorhebung qualitativer Spitzenwerte das historische Kontinuum der vorhandenen malerischen Werke nach Klassen zu gliedern, liegt in enger gedanklicher Nachbarschaft zu seiner Absicht, eine »Zusammenstellung« architektonischer Physiognomien zu gewinnen. Wenn Schinkel (nach 1820) über sein Vorhaben einer ordnenden Übersicht architekturhistorischer Formen schreibt,

> Die geschichtliche Entwicklung der Architectur so wie jede andere Kunst hing von Zufälligkeiten ab. Die reinste Wissenschaftliche Folge ist nicht immer bei der Entwick-

---

403 So in Schinkels und Waagens erster Denkschrift v. 1829 vor den Korrekturen durch v. Humboldt, vgl. Vogtherr, Jahrbuch der Berliner Museen 34 (1992) S. 56. Diese Gemälde sollten nach der Gegenkonzeption v. Humboldts (und v. Rumohrs) nicht nur in eine ausgegliederte dritte Abteilung als schlecht belichtete »Kuriositäten« abgeschoben werden, v. Humboldt schlug sogar vor, diese gesonderten Räume zu verschließen und nur auf direkte Anfrage einem Besucher zu öffnen, vgl. Vogtherr a.a.O., S. 58.

lung erschienen. Viel Naheliegendes blieb wohl lange Zeit aus u trat erst später ein, oft zu verwundern daß es nicht längst schon geschehen würde (Gewölbsteinschnitt). Bei vorzüglich begabten Völkern nahm der vorhandene Kreis der Erfahrungen u Resultate einen gesetzlich abgeschlossenen Charakter an und dieser rundete eine kleine Kunstwelt ab, in welche ein neu eintretendes Element schweren Eingang fand.[404],

dann macht schon die Formulierung »... so wie jede andere Kunst ...« aufmerksam. Die historische Folge – und teils auch Parallelität – der in sich abgeschlossenen »Kunstwelten« entspricht der historischen Abfolge der malerischen Schulen, die allerdings einander stärker zu beeinflussen vermögen als diese. Wie in den architekturtheoretischen Bemühungen der Jahre etwa von 1820 bis 1826 dürfte sich hier die vom Vorbild Goethes[405] entlehnte Bemühung spiegeln, schon gleichlaufend mit der Einteilung des wissenschaftlichen Stoffes unmittelbar gestaltlich eindrückliche Einzelbereiche zu erschließen, also im Fall der Präsentation von Malerei die jeweilige Schule in ihrer physiognomischen Gestalt offenbar werden zu lassen.

Die Durchführungsversuche einer solchen Einteilung in ein präsentierendes tableau weichen auf den ersten Blick voneinander ab: Anders als die Übersicht der *Architekturformen* in den Lehrbucharbeiten bezieht Schinkels Plan für die Präsentation der *Malerei* auch Formen wie die altdeutsche, niederländische und manieristische Malerei mit ein, die seinem eigenen Schaffen eher fern liegen. Dieser Unterschied trennt beide Versuche allerdings nicht grundsätzlich, denn er entspringt primär einer Forderung der praktischen Zielsetzung, einer anderen Ausrichtung des Erkenntnisinteresses. Dieses Interesse besteht bei der Architekturdarstellung nicht überwiegend in der Gewährleistung einer historischen Übersicht wie bei der Erarbeitung des Hängungskonzeptes, sondern in der Fundierung von Handlungsanleitungen für den architektonisch Schaffenden. Als naheliegende Folge müssen Architekturformen, die nicht vorbildhaft sind, trotz des an sich bestehenden historischen Interesses wenig Raum einnehmen. Davon abgesehen betrifft dieser Unterschied bei näherem Zusehen nur einen späteren Teil der Präsentation von Architekturformen für das Lehrbuch. Die früheren Überlegungen beziehen auch die »ungeliebten« Gestaltungsweisen mit ein.[406] Ebenso wie bei den

---

404 Schinkel-Nachlaß Heft III Blatt 16, zur Datierung vgl. Peschken, in Schinkelwerk: Lehrbuch S. 57.
405 Vgl. dazu eingehender S. 190ff.
406 Schinkel-Nachlaß Heft III Blatt 16, vgl. Peschken, in Schinkelwerk: »Lehrbuch« S. 58.

vorwiegend aus historischem Interesse wertvollen Formen der Malerei erfüllt ihr Einbezug die Forderung nach Vollständigkeit des tableaus.

In dem zuvor angesprochenen historischen Interesse liegt jedoch eine Besonderheit, die das tableau der Lehrbuchplanungen ab etwa 1823 fundamental von demjenigen der Sammlungspräsentation trennt: der Faktor des Historischen. Die beabsichtigte Durchführung einer historischen Systematik nach Meisterschulen, die Schinkel schon 1816 bei seinem Erlebnis der Sammlung Boisserée überzeugt hatte[407], greift nicht einfach auf ein wertfreies historisches Modell zurück. Die Verwendung derartiger, erst gegen Ende des vorangegangenen Jahrhunderts entwickelter, Sammlungsmodelle[408], macht gleichzeitig auch Aussagen über das Selbstverständnis der an der Konzeption beteiligten Personen. Schließlich beschäftigt sich eine derartige Methodik mit der kontinuierlich ansteigenden, wenn auch nicht gänzlich ungebrochenen, Fähigkeit des bürgerlichen Individuums zur Wiedergabe seiner Welt[409] und läßt sich damit auch als eine Fortschrittsgeschichte dieses Individuums auffassen.

Als revolutionäre Tendenz wird derartiges Vorgehen kaum zu interpretieren sein. Doch läßt sich durchaus eine Auswirkung des besonderen bürgerlichen Selbstverständnisses in der sich verfestigenden restaurativen Gesellschaft erkennen, die dem nach öffentlichem Ansehen strebenden Einzelnen genau diese Nische des künstlerischen und kulturellen Wachstumsbereiches zuwies. Nicht zuletzt die begeisterte Feier des »Bildungstempels« entspricht diesem Muster. Auch die Baukonzeption Schinkels reiht sich hier ein, indem sie schon in der Museumsplanung von 1823 die Konzeption durch den zusätzlichen Aspekt der malerischen Ausstattung der Säulenhalle anreichert. Die Vorstellung, als malender bürgerlicher Künstler das traditionelle Erbe dieser Gesellschaftsschicht fortzuschreiben, bezieht Schinkel zu dieser Zeit zwar noch nicht (jedenfalls nicht offen) auf sich selbst. Doch schon zu diesem Zeitpunkt zeigt sich die eigentümlich ambivalente Mischung von staatsbejahenden Momenten mit – in ihrer politischen Selbstisolierung implizit kritischen – Einstellungen, die später in Schinkels Fresken zu ungeahnter Komplexität gelangt.

---

407 Von der ebenfalls historisch geordneten Hängung in der Sammlung der Gebrüder Boisserée zeigte Schinkel sich in einem Brief an Rauch vom 14.11.1816 tief beeindruckt (abgedruckt bei Mackowsky 1922 S. 91ff.).
408 Das große Vorbild für die historische Hängungsmethode ist die 1781 im Wiener Belvedere von Christian von Mechel konzipierte Ausstellung, vgl. etwa Stock, Jahrbuch der Preußischen Kunstsammlungen 49 (1928) Beih. 5 S. 157, Anm. 56.
409 Vgl. zu einem solchen Verständnis Grasskamp 1981 S. 26, der eine Äußerung von Lenoir, dem ersten Direktor des Musée des monuments français zugrundelegt.

Ein Gartenschloß für einen Thronfolger

Die Konstellation, die den vergleichsweise bescheidenen Bau des Schlosses Charlottenhof in Potsdam – Sanssouci zur Entstehung bringt, scheint auf den ersten Blick kaum vergleichbar mit der facettenreichen Baugeschichte des Alten Museums: Schinkel hat hier vordergründig nur einen Umbau kleineren Umfangs zu erstellen; der Standort liegt in einer Randlage öffentlicher Aufmerksamkeit. Dementsprechend kann anders als bei der Errichtung des Museums die öffentliche Wirksamkeit nicht vorrangiges Ziel sein – der Bau muß primär in der Auseinandersetzung mit seinem königlichen Auftraggeber bestehen können.

Bei genauerem Hinsehen bietet aber nicht nur die zeitliche Nähe zur Planung des Museums und seiner Ausstattung Anhaltspunkte für eine Parallelisierung (das Museum entsteht zwischen 1823 und etwa 1832; die Planungen für Charlottenhof beginnen mit dem Jahr 1826): Zunächst nimmt der Potsdamer Bau ebenso wie die Museumsplanung in politischer Hinsicht eine herausgehobene Stellung ein. Er betrifft mit dem Gartenareal Sanssouci das sekundäre topographische Zentrum Preußischer Macht, das sich seit dem 18. Jahrhundert mit anderer Ausrichtung, aber ähnlichem Gewicht neben den Bereich des Berliner Stadtschlosses stellt. Zudem betrifft der Bau als Wohnanlage für den Thronfolger Prinz Friedrich Wilhelm IV. auch das personelle Zentrum der politischen Führung. Aus diesem Gesichtspunkt liegt es nahe, auch im Bau des Schlosses eine Einschätzung staatlicher Organisationsformen isolieren zu können, wie sie von Schinkel im Verlauf der Museumsplanung entwickelt wurde. Daneben bestehen auch in einer zweiten Hinsicht Strukturähnlichkeiten in der Realisation beider Bauten: Wie das Museum bietet auch die Ausführung des Schlosses Charlottenhof Schinkel die Gelegenheit, das ursprüngliche Konzept des Ensembles durch Änderungen und Zusätze in den verschiedenen Bauphasen zu präzisieren, zu kommentieren und zu modifizieren, wobei der Einfluß weiterer Beteiligter auch hier nicht unbeträchtlich ist. Im Fall des Schlosses Charlottenhof sind es besonders die malerische und skulpturale Dekoration des Gebäudes, aber auch die aufwendige Gestaltung seiner Umgebung, an denen sich derartige Verschiebungen verdeutlichen lassen. Beide Bereiche werden nach der Planung des Gebäudes durchgeführt, erhebliche Teile der noch heute bestehenden, dem Zustand von etwa 1860 weitgehend entsprechenden Gesamtanlage erst 1835 bzw. 1847 realisiert.[410]

Untersuchungen für ein vertieftes Verständnis der Gesamtanlage sind besonders von SCHÖNEMANN[411] angestellt worden. Angesichts seiner Arbeiten drängt sich allerdings die Frage auf, ob sie der Realisation des Ensembles als historischem Prozeß, wie sie vor allem von SCHÄRF[412] aufgewiesen wurde, wirklich gerecht werden: Unter der Voraussetzung SCHÖNEMANNs, das gesamte um Charlottenhof angelegte Gartenareal als eine stringente und einheitliche Konzeption zu verstehen, lassen sich zwar griffige Aussagen über die Intentionen der Schöpfer erzielen.[413] Dabei gerät allerdings außer acht, daß die verschiedenen Planungsphasen durch einschneidende Ereignisse getrennt werden. So beruht beispielsweise die Einbeziehung eines Dampfmaschinenhauses in die von den Gartenanlagen gebildete Hauptachse erst auf den Eindrücken von Schinkels Reise nach England im Jahr 1826.[414] Der erhebliche Einfluß dieser Reiseerlebnisse auf Schinkels theoretische Einstellung und spätere Bautätigkeit spricht für eine stärkere Differenzierung der Planungsphasen und der ihnen entsprechenden Konzeptionen. Vergleichbare Überlegungen legt auch die Diskrepanz zwischen Schinkels idealisierter Publikation des Entwurfes für Charlottenhof in der »Sammlung architektonischer Entwürfe« und der ausgeführten Fassung[415] nahe.

Als Grundlage für eine entsprechende Untersuchung muß zunächst auf einige Einzelheiten der Entstehungsgeschichte eingegangen werden, obgleich die Entwicklung des recht überschaubaren Gesamtensembles ansonsten bereits gut dokumentiert ist.[416]

Entstehungsgeschichte der Anlage

Die Errichtung der Schloßanlage von Charlottenhof in der heute noch weitgehend bestehenden Form beginnt im Jahr 1826. Erst im Dezember des Jahres 1825 erwirbt das Königshaus den bereits seit 1758 existierenden

---

410 Z.B. datiert die Veränderung der Gartenanlagen um das Hippodrom bzw. den Rosengarten zwischen dem Schloß und dem Maschinenhaus auf 1835; ein großer Teil der skulpturalen Ausstattung wird erst 1847 eingebracht.
411 Vgl. zuletzt Schönemann 1997 S. 10ff.; Schönemann in: Ausstellungskatalog: Potsdamer Schlösser und Gärten S. 173ff.
412 Schärf 1986 S. 180ff.; insb. S. 209ff.
413 Vgl. Schönemann 1997 S. 10ff.; näher dazu nachfolgend S. 210ff.
414 Zur Reise nach England vgl. Riemann 1986; Wegner, Schinkelwerk: Englandreise; für eine Zusammenfassung der Wirkung Schinkels in England Hermann, architectura 25 (1995) S. 58–76.
415 Vgl. z.B. Schärf 1986 S. 193 u. 210.
416 Für weitere Einzelheiten und Daten sei besonders verwiesen auf: Kuhlow 1911; Schärf 1986 S. 180ff.; Schönemann 1997 S. 6ff.; für die Landschaftsgestaltung auch auf Günther 1985 S. 42ff.

IV.1 Schinkel, Karl Friedrich: Planzeichnung Umgebung Charlottenhof, bez. »Lenné fec. 1826«
1825   61 x 56,8   Feder, laviert, Nachträge Bleistift
Aus: AK Schinkel II, Abb. 15.1 (S. 232)

Gutshof[417], der den Kern des jetzigen Schloßgebäudes bildet, mitsamt der zugehörigen Grundflächen. Friedrich Wilhelm III. dürfte zu dem Kauf nicht nur durch die Absicht motiviert worden sein, dem Kronprinzen eine Gelegenheit zur Verwirklichung seiner schon länger gehegten Bauabsichten zu geben, sondern auch durch die Möglichkeit, die Ländereien in Sanssouci zu arrondieren und von den angrenzenden bürgerlichen Nutzern abzugrenzen.[418] Besonders diesem zweiten Ziel trägt die von Peter Joseph Lenné noch 1825 als Teil eines Gutachtens über den möglichen Ankauf entwickelte Gartenplanung Rechnung (Abb. IV.1). Sie entwickelt Varianten[419] für die Einbindung des bestehenden Gutshauses; dabei wird der weitgehende Abriß der Nebengebäude, jedoch zunächst noch keine weitergehende architektonische Umformung des alten Bestandes zugrundegelegt.

Im wesentlichen zwei Gründe lassen vermuten, daß der Kronprinz selbst die Gebäudegestalt vorgab[420]: Nachdem ihm das Gelände zum Weihnachtsfest 1825 geschenkt wurde, erhielt der von Lenné erarbeitete Plan eine skizzenhafte Eintragung der Konzeption für die Grundgestalt des Gebäudes und seiner Einbindung in die Umgebung (vgl. Abb. IV.1). Eher als Schinkel, dem sie zugeschrieben wird, dürfte hier der Bauherr selbst tätig geworden sein, denn einerseits sprechen keine Quellen dafür, daß Schinkel den Plan zum Zweck skizzenhafter Zeichnungen benutzt hätte (im übrigen entspricht eine solche Verwendung weder seiner sonstigen Vorgehensweise, noch deutet die Ausführung der Grundrißzeichnung auf seine Strichführung hin). Andererseits erinnert der Grundriß der Anlage stark an den der Villa Albani in Rom, deren Publikation durch Percier und Fontaine dem Prinzen vertraut war, so daß eine Anlehnung durch ihn durchaus möglich erscheint.[421]

Konkreter werdende Planzeichnungen legt dann der mit der Umplanung betraute Schinkel im Frühjahr 1826 vor; mit ihrer Ausführung wird unverzüglich begonnen. Die Baumaßnahmen betreffen vor allem die Umgestaltung der Eingangsbereiche durch den Gartenportikus und das westliche Portal. Gleichzeitig wird der halbrunde Risalit an der Nordseite des Gebäudekörpers angefügt und das Steildach zugunsten einer flacheren Variante verändert. Bereits im Herbst des gleichen Jahres ist der Rohbau vollendet. Schinkel tritt noch während der Ausführung, die unter die Aufsicht von Persius[422] gestellt wird, am

---

417 Vgl. Kuhlow 1911 S. 4ff., Schärf 1986 S. 180 f.. Die Fläche wurde 1746 von Johann Boumann (oder »Bouwmann« in der Schreibweise von Schärf 1986 S. 180) erworben und mit einer Scheune nebst Stall bzw. später auch einem Wohnhaus bebaut, das von nachfolgenden Eigentümern erheblich erweitert wurde. Die Grundsubstanz des von Schinkel vorgefundenen Gebäudes datiert im wesentlichen aus 1758.
418 Vgl. Schönemann, in: AK Schinkel II S. 231 und in Schönemann 1997 S. 10.
419 Scheinbar (so Schmitz, Hohenzollernjahrbuch 20 [1916] S. 2) hat Lenné im Auftrag des Königs zwei Planungen zur Auswahl des Prinzen ausgearbeitet. Vgl. Schärf 1986 S. 201 zu weiteren Planungen Lennés für die Umgebung.
420 So auch Schärf 1986 S. 209ff.
421 Vgl. dazu auch nachfolgend S. 324.
422 Mit der Ausführung des Gartenbaus betraute Lenné Ludwig Sello.

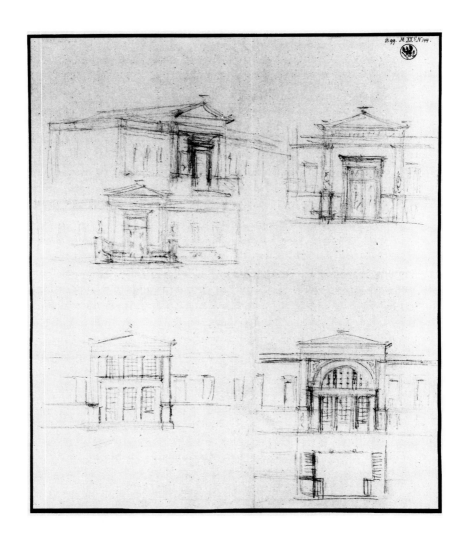

IV.2 Schinkel, Karl Friedrich: Charlottenhof, Entwurfsskizzen zur Westseite des Gebäudes
1826   40,8 x 32,6   Bleistift
Reproduktion des Berliner Kupferstichkabinetts

16. April 1826 seine Reise nach Frankreich und England an, von der er am 22. August des gleichen Jahres zurückkehrt.

Anhand der Zeichnungen zum Schloßbau, die sowohl von der Hand des Kronprinzen, von Schinkel als auch von Ludwig Persius vorliegen, lassen sich die einzelnen Bauformen nicht eindeutig einer der beteiligten Personen zuordnen. Datierungen fehlen in den meisten Fällen, so daß bei den nicht selten bis ins Detail parallel dargestellten Motiven kaum der jeweilige Schöpfer dingfest zu machen ist.[423] Eine Ausnahme wird von SCHMITZ für den östlichen Portikus gemacht, den er eindeutig Schinkel zuordnen will.[424] Von Schinkels Hand stammt jedenfalls ein Blatt mit fünf detaillierten Skizzen für dieses Bauteil (Abb. IV.2), dessen tastender Charakter in der Tat für die Annahme spricht, Schinkel habe gerade hier intensive Planungsarbeit eingebracht. Die von ENGEL aufgestellte Behauptung, Schinkel habe in der Art eines Musterblattes verschiedene Varianten ausgearbeitet und dem Prinzen zur Entscheidung vorgelegt, überzeugt dagegen nicht.[425] Ungeachtet derartiger Schwierigkeiten einer Zuordnung von Prioritäten können Zeichnungen Schinkels dabei helfen, sein Verständnis des Schloßbaus zu konkretisieren; in dieser Beziehung wird noch anschließend auf sie eingegangen werden.

Jedenfalls legt die Zusammenarbeit – bei der wohl Schinkel als der erfahrene Architekt und der Prinz als Bauherr im Vordergrund gestanden haben

---

423 Das Vorgehen KUHLOWs, aus undatierten Skizzen des Prinzen und Schinkels, die fast identische Bauformen zeigen, eine Urheberschaft Friedrich Wilhelms abzuleiten, ist nicht überzeugend. KUHLOW gibt keine Argumente an, die ein paralleles Arbeiten oder auch eine Priorität Schinkels ausschließen würden, vgl. etwa Kuhlow 1911 S. 11. Im übrigen ist in diesem Zusammenhang die zutreffende Feststellung von ENGEL aufschlußreich, nach der die Skizzen Friedrich Wilhelms nur äußerst selten tiefer in architektonische Gesamtanlagen eindringen und auch Details erarbeiten, vgl. Engel in: Büsch 1987 S. 162. Die leitende Position wird unter diesen Gesichtspunkten doch eher Schinkel zuerkannt werden müssen.
424 Vgl. Schmitz, Hohenzollernjahrbuch 20 (1916) S. 7.
425 Nach Engel in: Büsch 1987 S. 161, dienten diese Skizzen dem Zweck, »dem Kronprinzen die endgültige Bestimmung des dann auszuführenden Motivs zu überlassen, einen anderen Schluß läßt die Art der Darstellungen nicht zu ...« Diese Ansicht verfehlt den Charakter der Blätter grundlegend, so daß es nicht überrascht, daß sie bei ENGEL ohne Begründung bleibt. Als Entscheidungshilfe für einen Bauherren müßten die Vorschläge in vergleichbarer Perspektive ausgearbeitet sein, sie würden – wie auch bei mehreren anderen Anlässen in der Zusammenarbeit zwischen Schinkel und dem Kronprinzen – vergleichbare Darstellungsformen (Maßstab, Strichstärke, Einbezug oder Vernachlässigung von Grundriß oder Schattenwurf) aufweisen. Schinkels Skizzen spielen die verschiedenen Varianten gerade unter Verwendung verschiedener Darstellungsmittel und unterschiedlicher konzeptueller Reichweite (z.B. der Konsequenzen für den Grundriß) durch. Es kann daher kein Zweifel bestehen, daß sie der *eigenen* Entscheidungsfindung des Architekten gedient haben und nicht zur Vorlage vor dem Bauherren vorgesehen waren.

Ein Gartenschloß für einen Thronfolger

werden – gegen Anfang des Jahres 1826 die wesentlichen Bauformen fest: So wird die Portikuslösung auf der Ostseite des Gebäudes mit der korrespondierenden Exedra ebenso auf der Grundlage dieser frühen Pläne realisiert wie das Westportal und der halbrunde Risalit an der Nordseite des Schlosses. Die kurze und übersichtliche Planungsphase umgreift allerdings nicht sämtliche Einzelheiten der Anlage. Wichtige Bestandteile werden erst in späteren Phasen zugefügt; hier verlaufen die Abänderungen der Planungen für Innen- bzw. Außenbereich durchaus nicht immer parallel. Sie werden vor allem dadurch interessant, daß sich bei diesen Entwicklungen teilweise eindeutiger eine Aussage über eine Urheberschaft machen läßt, die damit auch Rückschlüsse auf die ursprünglichen Verständnisebenen der Beteiligten erlaubt.

Baukörper

Der Umbau des Gutshauses zum Schloß Charlottenhof wird im wesentlichen gemäß den von Schinkel ausgearbeiteten Plänen durchgeführt. Trotzdem belegen die von Schinkel 1829 für die »Architektonischen Entwürfe« gefertigten Zeichnungen einige signifikante Abweichungen der Bauausführung von seinen Optimalvorstellungen. Sie betreffen zunächst den Risaliten des West-

IV.3 Schinkel, Karl Friedrich:
Charlottenhof, Entwurf für das Westportal des Schlosses
1826   16,1 x 19,2   Feder
Reproduktion des Kupferstichkabinetts

IV.4 Schinkel, Karl Friedrich:
Charlottenhof, Ansicht des Westportals
Herbst 1998
Photo des Autors

Eine andere Klassik

portals, wo Wandgliederung und skulpturaler Schmuck vereinfacht werden: In der Ausführung findet sich der Relieffries für das Giebelfeld nicht; statt dessen wird oberhalb des Portals eine Sopraporte zwischen Architrav und horizontales Gewände eingeschoben (Abb. IV.3, Abb. IV.4). Nicht realisiert wird auch der figural geplante Mittelpfeiler des Oberlichtes; auffällig ebenfalls die von diagonal auf horizontal/vertikal umgestellte Fassung der blauen und gelben Glasfenster. Unausgeführt bleiben weiter die von Schinkel vorgeschlagenen Eckpilaster für den Portikus; gleichzeitig mit dieser Umstellung erhält der Steinschnitt der Wandflächen eine großflächigere Gliederung.

An der Ostseite des Gebäudes weicht die Ausführung nur dahingehend von der Planung ab, daß auch hier das Giebelfeld nicht durch ein Relief ausgefüllt wird. Später (1833) wird statt dessen die Ausmalung des Portikus zu einer von außen sichtbaren Dekorationsform. (Schinkels Entwurf hatte dagegen noch keine Bemalung der Gebäudehauptwand vorgesehen, sondern nur der rückwärtigen und seitlichen Portikuswände sowie der Decke.) Auf der Ostseite des Gebäudes wird 1834 eine weitere deutliche Veränderung vorgenommen, hier wird der Baukörper durch eine zwischengestellte Ädikula direkt an die Pergola auf der Südseite der Terrasse angebunden.

Ausstattung der Innenräume

Der schnelle Baufortschritt macht ab 1827 vor allem Vorgaben für die Ausführung im Innenbereich notwendig. Schinkel erarbeitet die entsprechenden detaillierten Planungen parallel zum weiteren Fortschreiten der Arbeiten: Beispielsweise reicht der Architekt am 12. April 1827 eine Planzeichnung des Vestibüls ein, die auch im wesentlichen umgesetzt wird. Lediglich kleinere Bereiche der Ausstattung werden hier nicht nach Schinkels Vorgaben realisiert (Abb. IV.5).[426] Es unterbleibt etwa die Aufstellung von Skulpturen (nach einer anderen Variante Schinkels: Kandelabern) auf den Eckpfosten des Treppenpodestes; auch wird der zentrale Eingang in den Gartensaal nicht wie geplant mit einer Palmette bekrönt, sondern erhält eine geometrisch gemusterte Sopraporte. Erst 1834 wird in der Raummitte der noch heute erhaltene Schalenbrunnen[427] statt der ursprünglichen kleinen Fontäne eingefügt. 1837 folgt die Ersetzung der Geländer auf dem Podest durch Platten mit Rundreliefs nach Thorvaldsen (»Aurora« bzw. »Luna«).[428]

---

426 Vgl. zu weiteren Details Schärf 1986 S. 211f.; besonders zu den von Schinkel gestalteten Möbeln auch Schönemann 1997 S. 20ff.
427 Nach einem für einen anderen Aufstellungsort vorgesehenem Entwurf Schinkels, vgl. Schärf 1986 S. 211.
428 1839 angefertigte Abgüsse, vgl. Hoffmann 1985 S. 21.

Ein Gartenschloß für einen Thronfolger

IV.5 Anonym: Charlottenhof, Vestibül
nach 1829   Aquarell
Aus: AK Schinkel II, Abb. 15.11 (S. 242)

IV.7 Schinkel, Karl Friedrich:
Charlottenhof. Grundriß und Aufriß einer
der Nischen im Saal. Bez. »Die Farbe des
Scharlachtuchs mit so mattem Glanze auf
die Mauer gestrichen wie man sie in den
Farblosfarben der pompejanischen Bilder
findet.«
Wohl 1827   31,8 x 20,8   Bleistift
Reproduktion des Kupferstichkabinetts

Auch den unmittelbar östlich an das Vestibül grenzenden Hauptraum des Gebäudes, den großen Gartensaal, betreffen Änderungen. Herausragendes Motiv der ansonsten eher zurückhaltenden Gestaltung in Weiß und Grautönen ist die Aufstellung zweier Statuen in halbrunden Nischen, an deren Rückwand tiefrote Vorhänge drapiert sind. Die Halbkugelkalotten über den Nischen gliedern rhythmische Sternenbahnen auf nachtblauem Grund (Abb. IV.6 auf S. 196). Diese Ausstattung wird allerdings erst 1831 realisiert.[429] In der Literatur bisher nicht berücksichtigt[430] wurde die zunächst wohl ausgeführte, jedenfalls aber von Schinkel vorgeschlagene Variante für diese Skulpturennischen. Sie stammt mit hoher Wahrscheinlichkeit unmittelbar aus der Zeit der Festlegung der Inneneinrichtungen, also aus dem Jahr 1827.[431] Schinkel plant hier eine einfarbige Ausmalung der Skulpturennische, deren Farbtönung sich an einer der für die pompejanischen Wandbilder typischen Scharlachfarben orientiert[432] (Abb. IV.7). Eine Differenzierung der Bemalung in Sockelzone und Kalotte unterbleibt in dieser Phase, so daß sich diese Variante erheblich von der späteren Ausmalung mit dem Sternenmotiv unterscheidet.

Eine weitere, von Schinkel jedoch unabhängigere Einrichtungsvariante ist die Ausstattung eines Zeltzimmers (1831) auf direkte Anordnung Friedrich Wilhelms IV.[433] Diese äußerst dekorative Innenraumgestaltung entspricht einem modischen zeitgenössischen Vorbild, das unter anderem auch durch die

---

429 Vgl. Kuhlow 1911 S. 86, angesichts der dort für dieses Datum nachgewiesenen Abrechnung der diesbezüglichen Baukosten (S. 97) überzeugender als die Datierung auf 1829 bei Hoffmann 1985 S. 52.

430 Soweit ich sehe, wird diese Vorzeichnung allein in der Auflistung bei Kuhlow 1911 S. 86 (dort Nr. 171) erwähnt, ohne daß der Text sie behandeln würde.

431 KUHLOW datiert sie erst auf 1831, was angesichts der in diesem Jahr für eine Dekoration der Nischen aufgelaufenen Kosten auch naheliegt. M.E. fällt sie trotzdem noch in 1827: Wenn auch die aufwendige Gestaltung mit den Vorhängen und den Sternenmotiven aus 1831 stammt, muß doch davon ausgegangen werden, daß auch bei der ursprünglichen Einrichtung der Innenräume (1827) eine Vorgabe für die Behandlung der Nischen existierte. Mit der äußerst sparsamen Gestaltung, der genauen Darstellungsweise und den präzisen Angaben entspricht die Anfertigung der Zeichnung exakt diesem Zweck. Dieser Überlegung wird auch durch die Andeutung eines Standbildes mit skizzenhaftem Strich unterstützt: Die endgültige, nicht mit der dargestellten Figur übereinstimmende Auswahl der Nischenskulpturen erfolgt erst 1831, vgl. Hoffmann 1985 S. 43.

432 Von Schinkels bezeichnet: »Die Farbe des Scharlachtuchs mit so mattem Glanze auf die Mauer gestrichen wie man sie in den (unleserlich) Farben der pompejanischen Bilder findet«.

433 Kuhlow 1911 S. 15 weist wohl zurecht darauf hin, daß die Konzeption des Zeltzimmers auf Friedrich Wilhelm IV. zurückgeht, der sie als Reminiszenz an den regelmäßigen Bewohner Alexander v. Humboldt und dessen Forschungsreisen anlegte.

Dokumentation von Percier und Fontaine (Schloß Malmaison[434]) verbreitet wurde. Ebenfalls kaum von Schinkel beeinflußt ist die umfangreiche Ausstattung der Innenräume mit Stichen aus der Sammlung des Kronprinzen. Ihr Schwerpunkt liegt auf Werken Raffaels, aber auch Lorrains und Poussins.[435] Auch Anhaltspunkte für eine Teilnahme Schinkels bei der Auswahl der wenigen Skulpturen für die Innenräume bestehen nicht. Hinsichtlich der Ausstattung mit Möbeln läßt sich dagegen einiger Einfluß Schinkels nachweisen[436], so realisiert Schinkel etwa 1827 eine Blumenampel für die Aufhängung im Gartensaal.

Außenbereich und Gartengestaltung
Bereits die Anfänge der Entstehung des Charlottenhofs lassen eine enge Verbindung von architektonischen Gedanken mit Elementen des Gartenbaus erkennen, die jeweils in der Beteiligung Schinkels und Lennés ihre Personifikation finden. Genauso wie die Konzepte für die Innenräume des Schlosses sind ihre Vorstellungen für den äußeren Bereich des Schloßbaus und seine Umgebung weder von Anfang an vollständig ausgearbeitet noch endgültig festgelegt. Der Schwerpunkt der konzeptionellen Veränderungen liegt in den Planungen für die westliche Umgebung des Schlosses. Hier werden nachträglich äußerst weitgespannte Konzepte erstellt, die mit dem Projekt eines antiken Landhauses zusammenhängen, wenn auch die letzten Endes durchgeführten Erweiterungen deutlich hinter diesen Planungen zurückbleiben.

Veränderungen kleineren Maßstabs betreffen aber auch das östlich an den Schloßbau angrenzende Areal. Zunächst wird noch im unmittelbaren zeitlichen Zusammenhang mit den Umbauten am Schloß selbst ein Maschinenhaus angelegt (1827). Dieses kleine Gebäude am östlichen Fluchtpunkt des Ensembles nimmt die Pumptechnik für die bereits zuvor geplante Fontäne nördlich

---

434 Obgleich dort gleichfalls die Grundidee eines als Zelt aufgefaßten Schlafzimmers präsent ist, handelt es sich bei der eher spartanischen Ausführungsweise in Charlottenhof um ein hinsichtlich der dekorativen Einzelform deutlich abweichendes Ensemble, vgl. Percier und Fontaine 1908, Chambre a coucher de l' Imperatrice, Pl. 1, 2. Schmitz, Hohenzollernjahrbuch 20 (1916) S. 2 weist außerdem auf das Vorbild des Landhauses Bagatelle bei Paris hin.
435 Vgl. das Inventar bei Hoffmann 1985.
436 Zu nennen wäre hier der von Schinkel entworfene antikisierende Sekretär, dessen Innenausstattung gotischen Formen angenähert ist, vgl. Schönemann 1997 S. 49 (Abb. 25–28), allerdings auch weitere Gestaltungsvorschläge, die in den Beständen des Schinkelmuseums unter SM 51.1. bis 51.10. vorliegen. Vgl. auch weiter Möller/Schönemann/Köhler in: Ausstellungskatalog Karl Friedrich Schinkel in Potsdam S. 79ff.

IV.8 Schinkel, Karl Friedrich:
Charlottenhof. Entwurf zum Maschinenhaus
1827   32 x 19   Bleistift
Reproduktion des Kupferstichkabinetts

der Schloßterrasse auf. Schinkel entwickelt[437] hierfür eine architektonische Sonderform mit einem reliefgeschmückten Schornstein in der Art eines Kandelabers (Abb. IV.8), die dem Einsatz einer Dampfmaschine als Energiequelle anstelle der zuvor geplanten ochsenbetriebenen Tretmühle Rechnung trägt. Das eigentliche Maschinenhaus ist als kubischer Block ausgeführt; an der Westseite ermöglicht eine doppelläufige Treppe das Betreten einer kleinen, von einer Bank umgebenen Plattform. Der Schornstein selbst steht auf dem Treppenpodest; sein Zentrum in Flucht mit der seitlichen Mauer (der Entwurf

---

437 Die Ansicht KUHLOWs, auch hier stamme die Vorzeichnung von Friedrich Wilhelm, scheint mir schon angesichts der von KUHLOW selbst festgestellten Abneigung des Prinzen gegenüber der neuartigen Antriebstechnik unhaltbar (Kuhlow 1911 S. 20ff.). Gegen sie spricht außerdem, daß Schinkel gerade nach seiner Englandreise 1826 stark unter dem Eindruck der technischen Neuerungen Englands stand. Besonders der Einsatz von Dampfmaschinen war für ihn auch eine ästhetische Erfahrung, wie etwa die Tagebucheintragung vom 5. Juni 1826 zeigt. Wie stark diese Erfahrung weiterwirkte, zeigt der Einbezug des Schornsteins als bildnerisch wirksamen Elements in den Vorzeichnungen für die »Architektonischen Entwürfe« von 1829 (vgl. hier Abb. IV.13).

Ein Gartenschloß für einen Thronfolger

Schinkels hatte noch eine vorgerückte Position auf der Podestmitte geplant; hier sollten gelagerte Frauenfiguren auf der Seitenwand die Horizontale betonen[438]).

Gleichzeitig damit wird der Teich östlich des Maschinenhauses durch eine Ausbuchtung bis unmittelbar an das Gebäude herangeführt. Erst deutlich später (1835) findet eine Umgestaltung der zwischen dem Maschinenhaus und dem Schloßbau gelegenen Fläche zu einem Rosengarten in geometrischen Formen statt. Anhaltspunkte für eine Beteiligung Schinkels an dieser Veränderung, die eine stärkere Betonung der Ost-West-Achse des gesamten Komplexes mit sich bringt, bestehen allerdings nicht.

Auch an der Terrasse des Schlosses selbst wird 1835 eine Veränderung vorgenommen – im nördlich gelegenen Wasserbecken kommt die von Rauch gefertigte Büste der Königin Elisabeth zur Aufstellung.[439] Schinkels Vorstudien von 1826 sahen noch einen stärkeren Abschluß des Ensembles gegen Norden vor. Er propagierte nach seiner handschriftlichen Eintragung auf der Zeichnung eine Reihe von Buchsbaum an der nördlichen Beckenkante, dahinter eine Rasenfläche. Anstelle der späteren halbrunden Ausbuchtung schlug diese Variante eine große horizontal gelagerte Frauenskulptur auf einem nördlich in das Becken eingerückten Sockel vor (Abb. IV.9).[440]

Die bereits angesprochenen Umgestaltungen größeren Maßstabes betreffen das westliche Vorfeld des Schloßbaus. Für dieses Gebiet finden sich schon auf dem Plan Lennés von 1825 skizzenhafte Bleistiftangaben, nach denen sich unmittelbar westlich an das Schloß eine quadratische Pflanzung anschließen soll. Die Realisierung eines Quincunx an dieser Stelle entspricht zunächst formal diesen Planungen; sie wird lediglich durch die mittige Aufstellung einer Schalenfontäne mit der figürlichen Darstellung Poseidons modifiziert. Erst die nachträgliche Umgestaltung zu einem Dichterhain (1843) interpretiert die Fläche deutlich abweichend: Durch Ausholzungen und die Aufstellung von Dichterhermen (Dante, Petrarca, Ariost, Tasso, Herder, Wieland, Schiller, Goethe[441])

---

438 In der Ausführung wurde der Schornstein statt dieser Figuren durch zwei Hirsche flankiert, vgl. Schmitz, Hohenzollernjahrbuch 20 (1916) S. 10, die jedoch in Schinkels Publikation nicht auftauchen.
439 F. Tieck, 1825, aufgestellt 1835.
440 Die Skulptur wurde realisiert, wie Möller/Schönemann/Köhler in: Ausstellungskatalog Karl Friedrich Schinkel in Potsdam S. 89f. belegen; es läßt sich aber nicht mit Sicherheit belegen, ob auch das von Schinkel zunächst rechteckig geplante Becken ausgeführt wurde.
441 Die ersten vier Werke G. Bläsers, (1851); die letzteren von F. Drake (1840–43, 1843 aufgestellt) vgl. Hoffmann 1985 S. 15.

IV.9 Schinkel, Karl Friedrich: Charlottenhof, Entwurf für ein Bassin vor der Terrasse.
Bez. »Bassin vor der Terrasse und Endigung der Mauer an jeder Seite der Terrasse. Angabe der Pflanzungen: »Buchsbaum«, »Myrthe«, »Rasen«
1826   20,4 x 33   Bleistift
Reproduktion des Berliner Kupferstichkabinetts

wird die Fläche nun zu einer Gedenkstätte von dichterischer Tradition und Moderne.

Als nächsten westlichen Anschluß des Quincunx sehen Schinkels Planungen aus dem Jahr 1826 die Anlage eines Gewächshauskomplexes vor, dessen Ausrichtung sich der durch das Schloß und seine Gartenanlagen vorgegebenen Ost-West-Achse einordnen, aber durch seine Umgebungsgestaltung einen neuen Nord-Süd-Akzent setzen sollte.[442] An Stelle dieser Gebäude errichten Schinkel und Lenné in den Jahren 1835/36 eine Gartenanlage in der Gestalt eines Hippodroms, dessen Kontur durch abgestufte Baumanpflanzungen die Silhouette eines Amphitheaters nachbildet.[443] Erst 1838 wird innerhalb dieser Formvorgaben ein Stibadium errichtet, dessen Vollendung sich bis 1845 hinzieht. Die Konzeption dieser antikisierenden Anlage steht im engen Zu-

---

442 Zu den Differenzen zu den Skizzen des Kronprinzen vgl. Kuhlow 1911 S. 25.
443 Vgl. Hinz 1989 S. 60.

sammenhang mit der von Schinkel gemeinsam mit Friedrich Wilhelm IV. verfolgten Idee, westlich des Charlottenhofes ein in den Formen der römischen Antike gehaltenes Landhaus zu errichten. Wie auch der Hippodrom selbst zielt diese Planung nicht primär auf die Realisierung eines benutzungsfähigen Gebäudes; im Vordergrund stand vielmehr der beziehungsreiche und stimmungsvolle Einbezug formaler Elemente aus dem Umkreis antiker Kultur.[444]

Singularisierung architektonischer Konzepte durch Interpretation
Der Nachvollzug architektonischer Konzepte stellt selten mehr als eine Vereinfachung dar, die der tatsächlichen Komplexität des Baugeschehens kaum gerecht werden kann. Auf der anderen Seite ist diese Vereinfachungsarbeit notwendig, um die Entwicklung und Durchführung einer baukünstlerischen Konzeption überhaupt darstellbar und vermittelbar zu machen. Trotzdem sollte die Auseinandersetzung mit dem künstlerischen Werk nicht bei verfestigten, singularisierenden Erzählungen haltmachen, wenn diese ein lebendiges Verständnis des Werks zu verstellen drohen. In Parallele zur dekonstruktivistischen Interpretation literarischer Texte kann es auch im Bereich der kunstgeschichtlichen »Erzählung« gewinnbringend sein, die in der Textstruktur ausgesparten Leerstellen zum Sprechen zu bringen, um so zu einem gehaltreicheren Verständnis vorzudringen.

Das gängige Verständnis der Schloßanlage Charlottenhof ist ein ausgezeichnetes Beispiel für den möglichen Ertrag derartiger Vorgehensweisen. Diese Interpretation, die von KUHLOW[445] vorbereitet und in ihrer heute maßgebenden Form vor allem von SCHÖNEMANN[446] ausgearbeitet wurde, zeichnet sich dadurch aus, daß sie das komplexe, nicht auf den ersten Blick entschlüsselbare Ensemble des Schloßbaus, seiner Ausstattung und seiner Umgebung bis in die Einzelheiten einer sinnstiftenden Interpretation zugänglich macht. Damit die unausgesprochenen Brüche im Binnensystem dieser recht komplexen Interpretation deutlich werden können, seien ihre zentralen Momente herausgestellt:

---

444 Vgl. Schärf 1986 S. 210; die Ansicht von Kuhlow 1911 S. 28, im Gegenteil habe die Beengtheit der Wohnnutzung im Charlottenhof den Anstoß gegeben, überzeugt aus zwei Gründen nicht: Angesichts der noch immer schmalen Mittel war an eine schnelle Errichtung (und damit auch Nutzung), die solchen Problemen abgeholfen hätte, nicht zu denken. Dieser Umstand manifestiert sich auch in den Planzeichnungen für dieses Projekt, die an keiner Stelle eine konkrete zeitgenössische Nutzung eintragen.
445 Die noch immer oft zitierte Arbeit von Kuhlow 1911 hat wesentlich dazu beigetragen, die Rolle Friedrich Wilhelms IV. als zumindest gleichberechtigt neben Schinkel zu stellen.
446 Vgl. Schönemann 1997 S. 10ff.; Schönemann in: Gärtner 1984 S. 77ff.; Schönemann in: Bauakademie der DDR 1981 S. 122ff.

Ähnlich wie KUHLOW oder DEHIO[447] betont auch SCHÖNEMANN den Anteil Friedrich Wilhelms IV., der besonders die Gesamtatmosphäre um den von ihm selbst als sein »Siam« bezeichneten Schloßbau entscheidend präge: Mit diesem Ausdruck verbinde sich für den Thronfolger eine überaus offene, nicht durch stilistische oder repräsentative Vorgaben gehemmte Utopie.[448] Nach dem Verständnis SCHÖNEMANNs hat besonders Schinkel die damit eröffneten Freiräume zu nutzen gewußt, um durch Umarbeitung und Synthese tradierter Ikonographien eine hochkomplexe Kunstlandschaft anzulegen. Wenngleich auch diese Interpretation die lebhafte Teilnahme des Prinzen durch die Ausarbeitung einer großen Anzahl von Skizzen hervorhebt[449], gibt sie keine nachhaltigen Hinweise auf eine treibende Rolle Friedrich Wilhelms hinsichtlich einzelner Bauglieder. Dennoch sollen die drei Protagonisten – Friedrich Wilhelm IV., Schinkel und Lenné – in der Orientierung an zwei wesentlichen Leitbildern übereingestimmt haben: Zunächst verdeutliche sich das Bauwerk selbst als eine Aufforderung an den Betrachter, die Handlungen der Bewohner in der Art eines Schauspiels zu betrachten und zu bewerten. Die damit anklingende ethische Perspektive wird verstärkt, indem die Gesamtanlage als eine Versinnbildlichung des Ablaufs welthistorischer Zeit gelesen wird, innerhalb derer die Handlungen der Bewohner sub specie aeternitatis lesbar werden.

Theatralischer Gestus
Eine äußerst suggestive Zeichnung Schinkels aus den »Architektonischen Entwürfen« stellt den Anknüpfungspunkt für dieses Verständnis der Schloßanlage in Analogie zu einer dramatischen Aufführung bereit (Abb. IV.10, oben im Bild): Vor allem sind es die beiden jungen Männer auf der rechten Seite der in der Exedra ausgeführten Rundbank, die Anlaß zu Spekulationen bieten. Deiktischer Gestus des rechten Betrachters und kontemplative Geste des Linken geben eine Interpretationsrichtung des Bauwerkes vor, nach der es als ein intellektuell zu entschlüsselndes Gebilde verstanden werden kann. Ähnlich läßt sich die Perspektive unter dem Velarium der halbrunden Exedra hervor ohne großen interpretatorischen Aufwand dem Vorschlag für ein Panorama oder Bühnenbild vergleichen. In SCHÖNEMANNs Sichtweise folgen aus diesem Ansatz besonders deswegen weitreichende Konsequenzen, weil er die Bilder-

---

447 Kuhlow 1991; Dehio 1961.
448 Zu dieser Spielart des Exotismus vgl. nachfolgend S. 337.
449 Vgl. Schönemann 1997 S. 10.

IV.10 Schinkel, Karl Friedrich: Charlottenhof. Ansicht von der Exedra auf Schloß und Park, darunter Gesamtgrundriß
1829   43,6 x 51,2   Feder
Aus: Schönemann 1997, S. 31

sprache eines spezifischen Bühnenwerks als Vorbild für den Charlottenhof isoliert, nämlich die der 1815/16 von Schinkel dekorierten Mozartschen »Zauberflöte«[450]: Auf dieser Grundlage lassen sich die ausgelagerten Gebäudeteile als Anspielungen auf dieses Schauspiel verstehen, etwa die Beziehung zwischen dem Schornstein des Maschinenhauses und dem Rosengarten östlich des Schlosses als Bezug auf die Dekoration zum Palast des Sarastro für die Oper, in der ein Vulkan eine paradiesische Landschaft überragt (Abb. IV.11).[451]

---

450 Die Berliner Premiere fand 1794 statt, die erste Aufführung in den neuen Dekorationen Schinkels am 18. Januar 1816, vgl. AK Schinkel II S. 182; Börsch-Supan 1990 Bd. 1 S. 88.
451 Vgl. Schönemann 1997 S. 14. Bei Börsch-Supan 1990 Nr. 15 geführt als »Decoration zu der Oper: Die Zauberflöte Act I Scene XV« nach der Bezeichnung auf dem veröffentlichten Blatt.

IV.11 Schinkel, Karl Friedrich: Decoration zur Oper: Die Zauberflöte Act I Scene XV
1815   23,7 x 36,3   Deckfarben
Aus: Börsch-Supan 1990, Abb. 15

Genauso werden nahezu sämtliche Besonderheiten der Innenräume bis hin zur Raumausstattung einordnungsfähig. Hier kann nicht nur das dreifache Portal des Gartensaals als Anspielung auf den Tempel Sarastros aus der gleichen Dekoration verstanden werden.[452] Gleichfalls wird die Ausstattung des Saales zur Analogie derjenigen Figuren, die im Bühnenbild den Tempel dekorierten: Das Charlottenhofer Standbild des Ganymed[453] bildet so eine Umsetzung des auf dem Tempel Sarastros rechts angeordneten Natursymbols (dort einer Ziege); die Darstellung des David mit dem Haupt Goliaths[454] (als Sieg der Jugend über das Alter verstanden) auf der linken Seite eine Wiederholung der Personifikation der Geschichte (in der Operndekoration eine Standfigur mit Schriftrolle). Der in der Dekoration zentralen Symbolik des Osiris – eines Sohnes des Helios – entspräche so die Lichtgestalt der im Charlottenhofer Gartensaal zentral gehängten Blumenampel.[455] Auf der gleichen Grundlage

---

452 Vgl. Schönemann 1997 S. 14.
453 A. Wredow, 1830; aufgestellt 1831, vgl. Hoffmann 1985 S. 42.
454 H.M. Imhof, 1831; aufgestellt im gleichen Jahr, vgl. Hoffmann 1985 S. 42.
455 Eigener Entwurf Schinkels aus 1827 für diese Hängung, vgl. Hoffmann 1985 S. 42.

werden die Sternenmotive in den Skulpturennischen dieses Raumes zum Verweis auf die bekannte Dekoration Schinkels für die Sternenhalle der Königin der Nacht (Abb. IV.12 auf S. 197), ebenso die Verwendung des Musters für das Oberlicht des westlichen Portals.

SCHÖNEMANN kann auf diesem Fundament die gesamte Anlage als Umsetzung eines moralisch anspruchsvollen Schauspiels in die Realität werten. Die Rolle des Prinzenpaares in diesem ausgesprochen artifiziellen Rahmen ist so nicht nur vergleichbar mit der von Protagonisten, die den für die »Zauberflöte« zentralen Prüfungen unterworfen werden. Der Kronprinz in seiner Stellung als Ko-Autor der Planung kann gleichzeitig aufgrund seiner in diesem Rahmen als vorbildlich unterstrichenen Lebensführung gegenüber seinen Untertanen auf einem ethisch erneuerten Fundament erhöhte Legitimität in Anspruch nehmen.

Architektur als geschichtliches Modell
Im Zusammenhang mit dieser Legitimation steht auch die Deutungsstruktur, die SCHÖNEMANN für die Elemente in der Umgebung des Schlosses vorgibt: Sie folge einem anderen Grundgedanken, nämlich der architektonischen Versinnbildlichung kosmischer und mikrokosmischer Geschichtlichkeit.[456] Die Ost-West-Achse des gesamten Areals folge nicht nur dem Tagesablauf vom Aufgang der Sonne bis zu ihrem Untergang. Der Ausgangspunkt des Maschinenhauses im Osten, die dynamische Vermischung der beiden Grundelemente Feuer und Wasser, stelle auch den Initialpunkt eines kosmischen Entwicklungsgleichnisses dar, dessen nächste Station der paradiesische Urzustand des Rosengartens bilde. Der nach den Vorgaben der Mythen sich anschließende irdische Tod verkörpere sich in der Architektursprache der Exedra, denn die Nischen ihrer Außenwand seien als Grabnischen zu interpretieren. Seiner eigenen Sterblichkeit könne der Mensch nur die kritische Bewußtwerdung seiner Geschichtlichkeit entgegensetzen. Die flankierenden Skulpturen der Exedra (aus dem Mythos zum Urteil des Paris: Standbild des Paris und Hermes als Argustöter[457]) werden so zum Argument, die von der Exedra aus mögliche Kontemplation von Schloß und Bewohner im Sinne eines kritischen Urteils aus dem Gesamtsystem der Geschichte vorzunehmen: Nur der Herrscher, der diesem Urteil genügt, hat seinen konkreten Moment in der gesamten Geschichte – dessen Ort in der Zeitachse der Schloßbau bestimmt – bestehen können. Die sich im Westen

---

456 Vgl. Schönemann 1997 S. 12.
457 Kopien nach Canova (durch R. Schadow 1826) und Thorwaldsen (durch L.F. Coué 1824), vgl. Hoffmann 1985 S. 16.

anschließenden Architektur- und Landschaftsgestaltungen werden zur Bestätigung dieser Deutung herangezogen. Folgerichtig liegen in Abendrichtung der dem Andenken der Dichter gewidmete Hain, die als Personifikation von Schlaf und Tod verstandene Gruppe von Ildefonso[458] und weitere entsprechend verstehbare Bauteile.

Zeitliche Differenzierung und Zuordnung der Konzepte

Die wiedergegebene Interpretation SCHÖNEMANNs muß für ihre Stimmigkeit einen – negativen – Preis zahlen. Indem sie eine Konzeption geschichtlicher Zeit als Projektionsfläche ihrer Struktur wählt, verschweigt sie gleichzeitig den Faktor Zeit, soweit er den Ausgangspunkt ihrer eigenen Projektion bildet. Der interpretatorische Text übergeht so seine innere Leerstelle, die als gleichzeitig abwesender und anwesender Fokus den inneren Zusammenhalt verbürgt: Ohne die Unterdrückung der zeitlichen Dimension zerbräche die Kohärenz der Interpretation an Modifikation und Abfolge der Konzepte. SCHÖNEMANNs Deutung vervielfacht ihre paradoxe Situation, indem sie nur unter Aufgabe gerade des für die kunstgeschichtliche Betrachtung tragenden Faktors der historischen Zeit ein stringentes Ergebnis einer solchen kunstgeschichtlichen Betrachtung formulieren kann, gleichzeitig aber den Inhalt dieses Ergebnisses auf ein – historisch kontingentes – Modell von Zeitlichkeit gründet.

In der Folge sollen die Differenzen und Umschwünge einzelner Facetten in der Konzeptionsentwicklung wiederhergestellt werden, indem Änderungen im Verständnis der Architektur, der Ausstattung und der Umgebungsgestaltung offengelegt und nach ihren Wurzeln zugeordnet werden. Diese Differenzierung fördert ein konturenreicheres, wenn auch fragmentiertes und so weniger leicht vermittelbares Verständnis der Anlage insgesamt; zudem hilft sie präzisieren, an welchen Stellen die weitreichenden theoretischen Zusatzelemente SCHÖNEMANNs der Interpretation förderlich bzw. entbehrlich sind. Gleichzeitig läßt sich so die komplexe Interaktion zwischen dem Bauherren Friedrich Wilhelm IV. und dem Architekten Schinkel überprüfen.

Schnittlinien zur Gedankenwelt Schinkels

Parallel zu den dargestellten Hauptphasen, in denen das Gesamtensemble der Schloßanlage realisiert wird, lassen sich Verschiebungen und Umschwünge in

---

458 Italienische Arbeit nach einem Werk aus dem Umkreis des Prasiteles, Prado, Madrid (1837), vgl. Hoffmann 1985 S. 42.

seiner Konzeption isolieren. Den Ausgangspunkt bildet hier die ursprüngliche Planung von 1826. Ihre offenliegende Motivation ist zunächst relativ eindeutig: Sie will das bestehende Gutshaus unter Bewahrung der Bausubstanz zu einem maison de plaisance in klassizistischen Formen umgestalten.[459] Bei der Ausführung überschneiden sich allerdings unterschiedliche Motivationen, die sich zum Teil den Agierenden und ihrer persönlichen Entwicklung eindeutig zuordnen lassen. Auf der Seite Schinkels spielen dabei vor allem zwei Faktoren eine entscheidende Rolle. Für den Architekten ist zunächst eine verstärkte Tendenz zur Übernahme und kreativen Verschmelzung tradierter Formelemente bedeutend, insbesondere der aus dem antiken Formenschatz stammenden. Sie wird kaum adäquat verstanden werden können, ohne das prägende Erlebnis von Schinkels zweiter Reise nach Italien (Sommer 1824) mitzubedenken, während der ein qualitativ ganz neues Interesse an den Formen der Antike zutagetritt.[460]

Gleichzeitig wird – wie auch in den Gestaltungen für das Schloß Glienicke in den Jahren ab 1824[461] – für Schinkel die Forderung nach Einbindung der architektonischen Form in die Natur zur zentralen Fragestellung der gestalterischen Aufgabe. Ebenso wie dort kann Schinkel auch im Fall Charlottenhofs auf die Unterstützung des herausragenden Gartenarchitekten Lenné vertrauen. Dabei muß allerdings die unterschiedliche Ausgangslage betont werden: Während der malerische, am Schwung eines leichten Hügels die Havel und die Glienicker Lake überblickende Baugrund in Glienicke ideale Vorgaben bietet, besitzt das flache Areal des Charlottenhofs im Grunde nur zwei Charakteristika. Sie erschöpfen sich in der Nachbarschaft zu den schon zur Schaffenszeit Schinkels historischen Parkanlagen Sanssoucis und einer Neigung des Geländes zur Versumpfung, die eine Auseinandersetzung mit dem Element des Wassers nahegelegt.

<u>Die Behandlung naturhafter Elemente</u>
Die Arbeitsweise Schinkels in Charlottenhof trägt den angesprochenen Vorgaben des Geländes Rechnung. Wie auch in Glienicke treten dabei als auffälliges Mittel offene, transparente Architekturformen (Pergola) und auch

---

459 Vgl. Bergdoll 1994 S. 137ff.; Hoffmann 1985 S. 10.
460 Vgl. Riemann 1979 S. 284 (Nachwort).
461 Vgl. dazu Sievers, Schinkelwerk: Prinz Karl S. 23ff.; 85ff.: Die Umbauten am Schloß selbst begannen 1825 und waren dort im wesentlichen 1827 beendet; das ehemalige »Billardhaus« (Kasino) wurde von 1824 bis 1825 umgebaut.

Nebenbauwerke wie die Exedra in Charlottenhof zum eigentlichen Gebäudekörper hinzu. Als Fortsetzung des Gebäudes in die Natur besitzen sie in Charlottenhof nicht nur die Funktion, fließende Übergänge zwischen Außen und Innen zu schaffen. Gleichzeitig sorgen die seitliche Einfassung der Terrasse durch die Pergola und ihr Abschluß durch die Exedra dafür, den Nahbereich des Schlosses zu einem klar definierten und damit erfahrbaren Raum werden zu lassen. Von diesem perspektivischen Ausgangspunkt her er-lauben sie die geordnete Wahrnehmung des umgebenden Raumes als zusammenstimmender Landschaft, nicht lediglich als die vor Errichtung der Gartenanlagen gegebene ungegliederte Fläche. Beide Zielrichtungen dieser in der Mitte zwischen Bauwerk und Gartengestaltung einzuordnenden Architekturformen kommen in Schinkels Zeichnungen für die »Architektonischen Entwürfe« zum Ausdruck: Während die Perspektive von der Exedra auf das Haupt-gebäude (vgl. Abb. IV.10, oben) besonders die Ordnungsfunktion dieser Mittel für die Wahrnehmung betont, belegt die Aussicht aus dem Portikus (Abb. IV.13), wie sehr Schinkel daran gelegen war, mit ihrer Hilfe die Gesamtanlage in einem eigentümlichen Übergangszustand zwischen künstlich errichteten und vegetabil-naturhaften Formen zu fixieren.

In der Reaktion auf das zweite Charakteristikum der umgebenden Landschaft, die starke Präsenz des Wassers[462], verdeutlicht sich eine vergleichbare Vorgehensweise. Schinkel durchzieht das Gesamtgefüge von Bauwerk und Umgebung mit einer Achse, deren Linie durch lineare und punktuelle Wasserkünste gebildet wird: Beherrschend ist dabei im Außenraum die schmale Rinne, mit der die drei Wasserbecken auf der Terrasse und ihre Fontänen zu einer linearen Form zusammengefaßt werden. In der gedachten Verlängerung dieser Achse in den Innenraum des Schlosses bricht aus dem Boden des Vestibüls die von Schinkel gestaltete kleine Glockenfontäne hervor. Gerade dieser Einbezug einer sprudelnden Quelle in das Gebäudeinnere belegt die hohe Bedeutung, die der Einbezug des Wassers für Schinkels Planung besitzt. Sein eigener gestalterischer Kommentar untermauert diese Bedeutung: Meereswesen stehen unter anderem in den Vorzeichnungen für den figuralen Fries der Exedra-Innenseite im Zentrum des Geschehens; in diesem Fall sind es in den Wogen spielende Nereiden (vgl. Abb. IV.10, oben rechts). Obgleich die durch

---

462 Vgl. zu diesem Merkmal schon Bergdoll 1994 S. 145ff., der zwar eine stringente Einbindung späterer Erweiterungen der Ausstattung des Schlosses in die Gedankenwelt v. Humboldts liefert, aber eine spezifische Analyse der Schinkelschen Vorstellungen bei der Errichtung vermissen läßt.

IV.13 Schinkel, Karl Friedrich: Charlottenhof. Ansicht vom Gartenportikus auf Laubengang und Exedra, darunter Exedra und Vorder- und Seitenansicht des Dampfmaschinen-Gebäudes
1829   39,4 x 50,2   Feder, Bleistift
Aus: Schönemann 1997, S. 31

das Auftreten des Wassers bestimmte Achse sich im Westen fortsetzt (in ihrer Flucht liegen die Brunnenschale inmitten des Quincunx und als Abschluß ein Wasserbecken), scheint die Betonung allein ihrer Linearität unangemessen.[463] Schließlich erhält das Achsensystem auf der Nordseite der Terrasse eine Erweiterung durch das rechteckige, halbrund nach Norden abgeschlossene Wasserbassin, das mit seinen Fontänen das Niveau der Umgebung mit der höheren Lage der Terrasse vermittelt.

Eine weitere Auffälligkeit der Schinkelschen Planungen für den Charlottenhof entspringt einer vergleichbaren Zielrichtung; auch sie zielt auf die weitreichende Verschmelzung von Bauwerk und natürlichen Elementen der Umgebung: In einer Vielzahl von Vorschlägen Schinkels für dekorative Ele-

---

463 So aber Schönemann 1997 S. 16.

Eine andere Klassik

mente im Außenbereich (z.B. Skulpturen, Pflanzschalen) wird ausgesprochen stark die Horizontalwirkung des Gesamtgefüges betont. Dieser bislang lediglich von Schärf festgehaltene[464] und nicht näher untersuchte Umstand läßt sich besonders anhand eines Vergleichs zwischen den verwirklichten Formen des Charlottenhofs und den Idealvorstellungen Schinkels illustrieren. Als Quelle für derartige Vorstellungen des Architekten stehen zum einen die Vorzeichnungen für die »Architektonischen Entwürfe« (bereits 1829 angefertigt) zur Verfügung, die an verschiedenen Details kenntlich machen, daß sie eine Idealvorstellung des Gebäudes, nicht die Realität wiedergeben.[465] Daneben sind auch einige vorangegangene Studien Schinkels für das Bauwerk aussagekräftig, deren detaillierte Ausführung bereits eine Festlegung in der Formfindung verdeutlicht.

In den Studien für die »Architektonischen Entwürfe« betonen zunächst sämtliche abgebildeten, in dieser Weise jedoch nicht realisierten Skulpturen die Horizontale. Dies gilt gleichermaßen für die gelagerten weiblichen Halbakte links und rechts der Exedra (vgl. Abb. IV.13, unten Mitte) wie auch für die jeweils von einem Panther getragenen liegenden Frauenakte auf der öst- bzw. westlichen Einfassungsmauer der Terrassenböschung (vgl. Abb. IV.10 oben, dort zentral im Bildmittelgrund). Auch in ausführungsbereiten Studien Schinkels für einzelne Bauteile kehren vergleichbare Motive wieder: So sind die Seitenmauern des Altans auf dem Maschinenhaus durch gelagerte weibliche Akte besetzt (vgl. Abb. IV.8); auch hier unterbleibt die Ausführung jedoch. Ein vergleichbares Motiv kennt auch die Konzeption des Wasserbeckens unterhalb der Terrasse, wo Schinkel statt der halbrunden nördlichen Ausbuchtung die Aufstellung einer überlebensgroßen liegenden Frauenfigur auf kräftigen Quadersockel vorschlägt (vgl. Abb. IV.9).

Den gesamten angesprochenen Motivkreis charakterisiert nicht nur die Verbindung des horizontalen, ruhend gelagerten Elements mit der menschlichen Form, sondern auch die Anspielung auf eine als gütig verstandene Natur:

---

464 Schärf betont zurecht, daß besonders die von Schinkel auf den Vorzeichnungen für die »Architektonischen Entwürfe« betonten Details dem Gebäude eine stärkere Betonung der Horizontalität verleihen; vgl. Schärf 1986 S. 213f., 218f.

465 Deutlich erkennbar ist diese Charakteristik an der detaillierten Darstellung zweier für Schinkel offensichtlich wichtiger Details, der Ausführung des Westportals insgesamt und der Reliefs an beiden Portalgiebeln, vgl. zuvor S. 301f. Bereits erwähnt wurde auch der auf den Vorzeichnungen angegebene, aber zur Zeit der Veröffentlichung noch nicht umgesetzte Nereidenfries; weiter fällt auch die Gestaltung des gesamten westlichen Areals der Anlage ins Auge, die nicht in der angegebenen Form realisiert wurde.

Wie die Figur auf der Seitenmauer der Terrasse von einem ausschreitenden Panther getragen wird, bieten die weiblichen Gestalten dem Betrachter (auf der linken Seite der Exedra bzw. der Akt auf dem Panther) Früchte bzw. Wasserschalen dar, der so gestisch in eine harmonische Beziehung zur Natur eingebunden wird. Auch dort, wo Schinkel noch keine konkrete Skulpturenform vorschlägt, sondern lediglich durch die Angabe einer Pflanzschale einen möglichen Standplatz markiert (etwa für die seitliche Einfassung des Westportals, auf denen 1841[466] Gazellen angebracht werden), betonen die umrissenen Formen ihren ausgesprochen horizontalen Charakter.

Die Grundlagen von Schinkels Auffassung verdeutlichen jedoch besonders die angesprochenen konkreten Skulpturenvorschläge. Es geht ihm um eine künstlerisch inszenierte, ausgesprochen harmonische Verschmelzung der dem menschlichen Leben angehörigen Architekturformen mit den Elementen der Natur. Skulpturale wie dekorative Elemente des Außenbaus unterstellen sich damit dem gleichen Grundgedanken Schinkels, der bereits bei der Verklammerung der Anlage durch den Einsatz von Wasserkünsten und bei der Herstellung fließender Übergänge zwischen Bauwerk und Natur durch den Einsatz ausgreifender Formen der Nebenarchitektur am Werk war.

<u>Architekturformen und Vorbilder</u>
Wie bereits angesprochen spielt bei der Errichtung des Charlottenhofes auch das vielfältige Archiv der Vorbilder aus der Geschichte der Architektur, besonders aber aus Schinkels eigener Lebensgeschichte eine bedeutende Rolle. Die letztere Ebene ist für das Verständnis des Charlottenhofer Areals deshalb so wichtig, weil in ihr spezifische Reaktionsformen auf eine natürliche oder naturnahe Umgebung bereits vorformuliert bereitliegen[467]: Der Kontakt mit Italiens Landschaft und Klima stellte dem jungen Architekten die Herausforderung, die Beziehung zwischen Gebäude und Umgebung neu zu überdenken. Die späteren Versuche Schinkels, zu einer integrativen Verschmelzung von Landschafts- und Architekturelementen vorzudringen, wie sie sich in den zwanziger Jahren in Bauten wie Glienicke und Charlottenhof ausprägen, unterscheiden sich allerdings in wichtigen Teilaspekten von der zwei Jahrzehnte zuvor entwickelten Haltung.

Zunächst deutet während der Errichtung von Glienicke und Charlottenhof nichts auf den theoretischen Impetus zurück, den der frühe Schinkel aus der

---

466 W. Wolff, vgl. Hoffmann 1985 S. 15.
467 Vgl. zuvor S. 39ff.

IV.14 Schinkel, Karl Friedrich: Glienicke. Das »Billardhaus« (Kasino) nach dem Umbau
1827 40,2 x 51,1 Feder, laviert
Aus: Lemmer 1973, S. 87

IV.15 Schinkel, Karl Friedrich: Charlottenhof. Römische Bäder. Bez. »Grundriß der Anlage des Gaertnerhauses in Charlottenhof bei Potsdam mit seiner Umgebung.« Bez. oben »Perspektive vom Gaertnerhause in Charlottenhof bei Potsdam von dem Punkt B, im Grundriß aufgenommen«
1834 42,3 x 54 Feder, laviert
Aus: AK Schinkel II, Abb. 15.22 (S. 240)

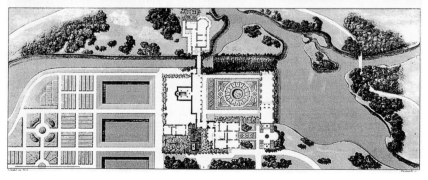

Ein Gartenschloß für einen Thronfolger

Auflehnung gegen das Prinzip strenger Symmetrie schöpfte. Die Besonderheit in Schinkels Einstellung während seiner ersten italienischen Reise bestand gerade darin, auch den eigentlichen Baukörper folgerichtig seinen asymmetrischen, in die Landschaft ausgreifenden Angliederungen anzupassen.[468] Dagegen trifft die frühere, auch theoretisch fixierte Forderung nach Abwendung von symmetrischer Architekturgestaltung im Bau von Charlottenhof auf offene Zurückweisung, die beim Kasino für Glienicke sogar noch deutlicher ist: Während der Baukörper des Kasinos nahezu vollständige Spiegelbildlichkeit erreicht (Abb. IV.14), schränkt in Charlottenhof nur der Risalit der Nordseite die Symmetrie ein.[469] Als Kontrastfolie für diese Besonderheit bietet sich die Baumassenverteilung bei den nur wenig später realisierten »Römischen Bädern« in der unmittelbaren Umgebung des Charlottenhofs an (Abb. IV.15). In dieser Baugruppe löst sich Schinkel erneut und diesmal überaus weitgehend von einer streng symmetrischen Auffassung des Baukörpers.[470] Damit wird die Frage nach den Grundlagen für die Differenzen in der Bewältigung der nach Maßstab und Funktion vergleichbaren Bauaufgaben virulent.

Beide dabei durchscheinenden Haltungen zum Einbezug von Naturformen im Landhausbau können auf Vorbilder aus Schinkels italienischer Erfahrung zurückgeführt werden: Sind für die aufgelockerte, harmonische Unübersichtlichkeit der Römischen Bäder die von Schinkel gezeichnete Anlage eines ländlichen Hauses auf Anacapri (vgl. Abb. I.1) und das »Landhaus eines Engländers bei Syrakus« (vgl. Abb. I.2) die Anknüpfungspunkte, deutet die symmetrische Strenge der Baukörper von Glienicke und Charlottenhof auf Prinzipien zurück, die sich in der 1804 entstandenen Zeichnung der Villa des Principe Valguarnera bei Palermo (Abb. IV.16, rechts im Bild) durchsetzen.[471]

Entgegen dem ersten Eindruck kann dieser Rückgriff aber nicht als gleichwertig verstanden werden. Die Zurückweisung der Symmetrie als Prinzip des ländlichen Baus stellt für den Schinkel des Jahres 1804 eine zentrale theoretische Forderung dar[472], die auch in den Studien zur »Villa in Capri« und besonders dem erwähnten »Landhaus eines Engländers« durchschlägt. Die zeichnerische Notierung der Villa Valguarnera besitzt dagegen lediglich den

---

468 Vgl. zuvor S. 97 und 79.
469 Diese Auffälligkeit beobachtet bereits Hitchcock 1958, ohne sie allerdings in ihren Kontext einzustellen, vgl. Hitchcock 1994 S. 62.
470 Vgl. Mielke 1981 S. 143.
471 Vgl. bereits Kuhlow 1911 S. 65; ähnlich Schönemann in AK Schinkel II, S. 232.
472 Vgl. dazu zuvor S. 78f.

IV.16 Schinkel, Karl Friedrich: Bez. »Ansicht der Villa des Principe Valguernera bei Palermo«
1804   26,7 x 84   Feder, Bleistift
Aus: AK Schinkel II, Abb. B.32 (S. 55)

Charakter einer landschaftlichen Erinnerungsskizze ohne theoretische Beiklänge. In Konsequenz müssen diejenigen Bauten Schinkels, die während der zwanziger Jahre in der Art des Charlottenhofs auf die italienische Erfahrung zurückgreifen, als eine im Wesentlichen rein formale Wiederholung früherer Eindrücke bewertet werden. Für die substantielle Wiederanknüpfung an die theoretischen Konzepte dieser Zeit gibt dagegen nur das Projekt der Römischen Bäder Raum. Hier ist es die Gruppierung der Baumassen, die erneut in das Zentrum von Schinkels Aufmerksamkeit tritt und damit auf die frühe Beschäftigung mit dem Landhausbau zurückverweist.

Die Feststellung, daß im Fall des Charlottenhofs Schinkels Beschäftigung mit dem Baukörper vergleichsweise oberflächlich ist (sowohl im Vergleich zu der Planung der »Römischen Bäder« als auch im Verhältnis zu seiner Aufmerksamkeit für den differenzierten Einbezug natürlicher Elemente in den Gesamtkomplex), läßt auch die teils recht unschöpferischen Lösungen in Gesamtanlage und Detail verständlicher werden. Deutlich greift Schinkel hier auf zeitgenössische, gleichfalls in der Fachwelt wie im gebildeten Publikum kursierende Vorbilder zurück. Dabei sind verschiedene Bezüge herstellbar, ohne daß sich eine eindeutige Vorformulierung festlegen ließe. In der Literatur wird vor allem die Feststellung tradiert[473], die Grundanlage des Kernareals (Schloßbau,

---

473 Bereits von KUHLOW und SCHMITZ als gesicherter Forschungsstand gewertet, vgl. Kuhlow 1911 S. 65; Schmitz, Hohenzollernjahrbuch 20 (1916) S. 6; vgl. auch Hoffmann 1985 S. 7. Zweifelnd Schönemann in: Gärtner 1984 S. 83, der stattdessen eher die von Durand im »Le Grand Durand« unter »Maisons de campagne et Jardins d´ Italie« aufgenommene Villa Picolomini in Frascati als Vorbild sieht. Angesichts der engen Bezüge des Kronprinzen zu Fontaine (z.B. Besuch bei Fontaine in Paris bereits 1815, vgl. Möller/Schönemann/

Terrasse, Exedra) basiere nicht nur auf Schinkels eigener Studie zur Villa des Fürsten Valguarnera sondern wesentlich auch auf der ausführlichen Publikation der Villa Albani in den »Choix des plus célèbres maisons de plaisance« von Percier und Fontaine (1809).[474]

Neben der ausgiebigen Beschäftigung mit dem Einbezug der Natur sind es weniger diese Übernahmen, sondern vor allem die Perfektionierung des inneren Zusammenhangs der vorgegebenen Form, die im Zentrum von Schinkels Interesse steht. Diese zweite Motivation wird besonders durch die Vielfalt von Schinkels Vorarbeiten für das westliche Portal belegt, scheinbar eines der am schwersten zu bewältigenden Bauteile.[475] Das gleiche Interesse an der formalen Durcharbeitung bestimmt auch die Vorgaben für die Giebel beider Portale. Wie bereits SCHÄRF betonte[476], empfand Schinkel die Weglassung der von ihm geplanten Reliefs in den Giebelfeldern für die Gebäudeproportionen ebenso nachteilig wie die vereinfachte Lösung für das Westportal. Die hohe Bedeutung dieser Form für ihn wird durch die metikulöse Umsetzung dieser Idealvorstellungen in den »Architektonischen Entwürfen« eindrucksvoll belegt (vgl. Abb. IV.10 und IV.13).

Dabei ist hervorzuheben, daß beide Momente (hohe Bedeutung des Naturbezugs auch bei nicht außergewöhnlicher Bedeutung der Architektur,

---

Köhler in: Ausstellungskatalog Karl Friedrich Schinkel in Potsdam S. 69) neige ich trotz der nicht geringen Plausibilität des Vorschlags von SCHÖNEMANN mehr zu einer Vorbildfunktion der Villa Albani. Bedenkenswert auch die Bezüge des Vestibüls in Charlottenhof zu einem Vestibule d' une maison a Ròme im »Grand Durand« (dort als kleinformatige Titelvignette, rechts unten), vgl. Schönemann 1997 S. 6; Schönemann in: Ausstellungskatalog Potsdamer Schlösser und Gärten, S. 176ff., die bei näherem Vergleich allerdings eher oberflächlich bleiben (dort kein Treppenpodest, sondern direkte Mündung in eine als Tonnengewölbe ausgeführte Loggia mit schwer lastenden Pfeilern; statt eines Treppengeländers dort durchgängig massive Wangen).

474 Erbaut in den Jahren ab 1748 durch Carlo Marchionni und den Kardinal Albani, vgl. etwa Barsali 1970 S. 312ff. Zwar weichen einzelne Architekturformen deutlich voneinander ab (z.B. ist die Exedra als vollgültiges Gebäude, ein Kaffeehaus, ausgeführt; ein Becken unterhalb der Terrasse fehlt, ebenso die Pergola auf der gegenüberliegenden Seite), auch unterscheidet sich der Maßstab der Anlagen deutlich. Trotzdem ist die Entsprechung in der Aufteilung der Baumassen auf einem äußerst ähnlichen oblongen Grundriß überaus auffällig; insbesondere in der Publikation durch Percier und Fontaine in den »Choix« 1809 Pl. 2–7. Schinkel kannte nicht nur die Publikationen der beiden außergewöhnlich einflußreichen Architekten; Gelegenheit zum ausgiebigen persönlichen Austausch gab die Reise nach Frankreich und England, vgl. die Tagebuchnotizen vom 1. Mai 1826ff.; abgedruckt bei Riemann 1986 S. 68.

475 Vgl. zuvor S. 301f.

476 Vgl. Schärf 1986 S. 211.

formale Vollendung auch innerhalb einer nicht übermäßig bedeutenden Vorgabe) auf theoretische Äußerungen Schinkels aus dem nahen zeitlichem Umfeld verweisen. Schon in den Überlegungen Schinkels auf seiner zweiten Italienreise zeichnet sich ab, daß er jedenfalls im Landhausbau gegenüber stilistischen Aspekten des eigentlichen Baukörpers andere Gesichtspunkte in den Vordergrund zu stellen beginnt. Seine Gedanken zur Villa di Negro in Genua (10. August 1824) verdeutlichen diese Überlegungen:

> Das Casino selbst ist ohne große Bedeutung, aber der Garten besteht aus einer Masse tiefer und höher liegender Winkel und Terrassen, die mit Rosen, Lorbeer- und Weinlauben so mannigfaltig verziert sind und durch steinerne Treppen verbunden werden, so daß man überall ein entzückendes Bild teils aufs Meer, teils auf die Gebirge und die ringsum wie das schönste Panorama sich ausbreitende Stadt hat. Hier zu leben wäre das Ideal alles Aufenthalts.[477]

Diese Auffassung Schinkels, der Bau eines Landhauses könne dem Bewohner selbst dann ein optimales Landschafts- und Naturerlebnis ermöglichen, wenn die Architektur des Bauwerks als solche nicht höchsten Ansprüchen genüge, wirkt sich meines Erachtens unmittelbar auf die bauliche Ausführung des Charlottenhofs aus.

Daneben wird ein zweiter, auf fast gleichzeitigen Erfahrungen basierender Gedanke ebenso wirksam: Selbst die an sich selbst weniger bedeutende architektonische Form kann nach Schinkels zeitgleicher Ansicht hohen künstlerischen Wert erreichen, wenn nur ihre Gestaltung in Detail und Dekoration höchsten Ansprüchen genügt. Wie bereits angesprochen wurde, begünstigt das erneute Erlebnis Italiens im Jahr 1824 eine Rückwendung zur Antike. Entscheidend sind dabei aber weniger formale Eigenschaften der Architektur, sondern gerade eine bestimmte Qualität der Ausführung und Ausstattung. Insbesondere unter dem Eindruck Pompejis formuliert Schinkel:

> In diesen verschütteten Städten ist nicht des geringsten Mannes Haus ohne schöne Kunst; jeder hat die Bildung, sich mit Gebildetem, an welchem Gedanken ausgesprochen sind, zu umgeben, und so entwickelte sich ein unendlicher Reichtum der Gedanken und eine Feinheit derselben, worin der Grundzug eines wahren Kulturzustandes besteht.[478]

---

[477] Tagebucheintrag vom 10. August 1824, vgl. Riemann 1979 S. 164. (Hervorhebung vom Autor).
[478] Schinkel, zitiert nach Wolzogen III S. 356f. Die Passage stammt zwar aus dem Begleittext zum Gemälde »Blick in Griechenlands Blüte«, deutet also auf den ersten Blick nicht auf eine

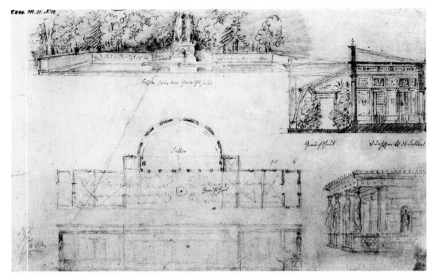

IV.17 Schinkel, Karl Friedrich: Charlottenhof. Entwurf für ein Gewächshaus mit Salon. Grundriß, Querschnitt, Teilansichten. Bez. oben links »Bassin hinter dem Gewächshaus«, oben rechts »Gewächshaus. Durchschnitt des Salons«. Bez. in der Zeichnung links unten »Salon«, »Gewächshaus«
1827   20,5 x 32,6   Bleistift
Reproduktion des Berliner Kupferstichkabinetts

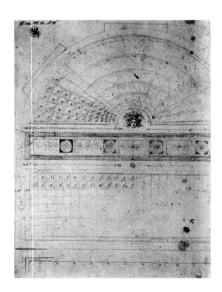

IV.18 Schinkel, Karl Friedrich: Charlottenhof. Deckenentwurf für Gewächshaus
1826   33,8 x 24   Bleistift
Reproduktion des Berliner Kupferstichkabinetts

Eine andere Klassik

Im konkreten Fall des Charlottenhofs wird nicht nur das Hauptgebäude als eine Umsetzung dieser Vorstellungen Schinkels verstanden werden müssen. Besonders auffällig ist ihr Niederschlag außerdem in den ausführungsreif durchgearbeiteten Vorstudien für die westlich des Quincunx geplanten Gewächshäuser (1826).[479] Selbst hier, in einem eher untergeordneten, einer recht prosaischen Nutzung zugeordneten Nebengebäude legt der Architekt die gleiche Sorgfalt der Detaillierung an den Tag wie im eigentlichen Schloßbau (Abb. IV.17). Vor allem aber verzichtet Schinkel auch an diesem Ort keineswegs auf die an der Antike geschulte, durchgängig künstlerisch hochwertig ausgeführte Ausstattung der Räume, die vor allem an der skulpturalen Ausstattung sowie der Planung des Deckendekors deutlich wird (Abb. IV.18).

Der Mythos der »Zauberflöte«

Ausgehend von diesen zwei konzeptuellen Hauptsträngen in Schinkels Planungen für den Charlottenhof läßt sich konkreter zu den von SCHÖNEMANN hervorgehobenen inhaltlichen Bezügen der verwendeten Motive Stellung nehmen. Die voranstehend skizzierte Fundierung von Schinkels architektonischem Standpunkt während der Bauzeit in Reiseerfahrungen und theoretischer Reflexion legt hier eine Abräumung interpretatorischen Ballastes nahe. Schinkels Entscheidungen bei der Durchführung einzelner Motive machen diese Reduktionen überprüfbar; die Möglichkeit einer Interpretation des Schloßbaus analog einer Aufführung der »Zauberflöte« wird unter diesem konkret auf die Entstehungszeit bezogenen Blickwinkel erheblich abgeschwächt.

Betroffen ist dabei bereits der augenfälligste Anknüpfungspunkt für die Interpretation SCHÖNEMANNs, das in zwei Bereichen des Gebäudes verwendete

---

Wirkung der dem römischen Kulturkreis angehörigen Altertümer von Pompeji hin. Mehrere Faktoren belegen allerdings hin, daß die Idealvision im »Blick in Griechenlands Blüte« eng mit der italienischen Erfahrung vermengt ist: Zunächst entspricht der Tonfall auffallend den Tagebuchnotizen während des Besuchs in der Gegend von Neapel. Außerdem, worauf Jaffé in: Gärtner 1984 S. 199 hinweist, begann Schinkel das Gemälde bereits vor der Reise; aus der Fertigstellungszeit nach der Rückkehr dürfte auch sein Kommentar stammen. Im übrigen schwingen auch in dem vermeintlich stilreinen »Blick« Bezüge auf die Archäologie Roms mit, vgl. Jaffé a.a.O., S. 201. Es handelt sich damit eher um eine Idealvision der Antike als um eine Idealisierung Griechenlands.

479 Den hohen Stellenwert dieser Konzeption belegt wiederum die Aufnahme in die Idealdarstellung für die »Architektonischen Entwürfe«. Die im Laufe der Jahre 1826/27 und noch nachfolgend vorgeschlagenen Inneneinrichtungen für Charlottenhof belegen im übrigen, daß Schinkel die bewunderten Formgebungen für das Gebäudeinnere auch als konkrete Vorgabe für die Ausführung ansah.

Dekorationsmuster der Sternenformen auf blauem Grund: Vor allem die Halbkugelkalotten über den beiden Skulpturennischen des Gartensaales legen vordergründig tatsächlich eine Parallele zu der bekannten Dekoration Schinkels für die Berliner Aufführung der Mozartschen »Zauberflöte« nahe. Während hier die Analogie zu der in der Oper verwendeten Dekoration für die »Sternenhalle im Palast der Königin der Nacht« (vgl. Abb. IV.12) relativ deutlich ist, kehrt das Sternenmotiv in der Verglasung des Westportals ein zweites Mal, wenn auch in einer mehr abstrahierten Form wieder (Abb. IV.19 auf S. 198). SCHÖNEMANNs Anknüpfung weitreichender Interpretationsansätze an die formale Entsprechung dieser Motive hält allerdings aus zwei Gesichtspunkten nicht stand: Zunächst liegt ein erheblicher zeitlicher Sprung zwischen der Erarbeitung der Theaterdekorationen durch Schinkel (1815) und den ausgeführten architektonischen Motiven in Charlottenhof (ab 1826). Schon aus diesem Grund scheint die Annahme nicht eben zwingend, die von Schinkel geschaffene Architekturform habe vergleichbare Gedanken wie die Theaterdekoration transportieren sollen.

Diese Einschätzung findet sich dadurch bestätigt, daß Schinkel das gleiche Grundmotiv in der Zeitspanne um 1825 vielfach einsetzt, ohne daß sich jeweils so weitgehende Folgerungen entnehmen ließen[480]: Die wohl bekannteste Verwendung zeigt der 1824/25 realisierte Neue Pavillon am Charlottenburger Schloß, in dessen Gartensaal die Nische hinter der halbrunden antikisierenden Sitzbank des Gartensaales durch einen auf blauem Grund bestirnten Vorhang geschlossen wird. Gleichzeitig mit der ersten Konzeption des Innenausbaus für Charlottenhof entsteht im Zuge der Umbauarbeiten am Palais des Prinzen Karl (Wilhelmsplatz) eine weitere eng benachbarte Dekorationsform. Hier ist es der große Speisesaal (sog. Galerie), dessen Wandabwicklung eine Anordnung von Skulpturen in überkuppelten Nischen über halbkreisförmigem Grundriß aufweist, die bis hin zur Farbgestaltung mit den Charlottenhofer Motiven fast identisch ist (Abb. IV.20 auf S. 199).[481] Im Unterschied zu den Nischen in Charlottenhof wählt Schinkel hier jedoch eine Ausführung in trompe l'œil-Manier. Ebenfalls zur gleichen Zeit (1824–26) baut Schinkel für das Kronprinzenpaar die ehemaligen Räume Friedrichs des II. im Berliner Stadt-

---

480 Ich halte es für wahrscheinlicher, in dem nach der Phase um 1810–15 erneuten Auftreten der dekorativen Form eine Reminiszenz an die Erlebnisse in Italien zu sehen. Schinkel hebt bereits in den ersten Tagen in Italien zweifach die große Wirkung von Deckendekorationen in vergleichbarer Bemusterung hervor (im Dom zu Mailand am 2. August 1824; auch bei der Kartause von Pavia am 7. August, vgl. Riemann 1979 S. 159, 163).
481 Realisiert 1828, vgl. Sievers, Schinkelwerk: Prinz Karl S. 235.

IV.21 Schinkel, Karl Friedrich:
Palais Redern. Entwurf zur Ausmalung des
Musiksaales. Querschnitt
1830 Feder
Aus: AK Schinkel I, Abb. 71c (S. 177)

schloß um – hier erscheint nicht nur der bestirnte blaue Himmel, sondern auch ein weiteres, Charlottenhof prägendes Motiv: Grundlage für die Bemalung ist die als trompe l' oeil ausgeführte zeltartige Decke eines Velariums über einer halbrunden Bank (Abb. IV.21), eine deutliche Parallele zur in Potsdam realisierten Exedra.[482] Doch auch nach dem Umbau in Charlottenhof verwendet Schinkel das erfolgreiche Motiv weiter, z.B. in der Gestaltung des Festsaals für das 1828/29 geplante Palais Redern (Abb. IV.22 auf S. 200).[483]

Aus dieser gehäuften Verwendung, aber besonders aus dem Gesamtzusammenhang der jeweils ausgeführten Dekorationen[484], läßt sich zwingend ableiten, daß Schinkel keinen spezifischen Bedeutungshorizont mit dem Motiv der Sternenform auf blauem Grund verband. Im Gegenteil erschöpfte sich der Gehalt dieses gestalterischen Elements in seiner Vorstellung darin, auf den bestirnten Himmel, insbesondere den Nachthimmel hinzuweisen. Die vielfache Anwendung gerade für die Überkuppelung von Skulpturennischen ver-

---

482 Vgl. dazu S. 317.
483 Davon abgesehen benutzt Schinkel den blauen Sternenhimmel auch in dekorativer Absicht, wie etwa in einem etwa zeitgleich zu datierenden Ornamententwurf auf einem Sternenfeld mit Lorbeerblättern (SM 38. 17.).
484 Vgl. Sievers, Schinkelwerk: Prinz Karl S. 232ff.

leiht ihm zudem ein erhebliches konventionelles Moment, das sich auch daran ablesen läßt, daß Schinkel bereits deutlich vor der Dekoration der Zauberflöte, nämlich in einer seiner ersten Arbeiten für das Königshaus überhaupt (1810), eine besonders hinsichtlich des Sternenmotivs auf dunkelblauem Hintergrund vergleichbare Innendekoration vorlegte.[485]

Im Vergleich der Planungsphasen für die Inneneinrichtung des Schlosses Charlottenhof lassen sich diese Feststellungen auswerten. Während hier schon die anfängliche Konzeption Schinkels ein gelb bestirntes, dunkelblaues Fenster für das Oberlicht des Westportals vorsah, waren die Sternenkuppeln über den Statuennischen im Gartensaal zu dieser Zeit noch nicht beabsichtigt. Ihre Planung findet erst 1831 statt.[486] Dennoch kommt das Motiv schon in der Anfangsplanung noch in einer zweiten, von SCHÖNEMANN nicht erwähnten Verwendung zum Vorschein, nämlich als Deckenbemalung des Portikus. Anhand des hier blaßblauen Farbwertes für den Hintergrund und der nur schwach hervorgehobenen Himmelssterne[487] läßt sich die Motivation für die Verwendung an zwei so unterschiedlichen Plazierungen nachzeichnen: Während sich das dunkle Portikusfenster im Westen bei geöffneten Saaltüren dazu eignete, schon tagsüber den Abendhimmel zu versinnbildlichen, konnte durch die blaßblaue, wie im Zenit stehende Portikusdecke der sommerliche Himmel über der Terrasse geradezu mit in das Gebäude hineingezogen werden. Damit muß festgehalten werden, daß zumindest bei der hier untersuchten anfänglichen Planung des Schlosses keine Rede von den durch SCHÖNEMANN konstatierten weitreichenden Konzeptionen sein kann, die bis hin in die freimaurerische Ideologie reichen. Vielmehr handelt es sich um den Einbezug des Firmaments als eines Elementes der natürlichen Umgebung in den Gesamtzusammenhang des Bauvorhabens. Mithin wirkt sich hier lediglich Schinkels Interesse an einem weiteren Teilaspekt der insgesamt für die Realisation des Charlottenhofs so beherrschenden Absicht aus, Verweise auf die Elemente der Natur in die Gestaltung mit einzubringen. Die spätere Dekoration der Skulpturennischen wird dagegen als eine Übernahme zu verstehen sein, die von der erfolgreichen Wirkung der von Schinkel entwickelten Dekorationsform in anderen Zusammenhängen beeinflußt ist.

---

485 SM 22a. 1.
486 Vgl. Kuhlow 1911 S. 86.
487 Besonders gut erhalten in der Vorgabe für Rosendahls gleichfarbige Ausmalung der Ädikulendecke, SM 51. 26.; auf den Farbwert weist im übrigen schon Kuhlow 1911 S. 14 hin, ohne allerdings Schlußfolgerungen daraus zu ziehen.
488 Sievers, Schinkelwerk: Möbel S. 27f.

Architektur als Sinnbild von Geschichte

Neben den angesprochenen Dekorationsmotiven, in denen bei SCHÖNEMANN Verweise auf die »Zauberflöte« gesehen wurden, ist die östlich des eigentlichen Schloßbaus angeordnete Exedra ein wichtiger Anhaltspunkt für eine Interpretation in der Art einer Theateraufführung. Gleichzeitig beruht auch das Verständnis des Ensembles als eines Sinnbildes von Geschichtlichkeit auf dem Verständnis dieses Bauteils. Auch hier ist jedoch Zurückhaltung in der Deutung angebracht, und zwar aus vergleichbaren Überlegungen wie hinsichtlich der angesprochenen Sternenmotive: Zunächst ist auch die Kombination der Bauformen Exedra und Rundbank ein bereits vorgeprägtes Motiv. Sie weist auf relativ ähnliche Formen des Neuen Pavillons in Charlottenburg hin, in Verbindung mit der Überdachung durch ein Velarium aber besonders auf die 1824–26 im Berliner Stadtschloß von Schinkel für den Kronprinzen realisierte Innenraumgestaltung. Hier entwarf der Architekt eine eng benachbarte Konzeption für den Teesalon.[488] Auch die formalen Reminiszenzen zu Vorbildern aus Italien spielen hier eine nicht unerhebliche Rolle.[489] Die Deutung SCHÖNEMANNs, die mit den an der Außenwand angebrachten Nischen die Vorstellung von Grabnischen verbindet[490] verliert aber vor allem dadurch an Plausibilität, daß zum Zeitpunkt der Planungen für die Exedra die weiteren für diese Auffassung grundlegenden Bausteine noch nicht einmal angedacht waren: Weder der Ausgangspunkt, das Feuer und Wasser mischende Maschinenhaus (erst 1829) noch der paradiesische Rosengarten (erst 1835) noch die benachbarten Skulpturen der Clio und des Apoll[491] erweisen sich damit für die ursprüngliche Konzeption als bedeutsam.

Neben diese primär architektonischen Bezüge der Exedra drängt sich allerdings die zeichnerische Kommentierung dieses Bauteils durch Schinkel

---

489 Hier liegt die Überlegung nahe, daß es sich um eine Verschmelzung des von Mazois publizierten Grabmals der Mammia (Mazois 1824 1. Teil, Pl. VII) mit dem nach dem Vorbild der Villa Albani gefaßten Plan für eine Exedra handeln könnte: Dieses Grabmal liefert besonders recht nahe Vorgaben für die Sitzbank, vgl. Sievers, Schinkelwerk: Möbel S. 22. Die von SCHÖNEMANN hervorgehobene Anbringung der »Grabnischen« ist daher ohne weiteres aus diesem formalen Rückgriff auf die Spulchralarchitektur erklärbar (vgl. die von Mazois gegebene Ansicht aus dem Inneren des Grabmals, 1. Teil, Pl. VIII, Fig. II.) Schinkel hat das Werk von Mazois intensiv genutzt, vgl. die Tagebuchnotiz vom 17. September 1824 bei Riemann 1979 S. 193, in der Schinkel besonders die Schönheit der von Mazois aufgenommenen Grabmäler betont.
490 Zu dessen Verständnis als Symbol der Sterblichkeit des Menschen im Lauf der Weltgeschichte vgl. zuvor S. 315.
491 Ch. Fischer, beide 1837 vgl. Hoffmann 1985 S. 16.

selbst in den Vordergrund: Ist es wirklich angebracht, die in der Sicht
SCHÖNEMANNs so suggestive Zeichnung des Architekten für die »Architektonischen Entwürfe« (vgl. Abb. IV.10) als Hinweis auf eine Konzeption des Hauptgebäudes in Analogie zur Szena des Theaters zu lesen?

Ein stimmiger Ausgangspunkt für eine solche Sichtweise sind die hoch differenzierten und oft eingesetzten Fähigkeiten Schinkels, durch die Aktion von Staffagefiguren Vorgaben für die Rezeption seiner Bauten zu formulieren.[492] Eine präzise Benennung der bei dem Einsatz solcher Fähigkeiten mitschwingenden Intentionen eines Autors ist zwar selten ohne weiteres möglich. In Bezug auf die Arbeiten Schinkels kann sie aber durch die Kontrastierung mit Vergleichsbeispielen erleichtert werden, die ebenfalls auf eine rhetorisch wirksame Veröffentlichung abzielen. Optimale Vergleichsmöglichkeiten für eine solche Kontrastuntersuchung der Perspektive auf die Terrasse von Charlottenhof bietet die bekannte Perspektive aus der Treppenhalle des Alten Museums (vgl. Abb. III.23), die ebenfalls für die Veröffentlichung in den »Architektonischen Entwürfen« angefertigt wurde. Zunächst ist neben dem Zeitpunkt (1829) auch der Anlaß beider Zeichnungen der gleiche – beide sollen einen baulichen Idealzustand visualisieren (die vorweggenommene Realisation der Fresken im Museum entspricht insofern der antizipierten Ausführung des Reliefs am Tympanon in Charlottenhof).

Auf dieser gemeinsamen Basis kann besonders der Vergleich mit den für das Museum antizipierten Reaktionsmöglichkeiten potentieller Betrachter die eigentliche Zielrichtung der Charlottenhofer Exedra-Perspektive klären helfen: Die perspektivische Zeichnung für das Museum hält eine Palette vielfältig gerichteter Reaktionsweisen bereit, die mit dem fassungslosen Erstaunen des Mannes und des Kindes ganz links beginnen, über die interessierte Rückschau der männlichen Figur an der Wandecke zur Vorhalle und die wißbegierige Diskussionshaltung der beiden in das Museum eintretenden jungen Männer im Vordergrund reichen, aber auch die lebhafte Diskussion über das Kunstwerk im rechten Hintergrund ansprechen.[493] Gleichzeitig verweist Schinkel durch die Mischung der Figuren zwischen Weiblich und Männlich, Jung und Alt auf

---

492 Zur Verortung derartiger Verfahren im Gesamtzusammenhang der Malerei des 19. Jahrhunderts vgl. Kemp 1983 S. 114ff. Die Vorgehensweise Schinkels verweist zwar nicht direkt auf den dort angesprochenen Warencharakter der Kunst, aber sie trägt doch das ganz deutliche Kennzeichen eines intensivierten Betrachterkontaktes.

493 Nur dem ganz genauen Betrachter offenbaren sich fast amüsante weitere Schattierungen: So schleicht ein besonders furchtsamer Jüngling in gebückter Haltung die Treppe zum Tempel der Kunst herauf.

die öffentliche Bestimmung des Bauwerks; er versammelt gleichsam die dem Museum zukommende Öffentlichkeit virtuell im Bild.

Die Zeichnung zur Präsentation des Charlottenhofer Idealentwurfes trägt eine andere Physiognomie – schon das überwältigende Erstaunen fehlt hier. Hier sind es lediglich zwei Personen, identisch gekleidete junge Männer, die in aufmerksamer Betrachtung des Gebäudes versunken sind. Ebenso offensichtlich wie ihr Gespräch auf eine gewisse Dauer angelegt ist (der links Abgebildete hat der Bequemlichkeit halber informell den Zylinder neben sich auf der Bank abgelegt) kennt es auch eine klare Rollenverteilung: Der rechte der Betrachter weist gezielt und kenntnisreich auf die Eigentümlichkeiten der Anlage hin[494]; sein Gesprächspartner dagegen lauscht aufmerksam. Dessen Haltung, besonders aber die Geste seiner rechten Hand betonen jedoch, daß er nicht einfach Informationen entgegennimmt und sich damit auf bloßes Zuhören beschränkt. Vielmehr wird er charakterisiert als eine Person, die sich zu sammeln bemüht, sich introspektiv zurückzieht, um die aufgenommenen Informationen anhand des eigenen Erfahrungshorizonts kritisch zu überprüfen. Mit diesen Informationen wird der Vergleich der jeweiligen Rezeptionsvorgaben schärfer. Anders als im Fall des Museums wird hier keine Öffentlichkeit im weiten Sinn angesprochen – beide Betrachter des Charlottenhofs operieren vielmehr von einer gemeinsamen Plattform aus, die sie in die Lage versetzt, über den Bau aus einer wohlerworbenen Sachkunde heraus zu urteilen. Schinkel charakterisiert sie damit als Angehörige eines gestalterischen Berufs, möglicherweise junge Architekten, zumindest aber als in den Fragen dieser Kunst durchgehend gebildete Laien.

Nicht nur aus dieser Überlegung heraus verbieten sich die weitergehenden Vorschläge Schönemanns[495], nach denen hier eine kritische Öffentlichkeit impliziert ist. Auch das eigentliche Sujet der Bilderzählung, das durch die ausgefeilte Blickleitung Schinkels, durch ihre kompositorischen und technisch-perspektivischen Mittel vorgegeben wird, spricht gegen sie. Dabei sind nicht so sehr die bildbestimmenden, mit Naturelementen verflochtenen Achsen der Pergola und der Wasserrinne maßgeblich; sie würden auch in jeder anderen möglichen Ansicht der Ostseite den Blick auf das Schloß und seinen Portikus ziehen. Wichtiger ist demgegenüber eine andere Achse der Komposi-

---

[494] Bei diesem Gestus steht auf der perlokutiven Seite des Zeigeaktes der didaktisch-rhetorische Aspekt ganz im Vordergrund, wenn man sie nach der Einordnung diegetischer Akte von Gandelmann (in Entsprechung zu Austins linguistischen Schemata) betrachtet, vgl. dazu Gandelmann, in: Kemp 1992 S. 80f.
[495] Vgl. Schönemann 1997 S. 12, 14.

tion, deren Ausgangspunkt mit dem Zeigegestus des rechten Betrachters definiert und durch die Ansatzlinie der Terrassenböschung fortgesetzt wird. Diese Sichtachse würde unter einer anderen Perspektiv-Komposition am Zentrum des Schloßbaus vorbeiweisen; ihr bewußter Einsatz durch Schinkel ist deutlich. Charakteristisch für ihre Inszenierung durch den Zeichner ist ein doppelter Bezug: Sie wird durch die Terrassenböschung hergestellt, bezieht sich also auf ein (garten-)architektonisches Element. Gleichzeitig wird sie durch die im Bildaufbau oberhalb angegebene dichte Vegetation betont – ein naturförmiges Element. Sie verbindet außerdem weitere naturhafte und artifizielle Formen (die beiden kleinen, gerade noch sichtbaren Fontänen des Wasserbeckens und den auf der Treppenwange angegebenen weiblichen Akt auf dem Panther) mit einem doppelten Mittelpunkt. Dieser wird durch zwei in Maßstab und Komposition gleichberechtigte Elemente gebildet, die im Schnittpunkt der bildbestimmenden Achsen liegen, durch den (artifiziellen) Portikus *und* die (naturhaft gedachte) Hauptfontäne der Terrasse.

Damit bestätigt sich auch anhand der für die Überlegungen SCHÖNEMANNS so bestimmenden Perspektivzeichnung aus Sicht der Exedra die schon bei der Analyse der Entwurfszeichnungen Schinkels und der Entwicklung der Ausstattung festgestellte Grundhaltung: Entscheidend ist für den Architekten eine optimale Auseinandersetzung mit den in der Natur auffindbaren Vor- und Nebenbedingungen des Landhausbaus[496], die er als nachahmenswert empfindet. Schinkels Einsatz der Staffagefiguren entspricht ganz diesem Ziel, den Diskurs mit der Fachwelt über diese nach der Ansicht des Architekten vorbildlich gelöste Bauaufgabe zu befördern. So muß als Fazit festgehalten werden, daß jedenfalls in der ursprünglichen Bauphase um 1825 bis etwa 1829 keine Anhaltspunkte für die darüber hinausreichenden Deutungsmodelle SCHÖNEMANNS bestehen bleiben.[497] Dagegen läßt sich eine hinreichend sub-

---

[496] Für diese Feststellung ließen sich bereits aus der angesprochenen Zeichnung weitere Argumente entnehmen, so etwa die harmonische Aufnahme des Baukörpers durch umrahmende Baumstellungen gleichen Maßstabs in Horizontal und Vertikale. Gerade sie bewirken trotz der ausgefeilten Anordnung der präsentierten Gegenstände eine ausgesprochene Leichtigkeit und Selbstverständlichkeit des Bildaufbaus.

[497] Dabei darf nicht außer acht gelassen werden, daß nicht nur hinsichtlich des Kernareals, sondern auch der weiter im Westen angeordneten Bauteile die Überlegungen SCHÖNEMANNS problematisch sind. In diesem als Abendseite der Geschichte verstandenen Bereich, der nach SCHÖNEMANNS Vorstellung dem Gedenken und dem schließlichen Abschied in Tod und Vergessen gewidmet sein soll, plant Schinkel 1826 ausgerechnet – ein Gewächshaus. Damit wäre ein Bauteil realisiert worden, das lebensspendender kaum gedacht werden könnte.

stantiierte und vor allem kohärente Basis für die planerischen Entscheidungen Schinkels in seinen eigenen Überlegungen und Erfahrungen herausarbeiten.

Dabei sei noch zu einem naheliegenden Gegenargument Stellung genommen: Nach der hier vertretenen Auffassung lag es nicht in Schinkels Absicht, eine bestimmte monarchische Ideologie Friedrich Wilhelms IV. zu versinnbildlichen, zu legitimieren oder kritisch zu kommentieren. Die statt dessen vertretene Überzeugung, Schinkel sei im wesentlichen – unter Abstraktion von der herausgehobenen Stellung des Auftraggebers – an architektonischen Experimenten im Bereich der Verknüpfung von Landschaft und Architektur interessiert gewesen, mag angesichts der kritisierten, weitaus komplexeren Interpretation des Bauwerks Charlottenhof zunächst befremden: Immerhin reduziert sie die Rolle des preußischen Thronfolgers auf die eines relativ beliebigen Landhaus-Bauherren. Sie besitzt jedoch den großen Vorteil, mit der Analyse eines zeitgleich und mit ungleich höherem Aufwand bearbeiteten Bauwerks zusammenzustimmen, der des Alten Museums. Auch hier, wie zuvor ausgeführt[498], experimentiert Schinkel bei der Gestaltung des Lustgarten 1828 mit der Optimierung des Einsatzes von landschaftlichen Zusatzelementen für den architektonischen Entwurf. Auch hier führt die konsequente Durchführung dieser Experimente zu einer Beschränkung im geistigen Anspruch der preußischen Monarchie: Hätte R%AVE wie über den Lustgarten auch über Charlottenhof geschrieben, hätte er wohl auch hier die für ein Königshaus unangebrachte »biedermeierliche Nettigkeit« anmahnen müssen.

Konzeptueller Horizont Friedrich Wilhelms IV.
Die voranstehenden Überlegungen zur Position Schinkels beim Umbau des Charlottenhofs machen die Kontrastierung mit dem Standort Friedrich Wilhelms IV. wünschenswert: Läßt sich zu diesem Zeitpunkt in seinem Denken eine Fundierung für eine komplexe Interpretation in der Art S%CHÖNEMANNs belegen; legt sein Entwicklungshintergrund eine spezifische Einstellung zu den für Schinkel beschriebenen Einstellungen nahe?

In der Literatur über die außerordentlich vielschichtige Persönlichkeit Friedrich Wilhelms IV.[499] kristallisieren sich drei Motivationsstränge heraus,

---

498 Vgl. zuvor S. 232.
499 Standardwerke zur Biographie sind etwa die neue Arbeit Barclays von 1995; zur künstlerischen Seite die vielzitierte Abhandlung Dehios »Friedrich Wilhelm IV. von Preußen. Ein Baukünstler der Romantik.« (1961). Für beide Seiten wichtig auch die vielfältigen Beiträge in Büsch (Hg.) 1987 und in Ausstellungskatalog: Friedrich Wilhelm IV. König und Künstler.

die auf Erziehung und Umfeld des jungen Prinzen, aber auch auf eine spezifische Begabung zurückweisen: Aus dem Umkreis romantischer Ideen nach der Jahrhundertwende[500] entspringt seine nachhaltige Zuwendung zu religiösen Fragen, die sich noch im hohen Interesse des späteren Monarchen für den Kirchenbau durchhält. In Teilaspekten mit diesem Bereich verschnitten liegt der zweite Gesichtspunkt, die Sehnsucht nach dem Ideal gesellschaftlicher und weltanschaulicher Harmonie, deren Realisation in fernen Ländern und in vergangenen Zeiten herbeigeträumt wird und damit eskapistische Züge annimmt. Einen dritten, besonders bedeutenden Aspekt stellt die Begeisterung für die Rezeption von Kunst und die Beschäftigung mit künstlerischen Fragen dar. Sie wiederum wird wohl nur als Ausprägung einer starken Neigung des Thronfolgers zur künstlerischen Tätigkeit verstanden werden können, die mit einer beachtlichen Begabung einhergeht.

Die Begeisterung für religiöse Fragen, die einen großen Bereich der von Friedrich Wilhelm angeregten und begleiteten Baukunst prägt[501], scheint für die Errichtung des Charlottenhofs weniger relevant gewesen zu sein. Die großen Bemühungen des Thronfolgers, für seine stark retrospektiv ausgerichteten religiösen Vorstellungen historisch verbürgte, möglichst reine Vorbildformen und Ikonographien zu finden, sind hinreichend gut dokumentiert.[502] Seine nicht unbeträchtliche Kreativität in der Erarbeitung anwendbarer Lösungen für Baufragen seiner eigenen Lebenswelt richtet sich im wesentlichen auf die Neukombination und Abwandlung bereits vorhandener sakraler Bauformen. Dagegen ist kein Fall nachweisbar, in dem Friedrich Wilhelm eine Transformation religiöser Gedanken des Christentums in eine ikonographische Neuschöpfung im Gewand der Antike beabsichtigt hätte. Angesichts dieser mangelnden Parallele wirkt die Annahme zumindest unwahrscheinlich, der Thronfolger habe für die Umbauten des Charlottenhofs bereits 1826 eine ausgefeilte Sublimierung christlicher Schöpfungslehren mit den Mythen der

---

500 Obgleich die oft verwandte, pejorativ gezielte Bezeichnung als eines »Romantikers auf dem Thron« (zurückgehend auf eine Polemik von David Strauß, vgl. Schütz 1988 S. 58) die Person Friedrich Wilhelms wohl nicht ausreichend beschreibt, entbehrt sie nicht eines gewissen Tatsachenkerns.

501 Entscheidende Einflüsse gingen von der Erweckungsbewegung aus, einer besonders im preußischen Adel wirksamen Neubelebung des Pietismus, die Friedrich Wilhelm gegen 1820 stark beeinflußte, vgl. Kroll in: Friedrich Wilhelm IV. von Preußen 1997 S. 119f.; vgl. auch Bußmann 1990 S. 120ff. und Klingenburg, in Ausstellungskatalog: Friedrich Wilhelm IV. König und Künstler, S. 38ff.

502 Vgl. besonders die Beiträge von Engel, Zuchold und Steckner in: Büsch 1987.

Freimaurer in antikisierender Formensprache beabsichtigt. Jedenfalls aber kann festgehalten werden, daß hier nicht das Selbstverständnis des Erneuerers einer monarchischen Ökumene aus dem Geist des Frühchristentums am Werk ist, aus dem der Hauptstrom von Friedrich Wilhelms Motivation in der Baukunst entspringt.[503]

Wesentlich näher an den Wurzeln des Charlottenhofs liegt der zweite Aspekt, der in verschiedenen Richtungen zielende eskapistische Zug im Denken Friedrich Wilhelms. Aufschlußreich ist hier die häufig verwendete Bezeichnung des Baus als sein »Siam« oder »Siamhouse« und auch das spielerisch geäußerte Selbstverständnis eines aus der Fremde stammenden Baukünstlers während der Bauzeit.[504] Als Quellen für diesen topos dürften einerseits zeitgenössische Reisebeschreibungen in Betracht kommen, andererseits die Beeinflussung durch Vorstellungen des ersten prinzlichen Erziehers, des in den Jahren von 1800 bis 1810 angestellten Friedrich Delbrück.[505] Das alte Gutshaus Charlottenhof wird so zum »arkadischen Modell eines freien Landes«[506] umformuliert, zu einer exotischen Landschaft, in der sich spielerisch gesellschaftliche Zwänge außer Kraft setzen lassen. Das Charlottenhofer Schloß und seine Umgebung rücken so in einen gemeinsamen Kontext mit anderen, unrealisiert gebliebenen Bauvisionen des Prinzen. In diesen Bereich gehört etwa sein noch mit gotischen Formen spielendes, utopisches Projektes für eine Abtei »St. Georgen im See« (1816)[507], aber auch die kaum realisierungsfähigen Studien für das Lustschloß »Belriguardo« auf dem Tornow-Rücken bei Potsdam (wohl 1823) oder für ein Denkmal Friedrichs des Großen auf dem Potsdamer Mühlenberg (seit etwa 1834/35), die sich an antiken Formen orientieren.[508] Der in diesen Projekten zum Ausdruck gelangende Hang zum Irrealen und Phantastischen ist innerhalb der literarischen Romantik ein verbreitetes Stilmittel, das in der Kollision zwischen maximalen Ansprüchen

---

503 Die eigentliche Hinwendung Friedrich Wilhelms zu den Fragen des Kirchenbaus, aus denen Projekte wie das für den Berliner Dom und die Zusammenarbeit mit Schinkel an der Potsdamer Nikolaikirche erwachsen, wird erst gegen 1828 aktuell. Auslöser dürfte nicht zuletzt der Kontakt mit Bunsen Ende 1827 gewesen sein, vgl. Engel in: Büsch 1987 S. 163.
504 Schönemann 1997 S. 8 erwähnt Unterschriften wie »Achitetto – Federigo Siamese« oder »FW Siamhouse Architect«.
505 Vgl. Möller/Schönemann/Köhler in: Ausstellungskatalog Karl Friedrich Schinkel in Potsdam S. 68.
506 Schönemann 1997 S. 10.
507 Vgl. dazu Engel in: Büsch 1987 S. 156.
508 Vgl. Engel in: Büsch 1987 S. 163ff.; Drescher in: Ausstellungskatalog Karl Friedrich Schinkel in Potsdam S. 22ff. und S. 124ff.

des gestaltenden Individuums und den schwer zu beeinflussenden Verhältnissen äußerer Realität einen spielerischen Ausweg zuläßt.

Die gedankliche Vielfalt, die sich unter diesem Vorzeichen in der romantischen Bewegung entwickeln konnte, war dem Prinzen schon früh durch Theateraufführungen und eigener Lektüre vertraut geworden. Besonders hoch anzusiedeln ist hier seine Verehrung für den Autor Friedrich de la Motte Fouqué[509], dessen Stücke – teils in Dekorationen Schinkels – unter den Zeitgenossen überaus erfolgreich wurden. (Höhepunkte der Beschäftigung mit Fouqué liegen in den Jahren unmittelbar nach 1812.[510]) Nicht ohne Einfluß von Vorbildern aus dem romantischen Umkreis[511] wird der Prinz in den Jahren 1816/17 selbst umfangreich literarisch tätig, es entsteht das Romanfragment »Die Königin von Borneo«.[512] In den Zusammenhang dieser äußerst schwärmerischen Rezeptionsphase, durch die der gerade volljährige Thronfolger geht, gehört auch die Begeisterung des Prinzen für die »Zauberflöte« und ihre freimaurerische Symbolik. Die 1816 in den berühmt gewordenen Dekorationen Schinkels aufgeführte Oper scheint allerdings nur ein kurzfristiges Hoch der Rezeption ausgelöst zu haben.[513] In folgenden Jahren treten dagegen hinsichtlich einer mythischen Überformung des menschlichen Daseins die von der christlichen Kirche vorgegebenen Formen deutlicher in den Vordergrund. Anhaltspunkte für eine fortgesetzte Beschäftigung mit den Sinnbildern der »Zauberflöte« gibt Friedrich Wilhelm IV. nicht mehr, insbesondere nicht in der ein Jahrzehnt später anzusiedelnden Zeitspanne der Umbauten in Charlottenhof.[514]

Für den dritten angesprochenen Bereich, die im Leben Friedrich Wilhelms so bedeutende Beschäftigung mit dem Gebiet der bildenden Kunst, soll hier

---

509 Vgl. dazu Kroll in: Büsch 1987 S. 97ff.; Kroll in: Friedrich Wilhelm IV. von Preußen 1997 S. 119; auch Bußmann 1990 S. 46ff., 54ff.
510 Die Veröffentlichung von Fouqués »Zauberring« 1812 stellte wohl den eigentlichen Beginn dieser Rezeption dar, vgl. Barclay 1995 S. 59; Bußmann 1990 S. 46ff.; Kroll in: Büsch 1987 S. 97.
511 Zu erwähnen sind hier vor allem die Verserzählungen »Lalla Rookh« von Thomas Moore, vgl. Schönemann 1997 S. 10, aber auch MacPhersons »Ossian«-Dichtungen und der vorromantische Roman »Paul et Virginie« von Jacques-Henri Bernardin (1788), vgl. Kroll in: Friedrich Wilhelm IV. von Preußen 1997.
512 Hrsg. von Frank-Lothar Kroll 1997.
513 Vgl. Möller/Schönemann/Köhler in: Ausstellungskatalog Karl Friedrich Schinkel in Potsdam S. 69.
514 Weiterführende Belege für eine solche Fortwirkung liefern weder Barclay 1995 noch Bußmann 1990.

eine ungewohnte Perspektive eingenommen werden. Häufig wird versucht, die Produktivität des königlichen Künstlers und insbesondere seinen Einfluß als Bauherr-Architekten hervorzuheben.[515] Dabei wird weniger berücksichtigt, welche Strukturen in seiner Rezeption von Kunst wirksam sind, obgleich gerade sie wichtige Aufschlüsse liefern können.[516] Während etwa die von ihm aktiv vorangetriebenen Bauprojekte nicht selten durch ihre übertriebenen Dimensionen und die mangelnde Klärung der Einzelheiten befremden, ist im rezeptiven Bereich gerade die Aufmerksamkeit für das Detail herausragend. Beispielsweise ist anzunehmen, daß bereits vor dem ersten Aufenthalt Friedrich Wilhelms in Italien (1828) der Wissensstand des künftigen Monarchen in Baugeschichte und Anlage des antiken Rom außergewöhnlich war und eine Vielzahl von Einzelheiten umfaßte.[517] Bestärkt durch die lang ersehnte Anschauung des künstlerischen Idealbildes Italien zeigt die anschließende Zeit eine erhöhte Tendenz, die dort erlebten Formen zu wiederholen; erst ab dieser Phase wenden sich Friedrich Wilhelms Projekte fast ausschließlich der Stilistik von Antike und italienischer Renaissance zu.[518]

Es erscheint mir angebracht, das in dieser Zeit steigende Interesse an der korrekten Wiederholung von Bauformen mit der eskapistischen Tendenz im Denken Friedrich Wilhelms zusammenzubringen: Der Wunsch, sich in die harmonischen Welten von Vergangenheit und Exotik hinüberzuträumen, befruchtet sich dabei mit dem anschaulich gewordenen architekturgeschichtlichen Wissen des Bauherren[519] – die Freude an immer ursprungsnäheren

---

515 Herausragend in dieser Hinsicht Kuhlow 1911, aber natürlich auch Dehio 1961; auch Klingenburg, in Ausstellungskatalog: Friedrich Wilhelm IV. König und Künstler, S. 38ff.

516 Ansätze dazu bei Zimmermann, in: Ausstellungskatalog: Friedrich Wilhelm IV. König und Künstler, S. 134ff.; insbesondere auch zur Frage, welche Stichwerke Einfluß auf die architektonischen Vorstellungen des Kronprinzen besaßen.

517 So scheint auf der Grundlage dieser Kenntnisse selbst eine Korrektur des in der römischen Archäologie besonders bewanderten Alois Hirt möglich gewesen zu sein, vgl. die von GEYER und BUSSMANN wiedergegebene Äußerung Niebuhrs, Geyer, Deutsche Bauzeitung 56 (1922) S. 535; Bußmann 1990 S. 333.

518 Vgl. dazu Bussmann in: Büsch 1987 S. 27, der aber auch die schon zuvor bestehenden ausgezeichneten Kenntnisse der römischen Topographie betont; Barclay 1995 S. 80f. Noch gegen 1821 setzten die Interessen des Prinzen deutlich andere Schwerpunkte, so im Bereich der mittelalterlichen und auch ägyptischen Baukunst, vgl. Kuhlow 1911 S. 63.

519 Diese Interpretation wird durch die Darstellung Stülers in seiner Gedenkrede auf den Monarchen untermauert, in der die »begeisternden Eindrücke der im Jahr 1828 unternommenen Reise« hervorgehoben werden; gleichzeitig aber auch die auf dieser Erfahrung beruhende überschwenglich-phantastische Schaffensperiode des Thronfolgers anspricht, vgl. Stüler 1861.

Ein Gartenschloß für einen Thronfolger

Nachschöpfungen ist mit ihm verknüpft. Nicht nur Projekte wie die »Römischen Bäder« bestätigen dieses Verständnis, indem sie bei aller Ausgewogenheit der Raumwirkung stellenweise in das Sammeln von Versatzstücken abgleiten. Auch Projekte wie die Rekonstruktion der von Plinius beschriebenen Villen und besonders der Entwurf für ein Römisches Landhaus, die Schinkel auf Veranlassung des Prinzen anfertigt, belegen die Reichweite dieser Vorstellungen.[520]

Im Fall des Charlottenhofes folgt Friedrich Wilhelm einem konkreteren Beispiel als den Beschreibungen des Plinius. Anregungen für die Befriedigung seiner Italiensehnsucht im vertrauten Potsdam gehen auf die Beschäftigung mit den Architekturpublikationen von Percier und Fontaine zurück.[521] Doch selbst in der Beziehung zu diesen zeitgenössischen Vorbildern fehlen eskapistische Bezüge nicht: Der Briefwechsel zwischen dem Kronprinzen und Fontaine enthält einen 1841 verfaßten Brief an den Architekten, in dem die glücklichträumerische Versenkung in die Abbilder des fernen Italien deutlich nachklingt.[522] Auch in den nach 1830 durchgeführten Änderungen in der Ausstattung des Schloßbaus Charlottenhof wirken diese Gesichtspunkte fort. Dabei läßt sich feststellen, daß die Fortschreibung vorgegebener Formen mehr und mehr in die Gestalt der Sammelleidenschaft überzugehen beginnt. Ausgesprochen aufschlußreich sind hier zwei nachträgliche Erweiterungen der malerischen Dekoration am Charlottenhofer Außenbau. Zunächst ist hier die Gestaltung des Portikus anzusprechen: Die von Rosendahl ausgeführte, auf dekorativen Entwürfen Schinkels beruhende Ausmalung (1833) wird in den Jahren bis 1841 auf Anordnung des Kronprinzen zusätzlich durch die Anbringung einer Vielzahl kleinformatiger Medaillons angereichert, die Persönlichkeiten aus seinem geistigen, politischen und familiären Umfeld wiedergeben.[523] Diese Gestaltung wurde ausgesprochen treffend von BELANI beschrieben:

---

520 Die zweckfreie Ausarbeitung der Rekonstruktion und des Landhausprojekts zur westlichen Fortsetzung des Charlottenhofs leiden sämtlich an ihrer Überdimensionierung, die zusammen mit ihrer Funktionslosigkeit den Eindruck einer lebensleeren, rein musealen Landschaft erweckt. Besonders das der Realisation nähere Landhausprojekt verdeutlicht das Interesse des Thronfolger an der bloßen Anhäufung von Formbeispielen. Vgl. dazu die Abbildungen in AK Schinkel II B. 56, 62 (S. 313f.); Möller/Schönemann/Köhler in: Ausstellungskatalog Karl Friedrich Schinkel in Potsdam S. 106ff.
521 Vgl. zur Aufnahme dieser Formen durch Schinkel S. 221ff.
522 Vgl. Geyer, Deutsche Bauzeitung (56) 1922 S. 537.
523 Angefertigt wurden die jetzt noch angebrachten Porträtplaketten aus Pozellan statt der gemalten Medaillons durch August v. Kloeber 1841, vgl. Schärf 1986 S. 217; Kuhlow 1911 S. 13. Vgl. auch Möller/Schönemann/Köhler in: Ausstellungskatalog Karl Friedrich Schinkel S. 88; 92ff.

In dem schönsten Raum seiner Jugendschöpfung wollte er dies Alles was ihm besonders lieb und werth war, dauernd vergegenwärtigen.[524]

Der sich hier manifestierende Drang nach subjektiver Dauerhaftigkeit[525] durch das demonstrative Vorweisen der Elemente, die wichtige Lebensbeziehungen herstellen, mag noch mit dem von SCHÖNEMANN für den Portikus postulierten hohen Ernst eines Tempels der Weisheit vereinbar sein.

Eine zeitgleiche Umdekoration der Exedra geht allerdings noch einen Schritt weiter. Auch hier, an der – nach SCHÖNEMANN – als Richtstuhl für die geistige Öffentlichkeit angelegten Zuschauerloge des Schloß-Schauspiels, bringt Rosendahl 1833 Wachsmalereien an, die formal Schinkels Vorgaben folgen. Sie porträtieren allerdings im antiken Formengewand weitere Personen aus dem Umfeld des Thronfolgers. Obgleich dabei bereits verschiedene Mitglieder der Dienerschaft erfaßt sind, wird nachträglich die Änderung der Malereien angeordnet – Friedrich Wilhelm hatte die Abwesenheit der Hundewärterin Bernstein und vor allem seiner Lieblingshündin Brunhilde moniert.[526] Letzten Endes ist es abwegig, mit SCHÖNEMANN anzunehmen, der Thronfolger habe seine Persönlichkeit und sein Eheleben dem kritischen Urteil einer auf diese Weise hergestellten Öffentlichkeit unterwerfen wollen. Im Gegenteil wird die mit der Zeit immer detailliertere Anhäufung von bedeutungsvollen Teilelementen im Areal von Charlottenhof als das gesehen werden müssen, als was sie ohne den Apparat eines komplexen theoretischen Zusatzapparates erscheint: Als eine eklektizistische Zusammenstellung ohne ordnende Leiterzählung[527], von einem leidenschaftlichen, wenn auch nicht bei jeder Einzelentscheidung urteilssicheren Sammler zusammengetragen. Wie Schinkel selbst

---

524 Belani »Sanssouci, das Neue Palais und Charlottenhof mit Umgebungen« (Potsdam 1844); zitiert nach Kuhlow 1911 S. 13.
525 Es mag angebracht sein, diesen Charakterzug Friedrich Wilhelms mit der durch das Exil im frühen Knabenalter (1806) durchgemachten Erfahrung von Verunsicherung und drohendem Verlust in Verbindung zu bringen. Barclay jedenfalls führt seine damit eng verwandte, lebenslange und nicht selten irrationale Angst vor dem Verlust des Hergebrachten in der »Revoluzion« auf diese Erfahrung zurück, vgl. Barclay 1995 S. 57ff.
526 Kuhlow 1911 S. 19 (Fn. 6) »Nach der Neumalung sind hinzugekommen: ... und die von dem Kronprinzen vermissten Bilder der einstigen Hundewärterin Bernstein und der Lieblingshündin Friedrich Wilhelms IV. Brunhilde.« 1839 wird eine Darstellung dieser Hündin auch als »Hundebrunnen« an der Südseite der Terrassenmauer angebracht, die scherzhaft deren herausragende Fruchtbarkeit feiert, vgl. Kuhlow 1911 S. 18.
527 Es ist nicht überraschend, daß die Untersuchung allein der formalen Aspekte durch Schärf 1986 S. 219 in eine ähnliche Richtung weist.

dieses Verfahren bewertete, zu dem er seine Hand reichen mußte, verdeutlicht ein Abschnitt aus einer etwa 1830 verfaßten Einleitung zum klassizistischen Lehrbuchprojekt, der durch seine spürbare Verbitterung stark aus den sonst so sachlichen Texten Schinkels herausragt:

> Nur mit Mitleid und Resignation sieht in unseren Tagen der wahre Künstler dies Geschmacks-Verfahren der großen Herren bei Errichtung von Bauwerken, wenn sie in kaum halber Thätigkeit aus der Masse artistischer Journale und Sammlungen die Brocken heraussuchen, die in ihrer grob musivischen Zusammensetzung dann ein Kunstwerk vorstellen sollen.[528]

Charlottenhof im Rückblick

Der mit den späteren Erweiterungen des Charlottenhofs zeitgleiche Abschnitt im Schaffen Schinkels steht nicht im eigentlichen Blickpunkt dieser Arbeit; auch die vorangegangenen Untersuchungen der Schinkelschen Theoriebildung behandeln diese Zeit nicht. Trotzdem lassen sich aus den angesprochenen Entwicklungen einige wichtige Umkehrschlüsse auf sein ursprüngliche Verständnis des Schloßbaus ziehen. Ausgangspunkt ist dabei die schlichte Feststellung, daß mit dem Charlottenhofer Schloß eine konkrete Nutzung verbunden war. Dies ist bei den späteren Planungen nicht mehr der Fall, auch bei der Errichtung der Römischen Bäder nur noch eingeschränkt. In ihrer Gesamtheit besitzen sie eine andere Zielrichtung, nämlich die Errichtung einer idealisierten Architekturlandschaft, die sich besonders antikisierender und italianisierenden Formen bedient.

Sie verweisen durch eben diese Zielsetzung auf eine wesentliche Änderung in Schinkels Verständnis der antiken Bauformen: Während der Architekt gerade in den Jahren nach 1824, also dem so wichtigen Kontakt mit einer lebendigen Antike in Italien, durch die praktische Umsetzung dieser Formen in ein Modell für das tägliche Leben der Zeitgenossen bewegt wird[529], sieht er sie in anschließenden Jahren lediglich noch als ein gedankliches Modell ohne eigentlichen praktischen Nutzwert. Ihre Formen behalten zwar ihren Eigenwert als Pathosformeln, wie sich in Projekten wie dem für die Akropolis oder dem für das Schloß Orianda feststellen läßt, doch im Brennpunkt von Schinkels Interesse stehen jetzt andere, neue Nutzungen. Es sind nun – und

---

528 Schinkel Nachlaß Heft III. Bl. 23; abgedruckt bei Peschken, Schinkelwerk: Lehrbuch S. 115; für die Datierung a.a.O. S. 114.
529 Vgl. dazu zuvor S. 325ff.

diese Richtung entspringt konsequent aus der Formfindung für das Museum – die aufstrebenden bürgerlichen Institutionen geworden, für die er Idealformen sucht, die sich an technischen Möglichkeiten orientieren und nicht von der Antike abgeleitet sind. Aus diesem Impetus entstehen Projekte wie das Kaufhaus Unter den Linden, das Theater für Hamburg, und, nicht zuletzt, die Bauakademie. Obgleich auch hier die Formensprache der Antike *im Ornament* als Träger der Bedeutung eines Bauwerks ihren Rang teilweise behält, bleibt der antiken Idealform *in der Architektur* nur noch ein musealisiertes Randdasein.

Es ist keine Ironie der Geschichte, sondern eine Konsequenz aus dieser Lastenverteilung, wie unterschiedlich sich die Funktion der Schinkelschen Bauten heute darstellt: Während für eine Wiedererrichtung der Bauakademie immer noch mit gutem Recht gestritten werden kann, während das Museum cum grano salis immer noch die Funktion eines heutigen Museums ausfüllen kann, sind gerade die Römischen Bäder zu einem schwer verständlichen Schaustück für den Sonntagsspaziergang geworden. Auch das Ensemble Charlottenhof wird im Gegensatz zum Ansatz Schinkels während der ursprünglichen Bautätigkeit, einem (landschafts-)architektonischen Ansatz, durch nachträgliche Zusätze zu einer bricolage, zu einer Sammlung bildungsbürgerlicher Versatzstücke. Soweit sie trotzdem einen Zusammenhalt aufweisen, verdankt sich dies nicht dem Konzept eines weltanschaulichen Schauspiels der preußischen Thronfolge, sondern den detailbesessenen Vorgaben eines architektonischen Experiments.

> Viele große Schriftsteller besonders Philosophen haben sich beschwert, daß man ihren Werken einen falschen Sinn unterlegte, indem man sie außer dem Zusammenhang zu deuten suchte, sie haben vielfältig erinnert, daß jedes Wort nur an seiner Stelle und im Zusammenhang des Ganzen einen bestimmten Sinn habe. Diese Wahrheit anerkennend muß ich, der ich weder auf das Talent eines Schriftstellers noch eines Philosophen den mindesten Anspruch machen kann um besondere Nachsicht über den gewählten Ausdruck bitten und daß man die Worte nicht auf die Goldwaage lege, sondern den Sinn durch den Zusammenhang zu fassen suche, wozu das im Ganzen der Arbeit als Hauptsache durchgeführte anschaulich dargestellte der Gegenstände die Hand bieten wird.
>
> *Karl Friedrich Schinkel*[1]

Schlußwort. Der historische Blick auf Schinkels geistige Entwicklung und sein Ertrag

Der Rückblick auf die Schaffenszeit Schinkels seit ihren Anfängen bis etwa 1830 hat die enge Verflechtung theoretischer Überlegungen mit der praktischen Arbeit des Architekten und Malers mit neuer Tiefenschärfe verdeutlicht. Dabei ließ sich allerdings auch feststellen, daß diese praktische Seite nicht immer mit der theoretischen Reflexion korreliert.

In der frühesten Phase erwiesen sich als die herausragenden Momente die theoretische Orientierung an traditionellen Vorgaben der Architekturtheorie sowie vereinzelt an Ideen der idealistischen Philosophie. Durch Analyse der Entwicklungen in Begrifflichkeit und Systematik Schinkels konnten hier die Zusammenhänge präzisiert werden: So ist es bezüglich der Ideen Fichtes nun möglich, die Rezeptionsrichtung in dieser frühen Phase präziser einzugrenzen. Direkt auf den Bereich der Praxis verweisen Schinkels gleichzeitige Überlegungen zum Faktor Symmetrie und zur harmonischen Verbindung von Natur und Bauwerk – die Umsetzung in dieser Sphäre unterbleibt aber. Aus der mangelnden theoretischen Fundierung resultiert in der praktischen Arbeit vielmehr ein Bruch in Form eines Rückgriffs auf bereits verabschiedete Positionen.

---

1 Einleitung zum Projekt eines »klassizistischen« Lehrbuches, Heft IV Bl. 25 rechts; abgedruckt bei Peschken, Schinkelwerk: Lehrbuch S. 54.

Erst parallel mit der Einstellung Schinkels in den Staatsdienst erneuert er seine theoretischen Bemühungen. Hier ließ sich in neuer Genauigkeit darstellen, welche Bedeutung die Rezeption von Gedanken Fichtes für Schinkel einzunehmen beginnt. Gleichzeitig konnte mit der »Philosophie der Kunst« Schellings eine für Schinkel aus systematischen Gründen notwendig werdende neue Quelle eingeführt werden. Im Gegensatz dazu konnte ein Einfluß Solgers auf diese Phase ausgeschlossen werden. Als Charakteristik der Rezeptionsweise Schinkels wurde dabei ein gezieltes Herausgreifen relevanter Positionen ausgewiesen. Die Verarbeitung durch den Künstler in dieser Zeit erschöpft sich jedoch nicht im eklektizistischen Zugriff auf ein vorgegebenes Archiv, sondern dringt bis zur eigenständigen Verknüpfung vor, wenn auch nicht zur eigenständigen Systembildung. Auf diesem Fundament ließ sich für die Praxis Schinkels eine Orientierung an der Dichotomie symbolische/allegorische Kunstform herausarbeiten, die sämtliche Schaffenszweige in dieser Zeit bestimmt. Zusammenhängend damit wurde eine präzisere Darstellung der während der Freiheitskriege ablaufenden geistigen Entwicklung möglich, die auch eine Einordnung der bislang nur mangelhaft untersuchten Denkmalsentwürfe möglich machte. Gleichzeitig konnten auf ihrer Grundlage verschiedene Merkmale der architektonischen Leistungen Schinkels – insbesondere mit bezug auf das Dombauprojekt – klarer verdeutlicht werden. Dabei ließ sich unterstreichen, warum die theoretischen Arbeiten Schinkels in dieser Zeit nicht als Dokument eines Lehrbuchprojekts verstanden werden sollten, sondern als Symptom einer in sich widersprüchlichen gesamtgesellschaftlichen Bewegung.

Von einem Lehrbuchprojekt im echten Wortsinn kann so erst seit der Zuwendung Schinkels zu klassizistischen Bauformen Anfang der zwanziger Jahre des Jahrhunderts die Rede sein. Für diese Zeit ließ sich nicht nur verdeutlichen, auf welchen Grundbegriffen das theoretische Fundament dieser Zeit beruht, sondern auch mit neuer Präzision bestimmen, welche zeitgenössischen Denker wichtige Einflüsse für Theorie und Praxis darstellten (Goethe, Heinroth) und welche weitgehend ausgeschlossen werden können (Schelling, Solger). Eine Besonderheit betrifft hier die extrem stark theoretisch aufgeladenen Fresken des Alten Museums, bei denen die Annahme eines Einflusses von Schellings »Philosophie der Mythologie und Offenbarung« entkräftet werden konnte, sich aber gleichzeitig mit den Schriften Heinroths eine bislang nicht gewürdigte schriftliche Quelle ermitteln ließ. Hier wurde weiter die Annahme einer krisenhaften, durch die Revolution von 1830 geprägten Konzeption von Teilen der Fresken zugunsten einer komplexen Vernetzung mit der

Zielsetzung des Museums widerlegt. Für die Ebene des praktischen Schaffens insgesamt ließ sich eine vielfältige, in Städtebau, Architektur, Malerei und Dekoration gleichermaßen wirksame Unterströmung in Schinkels Werk verdeutlichen, die unerwartet deutliche Belege für eine politisch subversive Einstellung lieferte.

Auch in der Korrelation zu einem weiteren Kernbau dieser Phase in Schinkels Leben, dem Schloßbau in Charlottenhof, wurde diese unerwartete Distanz des Architekten zu seinem monarchischen Auftraggeber weiterverfolgt. Auf der Grundlage der theoretischen Entwicklung Schinkels in dieser Zeit, in der die Orientierung an der Antike und an italienischen Vorbildern des Landhausbaus einen kurzfristigen Spitzenwert erreicht, ließen sich zu weit gehende theoretische Annahmen über eine mit Friedrich Wilhelm IV. entwickelte Konzeption des Schloßareals zurückweisen. Diese Eingrenzung ließ sich unter Analyse der architektonischen und malerischen Mittel Schinkels erhärten, die zum Teil auf die Erfahrung der ersten Italienreise zurückverweisen.

Insgesamt lassen sich damit bei der Rückschau auf die untersuchten Gedankenlinien Schinkels, wie sie in Werken und Schriften durchscheinen, vor allem drei Endergebnisse auszeichnen. Zum einen erscheint es notwendig, in Zukunft die politische Ausrichtung der Projekte Schinkels noch präziser zu verorten: Die Stärke der unterschwelligen Alternativbildung zu den Staatsvorstellungen der Restaurationszeit läßt das verbreitete Bild Schinkels als eines staatstragend orientierten Architekten deutlich neue Facetten gewinnen. Daneben wird die zunächst so überzeugende Epochenbildung in PESCHKENS Lehrbuchwerk mit größerer Vorsicht verwendet werden müssen. Zumindest für die Zeitspanne im Vorfeld des »klassizistischen« Lehrbuchs erscheint hier weder die Intention zur Erarbeitung eines Lehrbuches (und nicht nur bloß skizzenhafter Systematisierungsansätze) stark genug, noch die theoretische Entwicklung Schinkels innerhalb der einzelnen Phasen hinreichend linear. Vor allem aber scheint es wünschenswert, weiterführende Überlegungen zur Eingrenzung der theoretischen Einflüsse auf die geistige Einstellung Schinkels anzustellen, um deutlichere Aussagen als Grundlage für die »technizistische« Phase und das Spätwerk zu gewinnen.

Wenn sämtliche in dieser Arbeit vorgetragenen Thesen durch einen Widerspruch widerlegt würden, der sich auf eine gleich starke Argumentation anhand des historischen Quellenmaterials stützen läßt, dann wäre ihr Ziel dennoch erreicht: Ein Bild der im Werk des Künstlers wirksamen theoretischen Faktoren zu zeichnen, das diese Seite des Schaffensprozesses der Beliebigkeit entzieht. Nur auf diese Weise scheint mir der Anspruch kunstgeschichtlicher

Forschung als wissenschaftlicher Vorgehensweise angemessen erfüllbar, wenn auch dieses Vorgehen nicht das Wesentliche des kreativen Vorgangs als solchen erfassen wird:

> Das Kunstwerk soll eigentlich dartun wie man dachte und empfand,
> und es kann dies besser als jeder Schriftzug es vermag.
> *Karl Friedrich Schinkel*

Bibliographie

Ausstellungskataloge in zeitlicher Abfolge

Bildnisstatuetten des Klassizismus und der Gegenwart. Ausstellung in den Römischen Bädern, Potsdam-Sanssouci April bis Oktober 1972. (Beteiligt: Schönemann, Heinz; Hoffmann, Hans). 1972, Potsdam-Sanssouci, Staatliche Schlösser und Gärten Potsdam-Sanssouci

Deutsche Künstler in Italien. Ausstellung von Mai bis Oktober 1975 im Raffaelsaal, von Juni bis August in der Turmgalerie der Orangerie, Potsdam-Sanssouci. (Beteiligt: Bartoschek, Gerd; Schendel, Adelheid). 1976, Potsdam-Sanssouci, Generaldirektion der Staatlichen Schlösser und Gärten

Runge in seiner Zeit. Ausstellung in der Hamburger Kunsthalle vom 21. Oktober 1977 bis 8. Januar 1978. (Beteiligt: Hofmann, Werner). 1977, München, Prestel

Berlin und die Antike. Architektur, Kunstgewerbe, Malerei, Skulptur, Theater und Wissenschaft vom 16. Jahrhundert bis heute. Deutsches Archäologisches Institut, Staatliche Museen Preußischer Kulturbesitz, Berlin, Schloß Charlottenburg, Große Orangerie, 22. April bis 22. Juli 1979. (Beteiligt: Arenhövel, Willmuth). 1979, Berlin, Wasmuth/Deutsches Archäologisches Institut

Karl Friedrich Schinkel 1781–1841. Staatliche Museen zu Berlin/Hauptstadt der DDR in Zusammenarbeit mit den Staatlichen Schlössern und Gärten Potsdam-Sanssouci und mit Unterstützung des Instituts für Denkmalpflege in der DDR. Ausstellung im Alten Museum vom 23. Oktober 1980 bis 29. März 1981. (Beteiligt: Riemann, Gottfried). 1980, Berlin, Staatliche Museen Berlin
Zitiert als: AK Schinkel III

Berlin zwischen 1789 und 1848. Facetten einer Epoche. Ausstellung der Akademie der Künste vom 30. August bis 1. November 1981. (Beteiligt: Günther, Sonja u.a.). 1981, Berlin, Frölich & Kaufmann

Hegel in Berlin. Preußische Kulturpolitik und idealistische Ästhetik. Zum 150. Todestag des Philosophen. Ausstellung der Staatsbibliothek Preußischer Kulturbesitz Berlin in Verbindung mit dem Hegel-Archiv der Ruhr-Universität Bochum und dem Goethe-Museum Düsseldorf Anthon-und-Katharina-Kippenberg-Stiftung. Berlin 11. November 1981 – 9. Januar 1982; Düsseldorf 20. Januar – 7. März 1982. (Beteiligt: Pöggeler, Otto). 1981, Berlin/Düsseldorf, Stiftung Preußischer Kulturbesitz

Karl Friedrich Schinkel 1781–1841. Werke und Wirkungen. Ausstellung im Martin-Gropius-Bau Berlin 13. März – 17. Mai 1981. (Beteiligt: Fiebelkorn, Jan). 1981, Berlin, Nicolaische Verlagsbuchhandlung

Karl Friedrich Schinkel. Architektur. Malerei. Kunstgewerbe. Ausstellung Verwaltung der Staatlichen Schlösser und Gärten und Nationalgalerie Berlin, Staatliche Museen Preußischer Kulturbesitz. Orangerie des Schlosses Charlottenburg, 13. März bis 13. September 1981. (Beteiligt: Börsch-Supan, Helmut; Grisebach, Lucius (Organisation von Ausstellung und Katalog)). 1981, Berlin, Nicolaische Verlagsbuchhandlung
Zitiert als: AK Schinkel I

Plastik der Schinkelzeit. Ausstellung in der Orangerie im Neuen Garten Potsdam vom 27. Juni bis 10. September 1981. (Beteiligt: Pflugbeil, Saskia). 1981, Potsdam-Sanssouci, Staatliche Schlösser und Gärten Potsdam-Sanssouci

Schinkel in Potsdam. 1781 – 1841. Ausstellung zum 200. Geburtstag. Römische Bäder, Potsdam-Sanssouci, Mai – Oktober 1981. (Beteiligt: Giersberg, Hans-Joachim). 1981, Potsdam, Generaldirektion der Preußischen Schlösser und Gärten

Karl Friedrich Schinkel. Eine Ausstellung aus der Deutschen Demokratischen Republik. Vorbereitet und durchgeführt von: Bauakademie der DDR, Staatliche Museen zu Berlin/DDR in Zusammenarbeit mit Staatliche Schlösser und Gärten Potsdam-Sanssouci. Veranstaltet von: Hamburgische Architektenkammer, Hamburger Kunsthalle vom 18.11.1982 bis 16.1.1983. (Beteiligt: Bauakademie der DDR, Institut für Städtebau und Architektur), 1982, Berlin, Henschelverlag
Zitiert als: AK Schinkel II

Friedrich Gilly 1772–1800 und die Privatgesellschaft junger Architekten, 21. September bis 4. November 1984. Eine Ausstellung im Rahmen der Internationalen Bauausstellung Berlin 1987, Berlin Museum. (Beteiligt: Reelfs, Hella; Bothe, Rolf). 1987, Berlin, Willmuth Arenhövel

Aufklärung. Verklärung. Verfall. Ausstellung in der Hamburger Kunsthalle vom 15. September 1989 bis 19. November 1989. (Beteiligt: Hofmann, Werner). 1989, Köln, DuMont

Schinkel. Arquitecturas 1781–1841. Madrid, Dirección General para la Vivienda y Arquitectura, 6. April 1989 bis 28. Mai 1989. (Beteiligt: Marchán Fiz, Simón). 1989, Madrid, Dirección General para la Vivienda y Arquitectura

Potsdamer Schlösser und Gärten. Bau- und Gartenkunst vom 17. bis 20. Jahrhundert. Ausstellung vom 26. Juni bis 22. August 1993, Neues Palais, Römische Bäder, Orangerie. (Beteiligt: Bartoschek, Gerd; Schendel, Adelheid; Dorst, Klaus). 1993, Potsdam, Stiftung Preußische Schlösser und Gärten

Goethe und die Kunst. Ausstellung in der Kunsthalle Schirn, Frankfurt/Main 1994. (Beteiligt: Schulze, Sabine). 1994, Frankfurt am Main, Hatje

Ernste Spiele. Der Geist der Romantik in der der deutschen Kunst 1790–1990. 4. Februar bis 1. Mai 1995, Haus der Kunst, München. (Beteiligt: Vitali, Christoph). 1995, München, Stiftung Haus der Kunst

Friedrich Wilhelm IV. Künstler und König. Zum 200. Geburtstag. Ausstellung vom 8. Juli bis 3. September 1995, Neue Orangerie im Park von Sanssouci. (Beteiligt: Schönemann, Heinz). 1995, Potsdam, Stiftung Preußische Schlösser und Gärten Berlin-Brandenburg

Selbständige Publikationen nach Verfassern

Adams, Laurie Schneider: The methodologies of Art: an introduction, 1996, New York, Harper Collins

Adler, Friedrich: Zur Kunstgeschichte. Vorträge, Abhandlungen und Reden, 1906, Berlin, Mittler

Arenhövel, Willmuth; Schreiber, Christa (Hrsg.): Ergänzungsband zum Katalog der Ausstellung »Berlin und die Antike«, veranstaltet vom Deutschen Archäologischen Institut und den Staatlichen Museen Preußischer Kulturbesitz, Berlin, Schloß Charlottenburg, Große Orangerie, 22. April bis 22. Juli 1979, 1979, Berlin, Wasmuth/Deutsches Archäologisches Institut

Albers, Gerd: Der Städtebau des 19. Jahrhunderts im Urteil des 20. Jahrhunderts, 1975, München, Prestel

Albers, Gerd: Schinkel und der Städtebau des neunzehnten Jahrhunderts, 1981 (o.A.), Berlin, Frölich und Kaufmann

Altrichter, Helmut (Hrsg.): Bilder erzählen Geschichte, 1995, Freiburg i. Breisgau, Rombach

Andresen u.a., Carl (Hrsg.): Lexikon der Alten Welt, 1965, Zürich und Stuttgart, Artemis

Apel, Friedmar (Hrsg.): Romantische Kunstlehre. Poesie und Poetik des Blicks in der deutschen Romantik. (Bibliothek der Kunstliteratur. Von den Anfängen bis zur Romantik. Band 4), 1992, Stuttgart, Deutscher Klassiker Verlag

Argan, Giulio Carlo (übers. v. V. Breidecker und Heinz Jatho): Kunstgeschichte als Stadtgeschichte, 1989, München, Wilhelm Fink

v. Arnim, Bettina: Über Schinkels Entwürfe zu den Fresken in der Vorhalle des Berliner Museums, 1905, Leipzig, o.A.

Bandmann, Günter: Mittelalterliche Architektur als Bedeutungsträger., 1994, Berlin, Mann

Barclay, David E.: Anarchie und guter Wille. Friedrich Wilhelm IV. und die preußische Monarchie, 1995, Berlin, Siedler

Barsali, Isa Belli: Ville di Roma. Lazio I, 1970, Milano, Edizioni SISAR

Bauakademie der DDR, Institut für Städtebau und Architektur: Das Werk Schinkels und seine Bedeutung. Wissenschaftliches Kolloquium der Bauakademie der DDR anläßlich der Schinkel-Ehrung am 17. und 18. März 1981, 1981, Berlin, Bauinformation DDR

Bauer, Hermann; Dittmann, Lorenz u.a. (Hrsg.): Kunstgeschichte und Kunsttheorie im 19. Jahrhundert, Reihe: Probleme der Kunstwissenschaft. Erster Band, 1963, Berlin, de Gruyter

Baumgarten, Alexander Gottlieb: Aesthetica, 1961, Hildesheim, Georg Olms

Becker, Wolfgang: Paris und die deutsche Malerei 1750–1840, 1971, München, Prestel

Beenken, Hermann: Das neunzehnte Jahrhundert in der deutschen Kunst. Aufgaben und Gehalte, 1944, München, Bruckmann

Beenken, Hermann: Schöpferische Bauideen der deutschen Romantik, 1952, Mainz, Grünewald

Behler, Ernst: Studien zur Romantik und zur idealistischen Philosophie. Bd. 1, 1988, Paderborn/München/Wien/Zürich, Schöningh

Behler, Ernst: Studien zur Romantik und zur idealistischen Philosophie. Bd. 2, 1993, Paderborn/München/Wien/Zürich, Schöningh

Beierwaltes; Werner; Schrader, Wiebke (Hrsg.): Weltaspekte der Philosophie. (Festschrift Rudolph Berlinger), 1972, Amsterdam, Rodopi NV

Bergdoll, Barry: Karl Friedrich Schinkel. Preußens berühmtester Baumeister, 1994, München, Klinkhardt& Biermann

Bergerhoff, Renate (Bearbeiterin): Schloß Charlottenhof und die Römischen Bäder. Bestandskatalog, 1961, Potsdam, Stiftung Preußische Schlösser und Gärten

Bindman, David (Hrsg.): »The English Journey«. Journal of a visit to France and Britain in 1826, 1993, New Haven, Yale University Press

Bischoff, Ulrich: Denkmäler der Befreiungskriege in Deutschland 1813–1815, ungedrucktes Manuskript, Berlin, o.A. (Dissertation TU Berlin 1977)

Bloch, Peter/Grzimek, Waldemar: Das klassische Berlin. Die Berliner Bildhauerschule im neunzehnten Jahrhundert, 1978, Wien, Propyläen

Böhm, Wilhelm: Schillers »Briefe über die ästhetische Erziehung des Menschen«, Reihe: Deutsche Vierteljahresschrift für Literaturwissenschaft und Geistesgeschichte, hrsg. v. Paul Kluckhorn und Erich Rothacker, 11. Bd. 1927, Halle/Saale, Max Niemeyer

Börsch-Supan, Helmut: Karl Friedrich Schinkel: Bühnenentwürfe. Stage Designs. Bd. 1 Kommentar. Commentary, 1990, Berlin, Ernst & Sohn

Börsch-Supan, Helmut: Karl Friedrich Schinkel: Bühnenentwürfe. Stage Designs. Bd. 2. Tafeln. Plates, 1990, Berlin, Ernst & Sohn

Börsch-Supan, Helmut: Wohnungen preußischer Könige. So wohnten Fürsten (Erscheint gleichzeitig als »Handbuch« zur Ausstellung »Innenräume preußischer Schlösser und Palais in Aquarellen des 19. Jahrhunderts« im Schloß Charlottenburg, Berlin, vom 3.9.–24.10.1976.) 1985, Berlin, Gebr. Mann

Borlinghaus, Ralf: Neue Wissenschaft. Schelling und das Projekt einer positiven Philosophie, Reihe Europäische Hochschulschriften, Reihe XX Philosophie Bd. 456, 1995, Frankfurt am Main, Peter Lang

Brandt, Helmut (Hrsg.): Friedrich Schiller – Angebot und Diskurs: Zugänge, Dichtung, Zeitgenossenschaft, 1987, Berlin; Weimar, Aufbau

Braunfels, Wolfgang: Abendländische Stadtbaukunst. Herrschaftsform und Stadtgestalt, 1976, Köln, DuMont

v. Brentano, Bernard (mit einem Nachwort von Hans Mayer): August Wilhelm Schlegel. Geschichte eines romantischen Geistes, 1986, Frankfurt am Main, Insel

Brilli, Attilio: Reisen in Italien. Die Kulturgeschichte der klassischen Italienreise, 1989, Köln, DuMont

Brinkmann, Richard (Hrsg.): Romantik in Deutschland, 1978, Stuttgart, J. B. Metzlersche Verlagsbuchhandlung

Brodbeck, Karl-Heinz: Entscheidung zur Kreativität, 1995, Darmstadt, Wissenschaftliche Buchgesellschaft

Brües, Eva (Unter Verwendung des von Ehler W. Grashoff gesammelten Materials.): Die Rheinlande. Karl Friedrich Schinkel. Lebenswerk I.3, 1968, Berlin, Deutscher Kunstverlag

Buchheim, Thomas: Eins von Allem. Die Selbstbescheidung des Idealismus in Schellings Spätphilosophie, Reihe: Paradeigmata Band 12, 1992, Hamburg, Meiner

Buddensieg, Tilman: Berliner Labyrinth, 1993, Berlin, Wagenbach

Büchel, Wolfgang: Karl Friedrich Schinkel, 1994, Reinbek bei Hamburg, Rowohlt

Büsch, Otto (Hrsg.): Friedrich Wilhelm IV. in seiner Zeit. Beiträge eines Colloquiums, 1987, Berlin, Colloquium

Burelli, Augusto Romano ua. (Hrsg.): Le epifanie die proteo. La saga nordica del classicismo in Schinkel e Semper, 1989, Fossalta di Piave, Rebellato

Bußler, E.F. (Hrsg.): Verzierungen aus dem Alterthum. 18. Hefte, 1805–1808, Potsdam und Berlin, Leo

Bußmann, Walter: Zwischen Preußen und Deutschland. Friedrich Wilhelm IV. Eine Biographie, 1990, Berlin, Siedler

Calov, Gudrun: Museen und Sammler des 19. Jahrhunderts in Deutschland, 1969, Berlin, de Gruyter

Carus, Karl Gustav (hrsg. von Wolfgang Keiper): Gesammelte Schriften. Bd. 2. Grundzüge allgemeiner Naturbetrachtung aus Goethes morphologischen Heften, 1938, Berlin, Keiper

Christ, Yvan: Le Louvre et les Tuileries. Histoire architecturale d´un double palais, 1949, Paris, Balland

Coreth, Emerich u.a.(Hrsg.): Philosophie des 19. Jahrhunderts, 1989, Stuttgart/Berlin/Köln, Kohlhammer

Creuzer, Friedrich: Symbolik und Mythologie der alten Völker. Band I–IV, 1810–12, Leipzig und Darmstadt, K.W. Leske; ab Bd. II Heyer & Leske

Crimp, Douglas (aus dem Amerikanischen von Rolf Braunfels.): Über die Ruinen des Museums. Mit einem fotografischen Essay von Louise Lawler, 1996, Dresden, Verlag der Kunst

Dannenhauer, Ulrich: Heilsgewißheit und Resignation. Solgers Theorie der absoluten Ironie. Reihe: Münchener Studien zur literarischen Kultur in Deutschland, Band 3, 1988, Frankfurt am Main, Peter Lang

de Fine Licht, Kjeld: The Rotunda in Rome, 1966, Århus, Jutland Archeological Society

Decher, Friedhelm: Die Ästhetik K.W.F. Solgers, Reihe Siegen, Beiträge zur Literatur-, Sprach- und Medienwissenschaft, Band 125: 1994, Heidelberg, C. Winter

Deetjen, Werner: Bettina v. Arnim über Schinkels Entwürfe, 1905, Leipzig, Privatdruck für die Leipziger Bibliophilen

Dehio, Ludwig (hrsg. v. Hans-Herbert Möller): Friedrich Wilhelm IV. von Preußen. Ein Baukünstler der Romantik, 1961, Berlin, Deutscher Kunstverlag

Delbrück, Friedrich (hrsg. von Georg Schuster): Die Jugend des Königs Friedrich Wilhelm IV. und des Kaisers und Königs Friedrich Wilhelm I. Tagebuchblätter ihres Erziehers Friedrich Delbrück 1800–1809. 2. Bände, 1907, Berlin, Weidmann

Demps, Laurenz: Die Neue Wache. Entstehung und Geschichte eines Bauwerks, 1988, Berlin, Militärverlag der DDR

Deutsche Bauakademie: Über Karl Friedrich Schinkel, 1951, Berlin, Henschel

Durand, Jean-Nicholas-Louis: Precis des Leçons d'architecture; Partie graphique des cours d'architecture, 1985, München, Alfons Uhl

Durand, Jean-Nicholas-Louis: Recueil et parallèle des édifices de tout genre, anciens et modernes, remarquables par leur beauté, par leur grandeur, auf par leur singularité, et dessinés, sur une même echelle, (übliche Bezeichnung: »Le grand Durand«), 1800/01 (in einzelnen Briefen »du 1er Vendémiaire, An 8.«), Paris, Roblot

Ewers, Hans-Heino: Die schöne Individualität. Zur Genesis des bürgerlichen Kunstverständnisses, 1978, Stuttgart, Fromman

Fichte, Johann Gottlieb: Das System der Sittenlehre nach den Prinzipien der Wissenschaftslehre, 1995, Hamburg, Meiner

Fichte, Johann Gottlieb (hrsg. v. Fritz Medicus): Die Anweisung zum seligen Leben, 1954, Hamburg, Meiner

Fichte, Johann Gottlieb: Die Bestimmung des Menschen, 1979, Hamburg, Meiner

Fichte, Johann Gottlieb: Die Principien der Gottes-, Sitten- und Rechtslehre nach den Prinzipien der Wissenschaftslehre, 1986, Hamburg, Meiner

Fichte, Johann Gottlieb (Einleitung und Kommentar v. Günter Schulte): Die Wissenschaftslehre 1810, 1976, Frankfurt am Main, Klostermann

Fichte, Johann Gottlieb (hrsg. von I.H. Fichte): Populärphilosophische Schriften. Johann Gottlieb Fichte's sämmtliche Werke. Bd. 8, Dritte Abteilung, 1846, Berlin, Veit

Fichte, Johann Gottlieb: Reden an die deutsche Nation, 1808, Berlin, Realschulbuchhandlung

Fichte, Johann Gottlieb (hrsg. v. Manfred Buhr): Schriften zur Französischen Revolution, 1989, Köln, Röderberg

Fichte, Johann Gottlieb (hrsg. von I.H. Fichte): Zur theoretischen Philosophie. Johann Gottlieb Fichte's sämmtliche Werke. Bd. 2, Erste Abteilung, 1845, Berlin, Veit

Förster, Ernst: Peter von Cornelius. Ein Gedenkbuch. Zweiter Teil, 1874, Berlin, Reimers

Forssman, Erik: Karl Friedrich Schinkel, 1987, Berlin, Stapp

Forssman, Erik: Karl Friedrich Schinkel. Bauwerke und Baugedanken, 1981, München/Zürich, Schnell & Steiner

Forssman, Erik: Karl Friedrich Schinkel. Seine Bauten heute, 1990, Dortmund, Harenberg

Foucault, Michel: Die Ordnung der Dinge. Eine Archäologie der Humanwissenschaften, 1988, Frankfurt am Main, Suhrkamp

Friedrich Wilhelm IV. v. Preußen (hrsg. von Franz-Lothar Kroll): Die Königin von Borneo. Ein Roman, 1997, Berlin, Nicolaische Verlagsbuchhandlung

Fries, Thomas: Dialog der Aufklärung. Shaftesbury, Rousseau, Solger, 1993, Tübingen, Francke (Habilitationsschrift Universität Zürich)

Fuchs, Erich (hrsg. v., in Zusammenarbeit mit Reinhard Lauth und Walter Schieche): J.G. Fichte im Gespräch. Berichte der Zeitgenossen. Bd. 5. 1812–1814, 1991, Stuttgart, Fromman

Fuchs u.a., Erich (Hrsg.): J.G. Fichte im Gespräch. Berichte der Zeitgenossen. 6 Bände, 1978ff., Stuttgart, Fromman

Fuchs u.a., Erich (Hrsg.): J.G. Fichte im Gespräch. Berichte der Zeitgenossen. 3. Band, 1981, Stuttgart, Fromman

Gadamer, Hans-Georg: Wahrheit und Methode. Grundzüge einer philosophischen Hermeneutik. Hans-Georg Gadamer, Gesammelte Werke Bd. 1, 1990, Tübingen, Mohr

Gärtner, Hannelore (Hrsg.): Schinkel-Studien, 1984, Leipzig, Seemann
Germann, Georg: Neugotik, Geschichte ihrer Architekturtheorie, 1974, Stuttgart, DVA
Gethmann-Siefert, Annemarie: Einführung in die Ästhetik, 1995, München, Fink
Gethmann-Siefert, Annemarie; Pöggeler, Otto (Hrsg.): Welt und Wirkung von Hegels Ästhetik, (Hegelstudien Beiheft Bd. 27), 1986, Bonn, Bouvier
Giedion, Siegfried: Spätbarocker und romantischer Klassizismus, 1922, München, Bruckmann
Goerres, Joseph (hrsg. v. Günther Müller): Geistesgeschichtliche und literarische Schriften (1803–1808). Joseph Görres Gesammelte Schriften dritter Band, 1926, Köln, Gilde-Verlag
Goerres, Joseph (hrsg. v. Günther Müller): Rheinischer Merkur. 1. Band 1814. (In: Joseph Görres Gesammelte Schriften sechster bis achter Band), 1928, Köln, Gilde-Verlag
Goethe, Johann Wolfgang: Goethe zur Farbenlehre. Sämtliche Werke. Vierzig Bände. 1. Abteilung, Band 23/1, 1991, Frankfurt am Main, Deutscher Klassiker Verlag
Goethe, Johann Wolfgang: Sprüche in Prosa. Sämtliche Werke. Vierzig Bände. 1. Abteilung, Band 13/1, 1993, Frankfurt am Main, Deutscher Klassiker Verlag
Goethe, Johann Wolfgang: Winckelmann und sein Jahrhundert, 1805, Tübingen, Cotta
Gramlich, Sybille: Königliches Spree-Athen. Berlin im Biedermeier, 1987, Berlin, Willmuth Arenhövel und Nicolaische Verlagsbuchhandlung
Grasskamp, Walter: Museumsgründer und Museumsstürmer, 1981, München, C.H. Beck
Grisebach, August: Karl Friedrich Schinkel, 1924, Leipzig, Insel
Gruber, Johann G.: Wörterbuch der Aesthetik, der schönen Künste, der Theorie und Geschichte und Archäologie, 1810, Weimar, Verlag des Landes-Industrie-Comptoirs
Grundmann, Günther: Schlesien. Reihe: Karl Friedrich Schinkel Lebenswerk. I.4, 1941, Berlin, Deutscher Kunstverlag
Zitiert als: Schinkelwerk: Schlesien
Grus, Michael: Brentanos Gedichte »An Görres« und »An Schinkel«. Historisch-kritische Edition der bislang ungedruckten Entwürfe mit Erläuterungen, Reihe: Europäische Hochschulschriften, Reihe I, Deutsche Sprache und Literatur, Band 1370, 1993, Frankfurt am Main, Peter Lang
Günther, Harri (Hrsg.): Gärten der Goethezeit, 1993, Leipzig, Edition Leipzig
Günther, Harri: Peter Joseph Lenné. Gärten / Parke / Landschaften, 1985, Stuttgart, DVA / VEB Verlag für Bauwesen
Gulyga, Arsenij (Aus dem Russischen übertragen von Elke Kirsten): Schelling. Leben und Werk, 1989, Stuttgart, DVA
Hagen, Waltraud: Die Drucke von Goethes Werken, 1971, Berlin, Akademie Verlag
Hager, Werner; Knopp, Norbert: Beiträge zum Problem des Stilpluralismus, 1977, München, Prestel
Hammer, Karl: Jakob Ignaz Hittorf. Ein Pariser Baumeister 1792–1897, Reihe: Pariser Historische Studien VI, 1968, Stuttgart, Hiersemann
Hammer-Schenk, Harold (Hrsg.): Kunsttheorie und Kunstgeschichte des 19. Jahrhunderts in Deutschland. Bd. 2: Architektur, Texte und Dokumente, 1985, Stuttgart, Reclam
Hampel, Frithjof Detlef Paul: Schinkels Möbelwerk und seine Voraussetzungen, 1989, Bonn, Wehle (Dissertation Universität Bonn 1989)
Hardtwig, Wolfgang: Privatvergnügen oder Staatsaufgabe? Monarchisches Sammeln und Museen 1800–1914, 1993, Köln/Weimar/Berlin, Böhlau
Harten, Elke: Museen und Museumsprojekte der französischen Revolution. Ein Beitrag zu einer Entstehungsgeschichte einer Institution, 1989, Münster, Lit Verlag (Dissertation TU Berlin 1987)
Hartmann, Nicolai: Die Philosophie des deutschen Idealismus. I. Teil, 1974, Berlin/New York, de Gruyter

Hegel, Georg Friedrich Wilhelm: Berliner Schriften 1818–1831. Werke, 11. Band, 1970, Frankfurt am Main, Suhrkamp

Hegel, Georg Friedrich Wilhelm: Grundlinien der Philosophie des Rechts oder Naturrecht und Staatsrecht im Grundrisse. Werke, 7. Band, 1986, Frankfurt am Main, Suhrkamp

Hegel, Georg Friedrich Wilhelm: Vorlesungen über Ästhetik I. Werke, 13. Band, 1992, Frankfurt am Main, Suhrkamp

Hegel, Georg Friedrich Wilhelm: Vorlesungen über Ästhetik II. Werke, 14. Band, 1995, Frankfurt am Main, Suhrkamp

Hegel, Georg Friedrich Wilhelm: Vorlesungen über Ästhetik III. Werke, 15. Band, 1995, Frankfurt am Main, Suhrkamp

Hegemann, Werner: Das steinerne Berlin. Geschichte der größten Mietskasernenstadt der Welt, 1930, Berlin, Kiepenheuer

Heiligenthal, Roman: Deutscher Städtebau, 1921, Heidelberg, Winter

Heinroth, Johann Christian August: Der Schlüssel zu Himmel und Hölle im Menschen oder Über moralische Kraft und Passivität, 1829, Leipzig, August Lehnhold

Heinroth, Johann Christian August: Lehrbuch des Seelenlebens oder der Seelenstörungen und ihrer Behandlungen. Erster oder theoretischer Theil, 1818, Leipzig, Fr. Vogel

Held, Jutta; Schneider, Norbert: Sozialgeschichte der Malerei vom Spätmittelalter bis ins 20. Jahrhundert, 1993, Köln, DuMont

Heller, Josef: Solgers Philosophie der ironischen Dialektik. Ein Beitrag zur Geschichte der romantischen und spekulativ-idealistischen Philosophie, 1928, Berlin, Reuther & Reichard

Hennigfeld, Jochem: Mythos und Poesie. Interpretationen zu Schellings »Philophie der Kunst« und »Philosophie der Mythologie«, Reihe: Monographien zur Philosophischen Forschung, Bd. 113, 1973, Meisenheim am Glan, Anton Hain

Hesiodus (hrsg. und übersetzt von Alber v. Schirnding): Theogonie, 1991, München und Zürich, Artemis & Winkler

Himmelheber, Georg: Kunst des Biedermeier 1815–1835. Architektur, Malerei, Plastik, Kunsthandwerk, Musik, Dichtung und Mode, 1988, München, Prestel

Hinz, Gerhard: Peter Joseph Lenné. Das Gesamtkunstwerk des Gartenarchitekten und Städteplaners, 1989, Hildesheim/Zürich/New York, Georg Olms Verlag

Hinz, Gerhard: Peter Joseph Lenné. Landschaftsgestalter und Städteplaner, 1977, Göttingen/Zürich/Frankfurt a.M., Musterschmidt

Hinz, Berthold u.a. (Hrsg.): Bürgerliche Revolution und Romantik. Natur und Gesellschaft bei Caspar David Friedrich, Reihe: Kunstwissenschaftliche Untersuchungen des Ulmer Vereins, Verband für Kunst- und Kulturwissenschaften, Band VI, 1976, Gießen, Anabas

Hirt, Aloys: Baukunst nach den Grundsätzen der Alten, 1809, Berlin, Realschulbuchhandlung

Hirt, Aloys Ludwig: Bilderbuch für Mythologie, Archäologie und Kunst. Erstes Heft: Die Tempelgötter, 1805, Berlin, I.D. Sander

Hirt, Aloys Ludwig: Bilderbuch für Mythologie, Archäologie und Kunst. Zweites Heft: Die Untergötter oder Dämonen, 1816, Berlin und Leipzig, Nauck'sche Buchhandlung

Hirt, Aloys Ludwig: Götter und Heroen der Griechen und Römer. Nach alten Denkmälern bildlich dargestellt auf XLVII Tafeln nebst deren Erläuterung, 1826, Berlin, August Rücker

Historische Kommission bei der königl. Akademie für Wissenschaften., Allgemeine Deutsche Biographie. 17. Band, Krabbe-Lassota, 1883, Leipzig, Duncker & Humblot

Hitchcock, Henry-Russell (mit einer Einführung von Heinrich Klotz): Die Architektur des 19. und 20. Jahrhunderts, 1994, München, Aries

Hoffmann, Hans (auf den gegenwärtigen Stand gebracht von Saskia Hüneke): Bauten und Plastiken im Park Sanssouci, 1987, Potsdam-Sanssouci, Generaldirektion der Staatlichen Schlösser und Gärten

Hoffmann, Hans: Schloß Charlottenhof und die Römischen Bäder, 1971, Potsdam-Sanssouci, Generaldirektion der Staatlichen Schlösser und Gärten

Hoffmann, Hans (neu bearbeitet von Renate Möller): Schloß Charlottenhof und die Römischen Bäder, 1985, Potsdam-Sanssouci, Generaldirektion der Staatlichen Schlösser und Gärten

Hoffmeister, Johannes (Hrsg.): Briefe von und an Hegel. Band II: 1813–1822, 1969, Hamburg, Meiner

Huber, Ernst Rudolf: Dokumente zur Deutschen Verfassungsgeschichte. Band 1. Deutsche Verfassungsdokumente 1803–1850, 1978, Stuttgart/Berlin/Köln/Mainz, Kohlhammer

Hubmann, Heinrich; Rehbinder, Manfred: Urheber- und Verlagsrecht, 1995, München, Beck

Huch, Ricarda: Literaturgeschichte und Literaturkritik. Gesammelte Werke, Bd. 6, 1969, Köln/Berlin, Kiepenheuer & Witsch

Hyss, Lothar (Hrsg.): Schinkel in Schlesien, 1995, Königswinter, Pohl

Impey, Oliver; MacGregor, Arthur (Hrsg.): The origins of Museums. The cabinet of Curiosities in Sixteenth- and Seventeenth-Century Europe, 1985, Oxford, Clarendon Press

Jähnig, Dieter: Schelling. Die Kunst in der Philosophie, 2. Bd. Die Wahrheitsfunktion der Kunst, 1969, Pfullingen, Neske

Jung, Werner: Von der Mimesis zur Simulation. Eine Einführung in die Geschichte der Ästhetik, 1995, Hamburg, Junius

Justi, Carl: Winckelmann und seine Zeitgenossen, 1956, Köln, DuMont

Kachler, Karl Gotthilf: Schinkels Kunstauffassung, 1940, Basel, Volksdruckerei Basel (Dissertation Universität Basel 1940)

Kania, Hans: Potsdam. Staats- und Bürgerbauten. Reihe: Karl Friedrich Schinkel Lebenswerk. I.2, 1939, Berlin, Deutscher Kunstverlag

Kania, Hans; Möller, Hans-Herbert: Mark Brandenburg. Reihe: Karl Friedrich Schinkel Lebenswerk. I.6, 1960, Berlin, Deutscher Kunstverlag

Zitiert als: Schinkelwerk: Brandenburg

Kauffmann, Hans: Zweckbau und Monument. Zu Friedrich Schinkels Museum am Berliner Lustgarten (Sonderdruck aus: Eine Freundesgabe der Wissenschaft für Ernst Hellmut Vits, hrsg. v. Gerh. Hess), 1963, Frankfurt am Main, Knapp

Kaufmann, Emil: Von Ledoux bis Le Corbusier. Ursprung und Entwicklung der autonomen Architektur, 1933, Leipzig/Wien, Passer

Kemp, Wolfgang: Der Anteil des Betrachters. Rezeptionsästhetische Studien zur Malerei des 19. Jahrhunderts, 1983, München, Mäander

Kemp, Wolfgang (Hrsg.): Der Betrachter ist im Bild. Kunstwissenschaft und Rezeptionsästhetik, 1992, München, Reimer

Kieß, Walter: Urbanismus im Industriezeitalter. Von der klassizistischen Stadt zur Garden City, 1991, Berlin, Ernst & Sohn

Kirchhoff, Jochen: Friedrich Joseph Wilhelm von Schelling, 1994, Reinbek, Rowohlt

Kleihues, Josef Paul (Hrsg.): 750 Jahre Architektur und Städtebau in Berlin. Die Internationale Bauausstellung im Kontext der Baugeschichte Berlins, 1987, Stuttgart, Hatje

Klingenburg, Karl-Heinz (Hrsg.): Studien zur Berliner Kunstgeschichte, 1986, Leipzig, VEB E.A. Seemann Verlag

v. Klenze, Leo (hrsg. und kommentiert von Adrian v. Buttlar): Anweisung zur Architectur des christlichen Kultus, 1990, Nördlingen, Uhl

Klinkott, Manfred: Die Backsteinbaukunst der Berliner Schule. Von K.F. Schinkel bis zum Ausgang des Jahrhunderts, 1988, Berlin, Gebr. Mann

Koch, David: Peter Cornelius. Ein deutscher Maler, 1905, Stuttgart, Steinkopf

König, Gudrun M.: Eine Kulturgeschichte des Spaziergangs. Spuren einer bürgerlichen Praktik 1780–1850, 1996, Wien, Böhlau

Kopisch, August: Die königlichen Schlösser und Gärten zu Potsdam. Von der Zeit ihrer Gründung bis zum Jahre MDCCCLII, 1854, Berlin, Ernst & Korn

Koselleck, Reinhart: Preußen zwischen Reform und Revolution. Allgemeines Landrecht, Verwaltung und soziale Bewegung von 1791 bis 1848, 1989, München, dtv

Kostof, Spiro: Die Anatomie der Stadt. Geschichte städtischer Strukturen, 1993, Frankfurt am Main, Campus

Kostof, Spiro: The City shaped, 1991, London, Thames and Hudson

Kroner, Richard: Von Kant bis Hegel, 1961, Tübingen, Mohr

Krüger, Sabine: Rom und Jerusalem. Kirchenbauvorstellungen der Hohenzollern im 19. Jahrhundert, Reihe: Acta Humaniora, 1995, Berlin, Akademie-Verlag

Kruft, Hanno-Walter: Geschichte der Architekturtheorie: Von der Antike bis zur Gegenwart, 1995, München, Beck

Kühn, Margarete (bearbeitet von; auf Grundlage der Vorarbeiten von Carl v. Lorck): Ausland. Bauten und Entwürfe. Reihe: Karl Friedrich Schinkel. Lebenswerk II.3, 1989, München, Deutscher Kunstverlag

Kühn, Margarete: Schloß Charlottenburg. Textband; Tafelband, Reihe: Die Bauwerke und Kunstdenkmäler von Berlin, 1970, Berlin, Gebr. Mann

Kugler, Franz: Beschreibung der Gemälde-Gallerie des Königlichen Museums zu Berlin, 1838, Berlin, Heymann

Kugler, Franz: Geschichte der Baukunst, 1859, Stuttgart, Ebner & Seubert

Kugler, Franz: Handbuch der Kunstgeschichte. Band 1–4, 1851–56, Stuttgart, Ebner & Seubert

Kugler, Franz: Karl Friedrich Schinkel. Eine Charakteristik seiner künstlerischen Wirksamkeit, 1842, Berlin, George Gropius

Kugler, Franz: Kleine Schriften und Studien zur Kunstgeschichte. Teilhefte 1–3, 1853–54, Stuttgart, Ebner & Seubert

Kuhlow, Kurt: Das königliche Schloß Charlottenhof bei Potsdam baugeschichtlich und kunstgeschichtlich dargestellt unter besonderer Berücksichtigung der Handzeichnungen König Friedrich Wilhelms IV., 1911, Berlin, Kühn (Dissertation TH Berlin 1911)

Lammert, Marlies: David Gilly. Ein Baumeister des deutschen Klassizismus, 1964, Berlin, Akademie-Verlag

Le Camus de Mezières, Nicolas: Le génie de l'architecture; ou l'analogie de cet art avec nos sensations, 1972, Genf, o.A.

Le Roy, Julien-David: Les Ruines des plus beaux monuments de la Grèce, considérées du coté de l'histoire et du coté de l'Architecture, 1758, Paris, Didot

Lemmer, Klaus J. (Auswahl, Bearbeitung und Kommentare): Karl Friedrich Schinkel, Berlin und Potsdam. Bauten und Entwürfe, 1991, Stuttgart, Parkland

Lewalter, Ernst: Friedrich Wilhelm IV. Das Schicksal eines Geistes, 1938, Hamburg, o.A.

Lichtenstern, Christa: Die Wirkungsgeschichte der Metamorphosenlehre Goethes. Von Philipp Otto Runge bis Joseph Beuys, 1990, Weinheim, VCH-Verlagsgesellschaft

Loevy, Erich: Die Grundlagen zum Schaffen K.F. Schinkels, 1915, Berlin, Der Zirkel (Dissertation Universität Dresden)

v. Lorck, Carl: Karl Friedrich Schinkel, 1939, Berlin, Rembrandt-Verlag

Lorenz, Werner: Konstruktion als Kunstwerk. Bauen mit Eisen in Berlin und Potsdam 1797–1850, Reihe: Bauwerke und Kunstdenkmäler von Berlin Beiheft 22, 1995, Berlin, Mann (Dissertation TU Berlin 1992)

Lurz, Meinhold: Kriegerdenkmäler in Deutschland. Band 1. Befreiungskriege, 1985, Heidelberg, Esprint-Verlag

Lutz, Hans: Schillers Anschauungen von Kultur und Natur, Reihe: Germanistische Studien, Heft 60, 1928, Nendeln/Liechtenstein, Kraus Reprint

Mackowsky, Hans (ausgewählt, eingeleitet und erläutert von): Karl Friedrich Schinkel. Briefe, Tagebücher, Gedanken, 1922 (o.A.), Berlin, Propyläen

Mai; Ekkehard; Waetzoldt, Wilhelm: Kunstverwaltung, Bau- und Denkmal-Politik im Kaiserreich. Bd. 1, 1981, Berlin, Gebr. Mann

Maier; Hans; Rausch, Heinz; Denzer, Horst (Hrsg.): Klassiker des politischen Denkens. 2. Band, 1987, München, Beck

Matthaei, Rupprecht (ausgewählt und erläutert durch): Goethes Farbenlehre, 1988, Ravensburg, Maier

Mazois, F.: Les ruines de Pompéi par F. Mazois. Continué par M. Gau. Partie 1–4, 1824–38, Paris, Didot

Mehlhorn, Dieter-Jürgen: Funktion und Bedeutung von Sichtbeziehungen zu baulichen Dominanten im Bild der deutschen Stadt. Ein Beitrag zur politischen Ikonographie des Städtebaus, 1979, Frankfurt am Main, Rita G. Fischer

Michalski, Ernst: Die Bedeutung der ästhetischen Grenze für die Methode der Kunstgeschichte, 1996, Berlin, Gebr. Mann (Habilitationsschrift Mannheim 1931)

Mielke, Friedrich: Potsdamer Baukunst. Das klassische Potsdam, 1991, Berlin, Propyläen

Milde, Kurt: Neorenaissance in der deutschen Architektur des 19. Jahrhunderts. Grundlagen, Wesen und Gültigkeit, 1981, Dresden, VEB Verlag der Kunst

Moritz, Karl Philipp: Über die bildende Nachahmung des Schönen, 1888, Heilbronn, Henninger

Moritz, Karl Philipp: Vorbegriffe zu einer Theorie der Ornamente, 1986, Nördlingen, Alfons Uhl

Moritz, Karl Philipp: Werke, 1981, Frankfurt am Main, Insel

Moyano, Stephen: Karl Friedrich Schinkel and the Administration of Architectural Aesthetics in Prussia 1810–1840, 1989, Ann Arbor, UCM (Dissertation Northwestern University, Evanston, USA)

Müller-Tamm, Jutta : Kunst als Gipfel der Wissenschaft: ästhetische und wissenschaftliche Weltanschauung bei Carl Gustav Carus, Reihe: Quellen und Forschungen zur Literatur- und Kunstgeschichte 235, 1995, Berlin, de Gruyter (Dissertation Universität Frankfurt/Main 1993)

Müsebeck, Ernst: Ernst Moritz Arndt. Ein Lebensbild. Erstes Buch 1769–1815, 1914, Gotha, Friedrich Perthes

Mumford, Lewis: The City in History, 1975, Harmondsworth, Penguin

Neumann, Max: Menschen um Schinkel, Berlin, 1942, de Gruyter

Neumeyer, Fritz: 1786–1848. Zwischen zwei Revolutionen: Das Experiment Poesie, 1987, Stuttgart, Hatje

Nicolin, Friedhelm (Hrsg.): Briefe von und an Hegel. Band IV, 1. Teil: Dokumente und Materialien zur Biographie, 1977, Hamburg, Meiner

Nicolin, Friedhelm (Hrsg.): Briefe von und an Hegel. Band IV, 2. Teil: Nachträge zum Briefwechsel, Register mit biographischem Kommentar, Zeittafel, 1981, Hamburg, Meiner

Nipperdey, Thomas: Deutsche Geschichte 1800–1866, 1983, München, C.H. Beck

Oehrens, Wilhelm: Über einige ästhetische Grundbegriffe bei Karl Philipp Moritz, 1935, Hamburg, Christians (Dissertation Universität Hamburg)

ohne Angabe: Karl Friedrich Schinkel und die Antike. Eine Aufsatzsammlung, Reihe: Beiträge der Winckelmann-Gesellschaft Bd. 12, 1985, Stendal, VEB Druckhaus Köthen

Oncken, Alste: Friedrich Gilly. 1772–1800, Reihe: Forschungen zur Deutschen Kunstgeschichte, hrsg. v. Deutschen Verein für Kunstwissenschaft, Bd. 5, 1935, Berlin, Deutscher Verein für Kunstwissenschaft

Oncken, Alste: Friedrich Gilly. 1772–1800, Reihe: Die Bauwerke und Kunstdenkmäler von Berlin, Beiheft 7, 1981, Berlin, Gebr. Mann

Ott, Brigitte: Zur Platzgestaltung im 19. Jahrhundert in Deutschland, 1966, Hamburg, Selbstverlag (Dissertation Universität Freiburg, 1966)

Panofsky, Erwin (hrsg. und mit einem Nachwort versehen von Thomas Frangenberg.): Gotische Architektur und Scholastik. Zur Analogie von Kunst, Philosophie und Theologie im Mittelalter, 1989 (im englischen Original 1951), Köln, DuMont

Panofsky, Erwin: Sinn und Deutung in der bildenden Kunst. (Meaning in the visual Arts), 1978 (im englischen Original 1957), Köln, DuMont

Percier, Charles; Fontaine, Pierre F.L.: Choix des plus célèbres maisons de plaisance de Rome et des environs, 1809, Paris, Didot

Percier, Charles; Fontaine, Pierre F.L.: Le Château de La Malmaison, 1908, Paris, Foulard

Percier, Charles; Fontaine, Pierre F.L. (mit einem Vorwort von Hans Foramitti): Palais, Maisons, et autres édifices modernes dessinés à Rome, 1980, Hildesheim/New York, Georg Olms

Percier, Charles; Fontaine, Pierre F.L.: Recueil de décoratios intérieures, comprenant tout ce qui a rapport a l'ameublement, 1970, Westmead, Gregg

Pérouse de Montclos, Jean-Marie (Verfasser der Texte): »Les Prix de Rome«. Concours de l'Academie royale d'architecture au XVIIIe siècle, 1984, Paris, Berger-Levrault

Persius, Ludwig (hrsg. v. Eva Börsch-Supan): Das Tagebuch des Architekten Friedrich Wilhelms IV., Reihe: Kunstwissenschaftliche Studien Band. 51. 1980, München, Deutscher Kunstverlag

Peschken, Goerd: Baugeschichte politisch: Schinkel, Stadt Berlin, Preußische Schlösser; zehn Aufsätze mit Selbstkommentaren, 1993, Braunschweig/Wiesbaden, Vieweg

Peschken, Goerd: Das Architektonische Lehrbuch. Reihe: Karl Friedrich Schinkel. Lebenswerk. III.1, 1979, Berlin, Deutscher Kunstverlag

Zitiert als: Schinkelwerk: Lehrbuch

Peschken, Goerd; Klünner, Hans-Werner u.a.: Das Berliner Schloß, 1982, Frankfurt am Main, Ullstein

Pevsner, Nikolaus: Some Architectural Writers of the nineteenth Century, 1972, Oxford, Clarendon

Piel, Friedrich; Traeger, Jörg (Hrsg.): Festschrift Wolfgang Braunfels, 1977, Tübingen, Wasmuth

Pikulik, Lothar: Frühromantik. Epoche – Werke – Wirkung, Reihe: Arbeitsbücher zur Literaturgeschichte, 1992, München, Beck

Plagemann, Volker: Das Deutsche Kunstmuseum 1790–1870. Lage, Baukörper, Raumorganisation, Bildprogramm, 1967, München, Prestel

Pochat, Götz: Der Symbolbegriff in der Ästhetik und Kunstwissenschaft, 1983, Köln, DuMont

Pochat, Götz: Geschichte der Ästhetik und Kunsttheorie. Von der Antike bis zum 19. Jahrhundert, 1986, Köln, DuMont

Podro, Michael: The manifold of perception. Theories of Art from Kant to Hildebrand, 1972, Oxford, Clarendon Press

Poensgen, Georg: Die Bauten Friedrich Wilhelms IV. in Potsdam, 1930, Berlin, Deutscher Kunstverlag

Posener, Julius (mit einem Vorwort von Daniel Libeskind.): Was Architektur sein kann: neuere Aufsätze, 1995, Basel, Birkhäuser

Potz, Dirk: Solgers Dialektik. Die Grundzüge der dialektischen Philosophie K.W.F. Solgers, 1995, Hamburg, Dr. Kovac (Dissertation Universität Tübingen 1995)

Pückler-Muskau, Hermann Fürst v.: Andeutungen über Landschaftsgärtnerei, 1986, Leipzig, Deutsche Verlags Anstalt

Pundt, Hermann G.: Schinkels Berlin, 1981, Frankfurt am Main, Ullstein

Pundt, Hermann G.: Schinkel's Berlin. A Study in Environmental Planning, 1972, Cambridge, Mass., Harvard University Press

Quatremére de Quincy, M.: Histoire de la vie et des ouvrages des plus célèbres architectes du XI siècle jusqu'a la fin du XIII. 2 Bände, 1830, Paris, Librairie d'adrien le Clere

Raabe, Paul: Die Horen. Einführung und Kommentar, 1959, Darmstadt, Wissenschaftliche Buchgesellschaft

Rave, Paul Ortwin: Berlin. Dritter Teil. Bauten für Wissenschaft, Verwaltung, Heer, Wohnbau und Denkmäler. Reihe: Karl Friedrich Schinkel. Lebenswerk. I.1.3, 1962, Berlin, Deutscher Kunstverlag
Zitiert als: Schinkelwerk Berlin III

Rave, Paul Ortwin: Berlin. Erster Teil. Bauten für die Kunst; Kirchen; Denkmalpflege. Reihe: Karl Friedrich Schinkel. Lebenswerk. I.1.1, 1981, Berlin, Deutscher Kunstverlag
Zitiert als: Schinkelwerk Berlin I

Rave, Paul Ortwin: Berlin. Zweiter Teil. Stadtbaupläne, Brücken, Straßen, Tore, Plätze. Reihe: Karl Friedrich Schinkel. Lebenswerk. I.1.2, 1981, Berlin, Deutscher Kunstverlag
Zitiert als: Schinkelwerk Berlin II

Rave, Paul Ortwin: Genius der Baukunst. Eine klassisch-romantische Bilderfolge an der Berliner Bauakademie, 1942, Berlin, Deutscher Kunstverlag

Rave, Paul Ortwin (bearbeitet von Eva Börsch-Supan): Karl Friedrich Schinkel, 1981, München, Deutscher Kunstverlag

Rave, Paul Ortwin: Karl Friedrich Schinkel, 1953, München, Deutscher Kunstverlag

Reid, Jane Davidson (with the assistance of Chris Rohmann): The Oxford Guide to Classical Mythology in the Arts, 1300–1900s. 2 Bände, 1993, New York/Oxford, Oxford University Press

Reinle, Adolf: Stellvertretende Bildnisse. Plastiken und Gemälde von der Antike bis ins 19. Jahrhundert, 1984, Zürich/München, Artemis

Reuther, Hans: Die Museumsinsel in Berlin, 1978, Frankfurt am Main, Berlin, Wien, Ullstein

Ribbe, Wolfgang; Schäche; Wolfgang (Hrsg.): Baumeister. Architekten. Stadtplaner, 1987, Berlin, Stapp

Richter, Jean Paul: Vorschule der Ästhetik. Werke, Fünfter Band, 1963, München, Hanser

Riegel, Herman: Cornelius. Der Meister der deutschen Malerei, 1870, Hannover, Rümpler

Riemann, Gottfried (hrsg. und kommentiert von): Karl Friedrich Schinkel, Reise nach England, Schottland und Paris im Jahre 1826, 1986, München, C.H. Beck

Riemann, Gottfried: Karl Friedrich Schinkel, Reisen nach Italien, Tagebücher, Briefe, Zeichnungen, Aquarelle. Erste Reise 1803–1805, 1994, Berlin, Aufbau

Riemann, Gottfried: Karl Friedrich Schinkel, Reisen nach Italien, Tagebücher, Briefe, Zeichnungen, Aquarelle. Zweite Reise 1824, 1994, Berlin, Aufbau

Riemann, Gottfried: Karl Friedrich Schinkel, Reisen nach Italien. Tagebücher, Briefe, Zeichnungen, Aquarelle, 1979, Berlin, Rütten und Loening

Riemann, Gottfried; Heese, Christa: Karl Friedrich Schinkel. Architekturzeichnungen, 1991, Berlin, Henschel

Riemer, Horst: Friedrich Gillys Verhältnis zum Theaterbau. Unter besonderer Berücksichtigung seiner Skizzen nach französischen Theatern und seines Entwurfes für das Nationaltheater in Berlin, 1931, Berlin, Bankauf (Dissertation Universität Berlin 1931)

Rietdorf, Alfred: Gilly. Wiedergeburt der Architektur, 1940, Berlin, Hans Hugo

Ritter, Joachim (Hrsg.): Historisches Wörterbuch der Philosophie. Bd. 1–9, 1971ff., Basel, Stuttgart, Schwabe

Rodenwaldt, Gerhard: Griechisches und Römisches in Berliner Bauten, 1956, Berlin, de Gruyter

Schäfer, Karl Heinz: Ernst Moritz Arndt als politischer Publizist. Studien zu Publizistik, Pressepolitik und kollektivem Bewußtsein im frühen 19. Jahrhundert, 1974, Bonn, Ludwig Röhrscheid

Schärf, Manfred: Die klassizistischen Landschloßumbauten Karl Friedrich Schinkels, Reihe: Die Bauwerke und Kunstdenkmäler von Berlin, Band 11, 1986, Berlin, Gebr. Mann (Dissertation Universität Freiburg 1983)

Schanze, Helmut (Hrsg.): Friedrich Schlegel und die Kunsttheorie seiner Zeit, 1985, Darmstadt, Wissenschaftliche Buchgesellschaft

Scharf, Helmut: Kleine Kunstgeschichte des deutschen Denkmals, 1984, Darmstadt, Wissenschaftliche Buchgesellschaft

Schasler, Max: Die Königlichen Museen zu Berlin. Ein praktisches Handbuch zum Besuch der Galerien, 1855, Berlin, Nicolai

Schelling, Friedrich Wilhelm Joseph: Ausgewählte Schriften. Band 2 1801–1803, 1995, Frankfurt am Main, Suhrkamp

Schelling, Friedrich Wilhelm Joseph (hrsg. von Horst Fuhrmanns): Briefe und Dokumente. Band 1. 1775–1809, 1962, Bonn, Bouvier

Schelling, Friedrich Wilhelm Joseph (hrsg. von Horst Fuhrmanns): Briefe und Dokumente. Band 2, 1775–1803, 1973, Bonn, Bouvier

Schelling, Friedrich Wilhelm Joseph (hrsg. von Horst Fuhrmanns): Briefe und Dokumente. Band 3, 1775–1809, 1975, Bonn, Bouvier

Schelling, Friedrich Wilhelm Joseph: (hrsg. von Manfred Schröter): Philosophie der Mythologie. Erster Band. Einleitung in die Philosophie der Mythologie, 1986, Darmstadt, Wissenschaftliche Buchgesellschaft

Schelling, Friedrich Wilhelm Joseph: (hrsg. von Manfred Schröter): Philosophie der Mythologie. Zweiter Band, 1986, Darmstadt, Wissenschaftliche Buchgesellschaft

Schelling, Friedrich Wilhelm Joseph: (hrsg. von Manfred Schröter): Schriften zur Naturphilosophie 1799–1801. Schellings Werke. Zweiter Hauptband, 1965, München, C.H. Beck

Schelling, Friedrich Wilhelm Joseph: (hrsg. von Werner Beierwaltes): Texte zur Philosophie der Kunst, 1991, Stuttgart, Reclam

Schelling, Friedrich Wilhelm Joseph: (hrsg. von Walter E. Ehrhardt): Urfassung der Philosophie der Offenbarung. Teilbände 1 und 2, 1992, Hamburg, Meiner

Schelling, Friedrich Wilhelm Joseph: (hrsg. von Manfred Schröter):Werke. 5. Ergänzungsband: Philosophie der Mythologie und Religion, 1943 (1842), München, Frommann-Holzboog

Scherer, Valentin: Deutsche Museen. Entstehung und kulturgeschichtliche Bedeutung unserer öffentlichen Kunstsammlungen, 1913, Jena, Diederichs

Schiller, Friedrich (Hrsg.): Die Horen. Eine Monatsschrift, 1959, Darmstadt/Tübingen, Wissenschaftliche Buchgesellschaft

Schiller, Friedrich: Theoretische Schriften (Teil der Gesamtausgabe Friedrich Schiller Werke und Briefe), 1992, Frankfurt, Deutscher Klassiker Verlag

Schiller, Friedrich (mit einem Vorwort hrsg. von Wolfhart Henckmann): Über die ästhetische Erziehung des Menschen. Briefe an den Augustenburger, Ankündigung der »Horen« und letzte, verbesserte Fassung, 1967, München, Wilhelm Fink

Schinkel, Karl Friedrich (ausgewählt, eingeleitet und erläutert von Hans Mackowsky): Briefe, Tagebücher, Gedanken, 1922, Berlin, Propyläen

Schinkel, Karl Friedrich: Charlottenhof. Seiner Majestät dem Könige Friedrich Wilhelm IV. v. Preussen gehörig, 1854, Berlin/Potsdam, Riegel

Schinkel, Karl Friedrich: Collection of Architectural Drawings including Designs which have been executed and objects whose execution was intended, 1981, Chicago, Exedra Books

Schinkel, Karl Friedrich: Sammlung architektonischer Entwürfe enthaltend Theils Werke welche ausgeführt sind theils Gegenstände deren Ausführung beabsichtigt wurde. Neue vollständige Ausgabe in CLXXIV Tafeln, 1866, Berlin, Ernst & Korn

Schinkel, Karl Friedrich: Sammlung von Theater-Dekorationen. Erfunden von Carl Friedrich Schinkel, 1862, Berlin, Ernst & Korn

Schinkel, Karl Friedrich (hrsg. von der technischen Deputation für Gewerbe.): Vorbilder für Fabrikanten und Handwerker. Abteilung 1–3, 1831–36, Berlin, Technische Gewerbedeputation

Schlegel, Friedrich (hrsg. und eingeleitet von Hans Eichner): Ansichten und Ideen von der christlichen Kunst. Kritische Friedrich-Schlegel-Ausgabe. Vierter Band, 1959, Paderborn/München/Wien, Schöningh

Schlegel, August Wilhelm (hrsg. von Edgar Lohner): Die Kunstlehre. August Wilhelm Schlegel. Kritische Schriften und Briefe II, 1963, Stuttgart, Kohlhammer

Schlegel, August Wilhelm (Mit Kommentar und Nachwort hrsg. von Ernst Behler): Vorlesungen über Ästhetik I (1798–1803). August Wilhelm Schlegel, Kritische Ausgabe der Vorlesungen. Erster Band, 1989, Paderborn/München/Wien/Zürich, Ferdinand Schöningh

Schlegel, August Wilhelm (eingeleitet und mit Anmerkungen versehen von Giovanni Vittorio Amoretti): Vorlesungen über dramatische Kunst und Literatur. Kritische Ausgabe. Band 1, 1923, Bonn/Leipzig, Kurt Schroeder

Schlegel, August Wilhelm (hrsg. v. Aug. Wünsche, mit erläuternden Bemerkungen von Karl Friedrich Christian Krause): Vorlesungen über philosophische Kunstlehre, 1911, Leipzig, Dieterichsche Verlagsbuchhandlung

Schmölders, Claudia: Das Vorurteil im Leibe: Eine Einführung in die Physiognomik, 1995, Berlin, Akademie-Verlag

Schönemann, Heinz: Karl Friedrich Schinkel. Charlottenhof, Potsdam-Sanssouci, 1997, Stuttgart/London, Edition Axel Menges

Schreiber, August Wilhelm: Lehrbuch der Ästhetik, 1809, Heidelberg, Mohr und Zimmer

Schudt, Ludwig: Italienreisen im 17. und 18. Jahrhundert, 1959, Wien/München, Schroll

Schütz, Christiane: Preußen in Jerusalem (1800–1861). Karl Friedrich Schinkels Entwurf der Grabeskirche und die Jerusalempläne Friedrich Wilhelms IV. (Reihe: Die Bauwerke und Kunstdenkmäler von Berlin, Bd. 19), 1988, Berlin, Mann (Dissertation Universität Bonn, 1986)

Schulze, Sabine: Bildprogramme in deutschen Kunstmuseen des 19. Jahrhunderts, Reihe: Europäische Hochschulschriften Reihe 28, 37, 1984, Frankfurt am Main, Peter Lang (Dissertation Universität München 1982)

Schweizer, Hans Rudolf: Ästhetik als Philosophie der sinnlichen Erkenntnis. Eine Interpretation der »Aesthetica« A.G. Baumgartens mit teilweiser Wiedergabe des lateinischen Textes und deutscher Übersetzung, 1973, Basel/Stuttgart, Schwabe

Seeberger, Wilhelm: Hegel oder die Entwicklung des Geistes zur Freiheit, 1961, Stuttgart, Klett

Semino, Gian Paolo (Hrsg.): Karl Friedrich Schinkel, 1993, Zürich/München/London, Artemis

Sievers, Johannes: Bauten für den Prinzen Karl von Preussen. Reihe: Karl Friedrich Schinkel Lebenswerk I.3.1, 1942, Berlin, Deutscher Kunstverlag
Zitiert als: Schinkelwerk: Prinz Karl

Sievers, Johannes: Bauten für die Prinzen August, Friedrich und Albrecht von Preussen. Ein Beitrag zur Geschichte der Wilhelmstraße in Berlin. Reihe: Karl Friedrich Schinkel Lebenswerk. I.3.2, 1954, Berlin, Deutscher Kunstverlag

Sievers, Johannes: Die Möbel. Reihe: Karl Friedrich Schinkel Lebenswerk II.1, 1950, Berlin, Deutscher Kunstverlag
Zitiert als: Schinkelwerk »Möbel«

Snodin, Michael (edited by); published to coincide with the exhibition Karl Friedrich Schinkel: A Universal Man held at The Victoria and Albert Museum, London, July 31st to October 27th, 1991): Karl Friedrich Schinkel. A Universal Man, 1991, New Haven/London, Yale University Press

Solger, Karl Wilhelm Ferdinand (hrsg. v. Wolfhart Henckmann): Erwin, 1971, Heidelberg, Schneider
Solger, Karl Wilhelm Ferdinand (hrsg. v. Ludwig Tieck und Friedrich von Raumer): Nachgelassene Schriften und Briefwechsel, Bd. 1 und 2, 1826, Leipzig, Brockhaus
Solger, Karl Wilhelm Ferdinand (hrsg. v. Herbert Anton): Nachgelassene Schriften und Briefwechsel, Bd. 1,2., 1973, Heidelberg, Schneider
Solger, Karl Wilhelm Ferdinand: Philosophische Gespräche, 1817, Berlin, Mauerersche Buchhandlung
Solger, Karl Wilhelm Ferdinand: Vorlesungen über Ästhetik, 1969, Darmstadt, WBG
Solger, Karl Wilhelm Ferdinand (hrsg. v. Karl Wilhelm Ludwig Heyse): Vorlesungen über Ästhetik, 1829, Leipzig, Brockhaus
Springer, Peter: Schinkels Schloßbrücke in Berlin. Zweckbau und Monument, 1981, Frankfurt am Main/Berlin/Wien, Propyläen, Ullstein
Stahl, Fritz: Karl Friedrich Schinkel, 1912, Berlin, Ernst Wasmuth
Starobinski, Jean: Rousseau. Eine Welt von Widerständen, 1988, München, Hanser
Stelzer, Otto: Goethe und die bildende Kunst, 1949, Braunschweig, Vieweg
Streckebach, Klaus: Berlin und seine Bauten. Teil V. Bauten für Kunst und Erziehung, 1983, Berlin/München, Wilhelm Ernst
Stuart, James; Revett, Nicholas: The Antiquities of Athens, 1873, London, Bell & Daldy
Stüler, August: Über die Wirksamkeit Königs Friedrich Wilhelm IV. in dem Gebiete der bildenden Künste, 1861, Berlin, Ernst & Korn
Sulger-Gebing, Emil: A.W. und F. Schlegel in ihrem Verhältnisse zur bildenden Kunst, 1897, München, Carl Haushalter
Sulzer, Johann Georg: Allgemeine Theorie der schönen Künste in einzelnen nach alphabetischer Ordnung der Kunstwörter aufeinander folgenden Artikeln abgehandelt. 4. Teile, 1792–99, Leipzig, Weidmann
Sulzer, Johann Georg: Die schönen Künste in ihrem Ursprunge, ihrer wahren Natur und besten Anwendung betrachtet, 1772, Leipzig, Weidmann
Szambien, Werner: Karl Friedrich Schinkel, 1990, Basel/Boston/Berlin, Birkhäuser
Tau, Max (Hrsg., mit einer Einleitung von P. Friedrich Muckermann.): Joseph Görres. Eine Auswahl aus seinen Schriften, o.J., Berlin, Deutsche Buch-Gemeinschaft
Tilliette, Xavier (Hrsg.): Schelling im Spiegel seiner Zeitgenossen, 1974, Turin, o.A.
Vaihinger, Hans; Bauch, Bruno (Hrsg.): Schiller als Philosoph und seine Beziehung zu Kant. Festgabe der »Kantstudien«, 1905, Berlin, Reuther & Reichard
van Eck, Caroline: Organicism in nineteenth-century architecture. An inquiry in its theoretical and philosophical background, 1994, Amsterdam, Achitectura & Natura Press
Vogel, Hans: Deutsche Baukunst des Klassizismus, 1937, Berlin, Mann
Vogel, Hans: Pommern. Reihe: Karl Friedrich Schinkel Lebenswerk. I.5, 1952, Berlin, Deutscher Kunstverlag
Zitiert als: Schinkelwerk: Pommern
Waagen, Gustav Friedrich: Karl Friedrich Schinkel als Mensch und als Künstler, 1981, Düsseldorf, Werner
Waagen, Gustav Friedrich (hrsg. v. Alfred Woltmann): Kleine Schriften. Mit einer biographischen Skizze und einem Bildnis des Verfassers, 1875, Stuttgart, von Ebner
Wagner, Monika: Allegorie und Geschichte. Ausstattungsprogramme öffentlicher Gebäude des 19. Jahrhunderts in Deutschland. Von der Cornelius-Schule zur Malerei der Wilhelminischen Ära, 1989, Tübingen, Wasmuth
Walpole, Horace (übersetzt von August Wilhelm Schlegel; hrsg. v. Frank Meier-Solgk): Über die englische Gartenkunst, 1994, Heidelberg, Manutius

Warnke, Martin: Bau und Überbau. Soziologie der mittelalterlichen Architektur nach den Schriftquellen, 1976, Frankfurt am Main, Syndikat

Warnke, Martin (Hrsg.): Politische Architektur in Europa vom Mittelalter bis heute. Repräsentation und Gemeinschaft, 1984, Köln, DuMont

Watkin, David; Mellinghoff; Tilmann: German Architecture and the Classical Ideal 1740–1840, 1987, London, Thames and Hudson

Wegner, Reinhard: Die Reise nach Frankreich und England im Jahre 1826. Reihe: Karl Friedrich Schinkel. Lebenswerk. III.2, 1990, München/Berlin, Deutscher Kunstverlag

Wegner, Reinhard: Nach Albions Stränden. Die Bedeutung Englands für die Architektur des Klassizismus und der Romantik in Preußen. Reihe: Beiträge zur Kunstwissenschaft Band 56, 1994, München, Scaneg (Habilitationsschrift TH Darmstadt)

Werner, Peter: Pompeji und die Wanddekorationen der Goethezeit, 1970, München, Fink

Wescher, Paul: Kunstraub unter Napoleon, 1976, Berlin, Gebr. Mann

Wetz, Franz Josef: Schelling zur Einführung, 1996, Hamburg, Junius

Widmann, Johann: Johann Gottlieb Fichte. Einführung in seine Philosophie, 1982, Berlin/New York, de Gruyter

Wiederanders, Gerlinde: Die Kirchenbauten Karl Friedrich Schinkels. Künstlerische Idee und Funktion, 1981, Berlin, Evangelische Buchhandlung

v. Wiese, Benno: Deutsche Dichter der Romantik. Ihr Leben und Werk, 1983, Berlin, Erich Schmidt

Wilkinson, Elizabeth M.; Willoughby; L.A.: Schillers Ästhetische Erziehung des Menschen. Eine Einführung, 1977, München, Beck

Wilson, John Elbert: Schellings Mythologie: zur Auslegung der Philosophie der Mythologie und der Offenbarung. Spekulation und Erfahrung. Abt. 2, Bd. 31, 1993, Stuttgart/Bad Cannstatt, Frommann-Holzboog

Wirth, Andreas: Das schwierige Schöne. Zu Schillers Ästhetik. Auch eine Interpretation der Abhandlung »Über Matthisons Gedichte« (1794), Reihe: Abhandlungen zur Kunst-, Musik- und Literaturwissenschaft, Band 123, 1975, Bonn, Bouvier

Wolf, Scott C.: The tectonic Unconscious and New Science of Subjectivity, 1997, Ann Arbor, UMI (Dissertation, University of Princeton, USA)

Wolters, Rudolf: Stadtmitte Berlin. Stadtbauliche Entwicklungsphasen von den Anfängen bis zur Gegenwart, 1978, Tübingen, Wasmuth

v. Wolzogen, Alfred (Hrsg.): Aus Schinkels Nachlaß. Reisetagebücher, Briefe und Aphorismen. Bände I–III, 1981, Mittenwald, Mäander
Zitiert als: Wolzogen I–III

v. Wolzogen, Alfred: Aus Schinkels Nachlaß. Vierter Band. Katalog des künstlerischen Nachlasses, 1981, Mittenwald, Mäander
Zitiert als: Wolzogen IV

v. Wolzogen, Alfred: Peter von Cornelius, 1867, Berlin, Duncker

v. Wolzogen, Alfred: Schinkel als Architekt, Maler und Kunstphilosoph (Vortrag gehalten im Verein für Geschichte der bildenden Künste in Breslau), 1864, Berlin, Ernst & Korn

Wyss, Beat: Trauer der Vollendung. Zur Geburt der Kulturkritik, 1997, Köln, DuMont

Zadow, Mario: Karl Friedrich Schinkel, 1980, Berlin, Rembrandt-Verlag

Zentralinstitut für Kunstgeschichte München: Berlins Museen. Geschichte und Zukunft, 1994, München/Berlin, Deutscher Kunstverlag

Ziolkowski, Theodore: Das Amt der Poeten. Die deutsche Romantik und ihre Institutionen, 1994, München, DTV

Zukowsky, John (hrsg. von; published in conjunction with the exhibition. Chicago Art Institute, 29. Oktober 1994 bis 2. Januar 1995.): Karl Friedrich Schinkel 1781–1841. The drama of architecture, 1995, Chicago, Ernst Wasmuth

Unselbständige Publikationen nach Verfassern

Badstübner, Ernst: Stilgeschichtliches Verständnis und zeitgenössische Architekturpraxis. Zur Mittelalterrezeption bei Karl Friedrich Schinkel, Gärtner 1984, S. 91–99

Badstübner, Ernst; Wipprecht, Ernst: Farbanstrich und sichtbares Material. »Das wunderliche Dogma der Materialgerechtigkeit«, Farbe und Raum 3 (März 1981), S. 22–26

Barclay, David E.: Politik als Gesamtkunstwerk. Das Monarchische Projekt, Ausstellungskatalog: Friedrich Wilhelm IV. Künstler und König, S. 22–27

Bauer, Hermann: Architektur als Kunst. Von der Größe der idealistischen Architektur-Ästhetik und ihrem Verfall, Bauer, Dittmann 1963, S. 133–171

Behler, Ernst: Friedrich Schlegel, v. Wiese 1983, S. 197–223

Behler, Ernst: Schellings Ästhetik in der Überlieferung von Henry Crabb Robinson, Philosophisches Jahrbuch 83 (1976), S. 133–183

Behr, Adalbert: »Griechenlands Blüte« und die »Fortsetzung der Geschichte«. Kunsttheorie Karl Friedrich Schinkels, Gärtner 1984, S. 14–24

Behr, Adalbert: Anschauung, Erkenntnis und Voraussicht. Äußerungen von Karl Friedrich Schinkel, Architektur der DDR 30 (1981) Nr. 2, S. 66–67

Behr, Adalbert: Vernunft und Harmonie. Zur Kunsttheorie Karl Friedrich Schinkels, Architektur der DDR 30 (1981) Nr. 2, S. 102–111

Bloch, Peter: Das Kreuzbergdenkmal und die patriotische Kunst, Jahrbuch Preußischer Kulturbesitz 9 (1973), S. 142–159

Börsch-Supan, Helmut: Caspar David Friedrich et Carl Friedrich Schinkel, Revue de l'art No. 45 (1979), S. 8–20

Börsch-Supan, Eva: Die Bedeutung der Musik im Schaffen Karl Friedrich Schinkels, Zeitschrift für Kunstgeschichte 34 (1971), S. 257–295

Börsch-Supan, Eva: Zur stilistischen Entwicklung in Schinkels Kirchenbau, Zeitschrift des Deutschen Vereins für Kunstwissenschaft 35 (1981) H. 1/4 (Sonderheft zum Schinkel-Jahr), S. 5–17

Börsch-Supan, Helmut: Karl Friedrich Schinkel – Persönlichkeit und Werk, AK Schinkel I, S. 10–45

Börsch-Supan, Helmut: Schinkel the Artist, Snodin 1991, S. 9–15

Börsch-Supan, Helmut: Schinkels Landschaft mit Motiven aus dem Salzburgischen, Zeitschrift für Kunstgeschichte 32 (1969), S. 317–323

Börsch-Supan, Helmut: Zur Entstehungsgeschichte von Schinkels Entwürfen für die Museumsfresken, Zeitschrift des Deutschen Vereins für Kunstwissenschaft 35 (1981) H. 1/4 (Sonderheft zum Schinkel-Jahr), S. 36–46

Bothe, Rolf Antikenrezeption in Bauten und Entwürfen Berliner Architekten zwischen 1790 und 1870, Ausstellungskatalog: Berlin und die Antike, S. 294–332

Bubner, Rüdiger Philosophie in Preußen, Ausstellungskatalog: Berlin zwischen 1789 und 1848, S. 16–25

Buddensieg, Tilman: Bauen wie man wolle. Schinkels Vorstellungen der Baufreiheit, daidalos 7 März 1983, S. 93–102

Buddensieg, Tilman: Das hellenische Gegenbild. Schinkels Museum und Hegels Tempel am Lustgarten, Buddensieg 1993, S. 35–46

Buddensieg, Tilman: Straßenraum und Stadtbild in Berlin, Etappen ihrer Geschichte, Piel; Träger 1977, S. 31–44

Buddensieg, Tilman: Zum Statuenprogramm im Kapitolsplan Pauls III, Zeitschrift für Kunstgeschichte 32 (1969), S. 177–228

Bußmann, Walter: Probleme einer Biographie Friedrich Wilhelms IV., Büsch 1987, S. 22–38

Celland, Doug: From calm poetry to failed epic – some notes on Karl Friedrich Schinkel 1781–1841, Architectural Design 50 (1980), S. 106–113

Crimp, Douglas: The End of Art and the Origin of the Museum, Art Journal 46 (1987), S. 261–266

Delius, Hellmut: Die städtebauliche Auffassung des Hellenismus bei Schinkel, Stadtbaukunst 12 (1931/32), S. 69–73; S. 80–84

Delius, Hellmut: Schinkels Stellung zur Frage des architektonischen Städtebaus, Jahrbuch des Akademischen Architekten-Vereins Berlin 1930, S. 24–27

Dilly, Heinrich: Schinkel und Hegel, Gethmann-Siefert; Pöggeler 1986, S. 103–116

Dittmann, Lorenz: Schellings Philosophie der bildenden Kunst, Bauer; Dittmann 1963, S. 38–82

Doebber, Adolph: Heinrich Gentz, ein Vorläufer Schinkels, Wochenschrift des Architekten-Vereins zu Berlin 13 (1918), S. 17–22

Doebber, Adolph: Zur Baugeschichte des Charlottenburger Mausoleums, Zentralblatt der Bauverwaltung 1912, S. 150–154

Dolgner, Dieter: Karl Friedrich Schinkel – Leben und Werk, Architektur der DDR 30 (1981) Nr. 2, S. 74–88

Dolgner, Dieter: Klassizismus und Romantik – eine produktive Synthese im Werk Karl Friedrich Schinkels, Gärtner 1984, S. 66–76

Eberle, Matthias: Karl Blechen oder der Verlust der Geschichte, Ausstellungskatalog: Berlin zwischen 1789 und 1848, S. 93–104

Eckardt, Götz: Der napoleonische Kunstraub in den königlichen Schlössern von Berlin und Potsdam, Klingenburg 1986, S. 122–142

Engel, Hartmut: Friedrich Wilhelm IV. und die Baukunst, Büsch 1987, S. 157–203

Erxleben, Maria: Goethe und Schinkel, Karl Friedrich Schinkel und die Antike 1985, S. 20–32

Fichte, Johann Gottlieb: Beitrag zur Berichtigung der Urteile des Publikums über die französische Revolution. Erster Teil. Zur Beurteilung ihrer Rechtmäßigkeit, Fichte 1989, S. 38–270

Fichte, Johann Gottlieb: Zurückforderung der Denkfreiheit von den Fürsten Europas, die sie bisher unterdrückten, Fichte 1989, S. 5–37

Förster, Eckart: »Da geht der Mann dem wir alles verdanken«. Eine Untersuchung zum Verhältnis Goethe – Fichte, Deutsche Zeitschrift für Philosophie 45 (1997), S. 331–344

Förster, Ernst: Briefliche Mitteilungen allgemein-kunstwissenschaftlichen Inhalts aus den Gemäldesammlungen von Berlin und Dresden, Kunstblatt 19 (1837), S. 97–99

Förster, Ernst: Briefliche Mittheilungen allgemein-kunstwissenschaftlichen Inhalts aus den Gemäldesammlungen von Berlin und Dresden. Erster Brief. Museum in Berlin, Allgemeines, Kunstblatt 18 (1837), S. 77–79

Förster, Ernst: Briefliche Mittheilungen allgemein-kunstwissenschaftlichen Inhalts aus den Gemäldesammlungen von Berlin und Dresden. Erster Brief. Museum in Berlin, Allgemeines, Kunstblatt 18 (1837), S. 97–99

Forssman, Erik: Rezension: Karl Friedrich Schinkel. Lebenswerk: Bauten und Entwürfe für das Ausland, Zeitschrift für Kunstgeschichte 43 (1980), S. 340–344

Forssman, Erik: Rezension: Karl Friedrich Schinkel. Lebenswerk: Goerd Peschken, Das Architektonische Lehrbuch, Zeitschrift für Kunstgeschichte 43 (1980), S. 340–344

Forster, Kurt W.: »Only Things that Stir the Imagination«: Schinkel as a Scenographer, Zukowski 1995, S. 18–35

Forster, Kurt W.: Schinkel's Panoramic Planning of Central Berlin, Modulus 16 (Charlottesville: University of Virginia School of Architecture, 1983), S. 63–77

Gärtner, Hannelore: Die Malerei Schinkels im Verhältnis zur patriotischen Romantik, Gärtner 1984, S. 185–198

Gaethgens, Thomas W.: Wilhelm v. Humboldts Konzept des Alten Museums in Berlin, Aachener Kunstblätter 60 (1994), S. 422–430

Gaus, Joachim: Schinkels Entwurf zum Louisenmausoleum, Festschrift Wolfgang Krönig; auch Aachener Kunstblätter XLI (1971), S. 254–263

Gethmann-Siefert, Annemarie: Welt und Wirkung von Hegels Ästhetik, Gethmann-Siefert; Pöggeler 1986, S. V–XLVI

Geyer, Albert: König Friedrich Wilhelm IV. von Preußen als Architekt, Deutsche Bauzeitung (56) 1922 Nr. 95–104, S. 525ff.

Goalen, Martin: Schinkel and Durand: the Case of the Altes Museum, Snodin 1995, S. 27–35

Gollwitzer, Heinz: Zum Fragenkreis Architekturhistorismus und politische Ideologie, Zeitschrift für Kunstgeschichte 42 (1979), S. 1–14

Goralczyk, Peter: Der Platz der Akademie, Klingenburg 1986, S. 143–144

Goralczyk, Peter: Wunschvorstellungen und Realität in der städtebaulichen Entwicklung Berlins im 18. Jahrhundert, Klingenburg 1986, S. 77–109

Greiffenhagen, Martin: Zwei Seelen in der Brust? Zur politischen Kultur Preußens zwischen 1798 und 1848, Ausstellungskatalog: Berlin zwischen 1789 und 1848. , S. 7–15

Grimm, Herman: Rede auf Schinkel, Albers 1981, S. 72–88

Grimm, Herman: Schinkel als Architekt der Stadt Berlin, AK Schinkel I, S. 63–74

Grisebach, Lucius: Schinkel als Maler, AK Schinkel I, S. 46–62

Grisebach, Lucius: Zu Schinkels Gemälden, Jahrbuch Preußischer Kunstbesitz 18 (1981), S. 59–75

Gustafsson, Evald: Bild och Symbol i Schinkels arikitektur, Tidskrift för Konstvetenskap 23, Symbolister 3, 1957, S. 11–34

Haese, Klaus: Bauten und Bauideen Schinkels und die bürgerliche Umwälzung in Preußen, Gärtner 1984, S. 41–50

Hartlaub, C.F.: Caspar Friedrich und die Denkmals-Romantik der Freiheitskriege, Zeitschrift für Bildende Kunst 51 (N.F. 27) (1916), S. 201–212

Hegel, Georg Friedrich Wilhelm: Solgers nachgelassene Schriften und Briefwechsel, Hegel 1970, S. 113–145

Henckmann, Wolfhart: »Etwas über des Verhältnis des Ideals zur Nachahmung der Natur in der Kunst«. Ein Aufsatz Solgers zur Auseinandersetzung mit Schelling, Jahrbuch der Schillergesellschaft 16 (1972), S. 441–452; 639–651

Henckmann, Wolfhart: Solger und die Berliner Kunstszene, Pöggeler; Gethmann-Siefert 1983, S. 199–228

Henckmann, Wolfhart: Symbol und Allegorie bei K. W. F. Solger, Brinkmann 1973, S. 639–651

Hermann, Hans Joachim: Friedrich Gedike und Schinkel, Karl Friedrich Schinkel und die Antike 1985, S. 11–20

Herrmann, Wolfgang: The reception of Schinkel and his work in England, architectura 25 (1995), S. 58–76

Hildebrand, Siegfried: Farbigkeit Schinkelscher Interieurs. Beispiele einer klassizistischen Polychromie, Farbe und Raum 3 (März 1981), S. 9–14

Höpfner, Wolfram: Zur Dorischen Ordnung bei Karl Friedrich Schinkel, Arenhövel, Schreiber 1979, S. 481–490

Höpfner, Wolfram: Zwischen Klassik und Klassizismus. Karl Friedrich Schinkel und die antike Architektur, Bauwelt 72 (1981), S. 338–346

Höpfner, Wolfram; Schwandner, Ernst-Ludwig: Die Entdeckung der griechischen Bauten, Ausstellungskatalog: Berlin und die Antike., S. 291–294

Jolles, Frank: August Wilhelm Schlegel und Berlin: Sein Weg von den Vorlesungen von 1801–04 zu denen vom Jahre 1827, Pöggeler; Gethmann-Siefert 1983, S. 153–175

Kauffmann, Emil: Rezension: Forssman: Karl Friedrich Schinkel. Bauwerke und Baugedanken, Zeitschrift für Kunstgeschichte 43 (1980), S. 431–436

Kessel, Eberhard: Wilhelm von Humboldt und Preußen, Jahrbuch Preußischer Kulturbesitz 5 (1967), S. 25–55

Klingenburg, Karl-Heinz: Der König als Architekt, Klingenburg 1986, S. 36–42

Klingenburg, Karl-Heinz: Der König als Architekt, Ausstellungskatalog: Friedrich Wilhelm IV. König und Künstler., S. 36–42

Klingenburg, Karl-Heinz: Die Pläne Friedrich Wilhelms IV. für eine Bebauung des Lustgartens, Klingenburg 1986, S. 143–160

Klingenburg, Karl-Heinz: Schinkels Historismus im Umfeld von 1814, Gärtner 1984, S. 100–112

Knoop, Norbert: Schinkels Idee einer Stilsynthese, Hager; Knoop 1977, S. 245–254

Koch, Georg Friedrich: Karl Friedrich Schinkel und die Architektur des Mittelalters. Die Studien auf der ersten Italienreise und ihre Auswirkungen, Zeitschrift für Kunstgeschichte 29 (1966), S. 177–222

Koch, Georg Friedrich: Schinkels architektonische Entwürfe im gotischen Stil 1810–1815, Zeitschrift für Kunstgeschichte 32 (1969), S. 262–316

Krätschell, Johannes: Karl Friedrich Schinkel in seinem Verhältnis zur gothischen Baukunst, Zeitschrift für Bauwesen 1897, S. 165–177

Kroll, Franz-Lothar: Friedrich Wilhelm IV. als Dichter, Ausstellungskatalog: Friedrich Wilhelm IV., S. 117–138

Kroll, Franz-Lothar: Politische Romantik und romantische Politik bei Friedrich Wilhelm IV., Büsch 1987, S. 94–106

Kühn-Busse, Lotte: Der erste Entwurf für einen Berliner Museumsbau 1798, Jahrbuch der Preußischen Kunstsammlungen 59 (1938), S. 116–119

Kunst, Hans-Joachim: Die politischen und gesellschaftlichen Bedingtheiten der Gotikrezeption bei Friedrich und Schinkel, Hinz 1976, S. 17–41

Lauth, Rheinhard: Über Fichtes Lehrtätigkeit in Berlin von Mitte 1799 bis Anfang 1805 und seine Zuhörerschaft, Hegel-Studien 15 (1980), S. 9–50

Lemper, Ernst-Heinz: Schloß und Museum. Bemerkungen zu einem Architekturprogramm des romantischen Klassizismus, Gärtner 1984, S. 25–40

Liess, Reinhard: Über Schinkels Säulenordnungen. Ein Beitrag zum ästhetischen Verständnis seiner Konstruktion, Gärtner 1984, S. 51–65

Link-Heer, Ulrich: Facetten des Rousseauismus. Mit einer Auswahlbiographie zu seiner Geschichte, Lili. Zeitschrift für Literaturwissenschaft und Linguistik 16 (1988), S. 127–163

Lohner, Erich: August Wilhelm Schlegel, v. Wiese 1983, S. 139–167

Lübbe, Hermann: Wilhelm von Humboldt und die Berliner Museumsgründung 1830, Jahrbuch Preußischer Kulturbesitz 17 (1980), S. 87–109

Mai, Ekkehard: Kanon und Decorum. Zur Repräsentanz und Präsentation der Berliner Museumsbauten von Schinkel bis Kreis, Zentralinstitut für Kunstgeschichte München 1994, S. 47–58

May, Walter: Bemerkungen zur Rolle der antiken Architekturformen im Werk Schinkels und zu den Entwürfen für die Friedrich Werdersche Kirche in Berlin, Karl Friedrich Schinkel und die Antike 1985, S. 72–79

Metz, Karl-Heinz: Reisen als Zukunftserfahrung. Karl-Friedrich Schinkels »Skizzen aus England«, Altrichter 1995, S. 201–209

Mittig, Hans-Ernst; Plagemann, Volker: Denkmäler im 19 Jahrhundert. Deutung und Kritik, Studien zur Kunst des 19. Jahrhunderts, Band 20

Moyano, Stephen: Quality vs. History: Schinkel's Altes Museum and Prussian Arts Policy, The Art Bulletin 72 (1990), S. 585–608

Neumeyer (Robert Hugo), Alfred: Die Erweckung der Gotik in der deutschen Kunst des späten 18. Jahrhunderts, Repertorium für Kunstwissenschaft 49 (1928), S. 119–123; S. 159–185

Nipperdey, Thomas: Nationalidee und Nationaldenkmal, Historische Zeitschrift 206 (1968), S. 529–585

Oechslin, Werner: Friedrich Gillys kurzes Leben, sein »Friedrichsdenkmal« und die Philosophie der Architektur, Ausstellungskatalog: Friedrich Gilly 1772–1800 und die Privatgesellschaft junger Architekten, S. 21–41

Onsell, Max: Anmerkungen zu Karl Friedrich Schinkel, Bauwelt 72 (1981), S. 347–348

Paetzold, Heinz: Kunst als Organon der Philosophie. Zur Problematik des ästhetischen Absolutismus, Brinkmann 1978, S. 392–403

Peschken, Goerd: Eine Stadtplanung Schinkels, Archäologischer Anzeiger 1962, S. 861–875

Peschken, Goerd: Schinkels Museum am Berliner Lustgarten, Peschken 1993, S. 24–45

Peschken, Goerd: Schinkels nachgelassene Fragmente eines architektonischen Lehrbuches, Bonner Jahrbücher 166 (1966), S. 293–315

Peschken, Goerd: Schinkels Städtebau in Berlin, Werkbund Archiv 1977 Jahrbuch 2, S. 39–53

Peschken, Goerd: Schloss und Stadt, Peschken 1993, S. 23–36

Peschken, Coerd: Technologische Ästhetik in Schinkels Architektur, Zeitschrift des deutschen Vereins für Kunstwissenschaft 22 (1968), S. 45–81

Peschken, Goerd: Vom Königsschloß zum Schloß des Kaisers, Peschken; Klünner u.a. 1982, S. 100–112

Peschken, Goerd: Von der kurfürstlichen Residenz zum Königsschloß, Peschken; Klünner u.a. 1982, S. 20–73

Pöggeler, Otto: Preußische Kulturpolitik im Spiegel von Hegels Ästhetik, Jahrbuch Preußischer Kulturbesitz 18 (1981), S. 354–376

Pöggeler, Otto; Gethmann-Siefert, Annemarie: Kunsterfahrung und Kulturpolitik im Berlin Hegels, Hegel-Studien, Beiheft 22, 1983

Posener, Julius: Konstruktion und Baukörper in Schinkels Architektur, arch plus 69/70 (1983), S. 41–48

Posener, Julius: Schinkel als Städtebauer, Posener 1995, S. 84–99

Posener, Julius: Schinkels architektonisches Lehrbuch, arch plus 69/70 (1983), S. 49–55

Posener, Julius: Schinkel's eclecticism and »the architectural«, A.D.Profile (Architectural Design) (1983) Nr. 50, S. 32–39

Potts, Alex: Schinkel's Architectural Theory, Snodin 1991, S. 47–56

Rave, Paul Ortwin: Schinkel als Beamter, AK Schinkel I, S. 75–95

Rave, Paul Ortwin: Schinkels Museum in Berlin oder die klassische Idee des Museums, Museumskunde 29 Nr. 1 (1960), S. 1–23

Rave, Paul Ortwin: Urkunden zur Gründung und Geschichte des Schinkelmuseums, Jahrbuch der Preußischen Kunstsammlungen 56 (1935), S. 234–249

Reelfs, Hella: Friedrich Gilly als Lehrer. Die Privatgesellschaft junger Architekten, Ausstellungskatalog: Friedrich Gilly 1772–1800, S. 174–212

Reelfs, Hella: Schinkel in Tegel, Zeitschrift des Deutschen Vereins für Kunstwissenschaft 35 (1981) H. 1/4 (Sonderheft zum Schinkel-Jahr), S. 47–65

Reichel, Hans: Schinkels Fragmente zur Ästhetik, Zeitschrift für Ästhetik und allgemeine Kunstwissenschaft 6 (1911), S. 177–210

Reinach, Salomon: Essai sur la mythologie figurée et l'histoire profane dans la peinture italienne de la renaissance, Revue Archéologique Serie V, Bd. 1 (1915), S. 94–171

Scheuner, Ulrich: Die Kunst als Staatsaufgabe im 19. Jahrhundert, Mai; Waetzoldt 1981, S. 13–46

Schlösser, Manfred: Gestalten, Ideen und Formen Literarischen Lebens um 1800, Ausstellungskatalog: Berlin zwischen 1789 und 1848, S. 195–228

Schmitz, Hermann: Schloß Charlottenhof, Hohenzollernjahrbuch 20 (1916), S. 1–22

Schönemann, Heinz: Die Lektionen des Jean-Nicholas-Louis Durand und ihr Einfluß auf Schinkel, Gärtner 1984, S. 77–90

Schönemann, Heinz: Potsdam. Architektur und Landschaft, AK Schinkel II, S. 231 ff.

Schönemann, Heinz: Schloß Charlottenhof und die römischen Bäder – ein utopisches Gesellschaftsmodell, Bauakademie der DDR 1981

Schurig, Gerd: Die Anlage Charlottenhof, Potsdam (1828), Günther 1993, S. 275–282

Schuster, Peter-Klaus: Schinkel, Friedrich und Hintze. Zur romantischen Ikonographie des deutschen Nationalgefühls, Zeitschrift des Deutschen Vereins für Kunstwissenschaft 35 (1981) H. 1/4 (Sonderheft zum Schinkel-Jahr), S. 18–35

Seidel, Paul: Zur Vorgeschichte der Berliner Museen, Jahrbuch der Preußischen Kunstsammlungen 44 (1923) Beiheft 55, S. 55–64

Spiero, Sabine: Schinkels Altes Museum in Berlin. Seine Baugeschichte von den Anfängen bis zur Eröffnung, Jahrbuch der Preußischen Kunstsammlungen 55 (1934), S. 41–86

Stammler, Kurt: »Freiheitskriege« oder »Befreiungskriege«, Zeitschrift für deutsche Philologie 59 (1935), S. 203–208

Steckner, Cornelius: Friedrich Wilhelm IV., Karl Friedrich Schinkel, Wilhelm Stier und das Projekt einer protestantischen mater ecclesiarum, Büsch 1987, S. 232–256

Stock, Friedrich: Aus dem Briefwechsel Friedrich Wilhelms IV. mit Carl Friedrich v. Rumohr, Jahrbuch der Preußischen Kunstsammlungen 35 (1914) Beiheft, S. 1–84

Stock, Friedrich: Rumohrs Briefe an Bunsen über Erwerbungen für das Berliner Museum, Jahrbuch der Preußischen Kunstsammlungen 46 (1925), Beiheft, S. 1–76

Stock, Friedrich: Urkunden zur Einrichtung des Berliner Museums, Jahrbuch der Preußischen Kunstsammlungen 58 (1937) Beiheft 1, S. 1–88

Stock, Friedrich: Urkunden zur Vorgeschichte des Berliner Museums, Jahrbuch der Preußischen Kunstsammlungen 51 (1930), S. 205–222

Stock, Friedrich: Zur Vorgeschichte der Berliner Museen, Urkunden von 1786–1807, Jahrbuch der Preußischen Kunstsammlungen 49 (1928) Beiheft 5, S. 65–174

Strack, Friedrich: Die »göttliche« Kunst und ihre Sprache. Zum Kunst- und Religionsbegriff bei Wackenroder, Tieck und Novalis, Brinkmann 1978, S. 369–391

Thiel, Christiane: Von Studenten restauriert. Wandmalereien in den Römischen Bädern, Potsdam, Farbe und Raum 3 (März 1981), S. 19–21

Traeger, Jörg: Architektur der Unsterblichkeit in Schinkels Epoche, Gärtner 1984, S. 120–128

Verwiebe, Birgit: Schinkel's Perspective Optical Views: Art Between Painting and Theater, Zukowsky 1995, S. 36–52

Vogtherr, Christoph Martin: »Schätze zum öffentlichen Gebrauch« Das erste Berliner Kunstmuseum und die Akademie der Künste, Museums-Journal 10 (1996) Nr. 11 , S. 36–38

Vogtherr, Christoph Martin: Das königliche Museum zu Berlin. Planungen und Konzeption des ersten Berliner Museumsbaus, Jahrbuch der Berliner Museen 39 (1997) Beiheft,

Vogtherr, Christoph Martin: Schinkel's Perspective Optical Views: Art Between Painting and Theater, Zukowsky 1995, S. 36–52

Vogtherr, Christoph Martin: Zwischen Norm und Kunstgeschichte, Wilhelm v. Humboldts Denkschrift von 1829 zur Hängung in der Berliner Gemäldegalerie, Jahrbuch der Berliner Museen 34 (1992), S. 53–64

Waetzoldt, Wilhelm: Die staatlichen Museen zu Berlin 1830-1930, Jahrbuch der Preußischen Kunstsammlungen 53 (1932), S. 189–204

Watkin, David: Karl Friedrich Schinkel – Royal patronage and the picturesque, Architectural Design 49 (1979), S. 56–72

Wegner, Reinhard: Die Einrichtung des Alten Museums in Berlin. Anmerkungen zu einem neu entdeckten Schinkel-Dokument, Jahrbuch der Berliner Museen 31 (1989), S. 265–287

Wyss, Beat: Der letzte Homer. Zum philosophischen Ursprung der Kunstgeschichte im Deutschen Idealismus, Wolfenbütteler Symposion, Kunst und Kunsttheorie, 1400–1900, hg. v. Peter Ganz,

Wyss, Beat: Der Wille zur Kunst. Zur ästhetischen Mentalität der Moderne, Wolfenbütteler Symposion, Kunst und Kunsttheorie, 1400–1900, hg. v. Peter Ganz

Wyss, Beat: Klassizismus und Geschichtsphilosophie im Konflikt. Aloys Hirt und Hegel, Kunsterfahrung und Kulturpolitik im Berlin Hegels. Hegel-Studien, Beiheft 22, 1983, S. 115–130

Zeltner, Hermann: Das Identitätssystem, Schelling. Einführung in seine Philosophie, hrsg. v. Hans Michael Baumgartner, S. 75–94

Zimmermann, Max Georg: Carl Friedrich Schinkel, Kriegsdenkmäler aus Preußens großer Zeit, Amtl. Veröffentlichungen d. Schinkelmuseums d. Kgl. Techn. Hochschule zu Berlin 1916

Zimmermann, Evelyn: Die erste Reise nach Italien, Ausstellungskatalog: Friedrich Wilhelm IV. König und Künstler., S. 134–140

Zimmermann, Michael F.: Einleitung, Zentralinstitut für Kunstgeschichte München 1994, S. 9–26

Zimmermann, Max Georg: Schinkels Reise nach Italien und die Entwicklung der künstlerischen Italiendarstellung, Mitteilungen des Kunsthistorischen Institutes in Florenz, 2. Band (1912–1917), S. 211–263

Zuchold, Gerd-H.: Der Byzanzgedanke bei Friedrich Wilhelm IV., Büsch 1987, S. 205–231

Synchronoptische Übersicht ausgewählter Werke Schinkels

	Architektur Ausgeführt	Architektur Projekt	Malerei	Kunsthandwerk	Sonstiges
1798			Gotischer Hof; zwei weitere Studien		
1799		Denkmal für einen Seemann		Fayencen für die Fabrik Eckardstein	
1800	Pomona-Tempel bei Potsdam	Ausflugsanlage in den sog. »Berliner Zelten«; Museum für Berlin			
1801	Wirtschaftsgebäude Quilitz	Vorwerk im Oderbruch; Landhaus			
1802	Schloß Buckow (bis 1803); Haus Steinmeyer	Schloß Köstritz; Schloß Elley Kirche	Dekorationen: »Iphigenie«		
1803					Erste Italienreise
1805		Schloß Owinsk/Warthe	»Antike Stadt an einem Berg«		Rückkehr aus Italien
1806		Landhaus Tilebein			Zeichnungen für Bußlers »Verzierungen aus dem Altertum«
1807			Erste Dioramen	Kandelaber für Schadow	
1808			Panorama von Palermo		
1809	Umbau Kgl. Palais (bis 1811)			Möbel	Heirat mit Susanne Berger

Synchronoptische Übersicht ausgewählter Werke Schinkels

	Architektur		Malerei	Kunsthandwerk	Sonstiges
	Ausgeführt	Projekt			
1810	Räume im Charlottenburger Schloß für Königin Luise; Mausoleum für Königin Louise; Gotischer Alternativentwurf	Petrikirche, erster Entwurf	»Gotische Kirche hinter Bäumen«		Ernennung zum Geheimen Ober-Bau-Assessor; Tochter Marie
1811	Luisendenkmal Gransee	Petrikirche, abgewandelter erster Entwurf; Umbau Ehrenburg bei Coburg, ausgeführt 1812–40; Saal der Singakademie	Dekorationen: »Vestalin«; Zeichnungen aus dem Salzkammergut		Reise ins Salzkammergut; Ordentliches Mitglied der Akademie der Künste; Tochter Susanne
1812		Rekonstruktionen »Mailänder Dom«; »Straßburger Münster«; Umbau Akademiegebäude	»Landschaft mit Motiven aus dem Salzburgischen«; »Architekturphantasie mit gotischem Dom«	Denkmal Spandau	
1813		Innenumbau Nationaltheater; Klosterkirche	»Morgen« und »Abend«; »Mittelalterliche Stadt am Wasser«; Dioramen: »Die sieben Weltwunder«, »Landschaft im Charakter des Montblanc«	Eisernes Kreuz	Beitritt zum Landsturm; Sohn Karl Raphael
1814		Brunnen als Monument der Freiheitskriege; Dom als Monument	»Dom auf einer Anhöhe am Wasser«	Dekorationen für Berliner Siegesfeiern; Denkmal Courbiere	

	Architektur		Malerei	Kunsthandwerk	Sonstiges
	Ausgeführt	Projekt			
		der Freiheitskriege; Petrikirche, dritter Entwurf; Einrichtung Palais Hardenberg			
1815	Palais des Prinzen August (bis 1817)	Walhalla; Neue Wache (1. Variante); Denkmal für Hermann den Cherusker	»Gotische Kirche auf einem Felsen am Meer«; »Mittelalterliche Stadt an einem Fluß«; »Griechische Stadt am Meer«; Dekorationen: »Zauberflöte«, »Erntefestzug«		Ernennung zum Geheimen Ober-Baurat
1816	Gefallenen-Denkmal Spandau; Beginn Berliner Dom	Großer Stern im Tiergarten; Neue Wache (2. Variante); Pepinière	Dekorationen: »Undine«, »Faust«		Reise ins Rheinland und in die Niederlande
1817	Neue Wache (3. Variante); Umbau Palais Prinz Friedrich; Denkmäler der Freiheitskriege; Kreuzbergdenkmal (bis 1821)	Bebauungsplan für die Innenstadt; Umbau Rathaus Berlin	»Spreeufer bei Stralau«; Dekorationen: »Jungfrau von Orleans«, »Alceste«; »Thriumphbogen«		Reise nach Pommern
1818	Schauspielhaus am Gendarmenmarkt (bis 1821); Verlängerung Wilhelmstraße; Zivilkasino Potsdam (bis 1824); Kirche Großbeeren (bis 1820); Kaserne der Lehr-Eskadron	Kirche Magdeburg-Neustadt	Dekorationen: »Fernando Cortez«		Beginn Mitarbeit »Vorbilder f. Fabrikanten u. Handw.«

Synchronoptische Übersicht ausgewählter Werke Schinkels

	Architektur		Malerei	Kunsthandwerk	Sonstiges
	Ausgeführt	Projekt			
1819	Marschallbrücke (bis 1823); Schloßbrücke (bis 1824); Berliner Dom (bis 1822)	Domturm (Kuppel); Kirche auf dem Spittelmarkt	Dekorationen: »Don Carlos«, »Hermann und Thusnelda«, »Braut von Messina«, »Faust«, »Ratibor und Wanda«, »Axur« und »Nittetis«		1. Heft »Architektonische Entwürfe«
1820	Umbau Schloß Neuhardenberg (bis 1823); Umbau Schloß Tegel (bis 1824); Sternwarte und Anatomie, Bonn; Grabmal Scharnhorst	Landhaus Gabain	Dekorationen: »Die Fürsten Chawansky« und »Armide«		
1821	Nikolaikirche Magdeburg;	Werdersche Kirche; Singakademie; Theater Düsseldorf	Dekorationen: »Othello«, »Olympia« und »Das Bild«; »Der Rugard auf Rügen«; »Aussicht auf das Haff«; »Stettin«; »Stubbenkammer«	Festdekoration »Lalla Rookh«	Reise nach Pommern
1822	Artillerie- und Ingenieurschule; Singakademie (bis 1827); Schloß Antonin	Umbau Domkirche; Museum in der Akademie; Auftrag für Lustgarten	Dekorationen: »Aucassin und Nicolette«, »Aline« und »Nurmahal«		
1823	Kriegsakademie	Potsdamer Tor; Umbau Alte Post; Umbau Burg Stolzenfels;	Dekorationen: »Dido« und »Libussa«; »Griechische Landschaft«		

374   *Anhang*

	Architektur		Malerei	Kunsthandwerk	Sonstiges
	Ausgeführt	Projekt			
		Umbau Burg Rheinstein; Bebauungsplan Innenstadt Berlin; Schloß Potocki, Krakau			
1824	Umbau Kavaliershaus Pfaueninsel; Beginn Kriegsakademie; Wachtgebäude Potsdamer Platz; Kgl. Museum (bis 1830); Wohnräume d. Kronprinzen im Berliner Schloß (bis 1826); Casino Glienicke	Parallelentwürfe Werdersche Kirche	Dekorationen: »Käthchen von Heilbronn«; »Die Neue Schloßbrücke in Berlin«		Zweite Italienreise
1825	Werdersche Kirche	Theater Hamburg (mit veränderter Außengestaltung realisiert); Muster für städtische Wohnhäuser	»Blick in Griechenlands Blüte«; Dekorationen: »Alcidor« und Macbeth«	Einheitsrahmen für das Museum	
1826	Charlottenhof (bis 1831); Leuchtturm Arkona	MusterWohnhäuser; Rathaus Kolberg	Entwurf Altarbild Luisenkirche; Dekorationen: »Alexander und Darius«	Marmorschale; Inneneinrichtung Glienicke	Reise nach England und Frankreich; Lebende Bilder
1827	Einrichtung Palais Prinz Karl; Erweiterung Gewerbeinstitut; Elisenbrunnen Aachen	Kaufhaus Unter den Linden; Kirche Tempelburg	Dekorationen: »Agnes von Hohenstaufen«		

Synchronoptische Übersicht ausgewählter Werke Schinkels

	Architektur		Malerei	Kunsthandwerk	Sonstiges
	Ausgeführt	Projekt			
1828	Kirchen für die nördlichen Berliner Vorstädte (bis 1835); Palais Redern (bis 1833); Feilner-Haus (bis 1830); vorläufige Einrichtung Prinz Wilhelm Schloß Werder; Wachtgebäude Stettin	Neubau des Doms (Basilika); Kirche Tempelburg	Dekorationen: »Oberon«; Entwurf Museumsfresken »Götterleben«		
1829	Nebenbauten Feilnerhaus; Neuer Packhof (bis 1831)	Trajanssäule für Friedrich II.; Palaisvarianten für Prinz Wilhelm (bis 1833)	Entwurf Museumsfresken »Menschenleben«	Denkmalsentwürfe für Friedrich II.; Festdekoration: »Zauber der weißen Rose«; Beginn Gollenberg-Denkmal; Möbel für Beuth	
1830	Packhof; Landhaus Jenisch in Hamburg (veränderte Ausf. bis 1833); Elisabethkirche; Nikolaikirche Potsdam; Eröffnung Museum	Bibliothek; zwei Vorstadtkirchen			Dritte Italienreise; Ernennung zum Geheimen Ober-Bau-Direktor
1831	Bauakademie (bis 1836); Universität Leipzig (veränderte Ausf. bis 1836)			Grabmal Delbrück	
1833	Schloß Babelsberg (bis 1835);				

	Architektur		Malerei	Kunsthandwerk	Sonstiges
	Ausgeführt	Projekt			
	Römische Bäder, Charlottenhof (bis 1836)				
1834	Residenz auf der Akropolis			Grabmal Niebuhr, Bonn	
1835	»Große Neugierde« in Glienicke (bis 1837)	Residenz eines Fürsten; Bibliothek			
1836	Altstädtische Kirche in Königsberg (bis 1845)				
1838	Schloß Kamenz (veränderte Ausf. bis 1873)				Ernennung zum Ober-Landes-Baudirektor
1841					Tod Schinkels

Synchronoptische Übersicht ausgewählter Werke Schinkels

Synchronoptische Übersicht des kulturellen Umfelds Schinkels

	Kunst, insbes. Architektur	Architektur-theorie	Literatur/ Geistes-geschichte	Philosophie/ Ästhetik	Politische Geschichte
1781				Kant: »Kritik der reinen Vernunft«	
1786					Tod Friedrichs II.
1787	Gontard: Marmorpalais (Potsdam) D. Gilly: Paretz	Stuart & Revett: »The Antiquities of Athens, II. Band«	Heinse: »Ardinghello«		
1788	C.G. Langhans: Brandenburger Tor (Berlin)			Moritz: »Über die bildende Nachahmung des Schönen«	
1789	Sckell: Englischer Garten (München)	de Quincy: »Dictionnaire d'Architecture I«			Begin der französischen Revolution
1790			Moritz: »Anton Reiser«	Kant: »Kritik der Urteilskraft«	
1791	Wettbewerb für ein Denkmal Friedrichs II.		Mozart: »Die Zauberflöte«		
1792		Stieglitz: »Geschichte der Baukunst der Alten«			I. Koalitionskrieg (bis 1797)
1793	Schadow: Quadriga (Brandenburger Tor)	Gründung der Berliner Bauschule durch D. Gilly			Schreckensherrschaft in Frankreich
1794			Stuart, Revett: »Antiquities of Athens, III. Band«	Fichte: »Grundlage der gesamten Wissenschaftslehre«; Schiller: »Briefe über die ästhetische Erziehung«	

Anhang

	Kunst, insbes. Architektur	Architekturtheorie	Literatur/Geistesgeschichte	Philosophie/Ästhetik	Politische Geschichte
1795	John Soane: Bank of England (bis 1827)		Goethe: »Wilhelm Meisters Wanderjahre«; Schiller: Zeitschrift »Die Horen«		Direktorium in Frankreich
1796	F. Gilly: Entwurf eines Denkmals für Friedrich II.				
1797	Schadow: Die Prinzessinnen Louise und Friederike; F. Gilly: Tagebücher der Frankreichreise	D. Gilly: »Handbuch der Land-Bau-Kunst« (bis 1806); D. Gilly u.a.: »Sammlung nützlicher Aufsätze«	Wackenroder: »Herzensergießungen eines kunstliebenden Klosterbruders«	Schelling: »Ideen zu einer Philosophie der Natur«	Tod Friedrich Wilhelms II.; Friedrich Wilhelm III. König v. Preußen
1798	H. Gentz: Berliner Münze; F. Gilly: Entwurf für das Nationaltheater; F. Gilly: Entwurf für die Berliner Börse	Stieglitz: »Le beau dans l'architecture«	Tieck: »Franz Sternbalds Wanderungen«; Erscheinen des »Athenäum« (Gebr. Schlegel)	Fichte: »System der Sittenlehre«; A.W. Schlegel: »Vorlesungen über Kunstlehre«	Ägyptenfeldzug Napoleons
1799	Einrichtung der Bauakademie (Berlin)			Schleiermacher: »Reden über die Religion«; Fichtes Demission in Jena; Atheismusstreit	II. Koalitionskrieg (bis 1802)
1800	Langhans: Theater auf dem Gendarmenmarkt (Berlin); Catel: Theaterentwurf; Tod Friedrich Gillys; D. Gilly: Vieweg-Haus (Braunschweig)	F. Gilly: Umgestaltung der Hundebrücke; Durand: »Recueil et parallèle des édifices«	Novalis: »Heinrich von Ofterdingen«	Schelling: »System des transcendentalen Idealismus«; Fichte: »Die Bestimmung des Menschen«	

Synchronoptische Übersicht des kulturellen Umfelds Schinkels

	Kunst, insbes. Architektur	Architekturtheorie	Literatur/ Geistesgeschichte	Philosophie/ Ästhetik	Politische Geschichte
1801		Percier, Fontaine: »Recueil des Décorations Intérieurs«; Genelli: »Briefe über Vitruvs Baukunst«		A.W. Schlegel: »Vorlesungen über schöne Literatur und Kunst« (bis 1804) Fichte: »Sonnenklarer Bericht«	Frieden von Lunèville
1802		Durand: »Précis des Lecons d'architecture« (bis 1805)		Schelling: »Philosophie der Kunst« (1859 veröffentlicht)	
1803	Runge: »Die Tageszeiten«	H. Gentz: »Elementar-Zeichenwerk«; Dubut: »Architecture Civile«	Jean Paul: »Titan«		Reichsdeputationshauptschluß
1804		Ledoux: »L'Architecture considerée sous le rapport de l'art«; Dubut: »Architecture Civile«		Fichte: Berliner Privatvorlesungen zur Wissenschaftslehre	Kaiserkrönung Napoleons
1805		Bußler: »Verzierungen aus dem Alterthum« (bis 1809)	Hirt: »Bilderbuch für Mythologie I«	Schelling: »Vorlesungen über Ästhetik«; F. Schlegel: »Poetisches Taschenbuch«	III. Koalitionskrieg
1806	Vignon: Madeleine (Paris, bis 1824); Runge: »Die Tageszeiten«; »Die Hülsenbeck'schen Kinder«	Conta: »Grundlinien der bürgerlichen Baukunst nach Herrn Durand«; F. Schlegel: »Briefe auf einer Reise durch die Niederlande ....«		Fichte: »Anweisung zum seligen Leben«	IV. Koalitionskrieg; Niederlage Preußens; Verlegung der Residenz nach Königsberg

	Kunst, insbes. Architektur	Architekturtheorie	Literatur/ Geistesgeschichte	Philosophie/ Ästhetik	Politische Geschichte
1807			Görres: »Teutsche Volksbücher«	Fichte »Reden an die deutsche Nation«; Hegel: »Phänomenologie des Geistes«	Friede von Tilsit; Bauernbefreiung in Preußen
1808	Brongniart: Pariser Börse (bis 1815); Tod D. Gillys; Gründung des Lukasbundes (Nazarener); C.D. Friedrich: »Das Kreuz im Gebirge«		Goethe: »Faust I«		Preußische Städteordnung
1809	C.D. Friedrich: »Der Mönch am Meer«	Hirt: »Baukunst nach den Grundsätzen der Alten«	Goethe: »Wahlverwandschaften«	A.W. Schlegel: »Vorlesungen über dramatische Kunst«; Schreiber: »Lehrbuch der Ästhetik«; Berufung Solgers nach Frankfurt/Oder	V. Koalitionskrieg
1810	Ausstellung in Berlin: C.D. Friedrich	Weinbrenner: »Architektonisches Lehrbuch, 1. Teil«		Fichte: Kolleg »Tatsachen des Bewußtseins«; Goethe: »Farbenlehre«; Gruber: »Wörterbuch der Ästhetik«; Creuzer: »Symbolik und Mythologie« (letzter Band 1812)	Hardenberg Kanzler; Aufhebung der Zünfte in Preußen; Gründung der Berliner Universität
1811	Belanger: Halle au Blé (Paris); Koch: »Der Schmadribachfall«	d'Agincourt: »Histoire de l'Art par les monuments...« (bis 1823)	Motte-Fouqué: »Undine«	Fichte: Kolleg »Wissenschaftslehre«; Berufung Solgers nach Berlin	Einführung von Presse- und Berufsfreiheit in Preußen

Synchronoptische Übersicht des kulturellen Umfelds Schinkels

	Kunst, insbes. Architektur	Architekturtheorie	Literatur/Geistesgeschichte	Philosophie/Ästhetik	Politische Geschichte
1812	Kersting: »Friedrich in seinem Atelier«	Percier, Fontaine: »Recueil des Décorations Intérieurs« (erw. Ausgabe); Krafft, Ransonette: »Recueil d'architecture civile«	F. Schlegel: Zeitschrift »Deutsches Museum« (bis 1813); Gebrüder Grimm: »Märchen«	Solger: erste »Vorlesungen über Ästhetik« (unveröffentl.)	Feldzug Napoleons nach Rußland; Judenemanzipation in Preußen; Preußische Gymnasialordnung
1813		Rumohr: »Fragmente einer Geschichte der Baukunst im Mittelalter«	Chamisso: »Peter Schlemihl«		Beginn der Freiheitskriege (bis 1815)
1814			Gründung des Berliner Kunstvereins durch Schadow	Tod Fichtes	Allgemeine Wehrpflicht; I. Pariser Friede; Abdankung Napoleons; Wiener Kongreß
1815		Lugar: »Architectural sketches«; Moller: »Denkmäler deutscher Baukunst«		Solger: »Erwin«	Napoleons »Hundert Tage«; Waterloo; II. Pariser Friede
1816	v. Klenze: Glyptothek (München, bis 1830); erstes Treffen Schinkels mit Goethe	Repton: »Fragments on landscape gardening«	v. Haller: »Restauration der Staatswissenschaften«; Berliner Uraufführung der »Zauberflöte«; Hirt: »Bilderbuch für Mythologie II«	Hegel: »Wissenschaft der Logik«	Verbot der Vereinsbildung in Preußen
1817	C.D. Friedrich: »Zwei Männer am Meer«				Wartburgfest; Kirchenunion in Preußen
1818		Papworth: »Rural dwellings«	Heinroth: »Lehrbuch des Seelenlebens«	Berufung Hegels nach Berlin	Verfassungen in Bayern und Baden

	Kunst, insbes. Architektur	Architektur-theorie	Literatur/ Geistes-geschichte	Philosophie/ Ästhetik	Politische Geschichte
1819	Telford: Brücke über die Menai Strait			Schopenhauer: »Die Welt als Wille und Vor-stellung«, 1. Band; Tod Solgers	Karlsbader Beschlüsse; Pressezensur
1820	v. Klenze: Palais Arco (München)			Hegel: »Vor-lesungen über Ästhetik« (gedruckt 1835)	Demission v. Humboldts
1821			Weber: »Der Freischütz«		Beuth: Grün-dung des Vereins zur Förderung des Gewerbe fleißes und der Technischen Schule; Griechischer Freiheitskampf
1822	v. Klenze: Alte Pinakothek (München)	v. Klenze: »Anweisung zur Architektur des christlichen Kultus«	Waagen: »Über die van Eyck«	v. Humboldt: »Über das ver-gleichende Sprachstudium«	Preußische Pro-vinzialstände; Erweiterungen der Gewerbe-freiheit
1823		Seroux d'Agin-court: »Histoire de l'art«		Goethe: »Zur Naturwissen-schaft«	
1824	Smirke: British Museum (bis 1847); C.D. Friedrich: »Ruine Eldena«; Catel: »Schinkel in Neapel«	Bunsen: »Thesen über christliche Baukunst«			
1825	Nash: Bucking-ham Palace				Dekabristenauf-stand in Rußland

Synchronoptische Übersicht des kulturellen Umfelds Schinkels

	Kunst, insbes. Architektur	Architekturtheorie	Literatur/ Geistesgeschichte	Philosophie/ Ästhetik	Politische Geschichte
1826	v. Klenze: Münchener Pinakothek (bis 1836); Percier, Fontaine: Chapelle Expiatoire (Paris)	Percier, Fontaine: »Musée de Sculpture antique et moderne«	Eichendorff: »Aus dem Leben eines Taugenichts«	Tieck/Raumer: Solgers nachgelassene Schriften	
1827		Hittorf: »Architecture antique de la Sicile« (bis 1828)			
1828		Hübsch: »In welchem Style sollen wir bauen?«; Ausscheiden Hirts aus der Museumskommission			
1829			Goethe: »Wilhelm Meisters Wanderjahre«; Heinroth: »Schlüssel zu Himmel und Hölle«	Solger: »Vorlesungen über Ästhetik« (posthum)	Neue Berliner Museumskommission unter Vorsitz v. Humboldts
1830	v. Klenze: Walhalla		Carus: »Vorlesungen über Psychologie«		Französische Julirevolution; Unruhen in Hannover, Sachsen, Hessen-Kassel und Polen
1831				Tod Hegels	
1832	v. Klenze: Münchner Residenz (Erweiterung)	de Quincy: »Dictionnaire d'Architecture II«; Boisserée: »Geschichte des Kölner Domes«	Goethe: »Faust II«; Tod Goethes		Otto I. König Griechenlands; Hambacher Fest; darauf Aufhebung der Presse- und Versammlungsfreiheit

	Kunst, insbes. Architektur	Architekturtheorie	Literatur/ Geistesgeschichte	Philosophie/ Ästhetik	Politische Geschichte
1834	E. Gärtner: »Panorama von Berlin«	Semper: »Über bemalte Architektur bei den Alten«	Büchner: »Dantons Tod«		Gründung des Deutschen Zollvereins
1836	Wimmel, Forssmann: Hamburger Börse		Immermann: »Die Epigonen«	W. v. Humboldt: »Über die Kawi-Sprache« (bis 1840)	
1837			Kugler: »Geschichte der Malerei«		Amtsenthebung der »Göttinger Sieben«
1838	Semper: Dresdner Oper (bis 1841); Turner: »Die letzte Fahrt der Téméraire«				
1839	Spitzweg: »Der arme Poet«				
1840	Hübsch: Kunsthalle Karlsruhe				Tod Friedrich Wilhelm III.
1841			Droste-Hülshoff: »Die Judenbuche«	Berufung Schellings nach Berlin	Regierungsantritt Friedrich Wilhelm IV.
1842	v. Klenze: Walhalla			Comté: »Lehrgang der positivistischen Philosophie«	Kölner Dombaufest
1843				Paulus: Veröffentlichung der Mitschriften von Schellings »Philosophie der Mythologie«; »Philosophie der Offenbarung« von 1841/42	

Synchronoptische Übersicht des kulturellen Umfelds Schinkels

	Kunst, insbes. Architektur	Architektur- theorie	Literatur/ Geistes- geschichte	Philosophie/ Ästhetik	Politische Geschichte
1844		Bötticher: »Tektonik der Hellenen«		Schopenhauer: »Die Welt als Wille und Vor- stellung«, 2. Band	Weberaufstand in Schlesien

Ausgewählte Transkripte handschriftlicher Aufzeichnungen Schinkels

Zur Textwiedergabe

Bei den nachfolgend wiedergegebenen Texten handelt es sich um eine Auswahl aus der großen Menge handschriftlicher Texte, die im Nachlaß Schinkels bereitliegen (Bestände des Zentralarchivs der Berliner Museen, Museumsinsel). Bedauerlicherweise wurde in der Zeit nach der Auswertung der Archivalien durch PESCHKEN eine neue Systematik eingeführt. Da keine Konkordanz für beide Notationen vorhanden ist, wird im Text weitgehend sowohl auf die ältere als auch auf die jetzige Fassung verwiesen.

Bei der Wiedergabe der Manuskripte an dieser Stelle wird durch folgende unterschiedliche Hervorhebungen auf Besonderheiten der Textgestalt oder der Beziehung zu einer von Schinkel exzerpierten Quelle hingewiesen:

Textgestalt
1) »**Text**« = Von Schinkel als Überschriften angeordnete Textbestandteile sind hier fettgedruckt. Die halbfetten Überschriften sowie die Seitenzahlen sind dagegen Zusätze der Archivare oder des Autors.
3) »{Text}« = Geschweifte Klammern bezeichnen Zusätze Schinkels außerhalb des von ihm verwendeten Zeilenlaufs.
3) »{*Text*}« = Kursiver Text in geschweiften Klammern gibt an, daß Zusätze Schinkels als Varianten zu verstehen sind.
5) »T̶e̶x̶t̶« = Durchstreichungen stammen von der Hand Schinkels.
4) Die Größenangaben zu den einzelnen Manuskripten (in DIN A) dienen lediglich der Veranschaulichung.

Beziehung zur exzerpierten Quelle
1) »[Text]« = Eckige Klammern bezeichnen Weglassungen, die ein Exzerpt Schinkels gegenüber einem Referenztext macht.
2) »**Text**« = Fett gedruckter, unterstrichener Text bezeichnet Zusätze Schinkels gegenüber dem Referenztext.
4) »Text« = Unterstreichungen unter halbfettem Text stammen von Schinkels Hand, soweit nicht anders bezeichnet.

Manuskripte Schinkels

Konvolut Theoretisches I. I. (Allgemeines zu Ästhetik und Philosophie)

p. 1, 2; 2 Blatt A 5[1] (ca. 1812–15)

Gedanken über das Wesen der Schönheit
p. 1
Die Entwiclung des Princips {der Freiheit} in seiner höchsten Reinheit {in unmittelbarer Anschaubarkeit der Sichtbarkeit} giebt die Schönheit. Jede bestimmte Freiheit giebt ein bestimmtes Bild bei ihrer Sichvollziehung. Dieses bestimmte Bild ist bestimmt durch die <u>inneren</u> eigentümlichen Gesetze dieser {bestimmten} Freiheit und durchaus durch kein Äußeres. Diese inneren eigentümlichen Gesetze sind nothwendig die und die bestimmten Gesetze weil {*auch die und die bestimmte Idee sichtbar werden soll*} (<u>sie in freie Spaltung der Freiheit im allgemeinen fallen.</u>) Es könnte jedoch möglich seyn, daß bei der Entwickelung der gesammten Freiheit nach ihrem bestimmten ins unendliche mannigfaltigen Gesetze eine Idee nicht rein heraustrete, sondern zum Theil verdeckt bliebe indem das Bewußtseyn sich nicht mit ganz reiner Freiheit, nicht ganz lebendig entwickelt halte sondern ihm mehr todte Bestandteile anhärirten, sodann entstände kein Bild der Schönheit:

In der Willkühr und im Chaos wo schlechthin keine bewußte Freiheit ist, sondern jedes durch das andere tyrannisiert wird wie der Zufall es schickt, kann die Schönheit niemals sichtbar werden.

Die Schönheit erfüllt mit beseeligender Ruhe, in ihr erscheint das Göttliche ungetrübt in seiner Reinheit, und dadurch, daß es uns erscheint, ist das Land zwischen uns und ihm fühlbar und erhebt uns zum Einkehren in ihm, welches die Seeligkeit ist.

Ruhe {entsteht nur durch die Einsicht in} das einzig mögliche nothwendige Gesetz welches da ungetrübt waltet. Dies waltet nur in d reinen Idee und in der Entwicklung des reinen Princips. Durch die Gesetze von Zeit und Raum sobald diese Begriffe in ihrer Einheit erfaßt werden, wird jenes Walten nicht gestöhrt. Wohl aber dadurch wenn das Leben anhält sich in reiner Folge sichtbar zu machen. Das Leben und die Freiheit liegt nur im Acte des sich Erscheinen-

---

1 Abgedruckt bei Kachler 1940 S. 35f.; dessen Transkription weist jedoch zahlreiche Fehler auf und unterdrückt etwa ein Drittel des gesamten Textfragments.

machens ist der Act vollzogen so ist kein Lebendiges da sondern {nur} das Bild welches aber tod ist. Richtet sich das Wissen auf dieses Bild und nicht auf den {lebendigen} Act der Entstehung dieses Bildes so entsteht ein Scheinleben welches eben hindert weiter hinzubilden auf die {lebendige} Sichvollziehung des Vermögens welches ohne Anhalt fort sich vollzieht und wo kein Moment verlorengehen soll.

p. 2
Nur dem bestimmten sich auf einen Punkt richtenden Bewußtseyn erscheint {etwas} {das Wissen} denn dadurch wird erst ein selbständiges Ich erzeugt, das Umherschweifen überall giebt Verworrenheit und Dunkelheit und das als in der Einheit gesamte Mannigfaltige in der Freiheit zu erfassen ist zwar das Soll des Bewußtseyns nichts geschieht trüb in d Wirklichkeit und nur unter den Bedingungen der {unendlichkeit} Zeit wodurch das zu sich eine Leben in ein Unendliches verwandelt wird. Die Unendlichkeit aber erfassen in ihrer Unendlichkeit ist unmöglich, hieraus ergiebt sich dann, daß außer der selbst die Gottheit, die überhaupt nichts erfaßt sonders alles eben ist, indem das Erfassen der göttlichen Erscheinung allein zukommt, kein noch so kräftiges Bewußtsein im Chaos die Entwicklungsweise zur Vollendung der Ordnung der sich aufreibenden und störenden Kräfte hier anders erfassen kann als zufolge einer allgemeinen {unleserlich} diese aber in einem Schlage, keineswegs ist hier unendliche Mannigfaltigkeit als solche in einem Schlage zu erfassen, nur in ihrer Einheit ist dies möglich und diese Einheit ist reine {unleserlich}. Es müßte demnach durch das Bewußtseyn überall aus dem Chaos herausgerissen und abgesondert rein hingestellt werden das Princip in freier reinster Sich Entwicklung wenn das Wesen erfaßt werden soll, indem es keinem Bewußtseyn möglich ist bei unmittelbarer Anschauung der die Anschauung zum Theil noch {unleserlich} der Anschauung vermittelst dem der Anschauung entgegengesetzte Denken hinwegzuräumen damit gerade die und die bestimmte Idee und Anschauung heraustritt.

Die Schönheit muß sich, aus dem ersten Satze gefolgert, als ein durchaus Lebendiges darbiethen, in dem sie eben das Bild ist von dem Act der Entwicklung. Das Bild des ersten Actes der Entwicklung des Erscheinung, der sich {hier unleserlicher Text Schinkels}[2] ist der Punkt, aber der immer durch sich zu

---

2 Hier Durchstreichung mehrerer unleserlicher Worte.

einem Punkte gehaltene Punkt. Der zweite Act des Strebens nach der Unendlichkeit hier, dieser Punkt ungestöhrt das Bild hiervon giebt die <u>gerade Linie</u>. {Anschließend noch zwei weitere, weitgehend unleserliche Sätze Schinkels.}

Fichte

p. 6–10; 5 Blatt A 5 (1810/11)

p. 6
Über die Thatsachen des Bewußtseyns[3]
Es wird ausgegangen von einem schlechthin absolut Gesetztem: <u>Leben, freies Leben</u>

Was ist ihrem Seyn ~~Wesen nach~~ die Freiheit des Lebens ~~in ihrem Seyn~~? Antwort: <u>Wissen</u>.

Es ist überall nur ein <u>bestimmtes</u>[4] Wissen da, – wenn ein Wissen von dem und dem da ist, so ist {untrennbar} nicht ein Wissen von einem anderen da und umgekehrt. Das bestimmte Wissen <u>ist</u> durch eine bestimmte Freiheit, – <u>bestimmte</u> Freiheit ist eine <u>beschränkte</u> Freiheit[5] – eine Freiheit die zwar frei ist aber nicht <u>durchaus</u>, sondern bis auf einen bestimmten Punkt <u>gebunden</u>. Da sie aber Freiheit seyn soll so kann {sie} nur gebunden seyn durch sich selbst. <u>Sie selbst</u> beschränkt <u>sich</u> in sich in dem und dem bestimmten Gesetze und der und der bestimmten Art. Die Selbstbestimmung der Freiheit kann nur wiederum Freiheit hervorbringen.

Dies wird demnach geben eine Freiheit von der Freiheit, und da Freiheit Wissen ist: ein Wissen von der Freiheit, das Bewußtsein der Freiheit.

p. 7
Der erste niedrigste Grad des {~~Freiheit~~} Wissens ist: wo dasselbe Causalität hat durch sein bloßes Seyn ,– die Wahrnehmung der Objekte durch die äußeren

---

3 Die »Thatsachen des Bewußtseins« sind in Fichte 1846, Bd. 2 S. 541 abgedruckt. Es läßt sich belegen, daß Schinkel vor allem Exzerpte des 2. Kapitels des Ersten Abschnitts und des Ersten Kapitels des Zweiten Abschnitts erstellt hat. Vgl. dazu Fichte 1846 Bd. 2 S. 550ff. und S. 583ff.

4 Um die ersten Zeilen bis »bestimmtes« Klammer mit Zusatz: »Diese Sätze werden aufgestellt als Postulate und sollen vorläufig gar nichts anderes seyn.«

5 Anmerkung am Rand neben »<u>Wissen</u>« bis »Freiheit.–«: »wo gewußt wird wird etwas bestimmtes gewußt, wenn dies gewußt wird, wird zugleich jenes gewußt und umgekehrt.«

Sinne. In diesem Zustand ist die Freiheit ganz gebunden in dem {unmittelbaren} Wissen vom Seyn der Erscheinungen. In der ewigen Fortentwicklung der Erscheinung wird das Wissen mit fort gerissen. Ein Beispiel hiervon giebt das Kind in den ersten Monaten des Lebens, es muß sehn weil sich dem äußeren Sinn Objekte bilden.

Der zweite Grad des Wissens ist der wo dasselbe nicht Causalität hat durch sein bloßes Seyn, sondern sich frei über diesen Zustand erhebt durch die Reflexion.

Das Leben des Wissens reißt sich los von sich selber und setzt sich außer sich hin und schaut sich an. Es weiß nun von dem Wissen des äußeren Objekts. Es weiß nun von dem Wissen des äußeren Objektes. Es weiß nicht unmittelbar sondern es hat das Vermögen zu wissen und weiß {nur} wenn

p. 8

es das Vermögen durch freie Selbstbestimmung vollzieht, weiß nicht wenn es dasselbe durch freie Selbstbestimmung nicht vollzieht.

Es ist also Prinzip, und zwar freies Prinzip, denn das Bewußtseyn von dem Vermögen entsteht mit der Reflexion in einem Schlage.

In diesem Zustande entsteht das Wissen dadurch, daß sich dasselbe mit Freiheit auf sich richtet, <u>durch Attention.</u>[6] In der Attention demnach giebt das Wissen durch Reflexion sich mit Freiheit hin dem Wissen welches nur Causalität hat durch sein bloßes Seyn. Das Bewußtseyn vom Vermögen als einem Wissenden zur Anschauung erhoben ist

<u>Def.</u> Das Prinzip wonach mit Freiheit Bilder der äußeren Wahrnehmung hervorzubringen durch Attention, und ist hier rein schöpferisch in Hinsicht auf Bilder dieser äußeren Wahrnehmung, dies giebt die Einbildungskraft.

p. 9

Praktischer Theil der Thatsachen des Bewußtseyns.
Dieser Theil soll den theoretischen Theil begründen.

Wenn das vorausgesetze Leben der Freiheit, durch eine (jetzt ebenfalls noch vorausgesetzte Trennung,) angehalten wird, – was wird entstehn? Die Freiheit, worin das Leben überhaupt nur besteht, kann dadurch nicht durchaus vernichtet werden, sondern es wird bloß verhindert, daß das Leben frei ausströmen kann, es wird freie Causalität, freie Wirksamkeit nach außen gebrechen. Deß-

---

6   Durch Kant in der Anthropologie (I; § 3, S. 17) verwendete Begrifflichkeit = Aufmerksamkeit der Bewußtseinsfunktionen.

halb aber bleibt das Leben innerlich lebendiges und freies Leben, für diesen Zustand hat die Sprache den Ausdruck <u>Trieb</u>. Hier steht nun die Freiheit im Triebe ganz selbständig da und abgesondert von dem Seyn welches durch freie nach aussen strömende Wirksamkeit entsteht. Im vorigen Abschnitt floß die Freiheit mit dem wirkenden ausströmenden Leben zusammen, es war das eine freie ausströmende Leben da. Jetzt steht sich

p. 10

der Trieb selbständig und ohne jenes ausströmende Leben da.

Da der Trieb in mir Leben der Freiheit ist, und Seyn der Freiheit <u>Wissen</u> ist, so muß der Trieb unmittelbar auch ein Wissen seyn, das ist: nun muß sich der Trieb unmittelbar bewußt seyn; das <u>Bewußtseyn des Triebes</u> ist <u>Gefühl</u> und das auf dies Gefühl gerichtete Leben des <u>innere Sinn</u>. Es dürfte sich zeigen, daß in der Reflexion auf die Attention des <u>inneren Sinns</u> drei Haupteigenschaften gefunden werden möchten. Beim äußeren Sinn waren folgende drei Stücke das <u>Gefühl der Qualität</u>, der Begriff der <u>Ausdehnung</u> und das <u>Denken</u>.

p. 11, 12; 2 Blatt A 5 (1810/11)

p. 11
Wissenschaftslehre
Nur eines <u>ist</u>, das Seyn schlechtweg, das Absolute, Gott. Dies Seyn ist nicht zu denken als ein starres, stehendes, todtes, sondern als lauter Leben. Es ist <u>durch</u> sich, und dieses durch sich seyn ist ein lebendiges <u>durchsichseyn</u>.

Außer Gott ist kein Seyn, alles Seyn ist in ihm, so nöthigt uns das reine Denken zu denken.

Die Wahrnehmung zeigt uns aber ein Mannigfaltiges welches da ist, hierdurch wird der Philosophie die Aufgabe gestellt, wie ist das was wir genöthigt sind zu denken mit dem was wir wahrnehmen zu vereinigen, und wie ist neben dem im reinen Denken nothwendig gefundenen Gott auch noch eine Welt möglich, und was ist diese Welt?

Es ist zufördert das dies Mannigfaltige in der Wahrnehmung vorgefunden aber die Welt kann durchaus kein Seyn seyn, denn alles mögliche Seyn sind wir genöthigt allein in Gott zu setzen, nun folgt: ist außer Gott kein anderes Seyn möglich es müsste demnach die Welt gerade das Entgegengesetze des Seyns seyn. Dies ist nichts anderes als die Erscheinung schlechtweg <u>als Erscheinung</u> daselbst genommen, und nicht etwa das in ihr <u>Erscheinende</u>. Was kann nun in der Erscheinung erscheinen? Offenbar nichts anderes denn Gott, denn etwas anderes ist gar nicht da als Gott.

p. 12
Es entsteht vielleicht die Frage: Hat die Erscheinung ihr eigenes Seyn? Offenbar nicht denn das in ihr Seyende ist Gott, sie selbst ist nur <u>Erscheinung</u> – Gottes. Demnach: Gott tritt aus freiem inneren Seyn heraus in ein äußeres, er erscheint auch. In freiem inneren Seyn sowohl wie in freiem äußeren Seyn ist immer es nur das Seyende nur in doppelter Form.

Gott aber ist durch sich, folglich ist er alles was er ist ganz mit einem Mal, es wird nichts in ihm, es ist kein Wandel in ihm. Wenn Gott erscheint so muß er ganz und ohne Rückhalt erscheinen so wie er in ihm selber ist, durchweg ist die Erscheinung Gottes auch so wie Gott in sich ganz eins ist nur eine einzige. Dies ist das Bild Gottes. Gott ist in sich lebendig folgl. ist die Erscheinung Gottes ein lebendiges Bild.

p. 13, 14; 2 Blatt A 5 (1810–15)

p. 13
Sonnett[7]
Was meinem Auge diese Kraft gegeben,
    Daß alle Mißgestalt ihm ist zeronnen,
    Daß ihm die Nächte werden heiter Sonnen
    Unordnung Ordnung und Verwesung Leben?
Was durch der Zeit, des Raums verworrenes Weben,
    Mich sicher leitet hin zum ewigen Bronnen
    Des Schönen, Wahren, Guten und der Wonnen,
    Und drin vernichtend eintaucht all mein Streben?
Das ist's. Seit in Urania's Aug', die tiefe
    Sich selber klare, blaue, stille, reine
    Lichtflamm', ich selber still hineingesehen;
Seitdem ruht dieses Aug' mir in der Tiefe
    Und ist in meinem Seyn, – das ewig Eine,
    Lebt mir im Leben, sieht in meinem Sehen.

---

[7] Abgedruckt in Fichte 1846 Bd. 8 S. 462f.

Wenn dir das innere Götterwort wird spruchlos
    Verblasset auch die äußere Spürung:
    Was dich umgiebt, verlieret die Verzierung
    Was von dir ausgeht ist nun schnöd und ruchlos.
Die Blüthe deines Lebens steht geruchlos,
    Was sonst leitet das wird die Verführung
    Denn du bist außerhalb des All Berührung
    Und so wird dir der äußere Laut auch spruchlos;

p. 14
Das innre Todte glänze noch so scheinsam
    doch treibt dich fort zu ungemessner Wehmut –
    Dich unaufhaltsam hin – die Brandung
Dann bleib ich in mir selber still und einsam,
    und pflege fest in Vernunft
    das Unterpfand der einst'gen frohen Landung

Jean Paul Richter, p. 15; 1/3 Blatt A 4

p. 15
Vorschule der Ästhetik[8]
Dieser Weltgeist der Genius beseelt, wie jeder Geist, alle Glieder eines Werkes, ohne ein einzelnes zu bewohnen. Er kann sogar den Reiz der Form durch seinen höhern entbehrlich machen, und der Goethesche z.B. würde uns, wie im nachlässigsten Gedichte, so in der Reichs-Prose doch anreden. Sobald nur eine Sonne dasteht, so zeigt sie mit einem Stiftchen so gut die Zeit als mit einem Obeliskus. Dies ist der Geist, der nie Beweise giebt {ANMERKUNG SCHINKELS WIE IM ORIGINAL: Über das Ganze des Lebens oder Seyns giebt es nur Anschauungen; über Theile Beweise, welche sich auf jene gründen}, nur

---

[8] Erschienen 1805; noch 1801 deutlich antifichteanische, auf Rheinhold bezogene Einstellung Jean Paul Richters. **Hypothese**: Rezeption im Umfeld der Berufung zur ästhetischen Gutachterstellung 1809. Bei Vergleich der Handschriften verschiedener sicher zu datierender Proben (Mitschrift Fichte; Briefe an Beuth, Frick, Feilner) gibt das Schriftbild keinen entscheidenden Aufschluß. Geringe Zeilenhöhe und relativ stark durchgehender Fußpunkt der Schrift entsprechen der späteren Handschrift, was aber auch durch die Schreibsituation begründet sein kann. Der Gesamteindruck der Schrift läßt sich dagegen auch gut mit den etwa 1810–15 entstandenen Texten vergleichen.

sich und seine Anschauung, und dann vertraut auf den verwandten, und
heruntersieht auf den feindselig geschaffnen.⁹

Wenn hingegen der Genius uns über die Schlachtfelder des Lebens führt: So
sehen wir so frei hinüber als wenn der Ruhm oder die Vaterlandsliebe
vorausginge mit den zurückflatternden Fahnen; und neben ihm gewinnt die
Dürftigkeit wie vor einem Paar Liebenden eine arkadische Gestalt. Überall
macht er das Leben frei und den Tod schön; auf seiner Kugel sehen wir, wie auf
dem Meer, die tragenden Segel früher als das schwere Schiff. Auf diese Weise
versöhnet, ja vermählt er – wie die Liebe und die Jugend – das unbehülfliche
Leben mit dem ätherischen Sinn, so wie am Ufer eines stillen Wassers der
äußere und der abgespiegelte Baum aus einer Wurzel nach zwei Himmen zu
wachsen scheinen.¹⁰

Es muß eine höhere Wonne geben als die Pein der Lust, als die waren weinenden
Gesichter der Entzückung.

Goethe, p. 16–18; 4 Blatt A 4 (ca. 1823–33)

p. 16
Eins und Alles
Im Gränzenlosen sich zu finden
Wird gern der Einzelne verschwinden,
Da löst sich aller Überdruß:
Statt heißem Wünschen, wildem Wollen,
Statt läst'gem Fordern, strengem Sollen,
Sich aufzugeben ist Genuß.

Weltseele komm uns zu durchdringen!
Denn mit dem Weltgeist selbst zu ringen
wird unserer Kräfte Hochberuf.
Theilnehmend führen gute Geister
Gelinde leiten höchste Meister,
Zu dem der alles schafft und schuf.

---
9 Jean Paul 1967 S. 64.
10 Jean Paul 1967 S. 67.

Und umzuschaffen das Geschaffne,
Damit sich's nicht zum Starren waffne,
Wirkt ewiges, lebendiges Thun.
Und was nicht war nun will es werden,
Zu reinen Sonnen, farbigen Erden,
In keinem Falle darf es ruhn.

p. 17
Es soll sich regen, schaffend handeln,
Erst sich gestalten, dann verwandeln:
Nur scheinbar stehts Momente still.
Das Ewige regt sich fort in allen!
Denn Alles muß in Nichts zerfallen,
Wenn es im Seyn beharren will.

Eigenes und Angeeignetes[11]

Der Irrtum ist viel leichter zu erkennen, als die Wahrheit zu finden: jener liegt auf der Oberfläche, damit läßt sich wohl fertig werden; diese ruht in der Tiefe danach zu forschen ist nicht jedermanns Sache.[12]

Wir alle leben von Vergangenem und gehn am Vergangenen zu Grunde.[13]

Wie wir was Großes lernen sollen, flüchten wir uns gleich in unsre angeborene Armseligkeit und haben doch immer etwas gelernt.[14] Den Deutschen ist nichts daran gelegen, zusammen zu bleiben, aber doch für sich zu bleiben. Jeder, sei er auch welcher er wolle, hat so ein eignes Fürsich, das er sich nicht gern möchte nehmen lassen.[15] Die empirisch-sittliche Welt besteht größtentheils nur aus bösem Willen und Neid.[16] – Mit dem Vertrauen ist es eine wunderliche Sache. Hört man nur Einen, der kann sich irren oder sich betrügen; hört man viele, die sind in demselbigen Falle und gewöhnlich findet man da die Wahrheit gar nicht heraus.[17] – Unreine Lebensverhältnisse soll man

---

11 Referenztext: Goethe, Sprüche in Prosa, Frankfurter Werkausgabe Bd. 13, 1993. (Erste Veröffentlichung in: »Aus Kunst und Altertum«, 1823, IV. Band Heft 2.)
12 Maximen und Reflexionen 1.88.
13 Maximen und Reflexionen 1.89.
14 Maximen und Reflexionen 1.90.
15 Maximen und Reflexionen 1.91.
16 Maximen und Reflexionen 1.92.
17 Maximen und Reflexionen 1.94.

niemand wünschen; sie sind aber für den, der zufällig herein geräth, Prüfsteine des Charakters und des Entschiedensten was der Mensch vermag[18]. – Ein beschränkter ehrlicher Mensch sieht oft durch die Schelmerey der feinsten Mächler (*Faiseurs*) hindurch.[19] – <u>Gegen [die] Kritik kann man sich weder schützen noch wehren; man muß ihr zum Trutz handeln, und das läßt sie sich nach und nach gefallen.</u>[20] – Die Menge kann tüchtige Menschen nicht entbehren, und die Tüchtigen sind ihnen jederzeit zur Last.[21] – Das sogenannte Romantische einer Gegend, ist ein stilles Gefühl des Erhabenen unter der Form der Vergangenheit, oder was gleich lautet, der Einsamkeit, Abwesenheit, Abgeschiedenheit.[22] – Das Schöne ist eine Manifestation geheimer Natur-Gesetze, die uns ohne dessen Erscheinung ewig wären verborgen geblieben.[23] – Aufrichtig zu seyn, kann ich versprechen, unparteiische zu seyn, aber nicht.[24] – Der Undank ist immer eine Art Schwäche. Ich habe nie gesehen, daß tüchtige Menschen wären undankbar gewesen.[25] – Wir alle sind so borniert, daß wir immer glauben Recht zu haben; und so läßt sich ein außerordentlicher Geist denken, der nicht allein irrt, sondern so gar Lust am Irrthum hat.[26] – Reine mittlere Wirkung zur Vollendung des Guten und Rechten ist selten; gewöhnlich sehen wir Pedanterie, welche zu retardieren, Frechheit, die zu übereilen strebt.[27] –

p. 18
Wer sich mit Wissenschaften abgibt, leidet erst durch Retardationen, und dann durch Präoccupationen. [Die erste] **In der ersten** Zeit wollen die Menschen dem keinen Werth zugestehen, was wir ihnen überliefern; und dann gebärden sie sich, als wenn ihnen alles schon bekannt wäre, was wir ihnen überliefern könnten.[28] Man sagt: Studiere Künstler die Natur! Es ist aber keine Kleinigkeit aus dem Gemeinen das Edle, aus der Unform das Schöne zu entwickeln.[29] – Wo

---

18 Maximen und Reflexionen 1.95.
19 Maximen und Reflexionen 1.96.
20 Maximen und Reflexionen 1.98; Unterstreichung Schinkels.
21 Maximen und Reflexionen 1.99.
22 Maximen und Reflexionen 1.103.
23 Maximen und Reflexionen 1.105.
24 Maximen und Reflexionen 1.106.
25 Maximen und Reflexionen 1.107.
26 Maximen und Reflexionen 1.108.
27 Maximen und Reflexionen 1.109.
28 Maximen und Reflexionen 3.5.
29 Maximen und Reflexionen 1.112.

der Antheil sich verliert, verliert sich auch das Gedächtnis.³⁰ – Die Welt ist eine Glocke die einen Riß hat, sie klappert aber klingt nicht.³¹ – Wenn die Menschen recht schlecht werden, haben sie keinen Antheil mehr als die Schadenfreude.³² – Gescheute Leute sind immer das beste Conversationslexikon.³³ – Es giebt Menschen die gar nicht irren, weil {sie} sich nichts Vernünftiges vorsetzen.³⁴ – Kenne ich mein Verhältnis zu mir selbst und zur Außenwelt, so heiß' ich's Wahrheit. Uns so kann jeder seine eigene Wahrheit haben, und es ist doch immer dieselbige.³⁵ – Das Besondere unterliegt ewig dem Allgemeinen; das Allgemeine hat ewig sich dem Besonderen zu fügen.³⁶ – Vom eigentlich Productiven ist niemand Herr und sie müßen es alle nur so gewähren lassen.³⁷ – <u>Wem die Natur ihr offenbares Geheimnis zu enthüllen anfängt, der empfindet eine unwiderstehliche Sehnsuch nach ihrer würdigsten Auslegerin, der Kunst.</u>³⁸ – (Wenn man alle Gesetze studieren sollte, so hätte man gar keine Zeit sie zu übertreten.)³⁹ – Der Appell an die Nachwelt entspringt aus dem reinen lebendigen Gefühl, daß es ein Unvergängliches gebe und, wenn auch nicht gleich anerkannt, doch zuletzt aus der Minorität sich der Majorität werde zu erfreuen haben.⁴⁰ – Es ist ganz einerley, vornehm oder gering seyn, das Menschliche muß man immer ausbaden.⁴¹ – Wenn ich von liberalen Ideen reden höre, so verwundere ich mich immer, wie die Menschen sich gern mit leeren Wortschällen hinhalten; eine Idee darf nicht liberal seyn. Kräftig sey sie, tüchtig, in sich selbst abgeschlossen, damit sie den göttlichen Auftrag productiv zu seyn erfülle; noch weniger darf der Begriff liberal seyn, denn der hat einen ganz anderen Auftrag.⁴² Wo man die Liberalität aber suchen muß, das ist in den Gesinnungen und diese sind das lebendige Gemüth.⁴³ Gesinnungen aber sind selten liberal, weil die Gesinnung unmittelbar aus der

---

30 Maximen und Reflexionen 1.113.
31 Maximen und Reflexionen 1.114.
32 Maximen und Reflexionen 1.116.
33 Maximen und Reflexionen 1.117.
34 Maximen und Reflexionen 1.118.
35 Maximen und Reflexionen 1.119.
36 Maximen und Reflexionen 1.120.
37 Maximen und Reflexionen 1.121.
38 Maximen und Reflexionen 1.122; Unterstreichung von Schinkel.
39 Maximen und Reflexionen 3.6.
40 Maximen und Reflexionen 1.129.
41 Maximen und Reflexionen 1.133.
42 Maximen und Reflexionen 2.7.2.
43 Maximen und Reflexionen 2.7.3.

Person, ihren nächsten Beziehungen und Bedürfnissen hervorgeht.⁴⁴ [Weiter schreiben wir nicht; an] **An** diesem Maßstab halte man was man tagtäglich hört.⁴⁵ – Bey jedem Kunstwerk, groß oder klein, bis ins Kleinste kommt alles auf die Conception an.⁴⁶

———

Konvolut Theoretisches I. II. (Exzerpte Goethe)

»Maximen und Reflexionen«, p. 1, 2; 2 Blatt A 5 (ca. 1823–33)

p. 1
Nach einer Übersicht in einen Plan lassen sich die Einreihungen eher zu stande bringen als wenn man nach einzelnen zufälligen Eindrücken an der Natur herum versucht.

Die Überzeugungen anderer muß man nicht mit den seinen durchkreuzen, sondern die Erfahrung lehrt, daß die Ansichten der Menschen viel zu armselig sind, als daß sie selbst durch die vernünftigsten Vorstellungen auf einen Punkt versammelt werden.

Wer etwas nicht bloß leichthin treibt dem ist mehr daran gelegen, daß <u>er</u> etwas thue als daß <u>etwas</u> gethan werde.

Die menschliche Schönheit wirkt mit weit größerer Gewalt auf den äußeren und inneren Sinn. Wer sie erblickt, den kann nichts übles anwehen, er fühlt sich mit sich selbst und mit der Welt in Übereinstimmung.

Sich mitzutheilen ist Natur, Mitgetheiltes aufzunehmen wie es gegeben wird ist Bildung.⁴⁷

Jedes ausgesprochene Wort erregt den Gegensinn.⁴⁸

Durch nichts bezeichnen die Menschen mehr ihren Character als durch das was sie lächerlich finden [.⁴⁹ Das] <u>;</u> das Lächerliche entspringt aus einem sittlichen Contrast, der, auf eine unschädliche Weise für die Sinne in Verbin-

---

44 Maximen und Reflexionen 2.7.4.
45 Maximen und Reflexionen 2.7.5.
46 Maximen und Reflexionen 1.137; bei Goethe »Conception« kursiv hervorgehoben.
47 Ottiliens Tagebuch (Sprüche in Prosa, Frankfurter Werkausgabe Bd. 13, 1993), 7. 5. 5.
48 Referenztext: Sprüche aus Ottiliens Tagebuch (Wahlverwandtschaften, 1809), abgedruckt in: Goethe, Sprüche in Prosa, Frankfurter Werkausgabe Bd. 13, 1993, 7. 5. 6. 4.
49 Ottiliens Tagebuch (Sprüche in Prosa, Frankfurter Werkausgabe Bd. 13, 1993), 7. 5. 8. 1.

dung gebracht wird.⁵⁰ Der sinnliche Mensch lacht oft wo es nichts zu lachen ist. Was ihn auch anregt, sein inneres Behagen kommt zum Vorschein.⁵¹ Der Verständige findet fast alles lächerlich, der Vernünftige fast nichts.⁵²

p. 2
Die Leidenschaften sind Mängel und Tugenden, nur gesteigerter.⁵³ Große Leidenschaften sind Krankheiten ohne Hoffnung. Was sie heilen könnte, macht sie erst recht gefährlich.⁵⁴ Die Leidenschaft erhöht und mildert sich [durchs] **im** Bekennen [. In nichts] **, und nirgends** wäre die Mittelstraße vielleicht wünschenswerther als im Vertrauen und Verschweigen gegen die die wir lieben.⁵⁵

Farbenlehre⁵⁶, p. 3–7; 5 Blatt A 6 (1817)

p. 3
Aus Göthes Farbenlehre⁵⁷

(1. Abs.⁵⁸)
Überhaupt [aber] entsprang die Wissenschaft für die Griechen aus dem Leben. [... ... Welch ein] **Ein** Aufmerken, [welch ein] Aufpassen auf jede Bedingung unter[,] welcher die[se] Erscheinung zu beobachten ist. [Wie rein] Rein [, wie] **und** ruhig gegen spätere Zeiten, wo die Theorien keinen anderen Zweck zu haben schienen, als die Phänomene bei Seite zu bringen, die Aufmerksamkeit von ihnen abzulenken, ja sie[,] wo möglich, aus der Natur zu vertilgen.

---

50 Ottiliens Tagebuch (Sprüche in Prosa, Frankfurter Werkausgabe Bd. 13, 1993), 7. 5. 8. 2.
51 Ottiliens Tagebuch (Sprüche in Prosa, Frankfurter Werkausgabe Bd. 13, 1993), 7. 5. 8. 3.
52 Ottiliens Tagebuch (Sprüche in Prosa, Frankfurter Werkausgabe Bd. 13, 1993), 7. 5. 8. 4.
53 Ottiliens Tagebuch (Sprüche in Prosa, Frankfurter Werkausgabe Bd. 13, 1993), 7. 5. 11.
54 Ottiliens Tagebuch (Sprüche in Prosa, Frankfurter Werkausgabe Bd. 13, 1993), 7. 5. 13.
55 Ottiliens Tagebuch (Sprüche in Prosa, Frankfurter Werkausgabe Bd. 13, 1993), 7. 5. 14.
56 Erschienen 1810.
57 Referenztext: Farbenlehre in der Ausgabe des Deutschen Klassiker Verlages, Frankfurt a. M., 1991 (Bd. 23 / 1 der Werkausgabe).
58 Goethe 1810 (Farbenlehre) Historischer Teil, 2. Abt. »Römer. Betrachtungen über Farbenlehre und Farbenbehandlung der Alten.«, S. 602 Z. 27ff.

(2. Abs.[59])
[Sehen wir uns nach den eigentlichen Ursachen um, wodurch die Alten in ihren Vorschritten gehindert wurden; so finden wir sie darin, daß ihnen die Kunst fehlt, Versuche anzustellen, ja sogar der Sinn dazu.] **Den Alten fehlte die Kunst, Versuche anzustalten, sogar der Sinn dazu.** [Die] Versuche sind Vermittler zwischen Natur und Begriff, – zwischen Natur und Idee – zwischen Begriff und Idee. – Die zerstreute Erfahrung zieht uns allzusehr nieder, [und] ist sogar hinderlich, auch nur zum Begriff zu gelangen. Jeder Versuch aber ist schon theoretisierend, er entspringt aus einem Begriff oder stellt ihn sogleich auf. Viele einzelne Fälle werden unter ein einzig Phänomen subsummiert. [die Erfahrung kommt ins Enge, man ist im Stande weiter vorwärts zu gehen.]

(3. Abs.[60])
Die Schwierigkeit, den Aristoteles zu verstehen, entspringt aus der antiken Behandlungsart, die uns fremd ist. Zerstreute Fälle sind aus der [gemeinen] Empirie aufgegriffen, mit gehörigem und geistreichem Raisonment begleitet, auch wohl schicklich genug zusammengestellt; aber nun tritt der Begriff ohne Vermittlung hinzu, das Raisonment geht ins Subtile und Spitzfindige, das Begriffene wird wieder durch <u>Begriffe</u> bearbeitet, <u>anstatt</u> daß man es nun <u>deutlich auf sich beruhen</u> ließe, einzelne <u>vermehrte, massenweise zusammenstellte</u>, und erwartete, ob eine Idee daraus entspringen wolle, wenn sie sich nicht gleich von Anfang an dazu gesellte.

(4. Abs.[61])
[Hatten wir nun bei der wissenschaftlichen Behandlung, wie sie von den Griechen unternommen worden, wie sie ihnen geglückt, manches zu erinnern,] **Wenn wir die Kunst der Griechen betrachten,** so treffen wir [nunmehr, wenn wir ihre Kunst betrachten,] auf einen vollendeten Kreis, der, indem er sich in sich selbst abschließt, doch auch zugleich als Glied in jene Bemühungen eingreift und, wo das Wissen nicht genüge leistete, uns durch die That befriedigt. –

---

59 Goethe 1810 (Farbenlehre) Historischer Teil, 2. Abt. »Römer. Betrachtungen über Farbenlehre und Farbenbehandlung der Alten.«, S. 603 Z. 17ff.
60 Goethe 1810 (Farbenlehre) Historischer Teil, 2. Abt. »Römer. Betrachtungen über Farbenlehre und Farbenbehandlung der Alten.«, S. 603 Z. 28ff. Unterstreichungen Schinkels.
61 Goethe 1810 (Farbenlehre) Historischer Teil, 2. Abt. »Römer. Betrachtungen über Farbenlehre und Farbenbehandlung der Alten.«, S. 604 Z. 5ff.

[Die] <u>Wir</u> Menschen sind überhaupt der Kunst mehr gewachsen, als der Wissenschaft. Jene gehört zur großen Hälfte ihnen selbst, diese zur großen Hälfte der Welt an. Bei jener [läßt] <u>ließ</u> sich eine Entwickelung in reiner Folge, diese kaum ohne ein unendliches Zusammenhäufen denken. Was aber den Unterschied vorzüglich bestimmt: Die Kunst schließt sich in ihren einzelnen Werken ab, die Wissenschaft erscheint uns gränzenlos.

(5. Abs.[62])
Zu dem gepriesenen Glück der Griechen muß vorzüglich gerechnet werden, daß sie durch keine äußre Einwirkung irre gemacht worden: ein günstiges Geschick, das in der neuern Zeit den Individuen selten, den Nationen nie zu Theil wird; denn

p. 4
(1. Abs[63])
selbst vollkommene Vorbilder machen irre, indem sie uns veranlassen, nothwendige Bildungsstufen zu überspringen, wobei wir dann meistens am Ziel vorbei in einen gränzenlosen Irrtum geführt werden. –

(2. Abs.[64])
[Kehren wir nun zur Vergleichung von Kunst und Wissenschaft zurück; so begegnen wir folgender Betrachtung:]
Vergleichung von Kunst und Wissenschaft
Da im Wissen sowohl als in der Reflexion kein Ganzes zusammen gebracht werden kann, weil jenem das Innre, diesem das Äußere fehlt, so müssen wir uns die Wissenschaft nothwendig als Kunst denken, wenn wir von ihr irgend eine Art von Ganzheit erwarten. Und zwar haben wir diese nicht im Allgemeinen, im Überschwänglichen zu suchen, sonder wie die Kunst sich immer ganz in jedem einzelnen Kunstwerk darstellt, so sollte die Wissenschaft sich auch jedesmal ganz in jedem einzelnen Behandelten erweisen.

---

62 Goethe 1810 (Farbenlehre) Historischer Teil, 2. Abt. »Römer. Betrachtungen über Farbenlehre und Farbenbehandlung der Alten.«, S. 604 Z. 30ff.
63 Goethe 1810 (Farbenlehre) Historischer Teil, 2. Abt. »Römer. Betrachtungen über Farbenlehre und Farbenbehandlung der Alten.«, S. 604 Z. 34ff.
64 Goethe 1810 (Farbenlehre) Historischer Teil, 2. Abt. »Römer. Betrachtungen über Farbenlehre und Farbenbehandlung der Alten.«, S. 605 Z. 1ff.

(3. Abs.⁶⁵)
Um aber einer solchen Forderung sich zu nähern, so müßte man keine der menschlichen Kräfte bei wissenschaftlicher Thätigkeit ausschließen. Die <u>Abgründe der Ahndung</u>, ein <u>sicheres Anschauen der Gegenwart</u>, <u>mathematische Tiefe</u>, <u>physische Genauigkeit</u>, <u>Höhe der Vernunft</u>, <u>Schärfe des Verstandes</u>, <u>bewegliche sehnsuchtsvolle Phantasie</u>, <u>liebevolle Freude am Sinnlichen</u>, nichts kann entbehrt werden zum lebhaften fruchtbaren Ergreifen des Augenblicks, wodurch ganz allein ein Kunstwerk, von welchem Inhalt es auch sei, entstehen kann. –

(4. Abs.⁶⁶)
Wenn diese geforderten Elemente, wo nicht widersprechend doch sich dergestalt gegenüberstehend erscheinen möchten, daß auch die vorzüglichsten Geister nicht hoffen dürften sie zu vereinigen; so liegen sie doch in der gesammten Menschheit offenbar da, und können jeden Augenblick hervortreten, wenn sie nicht durch Vorurtheile, durch Eigensinn einzelner Besitzenden, und wie sonst alle die verkennenden, zurückschreckenden und tödtenden Verneinungen heißen mögen, in dem Augenblick wo sie allein wirksam seyn können, zurückgedrängt werden, und die Erscheinung im Entstehen vernichtet wird. –

(5. Abs.⁶⁷)
Vielleicht ist es kühn, aber wenigstens in dieser Zeit nöthig zu sagen: Daß die Gesamtheit dieser Elemente vielleicht vor keiner Nation so bereit liegen als vor der deutschen.

p. 5
(1. Abs.⁶⁸)
Denn ob wir gleich, was Wissenschaft und Kunst betrifft, in der seltsamsten Anarchie leben, die uns von jedem erwünschten Zweck immer mehr zu

---

65 Goethe 1810 (Farbenlehre) Historischer Teil, 2. Abt. »Römer. Betrachtungen über Farbenlehre und Farbenbehandlung der Alten.«, S. 605 Z. 12ff.
Unterstreichungen Schinkels.
66 Goethe 1810 (Farbenlehre) Historischer Teil, 2. Abt. »Römer. Betrachtungen über Farbenlehre und Farbenbehandlung der Alten.«, S. 605 Z. 22ff.
67 Goethe 1810 (Farbenlehre) Historischer Teil, 2. Abt. »Römer. Betrachtungen über Farbenlehre und Farbenbehandlung der Alten.«, S. 605 Z. 33ff.
68 Goethe 1810 (Farbenlehre) Historischer Teil, 2. Abt. »Römer. Betrachtungen über Farbenlehre und Farbenbehandlung der Alten.«, S. 605 Z. 35ff.

entfernen scheint, so ist es doch eben diese Anarchie, die uns nach und nach aus der Weite ins Enge, unter Zustimmung zur Vereinigung drängen muß. –

(2. Abs.[69])
Niemals haben sich die Individuen vielleicht mehr vereinzelt und mehr von einander abgesondert als gegenwärtig. Jeder möchte das Universum vorstellen und aus sich darstellen; aber indem er mit Leidenschaft die Natur in sich aufnimmt, so ist er auch das Überlieferte, das was andre geleistet, in sich aufzunehmen genöthigt. Thut er das nicht mit Bewußtseyn, so wird es ihm unbewußt begegnen; empfängt er es nicht offenbar und gewissenhaft, so mag er es heimlich und gewissenlos ergreifen; mag er es nicht dankbar anerkennen, so werden ihm andere nachspüren: genug, wenn er nur Eigenes und Fremdes, unmittelbar und mittelbar aus den Händen der Natur oder von Vorgängern Empfangenes tüchtig zu bearbeiten und einer bedeutenden Individualität anzueignen weiß; so wird [jeder Zeit] **jederzeit** für alle ein großer Vortheil daraus entstehen. Und wie dies nun gleichzeitig schnell und heftig geschieht, so muß eine Übereinstimmung daraus entspringen, das, was man in der Kunst Styl zu nennen pflegt, wodurch die Individualitäten im Rechten und Guten immer näher aneinandergerückt, und dadurch mehr herausgehoben, mehr begünstigt werden, als wenn sie sich durch seltsame Eigenthümlichkeiten caricaturmäßig von einander zu entfernen streben.

(3. Abs.[70])
Höchst reizend ist für den Geschichtsforscher der Punkt, wo Geschichte und Sage zusammengränzen. Es ist meistens der schönste der ganzen Überlieferung. Wenn wir uns aus dem bekannten Gewordenen das unbekannte Werden aufzubauen genöthigt finden, so erregt es eben die angenehme Empfindung, als wenn wir eine uns bisher unbekannte gebildete Person kennenlernen und die Geschichte ihrer Bildung lieber herausahnden als herausforschen.

---

69 Goethe 1810 (Farbenlehre) Historischer Teil, 2. Abt. »Römer. Betrachtungen über Farbenlehre und Farbenbehandlung der Alten.«, S. 606 Z. 4ff.
70 Goethe 1810 (Farbenlehre) Historischer Teil, 3. Abt. »Zwischenzeit. Lücke«, S. 612 Z. 14ff.

p. 6
(1. Abs.[71])
Es giebt zwei Momente der Weltgeschichte, die bald aufeinander folgen, bald gleichzeitig, theils einzeln und abgesondert, theils höchst verschränkt, sich an Individuen und Völkern zeigen.

(2. Abs.[72])
Der erste ist derjenige, in welchem sich die Einzelnen **frei** neben einander [frei] ausbilden; dies ist die Epoche des Werdens, des Friedens, des Nährens, der Künste, der Wissenschaften, der Gemüthlichkeit, der Vernunft. Hier wirkt alles nach innen, und strebt in den besten Zeiten zu einem glücklichen, häuslichen Auferbauen; doch löst sich dieser Zustand zuletzt in Parteisucht und Anarchie auf.

(3. Abs.[73])
Die zweite Epoche ist die des Benutzens, des Kriegens, des Verzehrens, der Technik, des Wissens, des Verstandes. Die Wirkungen sind nach außen gerichtet; im schönsten und höchsten Sinne gewährt dieser Zeitpunkt Dauer und Genuß unter gewissen Bedingungen. Leicht artet jedoch ein solcher Zustand in Selbstsucht und Tyrannei aus, wo man sich aber keineswegs den Tyrannen als eine einzelne Person zu denken nöthig hat; es gibt eine Tyranney ganzer Massen, die höchst gewaltsam und unwiderstehlich ist.

―――――

(4. Abs.[74])
Der schwache Faden, des sich aus dem [manchmal] **mannigmal** so breiten Gewebe des Wissens und der Wissenschaften durch alle Zeiten, selbst die dunkelsten und verworrensten ununterbrochen fortzieht, wird durch Individuen durchgeführt. Diese werden in einem Jahrhundert wie in dem anderen von der besten Art geboren und verhalten sich immer auf dieselbe Weise gegen jedes Jahrhundert, in welchem sie vorkommen. Sie stehen nämlich mit der Menge im Gegensatz, ja im Widerstreit. Ausgebildete Zeiten haben hierin nichts voraus vor den barbarischen: denn Tugenden sind zu jeder Zeit selten**er**,

---

71 Goethe 1810 (Farbenlehre) Historischer Teil, 3. Abt. »Zwischenzeit. Lücke«, S. 613 Z. 1ff.
72 Goethe 1810 (Farbenlehre) Historischer Teil, 3. Abt. »Zwischenzeit. Lücke«, S. 613 Z. 5ff.
73 Goethe 1810 (Farbenlehre) Historischer Teil, 3. Abt. »Zwischenzeit. Lücke«, S. 613 Z. 11ff.
74 Goethe 1810 (Farbenlehre) Historischer Teil, 3. Abt. »Zwischenzeit. Lücke«, S. 613 Z. 32ff.

Mängel gemein. Und stellt sich denn nicht sogar im Individuum eine Menge von Fehlern der einzelnen Tüchtigkeit entgegen? – Gewisse Tugenden gehören der Zeit an, und so auch gewisse Mängel, die einen Bezug auf sie haben. Die neuere Zeit schätzt sich selbst zu hoch, wegen der großen Menge Stoffes, den sie umfaßt. Der Hauptvorzug des Menschen beruht aber nur darauf, in wie fern er den Stoff zu behandeln und zu beherrschen weiß.

p. 7
(1. Abs.[75])
Es giebt zweierlei Erfahrungsarten, die Erfahrung des Abwesenden und die des Gegenwärtigen. Die Erfahrung des Abwesenden, wozu das Vergangene gehört, machen wir auf fremde Autorität, die des Gegenwärtigen sollten wir auf eigene Autorität machen. Beides gehörig zu thun, ist die Natur des Individuums durchaus unzulänglich.

(2. Abs.[76])
Der Conflict des Individuums mit der unmittelbaren Erfahrung und der mittelbaren Überlieferung ist eigentlich die Geschichte der Wissenschaften: denn was in und von genazen Massen geschieht, bezieht sich doch nur zuletzt auf ein tüchtigeres Individuum, das alles sammeln, sondern, redigieren und vereinigen soll; wobei es wirklich ganz einerlei ist, ob die Zeitgenossen ein solch Bemühen begünstigen oder ihm widerstreben. Denn was heißt begünstigen, als das Vorhandene vermehren und allgemein machen. Dadurch wird wohl genutzt, aber die Hauptsache nicht gefördert.

(3. Abs.[77])
Sowohl in Absicht auf Überlieferung als eigene Erfahrung muß nach Natur der Individuen, Nationen und Zeiten ein sonderbares Entgegenstreben, Schwanken und Vermischen entstehen.

(4. Abs.[78])
Gehalt ohne Methode führt zur Schwärmerey;
Methode ohne Gehalt zum leeren Klügeln;

---

75 Goethe 1810 (Farbenlehre) Historischer Teil, 3. Abt. »Zwischenzeit. Lücke«, S. 614 Z. 16ff.
76 Goethe 1810 (Farbenlehre) Historischer Teil, 3. Abt. »Zwischenzeit. Lücke«, S. 615 Z. 18ff.
77 Goethe 1810 (Farbenlehre) Historischer Teil, 3. Abt. »Zwischenzeit. Lücke«, S. 615 Z. 28ff.
78 Goethe 1810 (Farbenlehre) Historischer Teil, 3. Abt. »Zwischenzeit. Lücke«, S. 616 Z. 1ff.

Stoff ohne Form zum beschwerlichen Wissen;
Form ohne Stoff zu einem hohlen Wähnen.

(5. Abs.[79])
Überliefertes
[Nun können wir nicht einen Schritt weiter gehen, ohne jenes Ehrwürdige, wodurch das Entfernte verbunden, das Zerrissene ergänzt wird, ich meine das Überlieferte, näher zu bezeichnen.]
Das Ehrwürdige wodurch das Entfernte verbunden
das Zerissene ergänzt wird. –
Weniges gelangt aus der Vorzeit herüber als vollständiges Denkmal, vieles in Trümmern [... ...]

Konvolut Theoretisches I. VI. (Exzerpte Görres)

Die Deutschen Volksbücher, p. 1, 2; 2 A 5 (ca. 1814/15)

p. 1
<u>Görres die deutschen Volksbücher</u>[80]
Das ist der wundersame Zauber{,} den das Alte übt, tiefer noch als das Andenken unserer Kindheit regt es uns; wie die ferne Zukunft im Schooße des Weibes dunkel sich und schweigend regt, so liegt auch die Ahndung der Vergangenheit wie ein verborgener Keim in uns{,} den die Geschichte erst befruchten muß, und das alte Leben durchbricht in ihr des Grabes Schranken und erscheint wie ein abgeschiedner Geist dem neuen Leben{,} und das alte Leben ist ein Schatten nur, der unten im Had<u>e</u>{o}s wohnt, die Seele aber wohnt oben in der Gegenwart, und kämpft rasch und thätig fort.

Alle aber drängt die innere bildende Kraft sie weiter, oben in der Blüthe wohnt ewig neu die Jugend, unten aber an der Wurzel arbeiten stumm und still die unterirdischen Naturen, und das Alter ziehen sie zu sich <u>her</u>nieder{,} und zerreiben zu neuem Lebenssafte{,} was sich selber nicht mehr erhalten mag.

---

79 Goethe 1810 (Farbenlehre) Historischer Teil, 3. Abt. »Zwischenzeit. Überliefertes« S. 616 Z. 11ff.
80 Aus »Die teutschen Volksbücher« (erschienen 1807), Schlußabschnitt »Mythengeschichtliche Betrachtung der Volksbücher«; in Görres 1926 S. 278, Zeile 7 bis 19.

Darin liegt der Grund der religiösen Gefühle, die das Altertum in uns erweckt. {; auf dem Grabeshügel der Vergangenheit werden wir geboren ... .}

―――――――

⁸¹{... wie viel sie a} <u>A</u>us dem Strom des Wissens und der Erfahrung d{er} durch die Zeiten geht, {sich angeeignet; welchen Stock auch sie allmählig sich angelegt, und wie auch bei ihr jede Zukunft mit dem Erwerbe der Vergangenheit gewuchert, das hat sich unserer Anschauung hingegeben} **schöpft man und ihn führt** {unleserliche Worte}.

―――――――

⁸²{... und w}<u>W</u>ie <u>sich</u> mit dem Verlaufe der Geschichte die Cultur {sich} mehr nach Westen zog, ziehen sich auch die Kreise enger um unsere Zeit zusammen: vorzüglich aber das Mittelalter ist die Periode wo die Gestalten am dichtesten sich aneinander drängen{,} wo hauptsächlich die Stiftung gegründet wurde von der die gegenwärtige Generation noch die Zinsen zieht. Welch eine wunderseltsame Welt ist nicht dies Mittelalter, wie glühte nicht in ihm die Erde liebeswarm und lebenstrunken auf, wie waren die Völker nicht kräftige junge Stämme noch, nichts Welkes, nichts Kränkelnde, alles Saftig, frisch und voll, alle Pulse rege schlagend, alle Quellen rasch aufsprudelnd, Alles bis in die Extreme hin lebendig! Der Norden hatte früher seine kalten Stürme ausgsendet, wie Schneegestöber hatten die mitternächtlichen Nationen über den Süden sich hingegossen, dunkel zog sich{'}s um die bleiche Sonne her, da gi{e}ng der Erdgeist zur tiefen Behausung

p. 2
nieder, da wo in gewölbter Halle das Centralfeuer brennt, und legte sich, **und** während außen die Orkane heulten, zum Schlafe nieder; die Erde aber erstarrte, als wäre sie zum Magnetberge geworden, und es wollten nicht mehr die Lebensquellen in ihren Adern rinnen, und der Blumenflor des Altertums verwelkte, und die Zugvögel suchten an den Wendekreisen eine wärmere Sonne auf. Aber die Fluthen hatten sich verlaufen, die Stürme hatten ausgetobt, der Schnee war weggeschmolzen, wie die Lauen Winde wiederkehrten und war

―――――――

81 Aus »Die teutschen Volksbücher«, Schlußabschnitt »Mythengeschichtliche Betrachtung der Volksbücher«; in Görres 1926 S. 278, Zeile 33.
82 Aus »Die teutschen Volksbücher«, Schlußabschnitt »Mythengeschichtliche Betrachtung der Volksbücher«; in Görres 1926 S. 278, Zeile 38 bis S. 279, Zeile 20.

befruchtend in die Erde eingedrungen; der Archeus war{,} gewekt von dem harmonischen Zusammenklange der Gestirne, wieder hervorgegangen und hatte das Leben mit hinaufgebracht in unendlich vielen jungen Knospen und Keimen; und es brauste in allem Geäder wieder, und die Todtenkälte war gewichen, und der Winterschauer{,} und des Frostes starre Herbigkeit, und es war ein ahndeend Sehnen in dem Gemüthe aller Dinge, und ein freudig sinnend Verlangen in allem Irdischen, als das Mittelalter begann. Ein großer Erdenfrühling war über den Weltteil ausgebreitet {; der schöne Garten in Griechenland, das zweite Paradies, war wohl zerstört}.

Rheinischer Merkur, p. 3; 1 A 4 (ca. 1814/15)

<u>Görres</u>: Rhein. Merkur = Verfassung// Kunst

p. 3[83]
Deutsche Kunst darf nicht (wie man in den letzten Jahrzehnten glaubte) durch allgemeine Begriffe die man für ein System hält, gebildet werden, wo man wähnte, aus einem Gedachten müsse auch nothwendig ein Wirkliches folgen.[84] Und indem zu diesem Dünkel gewöhnlich eine schmähliche Leichtfertigkeit, ja Verderbtheit des Gemüthes kam, so warf man freventlich die alten Grundfesten nieder, welche auf der innersten Lebensgewohnheit eines Volkes ruhten, und wollte nach neuer Bauweise auch das sichtbar und tastbar darlegen, was im sichern Schooße der Erde als ungesehener Anker liegen muß. {Ein solches Neues ... .} Die Alten {Gesetzgeber} verstanden es besser, auf das alte Neues zu bauen, und nicht umzureißen was stehen sollte. Der Mensch fußt, - und Dank sey es seiner guten Natur, – mit tiefen Wurzeln in der Vergangenheit seines Daseyns, und sie erstrecken sich weit unter ihrem Boden weg in uralte Zeit, aus der sie noch die unsichtbare Kraft ziehen. Das Volk, welches seine Vergangenheit von sich wirft, entblößt seine feinsten Lebensnerven allen Stürmen der wetterwendischen Zukunft. Wehe also uns, wenn unsere neue

---

83 Umarbeitung von Görres, Rheinischer Merkur 116 (11. September 1814), S. 1, rechte Spalte.
84 Im Text Görres': »Deutschlands Verfassung darf nicht gebildet werden, wie man in den letzten Jahrzehnten meynte Verfassungen bilden zu können, man glaubte nämlich an allgemeinen Begriffen, welche man für ein System hält, genug zu haben, und wähnte, aus einem Gedachten müsse auch nothwendig ein Wirkliches folgen.«

Gestalt so neu würde, daß sie nur aus dem Bedürfnisse der Gegenwart ihre Gestalt schöpfte!

———

⁸⁵**Die uralten** {.... damit uralte} Formen **müssen** in verjüngter Gestalt wieder aufstehen und, gleich den ehrwürdigen Bildern großer Ahnen, uns ernsthaft anschauend und gern **vor** jede Entwürdigung des deutschen Adels bewahren. In verjüngter zeitgemäßer Gestalt {sagen wir} – denn auch von dem Wahne müssen wir uns freihalten, daß ein Vergangenes, Abgelaufenes, wie es war, sich **wie es war** herstellen lasse. Aber wer eine lebendige Anschauung der Zeiten besitzt, wer Gegenwart, Vergangenheit und Zukunft als Eins zu sehen weiß, wird solchen Wahn nicht hegen, sondern nur ein organisches Hervorbilden der letzteren aus der ersteren meynen, welches vom Nachahmen weit entfernt ist.

---

85 Umarbeitung von Görres, Rheinischer Merkur 116 (11. September 1814), S. 2, rechte Spalte oben.

Melanie Ehler
Daniel Nikolaus Chodowiecki
»Le petit maître« als großer Illustratur

Vor zweihundert Jahren (1801) starb der Berliner Graphiker Daniel Nikolaus Chodowiecki. Wurde er noch zu Lebzeiten als deutscher Hogarth bezeichnet, so ist er als Person heute weitgehend in Vergessenheit geraten, obwohl vielen Menschen seine Illustrationen – etwa zu Goethes »Werther« – durchaus vertraut sind. Die Monographie von Melanie Ehler rückt die große Bedeutung Chodowieckis für die europäische Aufklärung erneut ins Bewußtsein. Sie zeigt den Künstler nicht nur als innovativen, einflußreichen Graphiker, sondern auch als engagierten Kulturpolitiker der hugenottischen Gemeinde.

Broschur, ca. 320 Seiten, ca. 170 Schwarzweißabbildungen
ca. € 25,– (bis 31.12.01: ca. DM 48,–)
ISBN 3–931836–51–7
Erscheint voraussichtlich Ende 2001

Lukas Verlag
für Kunst- und Geistesgeschichte
Kollwitzstr. 57
D–10405 Berlin

Tel.	+49 (30) 44 04 92 20
Fax	+49 (30) 44 28 1 77
E-Mail	lukas.verlag@t-online.de
Internet	http://www.lukasverlag.com